몽골국 초대 대통령
오치르바트 회상록

ПУНСАЛМААГИЙН
ОЧИРБАТ

ТЭНГЭРИЙН ЦАГ

P.Ochirbat
THE HEAVENLY HOUR
Copyright © P.Ochirbat 1996
Published by Nomin Impex Co.Ltd 1996
Printed and bound in Great Britain by
The Bath Press, London

モンゴル国初代大統領 オチルバト回想録
(2001년 10월 5일 초판 제1쇄 발행)

저 자	푼살마긴 오치르바트 (ポンサルマーギーン・オチルバト)
역 자	우치다 도시유키 (内田之他) 외
발행자	石井昭男
발행소	株式会社 明石書店 (東京都文京区湯島2-14-11)

※ P. 오치르바트 대통령 회상록의 최초 발간은 1996년에 영국 런던의 〈The Bath Press〉에서 몽골어판으로 제작·출판(Nomin Impex Co.)되었고, 이후 2001년 일본의 〈明石書店〉에서 일본어판으로 제작·출판되었다.

▶▶▶ 원저(原著)의 사진 모음

푼살마긴 오치르바트(P. Ochirbat) — 국민 직선에 의한 몽골의 초대 대통령 (1993.6~1997.4)으로 그는 1990년 9월부터 1993년 5월까지는 간선 대통령으로도 재직하였었다.

오치르바트의 부친, 겡뎅쟈브

오치르바트의 모친, 퐁사르마

초등학교(8년제 학교) 5학년 당시의 오치르바트 (1955)

대학생시절에 노천굴(露天堀) 광산 현장에서 (1964)

결혼식 후, 부인 체베르마와 함께 (1965)

레닌그라드 광산대학 친구들과 함께 (뒷줄 좌측에서 4번째, 1965)

몽골의 전통적 민속행사인 나담
축제 중의 화살쏘기 경기 (1990)

전 군대의 위대한 검은
국기 게양식 중에 (1995)

목축민과 함께 (1996)

탐사구 유전(油田) 현장에서 (1995)

몽골국 헌법채택의 날에 (1992)

몽골민주화를 추진시킨 젊은 정치가들과 함께 (1993)

고르바초프 러시아 대통령과의 회담에서 (1990)

장쩌민 중국공산당중앙위원회 주석과 함께 (1990)

레 독 아인 베트남 대통령과 함께 (1995)

젤레프 불가리아 대통령과 함께 (1995)

일본 헤이세이(平成) 천왕
즉위식에서 (1990)

엘리자베스 2세 영국 여왕과 함께 (1991)

클린턴 미국 대통령과 함께 (1995)

부인 체베르마와 함께 (1976)

가족들과 함께 (1992)

▶▶▶ 본서의 몽골어판 및 일본어판 원서 표지

오치르바트 대통령의 친필사인
("존경하는 여사 혜정 김에게 좋은 일들만 이루어지기를 바라며")

『오치르바트 대통령 회고록』 몽골어판 원서 표지

일본어판 원서 표지

▶▶▶ P. 오치르바트 대통령과 옮긴이의 인연의 발자취

몽골 오치르바트 대통령 재직시 대통령 초청으로 집무실을 예방한 김혜정 교수

오치르바트 대통령의 퇴임 이후 재회한 만남의 자리

몽골 대통령의 초청을 받아 주일 몽골대사를 예방하고, 함께 인사하는 모습

오치르바트 대통령의 퇴임 이후, 과거 대통령 집무실에서 찍은 사진을 앞에 두고 당시를 추억하면서 (2005)

오치르바트 대통령과 함께 반갑게 담소하는 김혜정 교수

오치르바트 대통령에게서 '대통령의 회상록'을 건네받으며 한국어 번역 출판을 약속하는 모습

몽골국 국무총리 및 주일 몽골대사 일행의 제주 방문 중에 함께 하다

몽골 울란바토르 고아원 원장에게서 원생들이 만든 선물을 받으며

몽골 고아원에서 인연을 맺은 수양딸과 손자들과의 한때 (2005)

몽골 고아원 원생들과 함께

'한·몽 친선의 밤'에서 축사를 전하는 김혜정 교수(옮긴이)의 모습

한국과 몽골의 국무총리, 외무부장관 등을 초청한 '한·몽 간 700년 만의 만남' 행사에서의 모습 (서울 인터콘티넨탈호텔)

제주 오리엔탈 호텔에서의 '한·몽 친선의 밤' 행사에서 (1990. 5. 29)

제주도 사회복지법인 혜정원 아가의 집에
몽골 국무총리 및 외교관의 방문 (1991)

서울의 혜정사료관 방문 (1991)

몽골에 있는 돌하르방 (석상) 옆에서

몽골 '오보' 앞에서

몽골국 초대 대통령
오치르바트 회상록

푼살마긴 오치르바트 지음
김혜정 옮김

| 서문 |

경오년의 해, 즉 1990년에 시작한 대사업은 이제 6년째를 맞이하고 있다. 이 기간은 시간적으로는 짧지만 몽골사에 있어 걸출한 시대이다.

우리는 인도적 민주사회를 건설하는 기반을 세우고, 골격을 정비하고, 기둥을 세웠다. 여기에서 나는, 전 국민이 협의하여 인민대회의에서 채택한 신헌법, 복수정당제로 이행한 신국가체제, 다양한 소유형태에 의거한 신경제구조, 모든 사회세력이 견해를 하나로 하여 선택한 위대한 발전의 길을 염두에 두고 있었다.

근년에 이르기까지 재산을 소유할 수 없었고, 소유한 재산이 없었고, 국민에게는 사적인 산업에 종사할 권리가 주어지지 않고 있었다. 그러나 오늘날에는 다수의 개인경영자가 등장하여 국민은 생산활동, 상업 서비스활동을 법률에 따라서 자유롭게 경영할 수 있게 되었다. 이것은 우리나라가 자립경제를 달성하기 위한 첫 걸음이며, 민주화가 공허한 선언이 아닌 각 가정에 있어서 존중되고, 각자의 생활 및 정신에 침투하고 또 몽골국을 부흥시키는 주요한 조건이 되고 있다는 것을 나타내고 있다.

몽골인이 현재 그리고 앞으로의 역사를 어떻게 기술하며, 또 어떻게 써서 남기고 있는가에 대해서 관심을 가지고 주목하고 있는 세계인들은, 이제 그러한 것들을 눈앞에서 보게 될 것이다.

현재의 우리들은 민주주의 발전이라는 새로운 시대의 출발점에 위치하고 있으며, 국내외의 우호적인 환경에 의해서 자양(滋養)받고, 민주주의의 싹을 키우고 있다. 이러한 호의적인 요인이 늘상 있을 수 없다는 것은 세계의 역사가 말해 준다. 현재의 상황은 새로운 길을 선택할 수 있는 가능성을 넓혀주는 순간적인 사건에 지나지 않는다고 생각해야 하며, 놓쳐서는 안 될 순간이다. 이미 우리들은 민주주의의 종자를 발아한 것이므로, 다음은 그것을 육성하고 보호하여 확실한 것으로 하며 그 결실을 향유하지 않으면 안 된다.

이렇게 해서 우리들은 세계의 민주주의 네트워크 속으로, 스스로의 장점을 유지하면서 들어갈 수 있다.

1996년
P. 오치르바트

| 한국어판 옮긴이 서문 |

'나는 누구인가?' '나는 어디에서 왔을까?'
어려서부터 이런 호기심과 궁금증이 많았던 나는 나 자신의 정체성과 함께 우리 민족의 정체성에 관한 되물음을 하다, 우리선조의 삶과 그 모습들에 관심을 갖게 되었다.

'아! 몽골 반점!' 종종 우리의 선조들이 몽골리안과 하나에서 시작했고, 그 근거를 몽고반(蒙古斑)이라고도 불렀던 엉덩이의 푸른 몽골 반점을 얘기하던 것을 떠오르게 했고, 막연히 몽골에 대한 호기심과 애착을 갖게 되었던 것이다.

나의 첫 몽골 방문은 나의 작은 호기심과 의문에서 시작되었다. 오래 전부터 고지도(古地圖)에도 큰 관심을 갖고 있는 터라, 당시 방문이 어려웠던 몽골에 대한 호기심은 나의 발걸음을 일본 동경과 베이징을 통해 몽골로 들어가도록 만들었다.

우여곡절끝에 지난 1986년 몽골을 처음 방문하게 되었고, 그 몽골 땅에서 겪었던 나의 느낌 중에서도 '대초원'의 감동은 너무나 인상적이었다. 눈 앞에 펼쳐진 대초원의 인상을 가슴에 안고 몽골의 고아원을 방문했다. 몽골 고아원 원아들 190여 명을 처음 만났을때, 그 아이들의 순박하고 깨끗한 눈을 바라보면서 나도 모르게 재방문의 약속을 하게 되었다. 그 후 이 아이들을 위해 할 수 있는 일을 찾게 되었고, 각종 생필품을 비롯해, 문구류 등을 몽골에 보내게 되었다. 아낌없이 그 어린아이들에게 주게 된 나의 마음을, 아니 정확히 말하자면 나에게 아낌없이 사랑을 준다는 표현이 더 잘 어울리는 것처럼, 그 아이들은 나를 '한국에 사는 몽골의 어머니'라고 부르게 되었다. 나의 몽골사랑은 이렇게 아이들과 엄마의 마음으로 지속되면서 몇 차례의 방문과 재회를 만들었던 것이다.

나의 정체성에 대한 호기심에서 시작된 몽골 방문은 몽골 고아원 아이들과의 만남에서부터 시작되었지만, 나중에는 몽골의 최고지도자인 P. 오치르바트 대통령과의 친교로까지 이어졌고, 그리고 한·몽 간의 문화교류로까지 이어졌다.

나는 1986년의 첫 몽골 방문 이래, 이제까지 총 46차례 몽골을 방문하였다. 이 기간 동안 몽골대학 교수단과의 만남 및 문화행사 등의 교류가 있었고, 이는 추후 "한·몽 700년 만의 만남"의 행사를 서울의 인터콘티넨탈 호텔에서 개최함으로써 한·몽 간의 폭넓은 문화교류의 한 장을 여는 계기가 되었었다.

또한 종교적으로는 몽골 불교의 가단스님을 비롯한 여러분을 한국에 초청하여 한·몽 불교 문화교류에 기초적인 발판을 마련하기도 하였다. 특히 나의 13번째의 몽골 방문은 몽골 국민들의 직선(直選)에 의한 초대 대통령 P. 오치르바트의 초청으로 이루어졌고, 한국과 몽골 간의 우호친선의 계기를 쌓게 되는 기회도 되었다. 이후 나는 점점 더 깊이 몽골과 인연을 맺어 가고 있었고, 이후 이제까지 몽골국립예술단과 몽골정부의 인사를 포함해 1,500여 명의 몽골 인사들을 개인적으로 한국에 초청하기에 이르렀다. 여기에는 몽골의 국무총리를 비롯하여 몽골의 전·현 장관 14분의 초청도 포함되는 바, 한국 문화를 알리고 한·몽 간 이해를 증진시키는 좋은 계기가 되었을 것으로 생각해 본다.

　몽골과 맺어진 깊은 인연은 이렇듯 몽골의 오치르바트 초대 대통령의 회상록(回想錄)까지 번역하게 되는 계기가 되었고, 나에게는 큰 영광이 아닐 수 없다 하겠다. 이 회상록이 몽골을 사랑하는 많은 이들에게는 몽골 발전의 역사적 배경과 발자취를 연구하는 자료로서 길이 남기를 바라며, 끝으로 이 회상록의 한국어 번역 출판을 허락해 주시고, 또 적극 격려해 주신 오치르바트 전(前) 대통령과 일본의 明石書店 관계자 여러분께 깊은 감사의 마음을 전한다.

2010년 5월
옮긴이 김혜정

| 차례 |

- 서문 _2
- 한국어판 옮긴이 서문 _4

제1장 | 결단의 순간 _9
제2장 | 나는 아라쿠아도 성(姓) _29
제3장 | 최초의 시찰지 샤린고르 탄광 _77
제4장 | 국무에 진력한 세월 _99
제5장 | 몽골국가 _157
제6장 | 민주화 _221
제7장 | 명예회복 _237

제8장 | 종교 _263

제9장 | 경제 쇄신 _285

제10장 | 에르데네토, 금, 석유 _339

제11장 | 부흥의 견해 _393

제12장 | 60년에 필적하는 역사상의 순간 _409

제13장 | 몽골국 발전의 개념 _481

• 일본어판 역자 후기 _519

• 부록: 몽골의 지방행정구역 및 몽골의 행정지도 _521

• 색인 _523

제1장
결단의 순간

> ⦿ 아내는, "민주정당에 승낙 의지를 전해서 선거에 도전해야 한다"는 놀랄 만큼 솔직한 의견을 말하였다. 그 한마디가 그때까지 주저하고 있었던 내 마음을 고양시켰고 더욱 적극적인 생각을 갖게 했다. 그 다음날 바바르가 와서 나를 대통령 선거 입후보자로 추대하기로 결정했다고 전했다.

1993년 6월 6일 일요일, 선거 당일. 첫 직선 대통령을 선출하는 투표가 시행되는 날이었다. 이날도 역시 활짝 개인 평화로운 날이었다. 생각해보면 선거투표일은 언제나 날씨가 맑았던 것 같았다. 우리 국민은 선거를 항상 '축하 행사'로 생각하고 있었다. 비단 천의 아름다운 몽골 전통옷이나 아껴둔 새 의복을 입고 투표소로 가서 적색 천에 '선거'라는 글자로 쓰여진 입구로 들어가서 투표 용지를 받아 찍은 후 그것을 투표함 안에 집어넣었다. 과거에는 자기가 누구에게 투표했는지조차 모르는 이도 있었다. 그러나 지금은 선거의 의미가 바뀌었다. 국회의원을 선출하는 총선 이래, 투표인은 단지 투표용지를 접어서 투표함 안에 넣는 것만으로는 안 된다는 것을 이해하게 된 것이다.

이렇게 해서 우리 운명이 결정되는 것이다. 선택하는 것은 쉽지만, 선택받는 것은 어려운 일이다. 우리도 투표하기 위해서 아동궁전에 설치된 제88투표소로 향했다. 이 아동궁전은 청소년보호문화원 북측에 위치하고 있다. 우리가 탄 차량 앞뒤로 경호차가 따라붙었다. 만약 내가 이번 선거에서 승리하게 되면 이러한 명예로운 생활이 계속될 것이다. 패배하면 또 다른 운명이 기다리고 있겠지.

몽골국 대통령이라는 직책은 명예, 권한, 공무, 이 모든 것이 결합된 요직이다.

차에서 내리자 기자들에게 둘러싸였고, 이번 선거에 대한 사람들의 강한 관심을 느낄 수 있었다. 선거 사무원과 인사를 나누고 L.투데브(Tudev) 그리고 내 이름이 적혀진 투표용지를 받았다.

투표 후, 가족과 경호원들은 투표에 관한 이야기는 하지 않고 다른 화제에 대해서 이야기했으나, 마음속으로는 당연히 어떤 결과가 나오는지를 애타게 기다리고 있었다. 이럴 때 내 자신보다 주위 사람들이 더 걱정하는 것 같은 느낌이 든다. 한 경호원이 편안하게 시간을 보낼 방법을 생각해내어, 산에 가서 야생 파를 캐기로 했다.

1990년부터 현재까지 3년이 경과했으나, 마치 60년 정도 지난 것처럼 여러 가지 사건들을 접했다. 정부의 제20호 결정에 의한 가격 자유화, 상점의 물품 부족, 나라이하 탄광의 폭발사고, 눈 피해, 비행기 추락에 의한 다수의 인명 손실, 빵을 사기 위해 줄서 있었던 어린이가 사망한 일도 있었다. 잊을 수 없는 일들이다. 국정에 있어서는 국가소회의, 국가대회의, 대통령이라는 새로운 표현과 말들이 등장하였고 그 역사적인 순간에 내 자신이 인민대회의 의장, 대통령으로서 서명하는 입장에 서게 되었다.

단식 투쟁, 국가소회의, 헌법이 정치를 좌지우지하였고, 경제 혼란은 사회의 양식을 피폐하게 만들었다. 몽골국은 중앙집권적 경제체제로부터 자유시장 경제체제로 이행하려고 허둥대고 있었다. 국가행정은 이러한 이행에 있어 해야 할 모든 것을 실행에 옮길 수밖에 없었으나, 한편으로는 이 때문에 많은 사람들이 큰 불만을 품게 되기도 하였다. 인접하고 있는 두 나라의 국경이 열리고 자유로운 상인이 등장하여, 국가가 경제적 곤란에 처해 있을 때 그들이 즉시 상점의 선반을 상품으로 채워주었다. 그들 중 어떤 이는 막대한 부자가 되었다.

몽골국은 비교적 적은 희생을 치르고 시장경제로 이행한 나라이다. 국민들은 상업, 정치, 법률, 투쟁, 이 모든 것을 배웠고, 국민의 신임을 받은 공무원도 역시 배워 익혔다. 실패와 성공을 거듭하면서 3년이 지났으나, 너무나도 많은 사건들이 일어났기 때문에 매우 오랜 시간이 경과한 것 같은 느낌이 든다. 그러나 문득 생각해 보면 몽골국 대통령을 국민에 의한 투표로 선출하는 시대가 되어 있었다.

국민에 의한 대통령의 직접선거에 대해서는 1992년 이후, 자주 논하게 되었다. 1990년에 인민대회의 의원 중에서 내가 대통령으로 선출될 (간선) 당시의 정치적 분위기는, 이번과는 상당히 달랐다. 지난번에는 정치체제에 대해 사람들의 이해가 정리되지 않은 상태에서 신속하게 결정되었기 때문에 야당의 두 세력도 이를 부정하지는 않았었다.

그러나 1993년의 선거는 어느 정당이 대통령직을 차지하는가에 대한 대립이었다. 그동안 내가 민주화의 추진을 옹호하고 있었던 것에 대해 인민혁명당(MPRP)은 반격을 행하였다. 국가원수로서 나는 나름대로의 견해를 지지해야만 했고, 자신의 책무를 완수하였다. 단지 그것뿐이었다.

1993년 몽골 역사상 첫 대통령 직접 선거에 입후보할 것인지에 대한 결단은 매우 어려웠다. 그때까지도 비방이나 찬사는 이미 충분히 받고 있었고, 이 직무에서 물러설 수 있다면 일생이 행복할 것이라고 생각했던 적도 적지 않았다. 시대와 국정의 혼란에 시달리고 있었고, 온갖 비방을 하는 자도 있었다. 정치적 게임에 적극적으로 개입하여 이익을 얻으려고 했던 자도 있었다. 나는 그들을 단 한 번도 비난한 적이 없었다. 초대 대통령이라는 명예의 관은 썼지만, 그 직책은 그때까지 내가 걸어온 40여 년간의 공직에서의 무게보다 훨씬 무거웠다.

국가적 변혁, 사회적 쇄신으로의 어려운 이행 시기는 극복했다. 신국가 체제를 정비하는 가장 중책이 걸려있는 시기, 민주주의의 강화, 발전, 안정에 있어서 특히 중요하고 결정적인 미묘한 갈림길에 이르고 있었다. 1992년의 선거(의회선거, 역자주) 결과와 균형을 유지한다고 하는 사회적 요구에도 직면하고 있었다. 몽골국 민주주의의 어린 싹은 뿌리만 내려주면 그 이후는 자기 스스로 성장한다. 이 부분에 내가 해야 할 역할이 존재하고, 큰 일도 달성할 수 있을 것이라고 생각하고 있었다. 새로운 일에 착수하는 자는 그렇게 일하는 의욕을 불러 일으키는 것이라고 할 수 있겠다. 나에게도 그러한 의욕이 있었다.

그러나 신국가 체제는 아직 본격적으로 확립되고 있지는 않았다. 일단 착수한 일을 달성하여 헌법 체계를 정비하고 시장경제로의 이행 과정을 제시하는 역할도 주어진 것 같다. 그렇게 생각하는 것이 일면으로는 자만심이 지나친 것 같기도 하지만, 그렇게 생각하지 않는다고 하면 이것 역시 지나치게 겸손한 것 같이 생각된다. 실제로 마음속에서 여러 가지 일들을 생각하며 고민하여, 라브자 호토쿠토가 말한 '가슴에서 불길을 태워도 코로 연기를 내서는 안 된다' 라는 말이 나에게 그대로 들어맞는 것 같았다. 시대의 실험동물이 되고 선구자가 되어, 과도한 '찬사'에 골치를 썩이는 일도 이것으로 끝내고, 민주주의의 강화에 조금이라도 공헌할 수 있다면 그것으로 충분하다.

민족민주당(MNDP) 청년들이 나를 대통령 선거에 출마시키려고 계속 설득해왔기 때문에 이러한 생각을 하게 된 것이었겠지. 그들은 1992년 선거에서 패배했기 때문에, 대통령 선거에서는 자기들의 후보자를 확실하게 당선시켜야 할 필요가 있었다. 당원 중에서 후보자를 추대해도 당선될 가망은 거의 없다고 생각했을 것이다. 확실한 당선 가능성이 없는 자를 추대하여 패배할 경우 민주화에 지장이 생긴다.

기본적으로 국회에서 어느 정당이 과반수를 차지하고 그 정당의 단독 정권이 수립될 경우, 대통령까지도 같은 정당에서 선출되면 정치적 균형을 잃고 불안정한 상태가 되어 국가의 명운이 악화될 수도 있다. 그렇게 될 경우 국익이 손해를 입게 된다. 이번 선거에서 인민혁명당(MPRP)이 나를 옹립할지에 대해서는 확실하지 않았다. 입후보에 대한 허락을 인민혁명당으로부터 받지도 않았고, 또한 묻지도 않았었다. 인민혁명당은 각 아이막(Aimag: 한국의 도[道]에 해당하는 행정단위로 21개의 아이막으로 구성, 역자주) 및 각 지역(솜, Som: 전국은 348개의 솜으로 구성, 한국의 군[郡]에 해당함, 역자주)에 있는 당조직구성원들 과반수의 지지를 획득한 2~5명에 대해 인민혁명당 소회의에서 협의한 후 한 명의 후보자를 선정하기로 되어 있었다. 당 소회의 앞에서 시용동을 만났을 때, 그는 5명 중에서 내 이름이 가장 상위에 있다고 알려주었다.

그러나 당 소회의가 어떠한 결정을 내릴 것인지에 대해서는 아무도 몰랐다. 당 내의 몇 그룹이 내가 후보자로 선정되지 않도록 공작하고 있다는 이야기도 들었다. 인민혁명당 간부회의 지도자들은 어떤 역사학자를 초대하여 몽골과 중국 양국관계의 국가정책에 대한 견해를 들었다고 한다. 그 학자가 국가정책을 10개 항목으로 나누어서 설명하며 모든 면에서 나를 헐뜯기 위해서 일관되게 노력하고 있다고 말하자, 그러한 발언에 대해서 당지도자들이 박수치며 사의(謝意)를 표명했다고 들었기에 반가운 기분은 아니었다. 그전에도 이 학자는 D.비얀바스렌과 함께 나를 제명할 것을 요구하는 의견서를 당 중앙위원회 총회에 제출하였었다.

이러한 형태로 인민혁명당 내부에서 나에 대한 모략이 기세를 올리고 있다는 것은 나도 알고 있었다. 이러한 당원들과 내가 이렇게 반목하는 것은 무의미하다. 인민혁명당도 민주화가 타당하다고 간주하고, 시장경제를 지지하는 뜻을 공언하고 있었다. 그러나 선거전은 우리들에게는 새로운 것이므로 하는 수 없다. 오늘보다 내일을 생각해서 참고 인내하는 것이 필요하다. 내 보좌관들은 입후보 여부를 확실하게 해야만 한다라든지, 조금 더 기다리는 것이 어떨지 등의 의견을 말하였다. 나는 상황을 주시하며 사회심리를 탐지하여 인민혁명당의 동정을 끝까지 지켜보려고 생각했다. 투맹 대통령부장관이나 바타 대통령고문은 인민혁명당 소회의에 출석하도록 충고해 주었지만, 소회의에 출석하여 당의 지시를 듣는 것은 윤리적으로 받아들이기가 어려웠다.

1993년 4월 10일 밤 8시경 내가 휴양소에 가려고 할 때, B.비얀바스렌 경호관이 와서는, 당 소회의에서 67%의 지지를 얻은 L.투데브를 대통령 선거에 출마시키기로 결정했다고 투맹 대통령부장관에게 보고하러 왔다고 말했다. 이러한 결과가 나올 것이라는 가능성을 예기하고는 있었다. 그러나 이 순간, 나는 내자신이 어떻게 할 것인지에 대해서 생각하기 시작했다. 앉아서 생각하고 있을 때, 아내인 체베르마가 방에 들어와 놀라면서 내게 무슨 일이 있었냐고 물었다. 아마도 내가 초췌한 얼굴을 하고 있었을 것이다. 처음으로 거부당해 울적해 있는 것을 아내는 눈치챈 것이었다. 인민혁명당의 후보자 선정 결과에 대해서 아내에게 설명하자, 아내는 민주정당에 나의 승낙 의지를 전해서 선거에 도전해야 한다는, 놀랄 만큼 솔직한 의견을 말했다. 그 말 한마디가 그때까지 주저하고 있었던 내 마음을 고양시키고 더욱 적극적인 생각을 갖게 했다. 첫 번째의 직선 대통령을 뽑는 선거의 출마를 결심한 바로 그 순간이었다.

당 소회의는 꽤 늦게까지 지속되었는지, 시간이 한참 지나고 나서, 투멩이 텐게르에 돌아와 회의 상황을 이야기해 주었다. 출마 후보자 중에는 P.오치르바트, L.투데브, P.자스라이, Ts.공보수렝, Yo.다시용동의 이름이 있었다. 맨 처음 다시용동이 사퇴하였다. 한 시간 정도 침묵이 계속된 후, 일부 후보자의 사퇴가 요구되었다. 한 명의 국회의원이 일어나서 반 년 전에 수상에 임명되었던 자가 지금 또 대통령 선거에 출마하려는 것은 어떻게 된 것이냐고 발언하자, 자스라이는 자기가 이번 선정에 관한 사정을 알지 못하고 있던 것을 깨닫고 자기 이름을 취하하였다. 공보수렝은 『우넨』지가 나를 야유하고 있기 때문에 회답을 요구하면 사퇴할 생각이었다고 말하였다. 이렇게 해서 나와 투데브 두 명이 남게 되었고, 이후 투데브가 67%의 지지를 얻어 최종 후보로 선출되었던 것이다.

투데브가 대통령 출마에 대해 이미 마음의 준비를 갖추고 있던 것은 그 소회의에서 한 말에서도 알 수 있다. 다음날, 바바르가 와서 사회민주당(MSDP)은 당신을 대통령 선거 입후보자로서 추대하기로 결정했다고 전했다. 나는 승락서를 써서 그에게 주었다. 이렇게 해서 나는 처음으로 야당 연합의 후보를 선택했다. 현 오치르바트가 과거의 오치르바트가 아니라는 것이 아니라, 시대를 위해서 완수해야 할 책무를 이해했다는 것이다. 대통령에 선출될지 어떨지는 또 다른 문제였다.

1993년 4월 12일, 민족민주당(MNDP)과 사회민주당(MSDP)에 의한 양당 연합회의가 열렸다. 거기서 결정된 사안은 '양당이 협력하여 몽골국 대통령 선거에 임할 것을 타당하다고 간주한다', '국가적 단결, 국익, 정치적 안정상태를 기반으로 하여 민족민주당, 사회민주당 양당은 몽골국 대통령 후보로 푼살마긴 오치르바트(Punsalmaagyn Ochirbat)를 추대하는 것이 타당하다고 간주한다', '몽골국 대통령 선거에 민족민주당, 사회민주당 양당이 협력할 것에 대하여 합의문서를 작성한다' 등이었다. 이 기회에 말해두자면 민주화 세력은 1990년 이후, 시의적절하고 실로 다양한 사고와 결단을 행하고 있었으며 대담무쌍하기 짝이 없는 모습을 엿볼 수 있었다.

양당 연합회의도 또한 열기에 가득차 있었다. 다른 당에 속하는 인물을 옹립하여 패배할 경우, 완전한 치욕을 당하게 된다. 그렇다면 이번 선거에는 후보자를 옹립하지 말고 국회의원들의 마음을 끌어서 다음 국회의원선거를 유리하게 진행시켜야만 한다는 의견도 제기되었다. 그러나 하루종일 의논을 거듭하여 위에서 말한 결정을 내리게 된 것이다. 이러한 사항 전부를 듣다 보니 나의 패배는 단순히 내 개인의 문제로 멈추지 않고 정치적 불안 요인을 초래하는 것이 아닐까 염려되었다. 또 그뿐만 아니라 민주화 세력의 신뢰에 응하는 한층 더한 책무가 가해졌다. 가해졌다고 해도 어떻게 하면 좋은가. 역사가 짧은 이러한 정당은 자금력이 부족하고 통신, 수송력도 충분하지 못하다. 선거 활동 기간 중, 21회의 집회를 열고 선거민 1만여 명과 만났지만 그것은 유권자 총수의 불과 1%에 지나지 않았다. 선거민의 75%가 거주하는 지방부를 방문하지 못한 것은 선거 결과에 크게 영향을 미칠 가능성이 있었다.

스스로의 신문을 보유하고 있고, 다수의 작가나 저널리스트에게 지원

받는 L.투데브를 상대로 경쟁하는 것은 쉽지는 않았다. 나는 『에코 플라넷』지 인터뷰에서 공정한 국가관계에 대해서 언급하였는데 이것이 민주화 운동 활동가들의 마음에 들어, 국내 대부분의 출판물에 게재되었기 때문에 내 이름이 널리 알려졌는지도 모른다. 출판물은 커다란 무기이고 제4권력이라고 불리어지는 까닭이다. 이러한 권력이 나의 경쟁자의 손 안에 있었다. 또 그는 고비 지역의 몇 군데 아이막과 자브한 아이막을 제외한 모든 아이막과 솜에 직접 유세 길에 오르고 있었다.

투데브와 나는 청년시절에는 함께 중앙동맹위원국에 소속하여 서로의 의견을 나누고, 또 서로 경의를 가지고 접했던 사이였다. 두 사람 다 옛 자사크토한 지역출신이고, 나이는 내가 7살 연하이다. 선거관리위원회가 입후보 등록증명서를 교부한 1993년 4월 16일, 우리는 반갑게 악수를 하고 서로의 건투를 빌었다. 그리고 선거활동이 개시되었다. 나는 이 선거운동에 있어 원칙으로 정한 것은 '모든 비판에 대해 자기 변호를 하지 않을 것, 상대후보를 비난하지 않을 것, 고용된 선동자의 도발에 흔들리지 않을 것'이었다. 인민혁명당 학술연수정보센터가 실시한 조사가 『아르딘 에르프』지 5월 29일자에 게재되었는데 그것을 보면 선거민이 어떤 생각을 하고 있었는지를 알 수 있다.

인민혁명당과 그 당원들이나 당 기관지는 투데브를 선전했다. 인민혁명당은 강력한 지원세력이다. 신·구 양 정당의 힘을 비교하자면 한쪽은 다 성장한 호랑이고, 다른 한쪽은 어린아이에 불과했다. 야당도 나를 '선전' 해 주었지만, 당시 그러한 출판물은 자금난 때문에 지방 독자의 손에는 차마 미치지 못했다. 결국 투데브 측이 유리한 상황이었다. 그러나 직접토론이 선거민의 선택에 상당한 영향을 주었다. 투데브의 지지자가 그를 기쁘게 하기 위해 무턱대고 칭찬하며 과도하게 부풀려진 잘못된 정보를 주었던 것이 오히려 화근이 되었다. 선거활동 중에 보도기자에게 60%의 지지를 얻어 자신이 승리한다며, 확신을 가지고 말한 점으로 보아도 알 수 있다.

도스토예프스키는 "모든 진보적 지식인은 인민과 평행하게 나아가고 있다. 지식인 중에서 지혜를 갖고 있는 자가 많다고는 하지만 러시아 국민에 대해서 아는 자는 아주 적다"라고 말하였다. 국민을 이해하지 않고 정치의 길을 걷는다는 것은 불가능하다는 것을 이번 선거는 보여주고 있다고 나는 생각한다. 몽골인은 독특한 민족이다. 그들에 대해서 외부로부터는 알기 어렵다. 그러나 산처럼 의지할 수 있는 지혜로운 집단이다. 국민들이 선거의 중핵이 되어 나에게 투표한 것은 내가 우수하기 때문이라고 생각하지는 않는다. 우리 국민이 새로운 지도자를 지지하고, 국가 발전을 위한 민주화가 우리들 편에 존재했기 때문이라고 생각하지 않으면 안 된다. 일반적으로 정치라는 것은 미사여구의 집적이 아니고, 극장의 화려한 의상이 어울리지 않는 예술인 것이다. 선거민들은 나를 선출했다.

선거결과에 대한 인민혁명당 지도부의 총괄분석을 보면,

1. 당초부터 대중의 의견이 반영되지 않은 인물을 옹립했다.
2. 조직적 선언활동에 대한 지시가 나빴다. 자원 봉사자 및 선전활동자가 다수 생겨나, 스스로 후보자를 과도하게 예찬했다.
3. 투데브 후보가 5월 29일의 방송에서 실패했다.
4. 투데브 후보가 6월 4일의 방송에 참가하지 않은 것은 잘못된 것이었다.

라고 말하고 있다.

대통령이라는 공직은 영원한 자리는 아니다. 이 자리에 앉은 자는 조국, 국민을 거절할 도덕적 권한이 없다. 파티, 개회식전, 오락을 개최하는 곳에 대통령이 출석만 하면 그만큼 중요성을 더한 것이 된다.

이렇게 나를 옹립해준 양당의 당수 및 당원, 지원자, 연합정당 선거대책본부, 그리고 나의 선거운동에 참가해준 협력자들 모두에게 사의를 표한다. 나의 회견을 전부 담당하고 기록하며 지휘해 준 M.엠프사이한, Ts.바산자브, S.바토초론, Ch.오토곤바야르, N.엔프자르가르, T.엔프투브신, N.아르탄호야그에게도 깊이 경의를 표한다.

투표 후에 우리들이 야생 파를 캐러 간 것은 이미 앞에서 적었다. 그 후 집에 돌아와서 아이들과 놀다가 잠들어 버렸다. 나의 추대를 결정한 당선거 대책본부 사람들이 한밤중에 찾아와서, 내가 우세하다는 선거 속보를 전하며 태연하게 잠자고 있는 나를 보고 그들은 매우 놀랐다. 그들의 기쁨은 나도 이해할 수 있었다.

B.바토바야르가 사회민주당 소회의에서 행한 선거결과 보고 연설은 다음과 같다.

각 정당이 정식으로 추대 후보자를 결정하기 전 단계에서는 모두 알고 있는 바와 같이, 오치르바트의 이름은 인민혁명당에서도, 또한 사회민주당에서도 후보로 올라가 있었다. 이전 즉, 이 나라를 통치하고 있었던 독재주의의 엄격한 이데올로기 시대에는 인민혁명당 대표를 맡고 있었고, 인민혁명당 그룹이 대통령까지 역임한 인물인 푼살마긴 오치르바트의 이름을 몽골국의 젊고 새로운 야당세력이, 처음으로 실시된 대통령 선거에서 추대한 것을 쉽게 이해하기는 힘들다. 충분한 근거를 가지고 역사적 시대와 관련시켜서 이해하지 않으면 안 될 것이다.

1. 헌법을 조문이 아닌 내용적으로 이해한다면, 대통령 선거는 정당선거가 아니다. 대통령이 중립을 더욱 유지하지 않으면 안 되는 입장에 놓여 있는 것은 법률에 의해 명문화되어 있다. 더욱이 어떤 정당의 후보자가 되고, 어떤 정당의 당원이 대통령에 취임하는지에 대해서는 국가 특히 사회, 경제 분야에 있어서 그 의의는 극히 작다. 법적으로는 전시(戰時) 및 혼란한 시기에만 예외적으로 대통령의 임무가 확대되나 만일 그러한 상황이 생기면 누구라도 정당대표로서가 아닌 국가원수로서 행동하며 국익을 해치는 일 등은 있을 수 없을 것이다.
2. 대통령에 입후보하는 자는 법적으로는 45세에 달해야만 하고, 실질적인 관점으로 말하자면, 몽골국민의 대부분이 인지하고 있는 인물일 수밖에 없다. 그러나 사회민주당, 민족민주당의 양당에는 이러한 요구를 채우는 인물이 아마 한 명도 존재하지 않았다는 것은 부인할 수 없는 사실이다.
3. 인민혁명당 후보자가 보다 호전적이고, 가능한 옛 체제를 부활시키고 그것이 이루어지지 않더라도 최소한 민주화세력에 상시 압력을 가하려는 인물이라면, 그것은 작년 국회 총선거에서 생긴 확실히 전통과 관습을 중히 여기는 입장에 있는 자들로 이루어지는 의회와 손을 잡고, 근년 국제적으로도 국내적으로도 획득한 성과를 밀어내는 데 생길 수 있는 구체적 위험성이 존재하였다. 거기서 그러한 상황에 처하지 않도록 대항하여 스스로의 입장을 견지할 수 있고, 최소한의 중립을 유지할 수 있는 인물이 신정당에는 필연적으로 필요하였다. 사실 인민혁명당은 그러한 인물을 옹립하고 있었기 때문이다.
4. 소비에트 연방에서 온갖 물자를 구입하여 순화시키고 있었던 우리나라의 옛 시스템은 소련연합체제에 맞추느라 차질이 생길 뿐 아니라 경제적으로 완전히 혼란에 빠졌다. 그러나 국제사회의 우호적 협력국가들, 특히

대국(중국)이 몽골에서 높아져가는 민주화 과정을 지원하여 제1단계로서, 경제적으로 일찍이 소련이 했던 역할을 계승하여 담당하고 있다. 세력적으로도 이전에 두 대국으로부터 균형상 독립을 유지한 우리나라는 소련 해체에 의해 균형을 잃음으로써 그러한 나라들로부터 지원, 원조가 중요한 의의를 가지게 되었다. 그러나 작년의 국회총선거 결과가 지원제국에 상당한 망설임을 가지게 한 것은 감출 수 없는 사실이다. 이러한 때에 사회주의 정당에 속하여, 특히 사회주의의 엄격한 원칙을 견지하는 인물이 대통령에 당선되면 국익에 악영향을 미칠 가능성이 있었다. 이러한 상황에 있어서 정면으로 저지할 수 있는 힘을 가지고, 적어도 중립을 유지할 수 있는 인물이 필연적으로 필요하였다.

5. 인민혁명당 후보자들 중에서 이번 선거에 승리할 현실적인 가능성을 지닌 인물 중 한 명이 P.오치르바트였다. P.오치르바트를 "민주화의 아버지, 영웅, 사회주의에 대해 일관되게 반대하여 온 인물이다." 등으로 형용하는 것에는 의미가 없다. 그러나 이 인물이, 몽골국에 보급된 민주화 과정에 있어 하나의 산물이라는 점에서는 아무도 이의가 없을 것이다. 그는 이러한 역사적 과정에 있어서 몽골국의 장래는 민주화의 길로 나아가는 것 이외에는 어디에도 출구가 없다고 강하게 의식하고 있었던 인물이다. 이렇게 복잡하게 뒤얽힌 역사적 시대에 민주체제만이 몽골국의 독립을 견지할 수 있다는 확고한 신념을 가진 인물이다. 그는 인민혁명당 내에서는 급진적 개혁파에 속하고, 지난번 선거에서 대통령에 선출되자 법률에 근거하여 당적을 이탈했다. P.오치르바트는 대통령직에 있었던 2~3년 동안, 국민을 단결시키는 입장에 놓여 있었던 자로서, 여러가지 정치적 견해 안에서 중립을 유지할 수 있었던 인물이었다. 또한 대외적으로는 특히 북방의 이웃나라 러시아 및 우리나라 지원제국에 대해서 몽골국 및 자

기자신이 앞으로 민주화노선에서부터 이탈하는 것은 없다고 이해시킬 수 있었던 인물이었다. 이러한 구체적인 상황에서 민족민주당(MNDP)과 사회민주당(MSDP)은 이번 대통령 선거에 P.오치르바트를 옹립하기에 이르렀던 것이다. 양당은 선거활동에 있어서는 자금적으로 극히 약했음에도 불구하고, 그가 출마할 것을 떠맡아서 우리들을 신뢰하고, 노력한 점에 대해서는 특히 언급해둘 필요가 있다. 선거결과에서는 '민족민주당 및 사회민주당 후보자'와 '인민혁명당 후보자'가 약 6 대 4의 비율로서 우리들의 후보자가 승리하여 몽골 국내에서 처음으로 실시된 직선 대통령 선거에 의해서 선출된 초대 대통령에 취임했다.

그러나 이것은 민주화 세력의 승리이며, 지금은 몽골 국민 모두가 민주화를 지지하게 되었다는 등으로 해석하기에는 너무 경솔하고 표면적이다. 우리들의 후보자가 승리를 얻을 수 있었던 것은 다음과 같은 이유가 있었기 때문이라고 생각한다.

1. 몽골인이 예부터 전해오는, 국가를 존중하고 신격화하여 숭상하는 사고방식과 관련한다. 국가를 대표하는 인물은 어떤 인물이더라도 불가침의 대상으로 간주되어, 선거에서 누군가를 선출·교대시킨다는 사고 형태는 형성되어 있지 않고, 그 때문에 전직자와 투쟁하는 자는 국가를 전복하려는 적으로 간주된다. 이것에 대해서는 지금까지 두 번 행하여진 국회의원 선거에서도 명료하게 나타나고 있다.
2. 오치르바트 개인이 많은 국민들에게 친숙해져 있다. 특히 몽골인이라면 공통되는 그의 성실한 기질, 정직한 언사(言辭), 잘난 척하지 않는 태도가 국민들에게 친근감을 갖게 한 것은 몇 가지의 사회학 조사기관이 행한 앙케이트 결과에서도 명백하게 알 수 있다.

3. 상대후보 측 선거전략을 쌓은 사람들의 표정을 국민의 다수가 거절하고, 그러한 국민들이 오치르바트 측에 기울어졌다. 상대후보 측의 비난공격, 비방 중상, 날조 왜곡이라는 활동이 활발해지면서 많은 사람들이 그것에 경악하고 오치르바트에게 투표하게 되었다. 대항자 측은 오치르바트가 술을 좋아하는 자, 담배를 좋아하는 자, 배신자, 아첨하는 자처럼 보이게 하기 위해서 너무나 힘쓰는 바람에 대중 앞에서 양 후보자가 나란히 등장하자 오히려 그들의 후보자 측이 더욱 그 상황에 가까운 것처럼 인식되기 시작했다.
   4. 이번의 경우, 민족민주당과 사회민주당 연합이 실시한 선거전략이 보다 정곡을 찌른 것이었다. 특히 작년에 행해진 국회 총선거 활동이 국민의 심리적 특질에 맞게 행해지지 않았다라는 쓰라린 경험이 크게 도움이 되었다. 이러한 모든 것을 총괄하면 이번 선거는 민주화 세력의 승리라고 하기보다 인민혁명당의 패배였던 것이다. 그러나 그렇다 하더라도 최종적 결론으로서는 어쨌든 이번 선거투쟁에 있어서 몽골국 민주화세력이 승리했다는 사실은 누구도 부정할 수 없는 것이다.

외국의 보도기관이 우리나라의 대통령 선거를 어떻게 보도하고 있었는지에 대해서 적어보기로 한다. 프랑스의 『르 몽드』지 1993년 6월 10일자에 게재된 '오치르바트가 대립하고 있는 구사회주의 정당후보를 압도적인 다수로 물러나게 했다' 라는 제목을 붙인 기사에서는 "100만 명 정도의 선거민의 약 60%가 오치르바트에게 투표했다. 서양 및 일본과 옛적부터 친분이 있는 오치르바트의 재선은 1993년에 예정된 미화 3억 달러의 국제지원 공여를 앞으로 추진해가는 데 도움이 된다. 모스크바의 비호에서 벗어나 중국의 골치를 앓게 하는 생각에 직면하고 있는 이 시기에,

이러한 원조는 이 나라에 있어서 결정적인 의의를 갖는다"고 쓰여 있다.

라디오 '러시아의 목소리(의견)'에서는 "몽골국이 민주화노선을 걷기 시작해 3년이 경과했다. 오치르바트 대통령은 몽골국의 민주화, 시장경제로의 이행이라는 어려운 길을 이끌고 가게 될 것이다. 몽골국민은 이러한 노선에서 후퇴할 의사가 없음이 대통령 선거에서 재증명되었다."고 보도했다. 라디오 '미국의 목소리'에서는 "몽골국에서 처음으로 민주적인 대통령 선거가 실시되어, 오치르바트 현직 대통령이 승리를 거두었다. 그는 민주연합에서 입후보했으나, 현재 여당인 인민혁명당이 의회에서 다수파를 차지하고 있다는 점은 변함없다"고 말하였다.

영국의 『이코노미스트』지에서는 "일관된 개혁론자 오치르바트는 옐친과 마찬가지로 일찍이 사회주의 정당과 성격이 맞지 않아 인민혁명당이 아닌, 야당 세력에서 입후보하였다. 그의 승리는 1996년에 행해질 국회총선거에서 인민혁명당 내에 있는 개혁론자가 이탈하는 데에도 자극이 될 것이다. 오치르바트의 승리는 국제통화기금이 이번 달 하순에 몽골국에 공여하는 차관, 미화 3,100만 달러에 대한 문제를 자국에게 유리하게 해결하고, 그 외에도 차관 공여를 받는 방법을 만들어 가는 데 일조가 된다"고 하였다.

중국의 『인민일보』지 6월 12일자에서는 "오치르바트의 당선은 뜻밖의 일은 아니다. 그는 1990년 대통령 취임 이래 3년 동안, 몽골국 외교정책을 총괄하여 외교관계에 있어 일방 정책을 변경하여, 동맹에 속하지 않고 대외개방을 행하고 세계각국과 평등한 호혜적 협력관계를 확립하는 외교정책을 실시해 왔다. 경제발전의 면에서 오치르바트 대통령은 다양한 정책을 입안하여 외국으로부터의 투자, 기술 도입, 천연자원 개발, 다수의 통상파트너 획득 등을 이루었다. 오치르바트가 지휘해서 기초를 닦은 몽골국 신헌법은 몽골국에 있어서 가장 어려운 시기에 추진력을 가해 정치적 불안정 상태를 극복해서 국내외에 명성을 높였다고 몽골국민은 생각하고 있다"고 적었다.

빌 클린턴 미합중국 대통령은 축하전문에서 "대통령각하, 귀하가 몽골국 대통령직에 선출된 것을 축하드립니다. 귀하가 몽골국에서 처음으로 실시된 대통령 직접선거에서 당선된 것은, 정치경제의 혁명 쇄신이라는 다난한 시기에 귀하가 멀리 바라보는 자세로 자국을 지휘하고 있는 것에 대한 또 하나의 확고한 증명이 됩니다. 몽골 국민의 기대 및 민주화에의 존중이 표명된 이번 일에 대해서, 미합중국은 진심으로 축하드립니다. 귀국민이 자유스럽고 공정한 선거에서 성과를 거둔 것은 민주화 운동의 확실한 승리이며, 몽골국민이 아무리 곤란에 직면하더라도 정치경제의 개혁을 계속할 의욕에 충실하다는 점을 다시 한번 증명한 것입니다. 이러한 활동이 앞으로도 한층 더 큰 성과를 거둘 것을 기원하며 미합중국 국민을 대표하여 축하드립니다. 우리들의 공통된 과업에 대해서, 귀하와 협력할 것을 나는 희망합니다" 라고 적혀 있었다.

중국의 장쩌민 국가 주석은 "귀하가 몽골국 대통령에 재선된 것에 대해서 진심으로 축하드린다. 중국과 몽골국의 좋은 우호적 이웃나라 관계 및 협력관계가 평화공존 5원칙에 따라 앞으로 한층 더 진전하리라고 확신한다. 귀하의 건승, 직무에 대한 활약을 기원한다."라는 축사를 보냈다.

또한 일본국 천황은 6월 28일자로 "귀하가 몽골국 대통령직에 재취임한 것에 대해 진심으로 축하를 드리고, 복을 기원함과 동시에 귀국민에 대해서 번영의 축하를 드릴 수 있는 기회를 가지게 된 것을 영광스럽게 생각한다." 라는 축사를 보냈다.

대통령 취임식은 이전과는 다른 방식으로 행하여졌다. 정부청사 대강당에서 국회가 개원한 가운데 취임 선서가 이루어졌다. 대강당 무대 위에 국회의장, 부의장, 국회의원이 자리잡고, 강당 안에는 국가기관이나 민간기관의 직원, 정당 대표자, 외국 대표자, 보도 관계자가 자리했다. 대통령 선서대는 무대 중앙이 아닌 좌단으로 바뀌었다. 선서를 하고 서명을 기입하고 국기에 이마를 대고 은총을 받고, 선서서(宣誓書)를 바가반디(N.Bagabandi)국회의장에게 봉정하였다. 국회의장이 나에게 축사를 전한 뒤 국가를 제창하여 숭경의 뜻을 비추었다. 다음으로 노동영웅의 칭호를 가진 공로 광산노동자 J. 오트곤싸간이 축사를 전하며 복을 기원하는 축문을 읊고, 하다구에 올려진 은 그릇에 들어간 우유를 봉헌하였다. 신성한 우유에 기도를 바치고 입을 대고, 국회와 국민에게 의례적인 인사말을 하였다. 취임식은 저녁때 종료되고, 대통령 취임을 축하하는 몽골 씨름대회가 열리어 최고 씨름꾼인 요코즈나 B.바트에르테네가 우승해서 '대통령 역사(力士)'가 되었다. 그러나 바트에르테네는 전 국민의 역사다.

소란스럽고 호전적이며 뒤얽혔던 선거활동이 막을 내림으로써 투쟁의 공간에서 해방되었다. "매도는 축복으로써, 억셈은 부드러움으로써, 험악함은 온화로써, 증오는 자비로써 응하자"라는 불교의 가르침을 신봉하여, 절박한 어려움을 함께 타개하기 위해서 많은 사람들을 거느리고 행동했다. 종교를 믿어서 하는 말은 아니고, 이 말은 사람이 사람을 대할 때의 예절을 가장 바르게 나타내고 있다고 생각한다.

경오년의 민주화가 우리들에게 무엇을 가져다 주었는가 하는 질문이 자연스럽게 나온다.

사회주의는 훌륭했다. 민주화 때문에 이러한 상태가 되었다는 욕설을 퍼붓는 경향도 볼 수 있다. 경제 혼란은 그 '훌륭한' 사회주의에 관련하고 있었다는 것을 인정하지 않고 있다. 민주화의 은혜에 의해 우리들은 진정한 독립국이 되었다. 지금까지 우리나라는 실질적으로는 '위성국'이었다. 그러나 이제 경제적 자유를 얻었다. 국내에서, 그리고 세계에 경합하여 강력한 경제를 보유할 길이 우리들 눈 앞에 펼쳐지고 있다. 현재 식량 부족, 물가 상승 등의 일시적 혼란을 일으키고 있는 문제들이 있긴 하지만 말이다. 인도적 민주사회를 건설하는 기반을 만들고, 골격을 맞추어, 굵은 기둥을 세웠다. 이러한 내 말을 뒷받침해주는 증명이 되는 것은 국민 모두가 합의한 헌법이다. 복수정당제 국가체제, 다양한 재산형태가 있는 경제는 자유로운 인권을 초래하고, 경쟁 정신을 사회의 모든 분야에 확대시키는 문을 열게 하고, 그것이 몽골국을 발전시키는 메커니즘이 된다.

오늘날 수천 명에 이르는 개인사업 경영자가 태어나 국민은 생산, 상업, 서비스 활동에서 자유롭게 종사하는 완전한 법적 기반을 획득하였다. 이것은 자립경제를 가지기 위한 출발점이다. 이것은 민주화가 공허한 선언이 아니라 각 가정에 보급되고, 각 개인의 마음에 침투하여, 더욱이 자국을 부흥시키는 주요 조건이 된다는 것을 나타내고 있다. 일반인들은 몇 년 전에는 스스로 생각하고 스스로가 발언한다는 것을 모르고 있었으나, 오늘날 그러한 것은 없어졌다. 자유의 회복은 겨우 싹트기 시작한 종자이고, 어려움 중에 빛나는 별이며, 우리의 자손들의 미래이며, 오늘날 우리가 부설한 길이라는 것을 말해두고 싶다.

격심한 다툼이 있었던 선거 이래, 적지않은 시간이 경과했다. 내가 어떤 사람이고, 어떤 인생을 걸었고, 어떻게 국가원수가 된 것일까. 몽골국의 현재 및 미래의 양상에 관해서 대통령이 무엇을 생각하고 있는가는 어떠한 발언에서도 담을 수가 없었다. 그런 까닭으로 본서(원제: 『하늘의 시대

(天の時)」)의 발간을 의도했었던 것이다. 몽골인은 '하늘'이라는 명칭을 좋은 것으로 이야기하는 예로부터의 전통이 있다. 오고타이 칸(Ogotai Khan, 칭기즈칸의 셋째 아들로서 2대 황위 계승한 太宗, 1229~1241, 역자주)은 좋은 시대를 하늘의 시대라고 부르고 있었다.

민주화의 신시대를 나는 그렇게 부른다. 왜냐하면 이 시대는 몽골국에게 정치적·경제적·사회심리적 민주화와 자유를 가져다 주었다. 이 시대가 몽골국의 이름을 세계에 알렸다. 또한 이 시대가 우리들에게 새로운 역할, 인식, 책무를 부과했다. 인간이 자신의 이름에 만족하는 그러한 시기가 있는 것처럼, 국가의 시기에도 그와 같은 시기가 있다. 1206년, 1911년, 1921년, 1990년이 그러한 시기였다.

확실히 '하늘의 시대'가 도래하였다. 말에서 내려 국가를 궤도에 올리는 것은 곤란하다고 성(聖) 칭기즈칸(Chingiz Khan)께서 말씀하신 것처럼, 이러한 하늘의 시대를 궤도에 올리고 가는 것은 어렵다. 하늘의 시대가 어떻게 다가왔는지에 대해서 지금부터 서술하기로 한다.

제2장
나는 아라쿠아도 성(姓)

> - 게레셍제 자라이르 혼다이지의 자손이 대대로 통치하고 있었던 아이막이 자브한이다. 바구니가 출산 침대를, 가축의 분(糞)이 소독헝겊을 대신하고, 운베가 조산부를 대신하여, 나의 아버지 겡뎅쟈브가 1892년에 태어났다. "아아, 사랑스럽다, 그렇구나"라고 종종 말하곤 했었다.
> - 그 무렵 남동생은 형이 울란바토르에 있으니 반드시 만나러 가겠다고 하였단다. 나는 후일 그 이야기를 듣고 가슴이 찢어지는 것 같았다.
>
> **어머니의 성을 사용하게 된 역사**
> - 사르트르의 기(旗)는 포상으로 270년 후인 1992년에 나, 오치르바트가 보관하게 되었다. 돈바스 전체를 찾아보아도 흐루시초프가 일했었던 탄광을 찾을 수 없을 것이라고 말하면서 다같이 크게 웃었다.
> - 봄의 촉촉한 눈이 흩날리는 아름답고 조용한 밤하늘을 바라보면서, 마음을 터놓고 이런저런 이야기를 하고 있는 중에 체베르마와 나는 서로 행복을 느끼고 있었다.

인간에게 있어서 '고향이 내 집'이라는 것은 어떤 것일까. 태어난 장소가 손바닥 정도로 작다는 것일까. 아니, 그럴 리가 없다. 내가 생각하기에 이 말은 자연세계와 인간세계를 밀접하게 연결시킨 복합적인 이해이다. 봄에는 어째서 쇠약해지고 피로해진 병든 사람이나 지병으로 괴로워하는 사람들에게 태어난 고향으로 돌아가서 그곳의 물을 마시고, 산골짜기를 산책하고, 대지에서 쉬라고 조언하는 것일까.

어째서 인간은 나이가 들수록, 태어난 고향을 더욱 그리워하는 것일까. 말하자면, 몽골인 속에 고향을 사모하는 경향이 심한 이유는, 실제로 몽골인이 대지의 피를 이어받은 민족, 꽃바람이나 별의 조그마한 조각이 되어 태어난다는 것과 관계가 있다고 생각한다. 도시화가 두드러지게 되고, 꽤 많은 사람들이 병원 침대 위에서 태어나게 되어, 태어난 곳이 우리 집이라는 관념은 없어져 가고 있다. 시대란 스스로의 역사를 기록한 것이므로, 그들에게 있어서 회상할 추억도 또한 달라지고 있다.

민주화의 바람과 함께 여러 가지 전통관습이 부활하였다. 본래 몽골인은 9세대 이전까지 알 수 있는 족보를 보관하고 있었다. 이러한 족보 덕분에 근친결혼도 막고, 민족은 유익한 선택을 할 수 있었던 것이다. 나의 경우 내 고향과 관련한 많은 역사를 수집하였는데, 그 모든 것을 여기에 실을 수는 없겠지만, 그러나 일부의 사항, 예를 들어서 자사쿠토한 아이막, 세쳉완긴 호쇼, 아라쿠아도 성(姓), 사르트르 부족에 대해서는 명기해 둘 필요가 있지 않을까 한다. 그러한 것들은 나의 단순한 개인적인 역사가 아니라, 몽골인의 역사 전승과 밀접한 관계가 있는 것이다.

우선, 자브한 아이막이 어떻게 설립되어, 역사적 과정에 있어서 어떠한 명성을 떨치고 있었는지, 그 혈연을 이어 받은 자손에 관해서, 고금(古今)의 문서가 어떻게 서술되어 있는가라는 점에서 읽어가 보도록 한다.

자브한 아이막은 자사쿠토한의 영역에 설치되었다. 자사쿠토한이라는 행정단위가 인류가 거쳐온 역사 중에서 어느 시대에 설립되었는가 하면, 이 명칭은 16세기 무렵에 탄생한 것같다. 당시의 행정 명칭은 세습 지배를 행하고 있었던 왕후(王侯)가 가지고 있는 작위에서 유래하고 있었다.

그러한 이유로서, 자사쿠토한 아이막은 자사쿠토한이라는 작위를 받은 일족의 영유 지역인 것이다. 이 아이막의 창설자 중의 한 명은 게레셍제 자라이르 홍타이지의 장남인 아시하이의 손자 라이호르라고 하는 인물이었다고 전해지고 있다. 그러나, 라이호르에게 자사쿠토한의 작위가 주어지지 않았었는지, G.Yu.구르무 구르지마이로의 저서에서는 아시하이의 현손(玄孫)인 소바가다이가 자사쿠토한 작위를 가졌었다고 기술되어 있다. 그 책에는 게레셍제 자라이르 홍타이지의 장남인 아시하이 다르한 홍타이지의 사남인 아민도라르의 손자 쇼로이오바시가 세쳉한이 되어, 아시하이 다르한 홍타이지의 현손 소바가다이가 처음으로 자사쿠토한으로 불리게 되었다고 기술되어 있다.

바트뭉후 다얀 칸은 자기의 후계자들에게 통일 국가를 유지하라는 지시는 하지 않고, 몽골 지역을 각 호쇼(오늘날의 '솜' 보다 약간 큰 행정단위로서, 우리의 '군' 정도의 행정단위이며 지금은 사라지고 없음, 역자주)로 분할하였다. 할하(Khalkha)라고 불리는 북방 몽골 지역은 바트뭉후 다얀 칸의 막내아들인 게레셍제가 상속했다. G.Yu.구르무 구르지마이로는 어떤 조건에 의해서 할하에게 투셰토한, 세쳉한, 자사쿠토한이라는 삼(三) 한이 만들어졌는지를 특정짓는 것이 할하 역사 중에서도 가장 중요한 과제라고 서술하고 있다.

술해년(1539년)에 태어나, 20살을 맞이한 1558년에 왕위에 오른 다라이송 하당한의 장남인 투멩 다이지는 30년 이상 칸(Khan)의 지위에 머무르며, 행정 법규를 강화했기 때문에 자사쿠토한(자사쿠토는 '통치가 잘 되어 있다' 라는 뜻)이라는 명성을 얻었다고 기술되어 있다. 투멩 다이지는 1592년, 54세의 나이로 병사했다. 역사에 특별히 기록할 만한 자사쿠토한의 공적을 들자면, 첫 번째로 그가 6개의 지역을 통일하여 몽골 통일국가를 봉건적 만 호 분열에서부터 지킨 점, 두 번째로 행정 법규를 강화한 점을 들 수 있다. 좌익 3만 호(할하만 호, 차하르만 호, 우리양하이만 호), 우익 3만 호(오르도스만 호, 투메도만 호, 융세브만 호)를 설립하여, 새롭게 치세를 행한 왕후(王侯)를 임명하여 여진족, 아리고도족, 다구르족 등의 이민족 지역에서 조세를 징수하여 '광대한 대국의 정치를 평온하게 다스렸다'는 점을 들 수 있다. 투멩 자사쿠토한 자신이 좌익 3만 호를 다스리고 있었으므로 자사쿠토한 아이막이라는 명칭이 여기서 유래했을 가능성도 있다.

Sh.나차구도르지의 저서 『할하(Khalkha)의 역사』에 의하면, 리그덴 호토쿠토칸(1604~1634)이 몽골 국가의 칸이 되어, 여섯 개로 분열된 지역을 통일하려고 시도했을 그 무렵, 몽골 동부에서는 여진족이 기세를 넓혀가고 있었다. 명조(明朝)시대에는 주르칭은 3대 부족 집단으로 나뉘어져 있었으나, 주르칭 내부에 봉건적 관계가 생겨나, 누르하치(1575~1626)가 주르칭 여러 부를 통일하여, 1616년에 후금국(後金國)의 황제 자리에 올랐다. 황제는 이웃 몽골 여러 부족을 지배하는 정책을 적극적으로 추진하기 시작했다. 몽골의 입장에서는, 새롭게 발생한 이러한 외적 요인은 그 후의 몽골 국가의 독립 존속의 문제에 큰 관련을 가지게 되었다. 리그덴 칸의 통치를 바라지 않았던 봉건 제후(諸侯)는 지원자를 외부에서 찾으려고 했다.

이 당시의 할하는 세쳉한, 투셰토한, 자사쿠토한의 3지역에 분열되어 있었다고 기술되어 있었기 때문에, 이러한 3아이막은 이것보다 전에 설립되었다고 할 수 있겠다. 그 후, 제부층당바 호토쿠토의 시대에는 체뎅자브가 자사쿠토한에, 차홍도르지가 투셰토한에, 우메헤이가 세쳉한에 추대(推戴)되었다. "자사쿠토한 아이막을 체뎅자브로의 통치하에 놓는다"라는 기술이 사서(史書) "사부사(四部史)・치세계통(治世系統)・황금엽사(黃金

葉史)"의 할하 4아이막 호쇼에 관한 기술 항목에서 볼 수 있다.

또한 이 사서에서는 흥미롭게 기술된 부분이 있다. "바트뭉후 다얀 칸의 여섯 번째 아들 게르스보르도의 자손이 사르트르의 왕위에 올랐다"라는 대목에서, 당시의 몽골 국가의 영토는 고비알타이, 한가이, 차하르 사이에 낀 범위 내에 있었기 때문에, 여기서 등장하는 사르트르라는 부족이 호라즈므의 사르트르가 아닌, 몽골 영내에서 거주했었던 사르트르였다는 점은 납득이 간다. 이러한 모든 것들은, 자사쿠토한 아이막이 16세기경에 성립하여, 칸의 작위를 지닌 많은 자들을 받들었던 인민 행정이 발생하고 있었던 것을 증명하고 있다. 다음으로, 자사쿠토한 아이막의 영토가 어느 곳이었는가라는 문제가 제기된다. 이것에 관해서는 보구도 칸 시대의 상황을 적어보겠다.

그 당시의 자사쿠토한 아이막은 서쪽의 경계는 호브드와 접하고 있고, 두르브도의 우넹조리쿠토한 아이막, 동일하게 두르브도의 토고즈후레구 다라이한 아이막과 접하며, 북쪽의 경계는 흐브구르, 동북부의 경계는 사잉노용한 아이막과 접하며, 남쪽의 경계는 중국의 감숙성과 접하고 있었다. 오늘날의 행정 단위로 말하자면 자브한, 고비알타이 아이막과 호브드, 우브스, 홉스골, 바얀홍고르, 옴노고비 각 아이막의 일부와 솜(som, 아이막의 하부 행정 단위로서 '군'에 해당)을 포괄한 지역으로 유럽에 있어서 2개국 상당의 영토와 거의 필적한다.

아이막이라는 말은 몽골 역사 중에서 시대별로 다른 의미로 사용되어 왔다고 D.공고르 박사는 설명하고 있다. 혈연 집단기에 있어서 아이막이란 각각의 씨족 집단을 가리키는 말이었으나, 씨족이 해체되어 다음 사회로 이행한 11세기경에는 부족·지연 집단을 가리키게 되어, 그 후, 대대로 이어진 왕후(王侯)의 영유지역을 아이막이라고 부르는 관례가 생겼다고 한다. 예를 들면, 게레셍제 자라이르 홍타이지의 자손이 대대로 통치하여 온 아이막이 자브한이다. 1925년, 인민 정부가 자사쿠토한 마다체렝공부자브의 재산을 몰수한 것에 의해서, 9대에 걸친 이 아이막의 칸에 의한 통치가 끝난 것이다.

1923년 8월 14일, 몽골국 정부 임시회의는 자사쿠토한 아이막을 항다이사르오린 아이막으로 개칭하여, 20호쇼, 1샤비, 92솜으로 할 것을 결정하였다.

1931년, 항다이사르오린 아이막을 분할하여, 자브한, 고비알타이 두 아이막으로 재편성하였다. 그로부터 60여 년 남짓 17명이 자브한 아이막 지사를 맡아서, 18명 째에 해당하는 자가 베구징 오치르바트 현 지사이다.

내가 태어난 세쳉왕긴 호쇼가 어떻게 성립했는가 하는 역사도 흥미 깊은 것이다. 1549년 바트뭉후 다얀 칸의 아들 게레셍제 홍타이지가 사망한 후, 게레셍제의 황후(皇后)가 자신의 아들 7명에게 할하 몽골 지역을 나누어 줌으로써 할하 7호쇼가 성립했다. 왕후(王侯)가 분할할 때 당가토, 사르트르 두 아이막을 하나의 호쇼로 하여, 게레셍진 다링훙드룽의 소유로 하였다. 게레셍제 홍타이지의 아들들의 이름은 아시하이, 노요쿠토이 하당바트르, 노노호 위젱 노용, 아밍도라르, 다링훙드룽, 사무도, 다리였다. 사무도와 다리에게는 아이가 없었다. 첫 번째 아들인 아시하이 홍타이지, 두 번째 아들인 노요쿠토이 하당바트르, 다섯 번째 아들인 다링훙드룽의 아이들은 자사쿠토한 아이막 19호쇼의 왕후(王侯)가 되었다.

4번째 아들인 아밍도라르의 아이들은 세쳉한 아이막 이삼 호쇼의 왕후가 되었고, 세번째 아이인 노노호 위젱 노용의 아이들은 투셰토한, 사잉노용한 두 아이막 44호쇼의 왕후가 되었다. 그들은 모두 칭기즈의 핏줄을 이어받은 바트뭉후 다얀 칸의 후예이다.

1911년에 몽골이 청조(淸朝)로부터 독립하자, 다음해 1912년에 할하4 아이막 각 호쇼에 인장을 새롭게 바꾸어 만들게 되어, 그때 각 호쇼를 통치자인 왕후의 작위로 호칭하는 관례를 정했다. 이때에도 세쳉왕긴 호쇼라는 이름은 그대로 남았다.

자사쿠토한 아이막의 세쳉왕긴 호쇼의 역사에 관해서는 자브한 아이막의 투데부터 솜에 거주하는 하르장긴 나랑(86세)이라는 자가 흥미있게 기술하고 있으므로, 그것을 이하에 인용하기로 한다.

지금부터 약 300년 전 자사쿠토한 아이막의 세쳉왕긴 호쇼 사무소는 자브한 강의 사르토 토르고이라고 하는 장소에 위치하고 있었다. 이 호쇼는 많은 왕후 타이지와 민중을 맡고 있는 커다란 호쇼였다고 한다. 어느 여름날 이 호쇼 사무소에 회병(回兵: 이슬람교를 신앙하는 중국의 동투르크스탄(東干) 군대의 잔병으로서 1870년에 중국에서 봉기하여 우즈베크, 키르기스 방면으로 도망치는 도중에 몽골 지역을 통과하여, 약탈하고 있었다)이 공격해 온다는 소문이 나돌았다. 호쇼의 왕후와 관리는 공포에 질려 당황하여 부산을 떨면서 힘을 모아서 재물, 금은, 장보 등을 사르토 토르고이에 묻어서 감추고 호쇼 안의 각지에 사자(使者)를 보냈다. 회병이 공격해 오니 모두 우리야스타이, 야로, 헤르셍, 아르보라쿠 등의 방면으로 시급히 이동하라는 통지를 보냈다.

민중들도 이 재난의 통지를 듣고 공포에 질려 당황하여 부산을 떨면서, 유복한 자는 가산을 라쿠다에 싣고 가축의 무리를 다그치며 이동하였고, 가난한 자는 가산의 일부를 묻어서 감추고 당장 필요한 의류나 식량을 가지고 뒤따라 이동하였다. 호쇼 사무소, 왕후, 관리들은 우리야스타이로 이동하여 거기서 거주하였다. 이동하는 도중에 가난한 자들이 피해를 입어 식량과 거주지가 부족한 것을 알고 우리야스타이의 관리를 만나서 상황을 설명하였다. 우리야스타이 총독은 만주인 총독이 방위용 수굴(水堀)을 건설하려는 계획을 세우고 노동자를 찾고 있는 것을 알고 있었다. 그 만주인 총독에게 가난한 자들에 대한 설명을 하자 열심히 귀를 기울이고 사람들에게 주거용 텐트와 음식물을 지급하며 작업에 종사시켰다. 이렇게 해서 한인(漢人) 노동자와 협력하여 3년 만에 수방벽을 완성시켰다고 한다. 이러는 사이에 사무소에서 근무하는 자들은 사르토 토르고이의 주변을 은밀히 조사하여 회병이 피해를 주지 않고 떠난 것을 알고 호쇼의 왕후, 관리, 민중들은 기뻐하며 원래의 토지로 돌아갔다.

사르토 토르고이에 감추어 둔 금·은, 장보 등은 모두 그대로 보존되어 있었으므로 은혜를 베풀어준 작은 언덕에서 제사를 지내기로 하였다. 어떤 자는 3년 동안, 1년에 한 번 사르토 토르고이를 녹색의 견포로 덮을 것을 제안하였고 또 어떤 자는 3년 동안 50냥의 은화를 올리자고 제안하였다. 많은 사람들이 모여 이러한 협의를 계속하고 있으니 어떤 관리가 "그런 지출을 할 필요는 없다. 사르토 토르고이에게 사르토 오로('오로'란 '산'을 의미한다)의 칭호를 수여하여 매년 제사를 지내자"고 제안하여 모두들 그 생각에 찬동하였다. 호쇼 회의에서도 이러한 제안을 채택해서 작은 언덕을 산이라고 부르기로 결정내렸다고 하는 전설이 남아 있다. 그뿐 아니라 사르토 토르고이에게 사르토 오로의 칭호를 수여한다는 포고문은, 호쇼 안의 전 민중에게 전해졌다고 한다.

나에게 이러한 역사를 가르쳐 준 나랑 옹이 어떻게 해서 이 역사를 알고 있었는지에 대해 다음과 같이 말하고 있다. 1960년 초에 내가 세쳉오르 솜의 어떤 집을 방문하여 거기서 겡뎅쟈브라고 하는 라마승을 만났다. 그 라마승은 차를 마시러 집에 들르라고 했다. 그 라마승의 집에 차를 마시러 가서 앉아 있으니까, 그가 매우 흥미로운 문서를 보관하고 있으니 그것을 보여주겠다고 말했다. 그것이 지금 내가 서술한 사르토 오로에 관한 기록이다. 종이에 붓으로 쓰여지고 네모진 인장이 찍혀 있었다. 그 문서를 양도받고 싶었지만 뒷면에 티베트어의 경전이 적혀져 있었기 때문에 베껴쓰기로 했다고 한다. 다음해, 이 네모진 인장과 동일한 인장이 찍힌 문서를 야로 솜에 있는 집에서 봤다고 나랑 옹이 말하고 있다. 이렇게 보면 나의 고향 사람들은 역사를 존중하고 관련 문서의 보관도 잘 했었던 것 같다. 나랑 옹이 1961년에 베껴쓴 이 문서는 1992년에 내 손에 들어오게 되었다.

　나는 자사쿠토한 아이막의 세쳉왕긴 호쇼 출신이고, 아라쿠아도는 성(姓)을 칭하는 글자이다. 내 어머니의 성이 이 아라쿠아도이고 아버지의 성은 사르트르이다.

　자사쿠토한 아이막에 관한 씨족명을 상세하게 서술하는 것은 어려운 일이다. 그러한 것들은 아직 충분히 연구되어 있지 않고 여러 연구 간의 관련성도 불충분하고 모순점조차 인정되고 있다. 내가 이 회상록에 아이막, 호쇼, 혈연씨족을 명확하게 적어 두려고 노력한 이유는 장래의 연구자 및 내 자손에게 유익하다고 판단하기 때문이다.

　우선 첫 번째로 어머니 측의 아라쿠아도 성에 관한 문헌기술부터 보도록 하자.

　자사쿠토한 아이막, 세쳉왕긴 호쇼의 씨족 중에서는 옛부터 아라쿠아도라는 성이 있었다. 옛적부터 기술하는 근거는 흉노(匈奴)시대에 만리장성부터 중앙아시아에 이르는 영역에 오손(烏孫), 정영, 햐가수, 보마 등의 유목집단이 존재하였고 보마라는 것이 아라쿠아도 집단이었기 때문이다.

G.아마르의 저작 『몽골 간사(簡史)』에서는 정영은 기원전 3세기부터 기원후 5세기까지 북아시아에서 유목하고 있었던 토르코계 민족으로서 처음에는 흉노에 속하였었으나 그 후 독립하였다고 기술되어 있다. 위구르의 조상이 정영이라고 기술된 문헌도 있다. G.Yu.구르무 구르지마이로의 기술에 의하면, 보마는 정영과 인척 관계이고, 북 보마가 아라크아돈, 서 보마가 차강아도탕이라고 불리고 있었다. 어쨌든 이 시대에 남시베리아에 존재하고 있었다는 것 이외, 보마라고 하는 집단에 관한 역사 기록은 존재하지 않는다고 한다. 또 G.Yu.구르무 구르지마이로에 의하면, 그들(북 보마 부족)은 시베리아 낙엽송이 무성한 산악지대에 거주하며 말의 무리(몽골어로 '아도')를 사육하여 생활하고 있었고 그러한 말의 털빛이 모두 얼룩무늬(몽골어로 '아라쿠')가 있었기 때문에 그 부족집단은 보마(아라쿠도의 사람들)라고 불리었다고 기술되어 있다.

역사 연구자 Kh.페렝레이의 『집사(集史)』 중에서도, 7세기경부터 에니세이 강 유역에 보마(아라쿠아도탕, 아라쿠칭)라는 한자어로 알려진 부족집단이 있었다고 적혀 있는 것을 기술하고 있다.

아라쿠아도 성을 가진 자들은 아이막, 호쇼에서 특별한 임무를 완수하는 집단이었다. 이것을 증명하는 것은, 호쇼 사무소가 작성했다고 하는 작은 도장이 찍힌 문서이다. 이 문서에서 아라쿠아도 성은 호쇼 왕후(王侯) 호위병의 성으로, 타이지나 라마승이 이 성을 칭하는 것은 인정되지 않고, 어떤 다툼이 생겼을 경우에 성인이 된 남자는 모두 병사가 되어 호쇼를 적으로부터 방위하는 임무가 있다고 기술되어 있다.

이 문서는 세레테르라고 하는 자의 집에 있었다. 아라쿠아도 성은 호쇼 호위병의 성이었으므로, 그들은 말하자면 모든 조세를 면제받고, 가축은 유량총을 가지고 있고, 수렵에 종사함으로써 생계를 이어가는 것도 가능했던 것 같다. 아라쿠아도 성을 가진 자가 라마승이 되어 사원에 거주하는 것은 허락되지 않고 타이지나 관리라는 위계도 존재하지 않았다. 그러나 20세기 초, 아라쿠아도 성을 가진 자들은 남자의 절반을 군인으로 등기하여 한 명만을 관리로 하고 남은 자를 라마승으로 하고 싶다는 요망을 한 군주에게 주상하였다. 이러한 요망에 따라서 남자의 삼분의 일은 사원에서 거주하는 것이 승인되고, 다른 사람은 계속 군인으로서 등기되었다.

아라쿠아도의 지도자로서 후훙 메렝이라는 자가 있었는데 그의 작위를 이은 아들 라므쟈브는 1930년대 파괴시대에 체포되어 사망하였다.

내 어머니의 성인 아라쿠아도의 성을 지닌 자들 중에서 타히르바르라고 하는, 나로부터 6대 위의 선조가 있었다. 타히르바르에게는 다섯 명의 아들이 있었는데 각 오강바르, 오다후바르, 동도바르, 바가바르, 오토공바르라고 하는 이름이었다. 타히르바르의 아들이 오강바르, 오강바르의 아들이 파르치쿠쟈르가르, 파르치쿠쟈르가르의 아들이 훙헤르 쳉도쟈브, 훙헤르 쳉도쟈브의 막내 아들이 쵸크트로서, 쵸크트의 10명의 아이들 중에서 7번째에 해당하는 아이가 나의 어머니 퐁사르마이다.

나의 조부 T.세레테르는 타히르바르에 관한 어떤 일화를 신문기자 토보도르지에게 말했고 나에게도 그 사본을 보내주었으므로 그것을 여기에 적어두겠다.

타히르바르는 수렵할 때나 외출할 때에는 지름길을 뚫고 산이라도 넘어서 갈 특이한 인물이었다. 어느 날씨 좋은 여름 날, 그는 수렵하러 나가서 오토공텡게르 산의 경사진 곳에 이르렀다. 오토공텡게르 산의 정상에 서고 싶다고 생각했었는지 말을 묶어 두고 산을 오르기 시작했다. 만년설과 얼음으로 막혀서 갈 수 없게 되자 두 개의 작은 칼로 빙설을 헤치고 밟아 가며 정상에 도달했다. 산의 꼭대기에서 아득히 저편을 둘러보며 생기를 회복했으나 산을 내려올 때는 지칠 대로 지쳐 있었다. 오르는 것보다 힘들고 길이 미끄러워서 차라리 미끄러지며 내려와서 겨우 목숨을 잃지 않고 하산했다고 한다. 그는 남자답고 용감했으며 한번 생각한 것은 완수하는 지략을 갖춘 인물이었던 것 같다.

타히르바르는 몹시 지치고 배가 고파서 한 마리의 산양을 쏘아 죽여서 작은 샘물이 솟고 있는 곳으로 갔다. 그 물을 떠 마시려고 했을 때 손을 데일 정도로 뜨거운 물이어서 놀랐다고 한다. 거기서 산양을 그 뜨거운 물에 담가 끓여 그것을 먹고 집으로 돌아와서 이 기묘한 사건을 말하자 금새 그 소문이 사람들 사이에 퍼졌다.

이 이야기를 들은 의학승이나 몇 군데 호쇼의 왕후들은 이동식 주거나 텐트를 들고 모여들어, 그 뜨거운 샘물에 대한 조사에 들어섰다. 그 샘물에는 병을 치유하는 효력이 있다고 판명되어 어떤 병에 효능이 있는지 적은 팻말을 세웠다고 한다. 그것이 지금의 오토공텡게르 온천이다. 이곳을 방문한 고승 보구도 게겡의 사자(使者)가 이 온천의 효능을 칭찬하며 병든 사람의 치료에 유용하게 쓰도록 명한 적도 있었다. 온천을 발견한 타히르바르는 매우 인정받아서, 어떤 자는 타히르바르가 보구도 게겡의 측근에 앉는 것을 허락했다고 하며, 또 어떤 자는 타히르바르가 세쳉왕긴 호쇼 왕후의 측근이 되었다고 한다. 어쨌든 그는 상층 계급에서도 인정받았던 것 같다고 세레테르는 기술하고 있다.

옛부터 오토공텡게르 산을 오치르와니 산이라고 부르고 있었다. 현재의 오토공텡게르 온천은 한가이 산맥의 최고봉 이후 오토공텡게르 산의 북방에 있는 바가 오토공텡게르 산기슭의 아라샹토 강의 남동부에 있다.

온천은 항상 일정한 장소에 존재하고 있었던 것은 아니다. 처음에는 오토공텡게르 산의 남쪽 기슭, 바다루 홍다가 호수 부근에 있었다고 한다. 그 후에 게레르토 아무 폭포의 상류로 이동해서, 거기에는 오래된 나무로 만든 욕조 터가 남아 있다. 그 후 보르나이 지진에 의해서 현재의 장소에 온천이 솟아나온 것이다. 오토공텡게르 온천은 약 230년 전에 사람들에게 알려졌다고 하나, 몇 개의 티베트어 고문서에는 1585년경에 이미 치료에 쓰여지고 있었다고 기술되어 있다.

나의 선조 타히르바르가 산양의 고기를 끓여서 먹은 것은 게레르토 아무에 있던 무렵의 온천이었을 것이라고 나는 추측한다. 온천에 얽힌 범죄나 공덕도 여러가지가 있었다. 야르고구승 계겡에 파견된 100명 정도의 의학승이 성분을 검사하여 샘마다의 효능을 티베트어로 기술한 팻말이 파기되지 않았더라면 세계 백과사전에도 등재되었을 것이다. 그만큼 귀중한 것을 1964년에 아이막의 어떤 당위원회 서기가 티베트 불교 유포에의 해독이라고 생각했는지, 태워버렸다고 들었다.

온천에 몸을 담가 병을 치유한 것에 감사하여 거기에 바친 지팡이가 1,000개 정도 있었으나 그것도 같이 소각되었다. 이만큼 많은 지팡이가 바쳐진 온천이 다른 곳에 또 있을까. 지금은 이것도 회고담에 지나지 않는다. 1,000개의 지팡이가 오늘날까지 남아 있었더라면 귀한 관광 자원으로서 외국인으로부터 외화를 거둬들이는 것도 가능했을 것이다. 온수가 솟구쳐 나오는 입구에는 화장실이 설치되었으나 이는 성수를 욕되게 하여 재난을 부르는 것에 지나지 않는다.

나의 선조는 어쨌든 역사에 이름을 남긴 인물이었다. 나의 외조부 쵸크트를 조부의 형제들은 두데이라고 부르고 있었으나, 고장에서는 술주정꾼 두데이라고 불리고 있었다. 술을 좋아해서 그러한 명성을 얻은 것이 아니라 어느 날 사원 내에서, 춤출 때 입는 의상을 입고 뛰어 오르는 도중에 의상의 날개 장식을 전당 기둥에 부딪쳐 부러뜨려서, 그 모습이 술주정꾼과 닮았기 때문에 그렇게 부르게 되었다고 한다. 조부의 자녀 10명 중에서 바다므쟈브가 장녀이다. 형제들은 바디르 누나라고 부르고 나와 내 형제는 노모라고 부르고 있었다.

   그녀에게는 다리후, 다와후라는 자식이 있다. 차녀는 로르모수렝이고, 낭기아라고 불리고 있다. 불교 경전에 관해 탁월한 지식을 지니고, 남동생에게서 양녀로 얻은 오용바다므라고 하는 딸이 있었다. 셋째가 궁데부이고, 에르데네후, 바트사잉, 세웨, 나므지르마라고 하는 네 명의 자식이 있다. 넷째 아이인 베르하므는 10살 때 죽었다. 다음으로 쟝바, 별명이 아디아로서 고장 사람들에게는 코의 쟝바라고 불리고 있었다. 자식으로는 쥬게, 다시도르지, 푸레부수렝, 아르탕토야, 바토후, 야다무수렝이 있다. 여섯째 아이는 소도노므다르쟈로서, 소도노 엄마라고 불리고 있다.

   그 다음이 나의 어머니 퐁사르마이다. 자식은 7명으로, 푸렝토크토호, 오치르바트, 동도부상보, 쟝바르라르디, 오랑후, 쟈르가르, 오치르호야구로서, 이 중 4명이 양자로 보내졌다. 숙부들은 어머니를 앙바라고 부르고 있다. 여덟째가 동도이, 동도이의 다음은 체융바르이다. 체융바르는 몽도이라는 별명이 있었는데, 보통 바이쟈라고 불리고 있었다. 자식은 나랑통가라쿠, 아르탕아이, 라도나바자르, 다시도르지, 쵸롱도르지, 샤리시마, 로부상도르지이다. 조부의 막내딸 방바쟈브는 1925년, 즉 혁명의 다음해에 태어났다. 유무칭, 유무칭쟈부, 바토사이한, 바야라, 오요나라는 자식들이 있다. 방바쟈브 숙모는 내가 가장 사랑하는 숙모이다. 나의 어머니쪽 조모 세르지미야다쿠는 1883년도 태생으로 8형제의 막내딸이다. 조모의 형제들의 이름은 네토, 망가르, 사무가르도, 마숑, 다크

쓰마, 투멩바야르, 장당바르이다. 조모의 아버지는 아르탕오마, 아르탕오마의 아버지는 옹보마로서 조부는 옹바마였다고 냥기아가 내게 가르쳐 주었다.

나의 어머니쪽 친척은 이상과 같다.

사르트르에 관해서 알게 된 지식을 적으면서 나의 혈육의 일부인 사르트르 부족에 대해서도 약간 기술해 두기로 한다. 사르트르는 1250년경에는 트로이 칸의 영유 밑에 있었으며, 그 후 바트뭉후 다얀 칸의 여섯째 자식인 게르수보르도의 영유 밑에 있었다고 역사에 기록되어 있다. 사르트르에 대해서는 여러 가지 문헌에서 각각 다른 해설이 되어있다. 예를 들자면, 푸라노 가르피니의 『몽골의 역사』에 있는 해설에서는, 몽골인은 중앙아시아의 주민, 즉 호라주무의 사람들을 사르트르라고 부르고 있었다고 기술되어 있다.

또한 『몽골 비사』 제254절에서는 "칭기즈칸의 말에 의하면, 황금의 사자(使者)를 사르타우르의 민족과 관계가 끊겨진 채 내버려 두어도 괜찮은 것인가. 오호나를 필두로 하는 100명의 사자가 보복을 해서 원수를 갚아야 할 사르타우르 족과 투쟁하자고 말하며, 1219년에 사르타우르 족과 투쟁하기 위해서 출진했다"고 기술되어 있다. 또한 같은 책 제264절에는 "칭기즈칸은 사르타우르의 살고 있는 곳에서 7년을 지냈으며, 거기서 쟈라이르의 바라공(公)을 기다리고 있는 동안에, 바라공은 싱 강을 건너 쟈라르딩 주르탕과 한 메리구를 인더스의 땅까지 추격하자 그 둘은 벌써 행방을 감추고 있었으므로, 인더스 지역의 민중을 포로로서 잡고 다수의 낙타와 산양을 가지고 돌아왔다"고 한다.

『몽골 비사』에서 인용한 이유는 사르트르에 관한 기술을 소개하고자 했기 때문이다. S.바다무하탕 편찬 『몽골 인민공화국 민족학 할하 부족』

이라는 책에는 "사르트르는 칭기즈칸의 정복기에 중앙아시아에서 이주한 터키계의 대집단으로서 카파코르무 등의 도시건설 때에 수공예 방면의 작업에 종사했었다고 한다. 할하 7호쇼의 하나가 되어 나아가서는 할하 사르트르라고 불리기에 이르렀다."고 기술되어 있다.

사르트르는 유목하는 부족집단이기 때문에 유목하면서 항상 이합집산(離合集散)을 되풀이하고 있었다. 칭기즈칸의 정복기에는 중앙아시아에서 몽골 지역으로 이주했고, 러시아나 중국 방면으로 이동하여 거주한 경우도 있었다. 17세기경의 자사쿠토한, 투세토한, 오이라토가 소란을 피웠을 때에는 꽤 많은 사람들이 다른 아이막, 호쇼, 또 바이칼호(湖) 방면까지 이주하였다는 기록이 있다. 1681년의 기록부에는 셀렝가 강 유역의 골짜기, 바이칼호 주변에도 사르트르가 있었다고 기술되어 있다.

사르트르 부족에 관한 여러가지 역사 문헌을 보고 있으면 많은 민족집단, 부족집단이 상호간에 이합집산하는 역사가 되풀이되고 있다. 본래의 땅에 남은 사르트르가 있는가 하면, 사방팔방에서 이주하여 온 유목 사르트르도 있고, 또 사방팔방으로 이동해 간 사르트르도 있다. 아라쿠아도와 사르트르에 관한 세 종류의 문서를 적어 두기로 한다.

    1. 아라쿠아도탕은 자브한 아이막의 상토마르가즈, 송기노, 오르가마르(투데브티) 각 솜의 사르트르의 중심적인 성(姓)이다.
                — S. 바다무하탕 편찬 『몽골인민공화국 민족학 할하 부족』
    2. 게르스보르도의 자손이 사르트르 왕위에 올랐다.
                — 『사부(四部)사 치세계통(治世系統) 황금엽사(黃金葉史)』
    3. 보마는 정영과 인척 관계로서 (중략) 북 보마가 아라크아돈이라고 불리고 있었다.

— G.Yu.구르무 구르지마이로 저,
『서부 몽골 및 오양해 지역의 자연 지리 개관』

　이러한 역사 문헌에 의하면 흉노 시대의 몽골 지역에는 보마, 즉 아라크아돈이라는 집단이 존재했었다. 그것이 현재의 자브한 아이막의 할하 사르토후의 주요 부족이다. 바트뭉후 다얀 칸(Dayan Khan)의 여섯째 자식인 게르수보르도의 자손에게 지배당한 사르트르 집단이라는 것은 몽골지역에 있어서 옛부터 아라크아돈 집단, 즉 사르트르 부족을 일컫는다.
　연구자들의 확증에 의하면 사르트르에는 15개의 씨족이 있었다. 자브한 아이막의 투데부테이, 체쳉오르, 야로, 송기노, 상토마르가즈, 에르데네하이르한, 자브한망다르, 두루불징, 아르다르상. 바얀홍고르 아이막의 바양보라쿠, 고르방보라쿠, 쟈르가캉토, 자쿠, 보차강, 가로토, 바차강, 뱌양오보. 불간 아이막의 테시구. 도르노드 아이막의 쟈강오보. 토브 아이막의 세르게렝, 바양, 바양차강, 우브스 아이막의 차강하이르한, 자브한. 헨티 아이막의 다다르, 다르한의 각 솜에도 사르트르 부족이 살고 있었고, 그중에서도 바하시르 사르트르, 방바강 사르트르, 보양토 사르트르, 가칭후 사르트르, 고리쿠 사르트르, 하타긴 사르트르, 방바다잉 사르트르, 싱제쿠 사르트르 등으로 구별되어 있었다.
　『자카멩스키 부리아토사(史)』라는 책에는 러시아 영내에 이주했던 몽골의 부족에 관해 상세하게 기술되어 있다. 그것에 의하면 1650년대 말의 우르도족이 할하 부족을 침공했을 때 몽골 지역의 몇몇 부족이 러시아 방면으로 이주하였으며 그중에는 바양고르, 바르가르타이 평지에 있던 사르트르 부족 2,109명과 트로이 강 주변에 있었던 사르트르 부족 2,511명도 포함되어 있었다. 이르쿠츠쿠 주(州) 내에 거주하는 제르도 사르트르,

샤르가 사르트르는 본래 셀렝게 근처에 있었던 사르트르가 이동한 것으로 알려지고 있다. 이상 기술한 모든 것이 사르트르 부족은 이리저리 이동을 되풀이하여 타민족과 혼합하였던 사실을 이야기하고 있다.

나는 보마, 즉 옛부터 흉노 시대의 아라쿠아도 집단의 출신이다. 내가 태어날 무렵에 자사쿠토한 아이막은 자브한 아이막으로, 세쳉왕긴 호쇼는 투데부터 솜으로 명칭이 바뀌었다. 그렇기 때문에 나는 필히 자신의 아이막에 대해서 상세히 말하고 싶은 소망이 있는 것이다.

내가 태어나 자란, 풍광이 뛰어난 자브한 아이막의 지금까지의 발자취를 더듬어 가면, 자사쿠토한 아이막으로서 370년간, 한타이시르오링 아이막으로서 7년간, 자브한 아이막으로서 약 70년간 그 이름을 알려 왔다. 그보다 이전, 사르트르 부족의 보마 집단이 어떤 이름을 가지고 있었는지는 확실하지 않다. 이 수백 년 동안 자브한의 땅에서 자란 다수의 사람들 중에서 국민에게 신뢰를 받으며 공을 이루고, 높은 교양을 지니고, 용맹과감하고 근면했던 인물을 몇 사람 들어보면, 대신직에 있었던 정치 공로자 사무디 바쿠시와 베이르 노몽한, 몽골 국가의 제2대 수상을 지낸 쟈르한주 후토쿠토인 S.다무딩바자르, 종교면에서의 공로자로 세계적으로도 저명한 연구자이기도 했던 우리야수타이 대신 디라부 호타쿠토인 B.쟈므스랑자브가 먼저 떠오른다.

국가대회의 의장 N.바가반디, 국가상 및 문화 공로자상 수상자로 동양에서 저명한 시인인 B.야보호랑, 국민예능상 수상자로 세계적으로 저명한 곡예자 B.노로부상보, 국민예능상 수상자인 서커스 곡예자 L.나차쿠, 양치기 영웅 Ts.냐무하이냥보, 여성 낙타치기 영웅 T.봉바, 산양치기 영웅 T.쟈무쓰, 운송자 영웅 L.오이도부냐무, 교사 영웅 D.다쿠와, 지리학 박사 S.지구지, 물리수학 박사로서 아카데미 회원인 Kh.나무수라이, 의학 박사 P.옹호다이, 천문학자 L.라쿠와, 국내 광업의 개척자로 에르데네토 콩체룽의 총대표 자리에 오른 우수한 경영학자 Sh.오토공비레구, 몽골 중앙은행 총재 D.모로무쟈무쓰, 영웅 도르지상보 등은 몽골 국외에서도 그 이름을 알고 있는 사람이 있을 것이다.

정치, 경제, 문화를 포함한 모든 방면의 사회구조 근본에서부터 혁명과 쇄신을 행하는 역사적인 시대에 몽골 국가 원수인 대통령으로 선출된 나 자신 역시 자브한 출신이다.

자브한 출신의 사람들은 총명하고 온화하며 인내심이 강하고 근면하다는 전통적인 특징이 있다. 햇살과 바람을 쪼여서 거무스름한 얼굴에 수많은 생각을 담고 옛날과 현재, 미래를 회상하며, 염주를 쥐고 경전을 낭독하고, 유구한 축사를 올리고 친목의 가르침을 존중하는 덕성을 가진 자가 자브한의 노인이다.

성실하고 온화한 기질과 명석한 지성을 가진 것이 자브한의 아들이다. 거무스름한 얼굴에 엷은 홍색의 빛을 띤 뺨과 지적인 검은 눈동자, 날씬하게 뻗은 아름다운 키를 지닌 여성이 자브한의 여성이다. 이러한 사람들이 이 지역에 살고 있다. 차를 함께 나누어 마시는 것이 이곳의 관습이다. 생활의 어려움을 걱정하는 것이 이곳의 관습인 것이다. 세계의 어느 곳에서도 돈으로 살 수 없는 귀중한 관습이다. 이러한 관습을 지켜온 침착한 사람들에게는 오토공텡게르 산처럼 영원히 존재하는 운명이 기다리고 있을 것이다.

대대로 창출되어온 전통 유산에 의지하여 10만 명의 재능을 채우고, 20만의 가축의 은혜를 주시어 산수, 초원, 계곡, 고비 한가이를 겸하여 갖춘 팔만 평방 킬로에 이르는 토지의 동식물과 유용광물을 활용하여 풍요하게 생활할 수 있는 커다란 가능성이 자브한에게는 있다.

카후카스의 깎아지른 듯한 산이 대작가 레르몽토후와 다게수탕, 시인 라수르 가후자토후를, 야로 강이 저명한 시인 베구징 야보 호랑을 탄생시켰다고 쓰여진 적이 있다. 자연계의 미에 의해서 조율되는 예술가의 혼은 그렇게 섬세한 환경에서부터 생기는 것이겠지. 그러나 정치가나 국가의 계획에 참가하는 사람은 시대에 따라서 탄생된다고 할 수 있다. 그러므로 이 시대는 내 것이고, 나는 이 시대의 것이다.

나는 자브한 아이막, 투데부티 솜의 제8바쿠에 있는 봉한토라는 지역의 주민인 공스인 겡뎅쟈브의 부인 쵸쿠팅 퐁사르마에게서 태어났다. 투데부티는 만년설에 덮인 산의 이름이다. 솜의 중심지는 네 번 이전하여 가로타이, 바이칭 토르고잉 보라쿠, 도봉토도, 오이공으로 바뀌었다. 내가 태어났을 때 내 가족은 봉한토라는 자아소에서 네 가구가 공동으로 생활하고 있었다고 한다. 말 해(午年), 야쿠의 암컷이 발정하는 겨울 마지막 달(12월) 상순에 내가 태어났고 그때 뎅베레르 웅베, 즉 세레테르 백부의 어머니가 출산을 도와주었다고 한다. 그 당시에는 의료시설이 갖추어진 병원이 없었고, 조산부를 업으로 하는 이도 없었다. 출산 침대를 바구니가, 소독포를 가축의 분(糞)이, 조산부를 웅베가 대행하였다.

몽골의 시골은 매우 청결한 곳이다. 우리집의 동영지(冬營地: 겨울을 지내는 장소)에서 멀리 떨어져 있는 저쪽 편의 산, 초원, 골짜기를 바라보면 그것은 마치 손바닥 위에 있는 것처럼 선명하게 눈에 비친다. 초원에는 토르가, 하낭, 부두라고 하는 동영지가 있고, 남쪽에는 고주고르 오랑, 후렝 아수가, 누무르홍 갸르가르, 이후 바가 비투, 후후 쵸히오, 보한 쵸히오, 노랑하이 오랑 쵸히오, 골짜기의 이후 바가 토노르징, 에메르 토르고이, 오랑 데르, 하부차링 아무, 모르 토르고이, 모도토이 오르주보이, 모도구이 오르주보이, 이후 제르라고 하는 춘영지, 하영지, 추영지가 있다.

또한 그 저쪽 편에는 고인을 매장한 바르칭 산의 뒤쪽이 보인다. 나의 아버지를 매장할 때 받침으로 쓴 돌도 거기 것이다. 홍토 호, 호르보 호, 샤바르 호, 홍토 사막이 눈에 비친다. 하부쓰가이토 강의 강변에서 며칠간 지내는 것도 또한 기분 좋다.

시냇물이 졸졸 흐르는 소리를 듣고, 야생 식물의 향기나 태양과 바람이 스며든 산뜻한 대기를 들이 마시면 마음과 몸이 자연 세계와 융화되어 자연스럽게 마음 속에 음악이 흐르고 기쁜 감정이 생겨난다. 일, 책임, 정치라는 것을 잊어버리고 대지의 자손인 것을 의식하면서 서 있으면 수명이 길어지는 것 같다. 이러한 감각, 감정은 시골에서 태어나 자란 우리들은 물론, 도시에서 자란 이에게도 이해되는 것이다. 인간의 기원은 유전자에 보존되어 있어 시기에 따라서 표면에 나타나는 것 같다고 생각한다.

내 고향은 아름다운 평지가 펼쳐진 한가로운 지대이다. 아버지는 내가 어릴 적에 사망하였고, 몽골의 관습에 따라서 아들인 나는 내 이름으로 우리 집안을 부르게 되었다. 어린이의 이름으로 집안을 대표한다는 것은 그 어린이에게는 어릴 때부터 이미 책임을 지고 성장한다는 것이기도 했다. 어머니는 음식에서 가장 좋은 부분을 내 그릇에 올려주시고 또 바가의 장이 와서 이야기할 때 거기에 앉아 있는 애가 가장이라고 나를 가리켜 부르기도 했다.

1947년 8월 8일, 자브한 아이막의 투데부티 솜 제8바쿠에서 행하여진 등기 조사 용지에는 "겡뎅쟈빈 오치르바트, 5세, 남, 할하 족, 목축업; 쵸쿠팅 퐁사르마, 30세, 여, 몽골 문자 및 키리르 식 신문자의 읽고 쓰기 불가, 학교 미졸업, 목축업; 겡뎅갸빙 쟝바르라르디, 1살; 소유 가축, 말 1마리, 소 5마리, 야쿠 5마리, 송아지 4마리, 양 23마리, 어린 양 10마리, 산양 2마리, 어린 산양 1마리"라고 기록되어 있다. 이렇게 나는 5살에 가장이 되어, 공문서에 가족의 첫 번째 자리에 기재되었던 것이다.

나의 아버지는 젊어서는 절에서 수행하는 라마승이었다. 아버지가 수행하고 있었던 가로타이 사(寺)는 1810년경에 건립된 절이다. 처음에는 나랑긴 사라라는 장소에 있었으나 거기는 밤이 되면 악령의 목소리가 들려와서 안 된다고 하여 이전했다고 한 어른이 이야기해 주었다.

가로타이 사의 승려는 아르한가이 아이막의 중심지에 있었던 자야인 게겡 사로 가서 그곳의 많은 종류의 경문을 읽고 나각이나 피리를 불며 법고를 치고 불공을 올리고, 무악을 연주하며, 미륵불 순행회를 행하여 교리경전·천문경전을 습득하여 가부지·아쿠랑바라고 하는 칭호를 받기 위해서 노력하였다. 그것은 오늘날 교육기관을 수료하는 것과 유사하다.

이 절에 있었던 보르 효보라고 하는 자가 여러 목수에게 명하여 쵸쿠칭 당, 쵸이르 당을 세웠다. 또 거기에는 24개의 승방이 있고 승방마다 울타리와 건물이 있었다. 각 승방에는 관리자, 출납자 등이 있어서 급여 없이 근무하며 소속된 승방에서 음식물을 무료로 배급받고 있었다. 당(堂)과 절이 크고 작은 것이 2동씩 있고 작은 당에는 경전, 불공, 나각, 피리, 책받침, 법고, 종, 병, 골제피리, 삿갓이 갖춰져 있었다.

승방의 가축은 목축민에 의해서 방목 사육된다. 각 승방은 음식물을 풍부하게 소장하고 독경하는 라마승이 거주하고 있다. 가로타이 사는 오치르다리 사라고 불리고 있었으나 승려 오치르다리가 죽은 후 가로타이 사라고 불리게 되었다. 그 후 활불(活佛)인 호토쿠토가 이 절에 있었는데 그 호토쿠토가 사망했기 때문에 라사에서 부레르긴 게겡 호토쿠토가 7~8명의 티베트인 형제와 함께 와서 불교의 가르침을 더욱 보급하고, 20년 정도 지낸 후 고향으로 돌아갔다. 절에서 수행하고 있었던 승려가

활불의 전생자를 인정한 것에 대한 흥미깊은 일화도 있다. 승려들은 호쇼 안의 모든 가정을 돌면서 3살이 되는 남아의 성명, 어떤 별자리 밑에서 출생하였는가 등을 특별한 종이 위에 티베트어로 기입하여 오색의 실로 꿰매어 가지고 여러 라마승들이 라사로 갔다. 달라이라마에게 그것을 보여주자 달라이라마는 비레구토, 아치토라고 하는 어린이 2명의 이름이 적힌 2장의 종이를 뽑아내었기 때문에 양쪽 다 호토쿠토에게 인정받게 되었다. 호쇼 안의 많은 사람들이 이 호토쿠토가 있는 곳을 찾아와서 재물을 바치며 축복을 받았다고 한다.

　라마승은 교리경전을 습득하면 가부지, 천문경전이라면 아쿠링바, 의학경전이라면 마랑바의 칭호를 받았다. 나의 호쇼에는 여성 마랑바도 있었다고 한다.

　가로타이 사는 절의 내외에 약 3,000명 정도의 라마승이 있었으니까 그 인구는 현재의 소규모 솜에 필적한다.

　7월 15일에는 무악, 미륵불 순행회, 씨름이 행하여진다. 또한 12월 29일에도 무악이 개최되어 재물이 들어온다. 이것은 이교도를 제압하는 의미가 포함되어 있다.

　가로타이 사의 건립 후 100년 정도 지나서 인민혁명이 일어나 절의 라마승은 3계층으로 구분되었다. 중간 계층의 라마승은 수공업에 종사하였고, 빈곤아동 등 저계층의 라마승에게는 200투그릭(Tg:Tugrik)을 주어 환속시켜서 호적에 등록하여 목축에 종사하게 하였다. 아쿠링바, 가부지, 마랑바는 고위의 학식을 지니고 있는 라마승이나 다른 직무를 가진 죄 없는 라마승은 붙잡혀 50명 이상이 숙청되었다. 고가 물품은 몰수되었으며, 아름다운 절, 당, 불전, 무악의 면 등 많은 문화유산이 소실되었다.

　시대와 국가의 혼란에 나의 아버지도 말려들게 되어 가랑바의 지위에 있던 아버지는 환속하여 목축에 종사하여 생활하고 있던 도중, 어머니와 함께 살게 되었다고 한다. 그래서 인민혁명이 일어난 해의 국가의 종교정책은 나에게는 두 가지의 의미를 갖는다. 많은 문화재를 없애고 불교학식자인 라마승을 숙청한 것은 역사적인 손실이었으나, 아버지가 환속하여 아내를 맞아들이지 않았더라면 나는 이 세상에서 생명을 받지 못했을 것이다. 하여간 어떤 의미에서 보더라도 나는 이 시대의 인간인 것이다.

나의 아버지 겡뎅쟈브는 1892년에 태어났다. 그의 장남은 오치르바트 즉 나이고, 그 다음이 동도부상보, 그 다음이 쟝바르라르디이다. 나의 아버지를 아버지의 형제들은 쟈쟈라고 부르곤 했다. 아버지는 내가 5살때 돌아가셨기 때문에 그에 관한 내 기억은 거의 없다. 또 아버지는 인생의 대부분을 절에서 지냈기 때문에 이렇다 할 일화도 적다. 먼저 나의 어머니 쪽 친족에 대해 말했으므로 이제 아버지쪽 친족에 대해서 기술하기로 한다.

나의 조부 샤쿠다린 공스는 1865년에 태어났다. 조모 바르징냐무는 1862년에 태어났다. 그들에게는 9명의 자식들이 있었다. 장남은 종리이고 핑징이라고도 불렸다. 차남은 쟈무양, 삼남은 다시데르구이고 다라이, 라라이라고도 불렸다. 넷째는 딸 세레구이고, 세레구마라고도 불렸다. 다섯째는 나의 아버지인 겡뎅쟈브로 1892년에 태어났다. 여섯째 나무지르마는 1899년에 태어났고, 일곱째가 상다쿠, 그 다음이 마니, 1908년에 태어난 막내 라부당은 오니오라고도 불렸다고 한다. 아버지측은 9형제, 어머니측은 10형제로 양쪽 모두 형제가 많았다.

세레구에게는 6명의 자식들이 있었고, 그들의 이름은 데칭, 르하마, 장도라, 차강, 쵸쿠조르, 바자르이다. 세레구의 남편은 야로의 타이지였던 쟈무스랑으로서 그들은 많은 말들을 소유하고 있어, 그 말 무리가 야르 강을 건널 때에는 강의 흐름이 멈춘 것 같이 보였다고 마을 사람들이 이야기한다.

나무지르마는 두 아이를 낳아 아들은 체벵소노무이고 딸은 도르고르쟈브, 별명은 도고라고 했다. 상다쿠에게는 르하마, 이치마라는 두 딸이 있는데 이치마는 아미나 집안의 양녀로서 받아들여졌다. 마니는 가로타이 사에 있을 적에 두 형으로부터 남아와 여아를 각각 한 명씩 양자로 받아들였고 1987년에 바가노르에서 사망했다. 나의 아버지쪽의 친척은 이와 같다.

나의 아버지 겡뎅쟈브는 몸집이 작고 민첩하며 거무스름한 얼굴을 한 인물이었다고 웃어른들이 말한다. "아아, 가엾게도, 그랬었구나"라는 말을 자주 했다고 한다. 사람들이 자주 독경이나 분향을 부탁하며 부정을 씻어달라고 하면, "가엾게도, 그랬구나. 알았어요. 그렇게 하도록 하지요"라고 하면서 향을 피우며 부정을 씻고는 "그래, 그래"라고 말하는 사람이었다고 세레테르 백부는 말한다. 매도나 말다툼은 하지 않고 얌전하고 부지런했다. 어머니가 이웃 여성의 집에 가려고 하면 말 털의 결을 정돈하고 깨끗한 안장을 놓아 보내주었다고 어머니는 회상하고 있다.

이러한 작은 에피소드에서도 아버지가 온건하고 총명한 인물이었다고 상상할 수 있다. 아버지는 겡뎅쟈빈 오란이라고 불리던 훌륭한 준마가 있었는데 조련하여 나담(몽골 민족의 전통적 축제로 경마, 씨름, 궁사의 3경기가 행하여진다)에 참가하였는데, 그 후 그 준마는 왕당상보의 아버지인 왕차라고 하는 같은 고향 사람의 손에 넘어갔다고 들었다. 또한 나는 밤색 털빛의 말을 소유하고 있었는데 그것은 라마승 체벵이 형이 가진 갈색 털의 암컷에서 태어난 말을 나에게 선물해 준 것이다. 나의 아버지는 승려 라르후쟈브 두부칭과 함께 오대산으로 간 적도 있었다고 한다. 대단히 멀리까지 갔었던 것이다.

　노동자 조직의 직원 하시후는 1943년부터 44년경에 헤르셍, 하타부치, 투데부티, 하부쓰가이토, 송기노, 상토마르가즈 사이의 역사에서 역마를 끌고 가는 겡뎅쟈브라고 하는 인물을 한 번 만났다고 나에게 회상해 주었다. 그가 바로 나의 아버지였다. 아부히아라는 자는 자기가 거푸집에 붓는 금속을 녹인 데에 손을 담그어 질책받았을 때 나의 아버지가 변호해 주었다고 말했다. 내가 아버지에 대해서 알고 있는 것은 이 정도이다.

　우리 집은 여름에는 노르마쿠라는 곳에, 겨울에는 호지르토라는 곳에서 지내고 있었다. 본래의 동영지(冬營地)는 봉한토라는 곳에 있었다. 국립 중앙역사공문서관에 보관되어 있는 자료 중에서 자브한 아이막의 투데부티 솜 제8바쿠에서 1944년 11월에 행해진 등기조사의 자료가 있다. 그 제18항에는 다음과 같이 기재되어 있다.

　"공스인 겡뎅쟈브, 52세, 남성, 할하 족, 기혼; 겡뎅쟈빈 오치르바트 4세(여기에 기재된 연령은 잘못돼 있다), 남성; 쵸쿠팅 퐁사르마, 27세, 여성, 할하 족, 기혼. 가족 내의 성인으로서 몽골 문자을 읽고 쓸 수 있는 자는 없다. 학교 졸업하지 않음. 목축업"

　나의 아버지가 1947년 봄에 사망했을 당시의 일은 선명하게 기억하고 있다. 산의 북쪽 경사면의 눈이 얼룩지게 보이고 헛간의 가축의 분(糞)이 바람에 날리고 있었고, 또한 우리 집의 개가 새끼를 낳은 조금 추운 날이기도 했다. 아버지가 죽고 어머니와 나, 그리고 한 살된 남동생이 남았다. 그 이후, 우리 3명은 겨우 생활해 왔다. 천장봉, 버드나무로 엮은 벽, 펠트 문짝, 거무스름한 장롱, 나지막한 목제 침대, 옥외의 수납창, 이러한 광경이 눈에 선하게 남아 가슴에 새겨져 있다.

당시 내가 못된 장난을 해서 어머니에게 심하게 혼난 것도 잊을 수가 없다. 어느날 어머니가 바쿠의 회합에 나간 후 침대의 요 사이에서 장롱 열쇠를 꺼내 열어보았다. 그 안에는 손바닥 크기의 얼음 설탕, 밥그릇 정도 크기의 월병(중국과자)이 있었다. 얼음 설탕을 꺼내어 깨물어 부수려고 했으나, 입에 다 넣을 수가 없어서 부술 수가 없었다. 물에 담가서 그 물을 핥아 보니 맛있었다. 결국 설탕 한 쪽이 우르르 부서져서 살갗이 튼 손 위에서 굴리고 있으니까 부풀어져서 잿빛으로 변하는 것이 아닌가. 나는 그것을 장롱에 돌려놓았다. 다음으로 또 한 개의 월병을 꺼내어 무늬가 있는 옆 부분을 제법 많이 씹어서 깨뜨린 후에 원래 있던 곳에 돌려놓고 장롱 열쇠를 잠그자 어머니가 손님을 데리고 돌아왔다. 나는 내가 한 행동을 후회하며 숨어서 대화를 듣고 있었다. 그러자 운 나쁘게도 같이 온 사람이 뭔가 맛있는 것이 없냐고 하는 것이 아닌가.

큰일났다고 생각하며 가만히 있으니까 어머니가 놀라서 소리를 지르더니 얼굴이 빨개져서 게르에서 나가버렸다. 나도 벌떡 일어나서 도망쳤다. 여름이었다. 어머니는 가축을 치는 가느다란 버드나무 가지를 쥐어 잡고 내 뒤를 쫓아왔다. 어떻게 할 수도 없었다. 어머니는 나의 무릎을 심하게 때리고 돌아갔다. 무릎이 부어올라 나는 그 자리에서 계속 울었다. 그런 일 정도로 때리다니 놀랍다고 나의 형제들이 말한다. 그러나 그것은 그런 일 정도가 아니었다. 당시 사탕이나 과자는 아예 안 보는 것이 좋을 만큼 희소품이었기 때문이다. 모든 것들은 풍부해질수록 가치가 떨어져가는 것이겠지.

아버지가 일찍 죽고 어머니는 혼자 힘으로 일하며 힘들어도 우리들 자식들에게 올바른 교육을 시켰다. 또한 많은 사람들이 도와준 덕분에 어머니도 그럭저럭 살 수 있었다고 생각한다.

어느 날, 우리들은 울란바토르라는 곳에 살고 있는 방바쟈브 숙모에게 신세를 지며 생활할 것을 결심하게 되었다.

가르바도라후라는 사람이 보구딘 후레(울란바토르)로 이사한다는 이야기를 듣고는 그 집에 가서 우리도 이사간다고 말하니 여행의 동반자가 생겼다고 매우 기뻐하며 실어갈 게르, 짐, 탈 것, 가축 등을 상세하게 설명해 주었다. 우리는 여행 도중에 필요로 하는 여러가지 물건, 식량으로 쓸 양, 타고 갈 말, 짐을 올릴 낙타가 있으면 충분하므로 7월 중순으로 예정을 세웠다.

우리집의 가축을 팔아 버리고 낙타 한 마리를 구입하여 여행의 식량이 될 곡류, 밀, 차 잎, 소금 등을 모으고 준비했다. 나는 그렇게 해서 아직 젊은 어머니의 힘이 되려고 했다. 그러나 내 남동생 쟝바르라르디는 4살이었기 때문에 아무것도 모른다. 형제 3명이 다 가게 되어서 완전히 준비를 끝낸 어느날, 아비르라고 하는 사람과 그 가족이 쟝바르라르디를 데리러 왔다. 나는 현기증이 났다. 동생을 데리고 도망치려고 하기도 하고, 안 준다고 하며 울부짖곤 해서 어머니를 괴롭혔다. 어머니는 이 손님들에게 차를 내고 고기를 굽고 우동을 만들어서 대접하였다. 마지막으로 아비르라는 사람이 녹색의 견, 원형의 차, 하다쿠, 현금을 내민 후에 자기 말에 내 남동생을 태워서 떠나려고 했다. 나는 울면서 쫓아갔지만 어른들 중에 어떤 이는 내 기분을 맞추려고 하고 어떤 이는 호통쳤고 결국 동생은 나를 남겨두고 떠났다. 이렇게 해서 나는 귀여운 남동생과 헤어지게 되었다. 우리 두 명은 아버지의 데르를 쓰고 함께 잠들었다. 영리하고 귀여운 남동생이었다.

우리는 그 후 두 번 다시 만나지 못했다. 13살 때 죽었다고 들었다. 말에 끌려 죽었다고 하는 이도 있고, 맹장이 원인이었다고 하는 이도 있다.

하여튼 떠맡은 집이 형편없는 집이었던 것 같다. 나의 또 다른 남동생 동도부상보도 양자로 보냈다. 두 남동생들은 가축을 방목하는 중에 초원에서 만날 수 있었다. 그때, 쟝바르라르디가 "형은 울란바토르에 있다, 반드시 만나러 가겠다"고 말했다고 한다. 나는 나중에 그것을 듣고는 가슴이 찢어지는 것 같았다. 이렇게 늙어가면서 회한의 느낌이 든다. 공교롭게도 남동생의 사진도 없다. 이 세상을 떠날 때 사랑하는 형을 계속 생각하고 있었을 것이라고 생각하니 남동생에 대해 무엇인가 과실이 있었던 것처럼 생각된다.

　당시 어머니는 어째서 돌연히 자기의 자식들을 양자로 내보낼 결심을 하였던 것일까. 아무것도 모르는 그 고장에서 자식을 양육하는 것이 어렵다고 생각한 것일까. 긴 여로에 지치지는 않을까 하고 걱정했던 것일까. 10일 정도로 도착하는 거리도 아니고, 아이들을 많이 데리고 이동하면 다른 가족에게 폐가 된다고 걱정한 것일까. 잘 모르겠지만 어머니에게 물어보아도 확실한 대답은 하지 않고 울기만 하니까 딱해서 나도 입을 다물어 버리게 된다. 이런 헤어짐이 있었던 것이다. 그리고 어머니는 오직 한 명 나를 바구니에 태우고 낙타에 올라타서 다른 가족에게 인솔되어 아득한 저쪽 불법이 있는 후레(울란바토르)로 향하였다. 겡뎅쟈브 집안이 투데부티 솜의 호적부에서 제적된 역사는 이와 같다.

　우리들은 고향을 떠나서 매일 30킬로에서 40킬로, 때로는 그 배의 거리를 가면서 몇몇 개의 산천을 넘고 초원이나 산골짜기를 넘어갔다. 내리쬐는 태양에 그을리고 차가운 비에 젖으며 2개월 가깝게 지난 8월 초순에 울란바토르라는 곳에 도착했다. 여행 도중에 한낮의 더위로 목이 말라 있을 때, 그 고장 사람들이 주전자에 담긴 차나 먹을 것을 가지고 마중 나와 주어서 진심으로 기뻤다. 이것도 또한 훌륭한 관습인 것이다.

유목민족 몽골인의 맑은 마음씨, 지성, 혈육에 스며든 사람들의 전통, 유목 문명이라고 하는 것은 틀림없이 다른 어떤 것과도 바꾸기 힘들고 결코 잃고 싶지 않은 귀중한 것이다. 이러한 무구하고 소중한 전통이 몽골 민족과 함께 영속되기를 기원한다.

또한 여로에서 낙타라고 하는 동물은 정말로 인내심 강하고 의지할 수 있는 거마이다. 유일한 결점이라면 물에 약하다는 것이다. 급류면서 돌이 많은 이데르 강, 쵸로토 강을 건널 때 흐르는 강물 속에서 무릎을 꺾어 구부리려고 한 것에 몹시 놀라고 무서워서 엄마를 찾으며 울기 시작했었던 것을 기억하고 있다.

울란바토르 근처 토르고이토라는 곳에서 동행자와 며칠을 지냈을 때 어떤 사람에게 부탁하여 방바쟈브 숙모에게 전언을 부탁하였다. 나는 방바쟈브 숙모를 바바 숙모님이라고 부르고 있다. 바바 숙모는 출산하고 얼마 되지 않아서 갓난아이가 있었기 때문에 그녀의 남편이 우리들을 찾아서 집으로 데리고 갔다. 다음해 여름, 어머니는 아무가랑에 이동하여 살게 되었지만, 나는 바바 숙모 집에 남았고 가을에 학교가 시작할 때가 되어 아무가랑으로 가서 8년제 학교에 입학했다.

그 후 얼마 안 되어서 어머니는 부훙이라는 내몽골인과 재혼하여 아무가랑 야채 콤비나트에서 일자리를 얻어 우리들의 생활 환경은 정돈되었고, 울란바토르 남동부에 있는 아무가랑바토르로 주거를 옮겼다. 나의 계부는 봄, 여름, 가을에는 야채를 만드는 작업을 하였고 겨울에는 말이나 차로 짐을 나르면서 어머니와 나를 부양하였다. 어머니와 나는 석탄이나 땔나무를 주워서 생계를 도왔다. 나라이하에서 파낸 석탄을 나르는 철도의 좁은 선로가 아무가랑의 북쪽을 통하고 있고, 영사관 언덕 산기슭의 타빈 하로 오스라는 곳 부근에 석탄을 내리는 역이 있었다. 이 선로를 따라서 떨어져 있는 석탄을 주워서 가져오는 것이다. 주머니에 반 이상 채우면 무거워서 옮길 수가 없었다.

또한 거기에서 석탄을 짊어지고 아무가랑에 도착하기까지의 거리가 꽤 길었다. 의복과 식량에 만족한 적은 없었으나 그렇다고 해서 배를 곯은 채로 잠을 잔 적도, 맨발로 지낸 적도 없었다. 어쩔수 없을 때는 야채를 지방유로 볶아서 먹었다. 밀을 반죽하여 화로의 철판 위에서 구운 후 차 속에 넣어서 먹었다. 내 세대의 대부분의 사람들이 이같은 방법으로 생활하였다. 어릴 적부터 중노동에 힘쓰고 부모님께 효도할 것을 의식하면서 생활을 알게 되었다. 이것은 일종의 학교라고 할 수 있고 그것이 사람들과 나를 연결시켜주는 소중한 유대이기도 하였다.

어째서 내가 어머니의 이름을 성(姓)으로 하였는지에 대해서 적어 보겠다. 1951년 8월 25일, 나는 어떤 친구와 아무가랑 8년제 학교에 갔다. 지금처럼 부모님과 함께 꽃다발을 들고 가는 의례는 없었다. 어린이의 이름을 등록하고 있는 선생님의 옆에 가서 서 있으니 선생님은 무슨 용건이냐고 묻는다. 내가 입학하고 싶다고 하자 이름과 나이를 물어보았다. 내가 9살이라고 대답하자 성은 무엇이냐고 질문했다. 성은 모르고 이름은 오치르바트라고 대답하자 성을 모르다니 어떻게 된 아이냐, 아버지의 이름은 무엇이냐고 묻는다. 아버지는 없다고 대답하자 그렇다면 어머니의 이름을 물었고, 풍사르마라고 대답했다. 이렇게 해서 나의 성은 어머니의 이름이 적용되어서 공적 등록부에도 그렇게 쓰여 있다. 아버지의 이름을 말하는 것은 금지되어 있으나 사망해 버리면 말해도 상관없다는 뜻이었을까.

나의 부모님은 1950년대 말에 아무가랑 야채 콤비나트(Kombinat)의 농지가 축소되었고, 또 그것과는 별도로 보다 높은 임금을 원했기 때문에 도로국으로 전직하였다. 가족은 울란바토르로 이사하여 노공 노르 근처에서 살게 되었다. 그해 나는 7학년을 끝마치고 있었다. 다음해에는 오르혼 강의 가교 작업 때문에 지방으로 옮겼고, 그 다음 자브한 아이막의 도로대에 근무하며 토송쳉게르 근처에 있는 이데르 강의 가교를 하고, 1964년 울란바토르에 돌아와서 살았다. 나의 어머니는 육체노동을 잘 해왔고 꽤 많은 급여를 받고 있었다. 표창장이나 상장이 내려졌으나 제일 큰 포상은 제11회 몽골노동조합대회에서 대표로 참가한 것이었다. 당시는 열심히 일한 사람을 인민대회의 대표의원으로 선출했다.

그동안 나는 바바 숙모의 집에 들어가 신세를 지며, 10학년을 졸업하고 소련 레닌그라드에서 수년간 공부했다. 나는 바바 숙모의 남편 체렝도르지를 실제 아버지 대신 아버지가 되어준 사람으로서 존경하고 있다. 그는 소좌(少佐)의 지위를 가진 군인이었다. 나에게 있어서 두 번째 가족이 된 두 사람에게 키워준 빚이 있으나 현재에 이르기까지 그들에게 도움을 준 적이 없다. 기억하고 있으면 성취되고, 생각하고 있으면 가능하게 된다고 믿고 있다.

그 무렵, 어머니는 아이를 셋 낳고, 그 중 한 명은 다시 양자로 보냈다. 어머니는 자식을 7명 낳아 그 중 장녀 부렝토쿠토후, 내 남동생 동도부상보, 쟝바르라르디, 오랑후 4명을 양자로 내보냈다. 여동생 쟈르가르는 러시아어 교사로 네 명의 자식이 있다. 남편은 바상도르지라고 한다. 막내 오치르호야쿠는 바가노르에서 대형 트럭 운전사를 하고 있으며 처자와 평범한 생활을 하고 있다.

내가 샤린고르에서 일하게 되었을 때 부모님도 모시고 갔다. 거기서 어머니와 부후 아버지(나는 계부를 이렇게 부르고 있었다)는 적당한 일을 찾아서 하고, 1972년에 내가 울란바토르로 돌아갈 때에 같이 돌아왔다. 안타깝게도 부후 아버지는 반신불수가 되고 그것이 원인으로 그해에 사망하였다. 어머니는 현재 딸과 함께 생활하고 있다. 가끔 울기 시작하면 국기에 이마를 맞대고 은총을 빌곤 한다. 젊었을 적에는 노래를 잘 했으며 지금도 연회석에서 잔을 들면 노래를 부르곤 한다. 사랑하는 어머니의 장수를 기원한다.

먼 자브한의 땅에서 나온 아들이 중요한 국무를 맡게 된 것에도 그때와 다름없이 내 아들이라는 어머니의 마음으로 대해 주신다. 그것은 『몽골 타임즈』지에 게재된 나의 어머니에 대한 인터뷰 기사에서도 알 수 있다. 어머니는 최근 모습을 보이지 않는 아들을 번번히 텔레비전에서 보고 기뻐하고 있다고 진술한 후에, 내 아들에게는 가로타이 사의 라마승이었던 시동생 오니오의 영이 들어 있다고 선언해 버렸다.

대통령 선거 전에 어머니는 후보자 소개 회합의 회장에 가서 주변에 있는 이들에게 "당신의 상사를 만나게 해주세요. 상사가 어떤 사람인지 알려주세요. 내 아들은 이 일을 스스로 희망한 것일까요? 언쟁만 있는 힘든 일이잖아요. 상사를 만나서 그만두게 하도록 부탁하겠습니다"라고 말했다. 당신 아들은 상사가 없다고 하자 전혀 믿으려고 하지 않고, "상사가 없다는 것이 이상하지요. 도대체 어떤 사람이에요. 만나게 해주세요"라고 해서 주위를 당황하게 만들었다. 생각해 보니 어머니는 아들에 대한 좋지 않은 이야기를 들었던 것이겠지. 정치투쟁이 심한 게임이라는 등의 이야기. 당시의 어머니가 알아듣기는 힘들었을 것이다.

달라이라마 6세 쟈양쟈무쓰는 조모 세르지미야다쿠의 조부 옹보마를 포상하여 황기, 인새(印璽), 도검, 금반지, 산양가죽 의자를 하사하셨다. 일찍이 나는 사르트르 부족의 황기를 친척의 연배자들이 돌아가며 보존하고 있다는 이야기를 들은 적이 있었다. 황기는 옹보마부터 그의 아들

아르탕 오마에게로, 아르탕 오마에서 그의 아들 투멩바야르, 투멩바야르에서 그의 남동생 장당바르, 장당바르에서 그의 형 네토의 아들 체렝도르지, 체렝도르지에서 그의 숙부 투멩바야르의 아들 세르테르에게로 이어져 보관되어 왔으나, 포상받은지 270년 후인 1992년, 나 오치르바트가 맡아서 보관하게 되었다. 황기는 세로 180센티미터, 가로 60센티미터의 문양이 새겨진 황색의 견포에 만주어와 몽골어로 문자가 기록되어 있으며 달라이라마 6세의 인새와 사인이 찍힌 것으로서, 오늘날에는 실로 귀중한 역사적 가치를 갖는 것일 뿐 아니라 그것을 보관한다는 것은 계속하여 그 의의를 인식시키는 것이다. 그 기는 우리집에 있는 내 서재에 보관하고 있다.

도검(청도쟈브)은 에뎅쟈브 방디하이가 절단하여 작은 도검으로 고쳐 만든 것을 쵸크트가 소유하고 있었으며 그가 사망했을 때 거무스름한 장로와 함께 낭기아에게 위임되어 현재는 내가 보관하고 있다.

인새에 대해서는 이렇다 할 인새를 발견하지 못하고 행방도 알 수가 없다. 인새가 붙어 있는 기라고 하는 것이 별개로 해석되어 인새 그 자체가 되었는지도 모른다. 산양가죽 의자는 장기간 사용한 끝에 없어진 것으로 생각된다. 금반지는 안타깝게도 장당바르의 양녀 다와후가 분실했다고 들었다.

이러한 귀중한 물품을 나에게 보낸 것은 왕칭수렝긴 비양바도르지이다. 그는 현재 몽골 중앙은행의 경호원이다. 비양바도르지의 아버지 왕칭수렝은 나의 백부 세레테르의 양녀와 결혼하였다. 이 왕칭수렝의 아버지 라르하쟈부 두부칭은 나의 대부(내 이름을 지어준 사람)이다. 그는 1942년 말에 투데부티 솜에서 태어난 세 명의 자식들 모두에게 오치르바트라는 이름을 지었다. 한 명은 나, 두번째는 자브한 아이막 지사를 하고 있는 베구징 오치르바트, 투데부티 솜의 영화기계기사 방주라쿠칭 오치르바트이다.

라르하쟈부 두부칭은 나의 아버지에게 불교 경전을 교수해 준 승려이기도 하며 또한 아버지의 남동생인 라마승 오니오가 사망했을 때에는 한 달 정도 경을 계속 읽어 공양하였다고 한다.

황기와 함께 자사쿠토한 아이막의 사르트르 투세 공 호쇼의 다라무도르지라는 사람이 카샤파불의 사리를 안치한 하얀 불탑을 위해서 화폐 300장을 진상한 것에 관한 기록 문서, 기도기(祈禱旗), 복을 부르는 주머니, 타라부 창바라는 경전이 나에게 보내어졌다.

이러한 것들을 나에게 맡긴 투멩바야링 세레테르와 나의 어머니는 형제의 각자 자식들에 해당하며 말하자면 나의 백부인 것이다. 세레테르 백부는 80세까지 살았고 1991년에 사망했다. 아라쿠아도탕 사르트르가 숭경해 왔던 소중한 물품을, 나를 신뢰하여 보관을 명한 것에 대해서 나는 경의를 갖고 응하며 그것을 숭상하며 지내고 있다.

황기의 문서 내용은 아래와 같다.

> 고귀한 법에 가득찬 정신력에 의해서 세상 널리 퍼진 생물의 구제에 백련 같고 칭찬받은 석가모니불의 법인 불보를 올려 천상도(天上道)의 도인(道人)으로 권능을 받은 달라이라마의 말씀.
>
> 이 광대한 황금 세계 밑에 있는 우주의 태양에 의해서 널리 빛나고, 모든 생물계와 함께 중화 13성, 7호쇼, 할하, 4오이라트, 49대 몽골, 후후노르의 차하르를 비로소 라마승, 황제, 왕후(王侯), 칸, 베르, 베스, 궁, 타이지, 타부낭, 자이상, 사잉 호뭉, 수장, 병사와 사자가 향하는 곳을 포함하여, 모든 특별한 평민, 속인, 상하에게 모두 수여한 도리.

하늘과 같은 문수보살인 황제(청조황제)의 충만한 자비심이 낳은 쇠퇴하지 않은 행위가 몸을 떠받치고 얻은 불법이 보급되어 공평한 만물이 널리 성취한 안녕지복(安寧至福)의 빛이 만들어지고 황제의 황금 같은 법에 의해서 신앙의 시주 7호쇼, 할하의 왕후가 번창했던 것 같이, 제루게스의 지위에 권한을 부여하고, 널리 칭찬할 만한 가치가 있다. 또한, 소요오토 베르가 매우 청정한 마음으로 크게 헌신하므로 그자를 2도(정교)에서 아끼는 마음으로 다루한 조리쿠토의 작위를 부여하고 대대로 다루한으로 하기 위해서 직책에서 떠나는 일이 없도록, 규율을 따르는 자를 나는 명사의 구제 밑에 이끌은 것을 알리는 문서를 경축(庚丑)년 여름 가운데 달 요월길일 부처의 가르침이 나오는 곳, 불전의 큰 절 투구스 취쿠토 부라이봉의 투쿠스 바야수 가란전에서 적는다.

그리고 인새에는 '계승자, 생명을 가진 것을 이끄는 자, 달라이라마 6세의 인새'라고 되어 있다. 하얀 불탑에는 이하와 같이 기술되어 있다.

타이의 땅에서 만들어지고 보급된 카샤파불의 사리를 안치한 하얀 불탑에, 자사쿠토한 아이막의 사르트르 투세공(公) 호쇼의 다루마 도루지 베루가 법회의 영겁(永劫)을 기원하며, 화폐 300을 진상했다. 앞으로 대대로 끊어지지 않고 진상하는 것을 청원하는 문서를 받았다. 이 공덕으로 시주(施主)의 외부 및 내부의 나쁜 인연을 모두 없애고 잘맞는 인연과 선행이 맺어지고 초승달같이 보급되어 만물의 도움이 되어 모든 혼란을 없애고, 미륵보살의 빛에서 멀어질 일없이 준봉하여 기도하고, 더없는 행복을 얻으리라. (광처징년 11월 22일)

기도기에는 모든 악을 막을 목적으로 작성되었다고 한다. 기도기의 주변은 경축하는 오색으로 채색되고 중심에는 말이 그려져 있다. 말은 각각의 오색 중 한 가지 색으로 칠해져 있고 주위에 타르니의 문자가 배치되어 있으며 중심에 있는 말의 상부에 견고함의 상징인 '卍'의 인을 볼 수가 있다. 그 외에 관음의 진언(眞言)육자(옹, 마, 니, 파도, 마, 훙)에서 따온 '니'의 문자, 卍의 기호, 세 개의 여의주가 그려져 있다.

보통 교육의 교육 과정에서 9년간 배워서 10년분을 수료했다. 1년 예정을 앞당긴 것은 스스로 생활비를 벌어 어머니를 모시고 싶다고 강하게 원했던 결과이다.

아무가랑 학교 9학년을 졸업하고, 제14학교에 입학하여 10학년을 맞이했다. 제1기 10학년을 우(優)의 성적으로 졸업하고 나라이하 제9학교에서 1년간 공부했다. 다시 돌아갈 수 없기 때문인지 유년시절, 초중학교시절, 대학시절은 가장 빛나는 시기이며, 번쩍이며 날아가버리는 제비와 같다. 추억은 추억이고, 시간은 시간이다. 당시의 일들을 형식적인 말로 장식할 필요도 없다. 명예로운 국무의 책상 저편에 앉아 있는 오치르바트는 순박하고 때묻지 않은 희망을 품어 온 30년 전의 오치르바트와 이어져 있다.

학교에서는 피오네르 단원, 몽골 혁명 청년동맹 멤버에 가입하고, 여성이나 어린이에게 편지를 쓰고, 남자애와 팔을 맞잡고 공을 차며 라푸타를 하면서 노는 등 어린이가 하는 것은 모두 했다. 단, 거짓말을 하거나 물건을 훔친 적은 없다.

수도 울란바토르의 동지구를 협동조합연합이라고 부른다. 1958년에 이 언덕 위에 5층 건물이 신축되어, 제14학교가 생겼다. 거기에서 두 학교의 제7학년을 수료한 학생이 합쳐져서, 제7년으로 입학했다. 그리고 3

년 후인 1960년에는 제1기 졸업생이 된 것이다.

내 담임 선생님은 무지린 당바수렝이라는 이름의 역사 선생님이었다. 젊었을 때에는 체덴바르 서기장 밑에서 전문 직원으로서 근무했으며, 뉴욕이나 파리에도 가서 에펠탑의 연판에 몽골 문자로 자기의 이름을 쓴 적이 있다고 말하였다. 러시아어에 아주 능하고 역사 수업을 열심히 가르쳐 주었다.

하시후긴 다무딩 교장, 수학 교사 쵸이지르, 이과 교사 오르고이, 그 외의 청도주렝 선생님 등 많은 훌륭한 선생님들이 있었다. 선생님들 모두의 이름을 올려서 여러가지 자세하게 기술하면 여러 권의 책이 될 것이다.

학급 반장은 로토후긴 에르디네오치르였고 나는 혁명 청년동맹의 멤버이자 우호단의 대표였다. 우리 반은 모두가 협조하여 공부도 열심히 하며 규율이 있는 모범적인 반이었다.

우리 반에서 Ch.로도이당바의 '동급생'이라는 연극을 하고 또 단독 프로그램으로 콘서트도 열었다. 헨티 아이막의 쳉헤르망다르 솜에 있었던 다부시르토 농목업 협동조합에 가서 연극과 콘서트를 공연하는 한편, 가축의 털을 빗고 자르기도 하고, 마구간의 수선 작업을 도운 적도 있었다. 졸업을 눈 앞에 둔 봄, 모교의 부지 주변에 나무를 심었는데 그 나무들이 지금은 아주 크고 굵게 성장했다. 졸업한 우리들은 국내외 대학에 입학했다.

체쿠토오치르, 쵸크트, 그리고 나, 이 세 사람은 광산학을 선택하였고, 푸레부도르지, 다와, 샤라, 그리고 나, 네 사람이 레닌그라드에 있는 대학에 유학하였다. 나는 원래 이 전공을 스스로 선택한 것은 아니었다. 몽골 통신사가 파견하는 소련 로모노소후 대학의 기자 코스에서 배우려고 생각해서 등록하였으나, 잠시 후에 다른 이가 파견될 것 같다고 들었다. 당바 선생님께 말하자 선생님은 나를 몽골 통신사 인사 담당의 용동 상보가 있는 곳으로 데리고 갔으나 확실한 설명은 듣지 못하고 막연히 기다릴 수밖에 없었다. 선생님은 다음으로 울란바토르에 있었던 타스 통신의 대표 메테리스키라는 인물을 만나서, 그해 모스크바에 신설된 파토리스 르뭉바 대학의 기자 코스에 나를 보내려고 애써 주었다. 양쪽 다 발표되기 전에 실현할 수 없게 되었다. 철도 기사, 한공 기사, 철학이라는 많은 종류의 전문분야가 제시되었을 때에는 기자가 되고 싶다고 원해서 결정한 것이다. 외국에 가서 유학하는 이들에게는 전공을 선택한 후 관계된 관청에 가서 여비를 받고 필요한 것을 샀지만 나는 아무것도 결정되지 않았다.

결국 나는 인민혁명당 중앙위원회에 가서 사정을 설명하기로 하였다. 당시 중앙위원회에 있는 외국 파견 학생의 담당부서에는 하르장 쟈당바, 오란 나무수라이도르지라고 하는 잘 알려진 두 사람이 담당하고 있었다. 두 사람은 내 서류를 보더니, 우수한 성적으로 졸업한 학생이 기자를 원한다니 어떻게 된 것이냐, 너를 비철금속 가공기사의 학교에 파견하겠다며 이 서류를 가지고 산업성 인사 담당의 아요시쟈브에게 가라고 하였다. 그리고 이쪽에서도 전화로 이야기해 두겠다고 말하며 서류에 파란색 연필을 사용하여 몽골 문자로 무엇인가를 적은 다음에 나에게 돌려주었다. 나는 아무 말도 못하고 가 보라고 한 사람에게 가서 봉투를 건넸다. 이렇게 해서 광산기사 전공으로 레닌그라드 광산대학에 파견된 것이었다. 1965년 대학을 졸업하고 노천굴 광산의 전문기사가 되었다.

학생시절에 간 세 번의 연수는 잊을 수 없는 추억이다. 측지학 연수는 카후고로와 마을 근처에 있는 자연이 아름다운 장소에서 실시했다. 토지의 고저, 측지점 사이의 거리나 각도를 산출하는 훈련으로서 교대로 표시 막대기를 메고, 세우고, 수준기나 경위기를 사용하여 측지한다. 대부분은 즐거운 작업이다. 생산연수는 우크라이나공화국의 니코포리 망강 분지에 있는 니코포리 광구 구르세후 노천굴 광산으로서, 7개월간 실시하였다. 굴착기의 기계공보조를 하면서 1개월에 140에서 160루블의, 당시에는 상당한 고액의 급여를 받았다.

그곳은 풍광이 아름다운 장소라서 사람들의 성격도 훌륭하고, 야채나 과일이 풍부하고 저렴했다. 집 뜰에 있는 살구를 바구니 2, 3개 정도 모아서 그 집 주인에게 주고 1개 정도는 내가 받았다. 사과가 한 봉지 50코페이카(Kopeika: 루블의 1/100)였다. 광산작업자는 과일, 야채, 닭, 돼지, 암소를 기르고 있었으며 급여도 좋았으므로, 한마디로 말하자면 그들의 생활은 풍족해서 부인은 일을 하지 않고 집안일 등을 맡고 있었다. 대지와 함께 일하고 그 자양을 누릴 수 있는 사람들이다. 뜰에는 시야를 즐겁게 해주는 아름다운 꽃들이 심어져 있다. 나도 광산에서 일하며 이러한 생활을 하고 싶다고 몽상했다.

졸업하고 샤린고르 탄광에서 일했을 적에는 4층 건물에 입주하는 바람에 말도 안 되는 답답한 생활을 했다. 그러나 우리들은 탄광 주변에 감자를 심어 먹곤 했다. 또 어떤 이는 암소, 돼지, 닭 등의 동물을 사육하고 뜰에서 양파, 감자를 재배하여 식량으로 하였다. 가는 곳마다 이렇게 생활했었던 것이다.

망간광석을 채굴하는 노천굴 광산의 기술, 광산 작업 방식, 채굴 시스템 등을 보고 나서 연구보고서를 썼다. 이동식 굴착기인 빗트의 고정 연결기를 가동연결기로 교환하기 위한 기술혁신작업에 참여하여 우리들이 작업하고 있었던 굴착기로 행하였다. 구식에서는 빗트의 길이가 40미터, 바켓 용량 4입방미터였던 것을, 새롭게 길이 45미터, 바켓 용량 5입방미터로 하고 빗트를 지탱하는 것을 철사로 꼬인 줄로 바꾸어서, 빗트 중량을 경감하면서 길이를 5미터 길게 하여 바켓 용량을 1입방미터 늘렸다.

  우리들이 이 작업을 45일간에 완성시켜서 표창받았을 때 상금도 받았다. 그때의 사진을 지금도 가지고 있다. 어떤 때는 우리들이 낮에 일하고 저녁에 퇴근할 때 만난 철도작업장이 자갈 2차량 분을 내리는 것을 도와주면 우리들 각자에게 10루블을 주겠다고 하였다. 우리들 8명은 그것을 받아 한 시간 이내에 모두 내렸다. 10루블이라는 대금을 급여 이외로 받았다는 것에 대해서 친구들은 아주 만족하고 있었다.

  또 이런 일도 있었다. 내가 굴착기의 기계공 보조를 하면서 곁에 있는 흙을 벗겨 땜을 할 때 트럭 10대로 흙이 운반되고 있었다. 점심이 되기 조금 전에 그 트럭이 다 몰려와서는 멈추었다. 기계공 주임도 그 안에서 눌러앉았다. 내가 기계에 기름을 부어넣는 작업을 하고 있으니 어떤 작업원이 불러서 그쪽으로 갔다. 거기에서 모두가 각자 집에서 가져온 음식을 펼쳐놓고 심지어는 술까지 마시고 있었다. 근무시간 중에 뭐하고 있느냐, 더구나 트럭 운전수로 보이는 자는 내가 하는 말에도 태연했고 그들 중 한 명은, 어리석은 학생이여, 너는 무슨 일이 일어나고 있는지 아느냐? 흐루시초프가 경질되었다, 그것을 축하하고 있는 것이다라고 말했다. 흐루시초프는 우크라이나 사람으로, 탄광에서도 일하고 있었다고 하지 않았느냐, 그런데 왜 기뻐하냐고 묻자 돈바스(donbass: 우크라이나의 지명) 어디를 찾아보아도 흐루시초프가 일했던 탄광은 찾을 수 없다고 하면서 다들 크게 웃었다. 술을 마시는 구실이었는지 혹은 정말로 흐루시초프가 마음에 안 들었는지 나는 잘 알지 못한 채로 지나갔다.

우크라이나 사람은 숨김이 없고 느긋한 사람들이다. 내가 있었던 부서의 기계공 주임 베리가 개인 승용차를 구입했다. 친구들이 차 살 돈을 어디에서 조달했냐고 추궁하자 야채나 과일을 팔아 돈을 모아서 샀다고 자백했다. 진실을 스스로 말하며 웃어 넘겨버렸다. 광산부란 이렇게 농담하기를 좋아한다.

연수 기간 중에 이동식 굴착기의 조작과 수리, 작업용 트럭의 조작에 대해서 배웠다. 여러가지 기계 기술에 대해 실제로 보면서 이해할 수 있었다. 교실에서 책을 통해서 배우는 것과 광산에 가서 자신의 눈으로 보는 것은 전혀 달랐다.

샤린고르, 바가노르, 타붕토르고이 각 탄광의 채탄에 관해 우크라이나에서 봤던 기술의 도입을 제안하여 이론소회의에서 발표하고 잡지에 기고하며 탄광에 있어서의 기술적 기반과 경제적 기반의 작성 계획에 참여하여 스스로 원안을 기안하고 있었다. 돌이 많은 경질의 토양과 험한 기후를 가진 우리나라와 같은 곳에서는 개량하는 것이 필요하다 하겠다.

졸업 예비 연수는 코라 반도 키로후수쿠에 있는 인회석 콤비나트(Kombinat)에서 2개월간 행하였다. 거기는 백야를 볼 수 있는 곳이다. 주변의 산들이 눈으로 뒤덮여 하얗고, 붕 떠오른 것 같이 보인다. 이곳의 원주민인 키빙인 인구는 매우 감소하고 있다. 인회석은 중요한 비료 원료이므로 시장에서 잘 팔리고 공장의 이윤이 많으며 광산 관계자의 급여도 매우 고액이다. 더욱이 지역 수당 수치는 2이며, 말하자면 급여를 2배 많이 받을 수 있는 것이다. 우크라이나와 같이 야채나 과일을 심을 수 있는 것은 아니다. 구르지아인이 오이나 토마토 등을 열차로 운반하고 와서 500그램을 7,8루블로 솜씨있게 팔아서 돈벌이를 하고 있다.

나는 광산 장 보좌, 교체 주임 등의 역할을 맡아서 매월 300루블 전후의 급여를 받고 있었다. 당시의 시세로 볼 때 대단한 금액이었다. 여하튼 학생 장학금이 60루블이었던 시대였다. 굴착기 발파작업의 생산적 효과와 경제적 효과의 개선이라는 주제로 졸업논문을 집필하여 우수한 성적으로 졸업했다. 키로흐스크에 있는 동안 몽체고르스크의 대규모 야금 공장을 견학하고, 내가 다니는 대학의 통신교육학생이었던 아나톨리 아브라멘코프의 집을 방문하여 게임을 배워서 즐겁게 논 적도 있었다. 키로후수쿠에서의 연수에는 오르지오르시후라는, 같은 몽골인인 동급학생이 참가하고 있어서 속이 편했다. 그는 갱내채광을 전공하고 있었는데 우리들은 한쪽에서는 노천광산, 또 다른 한쪽에서는 갱내광산에서 연수하였다. 키로흐스크는 레닌그라드의 광산대학의 지원공업시설이었다.

대학 2학년을 끝마칠 무렵에 나는 동도부, 우르지사이한, 공보쟈브, 바토오치르와 함께 나라이하 탄광에서 며칠간 연수하였다. 이제 그 외의 것은 쓰지 않도록 하겠다. 평범하게 대학생활을 하며 공부하고 졸업했다. 그러나 졸업하는 해에 나에게 있어서 중요한 일이 몇 가지 생겼으므로 그것에 관해서 쓰기로 하겠다. 1965년 3월 5일, 내 친구 사이한이 가랴라고 하는 러시아 여성과 결혼하여 나는 신랑 친구로서 참석하였다. 몽골인과 러시아인을 합쳐서 20명 정도가 참석했는데 나만 독신이었다. 마음 속에서 어떤 것에 대해서 생각하고 있었다. 결혼식장에서는 샴페인이나 와인을 마시고, 과일을 먹고, 신랑 신부에게 축사를 하고, 떠들썩하게 보내고, 일주일 후에는 푸시키노라는 마을에 있는 가랴의 친척 집에서 축하연을 벌이기로 의견이 모아져서 축하연은 매듭지어졌다.

학생 기숙사에 돌아와서 침대에 누워서 사이한의 결혼식에 어떻게 혼자서 참석할 수 있겠는가, 체베르마를 초대하면 그녀가 와줄런지에 대해서 생각해 보았다. 그녀가 있는 곳에 가서 초대하기로 결정하고 황급히 일어났다. 그녀는 영화를 보러 갔는지 집에 없었다. 잠시 기다리자 그녀가 돌아와서 용건을 말하였다. 사이한의 결혼식에 당신에게서 초대받다니 어떻게 된 것인지, 나에게 당신의 시중을 들어달라는 것이냐는 등 놀리는 어조로 그녀가 말하였다. 2시간 정도 끈질기게 부탁하여 생각해 보겠다는 대답을 받고서 밤 12시경에 기숙사에 돌아왔다.

친구들 모두가 예정된 시간에 이토브스키 역에서 열차를 타고 결혼식을 하는 마을로 향해서 서둘러 출발하였다. 내가 온갖 수단을 쓴 보람이 있어 결혼 파티에 참가하는 이들 중에 체베르마의 모습도 보였다. 파티는 고조되고 노래나 악기연주, 춤이나 게임이 계속되었다. 봄에 촉촉해진 눈이 흩날리는 아름답고 조용한 밤하늘을 바라보면서 마음을 터놓고 여러가지 이야기를 하는 사이에 체베르마와 나는 행복감에 젖어 있었다. 건물 안에 돌아와서 춤추고, 춤추면서 대화를 계속하였다. 서로에게 마음을 빼앗겨 바라보면서 몇 번 입을 맞추었다. 여러가지 이야기를 나누었다.

나라이하 제9학교의 5학년이었을 때, 나는 휴식시간에 체베르마의 반에 가서 설화 등을 이야기해 주었다. 그렇게 하지 않으면 매우 떠들썩해질 규율이 부족한 반이었다.

당시 그녀는 중국제의 공을 가지고 있어서 우리들은 가끔 그녀의 집 근처에서 공놀이를 하곤 했다. 공을 손으로 건네지 않으면 무서워서 공을 가지고 집으로 들어가버리는 그런 소녀였다. 나는 혁명 청년동맹의 일원이었으므로 그룹활동을 감독하는 일이 있었고 밤에 작업이 끝난 어느날 그녀와 함께 집으로 간 적이 있다. 이렇게 그녀와는 이전부터 알고 지내는 사이였고, 또한 그녀가 내 학업성적에 관심을 보이고 있다고 들은 적이 있었다. 그정도의 관계였다.

체베르마는 1961년부터 레닌그라드 출판전문학교에서 공부하고 있었다. 인사를 나누거나 가끔 내가 돈을 조금 빌리는 평범한 사이였는데 이렇게 진전하게 되었다. 친구의 결혼 파티를 마치고 돌아가는 열차 안에서 체베르마가 내 어깨에 머리를 대고 잠시 졸았을 때, 잠깐 동안에 그녀에게 익숙해지며 친해진 것을 느껴서 애정에 부풀었다. 청춘시절의 애정이라고 하는 것은 순결한 것이었다고 지금 상기한다. 그런 며칠 후인 3월 18일에는 마침 사이한의 생일과 군사기념일이 겹친 날이었으나, 서로 사랑하는 우리 두 사람이 생애의 반려자가 될 것을 약속한 날이 되었다. 이날 이래 오늘날까지 우리들은 함께 지내고 있다.

　우리들은 1965년 12월 15일, 레닌그라드 결혼식장에서 혼인 절차를 끝마치고 부부가 되어, 그로부터 며칠 후에 대학의 교인 식당에서 결혼 축하연을 열었다. 초대한 이들 중에는 미차, 리타, 가랴라는 러시아인 친구들도 있었다. 나의 대학 학부장인 아레쿠세이 아레쿠세빈치 보리소프 교수가 우리들의 결혼식에 60루블을 기부하며 축하해 주었다. 선생님이 외국인인 우리들에게 이토록 신경써주신 것에 대해서 지금도 매우 기쁘게 생각하고 있다. 러시아인은 매우 훌륭한 자애심을 가지고 있다.

　우리들이 결혼 준비를 하고 있을 때, 친구들 중의 어떤 이는 쉴 새 없이 졸업논문 집필을 하고 있었다. 나와 체베르마는 결혼식장에 가서 결혼식의 날짜를 정하고 결혼식용의 의장이나 반지 등을 사는 허가서를 받아서 학생 기숙사로 돌아왔다. 그 용지를 본 룸메이트인 동도부, 로푸왕 쵸잉호르, 통신교육학생 미샤 마리샤프가 축하의 말을 전해서 서로 끌어안고 기뻐할 때, 1주일 정도 걸려서 동도부가 그린 광산측 지도 위에 검정색 잉크를 흘려버렸다. 우리들은 너무 놀라서 사과했다. 동도부는 순간 얼굴빛이 변했지만 금방 웃는 얼굴로, 큰 목소리로 결혼을 축하하자고 말했다. 미샤가 외부에서 술 한 병과 빵, 햄 등을 사러 갔고, 차를 끓여서 자그마한 축연을 벌였다.

체베르마와 나는 천천히 결혼 준비를 하며 하얀 데르와 하얀 단화를 구입하였다. 금반지도 구입해야 했다. 체베르마는 스웨터를 한 장 팔았지만 나는 팔 것을 찾지 못했다. 나는 그녀에게 순도가 높은 가느다란 반지를 20루블에 사주었고, 그녀는 나에게 폭이 넓은 탄탄해 보이는 반지를 40루블에 사주었다. 당시는 물가가 쌌다. 그 후 나는 뚱뚱해져서 아내로부터 받은 반지를 손가락에는 낄 수가 없게 되어 아내가 끼게 되었다. 우리들은 이렇게 맺어지게 된 것이다.

나는 1965년 5월 15일에 인민혁명당에 입당하고, 같은해 12월 25일에 졸업논문에서 우(優)의 성적을 받았다. 이렇게 해서 1966년 1월 13일, 생애의 반려자인 아내를 데리고 광산채굴 기사로 인정받은 대학졸업증명서와, 책이 들어간 여행 가방 두 개를 가지고 조국으로 돌아왔다.

운명이 나를 이 창천(蒼天)의 나라와 연결시켰다. 살아 있는 시대, 운명은 되풀이되지 않는다. 몽골의 땅은 푸른 하늘의 나라이다. 선진국 대도시에서 생활하는 사람들이 몽골을 방문해서 그 창천에 감탄한다. 그들의 머리 위에서는 태양이 부드럽게 순회하고 있다. 몽골에 와서 비로소 이토록 아름다운 하늘이 존재한다는 것을 알게 되는 것이다. 나도 하늘의 나라에서 생명을 얻게 된 것을 자랑스럽게 생각하며 살고 있다.

> 푸른 하늘 나라를 손에 쥐고 태어난 나다
> 푸른 몽골이라는 세계에 알려진 계승된 전설이 있다
> 강대한 선조의 땅에 끓어오른 혁명의 불길이 있다
> 황금 세계의 혈통있는 이마가 된
> 푸른 하늘 나라를 손에 쥐고 태어난 나다

동양의 대시인 베구징 야보호랑의 이 시는 내마음 속에 감추어진 말을 대변하고 있으며, 감회에 못 이겨, 무심코 부르짖고 싶은 흥분이 내포되어 있다.

제3장
최초의 시찰지 샤린고르 탄광

- 이렇게 해서 나는 월급 700투그릭(tugrik)을 받는 공업성의 전문직원이 되었다. 결혼하고, 취직하여 처음으로 맞이하는 신년.
- 인생이 빛으로 가득찬 시간은 저 샤린고르, 분진으로 뿌예진 저 산골짜기에 있었다고 뚜렷이 상기할 수 있다.
- 미국 금가공회사 사장 호르라는 인물과 알게 되었다.

내가 대학을 졸업할 당시 몽골 국내에서는 정말로 나의 전공인 광산 분야에 인재가 필요하던 시기로, 광산 분야와 에너지 분야가 당과 국가의 주요 관심 사안이었고, 또한 소련도 적극적으로 몽골인민공화국의 전력화추진을 화제에 올리고 있었다. 당시의 지식인들 사이에서는 실현 가능한 모든 사업을 조국에서 달성하려는 희망이 있었고, 그것이 지상 과제가 되어 있었다.

레닌그라드 광산대학을 졸업하고 귀국한 다음날, 나는 공업성에 가서 샤린고르 탄광에서 일했던 내 전적을 말했다. 나는 내 전문분야를 살려서 광산에서 일하며 자립적이고 쾌적한 생활환경을 누리고 싶다는 희망에 가득차 있었다. 쵸잉보르 공업성 인사과장, Ya.공보수렝 공업성 중공업과장, Sh.투구제 공업성 석탄실장을 만나서 광산에서 일하고 싶다는 희망을 전했으나, 공업성 간부들과 이야기를 나눈 결과 공업성 중공업과에 전문직원으로서 배속되기로 결정되었다. 나는 이 결정에 불복하였다. 첫 번째로 주거는커녕 가구조차 지급되지 않는 점, 두 번째로 생산현장의 실무경험이 없는데 성의 전문직원으로서 근무한다는 것이 납득되지 않았다. 그러나 당시의 나는 아버지가 되는 것을 기다리면서 임신한 아내를 보며 미래를 걱정하는 나날을 보내고 있었다. 아기가 생긴다는 기쁨 이외의 어떤 예비 지식도 없는 우리 두 사람은 자신의 양친 곁에서 출산하는 것이 좋겠다고 생각하였다. 따라서 아내와 아내의 양친은 내가 공업성에서 근무하는 것을 기뻐했다. 이렇게 해서 나는 공업성 중공업과에서 월급 700투그릭를 받는 전문직원이 되었다.

몇 군데의 아이막에 노천굴 탄광을 건설할 것, 샤린고르 탄광의 작업개시에 힘쓸 것, 지방의 연료 공급 개선, 탄광의 출탄 작업의 안정화라고 하는 여러 갈래로 갈린 과제 속에 발을 디뎠다.

1966년부터 1970년 사이의 연료 에너지 산업과 광업을 발전시키기 위한 기본방침의 원안 작성 작업에도 참가하였다. 몽골인민공화국에서는 1960년대 중반부터 5년에서 10년의 계획으로 국내를 전력화시키고 연료 에너지 공급을 확립한다는 기술방침을 들고 있었다.

국민경제·문화발전 제4차 5개년계획(1966~1970)에는 연료·에너지 산업 분야에서 전력생산을 지금까지의 1.9배로 증가시켜 시간당 4.3억~4.6억kw로 할 것, 열난방 공급을 2배 증가시켜 150만 기가칼로리로 할 것, 석탄채굴량을 200만~205만 톤으로 끌어 올릴 것, 또한 이 분야의 발전도를 국민경제의 다른 분야의 발전도보다 우선시킨다는 목표를 세웠다. 그리고 이 목표는 실제로 달성되었다.

공업성 중공업과에서 근무했던 1년 동안에 P.다무딩 공업대신을 수행하여 샤린고르 탄광, 바양테구 탄광, 누르스팅 호토고르 탄광, 바얀울기 아이막(Bayan-Ulgii aimag)을 방문했다. 경험이 없는 자가 대신을 수행하며 실제의 작업을 시찰한다는 것이 부담스럽게 느껴져 두려워하기도 하였다. 샤린고르 탄광에 가서 소련의 전문직원과 잠시 이야기를 나누며 단 한 마디로 의견을 말하거나, 때로는 비판적인 말을 진술했던 태도가 다무딩 대신의 마음에 들었던 것 같다. 다무딩 대신은 어떤 생산시설에 있어서도 그 양면을 쉽게 뚫어 보는 엄격한 인물이었다.

바양테구 탄광을 시찰하는 동안에 오보르한가이 아이막(Uvurkhangai aimag)지사 다시퐁사쿠는 석탄의 품질이 나쁘다고 비판하였고 작업자가 이런 노란 암석을 운반하고 있다고 욕설을 퍼부었다. 옆에 있었던 나는 이것은 암석이 아니라 산화해서 변색한 석탄이라고 진술하며 깨뜨려서 보여주자 지사는 매우 기분이 상해서 내가 너에게 이야기한 게 아니다라고 대답했다. 그러자 다무딩 대신은 이 젊은이는 공업성의 석탄을 담당하고 있는 전문직원이며, 내 동행자라고 말하며 석탄에 정통한 인물이라고 지사를 납득시켰다. 그 이후, 다시퐁사쿠 지사의 기분은 누그러지고 저녁식사 자리에서는 내 접시에 보주(고기가 들어간 찐만두)를 많이 넣어 주었다.

다음으로 누르스팅 호토고르 탄광에 가니, 작업자 52명 중 1명을 제외하고는 모두 카자흐(Kazah)족이었다. 탄광장 코타이베르겡이 우리들을 집으로 초대해 주었다. 도착해서 손을 씻고 안에 들어갔다. 한 명의 장로가 커다란 용기에 산더미처럼 놓인 고기를 잘게 썰어 놓아서 둥글게 둘러 앉은 10명 정도가 각자 손으로 먹었다. 장로가 기름과 즙이 묻은 자기의 손을 핥으며 고기를 잘랐기 때문에 도시 출신의 대신은 별로 좋게 생각하지 않았는지도 모른다. 다음으로 우리들은 바얀울기 아이막으로 향했다. 바얀울기에서는 가축털 세정공장이 건설 중이었으나 그 작업이 지체되고 작업 기자재가 차간노르 기자재 기지에서 도착하지 않았었다.

또 거기에는 체코슬로바키아의 원조에 의해서 건설된 발전소가 있었고 쥬케이라는 사람이 소장직을 맡고 있었다. 이곳을 방문한 목적은 발전소의 현황 파악과 가축털 세정공장 건설문제 해결이었다. 이곳 아이막의 당위원회 제1서기는 데지도, 아이막 지사는 로무라고 하는 인물이었다. 당시 울란바토르에서 대신이 온다고 하면, 지방 사람들은 몹시 당황했지만 바얀울기에서는 하루를 묶어도 대신을 만나러 오는 간부가 한 명도 없어서 나는 내심 놀랐다. 데지도 제1서기와 울란바토르 시내의 노곤노르 다리 위에서 스쳐간 적이 있다. 바얀울기 아이막의 중심지 울기(ulgii)에 도착한 다음날 오후, 아이막 청사에서 가축털 세정공장 건설 작업을 신속화시키는 문제에 대해서 협의했다.

로무 지사는 아이막의 월동준비 작업의 일환인 땔감 확보를 위해 차량 여러 대를 보내고 있었기 때문에 가축털 세정공장에까지 차량을 보낼 수 없고, 운송 조건이 정비돼 있지 않다고 말하며 다무딩 대신에게 차량 100대를 3개월 기한으로 빌릴 수 있도록 중앙정부에 요청해 주었으면 좋겠다고 요청했다. 그렇지 않으면 공장기자재를 주문해서 가져올 수 없다고 말하였다. 풋내기 전문직원인 나에게는 어쩌면 이렇게 퉁명스러운 인물일까 하는 의아스러운 생각이 들었다. 그러나 다무딩 대신은 그 말을 듣자마자 바로 로무 지사의 집무실에서 중앙정부의 체뎅바르 서기장에게 전화하여, 바얀울기에 차량 100대를 45일 기한으로 빌려주도록 다무딩쟈부 운송대신에게 요청해 주었으면 한다고 하며, 처리하였다. 이 말을 들은 로무 지사는 벨을 눌러 여비서를 불러서 카자흐 말로 무엇인가 이야기를 하기 시작했다. 옆에 있던 사람에게 물어 보니 오늘밤 호텔에서 만찬회를 가지므로 금방 준비하도록 명하였다고 한다.

울기에 도착한 날, 나는 대신을 위해서 카자흐족의 유명한 요리 베수바르마쿠를 주문했다. 폭넓고 큰 고기의 횡격막이 나왔는데 그것을 자를 칼이 없었다. 나는 조리장을 여기저기 돌아다니다가 파란 손잡이가 달린 큰 부엌칼을 발견하여 들고 가니, 소를 죽이는 것도 아닌데 이 부엌칼로 무엇을 하라는 것이냐고 말해서 당황했다. 수정잔과 은 포크가 나란히 놓인 로무 지사의 만찬회의 테이블 뒤에 앉아 먹고 마시면서, 울기에서 지낸 2일 동안 대신의 위엄이 얼마나 늘었는지에 대해서 생각했다.

울란바토르에서 멀리 떨어진 곳에 와서 이렇게 많은 사람들의 다양한 양상을 알게 되었다. 내가 공업성 중공업과에 배속되었을 때, 외국에서 전문지식을 습득한 몇 명의 젊은이들이 협조하여 임무를 담당했다. 내가 생각하기에는 1960년부터 80년 사이에는 몽골인민공화국에서 인재가 개화한 시기였다고 할 수 있겠다. 졸업 배지, 외국대학의 졸업증명서 등 고학력은 긍지로 여겨졌다. 당시의 몽골이 정말로 변화할 수 있었던 것은 국가가 인재에 중점을 둔 성과 때문이었다. 예를 들자면, 로마에서 원유지질학을 전문으로 배운 겡뎅, 모스크바 광산대학을 졸업한 선광 기사 다무딩수렝, 기계기사 에르데네, 바토쟈르가르, 레닌그라드 광산대학을 졸업한 광산 기사 마부레토 등이 있었다. 우리들은 조국을 발전시켜서 풍족하게 만들 것을 열망하고 있었다.

1966년 봄, 가축이 출산 시기를 맞을 무렵에 나는 토브(Tuv) 아이막의 쟈르가랑토에 있는 국영농장에서 가축의 출산과 태어난 어린가축을 돌보는 일을 하게 되었다. 젊은 전문직원에게는 이러한 유쾌한 임무도 주어졌던 것이다. 가는 털의 양을 사육하는 곳이었는지 그곳의 양은 털이 매우 가늘었다. 기묘하게도 선 채로 출산하므로, 출산하는 양을 구별할 수가 없었다. 또 어린양의 몸을 핥아서 말리려고 하지도 않고, 낳으면 떠나가 버린다. 어린양에게 초유를 주는 것도 없다. 빨간 알몸의 어린양이 얼어서 죽는 것이 아닌가 하고 걱정이 됐다. 가축 우리에 들어가니까 위에 겹쳐지다시피 떼지어 모여서 깔려 죽지 않을까 걱정되어 늘 분산시키느라고 시간이 걸렸다. 가축 우리는 아주 캄캄해서 어디서 무슨 일이 일어나는지 알 수가 없다. 몽골 양이라면, 출산 후에는 어린양의 몸을 핥아서 말려 준다. 어린양은 태어나자마자 사지로 균형을 잡고 어미양의 뒤를 따라서 분주하게 돌아다닌다. 당당한 동물인 것이다. 그러나 이곳처럼 이품종 교배로 태어난 가축의 털은 공장용 원료가 되므로, 인간의 아기와 같이 보살펴주면서 키울 수밖에 없다.

출산을 돌봐주는 일이 끝나기 얼마 전에 공업성으로부터 문서를 받아, 가축을 보살피는 일을 끝내고 임무에 다시 돌아가게 되었다. 아동쵸로 탄광의 석탄 채굴이 정지됐으므로 현장 지원을 갈 필요가 생긴 것이다. 그쪽으로 가라는 것이다. 나는 정든 어린 가축하고 헤어져 탄광 생활로 옮겨갔다. 그 탄광에서 나는 5일간 지내고 돌아왔다. 당시는 상부기관에서 불러서 업무에서 빠지는 일이 종종 있었다. 샤린고르 탄광으로 쉴 새 없이 갔다. 건설된 지 얼마 안 된 탄광이므로 번거로운 문제가 계속해서 발생했던 것이다.

1966년 연말, 나와 아내는 친구를 한 명 초대하여 신년맞이 계획을 세웠다. 그러나 Ya.공보수렝 공업성 부대신(내가 가축을 보살피러 가 있을 때 부대신으로 취임했다)이 불러서는 31일에 샤린고르 탄광에 가서 출탄양을 늘려야만 하며 그렇지 않으면 화력발전소의 연료가 없어져 버린다고 말했다. 저녁 때 집에 돌아가서 아내에게 이 이야기를 했더니 기분이 상한 것 같았다. 당연한 일이다. 아내는 갓난아기와 계속 집에 있었으니까 지루했을 것이다. 우리들의 첫 아이인 오치르마는 1966년 5월 8일에 태어났다. 아내는 왜 연초부터 가야만 하는 것이냐고 했지만, 보잘것없는 전문직원이 부대신의 지시를 거역할 수는 없는 것이다. 그러나 부대신도 함께 간다는 얘기를 듣고는 아내의 노여움도 어느 정도 풀렸다.

우리들이 샤린고르 탄광에 도착했을 때 작업은 여느 때와 같이 계속되고 있었다. 탄광작업원이 신년의 축하로 석탄 운송을 빠뜨리지 않을까 하는 추측에서 그들을 감독하기 위해 우리들이 파견된 것 같았다. 우리들은 임무도 행하였지만 한편으로는 탄광장들과 신년 파티를 열어 즐겁게 지냈다. 그때 샤린고르 탄광장 O.도라무라쿠차는 나에게 이곳으로 와서 일할 것을 권유했다. 그 말은 탄광에서 일하고 싶다는 나의 최초의 희망을 다시 불러 일으켰다. 그러나 나는 신중하게 생각하여, 당신이 공보수렝 부대신에게 말해 주었으면 한다, 그것은 그가 결정할 일이기 때문이다라고 대답했다. 이렇게 하여 우리들은 샤린고르에서 2박하고, 연초인 1967년 1월 2일에 울란바토르 시에 돌아왔다.

출장에서 돌아와서 2주일 정도 지난 어느날, 공보수렝 부대신이 불러서 가 보니까, 너를 샤린고르 탄광의 기사장으로 임명하는 데 이의가 없냐고 하였다. 나는 이 말을 듣고 기뻤지만, 나에게는 너무 부담스러운 역할일 것처럼 느껴졌다. 그 생각을 전하자 부대신도 내가 경계심으로 입에 발린 말로만 거절하는 게 아니라 진심으로 말하고 있다는 것을 이해하고, 다음과 같이 나에게 설명해 주었다. 샤린고르 탄광의 현재 기사장은 소련의 미하일 아다모비치 나와사르디야스인데, 그가 탄광작업자에게 지시를 내릴 경우 언어 면에서 불편함이 생긴다. 또 기사장이 몽골인이 아니라는 점은 법규에도 위반되므로 적합하지 못하다. 그리고 탄광장이 탄광 전문가가 아니라는 점을 탄광장 스스로가 우리측에 문제점으로 제기하여 다무딩 대신이 승락한 것이었다.

너는 노천굴 광산의 채굴에 관한 전문기술을 습득하고 있고, 소련의 대규모 광산에서의 연구경험도 있고, 성에 근무했던 경험도 있으니까 어떤 점에서 보아도 기사장을 해낼 역량이 있다고 보증해 주었다. 나는 가족과 의논해보고 싶다고 말하고 나왔다. 아내는 이 엄동설한에 유아를 데리고 어떻게 가느냐고 주저하며, 나에게 어떤 전문적인 작업을 맡겼는지를 물어보며 망설였다. 그렇지만 결국 우리들은 샤린고르로 가기로 결정했다. 아내는 출판기술자이므로 그쪽으로 가도 다른 일이 있을 테니 그것을 하면 된다고 조언했다.

샤린고르의 주택지는 아주 쾌적하고, 산과 강에 둘러싸인 멋진 곳에 있었다. 탄광 관계자의 주택지에는 보육원, 유치원, 협동조합, 식당 등이 정비되어 있고 주택은 2층 건물이나 4층 건물이었다. 이러한 상황은 아내도 알고 있었다. 우리들에게는 우리만의 주거가 필요했었다. 생활하고자 하는 의욕과 조건이 일치하여 샤린고르에서 일할 결심을 하고 다음날 직장에 가니 벌써 전임 명령이 내려져 있었다. 우리집의 이삿짐은 러시아제 지프 한 대에 전부 실을 수 있었다. 생후 8개월 된 딸도 태어나서 처음으로 여행을 하게 되어 샤린고르로 향하였다. 내가 샤린고르에서 6년간 근무한 후 돌아올 때에는 둘째 딸도 태어나 첫째 아이를 데리고 갈 때와 똑같이 8개월째였다. 그러나 돌아올 때의 이삿짐은 트럭에 싣고 운반하였다.

샤린고르에서의 임무는 힘들었지만 자신있게 일했다. 새로운 탄광과 새로운 동료들과 함께 달성하겠다는 희망을 품고, 탄광 작업자들과 함께 먹고 자는 것도 잊고 일하였다. 탄광장 도라무라쿠차는 탄광 작업자들을 한데 모으는 재능을 가졌으며 매우 온화하고, 젊은 기사들을 아꼈다. 기사의 제안을 지원하고 실현하려고 했으므로 우리들은 탄광장을 경애했다. 그러한 소장과 동료로서 함께 일했던 것은 나에게는 행운이었다. 도라무라쿠차 탄광장은 로호주 사건에 관련되었다고 하여 바얀울기 아이막 당위원회 제1서기에서 해임되었던 인물이다. 르하쿠와 노동위원회 위원장이 소련 유학 중에 냐무보의 부인에게 시계를 선물할 때 동석했던 일로 경질되었던 것이다.

그 지도력, 조직력, 성격으로 인해 부하들로부터 존경과 은혜의 뜻을 품게한 이 인물이 반동분자라는 것은 믿기 힘들지만, 이 건에 대해서는 이 이상 다루지 않겠다. 석탄공급 부담당장인 호부차간은 자식이 많았고, 에렌의 자동차 공장에서 공장장으로 역임하다가 이곳으로 옮겨온 우리들에게는 아버지와 같은 존재였다. 당위원회 위원장 바토후 당바, 방바, 조합위원회 위원장 바다무도르지, 오주키, 지역위원회 자치 대표 셍크, 다무딩이 있었고, 또 토통, 샤쿠다르수렝, 체벵도르지, 바자르사도, 바상다이, 바토오치르, 아비르메도 등 지금까지도 광산에서 일하고 있는 경험 풍부하고 의지할 만한 탄광 책임자도 있었다.

계획, 재무, 노동임금과에는 오후나다미랑, 체데부, 바니도후라고 하는 훌륭한 경제전문가가 있고, 기사 중에는 별명이 유명한 마타르 체구메도, 하르장 쳉도, 베렝쟈부 우르지바도라후, 쇼고 바상다이 등 약간 나이가 위인 사람들도 있었다. 자동차 기사 샤르후, 에르데부, 광산기계 기사 투르바도라후, 먀구마르쟈부, 상지도르지, 조립 기사 공치쿠수렝, 바토체렝, 광산측량사 동도부, 나왕다야, 다와도르지, 광산채굴기사 바타, 쟈미양, 하리쿠, 청광기사 바자르, 오투메숑 시가 다와냐무, 바야르, 전기기사 르하쿠와수렝, 바토우르, 비양바도르지, 철도기사 다와냐무, 지하수 용출광산 담당 뎅베레르, 공업대학 출신의 투무르바토르, 훼오다르, 차강, 바토소리, 토보동르지, 바상, 용동, 체뎅당바 등도 일했다.

 이름을 깜박 잊어버린 이도 있으나, 푸레부수렝이라는 유일한 여성기사가 있었던 것은 기억하고 있다. 그들의 이름을 굳이 꺼내는 이유는 광산이라는 것은 다양한 창조적 작업자의 집합체이기 때문이다. 그들 전원의 작업 연대가 작업의 질을 결정짓는 것이므로 수고를 마다하지 않고 언급했다. 그리고 내 직업 인생의 첫 걸음에서 대통령이라는 최고의 직위에 달하는 길을 가다듬어 준 것은 샤린고르 탄광의 동료들이었으므로 나에게는 귀중하고 뜻깊은 추억의 시대였다. 시간이 흐르며 매일 일에 쫓기면서 과거를 회상할 여유가 없다고는 하지만, 이러한 회상록을 적는 순간에 인생에 있어 빛으로 가득찬 시간은 저 샤린고르, 분진(粉塵)으로 뿌예진 저 산골짜기에 있었던 것을 뚜렷이 회상할 수 있다.

 탄광에서는 많은 일들이 발생한다. 석탄에서 불이 나고, 경사면 토사가 무너져 내리고, 용출이 불어나 못과 늪이 된다. 땅 속에 괸 물이 흘러 들어가서 사람이 떠내려간다. 운반차가 궤도를 탈선하여 옆으로 쓰러지고 충돌해서 때로는 불타오른다. 대형 트럭도 마찬가지로 사고를 낸다. 보일러가 가동하지 않거나 얼어붙는다. 발파에 실패하기도 한다. 철도 궤도를 매몰시켜버린다. 생산시설이나 주택 창문을 깨뜨려버린다. 겨울에 얼어 붙는 한풍, 비가 오는 중에도, 낮밤 관계없이 옥외의 파란 하늘 밑에서, 석탄 위에서 노동한다. 젊은 작업원이 새로운 기계를 조작하려다 사고를 당하는 경우도 적지 않다. 그때마다 작업은 중단된다. 탄광작업의 모든 것이 돌연 정지해 버리는 경우도 있다.

 기사는 그러한 원인을 구명하여 다시는 그런 사태가 발생하지 않도록 안정적 생산성을 확보할 수 있도록 대처한다. 인재와 생산시설 양쪽이 동시에 신장하고 있었다. 샤린고르 탄광은 실로 생산시설과 연구소를 겸하여 마련된 작은 센터였다. 그때까지 국내에 존재하고 있지 않았던 신기술, 신기자재를 채택했으므로 소련의 동료들이 우리들을 도와주었다. 내가 부임했을 때에는 소련에서 온 전문가가 110명 있었고, 그들이 디젤차, 트럭, 채굴기, 강력굴삭기를 정비하고 수리해주며 가르쳐주었다. 기술자 A.W.바우링, A.토르마초프, 전기기사 W.A.세르게예프, 열기관사 A.L.차푸레이, 광산기사 M.A.나와사르디양쓰, 시르쳉코, 광산측량사 G.수비닝, 기계기사 네베로프, 철도기사 A.구부수키, 철도신호기사 츄리렝, 오토메이션 기사 동부리쳐프 등이 있었다.

샤린고르 탄광의 석탄 채굴량을 연간 110만 톤 끌어 올리는 작업과 주택건축 작업은 계속되고 있었다. 우리들에게는 국내 석탄 수요를 확보할 임무가 있다고 애국자적 입장에서 인식하고 있었다. 탄광의 생산력을 관리하고 변화해가는 지질조건을 고려하면서 탄광의 작업방법, 채굴시스템을 개선하는 것이 매일의 일이었다. 원가 절감과 수익의 증대는 당시뿐만 아니라 일반적으로 제조업, 생산업에 그림자같이 따라다니는 과제이다. 안전 노동규정의 준수도 중요하다.

광산이라는 곳은 특수한 환경이다. 거기에는 거울이나 유리와 같이 반짝반짝 빛나는 튼튼한 마루, 일광, 커다랗고 밝은 창 등이 존재하지 않는다. 작업장은 끊임없이 이동해서 새로운 땅을 탈취하지 않으면 안 되며, 항상 조건이 변화하므로 그때마다 최적의 수단을 고안하지 않으면 안 된다. 흙과 돌은 때로는 숫돌과 같다. 점토가 사리(砂利, 자갈)가 되고 그 후에 퇴적암이 된다. 갑자기 지하 수맥에 부딪혀서 물이 분출한다. 찰흙의 붕괴가 여기저기에서 생긴다. 석탄층이 돌연히 단절되고 두꺼운 암반층

이 나오는 경우도 있다. 굴삭된 곳에서만도 이렇게 복잡한 양상을 나타낸다. 그 밖에도 또 홍수의 발생이나 낙뢰가 있다. 눈을 맞는 경우도 있다. 이러한 모든 것들에 의해서 야외에서 행해지는 탄광작업은 중지되고 계획이 중단된다.

흑색의 황금을 채굴하는 작업은 웃는 얼굴로 할 수 있는 일이 아니다. 그래도 작업원은 힘든 노동에 익숙해져 가서 농담도 주고 받으면서 일에 힘쓴다.

광산작업에는 지질측량사의 역할이 큰 의미를 가진다. 탐광(探鑛)은 항상 계속하지 않으면 안 되나, 그래도 광맥층을 찾지 못하는 어려움에 자주 직면한다. 처음으로 석탄 탐광을 실시할 때에는 어떤 장소에서는 250미터마다, 어떤 장소에서는 500미터마다 채굴 검사를 해서 석탄 매장량을 파악한다. 500미터는커녕 50미터 간격에서 찾게 되는 경우도 있다. 1968년에 우리들은 채굴장에서 100미터 간격의 그물코 상태로 탐광을 하여, 상당한 사실을 밝혀내 탐광 작업양식을 쇄신할 수 있었던 것은 대단히 유익했다. 대지가 가지고 있는 까다로운 암석층은 그대로 두고, 우리들은 그것을 극복하는 기술책을 이용해서 사람들의 노력에 의해 석탄을 채굴하여 국내에 연료와 에너지를 계속 공급하고 있다. 내가 부임한 1967년에 샤린고르 탄광에서는 66.2만 톤의 석탄을 채굴하여 예정 계획을 110.4% 달성했다. 계속해서 1968년에는 78만 톤, 1969년에는 95.4만 톤, 1970년에는 102.5만 톤을 채굴하여 5년간 391.7만 톤의 석탄을 채굴하였다.

국내의 석탄 수요는 매년 급증하여, 제5차 5개년계획에서는 석탄채굴량이 607만 톤으로 정해졌고 샤린고르 탄광에서는 이 목표를 달성하기 위해서는 계획 채굴량을 연간 25만 톤씩 증가시킬 필요에 직면했다. 우리들은 무엇을 해야 하는지, 충분히 활용되고 있지 않은 부분은 어딘가 하는 문제를 조사하여 기사의 조언을 기반삼아 실행해 나갔다. 예를 들면, 전력이나 운송에 기인하는 작업 정지의 삭감, 기계류의 예정 외 수리나 고장의 삭감, 작업연대의 개선, 부품 및 연료 조달을 막힘없이 하는 일 등 안정적인 작업을 지속할 필요가 있었다.

신5개년계획에 의해서 채굴량을 증가시키지 않으면 안 되는 것과 관련하여, 샤린고르 탄광에 대한 종합적 기술 혁신안이 작성되었다. 이것을 소련 레닌그라드에 있는 광업계획연구소와 협의해서 성참여회가 결정하도록 되었다. 그것은 독자적으로 기술 쇄신안을 작성한 몽골측 기사에게는 커다란 의미를 가진 문제이기도 했다. 몽골측 기사가 어떤 신방식, 기술혁신을 도입하고 싶다고 주장해도 소련측 대표기관의 참가 없이는 결정할 수 없었던 것이다.

그것은 한편으로는 자국의 기사가 신뢰받지 못하고 있는 것이지만, 다른 한편으로는 이 기술 혁신안의 재원이 소련에서의 차관에 의해 처리되는 이상, 소련측 전문가의 확증이 당연히 필요하게 되어 그 외의 방법은 없었다고도 말할 수 있다. 우리 자신들의 생각, 계획, 근거를 이 '형' 들이 있는 곳으로 가져가는 것이다. 발전소에는 미세한 가루 석탄을, 다른 곳에는 석탄 덩어리를 공급할 것, 지표박리 계획의 중단을 없애는 것이 광산 관계자들이 항상 하는 말이다. 석탄을 분쇄하여 수송하는 시스템 이외로 석탄 덩어리를 직송하는 추가 시스템(철도를 부설하여, 굴삭기로 석탄을 직접 열차에 실어서 운반한다) 계획을 제안했다.

이렇게 해서 석탄수송을 증가시켜서 석탄 덩어리를 공급할 수 있게 되었다. 한 가지이긴 하지만 문제가 해결된 것에 대해서 우리들은 기뻐했다. 지표박리의 작업 규모를 확대시키기 위해서 철도수송력을 하루에 차량이 140 및 150회 왕복하도록 요청받았으나, 아무리 해도 불가능한 것이었다. 우리들은 이 문제에 대해서 생각하고 또 생각해서, 기사들과 협의 끝에, 대담한 결단을 내리고 실행했다. 철도수송거리를 줄이고자 일부를 복선화하여 열차의 속력을 높이고 탈선을 방지한다는 등의 조치를 강구했다. 광산 작업은 여러 작업을 각각 분리하여 행할 수가 없어서 많은 작업이 상호연계되어 있다는 번거로운 점이 있다. 흙을 운반해서 6킬로 앞에 쌓아올리는 작업과 병행하여, 3킬로 앞에도 흙을 쌓아 올리는 지점을 설치하여, 차량 회전을 거의 2배로 하였다. 마지막으로는 쌓아올린 흙 위에서 이동식 굴착기를 사용해서 내릴 수 있도록 땅의 양을 5배로 증가시켰다. 이러한 모든 것들이 문제해결에 도움이 되었으나 지표박리(地表剝離)의 난점을 모두 해결했다고는 할 수 없었다.

 어떤 산업시설에서도 계획안이나 실제의 건축물상에 사려가 부족한 부분은 빈번히 볼 수 있다. 특히 광산시설과 같이 작업상황이 끊임없이 변화하는 경우, 완전한 계획안을 작성하는 것은 불가능하다. 기사는 그러한 모든 것들의 문제점을 현장에 가서 어떻게 개량할 것인가 하는 점을 늘 고려하여 작업원과 이야기할 필요가 있다. 기사가 고안한 모든 것을 작업원이 적극적·의욕적으로 행한다. 그렇게 함으로써 노동은 경감되고, 급여와 상여가 증가하는 것이다. 이러한 모든 것의 결과로 생산효율이 향상하는 것이므로 작업원은 정열을 기울인다. 좋은 솜씨와 지혜를 가진 노동자를 믿고, 고안한 것이 창출되어 건설되어갈 때 기사의 마음은 더욱 적극적이고 용감하게 된다. 기사이면서도 새로운 기획이나 고안을 하지 않고 한가롭게 걸어가기만 한다면 죽은 것과 다름없지 않은가.

 잡지 『기사(技師)』의 편집위원회가 기사의 발상을 끌어내는 점에 있어서 우리들에게 문제가 있었는지에 대한 질문을 던진 적이 있었다. 이것은 대단히 중요한 의미가 있는 올바른 질문이다. 주로 우리들 기사 측의 사고 부족이 인정된다. 기사는 생산 현장의 깊숙한 곳까지 들어가서 노동자를 만나 어떠한 곤란이 있는지를 듣고 알 필요가 있다. 근면한 감정사가 되어야만 하고 그렇지 않으면 어떠한 것도 헤아릴 수 없으며 인식하지 않게 되어 버린다. 어디에 어떠한 필요성이 생기는지에 대해서 관심을 가지지 않고 어떻게 발상을 확대할 수 있겠는가.

나는 샤린고르 탄광에서 일하면서 축적한 작업 경험, 인생 경험, 기사가 지휘하는 작업 수완, 발상법을 어떻게 확대하는가 하는 방면에 관한 견해를 『지도술』이라는 제목의 얇은 책에 정리하여 1980년에 출판하였다. 내가 그 책 안에 적어 놓은 견해는 지금까지 그다지 뒤떨어지지 않고 젊은 기사가 읽으면 유익한 부분도 있을 것이라고 생각한다.

새로운 것을 기획한다는 명확한 상황을 바르게 판단하고, 요구가 채워지지 않은 부분을 민감하게 헤아려서, 새로운 조건이나 목표·필요성에 일치한 방식을 편성하고 행하는 것에 대해서 진술하기로 한다. 기사의 발상을 끌어내는 점에 대해서 말하자면, 우리들은 시스템 연구 이론에 정통할 필요가 있다. 시스템 경향을 고려하지 않고는 연구 대상의 무수한 연관성과 그 본질을 파악하기는 어렵고, 더욱이 그것을 지도하는 것도 할 수 없다. 시스템적 발상으로 이행하는 불가결의 요인은 근대적인 시장에서의 수요, 그것에 따라 변화하는 기술혁신, 인간 사회의 진전으로부터 파생하고 있기 때문이다.

지적 역량을 많이 사용하여 기술발전이 이루어지는 이 시대에는, 학식 있는 기사와 경영자 간의 양측의 활동 거리가 더욱 좁혀지고 있다. 산업 기사는 단지 기계기술을 아는 전문가라는 점뿐만 아니라 경제, 시장, 생산시장의 관계를 면밀하게 이해하여 디자인, 품질, 원가 절감, 수요자의 요구를 세밀하게 감지하여 생산을 탄력적으로 변화시키고 쇄신하여 장기적으로 그에 맞추어 가지 않으면 안 된다.

　시장조건에 있어서 기사의 사고 능력과 개인의 재치를 어떠한 방향으로 돌리는 것이 바람직할까. 오늘날 기사가 판매자라는 점과 제조자라는 점, 어느 쪽이 보다 효과적인가 하는 문제도 있다. 양쪽 모두 다 필요하다. 단지 사고능력은 무엇보다도 우선 생산측에 돌리지 않으면 안 된다. 생산하고 있는 각각의 물건이 외견, 구조, 유용성의 면에서 다른 유사 제품과 비교하여 경쟁력을 가질 수 있는 것을 제일로 고려하여야만 한다. 팔 물건이 있어야 판매자가 될 수 있는 것이다.

　오늘날 가장 높은 가치를 가진 것은 지적인, 즉 지적 역량을 많이 사용한 제품, 기술 우량한 생산 서비스, 시스템 방식, 노하우, 최소 원가와 최단 기간으로 큰 효과를 초래하는 수단을 고안하는 활동이다. 이 때문에 기사는 경영(매니지먼트, 마케팅), 기계기술의 기초 지식을 가진 것 이외에도 법률, 커뮤니케이션 심리학, 외국어, 디자인, 정보 분야의 깊은 지식을 준비해 둘 필요가 있다. 사람의 마음을 끌고 신뢰를 획득하는 능력도 가져야만 한다. 이것은 자기자신에 대해서 또 타인에 대해서 성실하다는 것이며, 그렇기 위해서는 노력을 거듭하지 않으면 안 된다.

　젊은 기사에게 이러한 주문을 전해 두고 싶다. 직업 생활의 출발점이 된 샤린고르 탄광의 동료와 함께 일했던 동료 기사들은 나에게 많은 것을 가르쳐 준 유덕한 사람들이다. 우리들은 참된 창조자이며 통합된 훌륭한 집단이었다. 목표를 향해 일치단결하고 있었으므로 샤린고르 탄광 기사의 활동은 향상되고 탄광 작업은 효과를 낼 수 있었다. 탄광 관계자는 더욱 적극적으로 임하고 국내에 그 이름이 두루 알려지고, 경쟁에서 이겨 표창받아서 생활은 풍족해졌다. 이러한 모든 것들이 광산사에 기록되어 국가 공무기록에 남겨지기를 바란다. 구두 생산자가 만든 구두는 그것을 신는 자에 의해 평가된다. 건설자는 자기가 만든 건축물을 자랑스럽게 여긴다. 시인의 시는 독자가 찬양한다. 선생은 학생을 자랑스럽게 여긴다. 광산자는 노동에 의욕을 보인다. 샤린고르 탄광 관계자는 노동영웅인 체렝도르지, 체벵, 쟈미양샤라부, 치미도, 공로 노동자 바자르, 셍게레 등을 자랑스럽게 여긴다. 그들은 나의 세대에 있어 영웅인 것이다.

* 국가원수의 부인 Sh.체베르마에 관한 인터뷰

– 국민이 호기심 찬 눈으로 본다는 이유가 아니더라도, 어느 나라에서나 자유국가 원수의 사생활이나 가족에게 관심을 갖는다고 생각합니다. 특히 대통령 선거가 다가온 이 시기에는.

제 부모님은 모두 생존해 계시며 아버지는 현재 70세, 어머니는 올해 77세가 됩니다. 자식은 두 명 있고, 둘 다 결혼하여 손자가 두 명 있습니다. 장녀 오치르마는 모스크바 기술대학에서 경제학을 공부하고 현재는 가축털 제품 공장의 경제전문가입니다. 사위 바토쟈르가르는 국가안전보장국에서 근무하고, 6살된 노밍과 이제 말을 배우기 시작한 아랑징도르지라고 하는 귀여운 손자가 있습니다.

– 아랑징도르지란 매우 아름다운 이름이군요.

아버지가 지어주신 이름입니다. 차녀 오효하는 중국 베이징의 인민대학교 학생으로, 일전에 바토우르라는 이와 결혼하였습니다. 사위는 영어, 러시아어, 중국어를 습득한 사려 깊고 현명한 사람입니다.

― 결혼 후, 가장 행복하고, 그리운 추억은 언제쯤이었습니까.

샤린고르에서 생활하고 있을 때입니다. 생후 8개월된 장녀를 안고 거기에 갔습니다. 우리 두 사람 다 젊었고 의기양양했습니다. 오치르바트는 신식의 탄광기계기술의 도입, 생산재편작업에 참여하게 된 것을 매우 기뻐했고, 최선을 다했으며 지금 생각해 보아도 감동할 정도입니다. 그러기에 가장 행복했던 시절이었다고 생각합니다. 둘이서 영화를 보러 가거나 강연이나 콘서트를 보러 가기도 했습니다. 차녀는 샤린고르에서 태어났습니다. 최근에 가게에 물건을 사러 갔을 때, 차례를 기다리고 있던 나를 본 점원이 "거기서 뭐하고 계세요. 이리로 오세요. 고기라도 사서 빨리 집에 가서 대통령에게 식사를 대접해 드리세요" 라고 말했습니다.

― 신문 『자유』, 1993년 선전호

나는 내 부인 덕분으로 일을 계속할 수 있었다고 생각한다. 왜냐하면 우리들은 함께 일하고, 함께 창조하고, 함께 힘써왔기 때문이다. 당시 노동평가라고 하는 것은 그러한 것이었다.

1970년경 샤린고르 탄광은 국내 광산시설의 얼굴이었다. 외국에서 온 방문단은 샤린고르, 다르한을 시찰했다. 1970년 제2회 몽골 청년주유회합에 출석한 몽골과 소련 양국의 청년 대표단은 샤린고르 탄광을 견학하고 거기서 일하는 청년 광산작업원을 예찬했다. 코메콘(경제상호원조회의) 지질 상설위원회 정례회합의 대표단이 샤린고르 탄광을 시찰하고 높은 전문적 평가를 하며 광산을 이토록 미술회화처럼 만들수 있는가 하고 감탄하는 마음을 감추지 않고 이야기했다. 그들은 이 분야에 있어서는 보지 않은 것이 없다고 할 정도로 관찰력이 뛰어난 심판원이다. 이러한 말을 들은 M.페르제 연료·에너지산업 지질 대신도 어깨를 으쓱하며 만족하는 모습을 감추지 않았다.

　국민경제·문화발전 제4차 5개년계획을 실시할 즈음인 1968년, 연료·에너지 분야의 관리조직을 향상하고 강화하는 목적으로 연료·에너지 산업, 지질 분야를 소관하는 독립된 성을 설치하게 되어 대신으로 먀타빙 페르제가 임명되었다. 페르제 연료·에너지산업 지질 대신은 코메콘 지질 상설위원회 위원장이기도 하였다.

　세계의 광산 전문가와 만나는 기회가, 젊은 전문가였던 나에게도 한 번 찾아왔다. 1967년에 제5회 세계광산회합이 모스크바에서 개최되었을 때 몽골 대표단도 처음으로 참가했다. 이 대표단의 구성원으로는 Ya.공보수렝 부대신 부부, U.마부레토 중공업 과장, L.에르데네 나라이하 기술자장(技術者長), 체뎅당바 공업계획연구소 광산국장, 그리고 내가 포함되어 있었다. 광산기계기술의 수준평가와 세계수준에 있어서 앞으로의 전망계획을 듣고 많은 것을 생각하게 된 좋은 기회가 되었다. 이러한 실무 회합은 인간에게 창조하는 영혼을 준다. 그 회합에 참석한 우리 5명은 모두 학위를 획득하고, Ya.공보수렝은 공학박사가 되었다.

　그 회합에서 나는 미국 금가공회사 사장 쿠라렝수 H.호르라는 인물과 알게 되어 식사에 초대받아 기념품을 교환하였다. 그때 쿠라렝수는 자기가 어떤 식으로 노력해서 회사의 사장이 되었는지 나에게 말하였다. 그는 부인과 같이 있었고 부인의 손에는 여러 가지 장식품이 엮인 금팔찌가 있었는데 이것이 그들의 생활의 역사라고 말했다.

　이렇다 할 재산도 없는 젊은 학생 두 명이 결혼하여, 금을 가공하는 한 작은 회사에서 중노동을 계속하며 작은 금광상(床)을 소유하였고 금을 채굴·가공하게 되었다고 한다. 그 부인은 이것이 남편이 채굴한 최초의 금으로 만든 가공품이고, 다음은 처음으로 자식이 태어난 기념, 그리고 둘째 아이가 태어난 기념, 생일 기념, 은혼식 기념이라고 설명해 주었다. 이 부부의 막내는 나와 같은 나이인 것 같다. 그들은 내가 어떤 재산을 가지고 있는지, 어떠한 공장을 소유하고 싶은지, 어떤 연구 분야에서 일을 하고 있는지에 대해서 관심을 보였으나 나는 이러한 질문에 대해서 대답할 수 있는 것이 하나도 없었다. 그들은 자기 것이라고 말할 수 있는 공장을 가져야 한다고 충고해 주었다. 그러나 국영기업의 기사에 불과하다고 했더니 놀라며 개인 재산이 없는 것을 이해하지 못했다. 당시 자기의 공장은커녕 자기의 암소 한 마리라도 소유하려고 했던 사람이 몽골 국내에 있었을까. 사유재산을 가진 자는 적이라고 생각했던 시대이다. 우리들은 큰 차이가 있었으나 친해졌고 그들은 리놀륨(linoleum) 위에 인쇄한 책을 내 딸 이름 앞으로 우송해 주었고, 나는 몽골 우표를 보냈다.

나는 두 번째 외국 출장으로 소련의 우랑우데, 치타에 갔다. 목적은 샤린고르 탄광의 석탄에 함유된 반도체의 게르마늄 원소를 골라내는 기술에 관한 조사였다. 몽골 국립대학 부학장인 바토소리 교수, 다시체렝 다르한 발전소 기사장, 체데부수렝 연구소 기사, 그리고 내가 참가하여 이 문제를 조사하여, 이용계획에 관한 견해를 기안하고 공업성 상공회와 화학 아카데미 대표자가 개최한 합동회의에서 협의하였다. 이것에 의해서 치타의 열난방 생산 시설에서 사용되는 석탄 매연으로부터 게르마늄을 추출하는 '소맷부리 여과 기술'을 조사하기로 결정하였다. 샤린고르 탄광의 석탄을 사용하고 있는 다르한 발전소에 전기 여과와 소맷부리 여과 중에서 어느 쪽을 설치하는 것이 한층 효과적인가를 비교하여 선정하는 것에 목적이 있었다. 나도 조사했으며 상당한 효과가 기대된 이 작업은 자금난 때문에 실시하지 못하였다.

다르한 시의 기사는 작업을 협력해서 행한다는 훌륭한 전통이 있다.

다르한 시 당위원회는 기사의 지식, 정치적 교양, 활동 내용을 가끔 조사했다. 어느 날 그러한 목적으로 시 당위원회의 멤버가 샤린고르를 내방하여 탄광의 관리 기사, 기술자, 경제 전문가와 개별 협의를 하였다. 나를 조사하는 담당자는 상당히 많은 사안을 질문하며 의견을 교환하였다.

그러는 동안에 그 사람은 나에게 어떤 출판물을 몇 종류 강독하고 있는가 하고 질문하였다. 나는 몽골과 소련의 출판물을 모두 20권 정도 읽었다고 대답하고, 한 권씩 그 잡지명을 말했다. 당신은 『당 생활』지를 강독하고 있지 않느냐는 질문에는 강독하고 있지 않다고 대답했다. 그 조사 담당은 "잠깐만, 『당 생활』지를 읽고 있지 않은 자와 도대체 무슨 이야기를 할 수 있느냐"고 상당히 악의를 갖고 말하였다. "불을 끌 때 물 종류를 가리지 않는다"는 바시키르족의 격언이 있다. 끈질기게 조사받으며 앉아 있었던 내 기분을 그 말로 날려 버렸다. 나도 "『당 생활』지 이외의 출판물을 읽지 않은 사람하고는 이야기할 것이 없다"고 말하고는 방을 나와 버렸다.

그날은 울란바토르 시에 갈 일이 있어서 몹시 서두르고 있기도 했다. 또 협의는 단시간에 끝날 것이라고 짐작하여 찻병에 달걀을 몇 개 넣어 전열기 위에 방치해 놓은 것도 마음에 걸렸던 것이다. 집에 달려와 보니 탄 냄새가 났고 탄 달걀은 석탄처럼 되어 있었으나, 다행히도 불이 나지는 않았다. 이렇게 해서 시간을 보내는 동안 오후가 되고 울란바토르로 출발했다. 당시 아내는 국립사범학원의 러시아어 문학부의 통신교육생이었다. 탄광 관계자에게 무엇인가 보편적인 전문지식을 갖게 하기 위한 우리의 결정이었다. 딸이 엄마를 그리워하고 나도 아내를 만나려고 서둘렀기 때문에 이 모든 문제가 발생한 것이다.

울란바토르에서 이틀간 지내고 돌아오자, 당 위원회에서 나의 건이 문제화되어 웅성거리고 있었다. 조사를 받은 이들 중에서 거드름을 피우고 도중에 자리를 떠나고, 자만한 자가 있었다는 일로 나에게 어떤 조치가 취해지게 되었다. 큰 일로 비화되지는 않았지만 거만한 자라는 이름은 남았다. 그러한 말에 과민해지면서도, 청년의 객기를 눌러서 분별력 있는 '선인'이 되지 않으면 안 되었다. 1971년에는 몽골국에서 행해진 큰 역사적 행사의 하나로서 인민혁명 50주년 기념 몽골 인민혁명당 제16회 당대회가 있었고, 거기서 국민경제·문화발전 제5차 5개년계획(1971~1975) 목표가 결정되었다. 이 대회에 출석한 샤린고르 탄광 대표자로, 기술자 S.체벵과 나, 두 명이 선출되었다. 당 대회에 대표로 참가한다는 것은 그 사람의 노동이 평가되고 있다는 증명이었다.

국내 경제발전을 가속화하려고 세운 목표를 달성하기 위해서 연료·에너지 관계자는 상당히 진력하였는데, 그 중 일부가 샤린고르 탄광 관계자였다. 이 탄광에서는 1972년에 502.3만 입방미터의 표토박리를 행하여 석탄 113.5만 톤을 채굴해내서 계획을 웃도는 성과를 올렸다. 이 해에 나는 중앙정부의 직무를 임명받아 탄광을 떠나게 되었다.

제4장
국무에 진력한 세월

- 직위가 올라가고 직책도 늘어남에 따라, 나는 국가적 명운을 결정하는 데 참여하는 권한을 가지게 되었다.
- 가능하다면 저 광산 관계자 모두를 노동영웅, 공로탄광자로 하고 싶었다.
- 연료·에너지 성에 존재하는 이렇게 근본적인 문제점을 해소하기 위해 어떤 대책을 강구하고 있는가에 대해 본 총회에서 동지 P.오치르바트 대신의 설명을 듣는 것이 타당하다.
- 몽골에 있는 산양 수를 1,000만 마리 증가시켜 1.5만 톤의 캐시미어를 산출한다.
- 몽골은 자본주의국과 협력하여 석유 탐사를 하는 최초의 결정을 내렸다.

"황금 옆에서 황색이 옮아간다.
소똥 옆에서 악취가 옮아간다."
— 칭기즈칸의 금언에서

학생증을 졸업증명서와 바꾼 이후 대통령에 선출되기까지의 기간을 상세하게 돌이켜보면, 나는 웬만한 국무직을 모두 역임하고 있었다. 새롭게 임명받을 때마다 내 능력에 과분한 직이었고, 여러 가지 사태에 직면하여 스스로의 능력을 의심한 적도 있었으나, 맡은 임무를 수행하기 위해서 한결같이 진력했다. 자신에 대해 커다란 신뢰를 맡긴 국가, 당, 인민에게 두손 모아 감사하는 것이 도의에 맞는 것이다. 직위가 올라가고 직책도 늘어남에 따라서 나는 소속 부서뿐만 아니라, 국가적 명운의 결단에 참여하는 권한을 가지게 되었다. 내 자신에게 당, 국가의 지도층에 있던 다른 사람들과 나를 멀어지게 한 어떤 요소가 있었던 것일까. 나는 형제적 우호라는 미명하에 조사하지 않는다고 하는 예의의 이면에 숨겨진, 평등이라고는 말하기 어려운 국가 관계, 항상 소련에게 간청하는 의존적 발상의 결점을 솔직하게 말하여, 요인들을 놀라게 하곤 하였다. 그러나 나는 구소련, 즉 러시아의 친구들을 대단히 경애하는 사람들 중의 한 사람이다. 세계에서 몽골과 러시아는 인접해 있으며, 축복으로 가득찬 관대함과 견실성, 성실로 신뢰할 수 있다는 서로 닮은 기질을 가지고 있어서 얼굴 생김새는 다르지만 마음은 통하는 사람들이다.

국무에 진력했음에도 불구하고 칭찬 이상으로 비판을 받은 당, 국가의 연배 공로자들의 길을 걸어간다. 내가 앉아 있는 방과 그들이 걷는 길 사이를 멀어지게 하는 것은 시대이다. 내일, 오치르바트 대통령에 대해서 어떠한 말들이 전해질지는 예상할 수 없다. 지금도 '장악'하고 있는 것은 없다. 하늘 밑에서, 땅 위에서 그곳의 생활방식을 따라 살아갈 뿐이다. 그때, 일평생 가축을 유목하고 연회석에서는 노래를 부르며 지내는 목축민과, 오늘날 고위직을 차지하고 있어도 내일 내 몸이 어떻게 될지 분명하지 않은 관리들과, 과연 어느 쪽이 마음이 편할까. 국무를 소유할 수는 없더라도 관리라는 직업이 있다.

이 장에서는 내 인생에 있어서 18년간을 지내온 부대신, 대신, 국가위원회 의장 시대에 대해서 기술하기로 한다.

1972년 4월 하순, 나를 포함해 여러 명이 소련의 가로토노르 광산의 시찰 및 디젤차의 부품 조달 출장을 다녀와서 광산장을 만나자, 연료·에너지 산업 지질성에서 나를 부르고 있다는 것이었다. "성에 보고하지 않고 떠난 것을 질책하는 것은 아니다. 그러나 어떠한 용건인지 나는 듣지 못했다"라고 했다. 메이데이(노동절)가 지난 후에 연료·에너지 산업 지질성에 가서 페르제 대신과 만나, 일이나 생활 등에 대해서 질문받은 후 "당신을 우리 성의 광산 담당 부대신으로 임명하는 제안을 당 중앙위원회에 제출했다. 지금 중앙위원회 공업과 주임인 구르바다무를 만나러 가라"고 말하였다. "제가 감당할 수 있을까요?" 라고 묻자, "노력하도록 하라. 당신의 전문 분야이니까. 당 중앙위원회 간부들을 만나게 될 것이다. 당신은 나와 이야기할 때처럼 무엇이든지 개의치 않고 말하지 않도록 주의하라"고 말했다. 말조심해야겠다고 내 자신에게 타일렀다. 구르바다무 공업과 주임은 내가 산업성 중공업과에 있었을 때에 부대신, 당 세포국 멤버 역할을 하고 있었으므로 나에 대해서 조금은 알고 있을 것이라고 생각했다.

구르바다무 주임은 『경제와 법의 문제』지에 가끔 게재된 내 논문 몇 편이 마음에 들었던 것 같다. 또 주임은 예전에 소련의 『경제신문』 편집장과 함께 샤린고르 탄광을 방문하여 나에 대해서 호의적으로 기술한 문장을 같은 신문에 기고한 적이 있어, 그것을 읽은 내가 사의를 표명한 적도 있다. 따라서 구르바다무 주임은 나에 대해 나쁘게 생각하지 않을 것이라고 생각하면서 만나러 갔다. 잠시 말을 주고 받고, 다음에는 모로무쟈무쓰 당 중앙위원회 정치국원에게 소개되었다. 모로무쟈무쓰 정치국원은 여러가지 질문을 되풀이해서 하고 나서 "비철산업의 발전, 국가 노동 구분에 대한 참여, 수출 증가 등의 기회를 활용하기 위해서 해야 할 일은 산더미 같다. 광산 전문가이며 또 나이도 젊은 당신이 솔선해서 일을 해주었으면 한다. 당신을 부대신에 임명할 것을 당 중앙위원회 정치국에 제출한다"고 말했다. 내 나이를 물어 "30살입니다"라고 대답하자, 모로무쟈무쓰 정치국원은 눈을 크게 뜨고 입을 다물지 못했다. 내가 조금 겁을 먹고 있어서 그랬는지, 너무 젊다고 생각해서인지 혹은 자기가 젊었을 때 이런 직무에 임명된 것이라도 생각났었는지, 잘 모르겠다.

당 중앙위원회 정치국원 회의가 열리기까지 2주일 동안에 나는 당이 세운 계획, 신5개년계획 목표, 국제정세 등에 관한 문서를 훑어 보며 준비하고 있었다. 회의가 한창 진행되고 있을 때, 들어가서 자기소개를 하였다. 체덴바르 당 중앙위원회 서기장이 경력을 러시아어로 진술하라고 하여 러시아어로 말했다. 또 어느 학교를 졸업했냐고 물었다. 체덴바르 서기장이 정치국원들 중에서 질문 있는 사람이 있는지 물어보았으나 모두들 잠자코 있었다. 나는 체덴바르 서기장과 정치국원 앞에서 대단히 긴장했으나 임명이 결정된 후에 생각해 보니 모두들 지적이고 온화한 사람들로 느껴졌다. 이렇게 손쉽게 결정된 것은 물론 내 인덕이 아니라 페르제 대신, 구르바다무 주임이 호의적으로 소개를 해주었기 때문이었다.

부대신이라는 직책을 맡게 되고 밖에 나와서 많은 것을 생각했다. 내 자신의 관할 분야를 개선할 여러 가지 아이디어가 떠올랐다. 그리고 나서 나는 오랜 세월을 함께 일하고 친하게 지내온 친구 에르데네쟈부의 집에서 1개월 정도 체재했다. 그는 요리를 잘하고 또 대단한 독서가이기도 하다. 그의 부인 도르마는 당직원으로, 보로르라고 하는 포동포동한 아이가 있었다. 에르데네쟈부는 공학박사 후보의 학위를 취득하고 에르데네토 광산에서 오랜 세월 부광산장을 맡았으며 그 후에 기술대학의 학부장을 한 후 고인이 되어버렸다.

이렇게 해서 나의 가족은 다시 이동하기 위해 울란바토르로 향한 여행을 떠났다. 샤린고르에서의 5년 반 동안에 오치르바트 집안에 딸이 한 명 더 생겼다. 오랜 세월 함께 일해 온 친구들은 나를 부대신으로까지 키워주고, 정중히 이별인사를 하며 전송해 주었다.

부대신의 일은 대단히 바빴다. 광산 수준이 아닌 국내 수준으로 일을 생각할 필요가 있었다. 그해는 국내 광업 확립 50주년에 해당하는 해였고 성대한 기념행사를 개최하는 준비작업 때문에 일이 쌓여 있었다. 기념행사의 성공, 광업계획의 달성, 광산 개보수의 재원 및 자재의 확보 등이 계속되었다. 때마침 이때에 페르제 대신은 건강 상태가 좋지 않은 부인의 간호를 위해 수면 시간을 줄여서 아침이 되면 병원에서 직장으로 갔다.

대신은 건장한 체구로 본래 사소한 일에는 구애받지 않는 훌륭한 인물이다. 그러나 정신적인 피로는 사람을 피폐하게 만든다. 나는 가능한 대신의 일을 경감하기 위해서 노력했으나 풋내기 부대신이 모르는 일이나 혼자서 결단을 내리기에 망설여지는 문제 등이 많이 있고, 더욱이 내 말에 귀를 기울이지 않고 무시하는 태도를 취하는 자가 나타나는 등 여러 가지 일들이 생긴다. 축가 회의에서 대신의 연설 초고를 나는 5번 고쳐 쓰고, 마지막에는 대신 비서를 만나는 것조차 부끄러워할 정도였다. 피오네르 학생에게 시를 창작시키는 작업, 자원봉사자 콘서트의 개최, 기념품 연필이나 노트 준비, 출판작업 등에 쫓기고 있었다.

표창이라는 것이 귀찮은 작업이라는 것도 그때 알았다. 가능하다면 그 광산 관계자 모두를 노동영웅, 공로탄광자로 하고 싶어진다. 수후바타르 훈장을 몇 개 입수하여 주고 싶다. 전에는 노동공로 적기훈장, 북극성 훈장을 수여하지 않으면 안 되는 사람들이 대열을 짓고 있었다. 덴데부라는 이가 있었다. 안경 위로 사람을 엿보는 접근하기 힘든 사람이었지만,

이 사람이 각료 회의에서 표창 관계의 작업을 담당하고 있었다. 이 사람을 능가해 버리면 정부, 당 중앙위원회, 인민대회의도 거의 극복한 것 같은 느낌이었다. 대단히 신중하고 지칠 줄 모르고 노력하는 관리였다. 우리들을 잘 훈련시키고 많은 일들을 지도해 주었다.

동료에게서 하르 방주라쿠치라는 별명으로 불리고 이름까지 그렇게 된 자가 있었다. 나라이하 탄광의 예비채굴 과장을 오랜 세월 맡았고 부지런하기로 유명한 인물이었다. 우리들은 그를 노동영웅으로서 표창할 것을 결정했다. 그러나 어느날, 덴데부가 "너는 이 인물에 대한 2개의 조사서 중 어느 쪽에 기반을 두어 표창하려고 하느냐"고 나에게 물었다. 놀라서 "어느 2개를 말씀하시는 것입니까"라고 묻자, 그는 대신 서명이 들어간 공적 조사서와 약 12페이지의 얇은 장부에 빽빽이 쓰여진 밀고장을 꺼내며 "충분히 조사하지 않은 것 같다. 사정을 더욱 조사하도록"이라고 말하며 2개의 조사서를 나에게 주었다. 광업 확립 50주년 기념식전이 눈앞에 있었기에 어떻게 할 수도 없이 그는 표창받지 못했다. 그러나 기념식전 중에 페르제 대신은 방주라쿠치를 표창하여 텔레비전을 선사했다고 기억하고 있다. 50주년 기념식전에서 샤린고르 탄광의 굴착기 조정사 체렝도르지가 노동영웅이 되고 쟈부라이, 키냐토, 투부싱이 노동 탄광자의 칭호로 수여되고 그 밖에도 많은 사람들이 표창받았다.

시인 Ts.가이타부에게 100행 되는 피오네르 학생 보고시를 2시간 내에 완성시키게 해서 500투그릭을 주고 꽤 힘들게 일을 끝낸 적도 있다. 50주년 축하전시회장에 총 적재량 27톤의 러시아제 트럭, 굴착기 용량 5입방미터의 용기 등을 배치하게 되었고, 그것들을 운반할 때 다리가 그 무게를 감당할 수 있는지 어떤지를 고려하는 것부터 시작하여 여러 가지 문제가 생겼다.

내가 부대신의 소임을 맡고 있을 때, 비철 관련 산업의 부흥과 일부 폐쇄, 소련과의 합병기업 건설, 하르 아이라쿠, 호죠 오란, 중 차강 데르, 하이르토, 보지가르의 형석 광맥에 대한 의존도 강화, 보르옹두링 오르선광소의 건설준비작업을 실시했다. 이 무렵이 광업의 융성기였다. 베르후 광산의 확장과 그 지상에 있어서의 건축 작업의 가속화, 토르고이토 금광 개발, 이후 하이르한 탕구수텡 강광산의 폐쇄, 모도토 주석 광산의 부흥이라고 하는 목표를 달성하는 작업에도 참석했다. 또한 당시는 독일 민주공화국과 협력하여 부렝쵸크트 탕구주텡 광산을 확장하기 위한 탐광, 보로 금광에서의 지질 탐사도 행하고 있었다.

에르데네토 광구의 탐광을 계속하기 위해서 효과적인 기술적 근거와 경제적 근거를 논의 하는 작업, 몽골과 소련 양국 합병 광산 건설에 관한 조건 정비 등의 작업도 개시되었다.

이러한 논의는 1972년 7월 17일에 개시되어 8월까지 계속되었다. 나는 에르데네토 광산 건설용지 선정을 행하는 국가위원회 멤버에 참여하여 장소를 결정하였다. 이렇게 해서 에르데네토 광산, 에르데네토 시가 성립됐다는 역사가 있다. 에르데네토 광산의 기재 기술에 관한 견적, 설계의 선고, 기술적 근거와 경제적 근거의 작성에 참여했다. 스스로 작성한 원안에 대해서 먼저 소련 측 기술자와 토의하여 합의를 낸 후에, 다음에는 소련 측과 같은 입장에 서서 몽골 측 책임자에게 설명을 해야 하는 애처로운 일이었다. 이 대규모 생산시설은 우리나라에 있어서 진실로 금세기 최대의 경이적인 건축물이었고, 당시의 우수한 기술자의 대부분이 건설에 관여하고 있었다.

1972년부터 76년 사이에 연료·에너지 산업 지질성 광산 담당 부대신을 맡았으나, 그동안 내가 국내 광산분야 발전에 공헌했다고 생각하는 작업은 다음과 같다.

1. 에르데네토의 동, 몰리브덴(Molybdän)광구를 개발하는 기술적 근거 및 경제적 근거, 기술 계획을 기안하여 협의하고 채택하는 작업을 실시했다. 에르데네토 광산의 광산 양식, 채굴 시스템을 개량하고 자본 투하를 600만 루블 상당 삭감하여 3,000만 투그릭을 절약했다. 내 자신이 제창한 것을 학술 연구로 하여 1975년에 공학박사 후보의 학위를 취득하고, 에르데네토 광산 건설의 인재 정비를 행하였다.
2. 톨고이 광산, 보르 윙두르, 하르 아이라쿠, 하쵸 오란, 준 차간 데르, 베르 후 형석 광구에 대해서 채굴의 확장 또는 신개발, 보로 금광의 채굴 예비 조사, 부렝쵸크트 탕구수텡 광산의 확장 작업 등을 실시했다.
3. 외국투자를 가능한 증가시키는 작업과 합병기업 설립을 목적으로 한 협정 기초 작업에 참여했다. 몽골·소련 양국 합병기업인 에르데네토 광산, 몽로수쓰베토메토사의 건설과 이러한 양국 합병기업 평의회의 몽골 측 대표도 담당했다.
4. 국내 채굴 광물의 수출액이 1972년에 220만 루블이었던 것을 1975년에는 640만 루블로 약 3배 증가시켰다. 또 1985년에는 1.7억 루블에 달하고 있었다. 1992년의 몽골국 대외무역 외화 프로그램에 대해서 수출 계획의 약 80%를 동, 몰리브덴, 형석 등의 광물이 차지하고 있는 것은 현재 우리나라 대외무역의 주역을 광물이 떠맡고 있다는 것을 나타낸다.
5. 중부지역의 석탄 수요를 충족한 나라 이하, 샤린고르 탄광의 확장, 바가 노르 탄광의 건설, 지방 탄광 개산(開山)을 행한 결과, 1972년에 석탄의 국내 채굴량이 210만 톤이었던 것을 1975년에는 270만 톤, 1985년에는 650만 톤으로 상승시켰다. 국내 연료 수요를 충족시킨 것뿐만 아니라

1990년에는 1,200만 루블 상당의 석탄 수출도 행하였다. 이러한 모든 것들은 비철금속 및 석탄산업의 발전에 쏟은 내 지적 노동에 의한 것이라고 생각한다.

내가 입원해서 수일간 의료검사를 받고 퇴원해서 집에 돌아온지 얼마 안 되서, 페르제 대신에게서 전화가 와 "차를 그쪽으로 보낼 테니까, 속히 성으로 등청하도록" 하라는 지시를 받았다. 1976년 4월 27일이었다. 어떻게 된 것이냐고 물어볼 시간도 없었다. 탄광에서 무엇인가 발생한 것은 아닌가 하고 생각하면서 서둘러 옷을 갈아입고 창문 밖을 보니 페르제 대신의 차가 오고 있었다.

대신 집무실에 들어가니 페르제 대신은 내 건강 상태를 묻고는 "자, 시간이 없다. 가자. 이야기는 차 안에서 할 테니까"라고 웃음도 보이지 않고 말했다. 나는 어디로 가느냐고 묻지도 못하고 뒤를 따랐다.

우리들은 정부청사로 향했다. 페르제 대신은, "우리들이 일하고 있는 연료·에너지 산업 지질성을 연료·에너지 산업성, 지질광산성으로 분리하기로 결정하였다. 너는 연료·에너지 산업대신으로 임명될 예정이다. 우리들은 지금부터 체텐바르 서기장을 만날 것이다. 다음으로 당 중앙위원회 정치국 회의에서 이야기를 나누고 최종 결정하게 될 것이다"라고 말했다. 이러한 이야기를 들은 나는 내가 감당할 수 있을까 하는 의심을 품었고, 또 나는 광산기사로, 발전소나 송전선, 온수관, 지방의 전력공급 등에 관한 지식을 가지고 있지 않다고 생각했다. 이러한 점을 대신에게 전하면서, "그 일은 당신과 같이 이름이 알려진 분이나 그 분야의 전문적 경험을 가진 이가 해야만 하고, 저는 이러한 조건을 충족하고 있지 않습니다"라고 말했다.

페르제 대신은 "좋아, 오치르바트. 너는 그 현명한 말을 지도자들에게 들려주면 된다. 이것은 벌써 내 관할에서 벗어난 문제라는 것을 알지 못하는가"라고 말했다.

정부청사 3층 남동부에 있는 체덴바르 서기장의 방까지 5개의 문을 열고 들어갔다. 우리들이 방 안으로 들어가자 체덴바르 서기장과 모로무쟈무쓰 당 중앙위원회 정치국원의 두 사람이 앉아 있었다. 인사를 나눈 후 어떻게 해야 할지 몰라 하고 있으니, 긴 의자에 앉은 체덴바르 서기장이 이쪽으로 와서 앉으라고 우리들을 불렀다. 내가 페르제 대신의 뒤를 따라가서 말석에 앉으려고 하니까 체덴바르 서기장이 "너는 이쪽의 모로무쟈무쓰의 옆에 앉으라"고 해서, 체덴바르 서기장을 응시하며 대신보다 상석에 앉게 되어 버렸다.

체덴바르 서기장은 즉시 본론으로 들어가서, "연료 · 에너지 산업 지질성을 두 개의 성으로 나누어 재편성하여, 연료 · 에너지 산업대신은 오치르바트 동지에게, 지질 광산 대신을 페르제 동지에게 임명하는 것에 대해 협의 중이다. 너는 젊고 전문가이니까 똑똑하게 일하지 않으면 안 된다. 연료 · 에너지 산업의 발전을 더욱 가속화시켜서 당이 계획한 목표를 달성하는 중요한 시기에 일하게 되는 것이다. 연료 · 에너지 산업성의 설치는 이런 목표에 근거하여 설치하기로 결정한 것이다" 등을 이야기하였다. 다음으로 모로무쟈무쓰 정치국원이 옆에서 "성의 편성을 신속하게 행하기 위해서 즉시 결정을 내리지 않으면 안 된다"고 덧붙였다.

체덴바르 서기장은 "소련 각료인 시도렝코 동지도 지질 분야를 독립시켜 발전시키는 것은 몽골 경제에 커다란 의의를 갖는 것이라고 말하고 있다. 그렇지?"하고 페르제 대신을 향해서 말했다. "너는 어떤 의견이냐"고 체덴바르 서기장이 나에게 물었으므로, 나는 여러가지 말하고 싶었지만 당황해서 무엇부터 말해야 하는지 모른 채로 "성을 두 개로 재편성하는 것은 중요하겠지요. 단지 저는 연료·에너지 성을 통치하지 못하지 않을까라고 생각합니다. 왜냐하면 저는 에너지 전문가가 아니기 때문에 에너지 분야에 대해서는 잘 이해하지 못하고 있습니다. 페르제 대신처럼 이름이 알려져 있고 경험을 축적한 사람도 아닙니다. 아무리 생각해도 저에게는 이러한 중대한 분야를 맡을 능력이 부족합니다. 저는 초보단계의 광산 기사입니다"라고 말하자 체덴바르 서기장은 "너는 자신이 모른다는 사실을 알고 있으니까 앞으로 잘 배워서 알아가면 된다. 너의 뜻은 정치국에 전해 두겠다. 자, 밖에서 기다려라. 지금부터 정치국 회의를 시작한다"고 말했다.

정치국 회의에서 지도자들이 나에 대해 질문을 하지 않았다. 그리고 체덴바르 서기장이 나의 의견을 언급하긴 했으나, 방금 전의 말을 되풀이하여 "착실하게 일해라, 공부해라, 가능하게 하라"고 하면서, 그대로 대신으로 임명되었다. 회의실에서 나오니 페르제 대신이 축하의 말을 말해 주었다. 연료·에너지 산업 지질성에 돌아오니 호르쓰, 도르지, 공치쿠가 마중나와 주어 또다시 축하를 받았다. 페르제 대신은 차로 집에 데려다 주는 도중에, 자신의 집에 들르자고 하여 집에 들어가니, 부인 히시구데르게르가 고기를 삶아, 삶은 즙 속에 쌀을 넣어 끓이고 있었다.

페르제 대신은 오늘의 일을 부인에게 말하며 축하를 전하라고 말했던 것 같다. 히시구데르게르는 나에게 축하의 말을 전하고, "남편의 일도 쉽게 되어서 잘됐다. 난방공급에 관한 시의 요구도 하기 쉽게 되었다"고 말했다. 페르제 대신의 부인은 당시 울란바토르 시청에서 에너지 문제 담당에 배속되어 있었다. 에너지 관계자가 잘못해서 난방, 전력 공급이 안정적이지 않게 되어 시민들이 떨거나, 어둠 속에서 지내게 되는 일도 자주 생긴다. 그러면 말다툼을 하게 된다. 힘들 것이다. 이용자의 이름으로 자신의 남편에게 불만이나 요구를 제출하지 않으면 안 되게 된다. 남편이 그것을 어떻게 받아들이는지는 대강 짐작할 수 있다. 나하고 이야기하게 되면, 조금은 편안해지겠지.

우리들이 식탁에 둘러앉아 차를 마시고, 고기를 먹고, 술을 마시는 동안에 "당신들 두 분이 이런 기쁜 소식을 가지고 올 줄 알았더라면, 좀 더 다른 식사를 준비했을텐데. 남편은 언제나 미리 말해주지 않고 사람을 데리고 와요"라고 남편에게 말하고 있었다. 이 말을 듣고 생각이 났는지 페르제 대신은 내 아내에게 전화해 축하를 전하며 대신이 된 남편을 마중할 준비를 해 두라고 말했다. 내가 집으로 돌아오자, 이미 동료 여러 명과 과장 링칭한도, 투무르토고가 와서 기다리고 있었다.

이렇게 해서, 1976년 4월의 이날부터 몽골인민공화국 연료·에너지 산업성이라는 새로운 직장이 창설되고 그곳을 도맡아 관리하는 임무를 9년간 맡게 되었다. 어떻게 직무에 착수했는지를 말하자면, 마음이 맞는 훌륭한 젊은이와 경험 풍부한 연장자를 성의 주요 임무에 편성하여 주요 작업을 분담시켰다.

부대신을 추천해서 당 중앙위원회에서 승낙을 받는 것이 난관이었다. 소토빈·바토호야쿠를 에너지 담당 부대신으로 추천하여 당 중앙위원회 인사과 및 상업과의 주임들과 만나게 했을 때, 받은 질문을 기억하고 있다. 예를 들면, 1976년에 들어서서 『프라우다(Pravda)』 지면에서 이론면에 어떠한 문장이 게재되어 있었는지, 소련 공산당 당대회 문서 3장의 이름을 들며 우리 인민혁명당의 당원수는 몇 명이고 소련 공산당의 당원수는 몇 명인지, 의견이 대립하면 너는 화를 내는 성격인지, 직무를 수행하지 않은 인물을 해고하려고 생각하는지, 사람의 이름을 들어 비판한 적이 있는지, 자기가 깨닫고 있는 결점은 무엇인지 등, 20항목 정도의 질문을 하며 대답을 묻자 "기간 산업에서 노동경험은 거의 없고, 성격도 경솔하다. 지식을 과시하는 태도가 있어서는 안 된다" 등의 주의를 받았다.

석탄 산업 담당 부대신으로 추천한 L.에르데네에 대해서도 많은 질문이 있어, 문제를 시급하게 해결하도록 유의하지 않으면 안 된다고 충고받아, 모로무쟈무쓰 정치국원과 면담한 후, 당 중앙위원회 정치국에서 승낙받았다. 7월 상순경이 되어서, 새로운 성이 활동을 개시하는 준비가 갖추어졌다. 나담을 지난 후, 성 참여회가 국내 중부 에너지 시스템 산업의 월동을 대비한 준비작업 문제를 협의하여, 1976년부터 1980년에 걸쳐서 연료·에너지 분야 발전에 관한 결정과 그 시행에 관한 여러가지 문제를 종합하여, 해결이 곤란한 점은 소련 측의 석탄 상업성과 전력 에너지성의 각료들과 협의하여 그들의 지원을 얻을 필요가 있었다.

다행스럽게 소련의 페토로 수테파노비치 네포로지니 전력에너지 대신이 8월 상순에 울란바토르에서 열리는 코메콘의 에너지 전력 부문 상설위원회에 출석하기 위해서 몽골을 내방하였으므로 양국의 에너지 분야에 관한 협력 원칙에 대한 합의를 얻을 수가 있었다.

이때 체덴바르 서기장, 바트뭉후 수상은 네포로지니 대신과 만나서 코메콘 여러 나라에 대한 에너지 분야의 현황과 대책, 몽골 및 소련 양국 간의 에너지 분야의 협력에 관한 여러 가지 사안에 대해서 협의하여 지원에 대한 합의를 볼 수가 있었다. 당시의 동유럽 여러 나라에서는 몽골 국내에서 석탄 채굴을 행하는 사람들을 초대하여 대형 발전소를 건설하고, 장거리 송전선을 가설하고, 몽골의 에너지 분야를 미르 공동체와 연결시키는 가능성에 대해서 이야기하며 에너지 분야의 발전이 어떠한 조건에 의해서도 지체하는 일이 없도록 주의를 주고 있었다. 체덴바르 서기장은 타왕토르고이 탄전의 채굴을 계획하고 있어, 그곳을 에너지 기술 분야에서 종합적으로 활용할 생각을 진술하였다.

에너지 공급은 당시에도, 그리고 현재에도 국가의 최중점 과제인 것이다. 바트뭉후 수상과 회견한 네포로지니 대신은 "몽골은 에너지 분야의 대규모 발전 준비를 갖출 필요가 있고, 그것을 계획에 포함시켜서 상세한 견적을 산출하는 것이 타당하다. 바가노르 발전소를 건설할 것인지, 그렇지 않으면 시야노 슈셍수키 수력발전소에서 송전선을 끌어들일지에 대해서 비교 검토하여, 결론을 정부간 위원회에 제기하는 것이 좋겠다. 울란바토르 제3발전소의 확장 작업을 봤는데, 10만 킬로와트의 발전소라는 것은 소련에서도 유수의 발전소에 속한다. 건물은 외견도 아름답지 않으면 안 된다. 나는 건축디자인 전문가를 몽골에 파견시켜서 아름다운 건물로 완성하게 되면 발전소 준공식에도 참가하고 싶다. 앞으로 울란바토르 제4발전소에 설치할 터빈은 1기당 10만 킬로와트의 성능이다. 이로써 귀국에서는 대규모 에너지가 확실히 발전하고 있는 상태를 눈 앞에서 보게 될 것이다" 등 의욕적으로 말하고 있었다.

1976년 8, 9월에는 신설된 성의 대신인 내가 전문가와 함께 지방에 있는 연료·에너지 산업시설의 현황과 월동을 대비한 준비 작업을 파악하기 위한 시찰을 행하여 불간, 홉스골, 아르한가이, 오보르한가이, 자브한 아이막 등의 5,000킬로를 18일 동안에 달렸다.

1976년은 신5개년계획에 관한 주요 건축물 선정 및 투자 규모의 합의, 계획 작성, 준공 기한을 결정하는, 가장 중요한 해였다. 샤린고르, 나라이하, 아동쵸로 각 탄광의 확장, 바가노르 노천굴 탄광의 개선, 새로운 읍내의 건설, 철도 부설, 송전선의 가설과 건설이라는 총합적 작업에 대한 과제를 해결할 필요가 있었다. 또한 울란바토르 제3발전소의 확장을 끝내고, 제4발전소의 건설 계획을 확정하여 착공할 것, 울란바토르의 열난방 공급 계획의 확정과 열수관의 개선 및 새로운 부설, 지방 아이막에 관한 난방용 보일러, 디젤 발전소의 확장, 소련의 에너지 시스템에 맞추어 작업을 진행해 송전선으로 연결하는 작업을 신속화하는 등, 연료·에너지 분야에 대한 중요한 작업을 통합할 필요가 있었다.

1976년부터 1977년에 걸친 겨울에, 국내 전역 특히 울란바토르 시에 대한 열난방, 전기, 석탄 부족을 보충할 수가 없어서 대단히 곤란했었다. 1976년 12월 28일, 재몽골 소련 대사 알렉산드로 이바노비치 수미르노프가 바트뭉후 수상을 초대하여, 에너지 공급 문제에 대해서 협의했다. 그때, 대신은 이 이틀간 대신공관의 실내 온도가 13도밖에 안 되고, 모포 위에 모피 외투를 걸치고 잠든다며 고생을 말하고, 이 난국을 극복하는 방책에 대해서 의견 교환을 하였다.

울란바토르 제3발전소의 확장 작업을 1월 중에 완료할 예정은 없었으므로 울란바토르 시를 동결시키지 않은 유일한 준비는 가로토노르와 다르한 에르데네토 구간의 송전선을 완성시켜서 소련의 에너지 시스템에 연결시켜 거기에서 전력의 공급을 받는 것이었다. 이 문제를 시급히 해결하기 위해서, 몽골 정부는 소련 정부에게 의견을 제출하기로 하고 수코비칭 경제 고문, 아와코후 통상 대표, 포수토노후 국가계획위원회 고문, 시푸포후 전력에너지 성 대표, 그리고 나 등이 그날 밤 9시에 각서의 초안을 작성하여 이 문제를 소련 측에 제출한 결과, 전력 구입 협정 없이 12월 30일, 소련 시베리아 지역의 에너지 시스템에 연결되어 일상적인 전력 공급을 받을 수 있게 되었다. 보도에서는 가로토 발전소에 연결되었다고 전달된 정도이지만 이것은 협정 문서 없이 실시된 중요한 우호적 지원이었다.

오늘날에도 이 에너지 공급원은 몽골국에 은혜를 계속해서 주고 있다. 1976년부터 1980년 사이에, 소련이 몽골에 공여한 원조 규모는 그 전 5년간의 원조에 비해 2배 가깝게 증가되어, 국가 경제 인프라 분야, 특히 연료·에너지 분야 및 광산 분야의 발전에 막대한 자금력이 충당된 시기였다. 그리고 생활면에 있어서 소련과 전면적인 동시에 긴밀한 연결을 갖게 되었다. 체덴바르 서기장은 이것은 우리나라의 적절한 발전이라고 자주 말했으며, 1976년 6월에 열린 제17회 인민혁명당 당대회에서도 그렇게 평가되었다. 그러한 관계에서, 각 대신 사이에서는 소련에서 공여받는 차관을 다른 성 이상으로 획득하기 위해서 대대적인 다툼이 벌어지곤 했다.

몽골·소련 양국 정부간 위원회의 회합은 연 2회 열렸으나, 때로는 확대 형식의 위원장 회합도 열리는 때가 있어 양국 경제관계에 대한 테마를 신속하게 협의하였다. 온갖 협력문제는 먼저 몽골 측 회의에서, 다음으로 각료회의에서 협의하여 그 결정안을 소련 측에 문제 제기할 초안으로 작성하여, 그것을 정치국에 제출해서 대응 방침을 다듬는 규정으로 되어 있었다. 양국 정부간 위원회 몽골 측 위원장은 정치국원이기도 한 D.마이다르 각료회의 제1부의장이 겸임하고 있었다.

마이다르 위원장은 의견 대립이 많은 직책으로 비난에 처하여, 때로는 매도되는 경우도 있었으나, 자신의 의지에 근거해서 멋대로 결정을 내린 적은 한 번도 없고 철처히 정치국의 방침을 따르고 있었다. 여러가지 분야에 걸친 많은 문제를 해결하기 위해서 그러한 것들의 원인을 파악하여 대처하려고 대단히 노력하고 있었다. 대다수는 간청하거나 상대의 부담을 크게 해야만 하는 직무이므로, 마이다르 위원장의 심중은 결코 평온하지는 않았을 것이다. 그래도 대단히 진력하여, 곤란에 겁내는 일 없이 어떻게 해서든지 잘 해결하는 인물이었다. 모험물이나 영웅이 등장하는 영화를 보는 것을 좋아하고, 당구와 체스를 잘하고, 친구가 많고, 거만함이 없어 친해지기 쉬운 성격으로, 가치있는 역사적·문화적 자료를 상당히 수집 정리한 학식과 덕을 갖춘 사람이기도 했다.

소련의 차관을 가장 많이 획득하고 있었던 국내 산업 분야는 연료·에너지, 광업, 농목업 분야였다. 당 중앙위원회 정치국원 중에서 농목업 분야를 담당하고 있었던 것은 N.쟈쿠와라르와 T.라쿠차 두 사람으로서, 당 중앙위원회 측을 쟈쿠와라르 정치국원, 정부 측을 라쿠차 정치국원이 담당하고 있었던 것 같다. 쟈쿠와라르 정치국원은 판단력이 뛰어났고, 과묵하고 어조가 온화한 사람이었으나 발언의 내용은 의미심장하고 날카롭고, 때로는 농담을 하고 있는 것 같은 배려마저 있었다.

1977년 3월 18일 정치국 회의에서 소련 측 대표 I.T.노위코프와 몽골 및 소련 협력에 대해서 협의하는 것과 관련해 작은 문제를 제기했다. 몽골 국내 건축 산업기지의 강화, 건설 방식을 '턴키(Turnkey)' 플랜트 원조 방식에서 '기술원조방식'으로 변경하여 자금을 절약하고, 그 잉여분을 연료·에너지 분야에 충당하는 것에 대해서 이야기했다. 그것은 농목업에 관련된 많은 시설의 건축에 지장이 되는 사태로서 쟈쿠와라르 정치국원은 분개한 모습으로, "신 5개년계획의 초년도부터 농목업 관련의 건축 계획이 실패하고 있다. 이번 5년 계획에서 건설이 예정된 농목업 관련 건축물 20동 중에서 기술원조방식에 의한 건축물 리스트에는 14동이 포함되어 있어 승낙하기 어렵다. 더욱이 앞으로 5개년계획 중에 건설할 예정인 국영 농장 건축물 10동 중에 2동을 1978년부터, 3동을 1979년부터 건설착공을 늦춘다고 한다. 그것은 안 된다. 더욱 빨리 착공해야만 한다. 작업 시설의 건설에 있는 작은 문제가 원인이 되어 격심한 지장을 일으켜서 시간을 낭비하고 있는 점에 주의하여 대책을 강구할 필요가 있다"고 강하게 주장했다.

그 후 개최된 양국 정부간 회합에서는 이하에서 기술한 많은 계획을 실시하도록 결정되었다. 샤린고르 탄광의 조업 강화. 아동쵸로 탄광에 대한 석탄 채굴 증가. 지방에 대한 에너지 공급 개선을 위해 5년 안에 보르강-하르호린 구간에 110킬로와트, 에르데네토 보르강 구간 400킬로에 110킬로와트, 혹은 220킬로와트의 송전선을 가설한다. 5아이막의 중심지에 난방용 보일러를 설치하여 난방관을 부설한다. 오랑고무, 망다르고비, 보롱오르토에 디젤 발전소를 건설한다. 쵸이바르상 발전소를 확장하여 24메가와트로 한다. 울란바토르 제3발전소 및 제4발전소를 건설한다. 울란바토르 나라이하 바가노르 120킬로에 이르는 구간에 220킬로와트의 송전선을 가설한다. 바가노르 노천굴 탄광을 건설하여 1981년부터 채탄을 개시할 것. 그것과 관련하여, 바가한가이 바가노르 구간에 철도를 부설한다.

쟈쿠와라르 정치국원은 이러한 계획을 반대하여, "농목업을 실패하게 해서 재원을 얻는 등의 일이 있어서는 안 된다. 농목업 관련 시설을 삭감해서 광업 분야의 부족을 보충하는 것과 같은 일이 있어서는 안 된다. 여기서 말하고 있는 것은 소련의 견해가 아니다. 당신들은 거짓말을 하고 있다. 나는 브레주네프(Brezhnev) 동지에게 서간을 보낼 것이다"라는 협박조 말투로, 더욱이 "이것은 2, 3의 생산 시설, 수백만 투그릭의 자금을 어떻게 쓰는가의 문제만이 아니다. 이것은 당계획에 대한 문제가 아닌가. 농목업을 실패하고, 게다가 더욱 가혹한 상황으로 빠뜨리려고 하는 것이 나에게는 이해가 안 된다. 모로무쟈무쓰 정치국원은 자기가 담당하는 공업분야에 대한 자금이 증가되고 있다고 해서 쉽게 승인해 버리고 있다. 이것은 정치국원 여러 명이 멋대로 판단할 수 있는 사안이 아니다. 이 문제를 당 중앙위원회 총회에서 채택해야만 한다. 나는 협정개정에 대한 의정서 체결을 승인하지 않는다. 나도 연료·에너지 문제는 이해하고 있다. 그러나 농목업을 실패시켜서, 농목업 분야에 사용해야 할 자금을 다른 분야로 돌려서는 안 된다. 턴키 방식에서 기술원조방식으로 변경한다는 것은 건축을 그만둔다는 의미가 아니겠는가"라고 강경히 반대했다. 국무 때문에 치열한 다툼을 벌였던 것이다. 그러나 당시의 정치 지도자들은 또한 농담을 좋아하는 사람들이기도 했다.

어느날, 쟈쿠와라르 정치국원은 도르노고비(Dornogobi) 아이막에서 돌아오자 야생마의 이야기를 꼬집어서 인용하여 "도르노고비의 사람들은, 저것은 야생마가 아니라 단순히 야생화된 말이라고 말하고 있다. 1945년에 행방을 알 수 없게 된 군마인가. 그렇지 않으면 농목업의 협동조합화 운동이 한창일 때 부유한 자가 감추어 둔 말일지도 모른다. 또는 폭풍우가 불 때, 토브 아이막에서 바람에 날려가 버린 말 무리일지도 모른다고 말하고 있었다."고 말했다. 모로무쟈무쓰 정치국원도 가끔 농담을 하곤 했다. 예를 들면 "개인 소유 가축의 암소가 국가 소유 가축의 숫소에 의해서 임신하는 사례도 대단히 많이 볼 수 있다. 국가 소유의 암소를 임신시키지 않고 개인 사유의 암소를 쫓아가게 하는 것은 하여튼 의식이 낮은 숫소이다." 라고 말한 것을 기억하고 있다.

라쿠차 정치국원은 농목업 관계자를 질타하는 유일한 사람이었다. 작업을 지원하고 작업원을 몰아내며 일을 시킬 수 있다. 말은 엄격하지만 양보도 한다. 자주 화를 내지만 마음은 맑고, 실로 어려움과 맞서서 경험을 축적한 인물이었다.

나는 라쿠차 정치국원에게 많은 임무를 명령받아서 달성한 것도 있었고, 질책받은 것도 있었다. 어떤 때는 내가 화나게 해버린 적도 있었다. 1978년 6월 23일, 라쿠차 정치국원에게 호출되어 자스라이 국가계획위원회 의장, 모로무 대장대신, 냐마 공공사업서비스 대신, 세레테르 내각 관방 장관, 나 등이 그의 방에 모여 공공사업서비스 성 관련 문제에 대한 대응책을 협의했다.

도시주택 난방공급센터를 연료·에너지 관련 조직 관할로 이전시켜서, 난방 에너지, 열수의 매각 중에서 각각 기가칼로리당 50뭉구, 25뭉구를 공공사업 분야에 충당하려고 하는 데서 협의가 시작됐다. 이것에 대해서 나는 "그러한 결정을 내리는 것에는 반대이다. 도대체 그 결정에는 어떤 의미가 있다는 것인가. 에너지 분야에 관한 과거 반 년간의 수익을 2,000만 투그릭 낮추는 것뿐이 아닌가. 우선분야에 그렇게 차질을 일으켜서 공공사업의 적자를 보전할 필요는 없다. 이것은 틀린 원칙이다. 연료·에너지 분야를 우선하여 발전시킨다고 하는 당 계획에 어긋나 있다."고 주장했다.

그러자 라쿠차 정치국원은 격노하여 "뭐라고, 너는 정치적 중상을 행하겠다는 것인가. 당 중앙위원회, 각료회의가 틀린 결정을 내려서 우선해야 할 연료·에너지 분야에서 차질을 일으키고 공공 사업분야를 발전시키고자 하는 것이니 너의 발언을 정치국에 올리겠다. 힘겨운 언쟁이 될 것이다. 잘 기억해 두어라. 너도, 나도 출석한다."라고 말해서 "나도 할 말은 할 생각이다."라고 주장했다. 주변의 사람들은 이러한 언쟁을 걱정스럽게 지켜보며 옆에서 나를 찌르거나, 다리를 밟아 누르는 등 그만두라고 주위에서 독촉하였으나 내 발언은 벌써 실내에 울려 퍼졌다. 각료들은 당계획에 포함된 일을 방패로 한 수법을 사용한다. 그렇게 할 수밖에 없는 것이다.

이 문제는 정부가 받아들여서 협의하게 되었고, 모두가 돌아간 뒤에 나는 그 자리에 남아서 라쿠차 정치국원에게 죄송하게 됐다고 정중하게 사과했다. 라쿠차 정치국원도 다소 온화해져서, 너희들은 어째서 미리 이야기하지 않았는가, 여기 와서 그런 말을 하다니 하고 이해를 해주며 이제 돌아가도 좋다, 이 이상 어떻게 하고 싶은 마음은 자신에게 없다고 하였고, 나는 기뻐하며 돌아왔다. 후에 라쿠차 씨를 기념하는 회석에서 나는 축사를 하고 입맞추고 "제 나이를 받아 주십시오. 내가 가진 모든 좋은 것을 받아 주십시오"라고 축사를 읊기도 하였었다.

소련에서 장기적 차관으로 몽골에 건물을 건설할 경우, "턴키 방식"과 "기술원조방식"의 두 방식이 있었는데, 국내의 어떤 조직이건 자기 소유의 건축물을 "턴키 방식"으로 건설하기를 원했다. 이 방식이라면 신속하게 건설되어, 양질로 신뢰성이 높고 아름다운 건물로 완성될 것이다. 어째서 그렇게 되는가 하면 첫 번째로, 고도의 전문기술을 갖춘 작업원, 기사, 기술자가 있기 때문이며, 두 번째, 시공사가 좋고, 세 번째로 자재·기재의 품질을 신뢰할 수 있으며, 중단 없이 건설될 수 있기 때문이다. 이러한 방식의 결점은 건축비가 비싸다는 것과, 몽골인 자신이 작업을 하지 않기 때문에 어떤 경험도 습득할 수 없다는 것이다.

기술원조방식은 소련에서 자재·기재를 운반해서 몽골 국내의 건축기관의 힘으로 건설하는 것이었다. 총 건설 비용은 적게 들지만, 건물의 질과 미관이 좋지 않고, 건설기간도 약간 오래 걸리기 때문에 이 방식을 원하지 않았다. 장점은 몽골인 자신이 작업을 하고, 거기에서 습득하는 것이 있다는 점과 건축비가 싸다는 점이다. 양극단의 이러한 두 가지 건축방식을 개선하여 "턴키 방식" 작업의 일부를 몽골 측 건축기관에 담당시켜서, 소련 건축기관에 다수의 몽골인 작업원을 보내 몽골인에게도 작업에 종사시켜서 기술원조방식의 일부 작업을 소련 조직 정비 특별 작업반에 의뢰하는 등의 복합적인 형태를 도입함으로써 성과를 올리고 있었다.

나의 경우, 소련의 보리수 훼오도로비치 부라토첸코 석탄산업 대신, 페토로 스테파노비치 네포로지니 전력에너지 대신, 양측 성의 부대신, 몽골·소련 정부간 협의 소련 측 대표나 부대표, 비철금속 공업수출총연합과 같은 대규모 협동조합의 대표와 개인적 관계가 양호했던 덕분에, 그들은 이번 5개년계획에 있어서 몽골의 연료·에너지 분야의 작업을 지원하여 직면하고 있던 과제나 장래의 과제를 총합적으로 해결하는 조건을 정비해 주었다.

제6차(1976~1980) 국민 경제·문화 발전계획에 있어서, 연료·에너지 분야에 대해 소련의 차관을 한층 더 많이 차용하는 방침을 체덴바르 서기장, 바트뭉후 수상, 모로무쟈무쓰, 페르제, 소도노무 각 정치국원이 지원하고 있었던 것은 중요한 의의를 갖는다. 모로무쟈무쓰 정치국원은 오랜 세월 인민혁명당 중앙위원회에서 경제·산업분야를 담당하고 있었고, 중공업에 관한 어려움과 즐거움의 양면을 이해하는 틀림없는 원조자였다.

국내의 광산 관계자, 에너지 관계자, 지질 관계자들 모두가 모로무쟈무쓰 정치국원을 대단히 존경하고 있었으며, 직접 만나 이야기하고 싶어한다는 것을 나는 잘 알고 있다. 또한 그는 회의장에서 옆에 있는 정치국원에게서 심한 말을 들어도 무관심한 모습으로 침착하게 대응하는 신중한 모습을 보였다. 때로는 우리의 나쁜 결과의 상황에서도, 우리들을 옹호해서 응원해 주기도 하였다.

1980년까지의 약 30년간에 걸쳐서 국내의 지질, 광산, 에너지의 발전에 모로무쟈무쓰 정치국원이 크게 공헌했던 사실을 정당히 평가할 필요가 있겠다. 또 다른 한 사람, 이러한 점에서 평가하지 않으면 안 되는 인물은 미야타빙 페르제 각료회의 부의장이다. 인민혁명당 정치국 산업과장, 지질성 대신, 연료 에너지 지질성 대신, 지질 광산 대신, 각료회의 부의장 등의 직무를 30년 남짓 역임하여, 국내 귀금속의 탐사, 광업의 비철금속 분야의 발전, 연료 에너지 분야 발전의 신시대의 기초를 닦아, 이러한 방면에 있어 인재육성에도 많은 관심을 기울이고 있었다. 페르제 각료회의 부의장은 인격이 훌륭하고 냉정침착하며, 같이 일해서 기분이 좋은 믿음직스럽고 명성을 갖춘, 사람을 비난하지는 않으면서 일을 시킬 수 있는 재능을 가지고 있었다. 나를 대신직에 뽑아주었다고 해서 그러는 것이 아니라, 이러한 훌륭한 인물의 따스함 속에서 일하고, 배우고, 성장할 수 있는 기회를 주신 페르제 부의장에게 경애의 정을 품고 있다.

페르제 부의장은 19년간 이러한 작업을 계속하여, 1979년 4월 25일에 제5회 당 중앙위원회 총회에서 파왕긴 다무딩이 당 중앙위원회 서기로 선출되어, 페르제 씨의 후계로서 산업, 서비스, 건축 분야를 맡게 되었다. 나는 다무딩 서기의 밑에서, 관계를 험악하게 하거나 양호하게 하면서 1985년까지 일했다. 다무딩 서기는 엄격하게 지도하므로, 사람들은 몰래 그를 '식칼'이라고 부르고 있었다.

어떻든 간에, "황금의 곁에서 황색이 옮아간다"라고 하는 칭기즈칸의 금언대로, 나는 이러한 사람들로부터 많은 것을 배웠다. 이러는 동안에 1979년에 인민혁명당 중앙위원회 제6회 총회가 열리게 되었다. 이 회의는 나에게 있어서 쉽게 잊을 수가 없다. 총회 전날 밤 7시경, 마이다르 당 중앙위원회 정치국원과 나는 체덴바르 서기장에게 울란바토르 제4 발전소 기공식에 출석할 것을 요청하기 위해, 체덴바르 서기장을 면회하러 갔다.

우리가 방 안으로 들어갈 때, 체덴바르 서기장은 옆에 속기사 여성을 앉히고 무엇인가 말하며 필기시키고 있었다. "나는 추운 바깥에서 장시간 서있을 수가 없습니다. 다리가 아픕니다. 당신이 모로무쟈무쓰 정치국원과 두 분이서 이야기하면 되겠지요"라고 말했다. 다음날, 중앙위원회 총회가 열렸다. 오전 8시 45분에 정부청사 A회의실에 들어가니 당 중앙위원, 초대 참가자들이 벌써 착석하고 있었고 빈 자리는 거의 없었다. 나는 연단 맞은 편 제일 앞줄에 빈 자리가 있는 것을 발견하고는 거기에 앉았다. 이윽고 정치국원, 정치국원 후보들이 들어왔다. 그리고 체덴바르 서기장이 총회 개회를 선언하고나서 바로 연단 앞에서 연설을 하기 시작했다.

연설이 시작하고 머지 않아, "연료 에너지 성(省)은 올해 10개월 동안 총생산의 달성 계획을 8% 밑돌고 있고, 또 생산 원가의 인상 및 원가 증가에 의해서 1979년에는 국가 계획에 과해진 책무를 상당히 밑도는 결과가 될 것이라는 예측이 나오고 있다. 연료 에너지 성 내에 존재하는 이러한 현저한 문제점을 해소하기 위해서, 어떠한 대책을 강구하고 있는가에 대해서 본 총회에서 동지 P.오치르바트 대신의 설명을 들어보는 것이 타당하다"고 말했다.

늦게 와서 제일 앞줄에 앉게 되어서인지, 총회 초반에 이렇게 비판에 처하게 되어서인지, 내 얼굴은 뜨겁게 달아올랐다. 체덴바르 서기장의 얼굴을 볼 수조차 없었다. 처음부터 체덴바르 서기장에게 나쁘게 보였다는 것은 길조일 수가 없다. 무엇을, 어떻게 말할까 하고 생각하며 메모하고 있는 동안 회의는 휴식에 들어갔다. 나의 발언 시간은 5분간이다. 그런 적은 시간에 무엇을 말하면 될까. 용서를 바라는 자세로 사회주의자 식의 의례에 따라서 과실을 인정하고 개선을 맹세하면 끝나는 간단한 것이었다. 그러나 나는 그러한 손쉬운 길을 선택하기보다 연료 에너지 분야가 직면하고 있는 주요 문제를 설명하며 해결할 필요가 있다고 결심했다. 이것에는 용기가 필요하다. 당시 자기 변호는 위험이 뒤따랐다. 나는 엄격하게 자기 비판을 하고 결의를 표명하는 동시에, 몇 가지의 견해와 제언을 진술했다.

체덴바르 서기장은 나의 발언에 매우 주의 깊게 귀를 기울이고 있었다. 그리고 내 발언 후에 체덴바르 서기장은 그 자리에서 동지 오치르바트 대신이 제기한 문제에 대해서 로부상라부당 당중앙위원회 부속 당통제위원회 의장, 페르제 각료회의 부의장, 구르바다무 당중앙위원회 과장, 모로무 각료회의 부의장 겸 인민통제위원회 의장이 오늘밤 중에 협의를 하여 결과를 보고할 것, 또한 울란바토르 철도국, 운수성, 국가계획위원회, 임업성은 협력하여 작업을 행할 것이라는 지시를 내렸다. 나의 기쁨은 말로 표현할 수가 없었다. 때로는 비판도 유익하게 된다.

그날 밤 지시에 따라 관계자가 로부상라부당 정치국원의 방에서 모여 의논하였다. 에너지 관련의 모든 문제를 정리하였던 사안은 지방에 가서 현지에서 실제로 파악했다. 11월 30일에는 정치국 회의에서 협의하여 예전 당 중앙위원회 총회에서 내가 제기한 모든 문제가 30분 이내에 해결되어 인민혁명당 중앙위원회, 몽골인민공화국 각료회의 합동결정이 발의되게 되었다. 이것은 실로 경탄할 만한 일이었다. 당중앙위원회 총회가 11일 만에 문제를 이렇게 완전히 해결한 사례는 이전에는 없었던 것이다. 예상외로 사태가 호전하여, 나의 비판에 의해 연료 에너지 관련 분야의 많은 문제가 해결되었다. 중앙위원회 위원이나 각료 중에는 내가 연극했다고 비웃는 자도 있었다. 당시는 나같은 자가 연극을 할 수 있는 시대는 아니었다. 국가적 필요성과 나의 설명이 우연히 일치한 것이었다.

1970년대 말부터 각료는 근무시간의 30% 이상을 생산 시설에 힘쓰도록 하는 당중앙위원회의 지시가 내려졌다. 나의 경우, 생산시설에서 일한다는 항목 중에 지방에서의 근무도 포함되어 있었다. 다음과 같은 예가 있었다. 헨티 아이막에 있는 창도강 타르 광산을 방문하기 위해서 오전 5시에 울란바토르 시를 출발하여 8시경에 토브 아이막의 바양데르게르 솜의 바가궁호수를 통과할 때, 이리 2마리를 발견했다. 남자가 사냥으로 수렵운을 높인다는 것은 칭기즈 시대부터의 전통이다.

　이리를 뒤쫓아가 1마리를 쏘아 죽이고 나서 창도강 타르 광산으로 향해 거기서 4일간 지내고, 26일에 투멩쵸크트에서 1박하고, 다음날 바롱오르토로 향하는 도중에 다시 이리 2마리를 쏘아 죽였다. 1980년 2월이었다. 시력이 좋은 운전수, 고속의 69형 지프, 조총이 갖추어지면 반드시 좋은 솜씨를 지닌 사냥꾼이 아니더라도 초원에서 이리를 사냥할 수 있다. 동행했던 연료 에너지 성 직원이 나를 무서운 솜씨를 지닌 사냥꾼이라고 말하는 것을 들었다. 그러나 그러한 행운은 금새, 낮밤없이 10일간 다르한에서 일을 하는 출장으로 바뀌어 있었다.

　다르한 발전소에서 연료 수송할 때 폭발사고가 생겨서, 발전소의 가동이 정지됐다. 현지에 가서, 상황 파악, 복구, 도시의 동결 방지를 위해서 작업을 계획하고 있으려니 저녁때 페르제, 구르바다무 양 정치국원이 도착했다. 우리들은 발전소의 부서진 기계 수리작업을 시급히 끝내기 위해서 시간을 다투며 밤낮없이 일했다. 때마침 이때, 구르바다무 정치국원이 심장발작을 일으켜 우리들을 더욱 당황시켰으나, 다행히도 큰 일에는 이르지 않고 회복했다. 그 후 10일 이내에 울란바토르 시 제4발전소의 총합 기자재 계획을 다르한에서 협의한 것은, 지금 회상해 보면 이상할 정도로 제 시간에 맞출 수 있었던 것이다.

국가 검찰청은 연료 에너지 성이 제출한 다르한 발전소의 폭발사고에 관한 보고서를 자성의 과실로 은닉하고, 그 책임을 회피하려는 계획이라고 판단하여 부대신에게 법적 책임을 지게 하려고 대단히 분주했다. 반복해서 원인을 설명하고 대신인 나도 책임을 지지 않으면 안 된다고 진술하여, 부대신을 둘러싼 의혹은 해소되었다.

1980년 7월 16일의 인민혁명당 중앙위원회 정치국회의에서 다르한 발전소에서 발생한 사고에 관한 협의가 열려서 제234호 결정이 발의되었다. 그 안에는 "인민혁명당 중앙위원회가 여러 번에 걸쳐서 연료 에너지 산업성의 무책임한 작업 및 중대한 결점을 지적하는 결정을 내린 것에도 불구하고, 그러한 것들을 고려할 것 없이 구체적인 작업 개선 조치를 강구하지 않았던 연료 에너지 산업성 대신 P.오치르바트를 훈계 처분한다."고 기술되어 있었다. 이것이 타당한 조치였던 것은 나도 인정한다.

나를 처분함과 동시에 인민혁명당 중앙위원회, 몽골인민공화국 각료회의는 발전소의 작업에 대한 불안정 요소를 삭제하기 위해서, 실행하지 않으면 안 되는 추가 조치에 관한 중요한 결정을 발의하였다. 그것은 연료 에너지 산업종사자의 급여를 최대 20% 증가시킬것, 고도 전문기술이 필요한 노동자 및 기사 기술자에게는 고도의 전문수당을 급부할 것, 주택 제공을 개선할 것 등의 특별조치 실시에 대한 결정이었다.

당시 일을 능숙하게 처리하는 열쇠는 어느 기념일을 맞이하여 그에 대한 준비로 인해 증가하는 여러 작업을 정리해 나가는 것이었다. 인민혁명 60주년의 일환으로서, 연료 에너지 분야는 상당한 성과를 올렸다. 예를 들면, 당시의 국가 국민경제의 평균 성장률은 9~10%였는데, 연료 에너지 분야는 10.7~11.5%에 달하여 분야별 성장률 중에서는 최고의 수치를 기록했다. 우리나라의 중앙 전력공급시스템에 포함되어 있는 지방전기 이용자의 수는 매년 증가하는 경향이었다. 대도시에서는 주민의 85~90%가 중앙 난방공급을 받고 있었고 이것은 세계에서도 상위에 속하는 지수였다.

아이막의 중심지, 솜, 정착지에 대해서 디젤 발전시설을 확장하고 지방의 에너지 시스템 설치 및 중앙 전력공급 시스템에 연결시키는 방법에 의해서 지방 전력화를 행한다는 목표를 향해 활동을 개시했다. '사회주의란 전력화'라고 하는 표현이 당시 가장 인기가 있었다. 연료 에너지 산업성을 신설하여, 재정 및 인재면을 강화하는 작업, 연료 에너지 분야의 발전, 발전소의 건설, 송전선·온수관의 부설, 탄광개발 등의 계획을 5개년계획 중 2기에 걸쳐서 충분히 진행하는 작업, 또 몽골·소련 양국 정부간 협정, 인민혁명당 중앙위원회 결정, 몽골인민공화국 각료회의 결정, 1976~80년 및 1981~85년 국민경제·문화발전계획에 있어서 실시방책을 포함하여, 채택에 이르게 하는 작업에 내 자신도 참여했다.

이렇게 해서 이 분야도 성(省)다운 성이 되었으므로, 나는 대신직에서 사임하고 국제경제지도연구소의 학술원으로 파견해달라는 상신서를 써서 체덴바르 서기장 앞으로 송부했다. 나의 이 상신서는 당중앙위원회 내에서 큰 소동이 일어났던 것 같지만 결국은 승인되지 않았다. 중앙위원은 다무딩 서기에 대해서, 어째서 오치르바트가 사임을 요구하는 상신서를 제출하였는지를 묻고, 아직 이 대신들을 해임하지 않았느냐고 질책했다. 인사담당이므로 자기한테 불문곡직하고 직접 체덴바르 서기장에게 상신서를 제출한 것이 마음에 들지 않았던 것이다. 이렇게 해서 대신 사직의 희망은 실현되지 않았다.

1984년에 우리나라 정치에 있어서 몇 가지 큰 사건이 발생했다. 먼저 당과 국가를 오랫동안 인솔해 온 Yu.체덴바르 서기장이 돌연히 해임되었다. 8월 23일 인민혁명당 중앙위원회 제8회 임시총회가 갑자기 소집되었다. 바트뭉후 수상이 개회사를 선서하고 다음으로 모로무쟈무쓰 정치국원이 "동지 체덴바르의 건강상태를 고려하여, 본인의 승낙하에 인민혁명당 중앙위원회 서기장 및 정치국원의 직무에서 해임하고, 이는 정치국이 지난번에 결정한 사항을 인민혁명당 중앙위원회 정치국의 위탁에 의해서 본총회에 제출하는 것이다."라고 진술했다. 많은 출석자가 경악했고 아무것도 모르는 사이에 체덴바르의 공적인 직책은 모두 박탈되고 대신 쟝빙 바트뭉후가 선출되었다.

사정이 불투명하고 이해하기 어려운 이번 일에 대해서, 사람들은 여러 가지 억측을 하였다. 타국의 속국이라는 것을 여기서도 알 수 있었다. 나에 대한 처분은 1984년 2월 15일에 내려진 제62호 결정에 의해 철회되었다. 이 결정의 내용은 다음과 같다.

"1978년 및 1980년 2년 동안 연료 에너지 산업은 상당히 불안정한 조업 상태가 되어, 겨울에는 중앙지역에서 석탄이 궁핍한데다 1978년에 울란바토르 발전소에서 분탄이 타오르는 대사고가 발생했기 때문에 1980년에 인민혁명당 중앙위원회 정치국은 제234호 결정에 의해 동지 P.오치르바트 연료 에너지 산업성 대신을 훈계 처분하였다.

동지 P.오치르바트는 인민혁명당 중앙위원회 총회의 세 번째 결정, 위에서 언급한 당 중앙위원회 정치국 결정에 따라서 자기의 작업에 대해 근본적 판단을 하여 연료 에너지 산업의 작업 효율 개선, 사고 발생 요인의 배제, 작업을 전체적으로 개선하여 솔선해서 조직적 대책 및 기술적 대책을 강구하려고 노력했다. 연료 에너지 산업에 있어서 기자재의 혁신, 내부 규정의 준수, 발전소의 석탄 매진 억제 장치를 정상으로 기능시키는 작업을 근본적으로 확립하고 1983년의 미분율을 1980년에 비해 6.7분의 1까지 감소시켰다. 이번 5개년계획에 있어서 연료·에너지 산업성은 지금까지 3년간 총 생산고를 1,920만 투그릭, 전력공급을 시간당 1.93억 킬로와트, 노동효율을 3.3%, 매각이익을 9,270만 투그릭, 전체 수익을 7,250만 투그릭, 국가 세입을 8,030만 투그릭 등 각 계획을 상회하고 있고, 당 제18회 회합에서 제기한 동분야를 발전시킨다는 목표를 달성했다.

P.오치르바트 대신은 담당 분야의 작업 개선에 적극적으로 힘을 발휘하여 성과를 올리고 있고, 또 동지 P.오치르바트가 당의 처분 취소를 요구하는 문서를 제출한 것에 근거를 두어, 인민혁명당 중앙위원회 정치국은 1980년에 발의한 당원 P.오치르바트를 훈계 처분키로 한 제234회 결정을 취소하기로 한다."

당시 당 중앙위원회의 처분은 노동부에 기록되어, 일생의 오점으로 남기기 위해서 이러한 처우를 받은 자에게 책임 있는 직책을 맡기는 일은 거의 없었다. 민주화의 덕분으로 당의 처분을 면할 수 있었던 자도 많이 있었을 것이다. 제명된 자 중에서, 저 무서운 당이 "없어졌기" 때문에 한시름 놓았다는 자가 있다는 소문도 들었다.

대신직을 맡고 있으면서 학술 연구와도 그다지 떨어져 있지 않은 작업에도 종사하고 있었다. 이하의 작업은 내가 지휘한 것이었다.

1. 탄광 관리 구조를 개선하여 기술계획을 기안한다.
2. 고형 연료를 전면적으로 가공 이용한다.
3. 연료 에너지 분야의 자동화 관리 시스템을 만들어 낸다.
4. 장래성 있는 광산의 석탄 및 가연성 편암에서 액체 연료, 도로 건설에 사

용되는 역청을 추출하는 기술 등을 창출해내는 목적으로, 연구자 체데부수렝, Sh.바토에르데네, Ts.바토체렝과 공동 작업을 행했다.
5. 몽골인민공화국 연료 에너지 산업의 관리구조 개선에 대해서 고찰하여 『연료 에너지의 일원적 관리 기구』라는 제목으로 책을 출판했다.

또한 소련 국민경제 아카데미의 박사과정에 등록하고, 연구 테마를 정하는 데까지 갔으나 일하면서 틈을 낼 수 없었고 내 자신이 향상 의욕이 없었기 때문에 박사학위를 취득하지 못한 채 끝냈다. 마침 부대신에서 대신으로 됐을 때에는 종합기술대학의 시험 심사위원으로 선정되어 학생의 졸업 논문이나 석사 논문 심사 작업의 대표를 맡았고, 또 동대학의 공학부 박사학위, 박사학위를 수여하는 학술 평의위원으로서도 일하고 있었다. 이 시기에 지도개발대학, 당대학, 종합기술대학의 자격 향상 학과의 수강생에게 강의를 하였다. 이러한 일은 학술 연구에 관한 정보 입수, 전문 연구자와 의견 교환, 신선한 화학연구의 성과, 변화의 파악, 기술 혁신의 방향성 이해에 매우 유익하였다.

연료・에너지 대신으로서 일했던 9년간은 내가 이 분야에서 일한 19년간 기간에서 가장 중책을 맡고 있었던 시기였다. 많은 작업을 완수하고 성과도 올렸으며 지금 회상해 보아도 마음이 뿌듯하다. 연료 에너지 성을 새롭게 설치하는 데 있어 나와 함께 힘써준 모든 이들에게 감사한다.

시간은 인간의 능력과 재능을 끌어내는 광대한 공간이라고, 어느 천재가 말했다. 국무에 진력한 19년간에 나는 많은 것을 배우고 또한 많은 힘을 쥐어짜냈다고 생각하고 있다. 국정, 국민의 신뢰에 응하기 위해서 매일 무엇인가를 배울 게 생겼다. 분주하게 일하고 있는 동안에 문득 생각해 보니 9년이 지났고 1985년 1월, 대외 경제를 담당하는 대외경제관계

국가위원회 의장으로 임명되었다. 또다시 동료들이 다음 성공을 빌어주면서 마중해 주었고 나는 집무실에 놓아둔 책을 모두에게 기증했다. 내가 다른 일로 옮긴다는 것을 알게 된 타빙 기사 도르지는 일요일에 찾아와서 왜 가버리냐고 다그쳤고 내 설명을 듣고서 돌아가며 쓰르테무의 『몽골 조형예술』이라는 책을 술과 함께 나에게 주었다. 그 책의 속표지에는 이렇게 쓰여 있었다.

> 고난을 견디는 것은 강직함이다.
> 고행을 달성하는 것은 존귀하다.
> 난해를 푸는 것은 총명하다.
> 고생에 응하는 것은 강력하다.

대외경제관계 국가위원회는 중요한 임무를 맡은 조직이었다.

위원회의장으로서 일하기 시작하면서 우선 눈에 띈 것을 말하자면, 의장을 지휘하는 고관들의 수가 위원회의 직원수보다 많다는 점이었다. 지시를 내리는 고관들이 많으니까, 하루종일 중앙위원회, 경제관계 기관의 여러가지 직위의 고관으로부터 임무를 넘겨받아 때로는 그 임무를 직원에게 전달하지 못한 채로 날이 저물 정도였다. 처음에는 묵묵히 임무를 듣고, 달성하려고 미친 듯이 뛰어다녔다. 생각한 대로 수행할 수 있는 것이 아니라서 때로는 담당자들과 언쟁이 되는 경우도 있었다. 상층부의 사람들은 이쪽의 고생 등은 이해하지 못한다. 실로 추한 일이었다. 내가 부임했던 때에는 1986~90년 몽골·소련 양국 간 협력계획안을 기초하고 있었고 계획조정 작업이 최종 단계에 가까워져 가는 시기였다.

다음 5개년계획에 있어서 소련 측에서 요망하는 차관과 원조 규모에 근거를 두어, 소련 공산당 중앙위원회 및 소련 정부에 서간을 송부할 준비를 하고, 전 5년간의 협력의 성과를 총괄하며 발생하는 문제의 해결안을 제기할 필요가 있었다.

예정 기간 내에 완성하지 않은 설비가 많고, 사용이 끝나지 않은 이월 잔고가 많고, 시설 비용이 비싸고, 조업을 개시한 생산 시설의 이용 계획 수준이 낮다는 등의 이야기가 나오고 있었다.

"가져갈 수 없어도 뼈를 계속해서 모으는 개"라는 강한 욕심을 표현한 격언처럼, 과거에 공여된 차관을 채 사용하지 않았음에도 불구하고, 여러 부와 과에서는 새롭게 260억 투그릭의 건축용 차관을 요망하며, 어느 부도 삭감하는 것을 거절하였다. 공동건축 방식으로 변경하여 생산 비용을 낮추는 방향으로 가지고 갈 가능성 예를 들면, 채무에 의한 건축을 소련·몽골 양국의 건축 기관이 공동으로 건설하는 방식을 확대할 것을 제안했다.

1985년경 모르두비노후 우라지미르 헤오도로비치 소련 대외경제관계 국가위원회 부의장은 외국에서 일하는 소련 국민 3분의 1이 몽골인민공화국에서 일하고 있다고 나에게 전하며 그들의 급여를 올리도록 요청해 왔다. 급여를 올리면 생산 비용도 당연히 올라간다. 소련의 건축기업 공동체에서 일하는 전문가 수를 절감하고 몽골인 작업원수를 늘리도록 제안하자, 몽골의 전문적 기술수준은 낮고 작업에 대한 책임감이나 규율이 느슨하므로 노동생산성이 저하하고 건축물의 정밀함은 낮고 작업의 진전도 늦다고 싫어했다. 높은 급여의 전문가, 생산 비용이 높은 건축은 최종적으로 몽골의 대외채무를 증가시켰다. 어떻게 대처할 것인가를 생각하는 동안에 코메콘 기술원조, 대외무역상설위원회에 참가하게 되어 1985년 3월에 모스크바로 향했다.

모스크바 체류 중에 소련 대외경제관계 국가위원회의 세르게이치쿠 미하일 아레쿠세비치 의장, 모르두비노후 우라지미르 헤오도로비치 부의장, 타르바에후 등을 만나서 양국 경제 협력에 관한 그들의 평가와 견해를 듣고 의견을 교환하였다. 사회주의 각국의 무역, 경제문제 담당기관의 대표자인 동독의 제레, 체코슬로바키아의 우르방, 불가리아의 쿠리수토프, 헝가리의 앙부르시, 쿠바의 메렝데스와 알게 된 것은 그 후 나의 일 관계상 매우 유익했었다. 또한 이 출장에서 협력에 관한 많은 정보를 얻을 수가 있었다.

1986년~90년 몽골·소련 양국 협력계획의 제2차 작업의 성과가 나왔다. 차관 규모는 대략 납득할 수 있었으나 그 내용은 새로운 지향이나 결정, 여러 가지 어려운 문제가 포함되어 있었다.

당시, 몽골·소련 양국 관계는 순수한 우호적 형제 관계였고, 소련의 끊임없는 원조를 60년 정도 향유해서 모든것이 훌륭하다고 환희를 올리는 말로 가득차, "세계에서 유일하게 지원해주는 나라 소연방"이라는 위세는 그때까지 계속됐다. 그러나 양국의 우호적 지원은 그렇지만도 않았다. 최근 고르바초프의 페레스트로이카(perestroika), 글라스노스트(glasnost)라는 말이 세계에 어지럽게 퍼지고 있어 우리나라의 지식인들도 들어 알고 있었다. 정말 지금부터 무엇인가가 시작하는 것이 아닌가 하고 생각했다.

그러한 소련의 동향을 들은 이래 우리나라의 신분이 높은 이들은 서로를 혐오하거나, 어떤 자는 고르바초프처럼 빛나 보이고 싶다고 욕심을 부리면서 침을 흘리고 있는 것처럼 보이기도 했다.

소련의 혁명 쇄신의 추세가 양국 관계에도 영향을 끼칠 필요가 있다고 생각하고 있었다. 나는 '신인'이니까 새로운 원칙에 의거하여 일한다고 해도 누구도 싫어하지 않았다. 새로운 원칙을 이하와 같이 정했다. 첫 번째로, 협력의 범위를 지금까지보다 좁히는 것이 아니라 넓힌다. 두 번째로, 협력은 수확이 있는 것이다. 세 번째로 몽골·소련 간의 우호적 작업을 진전시키지 않으면 안 된다.

이러한 원칙을 기초로 하여 1986년~90년 몽골·소련 양국 협력계획안을 작성했다. 이때에 제기한 협력의 주요 목표는 이하와 같다.

1. 소련측 건축 기관의 노력에 의해 건설되고 있는 건물의 건축 비용을 낮추는 것이 중요하다. 그러기 위해서는 소련측 건축 기관에서 일하는 몽골인 작업원 수를 지금까지의 3,000명에서 1만 7,000명으로 증가시킨다. 그들 전용의 주택 건설, 문화적 생활 조건 개선이라는 방책을 조직적이고 총합적으로 실시한다. 이렇게 하기 위해서는 건축 분야에 있어서 충실하게 몽골인의 전문적 작업원을 쓰고 비용이 비싼 외국인 전문가수를 삭감해서 지출을 줄인다는 큰 의의를 가진다.
2. 건축 비용을 싸게 할 수 있는 또 한 가지의 중요한 대책은 '턴키 방식'을 줄이고, 공동·보조·기술지원의 건축 방식을 늘리는 것이다. 이렇게 함으로써 재원을 절약하고 건설하는 건물 수, 실시 조건 수를 43% 올리고, 기술지원 방식의 이용 차관 규모를 65.5%로 늘린다.
3. 소련의 건축 기관, 건축 콤비나트를 몽골 측으로 이관시키는 준비를 할 필요에 직면하고 있다.
4. 몽골에서 이미 발생하고 있는 경제적 잠재력의 전면 활용, 차관으로 건설한 생산시설에 관해 기간 내에 예정 능력 완전 달성, 생산성의 개선을 향한 총합적 방책을 실시한다.
5. 1986년부터 90년 사이에 외국 차관, 원조, 비즈니스를 통해서 몽골인 청

년 1만 2,760명을 외국의 기술전문학교에 유학시켜서 새로운 전문분야를 습득시킨다. 또 몽골 국민 1만 7,079명을 외국 연수에 참가시켜 전문분야를 향상시킨다는 사안에 대해 합의에 이르렀다. 이 숫자는 이전의 5년과 비교하면 약 10% 증가한 규모였다.

6. 건축 작업에 필요한 시간을 감소시켜서 비용을 절약하고, 무엇인가를 습득하기 위해서 중요한 또 한 가지의 요점은 몽골인 자신이 건설 계획의 기안 작업에 참가하여 힘을 발휘할 기회를 증가시키는 것이다.

몽골인민공화국은 소련 및 다른 사회주의 제국의 사이에서 1986년부터 90년까지 경제·과학기술분야에 관한 협력 조약, 2000년까지의 장기적 발전계획에 관한 합의를 통해 높은 수준의 조인이 행하여지고 있었다.

대외경제관계 국가위원회는 경제·화학 기술에 관한 정부간 위원회 활동과 관련한 작업을 담당하고 있었다. 이것을 숫자로 보면, 5년간에 양 위원회 합동회의는 38회 개최되고 224항목의 문제를 협의하였으며, 96개에 이르는 결정을 발의하고, 실시하기 위한 작업을 조직하고 있었다. 느긋하게 앉아 있었던 것은 결코 아니었다.

우리나라는 '형님'인 소련뿐만 아니라, 다른 사회주의 제국 및 많은 개발도상 제국과도 우호적 협력관계를 가지고 있었다. 당시 몽골인민공화국은 아시아에서 자본주의를 넘어 사회주의를 건설하고 있는 국가라고 불리어지고 있었으며, 우리들의 경험이 주목되고 있었다는 점을 덧붙일 필요가 있을 것이다. 개발도상국에 대한 지원책도 실시하고 있었다. 몽골 국민이 베트남 국민에게 보낸 가축 중에서 소에 대한 금액인 미화 150만 달러 상당을 무상 공여하고, 또한 1982년부터 1985년 사이에 몽골 측이 비용을 부담해서 베트남의 대표자 181명을 초대하거나, 베트남 유학생 27명을 학비 등의 부담 없이 몽골에 유학할 수 있도록 했다.

이 동안에 쿠바에서 방문한 대표자 76명의 지불금을 재원으로 하여 쿠바 유학생 15명을 비용 부담없이 몽골에서 배울 수 있도록 했다.

라오스에 대해서는 동국의 축산 번식 실험소에 양·산양 200마리를 공여하고, 또 60병상이 있는 병원 시설의 건설 비용을 부담하여 합쳐서 1,310만 투그릭 상당의 무상원조를 하였다. 또한 1985년에는 500만 투그릭 상당의 식료·의복을 공여하거나, 라오스의 대표자 113명, 유학생 56명의 비용을 부담하곤 했다.

아프가니스탄에서 1983년부터 85년 사이에 대표자 142명을 초대하고 유학생 한 명의 학비 등 186.4만 투그릭을 몽골 측이 부담하고 있었다. 그 밖에도 130만 투그릭 상당의 물자의 무상공여를 결정했다.

몽골인민공화국은 1986년부터 90년 사이에 이러한 국가들과 다른 일부의 국가에 대해서, 총 2,000만 투그릭 상당의 무상원조를 계속할 계획이었다.

신5개년계획을 이행할 무렵 D.소도노무 각료회의 의장이 N.I.리지코프 소련 각료회의 의장과 회견하여, 상호 협력에 관해서 의견을 교환하였는데, 리지코프 의장이 소도노무 의장에 대해서 시베리아 자원 개발 계획을 실시하는 데 있어서 펠트 구두, 모피 외투, 모자, 털 구두, 양말, 손장갑 등 방한 의료품이 필요하다는 설명을 하며 일부를 몽골에서 생산하여 지원해 주었으면 한다고 요청했다. 이것은 아마도 소련이 몽골에게 제기한 최초의 요청이었기 때문에 소도노무 의장은 신중하게 받아들이고 이행하도록 노력하였다. 소련의 필요에 응함과 동시에 몽골 국내 경제에 있어서도 이득이 있다고 계산하고 있었던 것이다.

당시 소련 서부지역 방향으로 살아있는 양을 연간 40만 마리 수출하고 있었던 것을, 국내에서 도살하여 식육과 피혁으로 나누고 그 피혁으로 외투 등을 제조하게 되었다. 그 때문에 우브스(Uvs) 아이막의 울안곰(Ulaangom)에 식육 가공공장, 피혁제품 제조 공장을 건설한다는 생각을 일부 각료들이 가지고 있었다. 서류상으로만 남겨진 이 공장은 소련의 차관에 의해서 건설되고, 제품을 소련으로 수출하여 이윤을 양쪽에서 분배하는 계획이었다.

홉스골(Khuvsgul) 아이막의 부렝한 링 광구의 활용, 보로 금광의 활용, 토로리바스 관련 설비의 정비라고 하는 작업이 이 무렵부터 개시되어 어떤 것은 실현되기도 했다. 1987년 가을, 나는 메렝데스 쿠바 대외경제관계 국가위원회 의장과 만나서 소련과의 경제협력을 어떻게 행할 것인가에 관해 많은 정보를 얻었다. 참고가 된 것은 쿠바에서는 건축 계획을 기안할 때, 자국의 전문가도 공동으로 작업을 시킨다는 것이었다.

쿠바인은 받는 것과 고생을 별개로 생각하는 것 같다. 차관의 변제에 대해서 걱정하는 모습은 보이지 않는다. 몽골인도 소련이 우호적으로 형제 같은 관계에서 아낌없는 원조를 해준다고 생각하고 있다. 그러나 맑고 소박한 것처럼 보이나, 실은 이기적인 것이었다. 당시의 일이지만 소련의 대외무역기관이나 경제기관은 중간에 있어서 적지 않은 이익을 얻고, 좋은 급여, 여러 수당, 상여금을 받고 있었다. '턴키' 건축의 건설예산 비용을 알려고 여러 가지로 시도해 보았지만 좀처럼 파악할 수 없었다. 그러나 계약 가격, 계산 방법을 생각하면 상당한 액수였을 것이다.

우리들은 이러한 문제를 인내심을 갖고 파악하여, 어떻든 간에 건설예산 비용의 견적 수치를 7에서 10항목으로 나누는 것을 해명할 수 있었다. 그리고 건설 비용을 10% 정도 내려서 계약을 맺은 것이었다. 경제

효율 면에서는 유일하게 이러한 진전을 볼 수 있었다. 대외경제관계 국가위원회에 2년간 근무하고, 1989년 설날의 다음날 페르제 대신에게 불려가서, 내가 소속한 대외경제관계 국가위원회와 그 밖의 물자 기자재공급 국가위원회, 대외무역성의 3기관을 통합하는 결정안과 구조개혁안을 준비하여 다음날 모로무쟈무쓰 정치국원에게 제출할 것을 지시받았다.

이 문제는 그 후 거의 1년간 이야기가 계속되면서 몇 번이고 내용이 변경되었다. 대외무역상, 양 위원회 의장이 관할하는 3기관에서 정리된 이야기를 하기 전에, 누가 신기관의 대표로 취임하는가, 누가 해임되어 어디로 전임하는가가 화제가 되어 마지막에는 모두가 이 작업을 피하게 되어 버렸다. 그러는 동안에 연말이 되어 3기관을 통합하여 대외경제관계 공급성을 설립한다고 결정됐고, 어떻게 된 일인지 그 성의 대신 자리에 내가 임명되었다. 본래 대외무역 대신을 맡고 있던 도르마, 물자 기자재공급 국가위원회 의장을 맡고 있던 고도부의 두 사람이 대외 관계에 관해 경험이 있었다. 게다가 이번 임명은 나에게는 그다지 유쾌하게 생각되지는 않았다. 다시 새로운 조직이 설립되어 고생과 말썽이 많은 일에 또 관여하게 된다.

대외경제관계 국가위원회에서 2년간 소임을 맡고 있는 동안, 더 이상 해결을 늦추어서는 안 되는 문제점을 선정하여 관련 사안에 대해 조사했다. 그리고 이것에 의거하여 몽골국 대외경제활동의 향상과 효율적 개선에 관한 종합대책의 포괄적 견해를 작성하여 관련 결정안과 함께 D.소도노무 각료회의 의장, D.모로무쟈무쓰 인민혁명당 중앙위원회 정치국원, P.자스라이 국가계획위원회 의장, N.미시구도르지 당 중앙위원회 과장, 사라르 각료회의 관방장관에게 제출했다. 이것도 지금은 추억의 일부이다.

맡은 임무의 효율성을 계산하는 대신, 과거의 책임 공여를 획득했는지 어땠는지에 의해 문제를 판단하는, 지금까의 경향을 고칠 필요가 있었다.

제8회 5개년계획(1986~1990)에서는 우리나라의 자본 투하 총액의 약 70%가 외국으로부터의 차관, 원조가 차지하고 있었다. 우선 먼저 착수해야만 하는 작업은 성, 농목업 협동조합, 생산시설을 대외무역 협력과 직접적으로 연결시킬 것, 차관에 의해 건설된 공업 시설에는 스스로 외화 수입에 의한 외화 지출을 보충할 것, 공동 생산품 제조나 기자재의 임대 사용이라는 공동작업 방식을 확대하는 것이었다.

대외 경제활동에 관해서 이러한 쇄신을 행함으로써, 합작기업이나 국제협력기관이 직접 무역·경제관계안으로 들어가서, 대외 관계에 있어 완전한 복합체 시스템을 창안해 낼 수 있게 되었다.

국내경제를 외부의 국제기관, 유럽의 선진제국과 연결시키는 가능성을 연구하기 때문에, 매우 적극적이고 꽤 대담한 진전을 달성할 생각이었다. 우리나라가 일본의 무상원조에 의해서 고비 공장을 건설하기 시작했는데, 우리나라에서는 최초의 자본주의 공장이었을 것이다. 실제로 당시 세계시장에서 캐시미어 가격은 급등하고 있었다. 일본의 기술은 경쟁력이 뛰어나고 캐시미어 제품은 수요가 높고 세계시장에서도 몽골이 경쟁할 수 있는 얼마 안 되는 제품 중 한 가지가 될 가능성이 높았다.

1987년 11월, 몽골산 캐시미어 제품으로서 세계적 수요를 채우는 희망을 남몰래 품으면서, 유엔공업개발기관(UNIDO) 제2회 총회에 출석하기 위해 출발했다.

울란바토르에서 열차로 북경에 들어가서, 거기서 비행기로 방콕으로 갔다. 열차에서 스위스의 레지스 KTF사 후리도렝 사장과 같은 객실을 사용하게 되었다. 서로 알게 되고 대화를 주고 받는 동안에 서로에게 관심을 가지게 된 것 같다. 후리도렝은 몽골에서 캐시미어를 구입하여 보관해 두고, 그것을 공장에 매각하여 이윤을 챙기는 사업을 하고 있었다. 그는 몽골산 캐시미어가 매우 양질이라고 칭찬하면서, 그러나 중국에 의한 통일적 수매 시스템의 해체 후에는 품질이 악화되었다고 말했다.

그는 2000년까지 몽골산 캐시미어의 구입을 인가하는 장기적 계약을 체결하자고 나에게 제안하였으나, 내가 그 특수성을 이해시키면서 거절하자 다음에는 몽골 국내의 산양을 늘려서 캐시미어를 증산하는 계획을 공동실시하자고 제안하였다. 그의 이야기에 의하면, 뉴질랜드에서는 가축의 인공수정에 의해서 산양의 캐시미어를 고품질로 만들었다고 한다. 후리도렝은 2000년까지 산양 마릿수를 늘려서 캐시미어 산출고를 1.5만 톤으로 하고, 또 산양 한 마리 당 캐시미어 산출량을 225그램이 아닌 1킬로까지 할 수 있다고 말했다. 뉴질랜드의 전문가가 몽골 국내에서 실시하게 될 생명공학 실험비용은 자기가 부담하겠다고 했다.

우리들은 이 흥미깊은 화제에 건배했다. 실업가인 그는 다음날 이른 아침에 공동작업 실시 계획안을 준비해서 서명하자고 말했다.

첫 회 실험이 성공하면 상호 협력방식을 구체화하기로 하고 서명했다. 1.5만 톤의 캐시미어를 산출하기 위해서는 산양을 1,000만 마리 증가시켜서 3,500만 마리로 할 필요가 있었다. 목초지나 울타리는 어떻게 할 것인지 생각해 보았으나, 우선 그 생명공학 실험에 마음이 끌렸다. 아무런 허락도 없이, 아무런 준비도 없이, 운을 시험해 보는 문서에 이렇게 서명해 버렸다. 헛되게 끝나도 손해볼 것은 없다는 생각때문이었다.

방콕은 매우 무더운 도시로, 거기서 5일 동안 머물렀다. 우리나라 대표단은 규정에 따라서 사회주의 형제제국의 대표자와 협의하고, 자국의 입장을 표명하여, 협의 사항에 대해서 합의에 이르렀다. 나는 회의에서 연설하고 도밍고 시아종 유엔공업개발기관 사무국장과 만나서 몽골에 대해 간단한 소개를 한 후 방문하도록 초청하면서 초대장을 건넸다.

1988년 유엔 공업개발기금에 대한 몽골인민공화국의 부담금 7,350만 투그릭을 수표로 지불하였다. 나는 이때 유엔 기관에 몽골의 전문 직원을 파견하는 것이 유익하다고 생각했다.

그 후, 1988년 4월이 되어 후리도렝이 산양의 번식, 캐시미어 증산 계획실시를 위해서, 울란바토르에 왔다. 열차 안에서 그를 만났을 때에 나는 대외경제관계 국가위원회 의장이었으나, 88년에는 대외경제관계 공급성의 대신이 되어 그를 맞이하였다. 내가 3기관을 통합한 성의 대신이 되었다는 것은 그에게는 안성맞춤이었다. 그렇지 않으면 그는 몇 군데의 관청을 드나들어야 했을 것이다. 후리도렝은 협의를 통해 이하의 항목에 대해서 합의에 이르렀다.

즉, 그의 회사는 뉴질랜드의 수의 · 축산학자를 불러 몽골 측 전문가에게 수정란 이식 작업을 지도하고, 필요한 기자재, 용구, 약품을 운반해온다. 또한 전문가를 뉴질랜드에서 초청하는 왕복여비와 기재를 운반하는 운반비용을 부담하며, 기자재는 몽골에 남긴다는 것이다.

몽골측은 양질의 캐시미어를 만들고 난자를 제공하는 암산양 90마리, 우량의 종산양 몇 마리, 인공수정을 받을 산양 1,000마리를 준비한다. 전문가의 주거와 식사 비용, 몽골국내의 이동 경비를 부담한다. 실험은 1988년 8월부터 10월 사이에 실시되도록 결정했다.

나는 이 '산양인공수정계획'을 모로무자무쓰 정치국원에게 설명하였다. 그는 이것을 지지하여 실시에 관해 공적인 위임결정을 내렸다. 실험은 토브 아이막의 자마르 솜에서 행해졌다. 자마르 솜에 있던 산양들 중에서 흰털 산양 70마리를 난자 제공 산양으로 선출하고, 움노고비

(Umnugobi) 아이막의 보르강 솜에서 가져온 이종 교배한 흰털 종산양 7마리를 사용하기로 하고, 수정란을 이식하는 검은털 산양 410마리를 준비했다.

작업 과정에서 여러 가지 어려움에 직면했다. 가압 감균기가 없기 때문에 그를 대신해서 보즈의 찜통을 사용하여 수술용 행주를 살균했다. 증류주를 만드는 용기로도 잘 대용할 수 있었다. 이번의 산양 수정란 이식이라는 생명공학 연구실험 결과에 관한 보리도호르로 박사의 보고를 여기에서 인용하도록 한다. "1988년, 자마르 솜에서는 흰털 몽골 산양 45마리를 도나 산양으로서 난자를 추출하여, 검은털 몽골 산양 185마리에게 수정란을 이식했다. 그 결과 145마리, 즉 78% 상당이 수태하여 그 중 46마리는 쌍둥이가 되어 합계 191마리의 어린 산양을 출산했다. 그 후 도나 산양은 일반적으로 교미하여 어린 산양을 출산했다. 도나 산양 1마리당 어린 산양 5마리를 출산한 것이 되므로 실험은 성공적이었다." 뉴질랜드의 전문가는 이 방법을 사용해서 야생 산양의 난자를 가축 산양에 이식해도 좋을 것이라고 말했지만, 안타깝게도 야생 산양은 암컷도 수컷도 잡을 수가 없었다. 마취 주사침을 사용해도 허사였다. 그러나 산양의 인공수정에 의해 산양을 개량하여 캐시미어를 증산한다는 계획은 정부의 캐시미어 계획의 일부가 되었다. 당시 우리나라에는 산양 430만 마리, 낙타 54만 마리, 야크 51만 마리가 있었으며 이것들로부터 산출되는 원료는 세계 산출량 전체의 40%를 차지하고 있었다. 결코 적은 숫자는 아니다.

움노고비 아이막의 보르강, 망다르오보, 한보쿠도 각 솜, 호브드(Khovd) 아이막의 두르궁 솜, 바얀울기 아이막의 바양노르 솜, 자브한 아이막의 두루블징 솜, 홉스골(Khuvsgul) 아이막의 투무르보가쿠 솜, 우브

수 아이막의 우르기 솜, 수후바타르 아이막의 바양데르게르 솜에서 캐시미어 산출량이 많은 신품종 산양이 증가하고 있다.

1988년, 각료회의는 캐시미어 산출량을 증가시키기 위한 결정을 발의하고 그 일환으로서 중앙 수요를 채우기 위해 준비해둔 산양 마리 수를 삭감했다. 1995년의 국내 가축 수를 보면 산양은 850만 마리에 달해 7년간에 400만 마리가 증가했으며, 캐시미어는 약 2,000톤을 산출하고 있다. 어쩌면 생명공학 생산을 이용하면 연간 1.5만 톤의 캐시미어가 산출 가능하게 될 수도 있을 것이다.

영국 정부의 초청을 받아 1989년 6월에 런던을 방문했다. 영국의 성청, 비정부기관, 민간기업, 연구기관, 보도기관의 대표자와 회견했다.

로이 후렛차 영국 석유회사 동구지역 국장은 나에게 컬러 위성사진을 보여주었다. 그 사진을 해독하기가 매우 힘들어서 내가 사진에 찍힌 장소의 개요를 파악할 수 없다고 하자, 그는 그 지도 위에 우리나라의 국경선 둘레로 투명 필름을 놓았다. 그리고 석유가 매장되어 있을 가능성이 있는 곳을 가리켜 보이며 "귀국에는 흥미를 끄는 곳이 상당히 많다, 혹시 귀국이 원한다면 석유탐사 예비조사를 행하였으면 한다."고 했다. 나는 즉시 그러한 조사는 시급히 행할 필요가 있다고 응했다. 후렛차 씨에게는 "영국 석유회사 측이 비용을 부담해서 시험적으로 석유조사를 행해도 좋다. 단, 석유 광맥을 발견하여 저장량이 확정될 경우에는 앞으로의 협력노선에 따라서 다시 협의하고 싶다."고 말했고 거기에 합의했다. 중요한 것은 세계적으로도 이름이 알려진 이 회사가 조사를 한다는 점이며, 원유 광맥이 발견될 경우에는 그 시점에서 앞으로의 방침에 대해서 이야기한다는 것이다.

석유탐사 계약은 영국 방문에 있어 최대의 성과라고 생각하고 있다.

영국 석유회사는 당시 12억 파운드의 조업자본을 가지고 있으며 연간 5억 파운드의 지질 탐사를 행하여 세계 30여 국 이상에서 원유 및 천연가스의 탐사 채굴작업을 하는 저명한 기업이다. 우리들은 영국, 미국을 지도상에서 알고 있지만 그들은 우리나라의 지도 밑에 있는 자원을 우리들보다 더 잘 알고 있다고 해도 과언이 아니다. 수출 보드카용의 플라스틱 용기를 제조하는 가능성에 대해서 조사하라는 지시도 받고 있었다. R.후렝 SPEK사 사장과 나는 유럽시장에 수출하는 몽골산 보드카의 용기를 2종류로 하는 데 합의했다. 유럽의 항공회사에 플라스틱 용기가 들어간 몽골산 워커를 판매하고, 또 특별 판매용으로서 아름다운 큰 병에 들어간 것을 준비하기로 하였다. 후렝 씨 요청에 따라 그해, 칭기즈칸 워커 50만 병을 납입하기로 합의했다.

대신이 실업가로 변신하여 억만장자 로버트 맥스웰로부터 이익을 취할 뻔했던 사업에 관한 일화를 적어보도록 하겠다. 몽골산 캐시미어를 구입하고 있는 기업인 다송 사를 방문하여, 캐시미어 100톤의 매각에 대해서 이야기했는데, 가격이 타협되지 않았다.

그 다음날, 미디어 회사의 사장 맥스웰 씨와 인쇄소의 쇄신, 제지 합작회사의 설립에 관해서 협의했다. 우리나라의 인쇄소가 살아 있는 박물관이라고 불리어졌던 시대였다. 연간 10만 톤의 종이를 생산하는 능력을 가진 제지공장을 건설하여 제품을 소련, 중국, 일본, 동남아시아의 시장에 수출할 전망이 있었다. 공장에서 사용하는 주된 원료는 폐자재나 짚이었다. 우리나라에서는 연간 150만㎥의 목재를 가공하고 있으며, 거기에서 66만㎥의 폐자재가 생긴다. 그것들 중 4.8만㎥는 톱밥 공장에서 이용하고, 4.2만㎥는 수출하며, 나머지는 모두 연료로 이용하고 있었다. 인쇄소의 쇄신과 제지공장의 건설에 있어 현지시찰 및 사전 견적 산출을 위해서 가까운 시일에 전문가 2명이 몽골을 방문하기로 했다.

인쇄소 건물은 몽골 측이, 인쇄기자재는 맥스웰 측이 부담한다는 약속을 하였다. 맥스웰 씨는 몽골산 캐시미어의 영국으로의 판매를 청부하는 대리점이 되고싶다는 희망을 표명하여, 회합할 때, 캐시미어 100톤을 미화 900만 달러에 구입한다는 계약서에 서명하고 1990년 제1사분기에 이 계약을 실시하고 앞으로도 동량의 캐시미어를 세계시장가격보다 높은 가격으로 구입한다는 데 합의했다. 이 가격은 당시의 세계시장가격에 비해서 상당히 높은 가격이었다. 이러한 장사를 성립시킨 자는 상당히 콧대가 높아지는 것이 아닐까 한다.

오치바도라루 재영국 몽골 대사, 엥후보르도, 나 이렇게 3명은 맥스웰 씨 자택에서 점심식사 대접을 받고 옥상에 있던 헬리콥터로 비행장까지 배웅받았다.

문화성의 교섭 실패로 이 중요한 안건 두 가지는 실현에 이르지 못했다. 캐시미어 장사에 실패했다는 것을 안 맥스웰 씨는 1989년 12월 7일 12시, 자가용 비행기로 울란바토르에 내려서 몽골 측이 캐시미어 세척비용을 부담한다면 이전의 합의계약은 그대로 남기자고 제안하여서 그것을 승낙했다. 그러나 그와 나의 희망은 결국 실현되지 못하고, 그는 사업계에서 실패하여 이 세상을 떠났다.

몽골의 민족 완구의 생산판매, 관광분야나 금채굴분야에 관한 협력 등 다방면에 대해서 협의를 하여 합의에 이르렀다. 영국을 방문하는 동안은 많은 국무담당 요인(要人)하고도 회담할 수 있었다. 이러한 나의 방문이 성과를 내기 위해서 오치르바루 대사, 대외경제관계 공급성 직원이 큰 임무를 하고 있었다. 오치르바루는 실무가이며 또한 많은 요인들과 우호적인 관계를 가지고 있었다.

영국에서 미국 뉴욕으로 가서 유엔개발계획(UNDP) 제36회 이사회에 출석했다. 대표자에 의한 고위층 회의는 6월 12일부터 14일까지 개최되어 유엔개발계획이 1990년에 실시할 역할에 대해서 협의했다. 이 기간 동안 80개국 18명의 국제기관 대표자가 연설하였다. 나 역시 연설하여, 주로 유엔개발계획의 원조 효율을 향상시키는 것에 대한 견해를 제기하고 유엔개발계획 주재대표의 권한을 보다 더 확대할 것을 강조했다.

이때에도 미국의 요인이나 기업사장과 회견하여 몽골 국내에 필요한 공장을 건설하는 것 등에 대해서 의견을 교환했다. 그 중 한 명이 아미켈 인더스트리즈 잉크사 사장인 보리스 시롬 씨였고 캐시미어·낙타모를 가공하여 직물을 제조하는 공장을 2단계적으로 실시하는 것에 대해서 이야기를 나누고 합의를 보았다. 그 공장은 1995년에 제1단계 조업을 시작해서 준공식에는 나도 참석했다. 런던, 뉴욕에서 행해진 작업의 성과를 정리하여 당 중앙위원회 정부에 제출한 문서가 1989년 7월 7일 각료회의에서 받아들여져서, 대외경제관계 공급성이 제출한 견해를 승낙한다는 제30호 결정이 발의되었다. 이 결정의 제1항에서는 영국기업과 협력하여 석유탐사를 행할 작업팀을 설립한다는 사항이 승인되어 있었다. 이것은 우리나라 역사에 있어서 중요한 의의를 갖는 문서이다.

이 결정의 제2항 이후는 다음과 같다. 몽골 국내에서 플라스틱 용기 제조를 행한다. 몽골 민족 완구 생산에 대해서 영국 측과 협력한다. 인쇄소의 쇄신 및 제지에 관한 기술적·경제적 근거를 정리한다. 맥스웰 씨가 비용부담하여 영국의 비즈니스 학교에 전문가 2명 그리고 문화교류의 일환으로서 전문가 3명을 유학시킨다. 미국 아미켈사와 캐시미어 낙타모 가공공장 설립에 대해서 조사하고 시험공장을 설립한다. 수정란 이식에 의한 산양의 품종개량을 행한다. 캐시미어 산출 증가에 관한 계획을 정리하여 유엔개발계획에 제출한다. 여성 생리용품의 생산공장을 설립한다. 천연자원 매장조사기금에서 원조를 받는 문제에 대해 관계성청과 협력하여 작업을 행한다.

이러한 결정들 중에서는 실현된 것도 있고 실현되지 못한 것도 있으나, 현재까지도 아직 그 의의가 퇴색되지 않은 항목도 있다.

소련에 관한 쇄신정책이나 1980년대의 세계적 조류 등은 세계의 분위기를 완화시키며 바람직한 영향을 미쳤다.

우리들도 '형님' 옆에서 얼굴을 내밀게 되고, 세계도 칭기즈칸의 몽골에 관심을 갖기 시작했다. 이러한 일련의 진전 속에 몽골·일본 양국관계를 포함해도 좋다. 서로 총부리를 들이대고 있었던 양국이 화해할 시기가 20세기에 찾아왔다. 처음에는 국민의 일부가 어떻게 해도 받아들이려 하지 않고, 거리를 둔 채로 있었다. 우리들은 경제관계를 발전시킬 가능성을 조사했다. 나는 양쪽의 조사 그룹의 작업을 조정했다.

몽골 측 견해는 일본에 대한 몽골 유학생과 일본 전문가 육성, 의료기재의 구입, 희소광물의 조사, 철화합물 공장의 건설 등이었다. 몽골·일본 무역 경제관계의 법적 기반은 양국이 정부간 협정에 서명한 것으로써 보증되었다. 아시아의 호랑이가 되는 것을 지향하여 발전을 계속해 온 태국, 유럽 산업발전의 아버지이며 우수한 시장모델이 되고 있는 영국, 세계적 대국인 미국 등이 아시아·유럽제국을 방문하거나, 유엔공업개발기관·유엔개발계획 등의 국제기관의 활동에 참가하거나 해서 견문을 넓힘으로써 더욱더 눈을 크게 뜨고, 귀를 기울여서, 세계 각국 간의 교류가 얼마나 자유롭고, 얼마나 폭넓게 되었는가 하는 것에 감탄하며 자기들이 얼마나 옹색한지에 대해서 초조해지기 시작했다.

대외관계를 개방하고, 개인자산을 의지할 수 있게 하고, 기술을 추구하는 나라가 보다 급속히 발전할 수 있다는 것을 의심할 수는 없다. 고르바초프의 쇄신을 모방하여 경제개혁을 실시하자고 하는 이 시기에, 외교 관계를 고치고 방식을 쇄신하여 효율을 향상시키고, 중앙집권을 해체하고, 유럽 제국과 교류하는 방향으로 구체적인 견해를 작성하고, 전문가에게 협의하게 하여 견해를 듣고, 대중들에게 강연하고, 인터뷰나 문장을 게재한 출판물을 발행하였다. 모든 것이 훌륭하다. 소련의 아낌없는 원조 덕분으로 우리나라는 발전하여, 사회주의의 물자 기자재기지가 건설되고 있다고 표면적으로 선전되고, 건설된 공장이나 건물의 수를 세고 있다.

 그러나 국가경제의 잠재력은 늘지 않고, 대외경제는 불균형하고, 채무고가 팽창하고 있다. 현재는 많은 공장이 적자상태가 되고, 거기에는 거대하고 불편한, 시대에 뒤떨어진 기술이 사용되고 있다는 점 등을 나는 『에코 플라넷』지 기사에서 감추지 않고 말했다. 당시의 소련이 우리나라에 대해 뒤떨어진 기술을 공여하고 있었던 것이 아니라, 소련 및 사회주의제국의 기술이 세계적 과학기술에서 완전히 뒤처져 있던 것이다. 나에게 인터뷰를 한 기자 우라지미르 이오노후는 기사를 잘 적는, 문제를 깊이 이해하여 상대방이 말하기를 꺼려 하는 사항에 관해서도 간접적으로 입을 열게 하는 인물이다. 그 인터뷰는 『우넨』지 1989년 1월 28일자에 번역 전재되었고 그것을 원문대로 본서에 수록하도록 하겠다.

 – 소련과의 협력이 몽골에 어떠한 의의를 갖는가라는, 지금까지 몇 번이고 되풀이된 질문부터 시작해보기로 하겠다.
 정말로 소련의 원조 덕분에 몽골인민공화국은 역사상 단기간에 수세기 뒤떨어진 것을 극복하고, 사회 경제의 테두리 안에서 기본적 개혁을 행했다고 해도 좋다. 이것은 특별히 새로운 견해는 아니다. 현재, 몽골의 총자본 투하의 약 70%를 소련의 기술경제 원조가 차지하고 있고, 또한 몽골인민공화국의 대외무역량의 80% 이상을 소련이 차지하고 있다. 과거 25년 동안 우리나라에서는 소련의 원조에 의해서 국가 국민경제에 700여 건축물이 완성되고, 그 안에는 몽골인민공화국 공업 생산량의 50% 이상에 달하는 생산을 행하고 있는 150개의 생산시설이 포함되어 있다. 1960년 당시의 연간 생산량에 상당하는 생산을 현재 우리들은 2개월 반동안 동안에 행하고 있다.

- 양국 경제협력의 현상은 그렇게 훌륭하고 맑고 상쾌한 것인가.

약간의 구름도 없는 쾌청이라는 현상은 그다지 있을 수 없는 것이다. 우리들은 협력에 있어 대단히 많은 점을 변혁시킬 필요가 있다. 예를 들면, 생산효율, 원료기지, 판매조건, 건설비용의 감가상각 기간이라고 하는 점이 충분히 고려되고 있지 않다. 건물 건설에 관한 기술적 근거나 경제적 근거가 작성되어 있다. 닭 15만 마리를 사육하는 양계장의 건축 비용 변제기간이 200년이라고 한다면 누가 믿겠는가. 소련 측이 그러한 건설 계획을 작성해서 몽골 측도 그것을 승인하고 있다. 새롭게 건설한 공장에 몹시 시대에 뒤떨어진 기계가 설치된 경우도 적지 않았다. 그 하나의 예로서, 작년 조업을 개시한 울란바토르에 세워진 모피 제품 공장의 설비기자재가 1960년대 수준이었다는 것을 들 수 있다. 또 한 가지의 문제는 토송쳉게르에 세워진 목재 가공공장과 같이 거대한 공장의 건설 계획을 소련 측이 제안하고 몽골 측도 그것을 승낙하고 있는 것이다. 만일 그 공장을 완전 조업시킬 경우, 국내 서부의 수목을 불과 몇 년 안에 모두 써버릴 것이다.

– 내가 생각하기로는 소련 측의 계획 입안자가 큰 계획을 입안할 수는 없다. 그들은 모든 것을 러시아의 풍부한 자원으로 계산하는 것에 익숙해져 있다. 몽골 측은 어째서 그러한 공장을 승인해 버리는 것인가. 면밀한 사전조사, 심사를 행하여야만 되는 것이 아닌가.

유감스럽게도, 그러한 조사는 행해지지 않고 있다. 어떤 건물의 건설 결정을 내릴 경우, 우리들은 명확한 견적에 의해서가 아니라, 대부분은 미화된 사고에 빠진다. 소련이 이러한 건물을 세우기 위해 몽골에 차관을 공여할 뿐만 아니라, 복잡한 건물을 자국의 건축 기관의 힘으로 세우는 것에도 문제의 원인이 있다.

– 그렇다면 몽골 측은 공장을 차관으로 사들이고 있는 것과 같다. 이러한 상황이라면 러시아 측의 일부 기관에서는 건축 비용을 늘리자고 생각할 수도 있을 것이다. 장기 차관이든지 저금리 차관이든지 몽골 측은 이자를 붙여서 차관을 변제하지 않으면 안 된다. 그렇다면, 건축물의 효율을 사전에 평가하여, 견적서를 만드는 것이 특히 중요할 것이다.

과연 그렇다고 할 수 있다. 그러나 그것은 러시아어로 말하자면 "용모와 재산을 보고 결혼한다"라고 할 수 있다. 몽골 측에서는 현재에 이르기까지 "애정으로 맺어진 결혼"이었기 때문에, 우선은 소련제라고 하면 무엇이든지 마음속에서 신뢰하며 받아들인다. 두 번째로 서로 참고 견디면서, 잘못된 많은 점을 간과한다는 관습이 정착했다. 이러한 것들 중 두 번째에 대해서는 친구관계에서는 실제로 있을 수 있는 것이다. 그러나 상호이해가 진행하는 동안에 서로가 받아들인 임무의 수행이 필수가 아니게 되어 버리는 사태에 빠져서는 안 된다. 본의는 아니지만 이러한 사례는 많이 들 수 있다.

― 지난번에 나는 소련의 저널리스트 그룹에 참가하면서 몽골·소련 양쪽의 청중 앞에서 의견을 말할 기회를 가지게 되었다. 연설 후에 청중으로부터 회수한 메모지 중에 어떤 이는 "소련은 장기 차관으로 몽골의 목을 조르고 있다"고 기술하고 있었다. 당신은 이 사람에 대해서 어떻게 회답하는가.

그 사람은 국제경제관계, 특히 몽골·소련 양국 간 협력에 대해서 오해를 하고 있는 것 같다. 소련은 몽골 정부의 요망에 응해서 장기차관을 공여하고 있는 것으로서, 그 차관은 몽골인민공화국의 국민경제발전계획의 목표 달성, 특히 수출기지시설의 확장과 강화를 목표로 하고 있다. 우리들은 장래에 공업생산품, 완제품을 국제시장에 수출하는 것을 상정하고 있으나, 현시점에서는 일부 천연 자원을 수출하여 그 이익으로 공장기계, 여러 기자재를 구입하고 있다. 그 메모지에 대한 나의 회답은 이와 같다. 장기차관 채무에 대해서 우리나라는 선진국을 포함한 다른 많은 국가들과 마찬가지로 상당한 채무를 안고 있다. 차관공여는 현대에서는 무역, 경제 협력의 중요한 버팀목의 하나가 되어 있다. 단, 차관의 효율에 관해서는 별도의 문제이다. 중요한 것은 차관에 의해서 얻은 자금을 어디에 투입하는가, 최대한의 이윤을 얻기 위해서 어떻게 이용해야만 하는가라는 문제이다. 현재로서 우리들은 이 문제를 충분히 해결하는 데에는 이르지 못하고 있다는 것이 실정이다.

― 경험이 충분하지 않다는 것인가, 혹은 책임이 불충분하다는 것인가?

물론, 우선 경험이 부족하다. 우리나라의 전문가 개개인이 이윤 계산을 잘 못하고 있다.

— 일전에 몽골인 역사학자 K.자르디한이 『우넹』지에, "우리나라에서는 모든 것을 국제주의, 우호관계에 의지하는 관습이 정착했다. 국가발전에 자기 주도력이 결여하고 있는 것은 대부분 자본 투하, 대외무역의 균형 상실을 형제국의 차관, 원조에서 보충하는 경향에서 볼수 있다."고 쓰여 있다. 당신의 생각도 이와 일치하는가.

그렇다. 우리나라의 경제는 참으로 균형이 결여되어 있다. 그리고 그 불균형을 외국의 자본, 주로 소련의 차관에 의해 메우기를 원하는 기조가 명확하게 나타나고 있다. 그러나 이것은 가장 큰 문제로서, 모든 것이 그렇게 간단하고 일면적인 것은 아니다. 우리나라의 수출량은 매년 증가하고 있지만 몽골·소련 간의 물품 수출입에 대해서는 몽골 측에게는 바라지 않는 불균형도 확대하고 있는 상태이다. 몽골이 수입하는 공업제품의 가격은 항상 상승하고 있지만 수출하는 농목업생산품, 광업생산품 가격은 그대로 놓아둔 상태이기 때문에 큰 격차가 생기고 있는 것이다. 우리들은 불균형을 해소하기 위해서 소련에 새로운 차관을 부탁하고 있다. 이렇게 새로운 가치가 있는 물건을 만들어 내기 위해서가 아니라, 이전의 차관을 변제하기 위해 계속 차관을 받아들이고 있는 것이다.

— 그 격차는 어느 정도인가.

인터뷰를 활자로 할 때에는 기자가 주석을 써서 첨가하는 경우가 있을 것이다. 그렇다면 당신은, 오치르바트가 이러한 질문에 대답할 때 한숨을 쉬며, 슬픈 듯이 미소지으며라고 붙였으면 좋겠다. 기쁘지 않은 진실을 말하면, 채무는 상당한 금액, 너무나도 거액으로 부풀어지고 있다. 이 5년간을 보아도 10억 루블 이상에 이른다. 몽골인민공화국과 소련 사이의 무역에 있어 상품가격은 세계시장에서 같은 종류의 제품의 가격을 근거로 산정된다. 그러나 진실을 있는 그대로 보자면, 소련 제품의 품질, 기자재의 수준이 세계적으로 우수한 제품과 완전히 일치하고 있는 것일까.

- 그렇다면 이번에 당신이 주석을 붙여서 말하는 것을 물어보아도 좋겠는가.
합의가격, 다른 표현을 하자면, 보다 실질적인 제품 가격에 가깝게 가는 것이 좋다는 것이다. 또한 소련의 차관에 의해 몽골에 건설한 건축물의 효율을 구체적으로 평가, 총괄하는 것도 중요하다. 그중에는 기대했던 성과를 못 내고 적자인 채로 남아 있는 건축물도 적지 않다. 이러한 건축물의 문제를 해결한 뒤에 우리들은 차관 채무량을 명확하게 하고 싶다.

- 그렇다면 당신은 국제경제관계 문제에 대해서, '연애결혼' 파의 인물이라는 것이 된다.
사회주의제국에서는 상호존중하고 국제주의자로서의 역할을 명확하게 인식하도록 지원한다. 양쪽 다 평등한 권리를 가진 호혜적 협력을 발전시켜 가야만 한다.

사람의 마음에 고통을 주는 문제 중 하나는 채무이다. 몽골·소련 양국 간의 경제협력으로서 소련에서 공여된 차관의 대부분은, 생산 인프라스트럭처, 비생산 인프라스트럭처, 사회, 문화, 농목업 또한 대외무역의 불균형 및 가격 격차 해소를 위해서 사용되어 왔기 때문에, 이러한 채무를 변제하는 것은 불가능한 것이다. 이러한 채무는 원래 이익을 낳기 위해서가 아니라, 전략적 목적으로 무상원조의 성격을 가지고 있었다.

그 이외의 차관은 경제발전의 재원으로 이윤획득을 위해 자유롭게 사용하고 있는 것이 아니라, 직접적 자본투하 방식으로 특정 시설, 특정 생산품 제조나 분배에 관심을 보이고 있었기 때문에, 차관 채무를 지불하기 위한 축적을 만들어 낼 수 없었다. 엄격한 차관 조건 옆에는 가격 인하라는 위험한 요소가 있었다. 소련에서 구입하는 기계나 기자재 가격은 세계시장가격을 30~40% 웃돌고 있다. 소련에서 수입한 물품의 가격은 과거 10년 동안에 1.8배로 증가했지만 우리나라가 수출한 물품의 가격은 36% 증가했다는 구체적인 수치가 있다. 취약한 경제모델을 가진 몽골과 같은 나라에 있어서 그토록 고액이며 조건이 붙은 차관을 효율적으로 사용한다는 것은 도저히 있을 수 없는 일이다.

이러한 모든 것을 고찰하고, 소련에서 공여된 장기차관의 채무잔액를 조정하기 위해 견해를 정리하여 1989년 1월 20일, 대외경제관계 공급대신 기밀문서 제 N-10호로서, J.바트뭉후 당 중앙위원회 서기장, D.소도노무 각료회의 의장, P.자스라이 계획경제 국가위원회 의장 앞으로 송부했다. 나는 이 문서에서 3가지 문제를 언급했다.

1. 변제능력을 가지고 있지 않은 점을 고려해서 주택, 공공 서비스, 문화, 교육, 보건, 그 외 비생산부문에 공여된 차관, 그리고 대외경제불균형 해소 및 가격격차 해소를 목적으로 공여된 차관을 무상원조라 한다.
2. 농목업 발전을 위해서 공여된 차관은 농목업 생산품의 생산을 증가시켜 국내 수요를 채우는 동시에 소련으로 수출을 증가시킨다는 목적이 있었다. 몽골이 수출하는 농목업생산품의 거의 대부분이 소련으로 수출되고 있었기 때문에 소련의 식량 및 그 이외 물품의 공급을 높이는 점에서 일정한 공헌을 하고 있다. 소련의 기술원조에 의해서 건설된 농목업시설은 비용이 높고 우리나라가 수출하는 제품은 값이 싸기 때문에 대부분의 농목업기관 및 국영농장이 적자가 되어 차관변제능력을 상실하고 있는 것

을 고려하여, 이러한 분야에 공여된 차관을 삭감한다.
3. 현시점에 있어서 몽골·소련 양국 정부 간에는 경제기술협력, 무역에 관한 20여 개의 협정이 발효 중인데, 차관의 미변제잔액 및 이자액 계산을 하는 것은 어려운 상황이다. 이것과 관련하여 모든 채무협정을 재점검하도록 하며, 일부 채무잔액의 삭감, 일부를 무상원조로 하여 채무잔액을 확정하고 그 변제 조건 및 규정에 관해 합의하도록 한다.

이러한 우리 성의 견해를 당 중앙위원회와 정부가 조사하여, 몇 번이고 협의를 거듭한 결과 1989년 9월 30일, 소도노무 각료회의 의장의 서명이 들어간 서간을 N.I.리지코프 소련각료회의 의장 앞으로 송부했다. 이 서간에는 몽골·소련 양국 간의 무역 경제관계에 대한 가격설정 메커니즘을 개혁함과 동시에, 일부 장기차관의 채무잔액을 감액하고 모든 이자를 삭감하며, 남은 채무의 변제기한을 무이자로 장기간 늘릴수 있도록 요망했다.

이전에도 우리나라 지도자들은 이 채무문제를 여러 가지 단계에서 의논하고 있었으나, 차관 채무의 전면적인 조정을 공식적으로 소련 측 정부에 요청한 것은 이 서간이 처음일지도 모른다. 그리고 그 이후, 장기차관의 채무조정에 관한 문제를 되풀이해서 협의하고는 있었으나 구체적인 결정에 이르지는 않았다. 이러한 모든 과제의 근본에는 몽골이 외교, 대외 경제관계의 원칙을 근본적으로 고친다면, 효율을 향상시켜서 채무와 연을 끊을 수 없게 되어 버린다.

경제적 대외활동의 개선, 효율의 향상에 대한 법제 면에 있어서 포괄적 결정의 한 가지는 1989년 11월 3일의 각료회의 제259회 결정이었다. 많은 부서를 두고 긴 과정과 긴 시간을 걸쳐서 날카로운 선단부분이 깎이고 떨어져서 매끈하게는 되었다고 하나, 경제에 관한 대외관계 쇄신의 첫 걸음이 되어, 당시에는 용맹과감한 결정을 포함한 상당히 선진적인 내용이었다. 이 결정은 이하의 내용을 명확하게 하였다. 농목업생산품, 귀금품 및 다른 원료를 총합적으로 가공하여, 양질이면서도 효율적인 제품을 만들어 내는 생산력을 창출한다. 외국시장에 수출하는 상품의 종류와 비축량을 증가시키고 끊임없이 경쟁력을 높여서 수출을 급속하게 늘린다. 이러한 관점에서 생산 과학기술분야에 대한 외국과의 호혜적 협력을 전면적으로 확대한다.

국가 국민경제에서 필요한 원재료, 부품, 기계, 식품, 생활 용품의 국내 생산량을 끊임없이 상승시키는 방책을 실시함과 동시에, 환경오염이 생기지 않는 조건을 충족시키고, 높은 경제 효율을 가져오는 외국의 최첨단기술과 기자재를 도입하고 보급시킨다.

대외무역에 대한 상품가격, 관세를 세계시장가격에 근본을 두어 명확하게 한다. 그것과 관련해서 시장 시가에 관한 조사를 강화한다. 국내의 가격, 관세, 환율을 탄력적인 것으로 하고, 또한 생산시설, 외국기업과의 합작회사에 대해서 수출입 활동을 자립적으로 행하는 권한을 부여한다. 그것과 관련하여 세관검사, 수량등록, 세관에서의 관세 징수 시스템을 개선한다. 외화순익, 수출비축의 증가 정도에 따라 종업원을 보장한다. 이때, 생산능력을 완전히 활용하여 수출 의무를 초과달성했을 경우에는 초과분 순익의 50% 이내를, 새로운 수출생산품을 창안하고 매각했을 경우에는 순익의 70% 이내를, 직접적인 바타무역(barter trade, 구상무역)이나 국경무역, 그외의 방식으로 얻은 외화 순익에 대해 표창한다.

외국의 기업이나 농장, 국제기관과 과학기술, 무역, 은행보험금융, 관광, 서비스 분야에 대한 합작기업, 협동조합, 점포, 지점을 설립하여, 제

3시장에서 협력하여 활동한다. 대외경제협력에 관한 전문적 인재를 육성, 연수를 강화한다.

국제적인 무역 경제기관에 적당한 전문가를 근무시킨다. 국제경제관계를 전공한 자를 외국에 파견해서 배우게 한다. 외국어 연수 강의를 개설한다. 지도자 자격 향상 대학에서 국제경제관계 문제를 연구하는 과목을 개설한다. 외국 및 국제기관에 주재하는 외교대표기관에 그 부임국 및 부임국지역에 관한 경제, 통화금융, 시장시세, 기계기술, 경제관계 방식이나 원칙 등을 조사하는 활동을 시킨다. 그리하여 해당국에 대한 경제·외교 정책 실시에 대해서는 외교대표자의 책임을 높이고, 또한 적극적이고 생산적으로 활동하는 외교대표기관에 대해서 기사(技師)·경제전문가 인재를 강화한다. 이렇게 많은 중요한 원칙을 법제 면에서 정비한 것이다.

제5장
몽골국가

- ⊙ 하늘의 시대가 이미 도래한 것을 알아야만 한다.
- ⊙ 민주화 세력이 등장하고 사회는 변화했다.
- ⊙ 민주동맹 제1회 대회에 참가하는 것을 승인했다.
- ⊙ 1990년 5월 5일의 협의는 민주화 최초의 큰 승리였다.
- ⊙ 몽골국은 역사상의 한 시기에 있어서 러시아, 중국 양대국의 지배하에 있었던 것 이외, 어느 쪽의 자치구역으로 있었던 적은 없었다.
- ⊙ 내가 지휘하여 조직한 작업 중 최대의 것은 몽골국 헌법이다.
- ⊙ 비정부기구는 민주사회의 본질이다.
- ⊙ 칸의 3대 업적, 4대 정치, 6대 민화(民話), 7대 신통(神通), 9대 길조(吉兆)….

"세계가 하나의 가족처럼 되어 평온 안녕하면 나에게도 기쁨이 찾아온다. 주위에는 도리에 어긋나는 칸들이 있다. 그들은 제멋대로 권력을 휘두르고 끊임없이 전쟁을 일으키고 많은 생명체를 몹시 괴롭혀서 인간의 생명 따위는 모래가 바람에 날리는 것과 같이 되었다. 나는 그런 일을 진정시켜서 전 세계에 평화가 오기를 기원한다."

『성 칭기즈칸의 108 가르침』 I.쵸도르

"너는 언제나 내 옆에서 내가 말하는 것을 적도록 하여라. 나는 통일국가라는 법규를 만들어 내기를 기원하고 있다. 그 법규에 의해서 후계자 모두는 나의 행위를 불멸의 본보기로 하지 않으면 안 된다. 500년, 천 년, 만 년 후, 나의 토대를 계승하는 데에 칭기즈칸의 법규에 의거해서 따른다면 "영원한 하늘"이 그들을 비호할 것이다. 만일 이 법규를 따르지 않으면 우리 제국은 사방으로 흩어질 것이다. 그때에 이르러 칭기즈칸의 이름을 외쳐도 칭기즈칸은 존재하지 않는다."

몽골 민족의 위대한 칸이 되어 발한 명령, 『칭기즈의 유훈』

나는 본서의 일부를 내 자신의 회상으로 쓰고 있다. 또한 다른 일부는 몽골국의 전통, 새로운 국가기구에 관한 내 해석이다. 그리고 명예회복 및 종교에 관해서도 언급하지 않을 수 없다. 그 모든 것이 이 시대의 국가의 은혜로 "두루 미치는 행위"인 것이다. 나의 마음은 이 행위에 바쳐진 것이다. 부흥의 견해에 대한 언급은 피해갈 수 없는 화제인 것이다. 그러한 견해에 의하면 몽골 국가, 그 원리에는 부흥의 집대성이 반짝이며 빛을 비추고 있다고 생각한다. 민주주의라는 관념은 미국에서는 200년 정도의 역사가 되지만, 몽골국의 역사에 있어서도 그 성질은 상당히 이전부터 가는 흐름으로 존재했다.

그 후 1960년에 인도적 민주주의 사회를 건설한다는 사회주의적 정치체제가 선언되었다. 선거권, 피선거권을 시작으로 하여 교육이나 노동이라는 수많은 인권이 법제화되었다. 그렇다면 그 당시의 민주화와 지금의 민주화가 어떻게 다른지 말하지 않을 수 없다. 몽골국 발전의 개념이다.

이러한 모든 것들을 나는 본서에 수록했다. 나는 여기에서 몽골의 국가적 전통과 그 발전, 신시대의 국가에 대해서 이야기해 보기로 한다.

일반적으로 그 국가가 어떤지는 국가정책에 의해서 크게 작용된다. 어떤 국가에서도 스스로의 '나이'가 숙명으로 주어져 있으며 어떻게 지혜를 짜고, 나라를 이끌어가는가가 쇠퇴나 멸망에 관계된 것이다.

인류는 수많은 국가를 만들어 왔다. 그러나 국가가 교체되어도 그것에 의해서 문명의 발전이 교체된 적은 없었다. 유목 문명이 2,000년에 걸쳐 존속하고 있는 것이 그 증거이다. 그러나 그동안 국가조직, 행정형태는 여러 가지로 변화해 왔다. 사회조직의 면에서 보면 노예, 지배자, 봉건영주, 자본가, 사회주의라고 하는 특정 계급의 권익을 남에게 떠맡기는 국가적 강제의 형식이 있는 통치가 대세를 차지하고 있었다.

2,000여 년의 전통을 가진 몽골국의 정치체제는 지금까지 기본적으로 3개의 정치체제를 쌓아 왔다. 우선 첫 번째로, 기원전 203년 이후의 흉노국가로 시작하여 칭기즈칸 제국에 이어져 청조국가를 지나서 보구도 칸 정부로 끝나기까지 2,000년 정도의 군주지배 역사이다. 두 번째는 1924년에서 1990년까지 인민공화국이라는 형태로 60여 년 존속한 사회주의 국가이고, 세 번째로 1990년 5월에 채택된 헌법개정조문과 1992년 2월 12일에 실행된 몽골국 신헌법에 의해 설립된 의회 공화제 및 일정한 전권의 범위에서 의회 및 정부에 영향력을 행사하는 것이 가능한, 비교적 힘이 있는 대통령을 가진 민주적 국가기구이다.

자료에 의하면 훼르토의 민(유목민)은 강대한 주군 테무진의 지배하에서 정착하였다. 1206년, 오농 강의 부근에서 왕후(王侯)들이 모여서 집회를 열었다. 그 집회에서 몽골 민족 통일국가를 건설하여 테무진을 위세 높고 성스러운 칸으로 추대하여 칭기즈칸이라는 칭호를 내리고 하얀 군기를 올리는 의식을 행했다. 기원전 3세기부터 시작된 통일국가건설을 향한 엄청난 투쟁은 약 1,400년 동안 계속 심화되어 마침내 칭기즈칸의 시대에 전 몽골 규모로 달성되어 그 성과를 정치적으로 확립했다. 그것이 위에서 말한 의식이었다. 칭기즈칸은 이렇게 해서 탄생했다.

칸이라는 칭호는 몽골인이 창출한 것인지, 혹은 그 이전부터 존재하고 있었는지에 대한 문제가 나온다. 이 점에 대해 역사를 읽어보면, 이 말은 신화에서 등장하고 있다. 일반적으로 신화적 역사라는 것은 현실을 예술양식으로 남긴 것이다. 그 신화를 여기서 들어보기로 한다.

> 수미산과 유해(수무도 강)가 있는 자무바데부라는 세계에 어떤 특수한 생명체들이 태어났다. 너른 공간을 뛰어다니면서 여러 가지를 먹고 있었는데 그러는 중에 야채, 곡물을 양식으로 하게 되었다고 한다. 처음에는 자기가 필요한 만큼 모아서 먹고 있었지만 남기게 되자, 조금이라도 남겨서 보존하게 되었고, 논밭을 여기는 내 것, 저기는 네 것이라고 분할해서 소유하는 습관이 정착했다. 이 무렵부터 절도, 사기, 약탈이라는 악행이 생겨났다. 이 때문에 어느날, 그 생명체들이 모여서 그들 중에서 가장 훌륭한 마음을 가지며 순수하고 정직한 자를 한 명, 자기들의 주군으로서 선출하여 그 자에게 선을 찬양하고 악을 징계하는 권한, 선행을 포상하고 악행을 질책하는 권한을 부여하고 모아둔 곡물의 6할을 진상하기로 정했다. 그를 마하사마디, 즉 "대중에 의해서 추대된 칸"이라고 이름을 붙였다. 지금이라면 "국민의 대다수에 의해서 추대되었다"라는 의미이다.

신화에서 진술한 바와 같이 세상의 국가통치에 관한 4개의 기본원리를 인도의 마하사마디 칸이 창출하여, 그것을 칭기즈칸이 몽골에서 최초로 시행했다고 말할 수 있을 것이다.

Ch.주구데르 박사는 고대국가 이래 전통 위에 확립한 새로운 통일국가는 어떻든 간에 혈연적 씨족, 부족을 집합시킨 무한의 권한을 가진 군주국가였다고 결론짓고 있다. 테무진은 전 몽골의 칸에 추대되었을 때 몽골민족의 81부족을 통합했다. 이렇게 하여, 테무진 시대에 전 몽골을 통일한 몽골 중앙국가가 건설된 것이다.

쥬규데르 박사는 또한 그가 칸에 즉위했을 때, 면밀하게 계획된 다수의 저항이나 음모 등의 반대투쟁과 난관을 극복한 것에 대해서 저작물에 기술하고 있다. 칭기즈 제국은 강대한 국가였다. 어떤 면에서 강대했는가 하면, 법령을 가지고 민주적 성격을 갖춘 통일국가였다는 점에 관해서이다. 그랬기 때문에 전쟁하고 복종시켜서 위세를 빛낼 수 있었던 것이다. 많은 국가의 연구자가 칭기즈칸에 대해서 다양한 해석과 평가를 하고 있다. 그러나 칭기즈칸 스스로가 진술한 것이 그가 어떠한 인물이었는가를 명확하게 하는 하나의 증명, 그를 이해하는 데 도움이 되기 때문에 그 말을 본 장 첫머리에 인용했다. 또한 칭기즈칸 탄생 830주년 기념에 임해서 위대한 군주 칭기즈칸의 국가정책, 역사적 공적에 대해 내가 강조해서 진술한 말을 본서에 기술했다.

그 후 몽골 통일국가는 분열되고, 국가의 독립은 몇 번이나 어려운 상황에 빠지고, 국가의 황금 계보가 끊어지기에 이르렀다. 1206년 이후 790년이 경과하고, 그동안에 몽골국이 존재를 확립하여 국가의 독립을 잃지 않도록 전략적으로 투쟁해 온 것은 1691년, 1911년, 1922년, 1990년의 사건이 증명하고 있다. 예를 들면, 몽골 여러 부족의 가장 위험한 적이라고 했던 여진족이 이전에 세웠던 금(金) 나라의 기반 위에 나타나서, 세력을 늘린 만주족에게 뜻하지 않게 지배되는 위험에 처하자 따라들어가서 국토, 민중, 재산을 완전하게 계속 유지했던 교묘한 국가적 지혜를 가졌다. 이렇게 해서 한나라를 다른 나라와 비교하여, 한쪽에 종속하여(지배되지는 않았다), 청조에 의해서 중국의 위험으로부터 200년간 보호될 수 있었던 것을 배신의 행위라고 보는 것은 어느 정도의 근거가 있는 것일까.

그 당시부터 현재에 이르기까지 정교(政敎)라는 지성은 가는 흐름으로 이어지고 있다. 광대한 토지를 가진 몽골국이 어쨌든 독립을 유지한 것은 예리한 도검, 정예한 군대에도 지지 않을 정도의 강력한 국가정책과 관련된다고, 나 개인적으로 생각한다. 국가정책은 1691년의 도롱노르 회합에서 1891년까지 200년에 걸쳐서 준수된 "봉금(封禁)"규정을 반영한 것이다. 그 법규에는 한인을 몽골 역내에 들여보내서 금광이나 농지를 차지하는 등 몽골인을 억압, 착취하는 권한을 주지 않는다고 나타낸 조항이 있었다. 몽골인이 청조황제에게 충성을 맹세하고 스스로 그 비호 밑에 들어간 것은 결코 배신자 행위, 매국행위가 아니다.

그렇지 않다면 지금의 몽골은 어떻게 되었을까. 몽골인이 청조에 종속하고 18년 후, '할하(Khalkha) 법전'이라는 몽골법령을 제정하여 1709년 5월 28일, 이베르 강 부근에서 투세토 칸을 시작으로 하는 모든 왕후(王侯)가 협의했다. 청조황제의 비호 밑에 있었던 몽골국이 스스로의 법률을 약 100년 준수했던 것은 강희제에게 "새롭게 종속한 할하 사람들은 그들 스스로 법규에 따르게 하도록 하라"는 칙지(勅旨)가 발포된 것이나, 청조가 이반원칙례(理藩院則例)를 제정하여, 그것에 의해서 심판받게 된 이후도 그때처럼 '할하 법전'을 준수하고 있었던 점에서 알 수 있다.

이것은 '샤비아문법(衙門法)' 안에 "아이막, 호쇼에서 발생한 사건을 모두 몽골법령에 따라서 심판해야 한다."라고 기술한 점에서도 증명된다.

"스스로의 법규를 가지고 다른 사원을 방문하지 않는다"고 한다. 몽골국은 청조의 비호 밑에서 '할하 법전'을 가지고 있었다. 이것은 이 나라가 독립을 잃고 청조 지배 밑에 들어간 것은 아니라는 것을 증명하는 커다란 근거가 되는 것이 아닐까. 상징적인 군주나 지배라고 하는 것은 당시뿐만 아니라 지금도 존재한다. 오스트레일리아의 원수는 영국 여왕 엘리자베스 2세이다. 그렇다고 해서, 오스트레일리아를 독립국가로 보지않는 사람은 세계에서 아무도 없다. 유엔 가맹국인 것이다.

20세기 초, 중국은 정책을 전환하여 청조시대에 합의했던 많은 금령에서 벗어나, 몽골지역에도 한인이 들어가서 개간하고, 농경을 하고, 우리들의 신앙에 저촉하는 양상을 보이면서 지배하는 자세를 보이기 시작했기 때문에 몽골인은 저항, 투쟁하여 1911년에 청조지배에서 벗어나 국가독립을 선언하고 스스로의 칸을 추대했다. 보구도 칸(Bogda Khan) 국가들은 이렇게 해서 수립되었다.

몽골 독립에 망설이고, 중국 측을 지지하는 몽골의 일부 지역, 예를 들면 사원회 대표에서 나온 13항목의 질문에 대해서 몽골정부는 다음과 같이 회답했다고 N.마쿠사르쟈부의 저서 『신몽골국사』에 기술되어 있다. "몽골국가 수립에 관해서, 이전보다 훈련을 받은 군대를 한 부대도 가지지 않고, 영토를 약탈해서 정착해 있던 수백 개의 정예의 무기를 갖춘 군대를 가진 청조 쿠론 변사대신(弁事大臣) 상도를 겁먹지 않고 추방했고, 그것에 대해서 한마디도 반대하지 않고 퇴거시킨 것은 확실히 방술(方術)을 가진 성인의 은혜임이 틀림없다. 드디어 하늘의 시대가 도래한 것을 알아야만 한다."

신몽골국사에 쓰여진 내용을 또 한 군데 인용하면, "공대(共戴) 4년, 캬후타에서 중화민국, 몽골, 러시아 삼국 간의 협정을 체결하기 위해 협의가 열렸을 때, 전 몽골씨족이 분산하는 일이 없도록 몽골정부가 발한 보구도 칸의 칙지에는 "고승이 항상 삼보에 귀의하여, 네 개의 불가해(不可解)를 가능한 숙고하는 중에, 하늘의 때에 임해, 신해(辛亥)의 해(1911)에 대국 중에서 많은 지역이 모두 독립한 기회로, 할하의 많은 왕후(王侯) 및 승려는 상황을 이해하고, 많은 몽골씨족을 어떻게 계몽하면 되는지를 명확하게 가르칠 것을 청하고 있다. 우리들이나 많은 몽골씨족이 외부의 권한에 의해서 잔인하게 억압되어 있었으나 괴로움에서 벗어나, 모두가 단결하여 국가와 불도를 강화하고 보급할 때가 왔다 … 이 좋은 기회를 놓치면, 후회해도 소용없다"라고 말씀하셨다.

보구도 칸(제부층당바 호토쿠토 8세)은 독립국가의 왕좌에 추대되어 임기 3년간은 제한된 범위 내의 권한을 행사하고 있었다. 이러한 좋은 기회를 놓치면 후회해도 소용없다고 국가 정책의 지침을 나타낸 이 칸에 관해서는 민주화 이전에는 바르게 서술되어 있지 않았기 때문에 일부 세대의 마음에 어두운 그림자를 드리우고 있다. 1924년 이후 보구도 칸의 몽골 독립에 대해서 맡은 역할을 헐뜯고, 역사를 왜곡하고, 비방하는 움직임이 있었다.

몽골독립에 대해서 보구도 칸이 맡은 역할에 대해서는 N.마쿠사르쟈부가 남긴 『신몽골국사』, L.쟈무수랑의 저서 『몽골부흥의 단서』, 1922년에 정부공문서관이 출판한 『몽골국 자치정부 당시의 진실 사건 및 중요 사항을 기술한 개설이라는 역사문서』 등, 역사를 왜곡하고 있지 않은 원서에서 알 수가 있다.

바다무도르지 수상을 비롯하여 중국 측 사람들이 몽골독립을 막고 중국의 보호 밑에 들어갈 것을 보구도 칸에게 진언하자 보구도는 "우리들은 이대로 이렇게 살아도 별로 문제되지 않겠지요", "내가 칸으로 즉위한 것은 많은 몽골인의 희망을 충족시키고 모든 몽골인의 안녕과 행복을 위해서이다. 내 자신의 기쁨 때문이 아니다. 나에게는 칸이 되었다고 해서 번잡함이 늘어난 것 이외에는 아무것도 없고, 나는 칸이라는 공허한 이름을 좋아하는 사람은 아니다. 나는 사색 이외의 도움은 필요로 하지 않는다."라고 스스로의 입장을 일관되게 표명한 증거를 L.쟈무수랑은 기술하고 있다.

1895년 보구도 게겡(보구도 칸)은 이후샤비(제부층당바 직속의 목축민)의 다라마 바다무도르지를 비밀리에 러시아로 보내 러시아 황제와 알현시켜서 몽골을 청조 지배에서 빠져나와 독립국가로 하기 위해서 청국과의 사이를 중재해주기를 원했다. 그 후 1911년 7월에 행하여진 몽골 왕후(王侯) 및 고승의 정기적 회합에서 중국의 신정책에 대해서 협의할 때, 친왕 한 도도르지들이 러시아의 조력을 얻어서 청초에서 독립할 의견을 표명하자, 그것은 다른 출석자에게서도 지지되어, 러시아와 협의한 대표자를 페테르부르크(Peterburg)에 파견하여, 바람직한 회답을 얻어서 귀국하는지 어떤지, 보구도 게겡차쿠노로부는 기술하고 있다.

공대 4년, 보구도 칸이 몽골정부를 통해서 발한 명령 중에서 "어떤 일이라도 시작하는 것은 용이하지만 끝내는 것은 힘들다고 한다. 특히 새 국가를 건설하는 것은 결코 용이하지는 않다. 그렇다고 해도 진실한 용기와 장기적 정책을 갖는다면 달성하지 못할 것이 하나도 없다."고 한 것은 우리나라에 대해서 성심을 품고 있었다는 증명이다.

당시 후레에서 살고 있었던 러시아 영사 W.류바는 보구도 게겡과 몽골을 청조에서 분리시키는 투쟁을 "선구자적 인물로서, 생각하지도 못했던 일을 달성했다."고 높이 평가했다. 데로와 호도쿠토 쟈무수랑쟈부는 회상록에서 보구도 칸은 매우 유능한 정치사상가라고 기술했다고 한다.

혁명전야의 국가의 양상을 눈여겨보면 칸이 있었고, 상하 양 의회를 설치한 정당한 기구를 가진 것처럼 보이지만, 내부에는 심한 대립을 포함한 대단히 취약한 국가였다는 것을 지금은 알 수가 있다. 당시는 몽골독립을 이루지 못할 가능성이 컸다.

1914년부터 1918년에 걸쳐 제1차 세계대전이 발발하고, 러시아에서는 10월 혁명으로 인민투쟁이 있었으며 또한 중국에서는 손문, 원세개의 다툼이 가까스로 종결되어, 몽골 내부에서는 이후샤비 아이막을 둘러싼 지배권 탈환의 대립·투쟁이 격화하였고, 국내외는 어렵고 불안정한 상황이었다. 이 시기에 일부 대신이나 권력자들이 음모를 꾸미고 몽골독립을 제지하려고 한 것에 대한 자료를 다음에서 인용하기로 한다.

"몽골의 군무 대신으로 사잉노용한 아이막의 장군 에루데네왕쟈미앙도루지, 부대신인 투세토한 아이막의 장군 베이주 소노무도르지, 외무대신 히쳉구이 베이수 체렝도르지, 부대신으로 자사쿠토한 아이막의 아치토 친왕 공치쿠당바, 사잉노용한 아이막의 이토게무지토 베이주 쵸크트오치르, 내무성 부대신으로 투세토한 아이막 장의 다르한 왕 풍차쿠체렝들의 왕후(王侯)가 함께 의견을 모았다. 몽골국을 신뢰하며 지원해주는 우호국은 이미 없어졌다. 또 국내에서도 이후샤비 아이막의 교활한 말뿐인 승려들만이 국가의 전권을 장악하여 행정규정을 짓밟으며 압박하였다.

수도에 거주하고 있었던 중화민국 몽골 도호사인 진의(陳毅)와 극비회담을 하여 몽골국의 자치권을 빼앗아서 중화민국에 종속할 것 단, 보구도 칸 및 많은 아이막, 호쇼의 왕후(王侯)의 직위·관위·권익은 전부 종래대로 할 것, 또한 수도 쿠론, 우리야수타이, 호브도, 캬후타, 탕누 오리앙하이에 각각 동등한 권한을 갖는 중국, 몽골의 대신을 각 한 명씩 임명하여 현지에 파견하여 거주시켜서 종속하의 몽골 영역을 공동으로 통치할 것 등의 권한에 대한 65항목에 대한 협정을 정하고 … 계획하여 파견한 결과, 중화민국 정부는 크게 만족해하며 그것을 승낙하고 즉시 채택하여, 중화민국 서북변방군 총사령 서수정과 함께 파견했다."

우리나라의 일부 고관에 의한 단락적 사고의 결과인 이 협정문서는 끊임없이 우리나라의 영토를 노리고 있었던 남쪽의 이웃나라에게는 좋은 기회가 되어, 자국 내에서는 어떠한 국가가 수립될지도 모르는 채 다툼을 계속하고 있었으나, 이렇게 해서 외부지역에 군대를 보냈다.

몽골국의 보구도 칸, 그 외의 많은 대신, 승려, 왕후(王侯), 관리에서 일반 인민에 이르기까지, 상황이 좋지 못한 것을 알고 보구도 칸 국의 상·하 양 의회를 소집하여 대응책을 협의했다. 하부의회의 문서에 의하면 군대의 수많은 지휘관은 모두 "어떻게 해서라도 우리나라의 정권을 지키고, 중화민국에게 종속해서는 안 된다. 그러나 국내에서 아이막, 샤비라고 하는 두 개의 계급으로 구분되어 극단으로 손해를 주고, 착취하고, 즐기고, 괴로워하는 등의 불공평한 악습을 완전히 일소하여, 온갖 행위를 개선시키고 함께 마음과 힘을 하나로 합쳐서 고락를 공유하고 전력으로 중화민국에 대항하자, 또한 그들이 정한 협정이 한도를 넘어서 부당하게 제압하고 지배하기에 이른 이 상황을 분명하게 해서, 세계 각국에 전보를 발하여 공표하고 옹호를 요구하자고 했다.

그러나 그때에 상부의회 대신이나 왕후(王侯)는 "우리들의 대계획은 이미 중화민국에 종속하여 통치를 받도록 결정했다. 또한 그 나라의 대군은 이미 우리나라 수도에 도착했고, 지금 모든 것을 변경하여 투쟁하거나 전력을 다해 저항하는 만행 등은 어디에서도 찾아볼 수 없다"고 말하며, 어리석게도 복종하는 것을 승낙했다.

　당시 진의(陳毅) 몽골 도호사와 서수정 서북변방군 총사령은 몽골을 복종시켜서 통치하려는 공적을 다투고 있었고, 서수정은 군사력으로 진의나 그의 부하의 관리, 그의 가족을 관청 내에 감금하고 즉시 병사를 시켜 보구도 궁전 및 바다무도르지 수상의 집을 둘러쌌다. 그리고 서수정은 "바다무도르지 수상과 회견하여, '예전에 에르데네 왕 쟈미양도르지 군무대신이 중화민국 몽골 도호사 진의와 이야기를 나눈 60여 개 조의 협정을 무효로 하며, 단지 서수정 서북 변방군총사령이 내린 지시만을 준수하고, 몽골국은 자치권을 스스로 나서서 포기하고 이미 중화민국의 지배하에 들어가서 영원히 통치되기를 원한다.'라는 문구를 포함한 문서를 작성하여 건네주며, 이것을 그대로 … 실행하여라" 하고 강제적으로 요구했다.

　바다무도르지 수상은 그것을 받아들이고, 서수정 총사령과 함께 "친목을 맺고, 매일 밤 얼굴을 보이고, 이 일의 실시 방법을 협의하여 정하고, 또 보구도 칸 및 정부의 많은 대신이 중화민국군의 위력을 더욱 과장하여 말해서 공포를 느끼도록 억압하고 초조하게 만들어 본 건(件)을 강제적으로 받아들이게 해서, 준비해둔 원본을 즉석에서 쓰게 하여, 정부의 많은 성의 인을 찍어 양력 1919년, 중화민국 책력 8년, 몽골 책력 9년 11월 1일, 몽골국 자치권을 가진 정부를 폐지시키고 많은 성을 폐쇄하고 재무, 병기, 식량을 전부 중화민국의 관리나 군대에 이관하여, 중화민국 대총통이 보구도 칸에게 증여한 인새, 칭호 등을 예의상 받아들이도록 하여 몽골의 아이막 전체를 중화민국에게 종속케 하는, 아이막 예속민으로 통치한다"라는 역사를 남겼다.

　이렇게 해서 독립국가는 종속된 국가로 변했다. 국가의 버팀목이어야

하는 고관 스스로의 과오, 명예욕, 출세 등을 채우려고 하는 편협한 정책이 자주 국가를 상실시키는 결과를 초래했다. 고관의 힘이 약해졌을 때 초래된 종속에 대한 뜻을 청조, 중화민국 양방의 나라와의 사례에서 비교해 볼 때, 과오와 위험성 두 가지 의미는 크게 달라진다.

　1912년 10월 21일에 조인하여 수교한 몽골·러시아 양국 우호협정에는 "몽골국 전체가 이전부터 확립해 온 자국의 규범이나 법규를 상실하지 않고 준수할 것을 원하고, 중화민국의 군대 및 권력자를 몽골의 땅에서 퇴거시켜서 제부층당바 호토쿠토를 몽골국의 칸으로서 추대한 것으로 인하여 몽골, 중화민국 두 나라 간의 예전의 관계는 이미 끊어졌다. 또한 러시아와 몽골은 예전부터 우호적이며, 현재 양국 간의 통상관계를 추진하고 명확하게 표명하는 것이 중요하다."고 강조되었으며, 성 보구도의 명령에 의해서 사잉노용한 나무냥수렝, 승려인 친왕체렝치메도, 외무대신 에르데네다라이 다이칭왕 한도도르지, 군무대신 에르데네다라이 친왕공보수렝, 재무대신 투세토 친왕차쿠다르쟈부, 사법대신 나무수라이가 러시아제국 정부에서 파견된 전권대표 이왕 코로수토베쓰 정5등관과 협의하여 결정했다. 그 제1조에는 '러시아제국 정부가 몽골국을 지원할 때, 독립 및 자치의 원칙, 스스로의 행정지역에 중화민국의 군대를 넣지 않고, 자국의 군대를 설치할 권리를 준수할 것을 모두 지원한다'라고 하여 러시아는 인정한 것이었다.

　중화민국 정부는 이 우호협정을 비난하며 '격노'하고 있었으나, 지혜를 써서 1년 후인 1913년 10월 23일, 러시아·중화민국 간에 비밀회담을 열어서, 중화민국은 러시아가 외몽골을 일정범위 내에서 영유하는 것을 승낙하고 조인하였다. 그러나 그 무렵, 우리나라의 위정자들은 그것을 알고 1915년 5월 25일, 캬후타에서 몽골의 자치권을 승인한 삼국협정을 체결했다. 자치라고 하는 말이 어디서 나왔는지는 흥미롭다. 1915년의 삼국협정 제2조에는 '외몽골에 대한 중화민국의 종주권을 인정한다'라고 기술되어 있다.

종주권과 자치권은 각각 다른 관념이다. 브리태니커 백과사전에 의하면, 종주권이란 중세의 봉건영주와 농노의 관계를 나타낸 것으로서, 상술한 협정을 체결한 당시는 국제적인 불평등관계를 가리키는 것이었다. 즉, 강대국을 '종주국,' 종속하는 국가를 '종속국'이라고 한다고 적고 있다.

미국의 저명한 법률가 오펜하우어는 종주권을 국제적 비호와 동일한 것이라고 생각했다. 결국 몽골은 어느 짧은 기간, 러시아와 중화민국 양국에 종속되어 있었고, 어느 쪽의 자치구역은 아니었다. 예를 들자면 1913년 10월 23일, 북경에서 중화민국과 러시아의 비밀회담이 열리고 중화민국의 종주권이라는 범위 내의 권리를 러시아는 승인하고 있다. 자치권이라는 말은 사전에서는 어떤 나라를 구성하는 그 영토의 일부가 되어 그 범위 내에 있으나, 지배하는 권리는 한정된 지역·국가를 가리킨다고 기술되어 있다.

최근에는 자치권을 어느 나라의 일부에 포함되어 있는 폭넓은 범위 내에서 스스로 통치하는 권리를 갖는 국가나 기본구조를 가리킨다. 대부분은 언어문화, 경제적 생활의 특수성을 갖는 민족이 모인 땅에 건설된다고 『정치학백과사전』에 명기되어 있다. 종주권은 독립한 나라의 관계를 정의하는 것으로서, 자치권은 어느 국가 내부에서 주체의 독특한 권리관계를 정의한 것이다.

이것에 이어서 1915년 협정의 종주권을 우리나라가 인정한 것에 기반을 두어 생각해 보면, 몽골국은 타국의 비호·종속상태에 들어가게 됨으로써 국가의 완전한 상태에서 일탈하게 되었다. 그러나, 주권을 보호받는 것만으로 비록 자유를 상실하고, 타국의 일부로서 흡수된 것이긴 하지만 몽골 국가가 소멸된 것은 아니었다. 러시아는 몽골의 독립을 지키기 위해서 1912년, 1921년, 1936년, 1939년, 1945년, 1949년, 1950년, 1954년, 1956년에 지속적으로 지원하고 있었으나, 대국답지 못한 사례도 있었다. 강한 것에는 약하고, 약한 것에는 강하게 나간다는 것이 1913년, 1925년, 1924년의 경우에서 볼 수 있겠다. 그것은 다툼이 생길 우려가 있는 시대를 극복하는 외교 수완이었다고 설명되어 있다.

역사의 페이지에 기술되지 않은 것은 없었을까. 1924년, 사회주의를 선언한 소련이 중국과 체결한 협정에서 '외몽골이 중국의 일부임을 소비에트 연방은 승인하고, 중국의 전권을 존중한다'라고 기술한 것이 있다. 인민혁명이 승리하고 역사의 적지 않은 파도를 헤쳐나간 21년의 역사를 가진 몽골인민공화국의 독립을 승인하는지 어떤지에 대해서는 미국, 영국, 중화민국이 1945년에 회담을 한 것이 아무리 수상쩍은 것이라고 하여도, 역사적 사실인 것이다. 그러나 항일전쟁이 일어나고 그 전쟁에서 일본이 질 경우, 몽골의 독립을 승인하는 문제에 대해서 이야기해도 좋다고 하는 것이었다.

그것뿐만 아니라, 중화민국은 일본이 져서, 전 몽골인민에 의한 투표로 자국의 독립을 증명하면, 독립을 승인하겠다고 확약했었다. 1945년 8월 9일 소련이 일본에게 선전포고하고, 1945년 9월 2일 일본은 항복하겠다고 조약에 서명했다. 그 후 국가독립의 문제에 대해서 전 국민의 견해를 묻는 작업을 실행하는 소회의 의장들의 결의가 발의되고 1개월이 안 되어서 이 중대한 일이 실시되었다. 투표할 때 국민당 정부의 내무성 부대신을 단장으로 하는 공식대표단이 울란바토르를 방문하여, 시내의 몇군데의 지구에 가서 몽골인이 국가의 독립을 위해 일치단결한 희망을 품고 있는 것을 보고 돌아갔다고 한다.

1946년 2월 6일, 중앙위원회 부의장인 Ch.수렝쟈브 부수상을 단장으로 하는 대표단이, 투표결과를 국민당 정부에 전하기 위해서 중경(重慶)으로 갔다. 중화민국 측은 몽골대표단을 정중하게 환영하였고 소련대사관도 친근감을 가지고 맞이하며 인사를 나누고 식사를 대접했다고 M.S.카페스는 기록하고 있다. 1946년 2월 13일, 몽골인민공화국과 중화민국 간에 국교를 수립하는 의정서에 서명하였다. 그래도 1924년에 러시아와 중국 간에 주고받은 조약이 그 후 1950년에 이르기까지 파기되지 않았다는 예가 있다.

인류의 역사에는 어리석은 행위, 위험한 행위, 현명한 행위 등 여러 가지 일들이 반복되고 있지만, 그 중 한 가지가 이것일 것이다. 그러나 몽골인은 독립을 몇 번이고 증명하여, 혼란한 세계의 틈바구니에서 표범 무리의 가운데에 있는 오직 한 사람과 같이, 지혜롭게 처신하고 있었다는 것을 후세의 사람들은 배우게 되었다.

1917년 러시아에서 10월 혁명이 승리하고 제정이 붕괴함으로써 1915년의 3국협정의 주체인 한 나라가 없어지고, 1921년에 몽골인민혁명의 승리에 의해서 조약 그 주체가 변경되어 그 조약은 국제규정에 의해서 자동적으로 실효되었다. 또한 그 당시, 중국에서는 혁명정당이 북경정부를 무너뜨리고 나라를 쇄신하는 커다란 사건이 일어났으나, 이 틈에 1920년 겨울, 몽골군은 바롱 웅게룽군과 협력하여 중화민국군을 추방하고, 국가가 혼란에 빠져 있는 사이에 몽골인민당이 결성되어 애국주의의 청년들이 독립을 위해서 무기를 들고 일어섰던 것이다.

D.수후바토르가 지휘하는 군대가 수도에 들어섰을 때, 환호하는 인민

이나 그들을 지지하여 분발하고 있었던 보구도 게겡의 지지자도 있었다. 이렇게 해서 1921년에 인민혁명이 승리했다. 이 혁명의 특징이 무엇인지를 말하자면, 우리나라에서 최초로 정당이라는 것이 결성되어, 그것이 정치의 새로운 현상이 된 것이었다. 몽골의 정당 결성 75주년 기념에 있어 정당의 탄생과 그 발전에 관한 나의 견해를, 인민혁명당 및 다른 정당의 당원이나 지지자 앞으로 송부했었다. 그 내용을 여기에 인용하도록 한다.

몽골민족독립의 위기에 직면해 어려운 때에, 당장, 보도, 수후바토르 등 용기 있는 애국자들이 처음으로 결성한 정당인 몽골인민당 제1회 대회가 소집된 1921년 3월 1일을, 우리들은 정당의 기념일로서 매년 축하하는 전통을 가지고 있는데, 올해는 그 75주년에 해당한다. 이 역사적 사건을 현재의 시점에서 되돌아 보면, 국가의 발전이론이 집대성된 정당이 처음으로 생겨서 조국의 독립을 지키고, 오늘날의 민주화, 복수정당제를 낳는 기반을 마련했다는 점에서 높이 평가할 만한 역사적 공적인 것이다. 당시 몽골인민당이 다양한 정치적 견해를 가진 사람들을 통합하여, 당초보다 다원적인 견해와 활동의 특색을 인정한 민주적 조직이었다는 것은 많은 자료가 증명해주고 있다.

안타깝게도 1924년 이후는 외국세력의 영향에 의해서 극우 보리시비키당의 요소를 지니고, 당명을 인민혁명당이라고 변경하여, 일당 독재체제를 확립하여 많은 창설자들을 숙청했다. 그 이후 몽골은 한층 더 어려운 길을 걷게 되었다. 그래도 이 길을 걸어가면서 교육, 문화예술, 보건 등의 사회적 분야에 있어서 커다란 성과를 거두고, 그것은 독립국가 몽골국의 오늘날의 발전에 있어서 중요한 기반이 되고 있다.

1990년의 민주화 혁명에 의해서 몽골에는 많은 정당이 새롭게 탄생하고,

인민혁명당의 지도와 공산주의 사상을 거부하고 민주화의 가치관을 받아들이게 되었다. 몽골이 오늘날의 혁명쇄신의 조건을 정비하고, 익숙해진 종래의 사상을 변혁할 때, 인민혁명당이나 그 지도 밑에 있었던 당간부, 연배자, 그들 다음의 신세대가 많은 역할을 수행했다. 국회에 의석을 갖는 인민혁명당, 민족민주당, 사회민주당이 사회민주화의 활동에 기여한 것을 우리나라의 국민은 정당하게 평가하고 있었으며, 그것은 기쁜 일이다. 조국 몽골을 위해서 일치단결하여 최초의 정당을 결성하고 민족의 자유·번영을 위해서 투쟁한 선인들의 업적을, 오늘날의 정당은 명예로서 계승하고, 몽골국의 독립과 발전을 위해 더욱더 단결을 강화하여 마음을 하나로 합쳐서 활동하는 것이 가능하다고, 몽골국 대통령은 확신하고 있다. 민주화 체제의 버팀목이 된 정당결성 75주년에 임해서 인민혁명당, 민족민주당, 사회민주당의 각 당원 및 그 지지자, 그리고 모든 정당세력에 축사를 올리며, 헌법의 이념을 바탕으로 단결하여 국가의 권익, 관심, 통일을 존중하고 조국을 단기간 내에 인도적, 민주적 사회로 발전시키는 위대한 활동이 성과를 거두기를 희망한다.

_1996년 2월 24일

인민혁명 후, 몽골지식인들은 독자적인 국가 발전의 길을 선택하려고 노력했으나 외국 세력의 영향을 받고 군주제를 폐지하고 사회주의의 길을 선택하게 되었고, 경제적 종속상태에 빠져 오랜 세월 투쟁 속에서 70년 가깝게 공산주의라고 하는 실현할 수 없는 사회에 기대면서 살아왔다. 그러나 몽골국 독립은 지켜지고, 사회주의 국가들과의 협력관계에 참여하여 상당한 사회적 발전을 이루었다는 점은 특기할 점이라 하겠다. 이것에 대한 총괄은 정당결성 75주년 기념식에서 진술하였으므로, 이를 되풀이하는 것은 군더더기일 것이다.

돌고 도는 역사 안에서 소비에트는 말을 갈아 타고 개혁의 길을 선택했다. 고르바초프 서기장의 지휘 아래 행해진 페레스트로이카 덕분에 몽골국은 민주화와 쇄신의 길에 들어설 가능성이 열린 것이다.

고르바초프의 페레스트로이카를 비평하는 것은 우리들에게는 흥미 있는 일은 아니다. 우리들은 그에게서 교훈을 얻고 스스로 길을 선택했다. 이 점에 있어서 우리들은 고르바초프에게 감사하지 않으면 안 된다. 몽골 민주화가 본질적으로 소비에트의 페레스트로이카와 같이 되지 않은 것은 우리나라의 젊은 정치가들이 그들의 개혁과 건설의 잘못을 발견하고 되풀이하지 않았다는 것이다. 고르바초프의 개혁, 건설은 사회주의를 성숙시켜서 소비에트 사회의 발전을 가속시킨다는 목적이 있었다. 정치체제를 바꾸지 않고 경제를 부흥, 발전시키려는 시도가 결실을 맺지 못한 것이다. 그 원인은, 사회적 심리를 평가하지 못했기 때문이다.

남쪽의 이웃나라인 중국, 아시아의 호랑이가 된 나라들(신흥공업국가들, NIES) 중에는 국가 메커니즘에 의해서 경제를 민주화한 경험이 있다. 그러나 소비에트 국민이 정치적 민주화를 열망한 것은 많은 공화국을 거느리고 있는 소비에트로서는 피할 수 없는 것이었다. 1988년 중반, "정치체제를 근본적으로 변혁하는 것이 최우선 목표"라고 선언했으나, 당의 지도적 역할은 그대로 남겨졌다. 그러나 민족문제가 격화되어 주변의 사회주의제국의 생활에 급격한 변화가 나타난 것이 소비에트에게 영향을 미쳐서 결국 성공하지 못했다. 당시의 세계각국의 상황이 어땠는지에 대해서는 당시의 출판물에서도 많은 것을 알 수 있다.

동독은 서독 국경에 있는 브란덴부르크 문 부근에 도보로 통행할 수 있는 문을 열었다. 조국 전선의 토도르 지후코프 불가리아 서기장부터 국가영웅의 칭호를 박탈하였다. 비밀신문관계자는, 인민은 내일, 지금까지 40년 동안에 처음으로 진실을 기술한 신문을 읽게 될 것이라고 말했다(로마). 반란자의 손에는 라디오와 텔레비전이 있다. 루마니아에 구국전선이 발족했다. 차우셰스쿠 루마니아 대통령에게 증여된 칼 마르크스 훈장이 박탈되었다. 리투아니아 공산당이 독립정당이라고 선언했다. 차우셰스쿠 루마니아 대통령이 처형되었다. 사잉샹도의 하죠오랑 광산관계자의 주거비가 25% 인하되었다. 쿠바가 사회주의의 길을 걷는 것을 누구든지 방해할 수는 없다. 전기, 온수, 가스 요금이 400% 인상되었다. 나라의 보조금이 없어졌다(폴란드). 배우 Ts. 투무르바타르가 국가상 수상을 거절했다. 넬슨 만델라가 석방되었다. 몽골인민혁명당 중앙위원회는 스탈린 상을 무너뜨렸다. 몽골에서 전면적인 개혁이 이루어졌다. 소련 국내의 여러 도시에서 집회가 열렸다.

위의 내용은 1989년 12월 24일부터 1990년 3월 20일까지의 기간 동안에 발행된 출판물에서 인용된 것이다.

몽골국의 변혁, 쇄신에 대해서는 1987년부터 적극적으로 말하게 되었다. 당초 몽골 노동조합 제13회 대회에서 J.바토뭉후 서기장 겸 인민대회의 간부회의장이 "몽골인민은 소련공산당이 자국 내에서 착수하기 시작한 혁명적인 변혁, 쇄신을 진심으로 지지하고 그러한 경험에서 스스로의 활동을 새로운 의식과 새로운 힘으로 변혁하여 충족시키고 있는 것이다. 레닌의 당 이론과 실천에 관한 이러한 경험은 우리 당이 자국의 현황 및 전망을 한층 명확하게 이해하는 데에 구체적으로 도움이 되고 있다. 변혁은 우리들의 방침인 것이다"라고 말하고 있다.

그 후 1987년 인민혁명당 중앙위원회 제3회 총회에서 J.바토뭉후 서기장은 "소련이 모든 사회생활면에서 실시하고 있는 혁명적 변혁의 풍부한 경험을 항상 연구하여, 거기에서 자국에 대한 사회주의의 건설작업에 창조적으로 반영시켜 활용하는 것이 우리 당, 국민경제의 전기관에 대한 중요 과제라는 것을 되풀이하여 강조한다"고 말했다. 이러한 당의 지도에 따라서 우리나라의 경제분야에서도 소련식의 변혁이 일부에서 행하여져 공개성의 원리가 보급되고, 견해를 자유롭게 표현하는 경향이 나오게 되었다.

다른 사회생활 분야를 포함한 광범위에 걸친 변혁의 목표가 1988년 당 중앙위원회 제4회 총회에서 받아들여졌다. 거기에서의 총회결정에 근거를 두어, 당의 선거기관이나 간부조직에 변혁을 가하고 당내의 계층조직 및 정원수를 삭감하는 등의 조치가 시행되기 시작했다. 당에 대한 제1의 계층조직은 아이막 및 울란바토르 등의 당 위원회 회합이라고 하며 사상 활동원이 지역별 협의를 하여 견해를 자유롭게 교환한다는, 그때까지는 없었던 상황이 새롭게 정비되었다. 그러나 전체적으로는 변혁작업에 확실한 성과는 보이지 않았고, 상호간에 모순된 의미불명의 결정이 나오거나, 신시대의 조짐에 고양된 지식인, 연구자, 정치가의 움직임이 활발해지는 불안정한 상태가 눈에 띄었다.

사회현상이 된 몽골 민주동맹은 어떻게 탄생하였는가.

최초의 조짐은 청년 예술가들의 국가협의회에서 나타났다. 예술가의 연대(演臺)는 정치의 연대가 되고, 젊은이들은 참가한 인민혁명당 중앙위원회 동지에 대해 부추기는 듯한 말을 하고 뜨거운 박수를 보내어 칭찬했다. 이 사건에 대한 소문은 은밀하게 그리고 금방 퍼졌다. 민주동맹이 창설되어 거리에는 시대를 비판하는 전단이 눈에 띄게 되었으며, 사람들이 모여 있고, 대부분의 사람들은 어떻게 된 것인지 모르는 채 엉겁결에 미소를 띠며 기뻐하는 광경을 볼 수 있게 되었다. 인민혁명당 중앙위원회 제7회 총회의 전날인 1989년 12월 10일, 민주동맹은 집회를 열었고 참가자들에게 인민혁명당 중앙위원회 제7회 총회, 인민대회의에 제출할 문서가 주어졌다.

　그 문서에는 "혁명쇄신의 진전이 이 나라의 사회, 정치, 경제상황, 시대에 절박한 문제를 시급히 해결할 필요성을 충족하고 있지 않다는 점에 대해서, 대단히 마음 아프게 생각하고 있는 것을 표명한다"라고 쓰여 있었다. 전체 3부 13항목으로 된 정치적 요구의 제시는 본질적으로 오늘날의 몽골 민주화의 기본원칙, 정치체제 및 경제쇄신의 개념을 명확화한 문서였다. 이렇게 해서 몽골 민주화의 원칙을 고르바초프가 행하고 있는 페레스트로이카와 엄격하게 구분해서 민주화 목표를 제시했다. 그러나 그 다음날 행해진 인민혁명당 중앙위원회 제7회 총회에서는 그 원칙에 대한 적극적인 의논을 나누지 않고, 혁명쇄신 정책의 시행은 사회주의에 대한 이론적 근거에 기반을 두어 행하는 것이 타당하다고 간주하여, "우리나라에서 실행되기 시작한 혁명쇄신의 중심이 될 최종목표는 사회주의를 한층 더 발전시키는 것으로서, 그 발전성을 새로운 단계로 이행시키는 것이다"라고 하는 견해를 유지했다.

　이렇게 완전히 서로 다른 두 개의 견해는 몽골의 민주화와 고르바초프의 변혁과의 차이를 명확하게 반영하고 있다. 인민혁명당 중앙위원회 총회가 몽골 민주동맹의 정치적 요구를 승낙하는 결정을 내리지 않았기 때문에, 민주화세력의 투쟁은 계속되어 집회나 데모가 열리고 그 참가자 규모는 나날이 증가해갔다. 데모 참가자의 슬로건은 보다 심해져서 많은 외국의 보도관계자도 참가하여 몽골에서 진행되는 민주화를 위한 운동을 세계에 널리 전했다. 상당한 시간이 지난 1990년 1월 19일, 인민혁명당 및 정부의 대표자가 민주동맹 조정평의회원과 면회하여 당의 입장을 표명하였으나, 민주동맹에서의 정치적 요구를 받아들이는 것에 대해서는 좋은 회답을 얻지 못하고 있다.

데모나 집회의 슬로건은 "민주화가 우리들의 목표" "복수정당제" "법치국가를 위해서" "보도의 자유" "인권을 존중하자" "신시대가 왔다, 깨닫자" "그렇다면 두려워하지 말아라, 두렵다면 하지 말아라" "체덴바르를 인민재판으로" "인민혁명의 제한 없는 권력을 없애라"라고 하는 내용이었다. 민주화 투쟁은 계속되어 1990년 2월 18일, 민주동맹 제1회 대회가 울란바토르에 있는 몽골 노동조합 중앙문화궁전에서 개최되었다. 각료회의는 이 회의에 참가할 정부대표를 고르고 정부방침을 지시했다. 이렇게 해서 선출된 D.비양바수렝 각료회의 제1부의장, K.자르딩한, 나 이렇게 3명은 위층에 나란히 착석하여 회의가 진행되는 방향을 지켜보았다. 대회에는 대표자 611명, 초대자 200명, 6개국에서 20명 정도의 보도관계자가 출석했다. 배우 소소르바라무가 대회정치연설을 하여 그것에 대해서 협의가 열렸다.

그 대회에는 민주동맹강령이 협의 후에 채택되어 국민에게 호소했다. 인민대회의, 인민혁명당 중앙위원회에 제출하는 문서를 채택했다. 그 문서는 인민혁명당 중앙위원회 및 각료회의 구성원의 사임과 인민대회의 해산을 요구하고 있었으나, 그것은 일반대중의 심정에 그대로 들어맞는 것 같이 느껴졌다. 참가자 중의 어떤 이는 눈물을 흘리고 있었다. 이때 민주당이 결성되었다. 민주동맹과 민주사회주의운동이 되풀이하여 제출했던 요구, 성명문서에 기술된 요구의 어느 것도 그때마다 수리되기는 하였지만 해결에는 이르지 못하였다.

1990년 2월 24일과 3월 4일 양일, 민주화 세력인 민주동맹, 민주사회주의운동, 신진보동맹, 학생동맹은 공동성명을 발표하고 그것을 인민 대회의 간부회, 당 중앙위원회에 제출하여 타당한 정치적 회답을 요구하였으나, 이것도 달성되지 못하였다. 거기서 1990년 3월 7일 14시, 수흐바토르 광장에서, 몽골에서는 최초의 단식시위가 단행되었다. 국민은 경악했다. 예찬하는 자, 반대하는 자, 분노하는 자, 여러 가지 사람들이 자신의 의견을 진술했다. 당시 정부청사에서 어떤 일들이 일어나고 있었는지를 지금 되돌아보자. 민주동맹 간부회원 10명이 단식시위에 들어가고, 이후에 그 숫자는 30명 정도로 늘어나서 사회적 심리상태는 대단히 심각하고 과민한 사태로 접어들고 적절한 타개책을 시급히 내세울 것을 요구하고 있었다.

 3월 9일 오후, 당 중앙위원회 정치국원은 당 중앙위원회 서기장과 부과장, 인민대회의 간부회 일부 대의원, 각료회의 구성원을 소집하여 이번 사태를 어떻게 수습할지에 대해서 의견을 물었다. 여기에서는 많은 문제에 대해서 대화를 나누었지만, 특히 두 개의 주요 문제에 대해서 강하게 관심을 가졌다. 그 한 가지는 민주동맹의 활동은 위법이라고 하는 검찰 성명을 발하는 것이고, 또 다른 하나는 울란바토르 시 사회질서 엄수에 관한 특별조치법을 인민대회의 간부회 결정으로 발의한다는 것이었다.

 그 결정은 1990년 3월 9일부터 12월 1일까지의 집회 및 데모 행위를 금지할 것, 수도 울란바토르 시내의 중요 시설에 드나들기 위한 특별규정을 제정할 것, 기계류 사용 등의 큰 문제를 포함한 것이었다. 사람들은 상당히 주의 깊은 입장을 지키고 있었다. 쟈무수랑쟈부 사회안전보장상은 섣부른 결정을 내려서는 안 된다, 내렸다고 하더라도 준수될 가능성은 없다고 여러 각도에서 논증하며 이러한 입장을 견지했다. 결정발의를 지지한 사람들도 소수가 있었으나 최종적으로 J.바토뭉후 서기장이 그러한 결정을 내릴 필요는 없다고 진술했다.

　이렇게 해서 의견교환이 종료되고, 단식시위 참가자의 요구를 정치국이 협의하여 결단을 내리게 되었고, 우리들은 해산했다. D.비양바수렝 각료회의 제1부의장들 몇 명은 단식시위 참가자와 만나서 정치국의 결정을 전하고 단식시위를 중지시키는 역할을 맡았지만, 단식시위 현장에 가는 것은 대단히 위험한 것이었다. 그러나 D.비양바수렝은 합의에 이를 수 있었다. 민주화세력은 교섭을 계속하기로 하고 서로 양보했다. 정치국원은 총사직하는 것을 표명하는 한편, 민주화세력은 단식시위 중지를 결정하고 이것을 수흐바토르 광장에 모인 사람들이나 스트라이크 참가자에게 전달하여 무기를 들지 않은 정치투쟁이 수습되었다. 큰 사태를 일으킬 수밖에 없었던 이 정치위기를 현명하게 수습한 정부 측의 중심인물은 J.바토뭉후 서기장 겸 인민대회의 간부회의장과 D.비양바수렝 각료회의 제1부의장이었다고 나는 생각한다.

　상황을 올바르게 파악하여 타당한 결정을 내리고, 그것을 올바른 방법으로 실행함으로써, 문제가 되는 사건의 해결은 이루어질 수 있는 것이다. 몽골의 민주화의 탄생과 발전에 있어서 이 두 명의 인물이 달성한 공적은 높이 평가되어야만 한다. 역사가 그것을 증명한다. 이 역사적인 날로부터 3일 뒤, 인민혁명당 중앙위원회 제8회 총회에서 정치국원, 정치국원후보, 서기장이 교체되었다. 인민혁명당 중앙위원회 서기장에는 G.오치르바트가 선출되었다. 이 총회에서 인민혁명당은 평의회 형식의 변혁쇄신 과정을 끝내고, 민주변혁 쇄신정책에 적합한 K.자르딩한 박사, Ts.다바도르지를 대표로 하는 15명의 학자가 작성한 당의 쇄신 견해에 의거한 새로운 방침을 세웠다. 계속해서 1990년 3월 20일, 인민혁명당 중앙위원회 제9회 총회가 열렸다. 당 특별대회의 협의항목에 대한 정의,

인민대회의에 제출하는 인민대회의 간부회의장 및 각료회의의장에 관한 사항에 대해서 협의했다.

　당 중앙위원회 제8회 총회의 이름에 대한 의견이나 비판, 노동자들로부터 보내진 서간이나 정보를 일괄하여 조사한 결과에 대해 보고를 들었다. 맨 처음에 인민혁명당 임시 당강령을 채택하기 위해서 특별대회에 제출하도록 결정했다. 다음으로 G.오치르바트 인민혁명당 중앙위원회 서기장이 발언하여 인민대회의 간부회의장 및 각료회의의장 두 사람의 파면과 후임에 추천할 인물에 대해서 협의하였다. 면직될 의장이 발언하였다. 각료회의의장만을 교체하든지, 각료회의 구성원 전원을 총사직시킬지가 문제되었다. D.소도노무 각료회의의장(수상)은 각료회의 구성원의 쇄신은 타당하다고 진술하고 사임을 자청하면서 J.바토뭉후 인민대회의 간부회의장은 그대로 유임시키자는 의견이 나오고 있다고 진술했다. 계속하여 J.바토뭉후 의장이 의견을 진술하였다.

　지난번 제8회 총회에서는 많은 중요문제가 해결되어, 우리들 또한 당을 쇄신하기 위해서 당 특별대회를 개최하려고 하고 있다. 머지 않아 인민대회의도 열릴 것이다. 국가의 쇄신은 당 쇄신 이상으로 중요하므로 선거를 앞당겨서 행해지지 않으면 안 된다고 말하면서, 그 또한 사직을 희망했다. 다음으로 투표를 행하여 대다수의 찬성에 의해서 양쪽의 사직을 결정했다. 반대하는 이가 없다는 것도 당시의 장점인 것이다. 90년의 모든 것을 새롭게 하도록 요구되었다. 당시 교체되지 않고 유임한 상층부 지도자는 드물었다. '옛 사람은 오래된 냄새가 난다' 라는 사회적 심리가 작용했다.

　상기의 사람들과 같은 견해를 가지고 일했던 사람들은 이렇게 해서 거수에 의해 해직되었다. G.오치르바트 서기장이 후임으로 누군가를 임명하는지에 대해서 의견을 진술하고, 인민대회의 간부회의장에 푼살마긴 오치르바트 동지를, 각료회의의장으로 Sh.공가도르지 동지를 추천했다. Ch.모로무 인민통제위원회 위원장이 그 의견을 지지하고, 우리 두 사람의 결점을 지적했다. 나도, 공가도르지도 약간의 반대가 있었으나 모두 인민대회의에서 자기 의견을 제시하도록 하였다. 다음날 21일, 제11기 인민대회의 제8회 의회가 열리고 12항목의 문제에 대한 협의가 열렸다. 오후에는 국가조직의 문제가 제의되어, 제284 선거구대의원 J.공보쟈부가 인민혁명당 중앙위원회의 의향에 따라 나를 인민대회의 간부회의장으로 선출토록 하는 생각을 표명했다. L.링칭 의장이 인민대회의 간부회의장이라는 중요한 직무에 선출된 나의 성공을 빌고, 축하의 말을 하자 대의원들은 박수를 치면서 지지를 표명했다. 돌연히 공무(公務)에 임명되는 그 순간이 지금 다시 내게 다가왔다.

인민대회의 간부회 대표에 B.치미도를, 인민대회의 간부회 서기에 Ch.다시뎅베레르를 선출했다. 정부의 선두에 누구를 임명시킬 것인지에 대해서 의견을 진술할 권리가 인민대회의 간부회의장에게 있으므로 샤라빙 공가도르지를 각료회의 의장으로 임명할 생각을 인민대회의에 제출하고 간단히 연설했다.

각료회의 의장에 Sh.공가도르지를, 제1부의장에 D.비양바수렝을, 부의장에 K.자르디한, J.샤라부상보를 임명했다. 이 회의에서 인민대회의 대의원 선거법이 의논되었다는 점에 역사적 의의가 있다. 이것은 국가체제 쇄신의 방향성을 명확하게 한 용기 있는 결정이었다는 공적이 있다. 민주화라고 하는 것은 국가체제를 정비하는 선거부터 시작한다. 또한 이 회의에서는 헌법에 의해 신성화되고 있었던 인민혁명당의 권한을 삭제했다. 1960년에 채택된 몽골인민공화국 헌법 서문에 "몽골인민공화국 국정의 주도력은 모든 것에 대해 승리한, 마르크스-레닌주의 이론을 활동의 근거로 하는 인민혁명당에게 달려 있다"고 하는 근거를 삭제하고, 제82조를 다음과 같이 개정했다.

> 몽골인민공화국 국민은 인도적 민주사회를 건설하는 목표, 국민의 기본적 권리, 통일에 합치한 당 강령을 갖춘 정당, 공공단체에 가입할 권리를 갖는다. 어떤 공무에 임하고 있는 동안은 특정한 정당에 속하지 않는 것이 타당하다. 공무원의 직무일람은 몽골인민공화국의 법률에 의해서 정하도록 한다.
>
> 정당 및 모든 공공단체는 사회와 국가의 안전, 사람들의 건강, 도덕습관을 준수한다. 몽골인민공화국 헌법에 기초하여 활동을 행하고, 법률을 준수한다.
>
> 정당이나 공공단체의 권리를 지키기 위해서, 국가등록제를 정한다. 국가가 정당을 승인, 등록하는 문제는 몽골인민공화국 최고재판소가 법률에 따라서 결정한다.

이러한 헌법 개정은 일당 지배를 끝마치고 복수정당제를 처음으로 법제화한 민주주의를 향한 최초의 커다란 발걸음이 되었다. 1990년 3월 23일에 채택된 이 헌법에 내가 서명을 하였다. 같은 날 채택된 몽골인민공화국 인민대회의 대의원 선거법도 마찬가지이다. 인민대회의에 요구된 또 한 가지의 과제는 몽골국의 국가 최고기관의 구조를 명확하게 하는 것이었다. 1990년 3월 23일자 인민대회의 결의에서 "몽골인민공화국의 국권을 장악하는 최고대표기관은 인민대회의, 최고입법기관은 국가소회의이다. 대통령직을 창설하기 위해서 몽골인민공화국 헌법을 개정하고 초안을 전국민이 협의하도록 몽골인민공화국 인민대회의 간부회에 상정한다."는 취지를 제시했다.

21세기 초, 유럽과 아시아에서 일어난 사회적 변혁의 역사에 대해 몽골 민주화는 확실히 특수한 역사에 포함된다. 총성이 사방에 울리고 인명이 위험에 처해지고, 일부 사람을 울타리 속에서 살게 하는 것이 혁명이라고 하는 인식을, 우리들은 역사 수업에서 배웠다. 그러나 혁명을 평화 속에서 달성시킬 수 있다는 것을 1990년 몽골 민주혁명이 증명했다. 그 혁명이란 후세에게 특필되는, 제11기 인민대회의 제8회 의회에서 의논되어 채택된 선거법, 헌법개정조항, 국가체제에 관한 결의인 것이다.

인민대회의의 이번 회의에서 인민혁명당의 지도적 역할에 관한 헌법조문을 삭제하고, 정당의 역할을 명시하여 정치체제의 쇄신을 보다 심화시키는 새로운 목표와 사회생활을 국가가 솔선해서 지도한다는 주요임무가 인민대회의 및 그 간부에게 맡겨졌다. 그것과 관련하여 나는 국가정책의 기본문제에 대해서 새롭게 국가의 정점으로 정한 인민대회의 및 인민에게 발언할 필요가 있었다. B.치미도, Ch.다시뎅베레르, D.뎅베레르체렝에게 발언의 초안을 기안하도록 의뢰하여 몇 가지 생각이나 방침을 전하고 스스로 회의에 출석하여 저녁시간을 이용해 발언내용을 수정하고 23일의 회의에서 발언하였다.

그중에서 우리나라에서 민주화라고 하는 구체적인 상황이 확장되고 사람들의 사회적 적극성을 깨닫게 하는 것이, 한편으로는 법치국가를 구축하는 쾌적한 조건을 낳고 있다. 또한 다른 방면에서는 정비된 법률에 의해 경제, 사회, 정치의 주요한 기본적 관계를 면밀히 조정하고 또한 변혁 쇄신을 철저하게 심화시키는 하나의 주요 조건인 법규, 질서를 모든 면에 있어서 준수, 강화시키는 것이 중요하다고 진술하였다.

또한 우리나라의 국정기관 및 지방의회의 모든 사회적·내면적 활동이 국가와 민족의 통일, 전 국민의 기본적 권리, 국가의 경제적 발전, 생활문화의 목표를 지속적으로 충족시킨다는 목적에 이용되어, 사회생활을 인도적 정의, 민주주의 원칙에 합치시켜서 개인 혹은 연대의 권리를 법률의 테두리 안에서 보호하는 것이라고 보고했다.

1960년에 개정된 헌법 제82조에 기술된, "인도적·민주적 사회주의 사회를 건설한다"는 행위는 사회의 중요한 목표로서 남아 있다.

외교정책의 면에서는 몽골인민공화국의 국제적 명성 및 지위의 쇄신, 강화, 자국의 안전보장의 정치적·외교적 수단에 의한 강화, 경제적 대외관계에 대한 개방정책을 일관하여 실행하고 세계적 경제 네트워크에 참가한다는 관점에서 외국투자를 촉진하여 대외무역구조 및 이윤을 급속히 개선시킬 것, 자유시장경제의 메커니즘을 활용할 것을 커다란 목표로 들었다. 몽골인민공화국은 평화적이며 대등한 협력, 국민이 발전의 길을 단독으로 선택할 권리를 존중하는 원칙을 기반으로 하여 모든 국가와의 관계를 확대·발전시키는 방침을 앞으로도 일관되게 추구할 것을 확약하였다.

아주 단기간 중에 새로운 국가체제에 대한 수많은 중요 문제를 개선하고 실행에 옮길 작업을 지휘하는 임무가 내게 맡겨졌다. 이 때문에 모든 정치세력, 대중의 힘과 지혜를 집약하여 견해를 주고받고, 문제가 있을 때마다 사회적 협의를 여는 작업을 할 필요가 생겼다. 심의, 복수정당제, 자유로운 시장경제, 개방적 정책이라고 하는 민주주의를 포함하는 말을 몽골인은 이때부터 사용하게 되었다.

우선, 몽골인민공화국의 국가 최고기관의 구조에 대한 법안을 기초하여 인민대회의 정례회의에 제출하도록 인민대회의 간부회에 요청했다. 그것과 관련하여, 몽골인민공화국 헌법쇄신위원회의 구성원이 교체되어 위원장에 P.오치르바트, 부위원장에 B.치미도, 그외 25명의 위원이 임명되었다. 또한 1990년 3월 29일의 인민대회의 간부회결의에 의해서 헌법추가조문을 4월까지 준비하기 위해서 위원회, 성당법의 초안을 대세에 의해 협의하여 인민대회의에 상정하는 위원회가 O.쟝바르도르지 법무조정상을 위원장으로 하여 각각 설치되었다.

국가체제 쇄신 면에서는 민주동맹이나 다른 동맹, 운동단체, 정당에서 제출된 잇단 요구를 해결하기 위해서 많은 시간을 들여 이야기를 나누면서 대단히 노력하였다. 그 무렵부터 점차로 신정당, 기민한 새로운 사고를 가진 젊은 세대의 사람들과 이야기를 나누며 서로 이해한다는 열기를 띤 회견에 임하게 되었다. 1990년 4월 18일, 에르베구도르지, 엥후투부싱, 닝지, 쟈르가르사이한, 쟈부후랑토 등의 민주동맹 지도자와 정례회견을 할 때 그들은 6항목의 문제를 제시하였다.

1. 민주동맹의 사무소를 내는 건을 받아들여서 해결했다.
2. 이전에 제출된 요청 문서의 결과는 아직 확정되지 않았다고 대답했다. 대부분의 문제에 대해서는 회답하고, 남은 부분은 머지않아 회답하겠다고 진술했다.
3. 대표간부와의 협의가 중단되고 있었으나 재개할 것에 합의했다.
4. 데모나 집회를 행하는 권리를 제한하는 명령을 발했다고 그들은 불쾌감을 보였으나, 그 명령은 헌법에 규정된 국민이 데모나 집회를 행할 권리, 자유롭게 발언할 권리에는 전혀 저촉되지 않고, 금지되어 있지 않다는 것을 진술하여 이해시켰다. 그러나 그들의 불쾌감은 여전히 남았다.
5. 그들은 임시국민의회를 설립하는 요구를 다시 제시했다. 나는 그러한 기관은 필요없다고 말하고, 국가체제의 초안에 좋은 형식을 반영시키는 면에 협력할 것을 제안했다. 그들은 현재의 인민대회의 370의석을 80의

석으로 한 임시의회를 설립하고, 그 외는 사임시킨다는 이야기를 했다. 내게 그것은 당장은 받아들이기 힘든 요구였다. 가령, 인민대회의 대의원의 60%가 스스로 사임한다면 어떠한 형태로든 고려할 수는 있으나 그러한 사태는 생길 수 없다고 말했다.

6. 그들은 출판에 관한 법률을 신속하게 제정하도록 요구했다. 나는 공동으로 이야기를 나누고 인민대회의에 상정하겠다고 말했다.
7. 그들은 인민혁명당에서 행하고 있는 재정지원의 정지, 군대 내 당 조직의 활동정지에 관한 요구를 제출했다. 이것은 받아들이지 않으면 안 된다. 그러나 나는 정당법을 제정하여 그 안에서 조정하자고 대답했다. 지난번 인민대회의에서 동맹(민주동맹) 대표자 8명이 참가하여 발언할 수가 없었다. 다음 회의의 헌법개정 및 정당법의 심의에 참가할 것을 요망하였다. 법안 작성에 있어서 의견을 진술시키기 위해서 최종적인 초안을 회의 이틀 전에 민주동맹에 넘겨주었으므로 의견을 진술하라고 말했다.

그들은 우리들에게 정당한 사항을 요구하고 있었고 받아들이지 않을 수가 없었다. 당시 표명된 사람들의 정신적 고양의 결정들을 요구하고 있었다. 그것을 인내심을 가지고 대응하여 그들을 이해하고, 또한 국가의 입장을 그들에게 이해시킨다는 유연한 사고가 필요했다. 1990년 당시 몽골국정에 관한 심리가 어땠는지를 말하자면, 모두 설득하여 받아들이게 하는 것이 습관이 되어 있어, 자신의 생각에 맞지 않으면 귀를 기울이지 않는다는 관료주의가 만연했기 때문에 소수의 '풋내기'가 요구하여 모든 것을 받아들여서 양보하고 있다는 불만도 들었다.

그러나 서로 인내하면서 대응하여 5항목의 변혁조건을 채웠다.

이 회견 뒤에 나는 셀렝게 아이막(Selenge aimag)에 갔다. 거기서 며칠간 일을 하고 다르상시에 가니 민주동맹, 민주당이 인민대회의 간부회, 각료회의, 인민혁명당 중앙위원회에 대해서 요구서를 보낸 것을 알았다. 그들은 이하의 4항목을 주장했다.

1. 임시국민의회의 시급한 설치.
2. 인민 특별평의회를 설치하여, 정치세력을 평등하게 참가시킨다.
3. 인민혁명당 중앙위원회의 기관을 정부청사에서 나오게 하여 민주동맹, 민주당에게 활동조건을 충족시킬 장소를 부여한다.
4. 상기의 요구를 완전히 달성하는 4월 25일까지, 국내전역에서 알코올 음료의 판매를 정지시킨다. 4월 27일 12시, 우리들의 요구에 대한 회답을 수흐바토르 광장에 모인 사람들 앞에서 행할 것을 원한다.

이것을 알고 금방 울란바토르에 돌아왔다. 청년들은 쇄신을 단호히 달성하자고 몹시 서두르고 있었다. 국가행정과 대립한 적이 없는 몽골인은 이 요구서를 올바르다고 이해하기 전에 혐오감을 느끼고 있어, 일부 사람들은 목적에서 벗어나 있다고 평하고 있었다. 어떤 사회를 다른 형태로 바꾸는 혁명이 그러한 안이한 생각에 의해서 어떻게 성숙될 것인가. 관료주의를 정착시켜서 생활하려고 원하는 이들은 어디든지 있다. 그러므로 신세력에 의한 평화적 혁명은 내부에 폭력적인 요소를 포함한 정치적 교묘함이었다고 할 수 있다.

그들의 정치투쟁을 70년 가까운 역사를 가진 인민혁명당도 배우고 있었으나, 투쟁형식은 낡고, 힘은 잃어버린 것을 지난번의 단식시위에서 표출되었었다. 받침점을 찾아달라, 그러면 나는 지구를 들어올릴 수 있다는 것을 보여주겠다라는 말이 있다. 민주동맹에 의해 처음으로 정치적 단식시위의 지점을 찾았다는 것이었다. 따라서 인민혁명당 중앙위원회나 정치국은 사임하고 그에 이어서 단계적인 국가개혁이 행해지고 있었던 것이다. 1988년에 단식시위가 행하여져도 이러한 성과는 거두지 못했을 것이다. 시의적절했다는 것은 지점을 찾았다는 것이다.

앞에서 진술한 4항목의 요구문서에 대해 그들과 이야기를 나누었다.

내세워진 문제를 개별적으로 해석해 보면, 발뺌해야 할 새로운 사항은 없고 재협의되어 해결하고 있는 문제였다. 인민특별평의회라고 하는 것이 숙청할 가능성이 있다고 생각해서 우리들은 신중히 처리했다. 민주화에 의해서 그때까지 숙청의 명예회복에 착수하려 하고 있을 때에 이러한 경솔한 것을 만들 필요가 없다고 나는 생각했다. 그러나 그들은 나의 회답에 불만을 품고 받아들이지 않았다. 그 결과, 그들이 다음 행동으로 나올 것을 알고 4월 26일, 국민에게 성명을 발표했다.

민주동맹이 지휘하고 다른 세력도 지원하여 정부청사를 포위하여 집회를 열 계획을 세우고 있다는 것을 국가안전보장국이나 경찰기관의 정보에 의해서 알게 되었다.

포위 목적은 요구에 대한 회답을 얻을 때까지 주저앉아서 정부청사를 조용히 포위하여, 사람이나 차의 출입을 시키지 않는다는 것이었다. 그것을 듣고, 애매한 이유로 포위에 참가한 국민은 무엇인가, 이러한 상태에 이르러서는 안 된다고 생각했다. 우리들은 앞질러서 정부청사를 경찰관, 군사대학생으로 포위시켰다. 나는 그날 밤 집무실에서 잤다. 당 특별대회나 노동자대회에서 이것저것 이야기를 나누고 정부청사에서 묵는 일은 종종 있었다. 그러나 그날 밤은 그것과는 전혀 다른 불안한 밤이었다. 다음날, 청년들이 정부청사를 포위하려고 왔으나 방어되어 있는 것을 보고는 매우 놀라서 정당 간의 원탁회담은 합의에 이르지 못한 채로 중단되었다.

  1990년 5월 5일, B.치미도 인민대회의 간부회대표의 발안(發案)에 의해서 협의를 확대하여 정당세력에 의한 원탁회담이 열리고 인민대회의, 국가 소회의를 설정하여 조직하는 데 합의했다. 이것은 몽골국의 정치위기를 민주주의의 권익으로 방향짓는 전기가 된 제3의 큰 진전이었다고 나는 평가하고 있다. 이것은 국가공로법률가인 치미도가 행한 것이었다. 제2의 진전은 쟝빙 바트뭉후가 인민혁명당 정치국원을 총사직시킨 것으로써, 제1의 진전은 3월 9일 밤 다싱 비양바수렝이 단식시위 참가자와 합의점을 모색하여 의견 일치에 이른 것이었다.

〈회담 의정서〉

  민주동맹 및 민주당이 인민대회의 간부회, 각료회의, 인민혁명당 중앙위원회에 송부한 요구서와 관련하여, P.오치르바트 인민대회의간부회 의장이 국민에게 성명을 발표하고 그 중에서 정당, 여러 운동단체의 국가활동에 대한 참가를 활성화하기 위해 제기한 견해와, 1990년 3월 10일에 정당 및 정치세력에 의한 원탁정치회담이 열렸다. 거기서 발의된 "국민의 귀에 닿는 정치선언"에 언급한 원칙에 기반을 두어 1990년 4월 24일에 민주동맹 및 민주당이 인민대회의 간부회, 각료회의, 인민혁명당 중앙위원회에 송부한 요구서에 나타난 요구 내용을 정당 및 모든 정치세력에 의한 원탁회담에서 협의한다고 하는 민주사회주의운동 및 사회민주당이 행한 제기에 찬동하여, 인민대회의 간부회가 조정해서 올해 4월 26일부터 회합을 계속한 결과, 이 원탁회담의 참가자는 이하의 항목에 대해서 합의를 얻었다.

I. 평의회의 설립
  1. 정치적 관계에 관한 일련의 법규 원안을 공동으로 기초하여 사전에 협의하고 합의에 도달하여, 인민대회의 간부회에 제출하는 역할을 가진 평의회를 인민대회의 간부회의 부속기관으로서 정당의 대표자, 입법기관의 전문직원을 참가시켜서 조직하여, 활동시키도록 결정했다.
  2. 평의회는 인민혁명당, 민주당, 사회민주당, 민족진보당의 신임을 얻은 대표자, 인민대회의 간부회, 각료회의기관, 법무조정성 직원을 구성원으로 조직한다고 결정했다.
  3. 당 평의회에는 스스로 주도력을 발휘하여, 규약을 승낙한 다른 정당이 가입해도 좋다(여러 정당은 스스로가 공감하는 제세력을 대표한다).
  4. 인민대회의 간부회원, 인민대회의 간부회 국가조직과장 N.치미도가 평의회와 직접적으로 교류를 갖고, 그 활동을 항상 지원하도록 결정했다.

II. 회담참가자는 국가 소회의의 선출 원칙 및 규정에 관해서 협의하여 다음의 사항을 인민대회의 간부회에 전달하고, 원칙에 관한 문제를 인민대회의 회의에, 규정에 관한 문제를 인민대회의 간부회에 각각 제출하도록 합의했다.
  1. 국민이 법적으로 등록된 어느 정당을 지지하고 있는가를, 정당 리스트의 (투표) 용지에 의해서, 이 나라의 전 선거민에 의한 무기명 투표로서 명확화했다는 근거에 기반을 두어, 국가 소회의 의원을 정당에서 옹립하여 인민대회의에 선출한다.
  2. 정당명부에 의해서 선거민의 의견을 듣는 작업을, 인민대회의 대의원 선거법에 따라서 조직하고 행한다.
  3. 국민, 즉 선거민의 투표결과로서 체결명부에 포함된 그 정당의 득표율

에 따라, 국가 소회의의 의원총수에 그 정당이 차지하는 의결장의 수를 결정한다. 국가 소회의 의원의 체결장을 정당이 배분한 후에, 선거에 참가한 전 정당이 국가 소회의에 스스로의 연합을 대표하여 참가시키는 의원을 옹립한다. 그때 인민대회의 대의원, 즉 당원 또는 비당원을 별도로 옹립해도 좋다.

4. 정당이 국가 소회의 의원에게 옹립한 인물을 인민대회의 회의에서 협의하여, 전 대의원의 무기명 투표에 의해서 과반수의 지지를 얻은 자를 국가 소회의 의원으로 선출한 것으로 간주한다. 그 정당에서 나온 국가 소회의 의원의 옹립자가 인민대회의 전 대의원의 과반수의 지지를 얻지 못한 경우에는 그 자를 선출할지 어떨지에 대해서 그 정당의 요망에 의해서 재체결할 수 있다. 이렇게 해서 재협의하여 전 대의원의 과반수의 지지를 얻지 못한 경우에는 그 정당은 그 의석에 다른 자를 옹립하고, 여기에서 진술한 규정에 따라서 체결하도록 한다.

5. 국가 소회의 의원은 각료회의, 최고재판소의 공무를 겸임해서는 안 된다. 가령 공무에 취임한 자가 소회의 의원으로 선출된 경우, 그 공무에서 해임된다.

6. 국가 소회의는 국가 소회의 의원의 명성에 반하는 행위를 한 의원을 파면할 권리를 갖는다.

7. 국가 소회의 의원의 전권을 승인하지 않거나, 혹은 소회의 의원이 파면되거나 또는 당사자 희망에 의해서 그 전권을 임기 만료 전에 끝냈을 경우에는 새로운 자를 소회의 의원으로 옹립하고 규정에 따라서 보궐선거를 한다.

III. 선거위원회에 법적으로 등록된 정당 대표자를 인민대회의 대의원 선거법에 준거하여 참가시킨다.

IV. 인민특별평의회를 평등한 전 정치세력의 참가에 의해서 조직하고 회담을 앞으로도 계속하기 위해서 평의회를 설립할 필요성, 가능성, 법적 문제를 심의평의회에서 협의하여 정리하는 것이 타당하다고 여긴다.

V. 회담에 참가한 정당, 연맹, 동맹은 인민대회의 대의원 선거의 준비, 시행, 선거 후 국가 최고기관의 새로운 구조를 창출하는 과정에 있어서 정치적 과민 반응을 보이지 않을 것을 약속한다.

VI. 인민대회의 대의원은 국가 소회의 선거에 대해서 본 의정서에서 합의한 견해를 지지하고, 인민대회의 회의에서 결정받을 것이라고 회담에 참가한 정당은 믿고 있다.

원탁회담의 참가자
인민혁명당 중앙위원회 전권대표 N.쟝챵
민주당 정치평의센터 대표 E. 바투르
사회민주당 정치평의회 대표 B.에네비시
민족진보당 정치평의회 대표 D.강보르도
인민대회의 간부회원, 인민대회의 간부과장 B.치미도
각료회의 부의장 B.체렝도르지

자유노동당, 혁명청년동맹, 학생동맹의 대표자가 이 회담에 옵서버로서 참가하여, 의결서를 받는 등의 의견을 표명했다.

1990년 5월 5일

여러 정치세력과 합의하여 서명한 국가체제 원리는 몽골인민공화국 헌법개정안을 인민대회의 회의에서 협의할 가능성을 마련했다. 그로부터 5일 후인 10일에 제11기 인민대회의 제9회 의회가 소집되고 그 의회에서 나는 헌법개정안에 대해 이하의 발언을 의제로 하였다. 여태까지 존재했던 국가에 대한 인민혁명당의 지도적 역할을 분산하여, 국민국가가 정치체제의 핵심인 것을 정하고 그것과 관련하여, 국권의 최고기관이 수행하는 역할을 크게 강화하여 국가를 주도하는 역할을 부여했다. 복수정당제의 조건에 대해서 국가 최고기관은 단순히 법률을 정할 뿐만 아니라 국내 사회, 경제, 국내외의 정책을 명확하게 하여, 실제로 정치적 최고 지도부로서 특별히 중요한 책무를 맡았다.

새로운 국가제도를 창안할 때, 국권을 지배하는 최고기관을 인민대회의로, 법률의 입안·감사·제정의 상설최고기관을 국가 소회의로 하고, 국가의 단결을 나타내고 충족시키는 국가원수를 대통령으로 하고, 국가행정의 최고기관을 정부로 할 것을 논의했다. 이러한 조건에서 입법 및 행정의 활동을 연관시켜서 조정을 행하여 복수정당제가 정착하고 있는 상황에서 국가통일을 나타내어 충족시키기 위해서는 대통령의 역할이 대단히 중요하다고 생각했다. 국가원수의 문제가 몽골국에서는 상세하게 법규화되어 있지 않은 상태였다. 정당대표를 국가원수와 동등한 존재로 생각했던 적도 있었다. 정부의 정점인 수상을 국가원수의 지위에 올린 불문율에 따른 적도 있었다.

최근에는 인민대회의 간부회가 실질적으로 국가대표를 겸임하고 있었으나 인민대회의 간부회의장이 겸임 국가대표의 장이므로, 국가원수라는 것은 법제화되어 있지 않았다. 정권을 장악하는 당 서기장 한 명이 공무를 이중으로 맡고 있었고, 그것을 국가원수로 이해하는 것이 관습으로 되어 있었다. 헌법에 의해 규정된 여당으로서 지위를 잃을 경우, 국가원수의 문제가 전혀 다른 형태가 되어 발생하는 것은 피할 수가 없었다. 어떠한 독립국가나 법제화된 국가가 있고 법제화된 국가원수가 있다는 것은 세계 공통의 법칙으로 되어 있다. 각각의 통치형태에 따라서 황제가 존재하는 경우도 있고, 국왕이 있는 경우도 있고, 대통령이나 국가주석이 있어도 좋다. 몽골국은 의회정치를 택했으므로 대통령을 국가원수로 정하는 것이 적합하다고 생각했다.

1990년, 최초의 민주적 선거가 행해지고 복수정당제를 가진 인민대회의가 조직되어, 거기서 헌법이 채택된 것은 몽골 민주화의 커다란 승리였다.

이렇게 해서 몽골에 의회정치 국가가 수립되었다. 이 몽골의 정치체제를 설명하면, 사회주의 사회가 어떠한 국가였는지가 자연스럽게 이해된다.

이러한 몽골 국가체제의 형식을 선택할 때 의거한 주요원칙은 첫 번째, 현재의 몽골의 사회·정치적 관계의 특수한 상황 및 상관성, 몽골국 발전의 장래적 방향성, 사람들의 의견, 정치세력의 주장 등 내부요인을 중심으로 하고, 또한 민주적 시장경제 국가들의 역사적 모델을 고려했다. 이것은 외부요인이 되는 것이다.

두 번째로 몽골의 고대 및 중세의 국가체제 전통이 국가중심적인 정치구조였다는 실체를 유지했다. 그것이 전통인 것이었다.

세 번째로 이 60년 정도 사이에, 특히 1930년대 말에 몽골은 제한 없는 일당지배에 의거하여 그 당 지도자의 단독통치라고 해도 좋을 독재적 시스템, 권위주의적 제도였다. 당 최고지도부의 결정뿐만 아니라 그 지도자 한 명의 지시조차 실질적으로는 국가법에 의거해 상위에 있었으므로 "한 사람에 의한 통치"는 사람들의 마음에 받아들일 수 없는 구조라는 것이 인식되어 있었다. 간단히 말하자면, 상술의 상황에 의거하여 전체주의 체제는 경원되었다. 내용적으로 차이가 있다고는 하지만 형식적으로는 유사한 국가 지도 형태를 대다수의 사람들과 새로운 정치세력이 받아들이지 않는다는 것이 당시에 야기되고 있었다. 이것이 국민 주체에 의한 통치를 선택하기에 이른 원인인 것이다.

또 네 번째로 우리들은 민주화된 새로운 국가체제를 헌법에 의해서 강화할 때, 현대 국가 독자의 특질을 갖는 여러 가지 형태를 모델로 하여, 민주주의 사회를 건설하는 사상과 맞추어서 몽골국의 현재 및 장래 조건에는 의회공화제가 보다 더 적합하다고 생각했다. 또한 우리나라가 금세기 초에 의회정치를 계획하고 있었던 경위도 고려했다.

1924년에 채택된 헌법에 의해서 최고의 국권이 부여된 대회의가 휴회시에 30의석인 소회의가 기본적으로 안정되게 활동해서 입법, 국가경제, 예산, 재정, 사회에 대한 중요문제에 대해서 최종적인 결정을 내리고 있었다. 그것이 일당지배로 교체됐기 때문에 해체되어서 인민대회의라는 기관이 일년에 1, 2회 며칠만 열리어 당 중앙위원회, 대의원이 준비한 초안을 형태만 심의해서 칭찬한다는 형태화된 기관으로 전락하였다. 그러한 상황에 대해서 우리들이 행한 총괄을 말하자면, 사회주의시대에 대한 몽골사회의 정치적 관계에서 생긴 그릇됨은, 일당 지배가 확립되어 국가의 명예와 기반이 흔들린 것, 또 국가의 조직구조에 대해서 행정 및 그 기관이 국민대표기관의 권한을 장악했다는 것, 바꾸어 말하자면 행정지배에 기인했다는 것이었다.

이러한 것들을 고려하여, 정당당수에게 겸임시켰던 '겸임' 국가원수 대신에, 대통령이라는 독립된 공직을 설치하여, 또 그것과 동시에 잠정의회로서 국가소의회를 설치하여 활동시켰던 것이 그 후에 의회제도를 부활시키는 전제 요인이 되었다. 한편으로 1990년대 민주화운동 과정에 대해서 대항자가 여러 정치세력의 활동을 올바르게 조정함으로써 혁명적 변혁을 평화적으로 심화시켰다는 것이 국민의 권익과 보다 한층 합치하고 있었다.

 이러한 이유로 복수정당제라고 해도 어느 한쪽의 정당이 주도하는 정부의 옆에 있거나 어느 쪽의 정당에도 종속하지 않는 대통령, 즉 "최고의 조정역할"을 가질 필요가 있었다. 거기서 대통령 공화제를 택하지 않은 한 가지의 이유가 있었다. 국민이 선출하여, 의회가 승인한다고 하는 2단계를 걸쳐서 선정되는 대통령을 창설함으로써 헌법상으로는 매우 '강력한' 권한을 갖고, '실질적인' 대통령을 갖는 나라들과 비교해서 비교적 작은 권한을 가진다고 하는 형태를 고른 것이다. 대통령이 법안을 기초하거나, 의회가 채택한 법률·결의에 거부권을 발동하거나, 국가대회의의 해산을 제의하거나, 내각총리대신의 후보자명을 제출하는 등에 의해서 의회에 대한 강한 영향력을 행사하고, 다른 방면에서 전권을 갖는 문제에 대해서 정부에 방침을 지시하고, 국가안전보장 평의회를 지휘하고, 군대의 총사령관을 맡는 등, 행정에 대해서도 커다란 영향력을 미치는 권한을 가지고, 그 모든 것에 대해서 국가의 권익과 통일을 표명하는 것이 국가원수라고 명시했다.

 대통령법에는 "대통령은 국가원수로서 몽골국의 독립 및 전권 상태를 충족시키는 이익이라는 관점에서 입법·행정·사법을 담당하는 모든 기관이 적절히 상호활동을 하기 위해, 헌법 및 다른 법률에 나타난 전권의 테두리 안에서 지원하고 영향력을 행사한다."고 기술되어 있다. 몽골국에 대한 국정의 전권은 전 국민에게 달려 있다. "몽골국민은 국가활동에 직접 참가하고, 또 대표선출에 의해 조직된 국권을 잡고 있는 기관을 통해서 그 권리를 행사한다."고 명시된 것에 의해서 그 권리는 보장되었다. 국가가 계급의 권익을 보호하는 기관인 것을 그만두고, 독재는 없어지고, 민주적인 국민국가체제로 옮겨가는 것이 오늘날 국가의 한 가지 특징이다.

국가에서 국민적·민주적 성질의 표명은 국민이 직접적 또는 간접접으로 국가의 권한을 장악하고, 입법 및 행정의 최고기관, 사법에 대한 권한 행사에 참가하게 된 것이다. 국민 모두가 권리와 의무와 책임을 인식하고, 국가가 요구하는 모든 것을 스스로 요구하게 되어, 국가가 자국민을 존중함으로써 국민적 국가사회가 되는 것이다.

어째서 이 사회를 인도적 민주주의사회라고 하는가 하면 첫 번째로, 박애적이니까 인도적이라고 하는 점이다. 두 번째로 국민이 모든 사회문제를 해결할 때 대표형식으로 혹은 직접형식으로 국정에 참가한다. 대표형식이라는 것은 그들이 택한 국가기관이라는 것이다. 국민 스스로가 연대·단결하여 자원봉사자로 조직하고, 자율원칙에 따라서 활동하는 비정부조직, 비영리단체 지도의 원리에 의해 행동하는 비정부조직, 이익을 위해서 행동하는 영리조직, 이 세 가지 조직형태를 평등하게 다루므로 민주사회라고 하는 것이다. 몽골국 헌법에는 인도적 민주사회를 건설한다고 하고 있으나 우리들이 인도적이라는 말에 어떠한 의미를 담고 있었던 것일까.

1. 모든 몽골국민은 출생할 때부터 어떠한 차별도 받지 않고 자유, 동등한 명예, 평등한 권리를 가진 법적 존재이다.
2. 모든 국민은 민족적 습관 및 전통이 존중된다. 정의, 도리, 법률을 존중하고 엄수한다.

3. 인간의 생식, 유전적 안전성을 확보하고 국가가 인권 · 자유를 경제적, 사회적, 법적으로 보장하고 보호하는 제도를 충족시킨다.
4. 인적 능력을 올리는 것에 자본을 집약하여 각자가 국가나 민족, 자기 생활의 질을 위한 지혜 · 능력을 발휘하여 일하는 것을 최고의 생활목적과 의의로 하는 조건을 갖춘 사회적 방향성을 가진 시장을 갖는다.
5. 민주주의의 기본원칙을 사회생활의 범위로 한다.
6. 사회생활에 대한 제일의 주체는 국민이라는 점을 인식하여 입법, 행정, 사법에 관한 전권을 국민 앞으로 이행한 국민사회적 국력 및 자기재생적 국력을 가지며 비교적 독립해 있다.

이러한 사항들을 포괄한 것이다.

대표형식에 의해 선출된 국가조직으로 국회대회의, 대통령, 정부, 재판소, 헌법재판소가 있다. 그들의 권한은 법률에 명기되어 있으므로 자세하게 설명할 필요는 없을 것이다. 그렇다면 다음으로 지방자치 조직에 대해서 진술하기로 한다.

"몽골국의 행정, 지역단위의 통할은 지방자치의 원리를 국가조직과 편성하여 실시한다"라는 헌법조문에 따라 새로운 시스템을 확립하게 되었다.

지금까지 지방에 대한 국가행정활동은 기본적으로 변화하지 않고, 행정에 대해 교만해지는 양상을 나타내고 있다. 그러나 지방자치를 지휘하는 아이막, 울란바토르시, 솜, 투레구(울란바토르시의 하부행정단위로서 구에 해당, 아이막에 대한 솜에 해당한다)의 의회나 그 위원, 바구(솜의 하부행정단위)나 호로(투레구의 하부행정단위, 아이막의 바구에 해당한다)의 의회에 관한 영향이나 지위를 통할하는 적절한 수준에 이르지 않는 활동이, 국가행정의 결정이나 의견을 의회에서 심의하여 채택한다는 범위를 넘고 있지 않다.

지방의회, 지사라고 하는 두 가지의 지방통할을 행하는 주체의 활동 경계를 명확히 하여, 권한 및 책무의 균형을 잡는 것이 중요하다. 아무리 지방자치조직에 14,000명 정도의 피선거권자가 있다고 해도, 전문직원이 368명밖에 없다는 것은 너무 적은 것이다. 앞으로 행정영역단위를 통합하여 확대하는 형태로서, 지방의원의 정수를 정하고 지역사회 및 경제 생활의 문제를 사람들의 기본권익 관점에서 조사하여 강력한 결정을 내리고 시행하는 지방의회에 국민이나 정당, 정당연합의 대표자를 적극적으로 참가시켜서, 많은 관심이나 다원적인 견해를 받아들이고, 지방행정의 사상을 다면적으로 협의하여 통일된 견해를 내도록 해야만 한다.

지방행정의 권한을 확대하여 중앙에서 관리되는 것을 기본적으로 없애고, 경제적·사회적으로 독립한 상태에서 활동하는 조건을 정비하는 방침에 의거하는 것이 타당하다. 지방자치 조직은 우리 국민을 국정에 직접적으로 참가시키는 형식이다.

국가행정, 지역의 분할, 그 단위, 지방행정 시스템을 명확하게 하는 것은 헌법이나 국가기구의 기본적인 문제 중의 하나이다.

국가 소회의나 헌법초안 작성위원회는 몽골의 역사, 국가체제의 전통, 국가경제, 지리학, 인구, 민족거주지, 환경 등의 특질을 모든 면에서 고려하고, 적절한 조직에서 나온 조사, 총괄에 의거하여 지방행정 시스템, 활동의 기본방침에 원칙적인 개혁을 행하도록 헌법초안에 들어갔으나 국가 소회의, 인민대회의가 변했기 때문에 그것을 본서에 기술했다. 후에 도움이 될 것이라고 생각한다.

몇백 년에 걸쳐서 형성되어 변화·쇄신되어 온 우리나라의 행정·지역의 구분은 1930년대에 개정되었다. 기본적으로 1940년대에 완료되어 현재에 이르기까지 행정, 지역구분은 천연자원 및 경제적 내부 축적의 면에서 제한되어 있으며, 산업의 연관은 엄하지 않고, 현지 기업의 뒤를 따라서 설치된 다수의 행정단위를 맡게 되었기 때문에 모든 문제를 기본적으로 '중앙'에서 결정하였다. 지방의 독립적 상태를 충족시켜 경제적·지역적으로 타당한 상호연관된 집합체를 정비하고 발전시킬 전망은 보이지 않았고, 이러한 상태가 인구통계학적 정책에도 악영향을 미치게 되었다.

  이렇게 해서 당연하지만 우리나라의 행정, 지역조직, 각 단위조직의 통할(統轄)을 개선하고 쇄신할 필요가 생겼다. 이것은 행정, 지역단위 각각을 가능한 효율적인 집합체로 고려하여, 그 사회경제의 발전수준이나 능력을 향상시켜서 자연환경을 적절히 활용·보호하는 입장에서는 타당하지 않은 점이 보여진다. 나는 이러한 점에 주의하여 지방자치조직을 확립하는 사회적 및 경제적 발전의 새로운 영향에 합치한 다면적 연계를 확대하는 등의 문제를 국가의 독자성과 조정하면서 결정해가고 싶다.

  이러한 30여 년의 기간 속에 공업력의 지위가 크게 변화하여 많은 중심적 산업시설이 새롭게 건설되었으며, 많은 아이막의 중심지가 비교적 급속히 발전하고 있다. 산업경제와 사회문화의 구조가 앞으로 확대하여 몇 군데의 아이막, 솜을 포괄한 대규모의 산업집합체로 발전할 조짐이 이미 나타나기 시작하고 있다. 그러나 이러한 진전은 그러한 지역적 상태나 인구상태, 경제력, 자원과 직접적으로 관계하여 일정한 규모로 적절한 제한 안에서 실시되지 않으면 안 된다. 그러한 조정이 올바르게 행하여지면 경제적이며, 사회적 효과는 보다 더 증대함과 동시에 산업과밀의 발생이나, 생태학 및 자연환경과 균형을 상실하는 병폐도 생기지 않을 가능성이 있다. 이러한 필요성을 상실했기 때문에 오늘날, 국내인구의 34%, 산업의 전 생산고의 75%가 울란바토르, 다르한, 에르데네토에 집중한 결과, 거기에 거주하는 사람들의 주택·식량·사회생활에 대한 수요를 채우는 것이 어렵게 되고 생활 비용이 인위적으로 인상되고 있다.

한편으로 행정단위의 대부분을 현중심의 거주지, 기업에 의거하여 형성하는 경향이 증대했기 때문에, 현재의 지역구분은 천연자원이나 재정 비축이 적은 산업구조나 방향성이 기본적으로 한 종류밖에 없는, 다른 것과 밀접한 산업적 및 경제적 연관성을 가지지 않는다고 하는 많은 작은 지역단위를 만들었다. 그리고 이것이 자산의 분산화, 지도(指導)의 중복, 손해 발생 등의 오점을 초래했다. 이러한 것들이 요인이 되어 현재의 구분은 우리나라에서 각 지역이 독립하여 타당한 집합체를 구성해서 발전시키는 장애 요소가 되고 있다. 또한 행정지명을 사용하고 있었던 시기에 사람들의 이동, 자유로운 유목을 제한했기 때문에 일부 지역에서는 지역적 전통형태, 방목지의 내구 부하를 초과하여 인간·가축·방목지라고 하는 세 가지의 연관이 변화한 것에 주의를 기울이지 않으면 안 된다.

수많은 작은 행정, 지역단위에는 일정한 지역적 조건이나 산업을 발전시키는 목적, 방침과는 별로 관계가 없으면서 기본적으로 같은 비용이 필요한 행정기관이 활동하고 있다. 그러한 것들은 우리나라의 전 행정비용의 65%, 행정기관에서 일하는 사람들의 60%를 차지하고 있으나, 지역산업을 독립한 집합체로 발전시킨다는 목적의 실시에는 극히 만족할 수 없는 역할을 하고 있다.

과거에는 이러한 현 시스템의 결점이 원인이 되어, 몇 가지 나쁜 상황이 일어났다. 첫 번째로 국가행정에서 위로부터의 지도방식이 주류가 되어 물자 재정기반은 약하고, 역량이 낮은 인재를 고용하는 조직이 생겼다. 국가·행정·산업의 활동에 커다란 혼란을 가져오고 지역을 사회·

경제・생태학과 연결된 독립집합체에 의해 발전시킨다는 국가의 지시는 실시되지 않았다.

두 번째로 아이막, 특히 솜마다 많은 산업관련문제를 울란바토르 측으로 동시에 보내어, 상부 행정기관의 여러 가지 결정을 솜에 전하는 데에 막대한 비용이나 어려움이 증가하게 되었다.

세 번째로 새롭게 기업을 설립해서 그것에 의해 지역구분을 개편해 왔던 것이, 지역이 국가조직의 구조 및 형식을 행정・지역구분에 의거하여 확립한다는 원칙을 크게 짓밟는 나쁜 결과를 초래했다.

국가가 시장경제 관계로 이행하여 다양한 소유형태를 만든 기반을 쌓고 국민에게 개인기업 경영자의 전통적 형태가 부활하게 됨으로써, 이전의 바구 형태를 필연적으로 요구하게 되었다. 헌법초안에 포함시킨 것처럼 현재의 바구는 1950년대의 것과는 달리 자신의 지역에서 자치와 국가행정을 편성하여 실시하는 역할을 맡는 행정단위, 즉 지역단위의 제1단계인 것이다. 이것은 행정의 기본단위를 주민과 연결시킨 중간단위를 확대하여 힘을 강화시키는 방침과 관련된 방책이라고 간주되었다.

발전사회의 방침을 강화한다, 경제를 시장경제관계로서 일관하여 이행시킨다, 환경생태학의 균형을 보유한다는 방침으로 국가적 조정을 합리화시키는 등의 사회 쇄신의 주요문제를 국가, 지역, 행정단위의 테두리 안에서 실시한다. 그리고 이러한 관점에서 국가행정, 지역의 구조 및 관계를 다음의 두 가지 주요방침에 의해 쇄신, 발전시킬 필요가 있다고 제기했다.

첫 번째로 국가수준에서 지리적 특색, 각 지역의 광대한 자연이나 기후의 차이, 시장경제관계로의 이행방침, 지역적 발전의 균형상태를 충족시키는 방책, 토지를 소유시키는 타당한 방침, 유목산업 및 문명의 역사적 성과와 유산을 기본적 발전과 구체적으로 조합하여 부흥시킨다.

두 번째로 지역수준에서 그 토지의 여러 가지 자연적·기후적 특수조건, 자원(천연자원, 노동력, 가축산 원료)을 총합적으로 활용하여 지역수요를 충족시키는 중소기업을 보다 급속하게 발전시킬 가능성, 민족 및 부족의 문화·예술·역사·산업에 종사하는 특질, 인간의 쾌적한 생활조건을 정비할 필요성, 시장경제로 이행하는 주요 중심지 등의 요소를 감안한 지역산업, 독립한 집합체의 아주 새로운 시스템을 창출하는 것이라고 생각한 것이다.

그 위에 현재의 대규모인 솜을 단독 혹은 복수로 통합하여 호쇼라고 하는 행정기관을 설치한다. 아이막을 확대하는 방법으로, 가까운 장래에 새로운 지역적 행정구분으로 이행하는 목적을 달성할 가능성을 갖춘다. 이러한 방침을 법제화하여 결정하지 않으면 안 된다. 이를 위해서 헌법 초안에 "몽골국의 행정, 지역단위의 통할은 지방자치의 원리를 국가조직과 조합하여 실시한다"고 명시한 것이다. 그것은 원칙적으로 새로운 사안일 뿐만 아니라 중앙집약계획경제를 가진 행정의 전체주의 시스템 시대 방침을 완전히 거절한 것을 보여주고 있다.

지방자치의 원칙이라는 것은 사람들이 지역 발전 안에 있는 생활문제를 직접적으로, 혹은 대표기관을 통해서 결정 시행하는 민주적 원칙을 말한다. 이것과 함께 행정, 지역단위에 국가행정이 비교적 독립된 상태로 적절한 균형 상태를 이뤄 양립시키는 것도 포함된 이해로서, 한마디로 말하자면 국가, 국민의 지도를 양립시키는 활동이라고 생각하고 있다.

그러나 지역적 생산력의 발전 수준은 낮고, 국가행정을 지역의 인구와 산업에 접근시켜서 구체화할 필요성이 더욱 증가하고 있는 상황에서, 이러한 모든 문제를 급하게 단번에 해결할 필요는 없다고 생각한다. 행정지역의 분할을 쇄신하는 작업은 대개 1995년 이후에 실시할 계획이다.

아이막이나 울란바토르 시, 호쇼나 호로의 자치조직은 그 지역의 의회와 그 대표의원이라고 초안에 포함되어있다. 그들의 의회, 즉 지방자치 조직은 현재의 인민대회의 시스템과는 근본적으로 다른 것이다. 지방의회는 단지 국가 대표자만으로 구성되어 있는 '의회'는 아니다. 이름을 변경했다는 것뿐이 아니라 내용・원칙 면에서도 변경되었고, 현재의 의회는 국가 권한을 가진 조직이라는 것뿐만 아니라, 주민 즉 지역 사람들 자신의 조직이라는 데에 있다. 그러한 의회는 그 지역의 문제를 스스로 해결하고 국가적 문제를 결정하는 데 참가한다는 기본에 의거하여 활동을 행한다.

바구나 호로에서 자치형태는 주민의회이고, 그곳의 산업 문제를 주민 스스로 이야기를 나누어 결정할 가능성이 있는 것이다.

솜이나 호로, 아이막이나 울란바토르 시의 의회는 법률에 나타난 일정 기간에 선출된 대표자에 의해서 구성된다. 그 구성원은 한 번에 한해서, 비교적 안정적으로 하는지 어떤지를 지방자치 법규에 의해서 결정하도록 고려한 점에 주의할 필요가 있다.

헌법초안에 기술한 바와 같이, 국가행정은 그러한 단계적 단위별로 하부단위에서 추천되고 상부단위에 의해서 임명된 행정장이 행한다. 그들은 각 단계의 의회로부터 후보자로 추천되어 상부단계 행정조직의 권한을 가진 자에 의해서 3년 임기로 임명된다.

행정장은 관할하는 지역단위에서 국가를 대표하여 국가의 행정권한 즉 국가법규, 정부결정, 지시를 독립적으로 실시하도록 초안에 포함되었다. 이러한 모든 것을 우리들은 자치의 원칙과 국가행정을 조합시킨다는 술어로서 연결시켜서, 한 개의 사항으로 포함한 것을 인민대회의에서 진술하였다.

　법치민주주의의 사회를 건설하는 법제면의 근거를 쌓은 헌법이 어떻게 해서 기초되고 채택되었는지에 대해서 진술하지 않으면 안 된다.

　국가 소회의는 1990년 10월 4일, 몽골국 헌법의 초안 기초작업을 행하는 위원회를 설치한다고 결정하고 위원장에 몽골인민공화국 대통령인 내가 임명되었고, 부위원장에 국가 소회의 부의장 K.자르디한이 임명되었으며, 사무국장에 국가 소회의 의원 B.치미도가 임명되었다.

　또한 위원으로는 몽골인민공화국 수상 D.비양바수렝, 법무대신 Sh.아마르사나, 국가 소회의 국가상임위원회 위원장 S.바야르, 국가 소회의 사회정책상임위원회 위원장 T.오치르후, 국가 소회의의 여성·아동·청년문제 상임위원회위원장 R.하탕바타르, 국가 소회의 법무상임위원회 위원장 L.쵸구, 국가 소회의 경제상임위원회 위원장 M.엥후사이한, 사회민주당 당수 B.바토바야르, 민주당 정치협의센터의 조정역 대표 E.바투르, 녹색당 당수 Z.바상도르지, 민족진보당 평의회의 대표 D.강보르도, 자유노동당 중앙위원회 위원장 겸 정치간부회 대표 Ch.두르, 인민혁명당 중앙위원회위원장 G.오치르바트가 참가하여 총 16명이 있었다. 1991년 3월 1일까지 국가 소회의에서 헌법초안을 협의한다는 임명을 받았다.

　국가 소회의가 조직한 위원회는 과거의 헌법을 개혁하는 것이 아니라 전혀 새로운 개념을 포함한 헌법을 창출하는 쉽지 않은 임무를 맡았다. 초안작성 작업을 시작해서 1990년의 '헌법개정법'의 견해와 몽골인민공화국 헌법쇄신위원회가 새롭게 작성한 초안. 법률가 D.룽데쟝챵, 법률가 Ch.엥후바타르, B.망다후비레구, J.엥후사이한 등 9명의 공동기초 초안에서 새로운 헌법개념에 합치하는 부분을 택하여 초안작성에 활용했다.

헌법초안의 방침에 관한 문제로 최고재판소, 국가검찰청, 법무소, 과학아카데미, 몽골국립대학의 안에서 전문연구소나 교실에서 강연이나 협의를 개최하여 의견을 듣고 연구했다.

헌법의 "국가권한을 분할한다"는 원리에 관해서 국민을 대상으로 한 사회조사의 결과를 고려하였고, 또 세계의 상당한 나라들의 헌법을 그 나라의 국가형태, 국가조직, 행정형태, 정치, 경제시스템, 헌법개념의 기본방침 등으로 나누어 연구하고 검토했다. 이때 타국을 모방하는 것이 아니라 국가연구의 과학적 성과, 자국의 경제·사회·정치조직의 특수성, 역사적 전통, 오늘날의 수준, 장래적 방향성을 기초로 하여 참다운 민주주의사회를 보증한 헌법을 창출하도록 노력했다.

1991년 4월 19일, 헌법초안을 국가 소회의에 제출하고 협의를 거쳐 몇 가지의 견해나 방침을 반영하도록 수정하고 1991년 6월 10일부터 9월 1일까지의 기간에 전 국민이 토론하여 그들의 의견도 포함했다. 그동안 헌법초안 기초작업조직위원회는 다양한 작업을 실행하였는데, 그 한 가지가 "헌법초안, 몽골국 발전의 방향"이라는 주제로 실시한 이론회의로서, "몽골국이 민주화로 이행하는 과정에 대해서 신헌법이 수행할 역할과 차지하는 위치"라는 주제로, 세계 10여 국에서 국제기관대표자 30명이 참가하는 국제학술회의를 개최한 적이 있다. 국가수준으로는 지역별로 협의회를 열어서 제기된 의견을 통일적으로 총괄했다.

초안을 협의하는 과정에서 나온 의견이나 비판은 신중하게 받아들여서 초안기초작업부회의 구성원에게 법률가, 경제학자, 정치연구가, 언어·문학전문가 등의 전문 연구자 등도 포함시켜 활동했다.

초안을 합계 7,000 정도의 조직으로 협의하고 거기에 참가한 90만 명 정도의 사람들이 참가하여 총계 22만 정도의 의견이 제기된 것을 보면,

신국가를 위해서 국민이 얼마나 많은 의견을 냈는지 알 수가 있다. 그러한 의견늘 중에서 44.3%를 초안에 반영시켰다. 우리나라의 헌법초안이 국제적인 법적 기준과 보편적 원칙에 합치하도록 유엔국제인권위원회, 열국의회동맹, 아시아개발기금 등의 조직, 외국인 연구자들은 적지않은 관심을 보였고, 각각의 의견을 표명하고 있었다.

몽골국 헌법의 초안을 국민전체가 협의한 후에 초안의 서문, 전 5장 81조 90항 정도 안에서 필요한 부분을 수정한 이외에 70 가까운 부분에 새로운 원리를 더해서 개정하여, 1991년 10월 7일에 국가 소회의에 제출하여, 인민대회의에 상정하도록 요구했다.

헌법의 각 장, 각 조항을 각각 되풀이하여 심의한 것뿐만 아니라, 일부 단어에 대해서는 각 의미 내용을 협의하여 정의하는 등 실로 엄밀하고 커다란 작업이었다.

내 손에 있었던 헌법초안의 기초와 연관된 작업자료를 7권으로 정리하여, 대통령 공문서로 보관하였다. 그동안 프랑스, 영국, 일본, 이탈리아, 그리이스, 스페인 등의 나라들의 헌법을 읽어보았다. 몽골의 연구자이면서 아카데미 회원인 N.이시쟈무쓰, Ch.다라이, 법률가 G.소부도 박사, Kh.냥보 박사, 점성술사 L.테르비시, 몽골국립대학교수 Sh.쵸이마, 국민바토우르, 국제기관을 대표하여 활동한 미국인 연구자 루이스 휘라 교수, 파키스탄 상원의원 아소후 와다빙, 미국의 아시아기금 계획이사 세르당 R.세베링호아수, 캘리포니아대학교수 조세프 R.구로딩, 차프리스 후리도, 마팅 샤피로에게서 의견을 들었다.

유엔인권센터, 제네바에 있는 국제기관, 국가검찰청, 몽골 변호사연맹, 최고재판소 등의 조직의 의견이나 평가를 하나하나 검토했다. 국민들의 의견에 기초하여 토론한 결과 여러 가지 주제로 되풀이하여 행한 사회조사의 결과를 상세하게 협의하여 견해를 선정했다. 법률지식이 없는 나와 같은 사람에게는 어려운 일이었다. 헌법 제30조의 "생래(生來)의 몽골국민을 4년을 기한으로 해서 선출한다"고 할 때의 '생래의 국민'이란 어떤 사람을 가리키는 것인가. 제8조의 '민족적 소수자'라고 하는 것은 국민적 소수자와 어떤 차이가 있는 것인가. 제14조의 "사람을 민족, 종족 … 교육에 의해서 차별해서는 안 된다"는 부분에서 민족, 종족 등의 말의 역사, 민족학적 및 언어학적으로 어느 정도 정당하고 정확한 것인가, 이러한 말의 의미를 어떻게 이해하고 설명하는가에 대해서, 저명한 학자 Sh.나차쿠도르지, N.이시쟈무쓰, Sh.비라, Ch.다라이, G.수후바타르, 바다무하탕, 다무딩쟈부의 의견을 요청하여 토론했다. 연구자들은 각자가 여러 가지로 해설하며 각자의 견해를 진술했다. 이렇게 해서 말 한 마디 한 마디가 의미를 포함한 법률안 내용이 된 것이다.

몽골인민공화국 제12기 인민대회의 제2회 의회의 1991년 11월 12일의 회의에서 몽골국 신헌법의 초안에 대해서 연설한다는 중책이 내게 맡겨졌다. 14개월 동안에 활동해 온 작업의 결과를 이렇게 해서 최고 국권을 가진 입법기관인 국회에 제출한 것은 초안기초위원회의 위원들, 작업부회에 더한 모든 사람들에게 중요한 일이었다.

인민대회의에서 내가 행한 연설의 제목은 "몽골국 헌법초안을 국민전체가 협의한 결과, 신초안에 대해서"라는 것이었다. 몽골국이 이행의 시대에 미래에 대한 시련을 극복할 수 있는지는 얼마만큼 민주적이고 정의에 의거한 법률을 채택하는가에 따라서 명운이 크게 좌우되는 것이다. 이러한 역사적인 사건을 몽골뿐만 아니라 외부 국가들과 국민도 주목해서 지켜보고 있었다. 채택된 헌법은 하나의 시대에 대해서 몽골 전 국민의 정신적 발전에 대한 역사적 평가로서 발현되어져야 하며, 인류문명에 있어 위대한 공헌이며 전 세계에서 몽골국의 명예, 몽골민족의 권리가 응축된 최상의 표현이 담겨져 있어야 한다고 위원회나 작업부회의 구성원은 인식하고 활동했다.

그리고 1980년부터 1990년대의 경계에서, 그때까지 사회주의국가로 불리고 있던 나라들에게 확대됐던 변혁 쇄신이 그 나라뿐만 아니라 전 세계의 양상과 발전의 방향성에도 커다란 변화를 초래했다.

사회주의라는 체제를 부수고, 거기에 포함되어 있었던 많은 나라들이 엄격한 교조주의적 질서에서 국민민주주의의 질서, 시장경제관계로 이행하고 있다. 몽골국민은 타국의 국민과 같이 민주화와 쇄신의 길을 선택했다.

몽골의 변혁 쇄신은 독자성을 가진 정치경제적 변혁을 동시에 시작하여 민족의 역사, 문화, 의식을 회복하여, 시장경제관계로 이행한 원리를 헌법으로 보장해야만 한다. 새로운 것을 창출한다는 것은 낡은 것을 파괴하는 이상으로 어려운 것이나 몽골국을 번영시키는 단서로 할 수 있고 그것을 국가의 주요법규로 보장하는 것은 오늘날 우리들이 후세 사람들을 위해서 맡아야 할 역할이며 영예였다. 우리들이 맡은 역할을 이렇게 의식하고 일한 많은 몽골인들, 인민대회의의 430명의 대의원 모두 적극적으로 참가해서 며칠이고 논의했다.

내가 국가원수에 임하여 지도한 최상의 작업이 몽골국 헌법이라고 할 수 있다.

민주사회에서 독자적인 행정 형태는 국민 스스로가 직접연대, 통합하여 자원봉사로 설립한 '국가'인 비영리조직, 비국가 종속적 조직, 비정부조직이다. 헌법에 대해 국민은 사회적 및 자신들의 정당, 그 외의 공공기관을 설립하는 자원봉사자로서 연대를 가질 권리가 있다는 법에 기초해, 그러한 조직을 설립할 수가 있다. 그러한 조직은 형식적으로는 개인의 권익을 보호한 것처럼 보이지만, 본질적으로는 공공의 사업을 위해서 활동을 한다.

세계적인 예를 들어보면, 영국에서는 비정부조직이 사회보장분야에 있어서 국정을 대행하고, 프랑스에서는 빈곤에 맞서고, 러시아·몽골·유럽제국에서는 민주주의사회를 건설하는 활동을 적극적으로 행하고 있다. 비정부조직이 비영리분야에서 차지하는 위치와 그 의의가 해마다 확대하고 있다. 비영리조직이 활동에서 쓰여지고 있는 자금 중 4분의 3이 교육이나 학술, 보건, 사회서비스, 문화나 오락 등의 주요분야에 쓰이고 있다는 증거가 있다. 일부 나라의 경험을 보자면, 비영리조직의 수입 내역은 유료 서비스 및 생산품 매각이 4%, 정부 보조가 43%, 개인이나 기업의 기부가 겨우 10%이다. 이것은 국가의 일부의 역할을 비정부조직이 맡고 있다는 일반적 성격에 기인하는 것이다.

사회적 방향성을 갖는 시장경제를 발전시키는 국가목표 중에서, 사람들에게 교육을 시키는 것, 보건이나 문화예술에 관한 서비스를 행하는 것, 사회의 취약한 부분을 돌보는 것 등, 국가가 행해야 하는 역할 일부를 맡는 비정부조직을 지원하고 그 활동을 효과적으로 실시하기 위한 조건을 국가가 충족시킬 필요가 있다. 비정부조직은 개인을 사회의 모든 부문에 참가시킴으로써 국민의식을 고양시켜서 권리를 향유하고 의무를 다하며 책임을 의식하는 데 일조가 되며, 민주주의사회 건설에 중요한 책무를 맡고 있는 것이다.

아무리 힘을 써도 국정이 개개인에게까지 도달할 수는 없으며, 한편으로는 시장이라는 것이 금전지불능력이 좋은 사람들에게 보다 많은 서비스를 제공한다는 상태를 고려하여, 양심적인 사람들이 스스로 자원봉사자 조직을 통해서 지원을 필요로 하는 사람들에게 자선적인 보조를 행하여 지탱하는 것이 한층 더 효과적이며 합리적이다.

그러므로 비정부조직에게 법인의 권리를 부여하여 활동을 하도록 승인하고, 입법 절차에 영향을 미치는 국가정책을 입안 및 시행할 때에 영향을 미치는 범위 내에서 정치활동을 승인하여 비정부조직에 정보를 충분히 제공하고 서로 연결하는 중심시설을 가지게 할 필요가 있다. 국권을 가진 조직의 감사 이외에 민주적 내부감사, 국민이 개입한 감사 메커니즘을 갖는 것이 중요하다. 국가행정기관의 몇 가지 방침 및 역할을 비정부조직이 행하고, 정부가 비정부조직과 관련된 관계에 대해서 정부법에서 일부 명확하게 규정되어 있다. 그러나 민주사회에 비국가조직이 차지하는 위치와 의의의 범위를 급속하게 확대할 필요성을 고려하여 비정부조직의 설립, 그러한 활동조건이나 규정, 국가조직과 비정부조직 사이의 관계를 조정하는 목적이 있는 법률을 제정할 필요가 있다.

이것이 민주주의 사회의 주요한 성격인 것이다. 몽골의 정치개혁의 기초를 정치체제의 테두리 안에서 개설하자면 이렇다고 할 수 있다. 몇 가지의 항목을 더욱 명확하게 하자면, 예를 들어서 선거제도에 있어 국가원수나 국회의원 입후보자의 선택은 소수로 행하고, 전 국민의 투표에 의한 선거에서 다수파를 결정한다. 선택하는 소수파는 현재의 정당이라고 할 수 있다.

선거제도에 있어 다수결제, 민주적 모델로서 협의형식이 있는 것이 타당한 것일까. 정당 시스템은 다수정당에 의한 다원론을 기초로 하여 이것이 몽골사회를 발전시키는 사상적 투쟁이 되며, 그 투쟁에서 사회를 발전시키는 정당한 관념 및 결정이 내려지는 것이다. 아무리 다수의 정당이 있다고 하더라도 사상적으로는 2종류 이상 존재하지 않는다면, 그

2가지의 통합이 정책내용이 되는 것이다. 이것은 현재 우리들의 생활에 의해서 증명되고 있는 것이다.

사회적 관계의 테두리 안에서 말하자면, 몽골인의 습관에 의해서 어린이가 부모를, 젊은이가 교사를, 국민이 국가원수를 존중하고 복종한다는 원리가 있는 사회관계를 계속 유지해 왔다. 민주·쇄신의 상태에서 인권, 평등한 권리의 사상을 사회적 관계에 침투시키지 않고, 몽골에서 민주주의를 발전시킬 가망은 없다. 그럴 경우 평등한 권리, 인권에 대한 이해의 내용을 몽골의 전통과 어떻게 연결시킬 것인가가 근본 문제다. 존중하여 복종하는 예의를 평등한 권리라고 하는 원리와 연결시키는 변증법적 통합을 모색해야 할 것이다.

어떤 국가에서도 모든 연령이나 성별, 서열 있는 사람들의 집단, 계층이 자신이 속하고 있는 사회에서 행하는 역사적 역할이 있다. 그러한 역할은 발전의 근원이 되는 마찰을 일으키는 측면이 있다. 그렇게 해서 몽골에서는 국민이 국가원수와, 젊은이가 연장자와, 아내가 남편과, 어린이가 부모와, 학생이 선생과 평등한 권리를 가진다는 것은 각 사회에서 수행할 역할의 전권을 가진 당사자이며, 그러한 역할을 각자가 자발적으로 노력하고 솔선하여, 확실하게 달성시키는 것이다.

사람은 타인과 사회·자연 속에서 항상 관계를 가지고 종속하고 있는 것을 알고, 종속하고 있는 원인이나 규율성을 알고, 그것에 따라서 자기의 행위를 다룸으로써 자유로운 상태, 인권의 의미를 이해한다. 이것을 몽골국 헌법에서는 "사람이 권리, 자유를 누릴 때에는 국가안전보장, 타인의 권리나 자유를 침해하고, 사회적 질서를 어지럽혀서는 안 된다"고 규정하고 있다. 헤겔이 "불가피적인 일을 앎으로써, 자유로운 상태가 된다"고 한 것은 이것에 해당하는 것이라고 할 수 있다. 이러한 일반적 진실에 따르면 상호의 역할을 쟁탈하고, 무질서하게 되는 일은 사라지고, 사회의 균형상태가 장기적으로 유지되어 협력하여 발전할 수 있다.

사상 면에서는 몽골의 국가적 견해는 단결의 견해인 것이다. 몽골인은 칸과 부처의 양측, 즉 음·양적 통일에 의해서 표현되는 일원론과 함께 걸어온 전통을 가지고 있다. 이것에 대해서 『백사(白史)』에 "부처의 지배가 없으면 생물은 지옥에 떨어지고, 칸의 지배가 없으면 국가는 멸망한다"고 서술돼 있다. Ch.주구데르 박사가 국가를 장악하는 지혜에 대해서 『백사』에 진술한 부분을 인용해 보겠다.

쿠빌라이칸(Khubilai Khan)의 시대에 통치자로서의 행동, 규율, 도덕 등을 정하여, 그가 통치자로서의 3대 행동, 4대 국가, 6대 설화, 7대 신통(神通), 9대 길조(吉兆)라는 스스로의 계율을 정했다.

1. 3대 행동
  (1) 법의 윤리에 따라 국가를 통치하여 안정시킨다.
  (2) 국가의 원리에 따라서 통치하여 기쁨을 향유한다.
  (3) 군대를 강화하여 국가를 보호한다.

이러한 3대 행동은 몽골의 칸의 국가통치의 지혜·사상, 국가의 2대 원리, 평온·행복을 향수하는 국가계획이라고 생각한다. 원조(元朝)시대에 국정을 집행하고 있었던 홍징이라는 이름의 3명의 장관이 칸 대신 이러한 역할을 각각 맡고 있었다.

2. 4대 국가
  (원문 중략)

최초의 두 명은 만물의 구제를 위해서 자비심을 창출하고, 병에 대해서는 의사가 되고, 헤매는 자에게는 길을 가르쳐주고, 어두운 밤에는 등불이 되고, 빈자에게는 보물창고를 내주고, 보살과 같이 만물을 구제하는 것이다. 통치자로서 국가를 진정시키기 위해서 안녕을 중히 여기고, 최후에는 대신 관리들에게 국가를 잘 다스릴 것을 스스로의 기본원리로 한다.

3. 6대 설화

(1) 몽골의 칸이 나라를 통치하기 전의 역사 설화.
(2) 국가를 다스리는 질서에 관한 불의 가르침이라는 설화.
(3) 국가체제를 유지하는 도리나 질서라는 설화.
(4) 제멋대로 행동해서는 안 된다는 설화.
(5) 군대를 조직하여 국가를 지킨다는 설화.
(6) 절약하여 경제력을 늘렸다는 설화.

이러한 6개의 설화에는 몽골에서 칸이 통치하기 이전의 역사적 경험이나 교훈을 상세하게 고찰하는 중요성이 나타나 있다.

4. 7대 신통

(1) 과거를 추유해 짐작으로 알아맞히는 철학.
(2) 미래를 예지하는 의술신.
(3) 비밀을 캐는 우수한 현인.
(4) 현재를 완전하게 아는 참된 지식.
(5) 타인의 생각을 진술하는 것을 예지하는 놀라운 현인.
(6) 여행이나 수렵을 효율적으로 할 수 있는 용사.
(7) 5개의 지혜(언어, 철학, 종교, 의학, 예술)를 완전하게 하는 재능.

7대 신통은 몽골의 칸의 학식을 외경하는 관념을 나타내고 있다. 칸이나 그 대신 관리들은 항상 현명하고 학식을 갖추고 용사이어야만 한다는 관념이 관리를 선출하여 일을 시키는 기본 원리라고 간주했다.

5. 9대 길조
　⑴ 대군의 원정시 표식(目印)이 되는 검은 군기.
　⑵ 모든 것을 움직이는 신호가 되는 빨간 나팔.
　⑶ 몸을 지키는 힘이 되는 금으로 만든 금(琴).
　⑷ 많은 사람이 들어올릴 수 있는 노란색의 빛나는 차일.
　⑸ 통치할 때 사용되는 날카로운 검.
　⑹ 튼튼한 금으로 만든 안장.
　⑺ 정부를 안정시키는 무거운 띠.
　⑻ 위대한 옥좌가 있는 전당.
　⑼ 힘이 되어주는 좋은 친구.

　이러한 것들이 통치자를 많은 사람들로부터 눈에 띄게 하는 9대 길조이다.
　쿠빌라이칸이 치세를 행하며 이 5장 29항목의 지혜를 모든 국가공무원에게 가르치는 것은 국가의 전통과 혁신에 대해서 대단히 중요한 것이다. 국가체제의 대학이 연수 프로그램을 실시하여 어린이를 어려서부터 교육시켜 고도의 교육을 몸에 지니게 하면 참된 국가 공무원이 된다.
　민주적인 신국가에 대해서 진술하자면 다음과 같다. 의회국가라고 하는 것은 공동의 지성, 국민의 희망, 목표, 국가적 전통 그것 자체일 것이다. 3개의 시대의 국가적 전통이 어디에 있는가 하면, 국가의 독립, 법령, 정치체제에 있다. 예를 들면, 1206년에 몽골 왕후(王侯)의 대집회에서 테무진이 성스러운 칸에 추대된 것, 쇄신의 현재에 몽골국 국가원수가 국민에 의해서 선출된 것 등은 전통이다. 현재의 민주화된 국가의 무엇이 강력했는가 하면, 그것은 군대가 아니라, 국가정책이나 법률이라는 점이 한층 이해되고 있다. 조약이나 협정, 서명 문서에 의해서 독립을 잃지 않는 것을 의식해야만 한다. 신국가정책은 헌법이나 다른 법률에 포함되어 있고, 그것은 세계가 민주적 관계에 있는 동안은 유효한 것이다.

몽골국가의 전통을 기초로 한 쇄신 시대의 국가견해는 사회에 대한 반대세력의 활동을 가능한 신뢰하고, 연결시키는 사상에 의거하는 것이다. 바꾸어 말하자면, 한 개의 사상에 다원론을 포함하여 통일하는 것이 우세하지 않으면 안 된다. 한 마디로 말하자면, 국가사상의 기본원리는 진리를 꿰뚫어보는 최고 지혜의 테두리 안에서, 쇄신을 전통의 테두리안에서, 정주한 기술문화를 유목문명의 테두리 안에 포함하여, 그것을 변증법적 발상에 의해서 통일하여, 신뢰하여 연결시키는 것이다. 민주적 국가기구나 쇄신의 시대에 대한 국가사상의 기본원리를 작성하는 데에, 연구자이면서 법률가인 B.치미도, N.하부후 박사들의 연구의 일부를 참고했다.

"100만인 몽골인이 억만의 한인을 정복하고 있는 것은, 즉 하늘로부터 천시(天時)를 받았기 때문이다"라고 말씀하신 오고타이칸(Ogotai Khan)의 말이 있다. 거기에서는 만물은 변화한다는 사고가 포함되어 있다. 1911년에 몽골이 독립할 때, 보구도 칸은 "몽골국가 수립에 대해서, 이전보다 훈련을 받은 군대를 거의 갖지 않고, 영토를 약탈하여 정착하고 있었던 정예의 무기를 갖춘 군대를 소유하는 청조 클론 변사대신 상도를 겁먹지 않고 추방하여, 그것에 대해서 한 마디로 반대하지 않고 퇴거시켰던 것은 정말 방술을 가진 성인의 은혜임에 틀림없다. 마침내 하늘의 시대가 도래한 것을 알아야만 한다"고 진술한 것에 대해서는 이미 기술했다. "세계 스스로의 진실의 빛과 인간의 지성을 회복하는 연쇄의 식의 빛은, 2개의 시간의 뜻하지 않은 만남에 의해서, 겹쳐진 사건이었다. 그러한 부호를 세계의 틈을 들여다보는 인간의 지성의 반영이라고 말할 수 있다"고 물리학자이면서 아카데미 회원인 Kh.나무수라이가 진술하고 있는 것을 나는 하늘의 때(天時)라고 이해했다.

1990년은 몽골인에게 하늘의 때에 조우한 해였다. 발전의 길을 스스로 선택하여, 세계와 협력하여 진보 발전하기 위해서, 민주적 의회제국가를 가진, 사회적 방향성 있는 시장 모델을 선택하는 기회를 얻은 행복한 시대이다. 본서 중에서 나는 당시의 '강력한' 국정, 사회를 변혁한 민주화의 중심인물이 된 청년들을 자랑스럽게 기록하고 있다. 그들은 우리 사회에서 발생한 울분의 표명, 혁명에 대한 기대의 대표들이었다. 그들의 뒤에는 수흐바토르 광장에서 단식시위에 참가하지 않고, 기를 흔들면서 데모를 하지 않은, 용감하게 큰 목소리를 내지 않아도, 신시대를 초래한 민주화세력을 지지하는 많은 사람들의 마음이 모이고 있었다. 그렇지 않다면, 민주화는 승리하지 못했을 것이다. 용감한 그 청년들은 하늘의 시대의 사자인 것이다. 그들은 민주동맹의 제1회의 회의를 개최하고, 민주당, 다음으로 사회민주당 등 그외의 정당을 결성하여, 금세기에는 두 번 다시 생길 수 없는 공적에 의해서, 정치쇄신을 확립하였다.

회담시, 민주동맹의 S.조리쿠 대표는 사려깊은 말로써 압력을 더해서, 정치평의회원인 Ts.에르베구도르지는 정예 용사의 말로써 내세우고, E.바투르는 단식시위 참가자를 대표하여 정부청사에서의 회담에 더하여 목숨을 걸고 도전했다. B.바토바야르, R.공치쿠도르지들의 정치에 대한 지적인 표현, 독자의 간행물은 사회의식을 변혁하여, 신뢰를 얻었다. 연구자 P.네르구이 박사의 지도·조언·독특한 혁명사상을 듣고, 인민혁명당 내의 젊은 개혁자들은 연구자 15명의 공개서한을 발행했다. 수십 명의 정치가에 의한 투쟁이 있었다. 이 시대의 우리들은 결코 잊지 못할 것이다. 1989년에 민주화운동에 참가한 모든 사람들이 자국의 위대한 역사를 쌓은 국민이라는 같은 통칭을 가진 공로자인 것이다.

그리고 내 자신, 민주화가 몽골독립을 충족시키는 것을 생각하는 자로서, 또한 민주적 국가의 원수로서, 본서를 "하늘의 시대(원제)"로 이름지은 것이다.

제6장
민주화

- 현재의 우리들은 민주주의의 발전이라는 신시대의 출발점에 위치하고 있으며, 국내외의 쾌적한 환경에 의해서 자양을 부여받고, 민주주의의 싹을 키우고 있다. 이러한 쾌적한 요인이 항상적(恒常的)인 것이 아니라는 것은 세계의 역사가 말해주고 있다. 현재의 상황은 새로운 길을 선택할 가능성을 넓혀주는 순간적인 사건에 지나지 않는다고 생각하지 않으면 안되고, 놓쳐서는 안 되는 순간인 것이다.
- 44항목의 지표 중에서 37항목, 즉 84.1%의 민주화의 요구를 실현했다.
- 우리들은 민주주의의 네트워크 안에서 자국의 색을 강하게 나타내고 있다.

몽골국은 민주주의, 인권, 자유, 자유경제가 인류의 보편적인 가치기준인 것을 인식하여, 그것을 몽골문화의 유산과 양립시켜서 자국을 발전시키는 길로 선택함으로써 새로운 발전을 지향하는 행정이 시작되었다.

지금까지의 단기간에 정치, 경제, 사회, 정신생활의 모든 구조에 있어서 구체제를 버리고 새로운 정치제도 및 민주주의의 기반을 쌓고, 시장경제이행을 위한 초기단계의 과제에 몰두하고 있다.

몽골인은 근본적인 사회혁신을 정치·경제의 테두리 안에서 동시에 착수하고, 그 점에서는 다른 이행기에 있는 나라들 중에서도 상당한 성과를 올리고 있는 것은 우리들 몽골인도, 여러 외국도 인정하고 있는 것이다.

우리나라의 정치체제에서 일어난 근본적인 변화는 한 당의 사상을 실천하기 위한 도구였던 국가가 사회의 다양성, 민주주의, 자유라고 하는 발전의 뒷받침이 되는 본질을 발견하여, 정치체제의 중심으로 이행하였다는 것이다. 이것이 실질적인 민주혁명이다.

1990년 초의 자유선거에서 조직된 인민대회의, 국가소회의가 민주적인 신헌법을 채택한 것은 민주화의 최대 성과이다. 정치체제의 테두리 안에서 지금까지 일어난 하나의 근본적인 변화는 정부의 전권을 참된 의미에서 국민의 손안에 이행시킨 일, 헌법에 따라서 몽골국의 국가조직을 정비하여 1992년에 의회선거가 행하여져, 국권의 최고기관인 국가대회의 및 정부가 조직된 것이다. 1993년, 국민의 직접선거에서는 처음으로 대통령을 선출하여, 재판소, 검찰을 새롭게 창설했다. 지방부에서 국가, 행정, 재판소, 검찰의 각 기관을 새롭게 설치하여 활동하고 있다.

사회의 각 분야, 집단의 관심, 사상을 대표한 정당이 활동하고 있다.

정치, 경제, 사회관계의 법제도는 전면적으로 쇄신했다. 헌법에 따라서 법제도를 정비, 확립하는 기반을 쌓은 것은 민주화의 커다란 성과 중의 한 가지이다.

인류의 발전법칙에 준거하여 몽골국은 모든 나라들과 우호관계를 유지하여 협조적인 국제사회에 대한 지위를 강화하여, 지역적·세계적으로 커다란 영향을 가진 나라들과 정치·경제, 그 외의 이익에 의해서 연결된 상호 네트워크를 정비하는 민주적·현실적인 대외정책을 실시한 것이 성과를 올리고 있고, 앞으로도 그러한 원칙에 의거하여 갈 것이다.

우리들이 민주화, 쇄신의 길을 걷기 시작해서부터 5년째가 된다. 세계의 국가들은 각각 자국의 특징에 알맞은 민주주의 형태를 선택하여 발전시키고 있고, 민주주의에 관한 인식에 대해서 여러가지로 정의하고 있다.

일본인 연구자 소네 씨는 "대중에 의한 참가와 진력, 다원론에 의거한 정치적 지도성을 가지고, 국가를 성립시키고 있는 보호 시스템을 정비한 구조를 민주주의라고 한다."고 진술하였고, 에이브러햄 링컨은 "민주주의란 인민의, 인민에 의한, 인민을 위한 정치이다."라고 진술했다. 이와 함께 "민주주의란, 자유를 법제화하여 보장한 것이다."라고 기술한 이도 있다.

제임스 베이커는 "민주주의란, 무엇보다도 우선 개인의 권리와 의무를 우선시한다. 권리와 의무는 동전의 앞뒷면과 같은 것이다. 민주주의의 근본원리는 인민을 신뢰하는 것"이며, "인민은 그러한 원리를 따르지 않으면 안 된다"고 진술하였다. 그의 설명을 간단하게 말하자면 민주주의란 권리, 의무, 책임 3개의 통합이라고 말할 수 있다. "자유사회 국민은 스스로의 이익이나 관심을 표명하여 권리를 행사하고 스스로의 생활에 대해 책임진다"고 하는 다이앙 라빗치의 말을 받아들이지 않으면 안 된다.

민주주의를 발전시키기 위한 정책연구회가 개최되어, 연구자 A.창지도, M.엥후사이한, B.바토바야르(바바르), 일본의 연구자인 소네, 미국의 정치가인 J.베이커, 연구자 다이앙 라빗치, 프랑스의 민주주의 단체의 연구원 기 라르디레, 그 외 연구자의 생각·회상에 의해서, 몽골민주화의 과거 수년간의 결과가 여기에 진술되었다.

어떤 인간이라도 국민이라면, 태어나면서부터 갖는 생존권을 타인에게 감시받지 않고 향수(享受)한다. 동시에, 타인의 권리나 자유를 침해하지 않고, 생존할 수 있는 사회적 관계를 민주주의라고 하지 않으면 안 된다. 왜냐하면, 민주주의 사회에서는 인간이 맨 처음, 어느 나라의 국민인가 하는 것은 2차적인 문제이기 때문이다. 사회발전의 역사도 또한 같은 것이다. 세계각국의 민주주의의 움직임은 1828년부터 3단계로 나뉘어서 발전하고 있으며, 첫 번째의 시대는 1828년부터 1926년, 다음은 1943년부터 1962년, 세 번째로는 1974년 이후라고 생각한다. 특히 1990년 이후는 소련이 붕괴하여 사회주의국가들과의 유대가 끊어져서, 민주주의의 전혀 새로운 4번째의 시대가 시작되었다.

과거 120년에 걸쳐서 민주주의의 여러 가지 모델이 생겼는데, 기본이 되는 2가지의 모델이 있다. 이 중 한 가지가 "다당제 민주주의 모델"이고, 또 다른 한 가지는 "협의제 민주주의 모델"이다. 이 두 가지의 모델은 각각 특징을 가지고 있고, 공통점과 상이점이 있다. 기본 모델의 몇 가지 특징이 병존하는 것도 적지 않지만, 특히 어느 쪽 모델의 어떤 특징을 우위에 두는지에 대해서는 그 나라의 특징에 의해서 결정된다.

'다당제'는 복수정당제를 가리키는데, 행정기구에서는 대부분의 경우 양대 정당이 중심적 역할을 맡고, 당으로서의 기반은 사회·경제적 특징을 가지고, 선거제도가 다당제 등의 공통된 특징을 가지고 있으나, 내각에는 소수파의 대표를 넣지 않으므로, 연립내각은 거의 없다. 다수파가 정부의 결정을 내리기 위해서, 소수파는 행정에서 거리를 두게 된다. 어떠한 제도에서도 정치적 결정이라는 것은 다수파의 의견으로서 제출되는데, 인구의 50% 이상이 "다수파"이고, 남은 소수파에게 압력을 가하는 체제를 민주적인 체제라고 하는 근거는 없다. 우리나라의 이전의 체제에서도 이와 같은 민주주의는 있었다. 이전의 상태로 거꾸로 되돌아갈 가능성도 있고, 이 모델은 우리나라에는 적합하지 않다.

'협의제'의 주된 내용은 행정에서 단지 다수파뿐만 아니라, 소수파도 참가시켜서, 가능한 많은 의견·생각을 채용하지 않으면 안 된다는 생각에 입각하고 있는 것이다. 그 때문에 '협의제'는 다수파가 단독으로 행정을 행하는 가능성을 제한하는 몇 가지 특징을 갖는다. 즉,

1. 주된 정치세력이 연합하여 행정을 행하는 가능성이 있다.
2. 체제를 분담하는 규칙을 철저하게 실행한다. 바꾸어 말하면, 대의원과 정부 각각의 영향력이 비교적 적다.
3. 복수정당제이므로, 어떤 정당도 항상 다수파일 필요는 없다.

그 외에 민주주의 본질에 대해서 '협의제'는 '다당제'보다 한층 우수한 것이다. 왜냐하면 민주주의의 본질에서 볼 때, '민주주의'라는 개념의 제1의미는 스스로에게 어떠한 형태로서 영향을 미치는 결정이 내려졌을 때, 직·간접적으로 필히 참가한다는 것이 있기 때문이다. 두 번째의 의미는 다수파의 생각을 우선한다는 것이다.

역사발전의 어느 단계에 남겨진, 혹은 독재정권이었던 나라는 민주주의 및 사회발전의 길로 들어서기 위해서, 무엇부터 시작하는가, 어떤 방법으로, 어떤 단계를 밟아서 이행하는가를 선택한다.

우선, 민주주의 및 사회발전이라는 개념을 들어보기로 한다.

이것은 일면에서는 정치체제, 사회조직의 민주적 개혁, 혹은 다른 면에서는 소비자가 자유롭게 선택할 수 있는 환경을 갖춘 시장경제로 이행하는 경제개혁, 세번째는 사회의식에 변화를 가져온다는 것이다. 그리고 이러한 개혁을 순번으로 행하는지, 혹은 동시에 행하는지에 대해서 나는 "공산주의체제에서 완전히 벗어나기 위해서는 동시에 행하지 않으면 안 된다"고 생각했다.

거기서, 모든 분야에서의 민주화를 진행하는 법적 근거가 이루어진 것이다. 정치적으로는 복수정당제, 경제적으로는 개방정책·사유재산·지적노동의 자유선택 등 전부를 부여했다. 개혁의 방법에 관해서 세계국가들을 관찰해보면, 온건·급진이라는 2개의 형태가 있다. 우리나라의 젊은 정치세력을 끌어들인 실행은 무기를 사용하지 않은 혁명이라고 할 수 있다.

국민의 자유, 다원론, 다수파 및 소수파의 의견을 서로 존중하는 실질적인 의견을 지지한 것은 대단히 의의있는 것이었다.

경제발전 및 정치의 안정은 어떤 국가에서도 민주주의를 순조롭게 발전시키기 위해서 불가결한 조건이 된다. 소비자와 생산자의 자유로운 관계를 보장하는 조건을 시장에서 갖추어, 그것에 의해서 정치적 자유가 발전할 가능성이 나온다. 시장경제는 민주주의를 철저하게 발전시키는 주된 조건인 것이다.

정치·경제·의식개혁을 완전히 실시함으로써, 보다 더 정치논쟁·분열·충돌을 완화하여, 시장경제 이행기의 어려움을 조정해가는 것이다.

민주주의로 이행하는 과정에서 조우하는 어려움 즉, 정치의 불안정, 민족대립, 분열, 국민의 불안, 논쟁 등이 악화할 경우, 때로는 내전에 이르게 되는 것을 우리들은 타국의 예로부터 배우고 있다. 몽골국민의, 화(和)를 존중하는 사상, 모든 것에 대해서 인내하는 문화적 전통의 덕분으로, 우리나라에서는 국민의 불안, 정부의 실책에 반대하는 데모나 집회, 단식시위 외의 중대한 사건은 일어나지 않았다. 이것은 우리정부가 원만했던 것이 아니라, 몽골인의 지혜이며 공적인 것이다.

그러나 시장경제에 대한 이행과정에서 조우하는 경제적 균형의 붕괴, 환율의 악화, 실업률의 증가, 상품유통시스템의 붕괴, 암시장의 횡행, 자원의 남용, 빈부차의 확대 등, 전체로서 악화된 상황의 어느 것에서도 벗어나지 못했다. 이는 국민의 잘못 등은 하나도 없다. 경제개혁의 성과, 전략, 개념이라는 점에서 정부나 사회의 테두리에서 협의된 기본모델이 오늘날까지 형성되지 않은 것이, 정부나 정당이 활동하는 데에 부족했다고 생각하지 않으면 안 된다.

민주주의를 구성하는 조건 혹은 민주주의의 척도인 선거제도, 표현의 자유, 인권보호, 정보원의 다양성, 정치세력의 다양성, 국민의 자유, 헌법에 의한 조정, 분권이라는 8개의 지표로서 각각 4에서 7항목, 전부 44항목으로 우리나라를 연구해보면, 출판·정보에 대한 민주화와 관계되는 3항목, 여당이 법률기관에서 차지하는 비율과 관계하는 3항목, 군대에 대한 국민감사에 대한 1항목 이외의 37항목, 즉 84.1%가 민주주의의 조건을 충당하고 있다. 이것은 양호한 경향이다. 내가 제안한 매스미디어에 관한 법 및 국가대회의의 선거에 대해서 가결되어, 적절하게 실시되도록 한다면, 몽골의 민주화는 독자성이 있고 우수한 민주주의의 특징을 전부 내포할 수 있게 된다. 우리들은 민주주의를 모방하고 있지는 않다. 미국형의 민주주의를 수입하려고도 생각하고 있지 않다. 미국도 수출하려고 생각하고 있지는 않을 것이다.

공산주의체제가 70년 가깝게 유지되었던 몽골에서, 서양의 민주주의 모델을 모방하는 것이 쉽지 않다는 점은, 이론적으로도 알고 있었다. 세계 각국의 여러 가지 시행착오에 의거하여 경험을 거듭하는 이외의 방법은 없었다. 이것에는 시간, 지혜, 인내, 교정, 협력의 어느 것도 필요했다. 과거 5년간 우리들은 민주주의의 주요한 형태를 기본적으로 경험하여, 스스로의 특성에 맞는 형태를 채용하여 여러 가지 형태로서 시행한 결과, 칭기즈의 고향땅에 민주주의가 싹트고 있는 것이다.

현재의 우리들은 민주주의의 발전이라는 새로운 시대의 출발점에 서 있고, 국내외의 바람직한 조건의 은혜를 받아서 민주주의의 싹을 키우고 있다. 이러한 쾌적한 조건이 언제나 지속될 수 없다는 것은 세계의 역사가 말하고 있다. 현재 상황에서는 새로운 길을 선택할 가능성을 넓히는 "하늘의 시대"의 한 순간에 지나지 않는다고 생각하지 않으면 안 되고, 놓쳐서는 안 될 한 순간이다. 이미 우리들은 민주화의 종자를 발아시켜서 얻었으므로 다음에는 그것을 키워서, 옹호하고, 확실하게 하여 그 과실을 맺지 않으면 안 된다.

발전과정에서 민주주의는 항상 스스로를 개혁하고, 잘못이나 결점을 보충하여 그 성과를 확신한 것이므로, 그 생명력은 강하다고 할 수 있다. 민주주의는 법률을 강화함으로써 독자의 역할을 수행한다. 우리들이 선택한 사회는 모든 사회관계가 법률에 따라서 성립하고, 여러 가지 개념 및 개인의 권리를 지키기 위해서 인내를 가지고 맞서는 것이 요구된다. 민주주의는 개인에 의해서 유지되고, 개인은 민주주의의 정부에 의해서 유지되지 않으면 안 된다.

이러한 관계가 성립하는 조건에 대해서, 그 정부는 참된 민주적인 정부일 수가 있다. 민주주의의 원칙이란 이런 것이다. 법치국가를 수립한 헌법의 원리는 특히 인권을 보호하는 법에 의한 통치를 정한 원리인 것이다. 그 때문에, 사회체제를 지키는 일은 유일하게 민주주의의 원리에 의해서 행하여지지 않으면 안 된다. 공산주의 정부, 마르크스 레닌주의의 경제시스템을 자유로운 사회, 자유시장경제시스템으로 이행한다는 것은 극히 어려운 과제이다. 이것을 해결하는 과정에서 부딪히는 어려움 전부를 민주화의 해(害)인 것처럼 계속 말하는 경우도 있다.

몽골에서는 치안이 악화되고, 범죄가 늘고, 질서가 무너지고, 또한 낭비하고, 신분에 어울리지 않는 생활을 하는 현상이 적지않게 보여지고 있다. 이것은 우리나라의 국민이 자유나 재산이 있으면서도, 독립하여 생활할 능력이 급속히 약해진 것과 관계가 있다. 이것은 공산주의의 잘못이지 민주주의의 그것 때문은 아니다. 어려움을 정부의 강권적 방법으로 극복하는 것을 요구하는 사람도 적지 않다. 현재의 조건에서 민주주의를 강화하여 발전시키기 위해서, 정부가 명확한 정책을 실행하는 것이, 국익을 위한 가장 중요한 과제가 된다.

정책은 현재 상황에서 크게 2가지로 집중되어 있다. 한 가지는 민주주의 모델을 정해서, 그 기본원리를 명확하게 하는 것이다. 이 문제에는 정부의 각 연구소 간에 관계를 조정하여, 법률이나 관습을 어느 정도 계승해 갈 것인지를 정하고, 정부는 비정부조직과 연대하는 원칙을 명확하게 한다. 다른 한 가지는 민주주의는 국민의 문화적 발전에 크게 영향을 받으므로, 민중의 자립심의 지표가 되는 "관습, 규율, 기준"의 문화를 향수시키기 위한 정책을 순차적으로 실행시켜갈 필요가 있다. 다음과 같은 모델이 있다고 본다.

I. "협의제 민주주의모델"과 관련하여, 이 모델에는 다음과 같은 주된 원칙이 있다.
  1. 선거의 다수결 시스템에 의해서, 한 명의 선거인이 한 명의 피선거인에게 투표한다.
  2. 복수정당제이나, 의회에서는 복수당의 2당 이하에 의한 연합이 있다.
  3. 다수파, 연합정부의 어느 쪽이라도 양호하다.
  4. 국민은 사상·권리·이익에 대해서 자유롭지만, 모국이라는 공통의 운명을 나누어 가진다는 인식에 의해서만 민주주의가 존재할 수 있다. 사상·이익에 의해서 대립되어도, 그것은 국민의 범주에서 벗어나는

것이 아니라, 형제를 괴롭히는 적의를 품지 않은 사고방식을 존중한다. 자율적이고 완전히 독립한 공사 양측의 이익을 존중하는 특성, 능력을 민주주의는 국민에게 요구한다.
5. 국회에 의석을 갖는 정당에게, 얻은 표수에 따라서 평가하여, 관련 제 비용에 대해 정부가 융자한다.

II. 정부가 민주주의를 강화하는 주요한 정책의 한 가지는, 민주주의 문화를 발전시킨다는 문제이다. 이를 위해서는,
1. 민주주의 문화, 가치가 있는 것을 선전하는 일을 정부가 명확한 목적, 방향성을 가지고 조직한다.
2. 가치 있는 사회 의식을 만드는 과정에서, 몽골의 역사의 각 시대에서 성립한 가치 있는 모든 것을 연구하고 선전하여, 이를 사회 통합의 재산으로 하는 작업을 학자들의 힘으로 행한다.
3. 교육은 민주주의의 중요한 일부이며 사회를 리드하는 부문이다. 민주주의가 발전한 나라에서는 교육이 국민에게 봉사한다는 원칙을 지켜서, 교육부문의 개혁을 적극적이며 구체적으로 단계를 밟아서 실행하여, 교육을 민주주의의 원칙을 잘 이해하는 국민을 키운다는 목적에 합치시킨다. 일정한 교육을 받는 것은 자유사회 국민의 의무라는 원칙을 굳게 지킨다.
4. 정부의 인재를 양성하는 정치대학을 설립하되, 도제 제도의 전통에 의해서 저학년부터 배우게 한다.
5. 교육이란 국민들의 성장기에 문명, 사회나 정치체제에 적응하는 능력을 습득시킨다.
6. 정신적인 구조에 대한 민주주의, 다원주의, 자유, 여러 가지 소유형태,

자유경쟁을 정부가 지지한다. 각 민족 및 부족의 모국어, 방언, 문화예술, 과학, 관습, 사상을 보호하여 부활발전시킨다. 다음 세대에 이어져야 할 민족, 부족, 지역의 독자의 문화·관습을 정부가 평등하게 다루어 그러한 것들을 차별하거나, 제한을 가해서 감시하거나, 서로 풍부하게 하는 과정을 인공적으로 가속하거나, 혹은 방해해서는 안 된다.

7. 몽골인은, 국가가 존재하고 발전하며 기반이 되는 모국어를 풍부하고 순수하게, 스스로의 문화와 함께, 아름답게 완전한 형태로서 유지해간다.

8. 스스로의 문화예술을 인류문화의 발전의 법칙, 역사에 편입시킴과 함께, 동양문화의 특징은 몽골민족의 문화·전통과 밀접한 관계가 있고, 자민족의 민족문화예술을 존중하고, 세계의 고전 및 현대예술과 공존시켜서 발전시키는 데에 한층 더 주목하여 다음 방침을 지키지 않으면 안 된다.

- 그 나라의 국민이 여러 가지 문화예술분야에서 적극적인 활동을 하고, 재능을 개발할 권리를 평등하게 향수한다. 이것에는 전문적인 수준을 정하며, 감사를 두는 이외의 규제를 가하지 않는다, 전문을 살려서 생활하는 조건을 법률에 의해서 보장한다.
- 민족의 전통 및 세계의 고전, 어린이용, 사회생활에 대한 인도적·박애적 정의, 민주주의에 맞는 것, 높은 예술성으로 창조된 예술작품을 주제·사상·종류에 따라서 차별하지 않고, 소유형태에 상관없이 일관하여 지지한다. 국가예술기금으로 선택, 구입하여 세계에 선전한다.
- 민족의 전통, 현대사회의 목적에 반하는 잘못된 견해를 선전하거나, 전쟁, 강간, 잔학행위, 민족, 인종, 종교에 의한 차별을 정당화하여 선전하거나, 음란한 것을 게재한 작품을 알리는 것을 법률로 금지한다.

- 모든 소유형태의 기업, 단체, 개인이 문화예술기관을 설립하여 법률의 범위 내에서 활동하는 것을 정부는 지지한다.
- 문화예술기관의 네트워크를 발전시킬 때, 지방에 대한 문화적 서비스도 마찬가지로 개선하여, 청소년용의 문화예술기관을 확대하여, 그러한 활동을 현대의 지적 수요를 충족하는 수준으로 올릴 수 있도록 더욱 신경쓴다.
- 전 국민에게 민족 및 인류의 문화유산, 예술과 자유롭게 친해지는, 미에 공감하는, 적극적으로 예술활동을 하는 재능을 개발하기 위해서 공평한 가능성을 충족한다. 이를 위해서 도서관, 박물관, 문화센터, 극장, 문화휴양시설, 체육관, 광장, 스타디움, 수영장 등의 공공서비스의 시설이 매우 중요하다고 할 수 있다.
- 새로운 예술작품에 대한 전문적 조사를 하는 비상근의 공무를 통일하고, 또한 분류한 형태로 예술작품의 수준을 정하는 시스템을 만든다. 그러나 그것에 의해서 검열해서는 안 된다.
- 몽골의 고전 및 현대문학작품을 세계에 소개한다. 번역가·연구자가 몽골어를 외국어로 번역하며, 외국어로 작품을 쓰는 작가를 지원한다. 세계의 고전문학을 몽골어로 번역하는 사업에 중점을 둔다.

9. 자국에서 과학·기술을 시급하게 발전시킨다.

    a. 여러 가지 소유형태가 있는 과학이, 과학–기술–생산–비즈니스, 과학–훈련이라는 형태로서 과학·기술이 경쟁하여 발전하는 환경을 만든다.

    b. 과학·기술이 나아가야 할 방향을 정하여, 그것에 따라서 조사연구·실험·제작·실제의 생산활동에 도입하는 프로젝트를 실시하는 데에 정부가 재정면, 그 외의 지원을 한다.

10. 몽골인의 발전적 사회에 대한 지적 분야의 독특한 환경은 사회의식, 관습 및 사상이다. 사회의식은 내외의 변화의 영향을 대단히 받기 쉽다. 이러한 환경에서 출판정보의 자유, 매스미디어의 자유를 충족하고, 사회환경을 여러 가지 방면에서 전하여, 국민이 자기의 신념이나 가치관에 의해서 생활하는 데에 충분한 정보환경을 가질 수 있도록 고려하고 있다. 이행기의 시작에서 사회의식, 관습, 사상의 탐구자, 예술가가 독자성을 잃고, 사회의 열의, 가치기준을 잃어버리게 되어, 사람들의 윤리가 저하하여, 인간성을 잃어가는 현상이 생기는 경향을 막기 위해서, 인간의 능력이 개발되는 것이다. 그 때문에 첫 번째로, 사회의식에 대해서 개인이 지키지 않으면 안 되는 주된 원칙은 인간이 각 주체성과 책임에 의해서 사회와 함께 살고, 올바른 사회규범의 형태를 만들어, 개인이나 사회를 발전시키는 과정인 것이다. 개인이 태어나면서부터 운명적인 심리는 "남보다 밑이 아닌" 모든 면에서 즐겁게 살고 싶다는 순수한 질투심, 풍요롭게 살고 싶다는 정직한 욕망이다. 인간은 모두 자신의 생활을 위해서 지혜, 능력, 노동력에 의해서 경쟁함으로써 이것을 가지는 것이다. 경제적 및 그것 이외의 압력의 영향 밑에서, 단기간에 사회적 심리·관습·사상을 이렇게 변화시킬 수 있는 것이다. 이것은 국가, 사회 및 경제에 대한 정책의 중심적 과제라고 말하지 않으면 안 된다. 두 번째로는 몽골의 전통문화는 인간형성, 생활환경을 충족시키는 사회의 확실한 메커니즘을 만들고, 적절한 체제를 형성하는 것이 중요하다.

11. 몽골문화의 중심적 부분은 신앙이다. 우리나라에 있어서 생활상 본래의 의미로서 신앙의 자유를 행사하기 시작한 것은 민주주의로의 이행의 성과의 하나이다.

정부가 모든 종교에 의해서 사람들의 마음을 누그러지게 하고, 사회관계를 인도적인 것으로 하기 위해서 전통적인 몽골의 관습·도덕을 부활시켜서 사회질서를 정하여 강화하고, 생물·자연을 사랑하며, 정치체제를 존중하여 평화를 요구하고, 인도적으로 자애있는 사상을 보급하는 정책 및 시책은 대단히 중요하다. 국가가 종교에 대해서 경의를 표하고, 현명하게 인내심을 가지고 몰두하는 것은 정당하다.

인권과 자유를 국민에게 향수시키고, 그것을 정부가 옹호하는 것이 나라의 명예, 존재 의의, 나라의 민주주의의 본질이라고 볼 수 있다. 세계의 국가들은 신앙, 민족의 특징, 사상의 차이에 의해서 민주주의를 여러 가지로 이해하는 것을 나는 상술했다.

서구인은 인권·자유를 존중하고, 자신의 운명은 스스로 결정하지 않으면 안 된다고 생각하여, 정부의 지도자는 국민의 경애를 자신의 행위에 의해서 얻어야 한다고 생각했다. 그러나 아시아인들은 정부를 존중하는 것은 전통적인 것으로서, 정부의 지도자를 여하튼 정당하다고 생각하여, 그것에 따랐던 관습이 있다. 강한자는 약한자를 지탱하고, 보호하여 원조한다는 의무가 있는 사상은 아시아인들의 장점이다. 몽골인의 일반적인 성질, 생활양식은 개인이 노력한 부분이 크더라도, 엄격한 자연환경에서 서로가 협조하는 성질이고, 호의적으로 친근감이 있다.

사회시스템의 특징에서 생활·활동을 행하는 환경에 대해서 말하자면, "가족을 우선하는 제도"인 것이다. 가족, 이웃, 십호(十戶), 백호(百戶), 천호(千戶), 바구, 호쇼, 솜, 아이막, 기업, 협동조합, 국가, 민족 등 이러한 모든 것을 "가(家)-국가"로 생각하여, "가정을 올바르게, 국가를 올바르게 하라"라는 가르침도 있다.

몽골인은 게르 중에서 누구가 어디에 앉는지, 무엇을 하는지를 명확하게 구분한다. 바꾸어 말하자면, 게르에서는 내부구조의 질서가 지배하고 있다는 것이다. 이것을 '연공서열'이라고 하며, 가족전원의 심리적인 통일을 도모한다. 이러한 통일이 질서를 만든다. 일본에서도 이러한 활동을 하는 '수직' 구조를 '가(家)제도'라고 한다.

'나'라는 개념도 서양에서는 '개인'이라는 독립된 자기라는 의미를 나타내지만, 일본에서는 "나의 일부"라는 의미로 사용되어 "속하고 있는 것을 원하는" 혹은, 모든 어린이가 엄마의 일부라는 상태를 표명하고 있다. 이것에 의해서 인간은 개인이나 사회·자연에 항상 속하여, 관계하고 있는 것을 알고, 지배되고 있는 이유나 조건을 알고, 그것에 따라서 자립하여 행동을 바로잡을 때 자유나 인권의 의미를 이해할 수 있을지도 모른다.

아시아의 동남아시아국가들, 즉 싱가포르, 말레이시아, 인도네시아, 필리핀, 태국 등의 신흥공업국은 자국을 민주주의국가라고 생각하고 있다.

서양적 가치관에서는 이러한 나라들은 경제적으로는 참된 '호랑이'가 되려고 하고 있지만, 민주주의라고 하는 점에서는 상이한 점이 있다고 생각하고 있다.

1970~80년대 싱가포르의 리콴유(李光耀) 수상은 "전후 아시아에서 가장 저명한 민주주의자"로서 일컬어진 뛰어난 인물이다. 이 사람은 사회를 자유로운 민주주의로 이행하기 전에 경제개혁을 하지 않으면 안 된다고 생각했다.

거의 1,000년 동안에, 서양과 동양은 각자의 길을 걷고 있었으므로, 인류공통의 가치관에 이르기까지는 100년이 더 필요할 것이다. 미국인은 민주주의에 긍지를 갖고, 아시아인은 체제·질서에 대해서 긍지를 갖고 있다고 하는 견해가 있다. 이것도 또한 진실일 것이다. 100년 전, 동남아시아제국에는 공자의 가르침이 상당히 널리 보급되고 있었다. 이 가르침은 본질적으로는 도덕의 가르침이지만, 따르는 측을 주체로 주로 설명하고 있다. 위대한 천명을 받은자에게 지배받는다는 것과, 인간관계의 질서에 대해서 엄격하게 설명하고 있다.

불교의 가르침에서 인간은 모두 평등하다. 어머니에게서 벌거숭이로 태어나서, 죽어서 땅으로 돌아가기까지, 전부 똑같다고 설명한다. 이런 의미에서 공자와 부처의 가르침은 전혀 다른 상반되는 것이다.

부처의 도덕의 마음을 완전한 것으로 하는 공(空), 오행, 십계 등의 가르침은 과학적인 근거가 있다고 널리 인정되고 있다.

일본의 발전의 기초가 된 것은 자신들의 뒤떨어진 원인이 쇄국이라는 점을 생각하여, 1870년대에 유신의 사상을 발하여, 양의 동서를 가리지 않고 그 문화에서 받아들인 이론에 의해서, 스스로의 문화에 많은 서양문화를 받아들이는 원칙을 쓰고, 서양과 동양의 문화를 융합하는 데 성공한 것이다.

몽골인은 어느 시기, 스스로의 문화를 뒤떨어진 것으로, 봉건주의의 여운이라고 해서 버려 버리고, 다른 문화를 찾는 중에, 다른 것도 아니고 자신의 것도 아닌 것이 되어 버리게 되었다. 그리고 동아시아제국을 생각할 때, 유럽의 문화가 영향을 미친 성과도 있다. 우리들 몽골인의 유목문명을 근대문화와 공존시켜서 발전시키는 도리는 여기에 있다. 그렇게 해서 우리들은 세계를 향한 민주주의 네트워크 안에 스스로의 장점을 유지하면서 들어갈 수 있게 되었다.

제7장
명예회복

- 명예회복이란, 정치적 숙청 피해자의 명예를 부활시켜서, 그가 받은 정신적·물질적 피해를 부활시켜서 국민의 권리를 올바르게 법제화하여 부활하는 것을 말한다.
- … 많은 사람들을 죽이지 않기 위해서, 한 사람이나 두 사람을 희생하지 않으면 안 된 적도 몇 차례 있었다.
- 코민테른의 대표자 린치노 엘베크도르지는 1924년부터 1925년까지 국가소회의의 의원이었다. 겡뎅은 어디에 갔냐고, 쵸이발산이 물었다. 소련에서 간첩역할을 하고 있어서 체포되었다고 말하며 이것은 당신하고 나만의 비밀이라고 주의를 주었다.

한번도 잘못을 저지르지 않은 역사란 없을 것이다. 몽골의 칸들은 칼과 독(毒)에 생애를 바쳤고, 러시아에서는 최후의 황제와 혈연관계에 있는 이들을 모두 죽였고, 미국의 역사에서는 대통령이 피를 흘린 예가 있다. 인류는 항상 착오로부터 계속해서 배우는 것이다. 인도적 민주주의의 국가인 몽골도 새로운 길을 선택함으로써, 1922년부터 1990년까지 일어난 숙청을 국가의 역사적 과실(過失)로 간주했다. 현재의 국가는 명예회복을 하는 국가로서, 이전의 숙청에 관해서는 국민에게 용서를 빌고 있다.

정치적 표적이 된 사람들은 어느 시대에서도 여러 가지 입장의 지식인이었고, 자신의 주장을 가진 사람들이었다.

명예회복작업은 이전에도 행하여졌으나 그다지 진전되지 못하고, 단순히 명목적인 것에 지나지 않았다고 정치적 숙청의 피해자들은 불만을 토로하고 있다. 민주주의를 발전시키면서 우선 숙청 피해자들의 명예회복, 인권의 회복부터 시작하지 않으면 안 된다고 하는 원칙에 국가원수는 따르고 있다. 내가 국가원수로 취임한 이후, 많은 사람들이 이 문제를 들고 토론하고 있으며, 서간이나 요망도 적지 않게 신고되고 있다.

1990년 6월 2일, 1960년대에 숙청의 피해를 본 로호즈, 니양보, 소르마쟈부, 바샹쟈부, 바토오치르, 상보, 에르데네쵸크트 등 20명 정도의 인사들과 회견했다. 당시 그들은 소련에서 배우고, 당시의 당 및 국가정책의 감추어진 측면을 알고 있음으로써 혹은 그들의 지인이었다는 이유로서, 숙청되어 피해를 보았다. 그 당시의 정치적 숙청 피해자는 1930년부터 40년대의 사람들처럼 살해되지는 않았으나 투옥되어 고통을 맛보거나, 지방으로 추방되거나, 명예가 더럽혀지거나, 생활이 파괴되는 등의 숙청을 경험했다.

회견한 사람들은 단지 스스로가 걸어온 고난의 인생을 말한 것뿐만 아니라 국가의 발전, 정치체제, 국정, 젊은이들의 교육상황, 일에 대한 책임, 조직에 관해서도 자신의 의견을 진술했다.

명예회복이란, 정치적 숙청 피해자의 명예를 회복하여, 받은 정신적 피해 및 물질적 피해를 변상하는 방법으로서, 국민으로서의 권리를 올바르게 법제화하여 부활시킨다는 것을 말한다. 금세기에 대한 정치적 숙청을 시기별로 분류해보자.

제1기는 1922년부터 1924년이다. 이는 보도 당상의 사건에서 시작되었다.

제2기는 1924년에서 1932년까지로서, 모든 자산이 국가소유화로 됨으로써, "흑과 황색의 봉건주의(흑색은 봉건영주, 황색은 티베트 불교승려를 가리킨다)를 근절한다"는 표어에 의거하여, 봉건영주, 타이지, 활불 호토쿠토, 학식승들을 탄압하여 어떤 자는 처형되고, 어떤 자는 투옥되었다.

제3기는 1932년에서 1936년으로, 국내의 부리야토족이 10월혁명을 배신한, 일본의 간첩이라고 한 정치적 사건으로서, "르훙베 사건"이라고 불리어 확대되었다. 체포처형된 자나 복역한 자가 있었다.

제4기는 1937년에서 1939년의 "겡뎅·데미도 반혁명분자 사건"이다. 반혁명의 중심적 집단이라고 이름붙여진, 일부의 사람들이 "적발되어," 숙청, 처형되었다.

제5기는 1939년부터 1940년대 말까지 계속되었다. "D.로부상샤라부, A.아마르 등의 그룹", "B.바상쟈부, J.셍게도르지 등의 그룹", "D.수후바타르 관계의 그룹", "도무쵸쿠동로부의 아들 도가르수렝 등의 사건" 등, 적지않은 사람들이 숙청되었다.

제6기는 1940년대 말에 시작되어 1955년까지로서 학자 Kh.페르레, B.소도노무, Sh.나차쿠도르지, L.두게르수렝, B.링칭, Sh.로부상왕당 등을 민족주의를 떠들썩하게 퍼지도록 널리 선전했다고 해서 비난했을 뿐만 아니라, 몽골 민족의 모든 희망이나 방향성에 "부르주아 민족주의"를 탐지해 냈다.

아카데미 회원인 B.링칭, Ts.다무딩수렝, 작가 Sh.가당바, 화가 S.소소이, 바르당도르지, 조각가 마후바르 등 수십 명은 그러한 악명과 혐의를 뒤집어쓰고, 정치적 권한을 제한받았다.

제7기는 1956년부터 1962년까지의 기간이다. 조국의 발전수준, 인민의 생활상황을 현실적으로 평가하여, 약간의 정치적 지도나 정책을 비판한 사람들을 숙청한 것이었다. 1956년 12월 5일, 인민혁명당 중앙위원회 정치국은 "당의 정책에 반대하는 의견, 발언이 나오고 있는 건에 대한" 제413호 극비결정을 발하여, Sh.바토오치르, J.투무르바타르, D.라므쟈브, N.당가수렝, Z.소도노무체렝 등의 10명 정도의 지식인이, 몽골에 대한 노동자 계급의 역할, 당의 경제정책, 몽골과 소련의 협력, 조국의 발전을 부정하고 있다고 언급하며 숙청을 주도했다.

제8기는 1962년부터 1964년까지로, D.투무르오치르가 민족주의적 사상을 외쳤다고 해서, 인민혁명당 중앙위원회 정치국원에서 제명되어, 1962년의 제3회 총회 이후, 모든 공직에서 추방되었고, 또한 그에게 동조했다고 해서 S.아와르제도, D.도르지수렝, Sh.바토오치르, D.유무쟈부, P.쵸쿠소무, J.투무르바타르, M.가르상이시 등을 파면하여, 지방으로 내쫓고 또한 그 외의 다수를 처벌했다.

제9기는 1964년 12월에 열린 인민혁명당 중앙위원회의 제6회 총회에서, "Ts.로호즈, B.니양호, B.소르마쟈부 등을 반당 그룹"이라고 '적발하고' 탄압하였다.

당 중앙위원회 총회는 "이 그룹은 이미 적발한 버젓하고 민족주의적 정치 교란자인 투무르오치르, 쳉도들의 감추어진 지원자라는 것이 판명되었다"고 결정을 내리고, 당총재 위원회에 공가쟈부, 다시나무지르 등의 지지자에게 엄격한 처벌을 행하도록 지시하여, 그 영향으로 가족도 피해를 입었다.

이렇듯, 체뎅바르에게 비판적인 사람들을 당에 반항했다고 해서 탄압하고, 당과 체뎅바르의 끝이 없는 지배가 강화되었다. 그 이후, Y.체뎅바르를 정점으로 하는 인민혁명당 중앙위원회의 지도는 "신성화되어" 자신들을 비판하는 모든 경향이나 표현을 반당, 반소비에트, 민족주의적 사상의 소유자, 중국의 마오쩌둥주의자라고 탄압하는 정책을 내걸었다.

이동안, 『몽골인민공화국사』라는 문서와 관련하여, G.수후바토르, L.쟈무수랑, G.뎅베레르, S.소도노무 등 11명을, 또한 예술작품 중에서 적대적 사상을 표현하여 몽골·소련 양국 간의 우호를 훼손시켰다는 이유로 신문기자인 G.쟈미양, O.체렝도르지 등 5명을, 또한 작가 R.쵸이노무, 번역자인 E.바자르쟈부, Ts.나와구챵바 등 많은 사람들을 부당하게 숙청하였다.

인민정부시대의 이러한 위험한 숙청이 도대체 언제부터 어떻게 시작됐는지를 조사해보면, 정부·당 중앙위원회의 지도부가 몇 번이고 협의하여 발한 결정이 기점이 되고 있다.

결정된 규정에는 "소련의 교관 및 고문의 진술한 것, 행한 것에 반대하면 몽골의 관리를 파면하여, 법규를 따를 때까지 조치를 강구한다"고 기술되어 있다. 이 규정은 E.린치노, 내무 인민위원대표고문, Y.G.부류무킹, I.와쿠나에후 등이 기초한 것이다. 몽골의 초대수상 보도, 뎅데부공(公), 풍차쿠도르지 등도 체포하여 조사하였고, 그리고 1922년 8월, 전원을 총살했다.

린치노 엘베크도르지는 당대회에 9항목의 요구를 제기하여, 최종적으로 "당의장은 강도, 배신자이다. 당의장이 정부 내에 있을 당시에, 우리나라가 항상 평온하지 않았던 것은 명백하다. 그렇다면, 이러한 도둑을 배제할 필요가 있다."고 유죄를 주장했다. 이러한 의견에 의거하여, 8월 26일의 인민당 제3회 당대회 제18회의에서 당의장, 자와상, 도르지파라무, 보양네메후 등을 체포하는 데 있어 투표를 행하여, 체포의 임무를 내무보안처에 시키기로 결정했다. 심야 1시경, 바토롱 내무보안서장의 결정에 따라서, 당의장을 체포한 것을 당대회 의장에게 보고했다. 1924년

8월 31일에 열린 제3회 대회 제23회의에서, 그 전날인 8월 30일에 당의장과 자와상을 총살했다는 특별위원회의 결정을 낭독했다.

결정을 들려준 후에, 와시리에프 소련 대사가 일어나서 발언했다. 그는 "일어난 일을 두려워해서는 안 된다. 이러한 일은 몽골에서만 일어난 것은 아니다. 러시아에서도 일어나고 있었다. 당신들은 정당한 일을 했다. 우리들은 모두, 피를 보는 것을 원하지는 않지만, 많은 사람들을 지키기 위해서 한두 사람을 희생시킬 필요도 있는 일이 때로는 일어난다. 당신들이 한 일은 몽골과 소비에트의 연계를 강화시키는 데에 유용한 것이라고 나는 생각하고 있다"고 진술하였다(몽골인민당 제3회 대회, 212장, 울란바토르, 1966).

이러한 사건에서 장시간이 경과했다고는 하나, 이러한 것을 읽으면 마음이 아프다. 대회 대표자를 억지로 기다리게 해서, 여러 명을 체포하여, 겨우 4일 만에 몽골국의 수상을 총살하고, 그것을 대의원들에게 들려주는 것은 얼마나 폭력적인 것일까 생각해 주었으면 한다. R.엘베크도르지가 어떤 인물이었는가 하면, 그는 자신에 대해서 다음과 같이 설명하고 있다. "나는 이르쿠츠크에 있는 코민테른 극동서기국의 몽골·티베트 부에서 일하고 있었다. 그 후, 당과 신정부가 기반을 쌓은 가지아의 책임을 맡고 있을 때에, 코민테른은 내게 아르탕보라구에서 일하도록 지시했다." 린치노는 1921년에서 1925년까지 몽골군 평의회 의장, 당 중앙위원회 위원 및 간부회원, 1924년에서 1925년 사이에 국가소회의 의원을 소임했다.

당의장은 엘베크도르지에 대해서, "엘베크도르지는 사기꾼이다. 엘베크도르지는 러시아가 들여보낸 국가 선동자이다. 엘베크도르지는 반혁명분자이며, 횡포하고 잔인한 독재자이다."라고 수도 후레의 당조직대표자회의에서 발언했었다.

1924년부터 1937년까지 승려를 숙청하는 활동이 계속적으로 행하여져, 두르부도 아이막의 사잉바야르 베이르의 조직(1924), 오리양하이의 츄류테무 바도라후공 등의 조직, 오랑고무 사원의 승려들(1925), 바양투멩 사원의 승려운동, 후흐브구르의 나무하이 사원의 승려운동(1926), 호브도 국경관리 샤로 및 승려 쵸잉호 등의 조직(1927), 자야 방디다 쟝바체렝의 조직(1930), 타리아토 사원의 티베트인 승려 에레구데르부레르구르의 조직(1930), 투쿠수보양 사원(우부스, 1930), 보당 사원(고비아르타이, 1930), 다르하도 사원(1930), 보르강 오링 호쇼의 쟝바르도르지 왕, 토호도르지 베이르, 가부지 가르상쟈르보, 바양주르후 사원의 호토쿠토 체렝도르지, 승려 도르지쟈부(우부르한가이, 1930), 에레구뎅다구와, 에구제르 호토쿠토 가르상다시, 디로와 호토쿠토 쟈무수랑쟈부의 조직(1930), 상보 두부칭, 쟈무쓰 등 무장봉기조직(1932), 르훙베를 필두로 하는 일본 간첩(1933), 데칭 게게 사원의 티부 라마 아쿠왕쟈미양의 조직(도르노도, 1935), 우르기 사원의 승려(1936), 용종 한바 로부상하이무치구, 부(副) 한바 다무딩의 반혁명 '센터' 조직(1937) 등, 30개 정도의 조직·운동·간첩에 의한 봉기라고 하는 '유죄'와 연결시키는 움직임이 확대되었다.

이것과 동시에, 사원이 존재하는 조건을 없앨 것을 목표로 하는 정책이 실시되었기 때문에, 승려는 생활조건을 지키기 위한 저항으로 들고 일어나 투쟁하게 되었다. 당, 정부의 폭력에서 자신을 지키려고 하는 이러한 태도도 반국가적이라고 분류되어, 조직적 범죄로 취급되어 처벌되었다. 그러한 명확한 증거의 한 사례가 1932년의 봉기이다.

『종교를 부흥시켜서, 생물을 즐겁게 하는 자 왕칭 보구도 게겡의 군의 일부를 지휘하는 승려 두부칭의 서(書)』에 의하면, "할하 몽골의 제부층 당바 호토쿠노는 칸 위를 맡게 되어, 종교와 국무를 함께 번영시켜서, 현재나 미래의 길을 찾는 중에, 모든 혼란이 생기고, 인민정부수립에서 11년이 지나서, 이것을 행한 인민이나 종교자의 은혜에 보답하지 않았다. 게다가 최근에는 즉각 처벌되기에 이른 것을 누구라도 알고 있다.

승려나 왕후(王侯), 인민에 대해서 간단하게 몇 가지 중요한 사항을 들려주자면, 인민정부수립 이래, 불교를 적대시하고, 호토쿠노나 활불, 승려들을 체포 살해한다는, 또는 재산을 몰수할 뿐만 아니라, 철저하게 괴멸시키기에 이르러, 또한 많은 인민의 재산을 당신들의 일을 개선하자고 전부 모아서, 집단 농목장으로 이름을 지어 재산의 대부분, 혹은 3분의 1을 모아서 낭비하고, 학당이나 절의 승방의 가축을 계약으로 방목한다고 거짓말을 하여 몰수하고는 헛되게 해 버렸다.

또 재산을 징수하는 한편, 이것저것 조세를 과하여, 학당이나 절의 용품을 모두 빼앗았을 뿐만 아니라, 귀한 모든 경전을 팔아버리고, 텅빈 당의 문에는 열쇠가 채워져서, 경전은 모두 잃었다. 또 남은 일부의 가난한 승려들에게 대금을 할당하여, 그 액수를 채우도록 철저하게 구걸을 시켰다. 내지 못하면 즉각 염격한 법률로서 벌해졌고, 특히 최근에는 "가축과 같이 붙잡아서, 어두운 감옥에 가두든지, 바로 죽였다"라는 사실이 알려졌다. 승려나 종교를 핍박하고, 절을 파괴하는 것에 대해서는 소비에트의 지도자들의 지시를 몽골인 지도자가 순종하여 실행했던 것이지만, 그러나 주인의 마음은 만족하고 있지 않았다는 것에 대해서는, 나는 이 책의 '종교'의 장에서 진술했다. 숙청을 소련이 어떻게 지도하고 있었는지에 대해서, 또 다른 증거를 인용해 보겠다. 소련의 내무 인민위원회 부위원장 후리노프스키가 1937년 9월 18일에 울란바토르에서 예죠프에 송부한 편지에 의하면,

승려에 관한 사건의 조사 및 재판을 통상의 법률에 준거하여 행하면, 성조직의 작업이 증가하여, 곧 수사가 필요한 중요작업이 지체될 가능성이 있다. 승려들의 내부에 있는 파괴자, 일본의 간첩, 봉기집단을 단기간에 완전하고 확실하게 파멸시키지 않으면 안 된다. 승려들의 사건을 되풀이하여 재판에서 심판하는 것은 정치적으로 타당하지 않다. 그 때문에, 승려 등의 사건을 들어서 협의하는 3인조로 된 특별 그룹을 조직시켜서, 그 중에서 쵸이발산, 법무대신, 중앙위원회 서기장을 참가시켜서 승려들의 사건을 간소화하여 해결하는 것이 좋을 것이다. 당신이 우리들의 이러한 생각을 지지한다면, 우리들은 우리들의 개입을 알리지 않고 이 문제를 로부상샤라부를 통해서, 아마르에게 위임해도 좋다. 그렇게 하면, 본건에 관한 우리들의 이니시어티브를 알리지 않을 수 있고, 문제를 로부상샤라부가 제기했다고 할 수 있다. 당신이 시급히 결단을 내려주기를 희망하는 동시에, 그때까지 이 방침을 시험해 보아도 좋은지, 어떤지에 대해서 지시를 받고싶다.

— 후리노프스키, 1937년 9월 18일

이 견해를 예죠프는 스탈린 동지에게 전달하고, 1937년 9월 19일의 소련공산당(볼셰비키) 중앙위원회 정치국회의 제53의안으로서 승낙되어, 후리노프스키의 생각대로 하였다. 인명을 뺏는 허가에 대해서 겨우 하루만에 결정된 것이다. 10월 2일 '특명전권위원회'를 조직하여, 1939년 4월까지의 사이에 상당한 정도의 죄를 범했다. 소련 지도조직의 묵인하에 행하여진 '르홍베 사건'을 보자.

헹티, 도르노두 양 현(縣)의 부리야트 족의 사람들을, 10월 혁명을 배신한 일본의 간첩이라고 간주하여, 1933년 5월부터 체포하기 시작했다. 이 사건의 주도자라고 하는 인민혁명당 중앙위원회 서기, 공장노동자연맹 중앙평의회 의장 J.르홍베를 고발했다. 이 사건에 P.겡뎅을 결부시켜서 비방했다.

그러나 겡뎅·르홍베 사건이라는 것이 소련인 교관·고문들의 압력이 더하여져서 만들어진 것을 알고, 1933년 11월 5일, 내무보안처 교관들의 특권을 제한하여(1922년에 정부가 결정한 특권을 가리키는 것이다), 교관들은 정부나 내무보안서장의 지배하에 있어, 단지 고문의 역할만을 맡고 있었다. 몽골의 관련 기관에 지시명령을 내리는 권한은 없다고 정한 규정이 채택되었다. 그러나 안타깝게도 그 규정은 시행되지 못했다.

1936년 3월, 인민혁명당 중앙위원회 제2회 총회에서 돌연히 P.겡뎅의 문제를 협의하여, 그는 당 중앙위원회 구성원, 간부회 구성원에서 제외되어, 각료회의 의장(수상)의 공무에서 해임되었다. 그러나 그의 당원문제에 대해서는 이야기하지 않았다. P.겡뎅, G.데미도 등이 반혁명조직의 지도자로 몰리게 된 것은, 겡뎅이 독립적인 사상을 전개하여, 스탈린의 지시를 실행하지 않았다는 이유 때문이었다. 데미도가 스탈린의 비밀정책, 억압을 적발한 것과 관계있다고 하는 것이 최근 총괄적으로 밝혀지고 있다. 몽골국 정부수상 P.겡뎅의 숙청과정을 통해서, 소비에트가 몽골 안전보장조직, 소련 외무인민위원에게 어떻게 음모를 세우고, 어떠한 수준에서 해결하고 있었는지에 대해서는 다음의 자료에서 엿볼 수 있다.

소련공산당(볼셰비키) 중앙위원회 정치국의 1936년 3월 19일의 제38의사록 제75한에서는 탕로프 동지 앞으로 송부한 전보의 내용이 나타나고 있다.

    I. 겡뎅을 경질한 원인은 그가 스스로 건강상의 이유에서 사임을 희망한 것을 승인하여, 사임에 이르렀다고 설명하고, 그의 잘못에 대해서 공표하지

않을 것을 몽골의 지도자들에게 조언한다. 그의 잘못을 공표하면, 일본과 만주에 대항하는 엄한 정책을 지지하지 않는 겡뎅을 중심으로 하는 중요한 일파가 있다는 점, 즉 겡뎅이 모스크바에 갔을 때, 몽골과 소비에트정부 사이에서 어떤 정치적 마찰을 표명한 것 같은 의혹을 품는 여지를 일본인에게 주어서는 안 된다고 하는 것을 설명할 필요가 있다. 겡뎅의 잘못을 설명하지 않은 채, 그를 중앙위원회에서 추방해서는 안 된다. 또한 겡뎅을 중앙위원회에서 추방하여 잘못을 공표해버리면, 그를 전권 대표자로서 모스크바에 파견할 수 없게 되어버린다. 이러한 모든 것을 고려하여, 겡뎅을 중앙위원회 조직 및 중앙위원회의 톱으로서 그대로 남길 것을 조언할 필요가 있다. 겡뎅을 모스크바에서 일하게 하기 위해서 파견하는 것과 연결해서 진술하는 것이다.

II. 도쿠소무를 국가소회의 의장으로 임명한 것을 승인한 것처럼 진술했다.

우리들의 총회는 이러한 결정을 너무나 잘 실행하여, 그를 모든 공직에서 해제했다. 그 후, 소련에서 휴양시키겠다고 해서 그를 데리고 가서, 소련보안관계의 감시하에 1년 정도 있었고, 1937년 7월 17일에 체포, 11월 25일에 사형이 선고되어, 같은 날에 집행되었다. 후리노프스키, 밀로노프, 수리후노스키 등은 1937년 8월 31일에 스탈린, 몰로토프, 보로시로프, 예죠프들 앞으로 기술한 것 중에서 "겡뎅은 어디에 있는지, 쵸이발산이 물었다. 소련령 내에서 간첩 활동을 했기 때문에 체포되었다고 대답하며, 이것은 당신과 나만의 비밀이라고 주의했다"고 진술하고 있다.

10월 혁명 20주년 기념행사에 참가하기 위해서 모스크바를 방문하고 있었던 D.로부상샤라부 인민혁명당 중앙위원회 서기장이 쵸이발산 앞으로 쓴 서간에는 "겡뎅을 현지에서 처형할 것인지, 모스크바에서 처형할 것인지 하고 후리노프스키가 내게 물었다. 나는 겡뎅을 필히 데리고 와야 할 의무는 없다고 회답했다"고 기술되어 있다. 이렇게 해서 몽골국 수상 페르지딩 겡뎅을 숙청하였고, 그의 생명은 사라졌다.

역사는 역사로서 남겨진다. 몽골국 대통령인 나는 1993년에 러시아 연방을 공식 방문했을 때, 모스크바의 동수코에 묘지, 부토보 코무나르카 묘지로 가서, P.겡뎅의 묘비에 헌화하여 애도의 뜻을 표명했다. 이러한 슬픔이나 명예회복이 소중한 한 인간의 생명을 되살려줄 수는 없으나, 후세에게 커다란 교훈이 될 것이다.

몽골의 국가활동을 위해서 진력한 위대한 정치가 중의 한 사람이 수상이었던 아쿠당보긴 아마르였다. 이 사람의 일생을 연구자 J.보르동바타르가 쓰고 있어, 독자는 모두 그것을 읽었을 것이다. 나는 아마르가 어떻게 숙청되었는지에 대해 적은 증거를 언급하도록 하겠다. 아마르의 활동을 탐색하여 그 행방을 추적하고, 모스크바에 보고하는 문서가 계속 모아졌으나, 그 중 하나가 1937년 10월 24일, 소련의 후리노프스키 내무인민위원회 부위원장이 스탈린 앞으로 쓴 "보고"이다.

소련공산당(볼셰비키) 중앙위원회, 스탈린 동지에게
아마르를 관찰한 결과, 그도 또한 단호한 구 사상을 가진 자로서, 견고한 기반이 있고, 국가를 구태로 후퇴시키려 기획하고 있는 인물이라는 결과에 이른 것을, 밀로노프 동지가 보낸 제22041호, 제22037호 전보에 추가하여 보고할 필요가 있다고 생각했다. 아마르는 승려들 측에 서서, 그들을 단호하게 보호하는 정책을 실시하고 있다. 이것은 국경 부근의 사원을 해체하여 반혁명·간첩 조직지도자인 용종사 고승 로부상하이무치구, 다무딩 등의 체포에 아마르가 강경하게 반대한 사실에서 볼 때 명백하다. 아마르는 그들 고승들을 옹호할 때, 반항에 참가한 대신이 총살될 때에는 인민은 그다지 관심을 보이지 않았던 바, 왜냐하면 인민은 대신들을 잘 모르기 때문이며, 그러나 민중에게 이름이 알려지고 모두가 신봉하는 귀한 승려를 체포하거나 사원을 해체하거나 하면, 인민은 불만을 품고 큰 소동이 일어날 것이라고 진술했다. 내가 많은 사람들과 이야기해 본 결과, 아마르가 상당히 명성 있는 인물이라고 진술한 로부상하이무치구, 다무딩이라는 승려를, 민중은 모른다고 하는 것이 판명되었다. 아마르의 생각, 상황을 고려할 때 또한 그에게 강한 영향을 주는 것이 불가결하다는 것을 고려하여, 그를 총회에서 발언을 하지 않으면 안될 상황에 이르게 할 필요가 있다. 그와 동시에, 쵸이발산을 사회에 널리 알리는 것이 중요하다. 인민혁명당 중앙위원회 총회를 개최할 것, 협의항목에 대해서, 밀로노프 동지가 진술한 방책을 승인해 주었으면 한다.

소비에트연방 내무인민위원회 부위원장
1937년 10월 24일 제 61351호

이 보고대로, 1937년 10월의 인민혁명당 중앙위원회 제3회 총회에서는 A.아마르에게 연설시키는 책략과 함께, 숙청에 대한 협의가 행하여지고 있었다. 그 연설 중에서 아마르는 1937년부터 몽골국 내에서 반혁명, 일본 간첩의 죄목에 의해 체포되어, 부당한 이유로서 처벌되는 잘못된 활동에 대해서 강조했다. 그로부터 1년 정도 후에, 1939년 2월 11일, 소련 내무인민위원 L.베리야는 스탈린에게, 아마르의 처우에 관한 지시를 청하고 있다.

소련공산당(볼셰비키) 중앙위원회의 스탈린 동지에게

— 1939년 2월 11일, N608-6, 모스크바시

몽골인민공화국의, 또 울란바토르 주류군의 상태에 대해서, 우리들이 보고한 문서의 보충으로서, 이하의 사항에 대해서 보고한다.

소련 내무인민위원이 입수한 정보에 의하면, 몽골 인민국 총지휘관으로 체포된 당바의 정보에서 자기는 1935년부터 겡뎅 및 데미도의 반혁명조직의 일원이었다. 나무수라이가 자신을 이러한 조직에 가입시켰다. 당바는 군의 내부에서 존재하는 반혁명조직을 1938년부터 지휘하여 왔고, 자신의 적대행위는 아마르 수상의 지도하에서 행하여지고 있었다. 아마르는 울란바토르 주류군에 대해서, 작년 11월 7일에 무장봉기할 준비를 하고 있었는데, 그 봉기는 1월 21일로 연기되었다고 하는 것에 대해서는 나무수라이와 나이당들의 정보와 일치한다.

1939년 1월 21일에 무장봉기를 준비하는 임무를 쵸이발산이 1939년 1월 15일에 모스크바에서 울란바토르를 향해서 출발했다고 하는 정보를 입수하자마자, 아마르는 나무수라이에게 그것을 가르쳐주었다. 당바는 이렇게 말했다. 무장봉기는 준비가 완전하지 않았기 때문에, 계획했을 때 일으킬 수 없었다. 2월 9일, 쵸이발산은 재 몽골인민공화국 소비에트 연방부전권대표인 수쿠리푸코 동지와 면회하여, 수쿠리푸코와 두 번째의 면회에서 다음의 2개의 역할을 받은 것을 진술했다. 쵸이발산은 몽골인민공화국정부에서 아마르를 경질하여, 수상직을 자기가 떠맡고, 군무대신, 내무대신, 외무대신의 공무를 그때까지처럼 자신에게 남길 필요가 있다. 그리고 이러한 성에서 정치적으로 신뢰할 수 있는 청결한 사람들을 새로운 대신, 부대신으로서 선출하여, 군부에서 당바를, 내무성에서 나상토쿠토후들을 경질할 필요가 있다고 진술했다. 또한 그는 수쿠리푸코 동지에 대해서, 자기가 모스크바를 출발하기 전에 보로시로프 동지는 스탈린 동지로부터 받은 추가임무를 전달하여, 아마르를 몽골인민공화국 정부에서 추방하는 것은 로부상샤라부 몽골인민공화국 중앙위원회 서기장을 통해서 행하라고 진술했다.

 그리고 아마르가 노동자 및 인민의 이익이나 관심에 어긋나는 활동을 행하고 있었다는 것을 인민에게 알리고, 아마르를 정부에서 경질할 경우, 그 이유를 인민에거 널리 설명한 후에, 일정기간을 두고 아마르를 체포하지 않으면 안 된다. 또 쵸이발산이 도부칭(재무대신), 도르지(운송통산성)들을 시급히 체포할 것을 결심한 것에 대해서 보고하여, 아마르를 몽골인민공화국 정부에서 경질하는 작업을 가까운 시일에 실행에 옮겨서, 그 후에 체포한다. 이러한 이야기를 하는데, 쵸이발산은 아마르에 관한 방책을 어떻게 잘 만들어 내는지에 대해서 수쿠리푸코 동지에게 조언을 구했다. 몽골의 지도의 테두리 안에서 실시하자고 생각한 개혁의 문제를 로부상샤라부와 협의하지 않고, 스탈린 동지가 지시한 역할에 대해서도 그에게는 알리지 않았다고 전했다. 수쿠리푸코 동지는 이러한 문제에 대해서 방침을 받지 않고, 알지 못했으므로 명확한 회답은 하지 않고, 그의 질문에 대한 회답을 모스크바에서 받으면 시간이 걸리므로, 도부칭, 도르지의 체포를 2월 11일 이후로, 아마르의 문제에 대해서는 내무성에 있는 그에 관한 모든 자료를 모아서, 사전에 조사하여, 2월 13일부터 14일에 이야기하는 것으로 쵸이발산의 생각을 정리하였다. 수쿠리푸코 동지, 쵸이발산이 제기한 이러한 문제에 대해서, 어떠한 입장에 의거하는가에 대해서, 시급하게 임무를 내려주기를 희망한다. 당신의 결정을 기다리고 있다.

소비에트연방
내무인민위원 L. 베리야

스탈린이 이 문서상에 러시아어로 기입한 주의서에는 "아마르나 그의 조직을 섬멸할 필요가 있다. 보로시로프 동지, 몰로토프 동지들과 협의하도록 베리야 동지에게 전하라"고 쓰여 있다.

1939년 3월 7일, 스탈린의 결정에 따라서, 인민혁명당 중앙위원회 간부회원 제57회의에서, A.아마르에 관한 문제를 들어서, 거기서 아마르를 당 중앙위원회 간부회에서 해임하여, 당적을 박탈하여, 국가소회의 의원 및 정부 수상의 직무에서도 물러나도록 결정을 내렸다.

이러한 당 중앙위원회 간부회에서는 "아마르를 국가소회의 및 각료에서 물러나게 하는 것에 대해서"라는 보고를 국가소회의에 제출하도록 쵸이발산에게 과했다. 이러한 결정은 수쿠리푸코가 조언한 제3의 방법에 따라서 실행된 책모였다.

아마르는 국가소회의 상에서 즉각 체포되었다. 그를 내무성의 감옥으로 투옥하여, 소련의 내무인민위원으로 옮겨서 치타에서 모스크바로 보내어, 거기서 소비에트 연방최고재판소의 군사법정의 판결에 의해서, 1941년 7월 10일, 사형집행이 확정되어 실행되었다.

겡뎅 수상은 몽골이 독립을 선언한 기념일에 사형되었고, 그 다음의 수상 아마르는 인민혁명 20주년 기념일에 사형되었다.

그로부터 15년 후인 1956년, 소비에트 연방최고재판소 군사법정은 A.아마르에게 부과한 죄상에 대해서, 범죄성은 없다고 간주하여 무효가 되었다.

몽골인민공화국 인민대회의 부속의 명예회복작업실시위원회는 1962년 1월 25일자로 결정을 내리고, A.아마르는 정치적 사건과는 무관하다고 해서 명예회복을 하였다.

명예회복 작업이 언제, 무엇에서부터 시작했는가라는 문제에 대해서

제7장 명예회복 253

는 여러 가지를 말할 수 있다. 문서자료에서 보면, 원죄를 받은 사람의 명예회복을 행하는 최초의 시도는 1936년에 아마르 수상의 주도에 의해서 실시되었다.

각료회의가 임명한 위원회가 르훙베 사건을 조사하여 원죄라고 결정한 것에 의거하여, 국가소회의 결정에 의해서, 1936년 7월 인민혁명 15주년 때에 무효가 되어, 존명했던 르훙베 사건 관계자의 명예회복을 행했다. 이것은 정치적 사건으로서 숙청된 피해자의 명예를 회복한 최초의 용기있는 첫 걸음이었다. 그러나 당 중앙위원회 간부회가 시급하게 개최되어, D.도쿠소무 국가소회의 의장, A.아마르 각료회의 의장은 당 중앙위원회에 알리지 않고, 제멋대로 이러한 결정을 내렸다고 비난을 받게 되었다.

1939년 4월 22일의 인민혁명당 중앙위원회 간부회 제15회의에서, 내무성의 작업에 대해서 토론하여, 수사 중의 모든 범죄사건을 1939년 6월 15일까지 수사를 끝낼 것, 원죄에 의해서 체포된 모든 용의자를 석방할 것, 3개월이라는 기한 내에 "전권위임회"가 처리한 사건을 재조사할 것, 잘못 처리됐다고 판명한 모든 자료를 "특별위원회"로 옮겨서 재결정하라고 지시했다. 이러한 지시에 따라 조사받기 위해서 구속되어 있었던 사람들은 석방되었다. 이 원칙에 따라 1939년부터 1945년까지 총 2,015인의 사건에 대해서 조사가 행하여져서 무효로 처리되었다.

석방된 사람들의 내역은 군인 53명, 공무원 83명, 노동자 166명, 유목민 411명, 개인사업자 591명, 승려 675명, 그외 36명이었다. 특수한 혹은 특별하다고 할 수 있는 여러 가지 이름이 붙은 위원회는 모두 숙청을 행하는 작업을 담당하고 있었다.

1956년부터 1990년 사이에 이러한 위원회 일부의 역할을 당통 제위원회가 맡게 되었다. 1956년부터 명예회복작업을 당, 국가조직의 지시에 따라서 조직적으로 행하는 새로운 시대가 시작된 것이었다. "소련공산당 제20회 대회의 결과, 또 우리당의 과제에 대해서"라는 문제가 1956년의 인민혁명당 중앙위원회대회에서 토론되어, 거기서 내린 결정으로는 "개인숭배는 혁명의 법규에 위반되고 있다는 점, 국가의 일부 기관을 당의 통제에서 제외하기에 이른 것을 강조하여," 이 문제를 자세하게 조사하도록 정치국에 요구했다.

인민혁명당 중앙위원회 정치국 총회의 결정에 따라서, 1956년 4월 12일에 제101 결정이 내려졌다. 즉, "내무성이 해결한 일부의 정치적 사건의 조사를 행하는 위원회가 B.시렝데부를 위원장으로 하여 조직되었다. 위원회의 역할은 내무성이 1932년부터 1947년까지 결정한 정치적 대사건을 조사하여 당시에 내린 잘못, 편향, 방식을 총괄하여 정치국에 제출하도록 하였다. 이것에 의해서 몽골에서 명예회복작업을 개시하는 법적 기반이 정비되었다고 할 수 있다. 왜냐하면 이 당시에 당이 모든 것을 결정하는 원리는 더욱 강화되어 있었고, 당의 결정은 법률과 같은 정도의 힘이 있었다. 후에 인민대회의 간부회 부속의 명예회복작업위원회가 설립되었다. 정치적 숙청을 바로잡으려는 시도는 1961년부터 약화되었다. 이것은 숙청의 구조가 새롭게 확대된 것과 관련있다고 할 수 있다"

Ts.구르바다무는 역사적 사실에 관한 의견을 그의 저서에서,

소련공산당 제20회 회의의 영향으로, 1956년에 인민혁명당 중앙위원회 제2회 총회가 개인숭배의 위험성을 삭제하는 것에 대해서 처음으로 토론하여, 최근 1962년의 대회에서도 다시 언급되었으나, 지시된 방법을 실제로 사용하기에 체덴바르는 모든 방해를 하였다. 그 때문에 쵸이발산 숭배를 표

면적으로 비판하여, 그 해악을 삭제하는 투쟁을 다소의 사람들을 어중간하게 명예회복함으로써 제한하자고 시도했었다. 그 원인은 무엇보다도 우선 쵸이발산이 당의 지도적 입장에 선 후에, 상술한 정치적 원죄 사건을 결정하는 데에 스스로 가담했기 때문이다. 또한 마침 당 중앙위원회 서기장이었던 당시, 범죄자를 조사할 경우에 힘을 행사한 것을 승인하는 결정을 내렸던 것과도 관계가 있다.

라고 총괄했다. 쵸이발산에게서 그다지 멀지 않은 곳에 있고, 쵸이발산의 지도하에 중앙위원회에서 15년간 쵸이발산과 함께 일하고, 임무를 실행하려 하던 한 사람이고, 생활 면에서도 쵸이발산에 대해서 많은 것을 아는 인물이었던 구르바다무는 중요한 점을 진술하고 있지 않다. 로호주, 니양보, 소르마쟈부들부터 시작한 새로운 정치적 숙청은 체덴바르와 관계가 있는 것이다. 쵸이발산의 뒤떨어진 방법을 비판하고, 작업의 개혁을 요구한 이러한 사람들을 당의 장군은 비협조적인 분자라고 비난했다. 비난할 뿐만 아니라 그들을 해임하고 지방으로 내쫓아서, 그들과 관계가 있었던 많은 사람들에게 상처를 주었다. 예를 들면, 나와 같이 샤린고르 탄광에서 일하고 있었던 O.도라무라쿠차의 경우, 바양우르기 현 당위원회 제1서기를 하고 있었던 시절, 울란바토르에 와서 친구가 있는 곳에 갔던 것이 "반당분자"가 되어, 경질되는 구실이 되었다. 이러한 사소한 일로서 사람의 직업을 바꾸고, 명예에 상처를 입힌 것은 무엇보다 회복하기 어려운 것이다.

니양보 씨는 1990년에 정치적으로 명예회복되어, 진실을 위한 투쟁이 조금 늦어지긴 했으나 승리하여, 인민대회의 대의원으로 뽑혀서 몽골국 신헌법의 채택에 일조했다. 안타깝게도 도라무라쿠차와 르하구와는 이러한 훌륭한 때를 보지 못하고, 일찍 사망했다. 좋은 친구들의 빛나는 추억을 소중하게 하고 싶다.

정치적 숙청이라는 것은 실로 괴로운 회상으로서, 어떻게 해서라도 보충할 수 없는 시간과 명예의 문제이다.

로호주는 지방에 살게 되었던 무렵, 생활 때문에 목수나 재봉을 하고 있었던 것을 책망받았다. 또한 간접적 장사 및 금지된 생업에 종사했다고 하여 세금이 과해졌고, 감추고 등록하지 않은 죄로 투옥되었다. 시대가 좋아짐으로써 로호주는 인민대회의 제12회선거에서 대의원으로 선출되어, 몽골인민공화국 초대 대통령에 입후보하여, 나와 투쟁했던 것을, 사람들은 잊고 있지 않을 것이다.

숙청에 관한 것으로 나는 D.바상쟈부 씨와 3번 회견했다. 숙청이란 얼마나 괴로운 것인가 하는 질문에 대해서 다음과 같이 대답했다.

1. 숙청은 단지 일부 사람들의 생명이나 명예에 대한 손해가 아니라 수세대의 지적 재산을 파괴하고, 몽골이 키워온 샘을 묻어서 완전히 말라붙게 하는 재앙인 것이다.
2. 숙청은 개인재산이나 개인적 관심을 빼앗기는 것뿐만 아니라, 적대사상으로 비판되어, 모두가 남의 모습을 살피면서 눈치를 보고, 사람들을 억지로 가난하게 만드는 재앙이다.
3. 숙청은 믿고, 동정하고, 사랑하고, 존경하는 전통을 없애고, 도둑질을 아무렇지도 않게 하고, 자애심을 상실시키는 재앙이다.
4. 숙청은 모든 진실을 묵살시키고, 간책·거짓말·중상을 묵인하고, 정부의 법률을 중앙위원회의 결정으로 보충하고, 권력자에 의해 일반인은 괴롭고 불성실하게 되어 법률의 명예를 떨어뜨리고, 악한 일을 확대시키는

재앙이다.
5. 숙청은 건전한 경제를 갖춘 국가로 만들자는 정당한 사상을 가진 이들을, 그러한 생각과 함께 죽이고, 박멸하고, 피로 물들인 공적을 가슴에 장식하고 있는 것과 같은 불행이다.
6. 숙청은, 정부기관의 스파이행위를 독재자의 권리로서 생각하고 그에 따라 명령하여, 인민의 풍요로운 국가재산의 많은 것을 낭비해버린 불행이다.
7. 늘려서 키워온 모든 것을 세금으로 빼앗고, 개인의 가축을 완전히 없애고, 생활 장소가 나빠도 익숙하게 하여, 국가의 비호를 기반으로 살고 있다는 감정을 심는 불행이다.

이것은 오랫동안 생각해 온 말일 것이다. D.바샹쟈부는 경제대학의 강좌 주임으로서, 1965년에 피해를 본 사람이다. 당감사심의위원회의 1965년 5월 19일의 10-67호 결정에서 "당에 반대하는 로호주들을 살리는 목적으로 사람들을 혼란시켜서, 국가의 기밀사항을 폭로하고, 중상하기 위한 자료를 모으며, 당에 반대하는 단체의 비밀집회에 참가함으써, 사회·정부의 구조를 파손하고 혼란시킨 무명의 문제를 검토해서 준비했다"고 당에서 추방되었다.

그는 5년간의 징벌을 받았다. 희생자는 이 외에도 훨씬 많을 것이다. 정치적 숙청 피해자와 함께 우리들은 살아왔다. 죄를 소수의 사람에게서 듣는다는 것은 한 마리의 뿔을 두드리면, 1,000마리 소의 뿔이 울려 퍼진다고 하는 것처럼, 영향은 수많은 지식인의 마음을 죽였던 것이다.

민주화 이후 신정부의 초대지도자로서, 정치적 숙청 피해자의 명예회복을 해서, 정부 사상의 중심이 된 인권을 지키는 참된 인도적인 도리를 표명하지 않으면 안 된다고 나는 믿고 있었다. 그리고 1990년 대통령령에서 "명예회복의 일을 지도하여 실행하는 나라의 위원회를, 몽골인민공화국의 부통령을 장으로서 조직하여, 정치적 부당사건을 확정시키는 '특별전권위원회', '특별위원회' 등의 재판소가 아닌 기관에서 처벌받은 사람들의 사건, 그것에 관련된 사람을 이름 순으로 재판하여 벌한 다른 사람들의 사건을 청원·비판을 기반으로 해서 심사결정한 후에, 명예회복한 사람이나 그 가족에게 보상한다. 정치적 숙청 피해자의 입장에서 연구해서 역사의 진실을 밝혀내고, 명예를 회복하게 한다. 일과 관련된 기관이나 사람들을 널리 참가시켜서 활동한다"는 것을 의뢰했다. 명예회복에 대해서 내려진 최초의 결정의 하나는 정치사건에서 명예회복한 사람이 이전에 받은 상을 부활시켜서 많은 훈장을 자신이나 가족, 자식, 친척 등 재산을 계승할 권리가 있는 이에게 계승토록 한 것이며, 많은 훈장이 당시와 다른 경우에는 "기념 증명서"를 내리도록 지시한 인민대회의 간부회의 결정인 것이다.

과거 4년간에 이러한 결정에 따라서 20여 명의 사람이 명예를 회복하여, 훈장 증명을 받았다.

국가로부터 부당하게 처벌받아 명예회복한 사람들 및 그 가족들에게, 그들이 받은 손해를 전면적으로 보상할 것. 그러나 그들의 권리와 이익을 지키기 위해서 해결되지 않은 일들이 지금도 아직 많이 있고 그 방법을 여러 가지로 탐구하고 있으나, 아직 모든 것이 해결된 것은 아니다.

정치적 숙청 피해자가 받은 손해를 보상하기 위한 법률이 생기는 것이 가장 효과적이고 올바른 최종결정일 것이다. 1991년 이래 4년간에 22,000명이 명예회복하였으나, 이것은 1958년부터 1988년 말까지 명예회복된 인원의 14배에 이른다. 희생된 사람의 명예회복에는 국검찰청, 최고재판소, 중앙정보국의 직원들이 커다란 역할을 수행하였다. 1990년의 인민대회의 간부회 제119호령에 따라서 일괄하여 보상금 급부를 희망하는 사람들, 놀수된 재산의 반환을 청원한 500명 정도의 사람들에게 100만 투그릭 정도가 지급되었다. 정치 면에서의 숙청 피해자의 기념관 및 기념비의 건설, 몽골 역사에서 숙청의 오점을 씻어내어 역사의 진실을 부활시킨다는, 이러한 것이 두 번 다시 되풀이되지 않도록 국가원수가 최대의 주의를 기울이는 활동이 행하여졌다.

몽골인을 숙청하는 데에, 소비에트 지도부, 코민테른의 권력자가 암울한 흔적을 남기고 있다. 이 문제에 대해서 지금까지 우리들은 소비에트 상층지도부의 사람들과 토론하지 않았다. 형제관계의 가장 긴밀한 우호관계를 우리들 양국은 인권에 대한 섬세한 사항을 토론하여, 잘못이나 착오를 구별하여, 국민에게 성실하게 용서를 비는 그러한 용기있는 상황이 되지 않았다. 몽골과 소비에트의 우호를 신성시하여 그것을 애지중지하여 보호해온 Y.체덴바르 서기장은 양국의 명예를 손상시키는 이러한 역사에 대해서 뚜껑을 덮어버렸다.

기본적인 권익과 몽골국민의 명예를 위해서, 진실을 상기시키고 확립하는 시대가 나를 찾고 있었다.

나는 인민대회의 간부회의장으로 선출된 후, 소련을 방문하여 소련공산당중앙위원회 서기장, 즉 소비에트 연방 대통령이라는 새로운 공직에 있는 M.S.고르바초프와 회담하였다.

몽골과 소비에트 양국 관계의 역사에 남겨진 몇 가지의 오점을 삭제할 것, 예를 들면 1930년대부터 40년대의 숙청을 현실적으로 평가하여, 양 국민에게 전하는 것은 민주주의의 원리에 맞는 것이라고 나는 말하였다. 그는 우리들의 생각에 찬성하여, 인민혁명당 당수 G.오치르바트는 소련공산당 중앙위원회 정치국원, 중앙위원회 서기장 A.N.야코블레프와 회담하여, 소련 타스 통신의 공식보도로서 숙청에 대해서 알리는 것이 타당하다고 합의했다.

1990년 7월 7일, "몽골인민공화국의 일부 국민을 숙청한 것에 대해서" 보도했다.

> 쵸이발산이 그를 둘러싸고 있던 사람 예죠프, 베리야의 손발이 된 자들과 함께 1930년대, 40년대에 당, 정부, 군인, 지식인, 승려, 몽골의 그 밖의 국민을 숙청했었던 것은 몽골인민공화국, 소비에트 사회주의공화국연방에 있는 공문서자료에서 얻은 총괄에 의해서 증명된다. 스탈린의 잔인한 행위에 의해서, 죄없는 무수한 사람들이 숙청되었다는 소비에트 사회주의공화국연방, 몽골인민공화국의, 양국 관계의 역사를 어둡게 했던, 비극적인 사건에 깊이 애도의 뜻을 표한다.

세계의 대국 소비에트가 많은 매스컴을 통해서 애도의 뜻을 표명한 것은, 역사상 처음 있는 것이었다. 용서를 비는 문화적 예절은 이러한 민주화의 세기에 있어서 널리 퍼져가고 있다.

그러나 오치르바트의 방문의 커다란 성과를 발표한 소련이 겨우 1년 후에는 "없어져"버렸다. 소련이 붕괴하고 러시아 연방이 되어, 1993년 몽골국 대통령의 러시아 방문시, 양국 공동성명을 발하는 것에 대해서, B.N.옐친과 회담할 것을 나의 고문인 R.바타가 제안하였고 이후, 공동성명의 초안을 검토했다. 초안을 러시아 측에 사전에 넘기지 않은 채, 협의할 때, 개별회담할 때에 건네주게 되었다. 자국의 관심을 모두 포함시킴과 동시에, 타방, 상대국 측이 받는 가능성이 있는 초안이 없으면 안 될 것이라는 것을 고려해서, 기초한 최초의 일부를 파일해서 모스크바로 향했다.

　1993년 1월 20일 수요일 오전 10시 15분에 크렘린의 에카테리나 사이에서 양국에서 약간 명이 참석하여, 회담이 시작되었다. 옐친이 우리에게 친근감을 가지고 인사하고는 회담이 시작되었다. 그는 몽골국가원수의 방문 의의를 높이 평가하고, 양국관계의 "형", "동생"이라는 낡은 관념을 버리고, 대등한 권리를 가진 호혜적 관계를 발전시키는 우호협력조약에 서명하는 의의를 강조하여, 도중에서 1930년대, 40년대의 숙청에 대해서도 언급했다. 내가 이 문제를 이야기하고 있지 않는데, 어째서 옐친이 이야기하기 시작했을까. 성명을 내려고 하는 나의 생각을 사전에 알아버린것이 아닌가 하고 걱정한 후에, 방문계획기에 모스크바의 동수코에 묘지에 가서, 고(故) 겡뎅 원수상의 묘비에 헌화한 것에서 이해한 것이라고 알게 되었다. 때마침 그때 성명의 초안을 낼 좋은 기회였으나, 이 화제로 회담을 시작할 수는 없다고 생각해서 주저했다. 회담의 가장 번거로운 부분을 치우고, 이야기가 진행되었을 무렵에 "보리스 니콜라이비치, 당신이 최초로 3, 40년대의 숙청에 대해서 언급한 것을 감사드립니다"라고 말하면서 파일 안에서 공동성명의 초안을 꺼내어 건넸다. 옐친이 읽어보고는 옆에 앉아 있는 외무성 제1부대신 아다미싱에게 보이고는 의견을 구했다.

　아다미싱이 읽고 있는 동안에, 옐친은 이야기를 계속해서, 우리들은 이 방향에서 공문서분야의 공동작업을 행하게 되었다. 우리들은 지금, KGB와 소련 공산당 중앙위원회의 공문서를 분석하여, 타국에 전하고 있다. 그러니까, 3, 40년대와 관계가 있는 자료가 있으면, 우리들은 당신에게 제공할 용의가 있다고 말했다.

　이렇게 해서 이 문제는 정치적·도덕적 테두리 안에서 협의된 것을 서로 이해하고, 문서의 수정과 서명준비를 지시했다. 러시아 국가원수가 3, 40년대의 숙청에 대해서, 소비에트정부에게 잘못이 있었던 점을 승인하고, 다시는 이런 불행한 사건을 일으키지 않는 시대가 도래한 것을 명기한 성명에, 우리들은 서명했다. 이것은 양국에게 정치적 의의가 있는 성명인 것이다.

옐친이 보충한 견해의 의미는 현재의 러시아연방은 1930, 40년대의 숙청 피해자에게는 범죄자라는 것이 아니라, 원한을 갖는 등의 정치적·도덕적 결과와 관계성에 대해서 강조한 것이므로, 러시아연방이 소비에트연방의 법적 계승자로서의 책임을 거부한 것은 아니다. 이러한 책임, 특히 그 물질적 측면을 강조하는 국제법도 존재한다.

러시아연방과 숙청에 대해서 토론하지 않으면 안 될 2가지의 사항이 남았다. 그러나 유혈의 사태를 선동한 "사랑하지 않으면 안될 당"이 국민에게 용서를 빌고 있지 않는데, 어찌하여 타국과 토론할 수 있겠는가.

숙청에 대해서 몽골국 대통령, 러시아연방 대통령이 서명한 공동성명을 몽골인들은 감사히 받아들였다.

과거에 우리나라에서는 정치, 경제, 사회, 지적 생활에 있어서 커다란 변화가 생기고, 변혁쇄신의 과정은 되돌아갈 수 없는 상태가 계속되고 있다. 인권·자유를 존중하는 국가의 새로운 시스템의 기반이 쌓여서, 1992년에는 몽골국 헌법이 채택되었다. 그러나 인권·자유를 법제화하여, 선언한 것뿐으로 문제가 해결된 것은 아니라, 그것을 시행하는 기점, 법적 기반을 쌓은 것에 불과했다.

몽골국 대통령으로서, 나는 과거에 발생했던 정치적 사건으로 인해 잔인한 형벌을 받은 사람들, 그들의 가족 형제에게 용서를 빌고 깊은 애도의 뜻을 표한다.

제8장
종교

- 162명의 승려의 죄를 심판하고, 133명을 총살하였다. 또한 83명과 81명에 대해서도 각각 총살형의 판결이 내려졌다.
- "산악초원의 부처"
- 마두금(馬頭琴: 몽골 유목민의 악기)을 가진 사람이 나쁜 일을 할 리가 없다.

몽골의 민주화는 종교에 대한 태도를 크게 변화시켰다. 세계에서 여러 가지 사상이 인정되고, 공정하며 깊은 자비가 번영하는 방향으로 펼쳐지고 있다. 불교계의 정점에 서 있는 달라이라마는 수많은 나라에서 존경받고 있다. 그는 스스로의 종교철학을 잘 포교하고 있으며, 그것에 의한 부처의 자비로운 사상과 인간의 소원은 그 근본이 같고, 현대와 부처를 연결시키는 것을 가능하게 한 위대한 달라이라마의 지혜가 사람들에게 받아들여지고 있고, 그것이 앞에서 기술한 많은 나라에서 존경을 모으고 있다는 것과 관계가 있다.

"국가의 목적은 국민에게 행복을 약속하는 것이 아니라, 권리의식을 높이는 것이다"라고 I.칸트는 말했었다.
　사상의 자유를 제한하고 있었던 일당 독재에서 자유롭게 되거나 말거나, 민중은 종교에 치우쳐서, 부처를 예배하고 경을 듣는다. 죄업을 덜고 선행을 쌓으며, 계율을 받는 등 모든 권리를 손에 넣었다.
　오늘날의 신앙인은 70년 전의 그것과 전혀 다른 사람들이다. 그러한 세계관, 읽어서 알게 된 정보·교육 등에 의해서 종교와 자유에 관한 가능성을 받고 있다. 인간은 빛과 그림자가 집합한 "개체"이며, 청결하고 신성한 신앙을 가졌다는 행위가 사람을 완전한 상태로 만들어 낸다. 그러한 의미에서 종교를 평가하는 것은 올바른 것이라고 할 수 있다.
　신교의 자유, 종교를 차별하지 않는 정책이 실행되고 있는 오늘날 많은 종교의 영향이 미치고 있으며, 그것은 상당히 민감한 문제이기도 하다.
　"충돌이나 유혈 사태의 원인은 종교에 있다"라고도 기록되어 있다. 사상, 종교, 민족에 대한 면역 시스템을 계속해서 만들어 내어, 보호하는 것이 아니라, 금하여 감시하는 것이 시대를 초월해서 사용되어온 방법이라고 우리들 모두가 이해하고 있었다.
　몽골에서 발전해 온 불교는 1921년부터 고난에 부딪히기 시작했다. 1924년에서 1934년에 소집된 6회에 이르는 몽골 인민혁명당 대회에서 종교의 문제점에 대해서 협의되었고, 승려가 인민을 착취하고 있다는 것이었다. 그리하여 종교적 봉건지배와 종교의 정치적·경제적 기반을 괴멸시키는 정책이 입안·실행되었다. 이러한 정책에 의해서 몽골에서 10만 명 이상 있었던 승려가 숙정되어, 그들이 거주하고 있었던 숙사·승방·경정 등이 무참하게 파괴되었다.
　우리나라의 관련 학자인 S.푸레부쟈부, D.다시쟈무쓰 등이 명백하게 조사·연구한 것에서는 종교적 봉건지배, 사원에 의한 정치지배나 권력을 박탈한 1921년에서 1924년까지의 시기를 제1기로 설정할 수 있겠다. 종교적 봉건지배, 사원의 경제기반을 괴멸시킨 1925년부터 1932년까지를 제2기. 당이 승려들 사이에서 실행한 차별배척정책이 효과를 내고, 고승을 그 계급과 함께 숙정하고, 사원을 파괴하며, 공물·경전을 파기한 1932년부터 1940년까지를 제3기로 나누고 있다. 그러나 실제로는 1940년이 아닌 1955년까지 계속되었고, 이후에도 사람들의 신앙의 자유는 1990년까지 제한된 상태였다.

1934년 12월 27일, 국가대회의에서 가결된 〈정교분리에 관한 법〉에 의해 18세 미만에서 승려가 되는 것이 금지되었다.

역사를 읽어보면, 우리나라의 내정에서 소련공산당(볼셰비키) 중앙위원회가 어떻게 간섭하고 있었는지를 엿볼 수 있겠다.

겡뎅이 당 중앙위원회 제43회 간부회에서 보고할 당시의 스탈린, 몰로토프 등의 발언을 전하고 있으므로, 여기서 인용하도록 한다.

"승려와 투쟁하는 것을 최대의 과제로 하지 않으면 안 되었다. 혹시 당신들이 잔인한 승려와 투쟁하지 않고, 자국을 지키는 군사력을 증강하지 않는다면, 연방이 지원해 온 효과는 전혀 나타나지 않고, 연방은 실제로는 적대분자를 지원한 것이 된다. 당신들은 칭기즈칸을 비난해서는 안 된다. 왜냐하면, 칭기즈 시대에는 한 명의 승려도 없었기 때문이다. 원래 당신들의 정부와 승려는 동시에 존재하지 않고, 어느 쪽인가가 어느 쪽에게 승리한다. … 필연적으로 승려와 투쟁하여 없앨 필요가 있다."고 주의를 환기했다고 말했다.

이 회의상에서 나무수라이가 "몽골국 내에서는 8,000명 이상의 잔인한 승려가 있다. … 그러한 승려들에 대해서 투쟁하지 않으면 안 된다."고 말한 것이 기록되어 있다.

자신들의 방책을 가진 것이 우리들에게 중요한 것이라고 하며, "혹시 승려들과 투쟁하지 않는다면, 우리들은 지원하지 않는다."고, 데미도는 연설 중에서 강조했다.

몽골 인민혁명당 중앙위원회 간부회의 1936년 1월 20일자 제40호 극비결정을 보기로 하자.

세계혁명 그리고 연방의 존경해야 할 지도자 동지 스탈린, 몰로토프, 보로시로프 등은 동지 중의 동지인 겡뎅, 데미도, 나무수라이 등과 회담하여, 그러한 존경해야 할 동지들이 우리의 주된 목표인 제국주의·봉건주의에 반대하는 혁명의 승리를 올리고, 민족독립의 모든 권리와 그것을 강화하여 지키는 세력을 증강하여, 국내의 혁명에 적대하는 승려와의 투쟁을 확대하여, 우리들이 스스로의 혁명의 목표를 낮추어 설정하고 있었던 것을 명백한 사실로 분석하여 표명했다. 이것은 우리들의 주된 목적인 제국주의 및 봉건주의에 반대하는 혁명투쟁을 강력하게 넓혀갈 때, 동지 겡뎅이 우파 편향에의 각종 지시를 내리고 있었던 것이며, 그러한 사실들을 많은 간부들은 알고 있었다. 그럼에도 불구하고, 그들의 생각과 잘 맞지 않고, 그 당시에 진술한 많은 잘못, 결함이 생겼다는 식으로 당 중앙위원회 간부회는 판단하고 기록·결정했다.

반혁명세력인 승려에 대한 투쟁을 강화하여, 봉건제의 기반을 파괴하고, 한층 확대하여 실행하기 위해서, 승려 전체의 인구를 어떻게 줄일 것인가. 또한 18세의 청년이 승려가 되는 수를 제한하는 법률을 기초하여, 승려와 투쟁하는 문제를 충분히 검토하여, 차회의 간부회에서 협의할 것을 희망한다.

이 회의에서 쵸이발산은 "우리들은 승려의 인구를 줄이기 위해서, 구체적인 방책을 실행하지 못했다. 그러나 수명의 동지가 소련에 다녀온 이래 문제점이 명확하게 되어, 우리들이 어떠한 방법으로 어떻게 활동하여 승려의 인구를 줄이는가에 대해서, 잘 논의하고 있다"고 말했다. 그는 1937년 5월 20일에 소비에트 사회주의 공화국 연방 내무인민위원, 국가안전 총위원 예죠프에게 편지를 쓰고 있다.

당시, 쵸이발산은 몽골국의 제1부수상이었고, 내무대신이기도 했다.

> 당신의 고문 쵸피야쿠와 그외의 교관이 직접 참가하여, 소련 전권대표 탕로프의 전면적 지원의 덕분에, 승려의 수를 늘리지 않고, 승려가 민중에게 미치는 정치적·경제적 영향을 일소하기 위한 정치적·경제적인 규제에 대해서 몽골 인민혁명당 중앙위원회 및 정부에서 협의하여 결정할 수 있었다.
> 기본적으로 승려가 국가에 반격하거나, 간첩 활동을 하거나, 무장봉기시키지 않기 위해서 동지 스탈린의 지도에 따라서 5개의 방책을 준비하고 실행할 수 있었다. 승려의 문제에 대해서 내려진 결정 및 정치적 사상투쟁을, 승려에게 직접 가하는 공격과 조합하여 실생활에서 실행한다고 하는 목표를 나는 스스로에게 과하고 있습니다.

3명의 구성원과 함께 "특별전권위원회"라고 하는 조직이 조직되어 있었던 것을, 스탈린의 승인과 소련공산당(볼셰비키)의 의사록에서 인용하여, 앞장의 "명예회복"의 장에서 진술하였었다. 특별위원회가 승려문제를 어떻게 해결하였는지를, 그러한 결정에서 찾아볼 수가 있었다. 1938년 6월 3일에 개최된 제21회 회의에서 162명의 승려의 죄를 심리하였으며, 그 중 133명을 총살하고, 29명을 금고 10년의 형에 처했다. 같은해

6월 27일에 개최된 제24회 회의에서는 177명의 승려의 죄를 심판하여, 149명의 승려를 총살, 28명의 승려를 금고 10년의 형으로, 1938년 10월 24일에는 215명의 승려 중에서 161명을 총살, 54명을 금고 10년형에 처했다. 1938년 11월 12일, 1938년 12월 30일에는 각 83명, 81명의 승려 전원을 총살의 형에 처하여, 집행했다.

이렇듯 그 당시에 수많은 승려를 학살·제거하는 정책을 실시하고 있었던 것을 여기서 알 수 있겠다.

승려를 이렇게 숙청하여 목숨을 빼앗은 것은 궁극적으로 불교의 문화유산을 통해서 경전을 소유하고 있었던 전통문화의 보고로서의 지식인을 죽이고, 인간이 신앙하는 대상을 없애고, 지식의 공동화(空洞化)를 초래했다고 학자들은 안타까워하면서 기술하고 있다.

부서진 사원은 얼마만큼 훌륭한 문화유산이었을까. 몇몇의 건물은 그 시대만을 파괴한 것이 아니다. 거기에는 2000년 가까운 몽골문화의 유산이 보존되어 있었던 것이다. 그러한 관점에서 이 문제에 조응할 필요가 있다. 20세기 초, 정부의 인가를 받고 있었던 사원은 750개 이상 있었다. 작은 절도 포함하면, 전부 1,000개 이상은 있었다. 이러한 사원은 몽골 전통문화 및 건축의 유산이며, 사원을 파괴한 이후 새롭게 세우는 것을 그만두었기 때문에 우리들은 몽골 건축예술의 방법이나 지혜를 잃어버렸다.

11만 5,000명의 승려들은 상기와 같은 사원에서 살고, 불교의 여러 가지 전통적 지식을 연구하며 향수하고 있었다.

지금까지의 정보에 의하면, 각 사원에 전 32권의 경전을 저술한 300명 이상의 몽골인 승려의 경전이 보관되어 있었다. 그리고 이러한 서고에는 "강쥬류", "당쥬류"(몽골대장경)를 시작으로 하여, 고대인도나 티베트의 현인이 저술한 경전이 상당수 있었으나 대규모로 파괴되어, 정신문화·민속 전통사상의 대부분을 잃어버리고 단절되기에 이르렀다. 이것은 금액으로는 나타낼 수도 그리고 보상될 수도 없는 손실이다. 사원은 몇천 마리의 가축이나 밭을 소유하고 있었다. 수도 이후 후레에서는 1918년부터 1924년 사이에 가축이 21만 8,000에서 29만 7,600마리가 있었다. 또한 사원에서는 몽골인민의 노동, 예술, 지혜에 의한 공물, 기념비 유산이 보존되고 있었으나, 그 당시에 무참하게 파괴되어 버렸다.

종교, 사원, 문화문명에 대한 정책문제는 대통령 집무의 커다란 부분을 차지하고 있었다. 어쨌든, 내가 정부의 최고지도자로서 일하고 있었던 시기에, 몽골인의 신앙의 자유가 과거 70년처럼, 단지 종이 위에 쓴 선언일 뿐만이 아니라, 참되고 구체적인 생활이 되어 실행되기 시작했다.

인간으로 태어난 이상, 필히 누려야만 하는 권리의 한 가지인 스스로의 신앙심, 그것을 표현하는 권리, 그리고 자신의 신앙심에 따라 선택하여 종교를 믿는 것, 혹은 어떠한 종교도 믿지 않는 자유가, 몽골국 헌법이나 다른 법률에 의해서 규정되어 실현되기 시작했다. 이후로 70년 가깝게, 실제로는 단 하나의 사원밖에 없고, 국민의 신앙심을 배척하였으나, 현재 종교적 건축물, 즉 사원이 건립되어 풍요로운 종교활동이 행하여지고, 신자는 자유롭게 수행할 수 있게 되었다. 위대한 역사, 존중하지 않으면 안 될 문화를 밀접하게 누리며, 그것을 보호하려는 많은 사람들의 희망을 매일, 매년 강하게 느낄수 있게 되었다.

몽골국 대통령이 도대체 어째서 신앙, 문명의 문제에 구애하기에 이르렀는가. 일부의 사람들이 비판하듯이, 대통령은 종교를 "방패"로 하여 사람들의 인기를 얻기 위해서 "연기"하고 있었던 것은 아닐까. 어째서 불교문화, 종교나 사원을 부활시키지 않으면 안 되었는가라는 질문이 나오게 되는가.

1. 신앙의 자유를 부활시켜서, 인도적 도리를 부활시키기 위해서.
2. 불교는 몽골 문화문명에 대해서 중요한 요소라고 하는 관점에서.
3. 이전의 비참한 괴로움을 다시 당하지 않도록, 민중·신자들을 지키고, 그 것을 보증하기 위해서.
4. 숙청된 수많은 승려의 신성한 명예를 회복하기 위해서.
5. 대지, 산수, 성스러운 자연, 인간, 풍요로운 가축을 애호하고, 신앙하는 온화한 마음을 가지고 평온하게 살기 위해서.
6. 국가의 위광, 사람들의 수호를 바라고, 평화롭게 생활하는 마음의 평온을 돌이키기 위해서.
7. 사람들의 어둡고 딱딱해진 마음을 일깨우고, 쇠퇴해버린 도덕을 정화하여, 올바른 방향을 향해서 악행과 선행을 구별할 수 있게 하기 위해서.
8. 사람을 공경하는 훌륭한 관습을 계승하기 위한 종교·사원을 부활시켜서, 사람들에게 종교의 자유를 향수시키자고 생각한 것은 대통령이 되면 누구든지 해야 하는 책무일 것이다.

우리나라에서 진행한 민주화의 과정에서, 우선 최초의 수년간에 몽골국 대통령이 사람들의 신앙, 그리고 그것과 관련된 사원의 문제에 주의를 기울이게 된 것은, 때로는 눈에 보이고 때로는 보이지 않는 많은 원인이나 조건에 의해서 설명되나, 무엇보다도 우선 다음의 사항을 솔직하게 말하지 않으면 안 된다.

신앙은 사회생활에서 떨어져서 개별로 존재하는 것이 아니라, 우리들의 사회에서, 특히 정신생활에서 생기고 있는 혁명이나 쇄신과는 나누기 힘든 것이다.

우리들은 "프롤레타리아트 인터내셔널리즘"이라는 것을 무엇보다도 존중할 것을 선언하여, 민족의 권리와 이익에서 떨어져, 그것을 민족주의와 혼동하여 "악마"로 치부해버렸기 때문에, 몽골인의 정신생활이 그 토대에서 크게 괴리되고 공동화(空洞化)되어 서로 이반하는 위험에 빠지게 되었다. 이러한 해악을 배제하고, 사회에 치료를 실시하고, 도덕습관을 재생하는 방향으로 돌리기 위해서, 우선 먼저 민족의 전통, 몽골의 문화문명을 계승·보존하여 인류의 훌륭한 문명과 공존시켜 발전시키지 않으면 안 되었다. 몽골사회의 정신생활에 대해서 진행하고 있는 개혁·쇄신의 기본적인 의의·본질이 여기에 있다.

한편으로 민주화의 시대, 국가 발전의 방침 및 가치기준이 심하게 변화하고 사회가 크게 변동하여, 우리나라가 세계로 열리는 과정에서 몽골을 몽골로서 유지하면서 발전시키는 것이 국가 및 민족에게 극히 중요한 문제가 되고 있다. 몇몇 정당이 몽골을 "다언어, 다민족"의 나라로 하자고 주장하게 된 현재, 문화문명이나 그 안에 포함된 종교·사원에 대해서 현명하고 구체적인 정책의 실행에는 유목문명을 통해서 몽골독자의 발전을 할 필요가 있다고 하겠으며, 그러한 의미에서 우리나라의 안전보장과 나누기 힘든 요소의 일부가 되어 있다. 몽골국 헌법에서는 국가원수가 국가안전보장회의를 총괄하는 의무를 지고 있으며, 거기서 신앙의 문제를 거듭하여 진술한 것이다.

민주화, 쇄신의 과정에서, 우리들은 사회전체에서 모든 단계에 대해서, 신앙·사원에 대한 지금까지의 이해·사상을 개혁하지 않으면 안 되게 된 것을 특필하도록 한다. 이것은 그다지 용이하지는 않고, 평탄하고 곧은 길은 아니다. 종교의 본질이나 의의를 모든 면에 대해서 충분히 그리고 확실하게, 크게 열린 사회의식을 탐구하는 것은 앞으로도 장기간에 걸쳐서 적극적으로 계속해 나아가게 될 것이다. 결국 종교는 우리들이 과거 70년간 선전하여 온 "인민을 현혹시키는 아편에 지나지 않는다"고 한마디로 덮어버리고 박멸해도 상관없는 일반적이고 손쉬운 것이 결코 아니라, 사회의 복잡함과 연결된 현상과 다름없다는 것이 한층 명확하게 확인되고 있다.

유목문명의 존재와 발전의 근원은 유목, 유목민, 유목호(戶)라고, 세계의 사람들이 중시하고 있다. 이것은 우리들의 전통적인 생활, 경제 그 자체라고 해도 무방하다. 유목과 함께 성장한 정신문화이기도 하고, 경제·정신이라는 이 두 가지의 측면이 모든 면에서 연결되어 융합함으로써, 몽골 민족의 전통문화가 이어지고 있는 것이다.

우리들의 정신문화에는 불교가 깊이 스며들어 있다. 불교는 흉노시대부터 시작하여, 몽골에서 세 차례에 걸쳐 널리 퍼져서, 전체로서는 2,000년 가까운 역사의 전통이 있다. 세계적으로 저명한 몽골학자 B.Ya.우라지미르쵸후가 말한 바에 의하면, 우리들의 불교는 "산악초원의 부처", "몽골유목민의 부처"가 되어, 토착화된 종교이다. 20세기 인도의 위대한 승려 코지요쿠 바쿠라 렝부치는 "몽골은 예부터 저명한 불교연구자, 현인들을 놀라게 했던 교양있는 사람들의 국가이다"라고 말했다.

우리나라의 현인의 철학, 언어학, 논리학의 여러문제에 대해서 저술한 문서는 이론 면에서 고대인도, 티베트의 현인들의 그것과 상당히 다르고, 놀랐다고 나의 부렝의 한 사람인 르하구와수렝의 이야기를 인용하기로 한다. 후레르바타르 박사, 아카데미 회원인 비라 씨도 그렇다고 보증해주었다.

"마두금(馬頭琴)을 가진 자는 나쁜일은 하지 않는다"고 하는 아름다운 말이 있다. 신앙하는 대상이 있다고 하는 것은, 마두금을 가진 것과 동일한 것으로 신앙을 가지고 산다는 것이다. 이를 위해서 몽골국 대통령은 부처의 생일을 축하하고, 부처의 존체(尊体)를 빌고, 아마르바야수가랑토 사원을 부흥하여 공양하는 등의 의식에 참가하여, 제1회 몽골 불교자회의나 고비의 도쿠싱 노용 호토쿠토 라부쟈, 쟈르상주 호토쿠토다무딩바자류, 디라부 호토쿠토 쟈무수랑쟈부, 가르당 보쇼쿠토, 웅두로 게겡 자나바자르 등 몽골의 저명한 종교계·정계의 공로자들의 기념일에는 메시지를 보내고 있다. 개안관음(開眼觀音)을 설립하는 데에, 대통령령을 내렸다. 이러한 모든 의식에 참가할 때, 관계하는 몽골국가 의례의 전통이 어떠한 것이었는가를 가능한 연구하여, 올바르게 부활시키려고 노력하고 있다. 이러한 모든 것들은 사람들의 위대한 역사, 소중한 문화에 경의를 표하고 있는 것이다. 우리들은 헌법에서 몽골의 국가제도, 역사, 문화의 전통을 중요시하고 존중해서, 모국에서 인도적인 민주주의 사회의 건설을 가장 높은 목표로 하고 있음을 국민에게 선언한 것이다.

개안관음을 설립하는 정령(政令)에 관해서, 이것은 몽골의 역사·문화의 고유한 유산의 한 가지이며, 모든 것을 자애롭게 용서하는 개안상(開眼像)의 재건에 대해서는, 일반대중·신자의 많은 의견에 의거해서, 또한 불상의 제작에 대해서는 몽골문화기금이나 몽골예술가연맹의 의견을 지지했다. 개안관음은 1911년부터 1913년에 처음으로 건립되어, 몽골의 자유·독립의 상징으로서 나라의 중심에 사람들의 회상을 결집하여, 민족 융화의 상징, 그 신비스런 눈길로서 사람들의 행복을 유지한다는 완전무결의 의미를 표현한 것이다. 보구도 제부충당바의 눈의 치유를 빌고 건립되었다는 역사가 있다. 이번에도 이러한 불상을 국가의 독립, 민족의 융화를 낳아 평화스럽게 살고 싶다는 소망을 표명하려고 했다.

인도적 민주주의사회에 이르기 위해서는 사회관계가 사람들에게 인도적이고, 자비 깊은 생각, 마음을 온화하게 하는 행위가 대단히 중요한 것이다.

종교는 세계관, 가치관, 사회관계 등을 조정하여 사람들의 마음을 온화하게 하는 등, 많은 역할을 맡고 있다. 종교는 사회를 한 가지의 목적, 하나의 사상 밑에서 정리하여 긴밀히 연결하고 있으나, 역사적인 조건에 의해서는 사회를 분단하여 흩어지게 하는 세력도 된다. 몽골의 문화·문명, 신앙의 분야에서 몽골국 대통령은 어떠한 사상을 지도이념으로 하여 어떤 정책을 생각해서 실행해온 것일까.

몽골인민공화국의 인민대회의 간사장으로서 선출된 후에, 나는 승려의 대표자들과 처음으로 만나서, 그 당시의 인터뷰를 국내 및 해외의 신문·잡지에 보냈다. 그 기사에서 "종교·사원에 대해서, 70년간의 전통적 사상이나 입장을 근본적으로 바꾸게 될 것이다. 또한 사람들의 종교의 자유를 존중하고, 실제의 생활에서 실행할 것이다."라고 전했다. 이것은 민주화의 초기 단계에 있어서는 사회에서 형성된 심리 및 조건이라는 점에서도, 국가발전의 방향이라는 점에서도, 말하거나 행동하는 이외의 방법은 없는 단계였다.

그 무렵부터 신앙인연맹이 생기고, 불교관리센터도 설립되어, 울란바토르, 아이막, 지방에 불교사원이 많이 건립되었고 또한 이슬람교의 단체도 생기고 성서의 모임도 생겼다. 각 지역의 전통·관습이 부활하여, 산악, 오보(Oboo, 오보는 돌 등을 탑처럼 쌓아 만든 숭배물로서, 몽골의 전통적인 무속신앙의 한 형태로, 마을의 번영이나 개인의 안녕을 기원한다, 역자주) 신앙도 널리 퍼지게 되어, 사람들의 신앙은 폭발적으로 부활해왔다. "선의 곁에는 악"

이라고 하는 것처럼, 일생 보통의 사냥꾼 또는 군의 대장, 당조직의 대표로서, 이전에 무종교를 선전하고 있었던 것 같은 사람이 승려나 괴상한 요술쟁이가 되는 경우도 많았다.

이러한 모든 것들이 무엇을 의미하는가 하면, 불교사원이나 승려들의 안에 있는 모순을 일정한 수준에서 해결하고 인정하여 상호간에 이해하기 위해서 정부가 개입·지원하고, 조직으로서 하나의 방향을 향해 균질화하고 그러한 발전의 방침에 맞추는 것이 중요하다는 것이다. 이러한 이유에서, 제1회 몽골불교회의는 정부가 지원해서 개최했다. 동회의에는 당시 활동하던 모든 사원의 대표자 및 승려가 참가하여, 강당테구칭렝 사원을 몽골불교의 중심으로 할 것을 승인하고, 활동규칙, 사원이 전반적으로 따를 규율도 결정되었다. 이것에 의해서 불교사원이나 승려의 내부의 경쟁·논쟁이 어느 정도 진정화하여, 무엇인가가 일어나면 정부에 개입을 요청하는 일은 적어지고, 비교적 평온하게 되었다.

"신앙을 갖지 않는 사람의 마음에는 신앙을 가진 사람의 마음과 같은 도덕이 없으므로, 정부·사회에서는 신앙이 없는 국민의 존재는 결코 바람직한 것은 아니다"고, 에렝칭 하르다와가 말했다고 한다. 무종교를 받아들이고, 민중의 전통 등 모든 것을 과거 사회의 뒤떨어진 것이라고 얕보고 종교를 박해하던 고난의 시대는 끝나고, 부처의 미래의 가르침이 다시 퍼지는 시대가 도래한 것이다.

유목민인 몽골인의 생활습관이나 전통은 자연계에 해를 끼치지 않고 조화를 유지하면서 사는 것을 가르치고 있다. 일반적으로, 샤머니즘의 시대부터 몽골인이 하늘과 땅의 양방을 신앙하며 이어 온 전통을 몽골불교는 이어받아서 대지, 산수, 오보나 한가이(비옥한 산지지대)를 신으로 받들어 모시고 존중하여 왔다. 물·샘을 더럽히지 않으며, 치솟은 바위·나무를 뽑지 않으며, 말을 묶어두는 구멍을 메우고, 어린나무를 벌목하지 않는 등의 훌륭한 관습이 있다. 또 동물의 새끼, 임신 중 수유기의 동물을 사냥의 대상으로 하지 않으며, 수렵기 이외는 수렵을 하지 않는다는 세세한 규칙으로 생물계를 지키는 관습도 있다.

부처의 가르침에서는 모든 동물의 살생을 금하고 있으므로, 몽골인은 가축을 애호하고, 가축을 때리거나 괴롭히는 것을 금기로 하여, 사랑하는 가축을 신에게 바쳐서 지키는 습관까지 있다.

이러한 모든 것이 몽골인의 생활에 널리 영향을 미치고 있고, 불교가 자연을 보호하는 습관과 연결된 것을 거듭하여 증명하고 있다고 강당테구칭렝 사원의 고승 D.쵸이쟈무쓰가 말씀하셨다.

우리들의 생활에 널리 영향을 미친 불교의 훌륭한 전통을 부활시키는 것은, 문화 면에서의 혁명에 대한 정부의 기본방침의 하나이다.

몽골국의 신헌법에는 "몽골국에서 국가는 종교를 존중하고, 종교는 국가를 존중한다. 몽골국 국민은 신앙의 자유를 가진다. 정부와 사원의 관계를 법률에 의해서 조정한다"고 기술되어 있다.

정부가 사원과의 관계에서 그러한 지침이 되는 정책을 명확하게 하려고, 신자·승려의 권익을 지키는 여러 가지 공적 기관이 사원과 협동하여 그 의견을 듣고 협의한 적이 몇 번이고 있었다.

1990년 12월, 전국 규모로 사원이 50개소 가깝게, 승려가 1,000명에 달했을 때, 대총령부에서 개최된 회의에서는 대단히 열띤 논의가 되었던 것을 기억한다.

그 회의에서는 불교신자센터 대표의 다무딩수렝, 다시쵸이링 사원의 고승 당바쟈부, 강당 사원의 고승이고 인민대회의 의원인 쵸이쟈무쓰, 아마르바야수가랑토 사원의 고승 다상, 강당사의 원고승 가당, 국가소회의의장 공치쿠도르지, 수상 비양바수렝, 국가소회의상임위원회 위원장 오치르후, 투구수바야수가낭토 센터의 승려 강투무르, 대통령부장관 투멩, 공가도르지, 몽골 무슬림협회 회장 사이랑, 신앙자연맹회장 바양차강 등 20명 이상이 참가하여 의견을 교환했는데, 이것은 당시의 종교문제가 어떤 것이었는지를 나타내는 예의 하나이다.

이렇게 해서, 정부와 사원의 당시의 관계에 대해서 논의한 후, 정부관할의 종교위원회라는 상설기관을 폐지하고, 대통령의 지시로 비상설의 위원회를 창설하지 않으면 안 된다는 의견으로서 일치했다.

무엇보다도 우선, 신헌법에 종교와 사원에 대한 정책의 기본원칙을 올바르게 정의하는 것이 대단히 중요했다. 여러 가지로 정의되고 논의되어서, 최후에 헌법 제9조의 정의에 이른 것이다. 그 조문에는 우리나라 정부와 사원과의 관계를 조정하기 위한 몽골의 전통 및 현대인의 규준, 그러한 것들을 고려하여 포함시켰다. 또한 이러한 기본원칙에 의거해서 그것을 확대해석하도록 노력하여, 몽골국 대통령이 제안하며, 인민대회의에서 심의되고 채택된 "몽골국 정부와 사원과의 관계에 대한 법", "몽골국 국가안전보장의 지침", "문화적 안전보장"의 항목 및 "종교, 사원에 대한 정책의 지침"이 성립했다. 대통령은 정책에 대해서, 정치 및 종교에 관계하는 의식으로서 행한 발언 또는 보고에 대해서 널리, 명백하게 하도록 노력했다.

이러한 정책의 진수는 어디에 있는 것일까.

오늘날 우리들의 사회의식의 눈 앞에는 장래 어떤 방법, 어떤 형태로서, 어떻게 발전할 것인가 하는 문제가 날카롭게 제기되고 있다. 우리들의 사회이론에 대한 의식이 이 문제를 적극적으로 비평하고 논의하여, 적절한 방법이나 형태를 탐구하여 만들어간다고 생각한다. 물론 몽골국은 장차 헌법에 명확하게 정해진 사회규범에 따라서, 현대 인류의 보편적인 사회발전의 법칙에 따르면서 발전해갈 것이다. 그렇다면 앞으로 인류의 보편적인 법칙과 민족의 특수성을 어떻게 공존시킬 것인가라는 복잡한 문제가 생기게 된다. 이러한 점에 대해서는 3가지의 견해가 있다고 생각된다.

일부의 학자, 특히 우리나라의 젊은 연구자, 정치가의 견해는 현대 세계의 보편적인 발전의 방향, 서양의 발전의 고전적 모델에 따르지 않으면 안 된다. 몽골민족의 특징, 독자의 방법 등을 포함하여 의논하고 있으나, 도대체 거기에 무엇이 있는가 하고 주장한다. 한편으로, 어떤 사람들은 우선 몽골의 특징, 몽골의 전통을 엄격하게 지키고, 몽골을 몽골로서 남기지 않으면 안 된다는 것이다. 서양을 모방하는 것은 의미가 없는 것이라고 주장한다. 이러한 2가지의 모델의 중간적인 특징을 가지고, 적당한 형태로서 조합하지 않으면 안 된다고 하는 의견도 있다. 이렇게 해서 서양, 동양의 어느 한 쪽을 바탕으로 해서 정착시켜 공존시켜나가자는 것이며, 이 견해의 지지자도 역시 2개로 나뉘어져 있는 것 같다.

나는 스스로의 문화문명을 바탕으로 해서, 그것을 현대 인류문화의 기반과 적절하게 조합시켜서 발전시켜야 한다고 본다. 바꾸어 말하자면, 몽골은 현대의 환경이나 조건, 기초 위에 민주주의·시장경제라는 현대 세계에 대한 사회발전의 보편적인 방침을 적절하게 탐구하여 받아들여야 한다는 것이다.

국가발전의 이러한 법칙은 종교, 사원의 문제와 동일하게 연결되어 있다. 즉 몽골의 전통 속에, 다른 서양의 새로운 종교가 우리나라에 보급되어 있는 것이 서양과 동양의 문화가 융합하여, 각각 서로 보완하면서 계속 발전하는 문명, 그 자체의 발전 법칙에서 싹트기 시작한 역사의 법칙에서 밀접한 관계에 있는 현상이므로, 그러한 것들을 용인할 수밖에 없다. 힘으로 밀어낼 권리는 없다고 생각된다. 그러나 새로운 종교를 용인하는 데에 있어, 민족의 전통 종교에 대해서 더욱 배려하고, 사회적 영향 및 그 지위를 유지하면서 강화하는 정책을 취하지 않으면 안 된다.

결론을 말하자면, 오늘날 신앙은 우리들 사회의 널리 퍼진 범위에 대해서, 영향력을 가진 커다란 세력이 되고 있을 뿐만 아니라, 우리나라는 다종교국가가 되어 가고 있다. 전통종교와 새로운 종교의 사원 간 뿐만 아니라, 새롭게 침투하고 있는 종교의 종파 간에서도 이해의 어긋남을 볼 수 있다.

이와 같이 국가가 종교·사원에 대해서 취할 정책은, 한편으로는 몽골국 헌법에서 선언하고 있는 국민의 신앙의 자유를 직접 향유시키기 위해서 방향을 잡는 것이고, 또 한편으로는 국가안전보장 및 민족의 융화라고 하는 이해와 일치한다는 것이다.

1930년대, 몽골은 다종교사회였다. 당시 몽골정부는 어떻게 정책을 진행하고 있었던 것일까. 칭기즈 및 그 후의 칸의 시대, "몸을 지배하기 위해서는 마음을 지배하라, 마음을 지배한다면 몸이 분리되지는 않는다"고 말하며, 어떤 사람들도 지배하는 힘으로서, "모든 종교를 평등하게 취급한다"는 정책을 실행하고 있었다. 그러나 이것은 국가가 모든 종교를 어떠한 구별도 없이 다루고 있었다는 것이 아니라, 종교에 대해서 평등의 경의를 표한다고 선고하여, 실제로는 하나의 종교, 제국시대에는 샤머니즘을, 1270년대 이후, 즉 원조(元朝) 이후, 불교를 스스로의 종교로서 생각하고는 특히 주의를 기울이고 있었다.

이것을 증명하는 예는 많이 있다. 몽케 칸(Möngke Khan) 시대에 몽골을 방문한 선교사 교무 루불쿠가 여행기에 기술한 것에 의하면, "부처가 인간의 손에 긴 손가락이나 짧은 손가락을 준 것과 같이, 사람들에게 여러 가지 운명을 주었다. 부처는 당신들 모두에게 경전을 주었으나, 기독교 신자인 당신들은 그것을 지키지 않는다 … 그들이 말한 모든 것을 실현하여, 이 세상에서 온화하게 살자"라고 칸이 말씀하셨다고 몽케 칸의 종교에 대한 견해를 밝히고 있다. 모든 국민들이 각자 신앙을 가지고 믿도록, 샤머니즘을 신앙한다는 당시의 정권방침을 여기서 확실하게 찾아볼 수 있겠다.

또한 몽케 칸과의 최후의 알현에서, 그는 "성서에 의해서 생활하는 것을 사람들에게 가르치는 것은, 우리들의 의무이다. 그렇기 때문에 우리들은 이 땅에 온 것이므로, 만약 폐하의 허락을 얻을 수 있다면, 여기에 가능한 오랫동안 머물고 싶다 …. 나는 폐하의 편지를 전한 후에, 혹시 폐하께서 관심이 있으시다면, 폐하의 고향에 돌아올 것을 희망한다"고 몽골의 땅에 기독교를 포교한 목적을 표명하여, 찬동을 요구하였다. 어느 종교도 평등하게 다루는 정책을 견지하는 몽케 칸은 "혹시, 당신의 주인이 당신을 다시 파견한다면, 나는 허락하겠다"고 약속하자, 루불쿠는 나의 주인이 파견해도, 혹은 하지 않아도, "폐하께서 찬동해 주신다면, 나는 돌아오고 싶다"고 다시 희망하자, 칸은 침묵하여 잠시 생각한 후에, 최후에 "당신은 먼 곳으로 여행하는 군 …. 식사와 마실 것을 유의하시오"라고 말하면서, 무시한 것을 G.루불쿠는 기록하고 있다. 여기에서는 당시의 정권(칸)의 정책, 입장을 확실하게 알 수 있다. 원나라 시대 이후, 불교를 국교로서 선언한 것은 『백사(白史)』에 확실하게 기록이 남아 있다.

1920년대, 많은 종교를 받아들이는 데에 있어서, 적극적인 체렝도르지 대신, 아마르 수상, 저명한 학자 J.체엥 등을 중심으로 하여 "불교를 순수하게 번영시킨다"고 하는 정책을 책정하여 실행했다. 불교를 정부에서 독립시키고 전통적인 경전의 가르침, 계율에 따라서 대중 안에서 강한 영향력을 일깨우고, 다른 종교를 배척하여, "종교는 종교로서"라고 하는 원칙이 이 정책의 중심이 되었다.

　세계 국가들 중에서 정부가 종교·사원에 대한 관계를 조정하기 위한 몇 가지의 형태가 있는 것 같다. 첫 번째는 어떤 나라에서는 1개의 종교를 국교로 하여 헌법에(혹은 그것을 대신하는 공문서에) 직접 제시하고 있다. 세계에는 이러한 나라가 40개국 이상 있다. 두 번째로는 독일, 일본, 오스트레일리아 등의 나라에서 정교를 분리하고 있지 않지만, 모든 종교가 평등하다고 법률에 명기하고 있다. 마지막으로 미합중국, 프랑스 등의 많은 나라에서는 정교 분리를 법제화하고 있다. 그러나 정부와 사원 관계의 여러가지 취향, 변화도 보전되고 있다. 국교의 이름을 위에 붙이고 있지만, 실제로는 다른 종교와 구별하지 않는다, 특히 영향력이 없는 나라도 있으면, 모든 종교가 평등하다고 해도, 민족 종교의 영향, 그 지위가 우위에 있는 나라도 있다. 법률에서 조정하는 이외에는 정부와 사원의 극히 미묘한 관계, 정책이 있다. 우리들도 이러한 뛰어난 정책에 의해서 조정을 하지 않으면 안 된다.

　정부는 새롭게 널리 퍼져가는 종교를 공권력으로 금하는 엄한 정책을 취해서는 안 된다. 이러한 정책은 그 종교조직의 활동을 지하에 잠행시키는 것이 되고, 그러한 지지자들의 반항심을 높이게 된다. 또한 국민을 신앙에 의해서 차별하는 경향을 사람들의 마음에 심는 등, 많은 나쁜 결과를 초래한다. 21세기의 인류사회는 서양과 동양의 문명이 융합하여, 각자가 서로 보완해서 발전하므로, 기독교 등의 서양의 종교가 동양으로, 그중에서 몽골에, 또한 동양의 종교, 즉 불교가 서양에 널리 퍼지는 것은 문명의 발전이 그 안에 있는 논리나 규칙에 따라서 진행하고 있는 현상이라고 생각하는 것이 바르다고 하겠다.

그것과 병행하여, 민족 전통종교의 우위한 지위를 그대로 유지하여, 민중 안에 있는 커다란 영향력을 더욱 높여서, 민족의 전통·도덕을 다음 대에 계승하는 정책을 실행하지 않으면 안 된다.

이러한 모든 것이 정부가 불교를 확실하게 지원하고 발전시킨다는, 모든 바람을 들어서 지원한다는, 또는 방임해둔다는 의미는 결코 아니다. 특히 무엇을 지원하고 무엇을 지원하지 않는다든지, 무엇을 이어받고 무엇을 버린다든지, 어느 때 지원하고 어느 때 지원하지 않는다든지, 이러한 모든 것이 1개의 규칙에 의해서 만들어진 치밀한 예술이어야만 한다. 만약 그렇지 않다면, 정부의 이름에 악영향이 미친다.

오늘날 여러 가지 종교 사이에서 스스로를 맑게 하고, 민중을 자신의 측에 끌어들이려고 하고, 그 힘에 의해서 리더십을 갖는지, 어떤지, 스스로 명확하게 할 결정의 순간에 서 있다. 그 때문에 불교사원은 전통적인 경전의 가르침 및 계율에 엄격하게 따라서, 다른 방면에서는 수행의 제도를 시대의 요청에 맞추어 개혁하여, 관습이나 관례를 시대에 맞추어 쇄신한다든지, 점차로 법회를 몽골어로 행한다든지, 선전활동을 적극적으로 촉진한다든지, 소수의 우수한 승려에게 사원을 가지게 한다는 등, 내부에는 엄한 규율이 있어도, 개혁을 진행할 필요가 있다. 개혁과 전통의 적절한 관계를 충족하여 실행하기 위해서 통일된 정책이 중요하다.

우리나라에서 적극적으로 포교되어 있는 기독교 조직의 활동에는 지나쳐간 사상이 적지않게 눈에 띄는데, 프로테스탄트의 가르침은 포괄적으로 인권·자유·신앙의 자유라고 하는 원리에 따라서, 종교적 다원론을 용인하고 있다. 새로운 종교조직에 의해서, 이러한 사회규범을 엄하게 지킬 수 있다면, 종교 간의 결렬이나 충돌을 막는 주된 방법이 되므로, 종교·사원 측 정책의 중심의 하나로서 여기서 집중하지 않으면 안 된다.

　정책의 이러한 기본방침에 의해서 지도할 수 있다면, 이치에 맞는다고 생각해서, 정부와 사원과의 관계에 대한 법의 제5조 제2항에 들어 있는 전권을 몽골국 대통령에게 주어야만 한다고 법제화한 것이다. 종교에 관한 기술을 다랑라마 14세 당장쟈무쓰의 말로 끝맺음을 하겠다.

　1994년, 몽골국을 방문했을 당시, 기자 Ts.호랑과 함께 한 인터뷰에서 "개혁의 기복은 오랜 세월의 잘못된 생각이나 행위를 바로잡기 위한 것이므로, 동시에 경제나 정신적 고통이 생기는 것은 당연하다. 용기는 어떤 장애도 극복한다. 몽골의 미래가 보인다"고 말씀하셨다.

제9장
경제 쇄신

- 전설에 남는 제20호 결정은 가격자유화의 면에서 행한 최초의 용기 있는 결정이었다.
- 제프리 삭스, 몽골에서 투자권리서를 사용한 자산 민영화의 과정은 세계적으로도 실천되지 못했던 성과였다.
- 정치적 민주주의, 경제적 민주주의의 통일을 충족하는 사회를, 인도적 민주주의사회라고 한다.
- 아시아의 호랑이의 경험이란 무엇인가? 활용해도 좋은 것인가?

사회 및 경제생활의 시대에 뒤떨어진 종래의 형식을 버리고, 그것보다 훨씬 새로운 형식을 선택할 수 있는 목표가, 우리들의 눈앞에 놓여 있다. 낡은 것을 부수는 것은 용이한 것이지만, 새로운 것을 창출하는 것은 어려운 것이라는 점을 우리들은 보아 왔다.

정치적 민주화에 대한 최초의 시작은 성공적이었으나, 한 나라의 차관 원조에 의존하여 생활해야 한다는 우리나라의 경제는 자립가능한 수준에 이르지 못했기 때문에 사회발전·경제쇄신은 뒤떨어져 있었고, 많은 사람들에게 정신적으로 부담이 되고 있었다. 경제쇄신을 착수하기 이전부터, 정부에서 경제를 변혁하려는 시도를 행하여 왔었던 것을 부정해서는 안 된다.

제11기 인민대회의 제1회의회에서 조각(組閣)하여, 1986년 7월부터 1990년 3월까지 활동한 D.소도노무 정권은 사회주의 경제시스템을 개선하여, 거기에 시장제도의 몇 가지 요소를 넣으려고 시도한 구체제 최후의 정권이었다.

1990년 3월의 제11기 인민대회의 제7회의회에서 개혁정권인 Sh.공가도르지 정권이 조각되어, 약 반년간 활동하며 시장경제이행에 대한 약간의 준비작업을 행하였다.

농목업에 점검 시스템, 계약·임대제도를 대폭적으로 도입함으로써 가축수를 증가시키고, 자산을 소유자에게 맡기도록 하고, 비용을 삭감하고 효율을 개선하기 위해서 상당한 방책을 실시했다. 당시 농목업 협동조합, 국영농장의 목축민의 60% 정도, 농민전체의 70%가 보통계약, 혹은 임대계약을 맺고 일하고 있었다. 가축의 수는 약 30%의 비율로 증가하여, 700만 마리에 달하고 있었다. 일부 축생산품의 조달가격을 인상하고, 거기에서 얻는 수익을 직접 목축민의 생활향상에 사용하도록 했다.

농목업 협동조합이 가지고 있었던 1억 2,000만 투그릭의 채무를 소멸시킨 것은, 그러한 재무능력을 늘리기 위한 후원이 되었다. 사회주의 경제의 위기에서 벗어날 주요 방책은 단기간에 시장경제로 이행하는 것이라고 생각하여, 그러한 중요한 조건의 한 가지로서, 다양한 소유형태를 자유롭게 발달시키는 것, 생산자가 자신들의 노동과 그 성과를 직접 연결시킬 것, 이와 함께 처분 원리라고 하는 것을 승인하기 시작했다. 그리고 가축 마릿수의 제한을 없애고, 일부에서는 국영기업이나 생산단위를 임대나 차관 등에 의해서 개인에게 주는 첫 걸음을 걸었다.

Sh.공가도르지 정권의 활동은 몽골 경제를 시장경제로 이행시키는 준비작업을 행한다는 점에서 일정한 성과를 올리고 있었고, 중요한 역할을 수행한 이행기의 정권이었다.

1990년 5월에 몽골인민공화국 제11기 인민대회의 제9회의회에서 채택된 헌법 개정조문에 따라서, 처음으로 민주적 선거가 실시되었다. 그 결과 탄생한 D.비양바수렝 정권은 몽골국의 신정치 시스템에 대한 최초의 정권이고, 사회 생활의 전면적인 변혁・쇄신에 착수한다는 역사적 중책을 맡았다.

그러한 역할을 실현하기 위해서 의거한 사상은 다음과 같이 이름지어, 국가소회의에서 승인되었다.

1. 몽골국 부흥의 사상은 사회세력을 통일하고, 창조의 적극성을 높일 것을 주요사상으로 간주한다.
2. 사회와 국민이 모든 면에 있어서 발전하는 것을 최종적 목표로 두고, 그 때문에 조건을 정비한다.
3. 시장경제의 원리를 기초로 한다.
4. 산업의 주요부문에 대해서 기술혁신을 추진한다.
5. 자연환경에 적합한 사회생활의 형태를 창출한다.
6. 개방적 외교정책을 실행한다.
7. 민주주의적 조건을 효과적으로 조정하는 행정을 실시한다.

비양바수렝 정권이 기초한 기본 방침안이 국가소회의에서 논의되어,

승인되려고 할 때, 몽골국 신헌법이 채택되어 있지 않았기 때문에 사회 발전의 개념, 사회정책의 기본원리, 시장경제로 이행하는 방법, 민영화의 실시, 재정, 은행 시스템, 금융정책, 물가조정, 투자, 구조정책을 규정하는 것은 대단히 어려웠다. 그러나 이러한 문제를 정권은 대단히 면밀한 근거에 기초하여, 국가소회의는 세심한 주의를 기울여서 심의하여 승인했다. 사회·경제 쇄신을 어떠한 근거도 없이, 지식도 준비도 없이 어둠 속에서 개시한 것처럼 진술한 것은, 실제의 상황과는 일치하고 있지 않은 중상적 의견이라고 덧붙여 말해두고 싶다.

쇄신에는 다각적으로 검토 평가를 하여, 정리한 방침이나 개념을 협의하고 승인하는 모든 단계에 참가하여, 자신의 의견을 진술하고 반영시킨 당사자로서 기술해두고 싶다.

경제를 시장원리로 이행할 때에 생기는 악영향을 막는 방법에 이르기까지, 정부의 활동 기본 방침에는 구체적으로 포함되어 있었다.

시장경제라고 하는 조건에서는 인간의 수요, 생활의 관심이 사회 발전의 상당히 중요한 원동력이 된다는 일반적 원리를 활용함과 동시에, 자국발전의 수준, 산업구조, 사람들의 습관, 심리적 특징을 반영하는 방침에 의거했다.

경제쇄신을 개시한 비양바수렝 정권은 몽골국 부흥의 사상을, "몽골국을 부흥하기 위해서, 지혜·능력을 사용하여 노동하는 것은 국민 각자의 생활에 대한 최상의 목적이고 의의라고 생각한다. 몽골민족의 문명유산은 인류의 보편적인 성과와 양립시켜서, 우리나라의 장래 발전에 대한 독자적인 방침의 근거가 된다고 생각한다"고 규정하여, 국가소회의에서 심의한 후에 승인되었다.

국가발전의 중요한 지표는 국민의 행복한 생활에 대한 희망 달성이어야만 한다고 하는 원리를 근거로 하여, 시장조건에 대한 인간의 수요, 생활의 관심이 다시 사회발전의, 특히 중요한 원동력이 된다는 연관을 확립·강화하는 것을 위해서 국가정책은 노력했다.

이러한 원리에 따라서 사회정책의 테두리 안에서는 국민의 최저 생활 수준을 정해서 사회보장, 새로운 연금·수당제도를 확립하였고, 특히 국민의 건강에 특별한 주의를 기울이면서 교육을 사회정책의 핵심 분야로 설정했다.

민족문화를 부흥하고, 인도적인 박애사상을 가진 애국심 있는 인간을 키우는 건전한 환경을 확대하는 사상은 쇄신의 중요한 점이다. 국민에게 신앙의 자유를 누리도록 하고, 몽골어를 부활시켜서 국가의 공용문자로 준비를 행한다는 목표가 세워졌다.

식료품·일용품의 생산공급의 증대, 원료의 공급원 확보, 기술혁신을 제1목표로 두었다. 전통적인 목축의 방법을 부활시키고, 유목경제를 중심으로 발전시킴과 동시에 근대적 기술에 의해서 강화된 목축공합체를 창출하여 발전시키는 것을 중시하여, 호토아이르(유목민 수세대가 모여서 형성되는 거주단위) 경영이나 목장경영을 지원하는 방침을 취했다.

물가조정의 문제는 비양바수렝 정권의 활동방침에 포함되었다. 국가 소회의에서 승인된 원리의 하나는 "현금유통의 테두리 안에서 대규모의 혁명을 일으켜서, 그것을 잇는 현금 이외의 견적서 범위 안에서 사용하는 가격제도에서 생기는 변화를, 분야별 기준에 따라서 조정한다"고 하는 지시가 있었다. 이것에 따라서 전설에 남는 제20호 결정이 발하여져서, 오늘날에 이르기까지 계속해서 비판받고 있다.

실제로 시장경제로의 이행, 경제개방정책의 실시, 대외경제관계에 대한 세계시장가격을 적용하여 통화·임금·가격·채무이자의 메커니즘을 개선하기 위해서 나온 조건을 충족시키기에, 이러한 결정은 특히 중요한 역할을 수행한 것이었다.

통화구매력을 평균화시키고, 가격구조를 기본적으로 중앙의 규제에서 풀어서 가격을 수요과 공급의 바른 관계에 위치잡는 것은 시장경제로 이행하는 주요 조건 중의 하나이다.

가격자유화 면에서 실시한 최초의 용기 있는 정당한 결정이 제20호 결정이고, 이 결정은 역사적인 역할을 수행했다. 이것은 비양바수렝 정권의 커다란 공적의 하나이다.

이 결정에 대한 한 가지 과실로서는 국민이 은행에 맡긴 예금액의 1만 투그릭까지의 수준을 2배로 늘려서, 나라가 차액을 보전한다고 제시한 점이다. 이것에 관해서 비양바수렝과 나는 사전에 협의하여, 국민의 전예금액을 2배로 늘려서, 그 사이에 최초로 40~50%를, 다음 해에는 70%까지를, 또한 3년째에 남은 전부를 각 2배로 늘리는 방향으로 나라에서 보장해주면 화폐가치는 적절한 것이 된다고 이야기하였으나, 그 원칙을 지키지 않았기 때문에 국민의 권익은 대단히 손해보고, 제20호 결정의 명예에 악영향을 미쳤다. 그러한 과실은 대통령령에 의해서 수정되고, 국민의 예금액은 모두 2배로 되었다.

국가규모로서 통일적 세제를 갖추고, 통화·증권시장을 효율적으로 운영하며, 생산효율을 향상시켜서, 저축을 장려하는 은행예금정책의 실시를 통해 은행금융시스템을 정비하도록 하는 기본견해에 대해서 명기했다. 이 때문에, "국가의 외화구매력을 안정화하도록 복합적 수단을 취하고, 이 수년간에 국내에서 태환 능력을 충족시킨다"고 비양바수렝 정권의 활동기본방침에 명기되어 있었음에도 불구하고, 대통령 선거전인 1993년 5월 28일, 자스라이 정권이 돌연 시행했기 때문에, 상당한 충격을 받게 되었다.

  이러한 결정은 더욱 신속하게 이루어져야 했는데 계속 연기되어서, 선거 7일 전이 되어서 실행된 것은 선거민의 심리에 영향을 미치고, 정치적 악영향이 나타날 수밖에 없었다. 왜냐하면 투그릭의 환율을 돌연히 자유화한 것에 의해서, 외국기관과 교류하고 있었던 통상계약의 지불가격에 변화가 생김으로써 손실이 발생할 수 있기 때문이다. 계약을 포기하면 수입량은 저하되고, 물품도 부족하게 되고, 물자·기자재가 달리어 생산에 지장을 준다는 어려움에 직면한다.

  주거, 상수, 에너지, 공공수송기관의 서비스 가격이 자유화된 것과 관련하여, 생활비가 상승하기 때문에 국민의 권익이 손해를 보게 된다. 이것과 관련한 문제를 신속하게 해결하지 않으면 생활이 악화된다. 본래 이러한 결정은 정당한 것이지만, 공포된 시기가 나의 대통령 선거전과 일치한다는 점에서 약간의 의문을 품고 있었다. 이러한 것을 나는 선거전에 텔레비전의 정견방송에서 설명하고 있었다. 한편 정부는 각의에서 심의하여 결정하는 사항에 대해서는 미리 대통령에게 설명한다는 법률이 있는 것을 잊고, 이러한 결정을 내린 것이다.

  정부가 가격을 결정하고 있었던 물품, 서비스의 리스트 안에 남겨진 9항목 중에서 4항목이 그때 자유화되었다. 현재는 석유, 석탄, 전기, 난방에너지의 가격, 수송요금이 자유화되지 않고 있다. 나는 1995년의 가을 국회에서 이러한 문제의 해결에 관한 의견을 말했다. 이것을 해결해버리면, 자유가격 시스템으로 이행하는 것은 완료된다. 그러나 차기정권에 위임하는 것이 타당한 것 같기도 하다. 거기서 끝냈으면 하는 바람이다.

  우리들은 자산의 쇄신을 어떻게 계획하여, 비양바수렝 정권의 활동기 본방침에 어떻게 반영시켜 온 것일까.

"자산형태를 발전시킬 때, 조합 혹은 개인사업자를 지원하는 외에, 국영기업의 대부분을 민영화하여, 노동자·대중이 자산 소유자가 되는 조건을 정비하고 생활상의 사회보장을 향상시킴으로써, 국유자산을 민영화한다"고 말했다. "그때 국가의 경제생활에서 공공 서비스부문, 예를 들면 연료, 에너지산업시설, 철도, 항공, 상수도 공급, 통신, 국영라디오 및 텔레비전 방송, 중앙은행, 기상청 등은 국가자산으로 보존하도록…"라고 당시 규정했다.

토지소유의 문제는 국가의 특별 권한의 근본에 속하고, 우리나라의 국민이 그것을 소유할 권리를 갖는다. 가축을 개인소유로 하고, 목축업 조합을 발전시키는 활동을 지원한다.

개인 또는 협동조합에 의해서 민간공장을 발전시켜서, 국영기업 또는 국영의 산업시설을 임대하여 가능한 조건에서 매매하는 것을 승인한다.

외국 투자가의 권익을 보호하고, 단독 혹은 합병에 의한 자산의 발전을 지원한다. 기술혁명을 하고 있는 생산시설에 외국기업을 참여시킨다. 즉, 주식 구입방식에 의해서 합병기업으로 할 것을 지원한다는 것이다.

국가자산의 민영화에 대해서는 다양한 방법을 조합해서 활용하며, 자산의 취득 권리를 가진 주체는 몽골국민이라고 간주한다. 국가자산의 문제에 대처할 때 생산시설에서 일하고 있는 종업원에게는 자신의 시설의 주식을 취득하는 우선권을 부여하고, 그들이 주식을 합쳐서, 일반주주의 권리를 취득함으로써 공장을 경영하는 유리한 권한을 향수시킨다. 이러한 원리가 자산 민영화법에 포함되어, 제1단계의 작업이 행하여졌다. 목표가 어느 정도 달성되었는지는 후에 진술하도록 하겠다.

국가 경제생활의 조직원리를 근본적으로 개혁하여 시장경제로 이행할 때, 환율의 하락, 사람들의 생활의 악화, 실업자의 증대, 시장균형의 손실과 물품 부족의 발생, 산업의 관계를 정상으로 유지하는 시스템의 붕괴, 상품의 경쟁력 하락 등의 폐해가 생기는 것을 예상하여 그러한 것을 막는 방책을 실행했으나 기대한 만큼의 성과를 얻지는 못했다.

비양바수렝 정권의 활동의 기본방침은 국가소회의에서 채택한 날부터 42개월간 시행할 것을 검토하고 있었으나, 신헌법이 채택되어 새로운 정치체제를 신헌법에 따라서 조직할 필요성에 직면한 것에서, 18개월로 단축되어, 단기간이지만 최초의 사회적 쇄신의 이치를 다진 역사적인 역할을 수행한 것이다.

모든 산의 산등성이를 평평하게 하고 모든 강의 얕은 곳을 고칠 수는 없었지만, 다가오는 정권이 망설이지 않고 해결되는 명확한 길을 나타낸 것에 대해서, 1992년 국가대회의는 다음과 같이 총괄을 내리고 있다. 즉, "몽골국은 과거 2년간에 사회생활의 모든 면에서 혁명쇄신의 목표를 달성하는 데에 과감한 한 걸음을 내딛었다. 몽골국의 신헌법을 채택함으로써 민주화 및 쇄신의 행정이 법적으로 충분히 보장되고, 경제를 시장원리로 이행하여, 개방적 외교정책을 실행하는 방침을 일관하여 선택하고 왔다. 우리나라에서 행하여지고 있는 변혁쇄신의 과정을 세계의 여러 국제기관이 지원하며, 몽골을 지원하는 나라도 점점 더 늘어나고 있다. 국가 또는 협동조합화된 자산의 대부분을 민영화하여 다양한 소유형태를 창출할 것, 은행시스템을 개혁하여 가격을 자유화하고 사업경영자의 조직활동의 법정비를 하는 등의 방책이 취해졌다. 정신 면에서도 변화가 생겨서, 민족의식에 눈을 떠 전통습관, 문자문화를 존중하게 되었다. 시장원리는 많은 사람들의 심리를 변혁하여, 각자가 보다 좋은 생활을 위해서 스스로의 힘을 발휘해서 일하는 정신이 형성되고 있다"고 진술하였다.

그러나 이행기의 모든 악영향을 사전에 예측하여 막지 못했기 때문에,

경제위기가 심각하여 국민의 생활수준은 급격하게 저하하고, 물품이 부족하고, 채무 균형이 상당히 악화하여 환율의 하락을 한층 가속화하고 있다는 점이 강조되었다. 실업자가 증대하여 최저생활수준보다 더 낮은 수준에서 생활하고 있는 사람들의 수도 늘어나고 있다.

재정난 때문에 문화교육, 보건분야가 어려운 상태에 빠지게 되었다. 범죄·사회질서에 반하는 사건이 증가하여 사람들의 평온한 생활에의 보장이 없어진 것에 대해서도 언급했다. 당시의 국내 상황을 그렇게 총괄하여 정부과제를 국회에 명백하게 한 것은, "우리나라는 시장경제 이행기의 특징, 대외조건을 고려하여 경제악화를 2년 사이에 회생시키게 하여, 전권(全權)이 남겨진 기간 중에 장래발전의 기초를 쌓는 전략적 목표를 실현하는데에 정부활동을 매진하겠다"고 했다.

정권마다 그 전권 기간 중에 실시하는 활동에 관한 독자적인 계획을 가지고 있는데, 그것은 몽골국 헌법의 테두리 안에서 국익이라고 하는 관점에서 요청된, 국민의 생활상태를 향상시키는 특성을 포함하지 않으면 안 된다. 그러한 의미에서 자스라이 정권은 전(前)정권이 착수한 쇄신의 주요작업을 이어받고 있다. 어떠한 조건이든지, 모든 정권이 집권기간 동안의 발자취를 남기고 민주화·시장경제에 이르는 가능한 지름길로서 폭넓게, 견고한 길을 정비하여 공헌하는 것은 당연한 것이다. 생활과 국민의 모습에서 그러한 생활성과를 판단할 수 있을 것이다.

사회주의 시대 최후의 D.소도노무 정권, 이행기의 Sh.공가도르지 정권, 시장경제이행 후의 최초의 연립정권이 되었던 D.비양바수렝 정권, 그 다음으로 일당 단독정권을 거느린 P.자스라이 정권이 활동한 총 6년 정도의 단기간에, 몽골사회는 얼마나 커다란 변화를 달성했는가. 놀라운 일이다. 우리들은 후진성에서 결별하고 있는 중인 것 같다. 행복한 일이다. 그렇게 해서 우리들은 세계적 발전의 어디를 향해서, 어디에 이르는 가. 시상을 향하는 그것은 무엇을 의미하는가.

우리들이 세계적 발전 속의 어디에 있는가 하면, 서구자본주의형의 민주주의·시장경제가 200년간 발전을 계속해온 결과, 세계에서 가장 발전했다고 하는 나라가 7개국이 있다. 시장경제로 이행하기 시작한 30년 후에 '아시아의 호랑이'라고 불리게 된 신흥공업국(NIES)에는 4개국이 있다. 세계의 산업이 발전한 나라들을 정리하고 있는 경제협력개발기구(OECD)에는 26개국이 가맹하고 있다.

전 세계의 약 4분의 3의 국가들이 발전도상국의 수준에 있다. 그 중에서 인구가 400만 명 이하의 소국은 65개국이 존재하고, 그 중 한 나라가 몽골국이다. 발전도상국 중에서 더욱 뒤떨어진 나라가 18개국 있다. 세계 나라들의 발전의 양상이 이와 같던 1990년대 초에, 우리나라는 정치적·사회적·경제적 혁명쇄신에 착수하여, 그로부터 5년이 지나고 있다. 이때까지 몽골국은 민주화의 길에 들어설 수가 있었다. 전통적 경제, 중앙집약적 경제, 시장경제의 3형식이 혼합한 경제시스템을 형성하고 있다. 일부의 사람에게는 '호랑이의 나라'로 한다고 했었으나, 어떻게 되었는가. '술집의 나라'가 되어 (민주화 후의 몽골에는 술집이 증가했다) 붕괴하고 있다는 욕설이 들려온다. 어느 나라의 발전에 있어서도 최종적인 목표는 국민생활의 질을 향상시키는 것이기 때문에, 국민의 풍요로운 소비가 늘고 술집이나 식당에서 일하는 수요가 늘어난 것은 '호랑이의 나라'가 되는 방향으로 진행하고 있다는 것은 아닐 것이다. 시장이라는 것은 수요와 공급의 균형을 충족하는 경제관계이다.

'아시아의 호랑이의 한 나라'가 되겠다는 목표를 내세운 것은 어떤 근거도 없이, 어떠한 길로써 호랑이가 되겠다는 객관적인 법칙도 모른 채로, 기분내키는 대로 진술한 것은 아니다. 타국의 현황을, 그 약점도 포함해서 판단했다. 아시아의 호랑이가 걸어온 길, 방법이나 경험도 연구했다. 400억 미화의 채무를 지고 있던 한국은 30년 만에 아시아의 호랑이가 되었고, 100억 루블 상당의 채무를 가진 몽골국은 70년 동안 어째서 후진국의 부근을 맴돌고 있는지도 이해했다.

　사회조직을 완전히 변화시켜서, 의존하는 우호국에도 개선의 필요가 있다고 이해했다. 그리고 이러한 목표를 세운 것이다. 자국을 향상시키고, 호랑이가 되는 근본적인 희망이 국민에게 존재한다는 점을 나는 의심하지 않는다. 오직 기세를 꺾는 대항적 선전이 줄어들기를 바란다.

> 사회주의의 길을 70년간 걸어온 몽골국의 발전형태는,
> 재정 비축(財政備蓄)이 제한되어 있다.
> 희소원료에서 얻는 수출품을 가진다.
> 뒤떨어진 기술이 중앙에 집중하고 있다.
> 가공공장이 적고, 자립능력이 없다.
> 수입의존형 경제를 갖추고 있다.
> 모든 자산이 국가 소유, 또는 국가 소유적 요소가 강하다.
> 수송, 통신 등의 인프라가 그다지 정비되어 있지 않다.

　외국의 영향, 시장위기의 영향은 받기 쉬우나, 세계적 및 국내적인 노동분업체제에는 포함되지 않고, 폐쇄적인 시장, 상당히 낮은 인프라 조건을 가진 나라로 되어 있다. 모든 자산은 국가 소유 또는 국가 소유적 요소가 강한 것이므로 비효율적이고, 대부분은 적자이며, 시장과는 관계도 없고, 경쟁력도 없었다. 시장이 없기 때문에 생산능력을 충분히 발휘

하지 못하고, 계획은 달성해도 제품은 팔리지 않고 재고가 많이 쌓여서 남아 있다. 재정비축은 없었으나 무료의 연수, 무료의 의료시스템이 있었다.

그러한 모든 이윤이 없는 산업, 서비스에 드는 비용은 차관을 재원으로 하고 있었다. 대외무역은 항상 적자이고, 지불 균형의 차액을 차관으로 보충하여, 투자의 80%는 외국의 차관을 재원으로 하였다. 이 차관에는 군사적·정치적인 의미가 있었으므로, 경제효과 면에서 제기하는 요구는 느슨하고 주로 수치지표에만 유의하는 낭비적인 경제구조였다. 생산보다 오히려 소비라는 안이한 심리에 익숙해졌다. 더부살이 생활처럼 잘못된 경험에 익숙해져서, 모든 것이 달성되고 있는 것처럼 믿고 있었다. 소비에트 인민의 형제적인 아낌없는 원조에 미친 듯이 뛰어다니며, 수중의 물고기처럼 이리저리 헤엄치며, 산에 오른 야생 산양처럼 날뛰고 있었지만, 소련이 힘을 다 써버리고 국가도 해체되어, 타국민은커녕 자국조차 다스리기 어렵게 되어, 정치경제적으로 심각한 위기상태에 빠졌을 당시 우리들은 고아처럼 되었다.

국내의 재정비축은 없고, 외국에서 제공된 차관도 없었다. 몽골의 경제는 가능한 범위 내에서 최선을 다했던 바, 자신들이 만들어낸 물건을 이용한다는 정직한 원리를 이행하게 되었다.

국민이 이해할 수 없는 것 중의 하나는 과거 70년 동안에, 사람들은 모두 사회주의를 위해서, 조국을 위해서 일하고 소비에트 원조를 받고 있었는데, 최종적으로 국민에게는 쌓아 놓은 자산은 없고 국가의 재정비축도 없다는 것이었다. 그러한 원인은 어디에 있는 것일까.

모든 원인을 사회주의, 사회주의 시스템에서 찾을 수밖에 없겠다. 이러한 상황에서 '이전의 훌륭한' 것은 어디로 갔는가 등, 서로 언쟁하여도 소용없다.

　몽골 국가정책은 전통적으로 후계세대의 행복을 위해서라는 원리를 내포하고 있다. 우리들은 미래를 신뢰하고 있다. 과거 70년 정도의 세월, 국가가 행한 정책은 자본을 축적하여 풍요롭게 한다는 것과는 반대의 것이었으므로, 반국가적 범죄로 이어지는 것을 국민은 경계했다. 국가를 발전시켜서 사회주의·공산주의를 건설하여, 국민에게는 필요한 정도로 응하여 배분한다. 그러기 위해서는 각 개인이 재산을 만들고 풍요롭게 될 필요는 없고, 혹시 재산을 만들면 자본가가 되어 버린다. 우리들이 건설하는 사회주의 사회는 자본주의와 반대의 사회이기 때문에 자본가를 창출해서는 안 된다. 그렇지 않으면 S.당상과 같이 목숨을 잃게 된다. 그렇게 해서 스승 레닌의, 천국을 지상에 가져온다는 공산주의 이론이나 교조에 따라서 지내왔고, 우리들은 어느 쪽도 손에 넣지 않은 채로 남아 있었던 것이다.

　발전한 사회주의국가가 되어 국민을 기쁘게 하기는커녕, 국가는 후계세대에게 부담시키는 것밖에 되지 않는 채무를 쌓고, 국민은 자립하여 생활하는 지혜를 배우지 못하고 타인의 곁을 엿본다는 폐습에 익숙해져 버렸다.

　통제국가의 시대, 사람들은 자주성을 상실하여 국가의 말에 복종하고 주변을 엿보고 산다는 칠칠치 못한 상태에 빠져든다. 그 때문에, 국민에게는 스스로의 명운을 자신이 개척하고 나아가는 권리·자유가 정말로 없었다. 우리 프롤레타리아(prolétariat)의 독재(노동자의 독재) 국가는 재산을 가지고, 학식을 지닌 사람들을 붙잡아두고, 빈곤자가 가난한 채로 남겨진 그러한 사회를 형성했던 것이다. 그러한 국가는 장래 장기적으로 존재할 수가 없다. 선진적인 생각을 가진 젊은이들은 그러한 나라가 세계에 남을 여지가 없다는 것을 알고, 몽골의 국가적·사회적·경제적 구조를 근본부터 변혁쇄신하는 과격한 혁명을 개시했다. 그것은 국제협력사회의 지원을 얻어서, 퇴보하지 않고 전진하고 있다.

오래된 국가적 이데올로기에 영향받은 사회의 테두리 안에서 새로운 국가적 견해나 신헌법의 견해의 본질을 치밀하게 이해하지 않고, 망설이다가 신경질적으로 되는 경우도 적지않게 있다. 국민을 억눌러서 괴롭히는 자본주의적 착취의 국가가 생기고 있다는 등의 극단적인 것을 말하는 자도 있다.

몽골 국가의 새로운 정치체제의 본질은 몽골국 헌법의 조문에 대해서 "인도적 민주주의 사회를 건설발전시키는 것을 신성한 목표로 세운다"라고 명기하여, "민주주의의 원칙, 정의, 자유, 평등, 국가의 통일을 충족시켜서 법규를 존중하는 것이 국가활동의 기본원리이다"고 선언했다. 이것은 프롤레타리아에 의한 독재국가도, 자본가의 착취국가도 아니다. 그것이 민주주의 국가인 것이다. 이러한 국가의 특색은 국가의 주변을 엿보면서 산다는 견디기 힘든 상태에서 벗어나, 국민 각자가 자유롭게 활동창조를 행하여 풍요롭게 생활한다는 권리를 부여한 것이다. 어떠한 국가에서도 불가결의 발전상태인 생활수준의 향상이라는 이상목적을 달성하기 위해서, 사회경제에 대한 모든 계층의 국민이 국가기관이나 비정부기관에 적극적으로 자유롭게 참가하는 조건을 충족한 인도적 민주주의 사회인 것이다. 그러한 조건하에서 국가정책에 대해서 지는 개인의 책임, 사회에 대해서 지는 각 집단의 책임 시스템을 구축하는 정당한 원리가 작용한다. 이것이 신국가의 성격인 것이다.

사회주의는 단지 동구권에서만 붕괴한 것이 아니라, 서방 국가에서도 다음과 같은 사건이 발생하고 있다. '스웨덴 모델'은 복지사회주의의 전

형으로 세계적으로 널리 알려져 있다. 서방 사회주의 모델에 균열이 생겨서, 자유경제 원리로 이행하기 위해서 몇 가지의 강력한 방책이 채용됨으로써 사람들의 생활이나 사회복지 시스템을 크게 자극했다.

1950년 이후, 변함없이 성장하고 있었던 스웨덴 경제는 1991년에 들어서 심각한 위기에 빠져서, 1991년부터 1993년까지의 국민총생산(GNP)은 매년 하락하고, 실업률은 1.5%에서 12%로 증가했다. 이러한 위기에 따라서, 국가채무는 1994년에 GNP의 90%에 이르는 수준까지 치달았고, 예산적자는 GNP의 13%를 차지하게 되었다.

이러한 상태가 GNP의 70% 상당을 국가제도나 사회보장 분야에 사용하는 것에 익숙해진 스웨덴인에게 커다란 타격을 준 것은 당연하다.

스웨덴 경제가 현재 직면하고 있는 악화현상, 위기적 상황은 과거 몇 년에 걸쳐서 의거해 온 경제이론의 결과인 것을 인정하여, 개념이나 실제의 활동에 알맞은 변화를 미치고 있다. 예를 들면, 모든 사람들에게 일자리를 제공하는 정책이나 주장을 버리고 있다. 앞으로, 국가 소유 재산제도의 비중을 작게 하고, 자유경쟁을 지원하여, 시장의 활력을 한층 활용하는 목표를 계속하게 된 것이다.

스웨덴 경제를 발전시킨 3가지의 자원요소로는, 삼림·광산·수자원이라고 일컬어져 있다. 경제 침체에서부터 벗어나는 주요한 힘은 수출의 증가이다. 스웨덴에서는 한 사람당 GNP는 미화 24,000달러이고, 이 숫자는 세계에서 16위를 차지한다.

몽골의, 또한 세계 각국의 경제경향은 이렇다. 발전에 대해 이해할 때에 2가지의 경우가 주목된다. 비약적으로 발전하여 이후 어떻게 할 것인지라는 의문에 조우하는 경우도 있고, 발전의 정점에 이르지 못한 채 한계에 들어가버린 경우도 있어, 양자 중 어느 쪽의 괴로움이 큰가 하는 문제도 있다.

우리들은 어떠한 사회를 건설하여, 어디로 향하고 있는가 하고 사람들은 끊임없이 질문을 던진다.

헌법에서는 "인도적 민주주의 사회를 건설발전시키는 것을 신성한 목표로서 세운다"고 한다. 어떠한 사회를 인도적 민주주의 사회라고 부르는가, 또다시 묻는다. 이것에 대해서 대답하고저 한다.

인도적 민주주의 사회란, 국민의 사회적 권리, 즉 정치적 민주주의, 경제적 민주주의의 통합을 충족하는 국가구조를 가진 사회를 가리킨다. 오늘날 사회기구의 면에서도, 문명적 발전에 의해서도, 그러한 조건을 충족하는 사회는 존재하지 않는다.

미국과 같은 서측 선진제국에서는 정치적 민주주의는 존재하나, 경제적 민주주의는 불완전한 사회이다.

'아시아의 호랑이'로 불리는 신흥공업제국에 대해서는 경제적 민주주의는 있어도, 정치적 민주주의는 적절한 수준에 달하고 있지 않다는 예가 있다.

사회주의제국에서는 정치적으로도, 경제적으로도, 민주주의는 없었다. 사회주의에 대해서는 정치적 권한 및 경제적 권한은 어느 쪽도 일당의 손 안에, 국가 자산의 안에 간수되고 있는 것이다.

우리나라의 연구자 B.바토쟈르가르가 2가지의 선진 모델이라는 점에 관해서 정확하게 지적한 것에 의하면, 정치적 민주화부터 시작해서 경제를 발전시킨 구미발전 모델과 정치적으로는 독재상태의 안에 경제를 발전시킨 아시아의 호랑이의 발전 모델이 존재한다. 그리고 몽골국은 "유럽의 자유민주주의를 경제발전의 기초조건으로 하여, 아시아의 호랑이가 될 수 있다면 지금까지 열려지지 않은 '미국'을 개방하여, 세계문명의 보고(寶庫)에 크게 기여할 수 있을 것이다"라고 진술하고 있다.

　몽골국이 택한 발전 모델은 그러한 2가지와는 전혀 다른 제3의 모델인 것이다. 이 모델의 특징은 정치적 민주화와 경제적 민주화를 동시에 하나의 나라에서 발전시킬 때 경영의 민주화, 노동의 민주화, 자산의 민주화를 총합적으로 시행하도록, 정말로 세계적 문명의 보고에 커다란 역할을 수행할 수 있다는 것은 의심의 여지가 없다. 그것뿐만 아니라 생산의 테두리 안에서 사회적 정의의 이론을 실행할 수 있다면, 제4의 산업혁명의 시작이 될 것이다. 그러한 모든 결과로서, 어디에서도 실현하지 못한 인도적 민주주의 사회의 모델이 달성되는 것이다.

　몽골의 발전 모델을 실현하기 위한 이론적 근거가 몇 가지 있다.

　첫 번째의 이론은 협정의 이론이다. 과학기술의 발전시대, 사회의 자본주의와 사회주의라고 하는 2가지의 체제가 근접하는 과정이 현실로 되어, 합동사회가 생겨난 것이다.

　자산의 민주화를 행하는 것에 대해서는 자본주의도, 사회주의도, 모두 결함이 있다. 한편으로는 자산의 기본적인 부분이 풍요로운 자본가의 손안에 있고, 또 다른 한편으로는 국가의 관리하에 있다. 그러한 자산형태를 분할하여, 임금노동자를 제3의 자산소유자로 하지 않으면 안 된다. 우리들은 이것을 자산의 민주화라고 부르고 있으며, 그 테두리 안에서 생산기재, 노동력, 자산을 소유하는 권리가 국가, 소유주, 임금노동자의 3자 각각에 있는 경제시스템을 창출하여, 효율적으로 존재시킬 수 있다.

　노동의 민주화에 대해서는 임금노동자를 자유노동자로 하는 방향으로 생산에 대한 자본기반을 중심으로 함으로써, 인적 요소를 중시하는 원리로 이행하는 것을 의미한다. 그러한 조건하에서는 생산효율은 국가, 자본가, 자산을 가지게 된 노동자의 3자에게 기인하게 된다.

경영의 민주화로서는 생산활동을 행하는 모든 수준에 대해서, 고용에서 시작하여 자유로운 생산적 문제나 경제적 문제를 해결할 때, 노동자를 참가시키는 원리를 가리킨다. 이렇게 해서 자산·노동·경영을 민주화할 수 있으면, 기본적으로 경제의 민주화에 이르렀다고 할 수 있다.

정치의 민주화의 테두리 안에서는 복수정당제, 다원적 사상에 의거한 투명성을 명료한 상태로 발전시켜서, 인권·자유·정의를 존중하고, 절대적 사상에 대한 편향, 국가의 독재주의 및 권위주의의 시스템을 폐지하여 실용적인 사상과 자유민주주의를 발전시키는 방향에 가깝게 갈 수 있게 된다.

이렇게 해서 사회의 2가지의 다른 조직구조로 나뉘어져서, 인류문명의 보편적인 동시에 개별적인 가치의 통일을 충족하는 과정을 강화한 것이다.

두 번째의 이론은 케르소의 경제적 정의의 이론이다. 이 이론의 발안자인 미국 캘리포니아주의 법률가이고 은행가인 르이스 케르소는 자국 사회를 규정하여 다음과 같이 말했다. "우리들은 정치적 민주주의와 부르주아지의 경제적 지배로 조합된, 반민주화된 경제를 가진 사회를 대표하는 자이다. 만약 우리들이 사회주의제국에 우리들의 경제를 모방하는 것을 조언한다면, 우리들은 그들이 부르주아지의 경제가 지배하는 자본주의에 대항하는 공산주의혁명을 다시 행할 것을 호소해도 당연하다"라고 자본주의든지, 사회주의든지, 자산이 한 사람의 손에 집중하는 조건에서는 시장이 효율적으로 발전할 가능성은 없고, 많은 장해가 생겨서 손해를 입는 것은 증명된 것이라고 그는 생각하는 사람이다.

케르소 씨는 반자본주의자는 아니고, 오히려 자본주의를 사랑하여, 그것을 지키기 위해서 투쟁하고 있다. 그의 이론에 의하면, 자본주의를 지키기 위해서는 자본주의자의 수를 늘리는 것이 불가결하다. 그렇다면 어떻게 해서 늘리고, 어디에서 창출하는가. 그는 노동자를 자본가로서 변화시킬 필요가 있다고 한다. 그러기 위해서는 자산을 민영화할 필요가 있고, 그렇게 함으로써 경제적 정의가 생긴다는 것이다. 미국을 자유농민, 직공의 나라로 하고 싶다는 토마스 제퍼슨의 희망을 실현하여, 오늘날의 미국은 자유로운 생산자의 나라로 되었다. 그러나 경제적 민주화를 총합적으로 실현하지 못할 때 경제적 정의는 생겨나지 않는다.

개인자산을 없애고, 공유자산, 사회자산, 국가자산이라는 이름의 새로운 형식으로서 소수자에게로 이행시킨 마르크스이론도 잘못된 것이다. 잘못됐으므로, 그의 이론에 따른 소비에트식 사회주의는 붕괴되었다.

자산의 소유를 바꾸지 않고는 임금노동자를 중류계급으로 향상시키는 방향으로, 사회적 및 정치적 안정을 충족시키는 서측 자본주의의 사상도 잘못되어 있다. 케르소가 말한 것처럼, 한편으로는 유복하게 되고, 또 다른 한편으로는 가난하게 된다, 그러한 산업시스템은 정의에 어긋나고 있으며, 그것을 사회적 자각의 테두리 안에서 개선한다는 도덕에는 어떠한 근거도 없다.

이러한 이유에 의거하여 경제에 대한 자산원리는 자본주의, 사회주의의 어느 쪽에도 잘못이 있다. 이러한 2개의 사회적 체계는 함께 국민의 생활수준을 향상시켜서, 생활의 질을 향상시키기 위한 것이다. 그럼에도 불구하고 경제적 정의가 확립되지 못하는, 사회정의의 원리를 충족하고 있지 않다는 점에서 잘못되고 있다.

경제를 발전시키기 위해서는 인적 요소의 문제를 해결하는 것이 중요하다고 한다. 과학기술의 시대에 사회적 발전의 주력이 된 인간, 인적 요소의 역할이나 의의는 한층 더 확대되어 가고 있다. 경제적 정의의 원리에 대해서 도덕적 태도, 인도적 자애의 태도를 주요지표로서 실행하는 것은 사회적 정의에 꼭 일치할 것이다. 그렇게 할 수 있다면, 노동자의 생산의욕, 지식이나 교육, 전문능력, 경험, 도덕률, 생산효율이나 경쟁력을 향상시키는 결정적 요소로 바꿀 수 있다.

인도주의나 인적 요소를 발전시켜서, 사회정의를 충족하는 등의 요소는 케르소의 경제적 정의 이론의 기본이다. 경제적 정의의 개념을 케르소는 상호관계적인 3개의 원리인 참가, 분배, 균형 상에 성립된다고 하고 있다.

1. 참가의 원리가 요구하는 것은 예를 들면, 국가와 같은 사회기구가 각 국민을 생산소유자로서도, 노동자로서도, 경제개발에 스스로 공헌하는 평등한 조건을 충족하고, 생산기재의 소유에 대해서, 소수파에 대한 우선적인 참가권을 부여하는 모든 법률이 발하는 것을 예방하여, 또 조직이 국민을 보호할 필요가 있다. 그렇지 않으면 자산은 다시 소수자의 손 안에 집중될 위험이 있다. 장래, 자산의 주가 된 문을 열기 위해서, 또 일을 적극적으로 시작하는 데 불가결한 필요한 융자를 받는 기회를 국민에게 주기 위해서, 국가의 개입도 필요하다.
2. 분배의 원리는 각자가 생산에 참가한 비율에 응해서, 즉 "노동량에 따라서"라는 원리이다. 자산을 가진 노동자의 노동 효율은 그들 중에서 각자의 자산, 노동의 참가의 정도에 비례해서, 바르게 분할될 필요가 있다는 원리이다.
3. 평균의 원리란 사회정의의 원리에 어긋나고 있지 않은지를 판정해서, 사회의 구성원 모두가 경제생활에 평등하게 참가하는 가능성을 정비한다. 그것과 관련하여, 참가의 원리에 제한의 원리를 더하여, 평균의 원리를

충족하는 것이다. 어떤 자산이든지 소수파의 지배하에 모아지는 것은 그 밖의 사람들이 자산을 얻는 길을 닫게 되므로, 이러한 제한의 원리에 의해서 균형을 잡고, 사회정의를 충족하는 것이다. 이러한 원리에 따라서 경제적 정의를 확립할 수 있다면, 경제 민주주의의 실질적인 조건은 완비되어, 인류발전의 최상의 권익에 맞는 새로운 사회구조가 완성하게 된다. 케르소 이론의 요점은 어떤 사회이든지, 자본주의라도, 사회주의라도, 국민에게 자산을 가질 권리를 향유시키지 않으면 그 사회의 시스템은 자기 붕괴한다는 것이다. 사회주의의 붕괴는 그러한 증거가 되었다. 국민에게 자산을 가지게 하는 방법을 신속하게 행하지 않으면, 자본주의도 사회주의의 뒤를 따라서 붕괴할지도 모른다.

각국의 사회나 국민에게, 각자에게 개인자산 · 공유자산을 가지게 하는 것에 대한 관심을 발달시킴으로써, 능력 있는 생산자와 능력 있는 소비자가 생겨서, 그것에 의해서 발전이 가속하는 법칙이 있는지도 모른다. 결론을 말하자면 우리들이 쌓고 있는 사회는 자본주의도, 사회주의도 아닌 인도적 민주주의 사회이다. 이 사회는 정치와 경제의 민주화, 그 양방의 일체화에 의해서 나타나, 인류에게 가치가 있는 것 중에서도 상위의 수준에 달하는 사회구조, 이 세계에 인류가 만든 모든 발전을 자국의 특수한 토양에 싹을 틔우는 방편과 진리를 꿰뚫어 보는 최고 지혜의 사회이다. 이 사회를 위해서 세계 전체가 투쟁하는 것이다.

아시아의 호랑이들의 경험에서, 내가 깨달은 점을 진술하겠다. 세계의 정치적 변혁과 경제개혁의 사이에 있는 상호관계를 해결하는 주요한 두 개의 모델이 생겨서 나란히 서 있다. 그 중 하나는 "정치적 민주화는 경제개발의 필요조건, 즉 기본이 된다"는 서양의 발전모델이고, 또 다른 하나는 "우선 개발, 그 후에 민주화"라는 아시아의 호랑이의 모델인 것이나. 이 두 개의 모델은 양방 모두 의미있는 결과를 냈다. 모델마다 각자의 유래나 개발의 독자적인 환경적·공간적·시간적인 특징이 있다. 서양제국의 민주주의와 자유는 장기간의 투쟁이나 모색의 결과, 새로운 땅을 점령하여, 그것을 지킨 자유이다. 능력의 범위에서 창조하는 자유로운 조건이 발전을 따른 것은 역사적 사실이다. 그것은 전통이라고 하기보다는 쇄신이라는 것이 어울린다. 그것은 기본적으로 새롭게 창출하여 발전시킨, 근대적 의회 민주주의나 고도한 발전을 가져온 길고 먼 길이었다.

아시아제국에 대해서는 유교의 영향이 강하고, 주로 자연의 힘에 의존한 '아시아형 생산양식'에서 근대적 생산양식으로 이행하여, 사회경제의 진보과정이 완만했다는 조건이 발전모델을 택할 때, 영향을 미쳤을 것이다. 정치시스템에 유교의 독재적 형식을 받아들여서, 경제는 근대적 시장제도나 기술개발을 지향한 '우선 개발, 그 후에 민주화'라는 모델에 의해서, 전통과 쇄신을 통일하여, 독재주의와 발전의 길을 양립시키는 가능성을 갖춘 것이다. 아시아의 호랑이가 된 나라에서, 정치적 민주화의 과정은 1980년대 중반부터 시작하여, 각국은 각자의 독자성을 가지고 민주화와 개발의 길을 양립시켰다.

우리 몽골국의 경우, 아시아모델에서 독재주의를 제거하고, 민주주의와 개발의 양쪽을 동시에 같은 공간에서 실시하여 서양의 의회제 민주주의를, 아시아의 호랑이의 개발 전략과 우리의 전통적 경제시스템과 양립시켰다. 즉, 정치와 경제의 혼합시스템을 가진 아시아의 호랑이가 되는 모델이라고 할 수 있다. 이러한 의미에서 유목문명과 정착문명을 양립시켜서 '호랑이'가 되는 새로운 길이다. 몽골인은 연장자를 공경하는 습관을 존중하는 동시에 인간은 모두 같다는 부처의 가르침에 따르고 있으므로, 유교에서 말하는 천명을 받은 사람의 독재주의도 인정하지 않는다. 자연에 의존하여, 가축을 방목하고, 국가의 위광 속에서 자유롭게 생활하는 것에 익숙해진 민족의 특색이, 아시아의 호랑이와 구별되는 하나의 특징이다.

세계 각국에서 확립된 정치적·경제적 제도에는 주로 네 가지 형태가 있다.

1. 의회가 다스리는 시장경제
2. 대통령이 다스리는 시장경제
3. 독재정권에 의한 시장경제
4. 독재정권에 의한 독재적 경제

맨처음의 두 개는 민주주의 시스템, 세 번째는 '호랑이'의 나라들이 그 후부터 따른 나라들, 네 번째는 소비에트를 시작으로 하는 사회주의제국의 제도로서, 몽골은 이 안에 있었다. 독재주의를 성립시키는 주요 조건은 정치권력을 한사람의 손에 모으는 것에서부터 시작하므로, 우리들은 몽골에 대한 정치·경제·사회의 시스템은 의회정치와 시장경제의 혼합시스템의 모델을 택하는 것이 타당하다고 생각했다.

1950년대에 아시아의 사회주의제국, 또 공업화되지 않은 나라들의 경제개발의 출발지점의 수준은 기본적으로 큰 차이가 없었고, 한 사람당 GNP가 100달러 정도의 규모였다. 국가시스템에 대해서도, 어느 나라도 독재주의의 특징을 포함한, 사회주의라는 이름의 관료주의적 군사정권이었다. 그러나 경제에 대해서는 한편으로는 사회주의의 계획경제의 원리를, 또 다른 한편으로는 시장경제의 원리를 택했다.

양방 다 사회적 정의나 권리·평등을 위해서 투쟁한다고 선언했으나, 실세보는 국력을 강화한다는 목적이 최우선시되고 있었다. 신흥공업제국에서는 이러한 목적을 실현하기 위해서 국가의 종속기관이 아닌, 생산자에게 맡겼다. 사회주의국은 국가사회주의 사상을 이용하여, 사회생활의 모든 구조를 당이나 국가기관의 감시하에서 실현하려고 시도했다.

당초는 결과가 나빠도 국가 개입을 가진 제2의 형식쪽이 약간 양호하다고 생각되어, 그것을 받아들이는 이외의 길은 없었다. 머지않아, 땅을 소유하는 권리가 없는 '아시아적 노동양식'을 포함한 중세의 전통에 의거한 이 방법의 본질성이 인식되어, 그 가능성이 상당히 제한된 것이라는 것이 명백하게 되었다.

아시아의 호랑이가 된 나라들은 기술문명의 길을 걸어 왔다. 그들은 중세적 폐쇄에서 벗어나, 사유재산을 발전시키는 방향을 택했다. 이 선택은 국가 이데올로기에 의한 강력한 감시하에서 실행되었으나, 시장을 발전시키는 데에 장해가 되지 않았을 뿐 아니라, 오히려 그것을 효과적으로 추진했다. 국가적 독재를 시장경제와 양립시킨 이 모델이 성공하여 발전을 가속시키고 또한 높은 성장을 달성한 주된 이유는 그러한 나라들이 재산과 화폐의 관계에 의해서, 세계노동분업과 밀접하게 연결된 결과라고 생각한다. 사회주의의 길을 택한 나라들은 단지 원료부문에서만 몇 가지 결과가 나온 것을 우리들은 알고 있다.

이미 '호랑이'가 될 목표를 세웠으므로, 그들의 경험을 간단히 진술해 보자.

아시아의 호랑이가 된 나라들, 또는 그 뒤를 따라가는 제2세대의 나라들의 성공한 경험에서 무엇보다 우선 경제성장을 충족시켜서 빈곤을 완화하고, 세계시장에 총합하고, 국민의 생활수준을 향상시킨다는 점에서 다른 개발도상국이 채용하는 보편적 요소는 많이 있다. 그들의 성공의 주요 근거는 거시경제의 안정을 충족하여 투자, 특히 인적 요소나 공공분야에 대한 투자를 지원하는 수출지향의 경제를 만들었다는 것이라고 생각한다. 경영 메커니즘에 대해서는 사상보다도 유연하고 실용적인 비즈니스의, 또 국가의 적절한 관계를 충족한 것이 중요한 특색이다. 지면상에서 작성된 정책을 실제로 실행해가는 방법이 양호하다. 홍콩, 한국, 싱가포르, 대만 등 제1세대의 호랑이들의 경제적 비약에 영향을 준 바람직한 국내요인에는 다음과 같은 것이 있었다.

1. 규율 있는 노동력
2. 나라를 발전시키겠다는 국민의 열의
3. 국민의 비교적 평등한 수입
4. 수출발전을 지향하는 정부의 진력
5. 가내공업형태 등

외적 요인에 포함된 주요 조건은 일본의 경제 및 기술력, 미국의 원조이다. 그리고 제2세대의 신흥공업제국인 말레이시아, 인도네시아, 필리핀, 태국 등의 나라들의 발전에는 일본이나 다른 지역 제국의 바람직한 경제적 요인이 영향을 주었다고 생각한다. 동아시아, 또는 동남아시아 제국의 경제발전에 관해서 구 종주국이 담당한 역할도 정당하게 평가되어야 하는 면이 있다. 신흥공업제국의 경제적 비약의 초기단계에서 행하였던 개혁은 다음과 같다.

외국투자에 대한 관세는 특별한 조건에 대해서만 과하고, 일정 수준에 이르기까지는 비과세로서 투자를 장려하는 방향으로 국내자산을 늘린다.

소비자용 융자는 고이자로, 생산목적의 융자는 저이자로 빌려주고, 연금기금을 통해서 행하는 개인의 저축을 장려한다.

특허권을 사는 방법으로 신기술을 도입하여, 세계적 혁신을 배우는 동시에 국내기술을 개선하는 것에 중점을 둔다.

초기 단계에서는 농산물을 수출하고 그 대신에 기술을 수입한다. 그후 농업분야 사람들의 공업에 대한 투자의욕을 창출하고, 3번째 단계에서 징세 시스템을 활용하여 자본을 축적하고, 국가적 프로젝트의 실시를 지향하여, 4번째 단계에서 농업분야에 대한 종사자를 분리하여 공업분야로 이동하여 취로시킨다(우리 몽골에서는 이 움직임이 수요가 있는 장소로 조정되기 때문에, 반대로 해도 상관없다).

농업분야에서는 나라에서의 자금지원의 정책이 적자경영의 농업경영자를 지원함과 동시에, 그 발전을 안정시키는 것을 고려하여 실시한다.

수출을 전면적으로 장려하며, 수출과 관련한 문제를 관할하는 국가기관을 설립한다.

이러한 수단을 각국이 자국의 특질과 적합시켜서, 여러 가지로 조합하여 실시한다. 매크로(거시) 경제의 안정을 창출한 기본방침은 재정부문에서 긴축정책을 행하여, 저축·투자를 일관하여 지원하는 것으로서, 또 예산 및 무역의 균형을 감독하여 정부지출을 축소하는 정책을 행한 것이다. 그 결과 외국, 국가, 민간의 투자를 증가시키는 쾌적한 조건을 정비할 수 있게 되었다. 경제효율에 좋은 영향을 미치고 축적·투자를 증가시키는 가능성을 가진 조건은 노동력의 질, 무난한 산업정책이었다.

정부는 민간활동의 적극적인 지원자이며, 효과적인 감독과 함께 현명한 공업화정책을 실시했다. 이외에도 나라가 인적 분야에 투자하여, 생산력증가를 지원했다. 이렇게 해서 매크로 경제정책·산업정책을 양립시킴으로써 자본 축적을 증가시켜서, 자본을 상업목적으로 이전할 가능성을 낳았다. 인플레율이 낮아 비교적 안정되고 예금이자는 높았기 때문에, 사람들의 실질소득과 저축에 유리한 영향을 미쳤다.

교육분야에 대한 투자를 높이고, 모든 사람들이 초등교육을 그리고 대부분의 사람들이 중등교육을 받을 수 있게 되었다. 교육수준은 비교적 높고, 낮은 임금으로 일하는 노동력은 이러한 나라에서 발전의 중요한 한 요소였다. 수출용 생산을 우선으로 국외지향의 경제를 창출해내는 정책에 의거했다. 그 결과 저금리의 외국자본의 회전이 가속화하여, 국내의 직접투자와 경쟁하여 생산에 바람직한 경영·신기술이 보급되는 조건이 정비되고 있다. 이렇게 해서 비교적 용이한 것에서부터 시작하여, 근대기술의 발전의 길을 따라서 노동생산성을 향상시켰다.

아시아의 호랑이가 된 나라들의 경험 중 하나의 특징적인 측면은 경제개발과 신속한 성장을 충족시키기 위해서, "우선 개발, 그 후에 민주화"라는 강한 통치를 필요로 하는 원리에 의거한 것이다.

경제적인 주요목표를 달성함으로써 사회적 자원을 결집시키는 힘은 민주주의가 독재주의보다 불리하다는 것을 설명한다. 독재주의는 여러 가지 단계, 사회그룹을 통합하고 그렇게 함으로써 희소한 자원을 활용하는 방향, 즉 경제부흥으로 갈 수 있다고 생각한다. 예를 들면, 한국의 박정희 대통령(대통령 재임 1962~1979)은 국가의 민주주의를 발전시키는 전단계의 조건으로서, 경제가 일정 수준에 달하지 않으면 안 된다. 그 수준은 자국민 한 사람당 국민 총생산 미화 2,000달러이고, 거기에 달하면 민주주의가 경제성장에 있어서 위험하지 않게 된다고 생각했다. 취약한 경제적 수준, 시장조정에 의해서 발전할 가망이 없는 것 이외에도, 국가의 안전보장이나 독립을 지키기 위해서 정권을 강화하는 가장 손쉬운, 군사지배에서의 강경 수단이라는 것도 독재지배 정당화의 근거가 된 것이다.

호랑이의 경험이란 무엇인가? 과연 활용할 수 있는 것일까?

1. 시장을 창출할 방법이나 재산과 화폐의 관계를 발전시켰다.
2. 다양한 소유형태를 낳고, 산업 활동을 행하는 기본적 주체를 정비했다.
3. 이데올로기를 폐하고, 자산을 민영화하여, 경제에 대한 정부개입을 적극적으로 행했다.
4. 세계경제로 직결시켰다.
5. 인적 자원에 대한 투자를 행하였다.

신흥공업제국의 경제발전·기술혁신의 기본에는 외국자본, 즉 미국·일본·서유럽이나 그러한 나라들의 은행·다국적기업에서 차관 등의 원조·직접투자가 있었다. 이 당시 신흥공업제국이 지원국을 끌어 오기 위해서는, 그 지역에서 사회주의를 끝내는 것이 기본으로 되어 있었다. 오늘날의 조건에서는 사회주의 시대의 중심국가가 시장경제 이행에 있어서 그때처럼 강력한 지원국이 아니기 때문에, 우리들은 세계의 강력한 지원국을 찾지 않으면 안 되었다.

몽골국이 지원국을 끌어들이는 주요조건으로는 '민주주의, 시장경제'이다. 이러한 조건에 대해서, 신흥공업제국에서는 참고로 할 수 없는 경험이 그들의 정치적 독재체제, 엄격한 사회정책이다. 당시 신흥공업제국의 이러한 정책은 민주주의적 원리와 일치하지 않았으나, 반사회주의를 견지하고 있었던 그들의 실제적 입장은 중요했다.

발전도상국의 경제는 선진국 경제와 같은 수준의 사회보장을 부여하는 것을 할 수 없지만, 사회적으로 불가결한 최소한의 사회보장은 확보

되어야 한다.

신흥공업제국 자신은 방법론적으로 중요한 경험을 가지고 있다. 그것은 이행기의 의의를 새롭게 다시 주시하고, 정확한 것으로 하기 위해서 대단히 중요하다. 그들이 행한 것은 자본주의에서 사회주의로의 이행이 아니라, 특히 자본주의를 뛰어넘는 것도 아니고, 특정한 체제로의 이행을 뜻하는 것도 아니었다. 그 이행이란 중앙집권계획경제에서 시장경제로, 매우 지역적으로 한정되었던 폐쇄적인 산업형태에서 개방적인 산업형태로의 전혀 다른 이행이었다.

이러한 이행은 적지않은 모순을 내부에 포함하고 있다. 예를 들면, 국가적 의무를 증가시킨 것에서 시작한 국가개입을 피하지 못하고 있는 경제요구를 정치화하여 관습화한다는 모순. 산업을 선도하는 대기업을 건설할 필요성과 그러한 과정에 따라서 생기는 집약적 이익을 부정한다는 모순. 사회보장을 개선하는 것에 대한 희망과 그 경제적 조건을 충족시키기 위해서는 아주 많은 일을 하지 않으면 안 된다는 모순. 외국에서 가능한 많은 투자를 초래할 필요와 그것이 국내산업에 미치는 악영향이라는 모순 등이 그것이다.

이러한 모순을 해결하기 위해서 그들의 경험을 활용할 필요가 있는 것이다.

신흥공업제국의 경험을 활용할 때, 더욱 주의하지 않으면 안 될 중요한 조건이 있다. 그것은 그들 경험의 기반이 수출지향이라는 것이다. 인구가 많은 아시아제국이 이와 같이 수출지향을 택한 이유는 자산이나 기술을 얻기 위해서였으나, 몽골국은 더욱 물품을 유통시키는 시장을 탐색할 필요가 있다. 유통시장을 확대하지 않으면, 200만 명의 수요를 충족시키기 위해서 공업화하는 근거나 가능성은 없다. 그때문에, 우리나라의 경제발전의 길은 전통적 경제시스템을, 수출지향형 산업을 가지는 경제시스템과 연결시키는 길이다.

우리나라의 주위에는 2형태의 큰 시장이 있는데, 양쪽 모두 외국자본이나 기술을 요구하여 경제를 발전시키고 있으므로, 현재 상태로 우리나라에 투자를 할 가능성은 적다. 그러한 이유에서 우리나라는 세계적 및 지역적 분업체제 속에서, 시장을 개방하고, 국제사회의 지원을 받아서, 국제금융기관과 협력해 가는 것이 특히 중요하다. 소련의 원조가 정지된 1990년 이후, 우리들은 그러한 지원제국의 원조에 의해서 변혁쇄신을 행하고 있다.

몽골의 정치적 전통의 중요한 원리 중의 하나는 강권적 국가주의이다. 우리들은 그러한 주의를 현재의 민주주의, 보편적 문명과 연결해서 이해하고 실행할 필요가 있다.

강권적 국가주의를 독재와 혼동해서는 안 된다. 독재는 소수의 추상적 사상을 사회·국민에게 강제하는 것이지만, 민주주의적 강권국가는 독재를 창출하는 모든 길을 막아서, 사회관계를 법률과 전통으로서만 조정하고 있다. 국가는 법률에서 정해진 권한의 테두리 안에서 역할을 맡고, 스스로가 발한 결정을 모두 실현해야 한다. 강권적 정치는 질서 있는 안정된 상태를 법률과 전통에 의해서 조정하고, 세금, 관세, 이자 등을 사용하여 국가가 경제발전을 조정한다. 오늘날 역사적 조건은 변화하여, 민주주의는 인류의 보편적 희망이 되고 있다는 것을 생각하여야 한다. 발전은 시장경제에 의해서 행하여지는 것으로 되어 있다. 강권적 국가란, 법치국가이다. 또 사회적 관계를 조정하는 유익한 민족적 성질이나 전통이 몽골에도 있다.

차례대로가 아닌 동시에, 한 군데에서 동시에 행하는 것이 몽골 민주화, 개혁의 특질인 것이다.

다음으로 몽골에 대한 시장경제란 어떠한 것인지 진술하도록 한다.

시장경제란, 많이 파는 쪽과 사는 쪽을 연결시켜서, 누구를 대상으로 무엇을, 어떻게 생산하는가 하는 문제를 조정하는 산업의 활동시스템이다.

경제시스템은 전통, 통제, 시장이라는 3종으로 나뉘어진다.

전통경제란 몽골의 경우 목축업이다.

통제경제를 가진 나라들은 자산이 모두 국가의 권한을 근본으로 하고 있기 때문에 무엇을, 어떻게 생산하는가, 누가 사용하는가를 엄밀하게 계획한다. 그것이 통제경제의 주요원리인 것이다. 경제를 안정시키는 공공투자(도로, 다리)의 조정, 환경보전, 관세법, 독점금지법, 저작권법, 사회보장법, 연금, 수당법 등의 제법률에 의한 조정을 행할 때 국가개입이 불가결하게 된다. 그러한 경제조정을 실시하지 않는 나라는 없다. 시장경제를 규정하는 많은 중요한 요소가 있는데, 그 중 하나는 사유 재산이다. 사유 재산이라는 것은 개인이나 기업이 생산재를 소유하는 권리라고 이해하고 있다.

시장적 요소란, 전통경제시스템은 물론 중앙집약적 경제시스템에도 존재하고, 생산재는 개인 자산형식과 사회 자산형식에 의해서 존재한다. 그것은 그 자산을 집단의 사람들이 소유한다는 것이다. 자유로운 시장경제시스템에서는 생산한 재산은 개인의 소유물이다. 따라서 시장경제시스템은 생산재를 소유하는 형식이고, 소유자는 다양한 경우가 일반적인 현상이다.

그것은 첫번째로 근대의 상황에서는 전통경제시스템, 중앙집약경제시스템, 시장경제시스템의 어느 것이 단독으로 존재하고 있는 나라는 거의 없다는 것이다. 많은 국가들은 다음에서 진술하는 혼합경제시스템의 네 가지의 모델의 어느 한 가지를 발선시키고 있다.

1. 전통경제시스템과 중앙집약경제시스템의 혼합
2. 전통경제시스템과 시장경제시스템의 혼합
3. 중앙집약경제시스템과 시장경제시스템의 혼합
4. 전통경제시스템, 중앙집약경제시스템, 시장경제시스템의 혼합

두 번째로 사회주의의 이론에 의해서, 시장경제시스템에서는 자산은 개인소유형식, 복합소유형식, 주식소유형식이 대부분을 차지하고 있는 것처럼 되어 있다.

그 이유는 시장경제시스템에 대해서 어떤 자산형태가 우위인가 하는 것이다. 바꾸어 말하자면 국내총생산(GDP)과 국민총생산(GNP)에 개인자산이 차지하는 규모에 의해서 경제시스템의 형식을 규정할 수 있다. 예를 들면, 1989년에 소련·동유럽이나 그외의 사회주의제국에 대한 GDP와 GNP가 차지하는 개인자산의 비율은 3~35%(헝가리가 35%), 중국 26%, 소련, 독일민주공화국(구동독), 체코슬로바키아, 몽골국이 3% 수준이다. 그렇지만 서측 제국에서는 평균 90%(프랑스 83%, 이탈리아 88%, 서독 89%, 영국 90%, 미국 99%)라는 예가 있다.

이러한 민간기업의 경제활동이 대다수를 차지하는 것으로부터, 우리들은 서측 제국을 시장경제국이라고 부른다. 이러한 모델의 나라들의 경제활동에 대해서는 국가개입은 상대적으로 적다. 그러나 국가개입에 대해서는 이론적으로는 상위가 있고, 국가예산에서 일을 주고, 그것이 사람들에게 수입을 얻는 기회를 주게 되어 수요가 증가하고, 적극적으로

노동에 종사시켜서 실업자를 감소시키는 것에 이어진다는 이론도 있다.
경제악화나 인플레를 극복하기 위해서 정부는 무엇을 하는가, 어떤 대책을 구하는가라는 문제를 중시하는 것은, 메이너드 케인즈의 이론이다. 경제 면에서 국가가 행할 수 있는 것은 비즈니스를 저해하지 않도록 시장에 의해서 "스스로의 작업을 행하게 한다"는 것이다. 프롤레타리아의 수입을 증가시킬 가능성을 보증하고, 국가의 개입없이 그들에게 자신의 문제를 해결시킬 필요가 있다는 것은 밀턴 프리드먼의 이론이다.
그러나 국가가 주거계획에 재정을 집중 투자하고, 식량 원조를 하는 것이 프롤레타리아를 감소시키는 방법이라고 간주하는 것, 경제목표를 명확히 하는 역할을 국가 스스로가 맡아서 그것을 실행하는데, 자기자신의 힘을 활용하지 않으면 안 된다는 것이, 폴 사뮤엘슨의 이론이다. 후자의 두 명은 1970년과 1976년에 각각 노벨상을 수상한 학자이다.
몽골국에서는 이러한 이론을 조합하여 국가조정을 행하고, 사회적 방향성을 가진 시장경제를 발전시킨다는 견해를 가지고 있다. 이 견해는 헌법에 포함되어 보증되고 있다. 그러한 조건 중에서 시장경제시스템에 대해서 국가개입이 수행하는 역할이 있다. 몽골국은 전통, 중앙집약, 시장경제의 3가지를 혼합시킨 4번째의 경제시스템의 모델을 택한 나라이다.
유목민은 자연에서 가축을 방목하고 식량, 의복, 주거를 만들어 발전해 왔다. 견줄 데 없이 경탄해야 할 그들의 문화에 대한 유구의 생활의 기본은 그러한 회복력에 있다. 사람도 가축도 태어나서 성장하여 자식을 만든다. 풀이나 물은 성장하여 흘러넘친다. 태양이나 바람, 빛은 끝없는 활력의 어머니요 원천이다. 적어도 가축이 그 주인의 연료의 생산자라는 것은 유목문명의 화덕의 불이 영원히 불탄다고 하고 있는 것의 증명인 것이다. 유목문명은 단지 스스로를 발전시킬 뿐만 아니라, 정착문명의 발전도 가속시킨다. 이러한 점에 대해서 칭기즈의 제국이 맡은 역할을, 세계의 역사가 알고 있다.

세계적 발전의 어떤 단계에 있어서 몽골인은 스스로의 전통, 생활, 감정, 게르(유목민의 이동식 거주), 가축을 거느리고, 몽골의 땅에서 생활하게 된 것인가. 그것은 후진성이 아니라 유목 문명의 경이이다. 훼르토의 게르를 땅의 건물로 바꾸어도 호랑이는 될 수 없다. 몽골인이 말을 자전거로 바꾸어도, 몽골국은 호랑이가 될 수 없다.

몽골인은 게르와 함께, 말과 함께, 옷자락이 긴 델(몽골민족의 전통의상)과 함께, 발목을 단단하게 죈 바지와 함께, 발가락 끝이 휘어진 부츠와 함께 있는 것이다. 몽골인은 가축이나 수렵에서 얻은 것을 먹는다. 아이라구(마유주)를, 호르모구(낙타유주)를, 시밍 아르히(우유주)를 마신다. 비양라무차쿠(순대), 기다를 먹고, 익숙하고 친숙한 것을 행하고, 사용할 수 있는 모든 것을 사용하며, 마시고 먹고 이동하며 생활해 간다. 우리들은 이러한 생활을 해서 오늘에 이르렀다. 이러한 문화나 전통이 있는 경제를 가지면서, 시장경제의 문을 열었다. 이 기반 위에서 시장경제의 연수를 졸업한다. 이 과정에 대해서, 몽골은 아시아의 호랑이가 된다. 말과 자동차의 양방에 탈 수 있게 된다. 게르와 고정주거의 양쪽의 집에서 산다. 지방과 도시를 연결시키는 시장을 갖는다. 그러한 모든 것이 사유자산인 것이다.

시장모델을 목표 수준별로 3가지로 분류했다.

1. 최저한의 수요를 충족하는 경제환경을 창출한다(발전도상국).
2. 수요의 확대에 대응하는 구조개혁을 행한다(신흥공업제국).
3. 모든 사람들의 수요를 충족하는 자유로운 시장을 창출한다(선진국).

이러한 목표수준에 의하면, 오늘날의 몽골국은 첫 번째의 시장모델에 포함되는 나라이다. 바꾸어 말하면, 사람들의 의식주를 충족한다는 첫 번째 목표를 결정짓는 경제환경을 창출하여, 발전시켜서 확실한 것으로 한다. 이 단계의 사람들의 생활상태를 나타내는 지표의 한 가지는 한 세대의 식비가 그 세대의 전 지출의 50% 이내일 경우, 보통의 보급의 테두리 안에 있다는 것이 된다. 몽골국에서 이러한 지표는 도시부에서 53.5%, 지방에서 44.2%, 국내 평균에서는 46.0%가 되고 있다.

일본이나 미국에서 이러한 지표수치는 15% 전후이고, 그들은 시장에서 제3모델의 나라이다. 우리들은 시장의 첫 번째 모델의 목표를 가능한 신속하게 실현시켜서 제2단계의, 바꾸어 말하자면 '아시아의 호랑이' 모델로 이행한다는 목표를 세우고 있다. 시장모델을 결정짓는 목표수준에 대해서 분류하는 동시에, 실지조치에 의해서 두 가지로 구분한다고 하면, 그 중 한 가지는 자유시장모델, 다른 한 가지는 사회적 방향성을 갖는 시장모델이다.

몽골의 경제를 시장경제로 이행시키는 모델을 설정한 것에 대해서, 쇄신정책이나 헌법초안을 작성하고 있을 때 경제학자, 정치가, 법률가가 상당히 논의를 하여, 사회적 방향성이 있는 국가조정을 행하는 시장모델을 선택했다.

우리나라가 어째서 이 모델을 택했는가는 다음에서 진술하는 경제모델의 특징과 관계가 있다. 우선 자유시장모델의 특징은,

    1. 사유자산의 지배(사적 소유 인정).
    2. 자유산업을 주체(主体)로 한다.
    3. 사회적 테두리 안에서의 자조(自助)

4. 국가적 개입은 거시경제의 수준에서만 행한다.
5. 이러한 상황하에서, 국가는 사회적으로 가장 약한 입장에 있는 사람들의 사회문제를 맡는다.

다음으로 사회적 방향성이 있는 시장모델의 특징은,

1. 다양한 자산형태(개인자산, 공유자산, 국가 소유자산, 혼합 소유자산)가 병존할 가능성이 있다.
2. 경제효율을 충족한다.
3. 국민소득의 충족, 고용창출에 대한 작업을 국가가 중시하여 조정한다.
4. 교육, 과학, 보건, 문화, 매스미디어 등 사회에 대한 주요한 수요를 충족하는 조건을 정비하는 데 있어서, 국가가 개입하지 않으면 안 된다.

이러한 2가지의 모델의 특징을 비교하여 후자를 택했다. 이행기에 국가가 의거하는 전략은 사회적 방향성이 있는 시장에서 혼합경제구조를 정비하는 것이다. 그것이 어떠한 것인지 그 때문에 무엇을 하지 않으면 안 되는가 하면,

1. 개인자산제도를 창출하여 발전조건을 정비한다.
2. 국영기업을 민영화하며, 대차(貸借)하며, 그대로 남긴다는 방법으로서, 시장원리로 이행하여 그러한 구성요소로 한다.
3. 혼합경제를 창출하는 과정은 그것을 존재시키기에 요구된 조건을 어떻게 충족시키는가에 직접 관계하므로, 그러한 모든 조건을 정비한다.
4. 경제쇄신이나 경제를 조정할 때, 국가개입의 방법·범위를 명확하게 한다.

어떤 조건에 있어서도 국가정책·국가에 의한 조정 안에서 불가피한 문제는 가격, 수입, 실업, 사회보장분야를 국가가 지원하여 인재정비, 인프라를 정비하는 법적 쇄신의 기반을 견고하게 하는 것이다.

경제 쇄신의 사회적 방향성이 있는 새로운 단계의 전략이란, 다음과 같다.

1. 몽골국이 세계로 열린 민주주의를 발전시켜서, 시장경제로 이행하여, 다양한 소유형태의 테두리 안에서 자유로운 산업에 종사하는 등, 사회적 및 경제적 쇄신을 행하여, 엄한 이행의 시대를 끝내고 신시스템을 안정시킨다.
2. 경제쇄신의 초기에 생긴 심각한 경제 악화를 막고, 급속한 성장으로의 이행, 사회보장시스템을 창출한다.
3. 급속한 경제성장을 행하기 위해서 GNP·투자의 비율을 늘린다. 노동생산성을 높이고, 검약의 의식을 향상시키며, 소득을 늘리고 저축력을 촉진하는 등의 직접적·간접적인 많은 방법을 사용하지 않으면 안 된다.
4. 경제성장을 충족하고, 매크로 경제를 안정시키기 위해서 구조개혁을 시급하게 실시하지 않으면 안 된다.
5. 수출산업을 발전시키고 세계와의 경쟁력을 키우기 위해서, 외국으로부터의 투자를 증가시키는 것을 한층 중시하고, 과학기술을 시장과 연결해서 발전시키는 정책을 하지 않으면 안 된다.
6. 경제·사회의 행정구조를 개선하는 문제에 대해서는 국토·행정·경제를 4구분 혹은 5구분의 지역, 성의 수를 5에서 7성으로 정리하여, 강화하면 커다란 성과를 얻을 수 있다.

이러한 모든 것은 국가발전에 대해서 중심적인 전략개념이며, 경제쇄신, 사회적 방향성이 있는 신단계의 전략이어야 한다.

경제시스템을 안전하게 하고, 효율을 향상시키기 위해서, 일반적인 시장경제원리는 몽골의 혼합경제시스템에 대해서 민간의 경제구조를 우위하여, 기본적으로 그 발전은 수요와 공급에 의해서 정비된다.

국가에 대한 경제대책과, 개인의 자주성을 지원하는 것의 조정은 경제발전의 최중요과제가 되고 있다.

민간의 경제활동을 정책에 의해서 지원하고 발전시키는 것은 대단히 중요하다.

국가는 노동력의 명운에 유의하고 있는 민간기업의 사장을 포상할 필요가 있다. 새롭게 창출한 고용의 하나 하나에, 나라가 우대조치를 부여하여야 한다.

몽골인은 부정에 대해서 대단히 민감하다. 지친 자를 돌보고 도와준다. 험담은 좋아하지 않는다. 그러므로 민주주의 정부는 스스로가 사회주의의 보증인이 되어야만 한다. 바꾸어 말하면, 사회정의와 경제적 이익을 연결시키는 역할을 정부가 맡지 않으면 안 된다. 이러한 시스템을 충족시키는 지도의 형태를, 국가조정이라고 한다. 기술이든지, 경제이든지, 사이버네틱스(Cybernetics)의 시스템이 스스로를 조정하는 능력을 발휘하는 외측의 조정을 받아들일 능력도 있다.

시장을 보증하기 위해서, 사회면에 대한 일부 주요 부문의, 예를 들면 과학, 교육, 보건, 문화, 정보의 분야에 나라가 재정거출한 최저기준을, 국내 총생산의 일정한 비율을 예산화하는 것이 국가조정이다.

세계에 정착한 국가조정의 모델에는 두 가지가 있다. 한 가지는 국가세입의 49%까지의 소득세로 꾸려가고, 그것을 다시 분할하여 사회문제를 국가가 조정하여 결정하는 모델, 또 다른 한 가지는 국가세입의 29%

까지를 소득세로 꾸려가고, 사회문제를 국민 스스로가 책임을 지고 조정한다는 모델이다.

민간·가정마다의 사회적 요구의 특수성을 바르게 반영하여, 스스로의 사회적 요구를 조정하는 가능성이 있는 모델이 두 번째의 것이다.

그러나 사회의 저소득층의 사회적 요구를, 고소득층에서 보충하여 조정하는 인도적 사상에서 보면 통일모델은 대단히 의의가 있다. 그러나 사회주의적 평등 사상, 구걸 정신에 익숙해진 사회구성원이 우위에 세운 조건에 대해서는 소득세를 높이고, 사회적 요구를 충족시키는 방침을 기본으로 할 수밖에 없다.

국가조정이 있는 시장모델의 중심적 내용은 여러 가지 자산형태가 자유롭게 존재한다. 경제적 이익을 향상시키기 위해서 국가개입을 가능한 적게 하고, 국민소득을 늘려서, 고용창출에 국가가 유의하는 것이다.

국가가 조정하는 사회보장의 주요문제는 교육이나 보건과 같이 노령화, 노동력의 상실, 출산, 육아 등으로 국민이 물적·금전적 지원을 받는 권리를 충족시키는 것이다.

자산에 대해서는 자산을 정부의 지배하에 집중시키지 않는다. 소수의 자본가의 손에 집중시키지 않는다. 무직이고 태만한 자에게는 그냥 주지 않는다. 국가, 자본가, 노동자의 3자가 자산을 소유하는 권리를 유효하게 활용하여, 경제적 민주화가 현재 목표로 하고 있는 규모의 새로운 사회를 건설한다.

있는 자원을 절약해서 사용한다. 물건을 좋게 만들기 위해서, 학식자가 받쳐줌으로써 힘을 합친다. 세계각국에서 얻을 수 있는 것은 얻고, 내줄 것은 내준다. 그리고 몽골국은 세계적으로 가장 민주적인 정부를 가진, 가장 민주적인 경제를 가진, 인도적 민주주의 사회를 건설한다. 그리고 몽골 민족은 세계와 함께 산다.

자산의 민영화에 대해서 조금 진술하도록 한다.

자산의 민영화라고 하는 이해에 대해서, 우리들은 무엇을 포함하고 있는가 하는 점에서 명확하게 하도록 한다. 소련이 붕괴하고, 동유럽의 사회주의제국, 아시아에서는 몽골국이 공산주의를 버리고 정치적·경제적 변혁쇄신을 행하고 있는데, 단지 한정된 범위 내에서만 자산의 민영화가 행해진다고 여기는 잘못된 이해가 있다. 그러나 그것은 틀린 것이다. 자산의 민영화는 대단히 넓은 범위에서 천천히 행하여지고 있고, 끊기는 일 없이 계속되는 과정에 있는 것이다.

현재도 세계의 80개국 정도가 경제를 민주화하려고 노력하고 있다.

1920년대 이후 미국의 몇 군데의 기업에서, 특별계획에 따라서 '인민자본주의'를 건설하기 위한 노력의 일환으로 주식을 피고용자에게 값싸게 파는 작업을 하기 시작했다. 1980년대 중반에는 이러한 계획에 따라서 1,600만 명의 미국인이 주식보유자가 되었다. 그리고 그들의 대부분이 임금노동자 중에서도 급료가 높은 사람들이다. 또한 주식의 대부분이 관리직에 있는 노동자에게 주어진 포상이나 장려로서 그들의 손에 건네졌다. 그렇지만 저임금의 많은 노동자들은 여전히 주식을 얻지 못하고 남겨졌다. 노동자를 주식소유자로 만들려 하는 계획은 자산을 민영화하는 목표에 이르지 못했다. 이러한 계획은 미국기업의 지도층을 대규모인 주 소유자로 하는 데 도움이 되었을 뿐이다. 그러한 역사는 몽골에 대한 자산 민영화에게 일정규모로서 되풀이되어, 인민혁명당 당원이나 역인에게 상당한 자산을 주게 된 것은 아마 진실일 것이다.

미국과 우리나라의 자산 민영화 계획의 상이점은 미국에서는 자본을 기업 안에서 민영화하였고, 우리나라에서는 국가 소유자본을 국민전체에서 민영화하였다는 점이다. 그러나 결과는 동일하고, 어디에서도 공무원은 지나치게 자기 일을 너무 생각하는 것 같다.

국가가 임금노동자에게 주식을 가질 수 있도록 정부가 개입하게 됨으로써, 자산을 민주화하는 경향이 정해졌다. 1974년부터 1994년까지, 미국의회는 25개의 법률을 채택하여, 수당 특별계획의 첫 번째 단계로서 저임금 노동자에게 주식을 보유시켜서, 자산을 민영화하는 법적 근거를 만들어 '종업원지주제도(ESOP)'라고 명명하기에 이르렀다.

노동자를 주주로 하는 이러한 계획은 성공하고 미국에서는 한때, 전체 또는 일부의 노동자가 주주가 된 기업 수가 약 11,000여 개사에 이르렀다는 자료도 있다. 이 중 단 1,500사의 경영에 노동자가 참가하고 있으며, ESOP가 있는 기업의 겨우 10%만이, 임원회의에 노동자가 참가하고 있다. 이것은 우리나라에서도 동일하다. 우리나라가 그들 나라와 닮았다고 하면 바른 해석일 것이다. 그리고 ESOP의 경험을 자세하게 조사하고 싶다고 생각한다. 자산의 민영화는 미국에서는 이러한 상태였고, 다음으로 일본의 상황을 간단하게 서술하도록 한다.

1990년의 시점에서 일본의 총자산의 15.8%를 국가 소유재산이 차지하고 있으며, 국영기업이 차지하는 비율은 6.7%, 이 중에서 3%가 고정자산, 10.2%가 유동자산이었다.

국영기업의 민영화는 제2차 세계대전 후에 행하여진 두 번째로 큰 개혁으로 간주된다. 철도망, 통신, 담배 등 이전에는 민영화하지 못한다고 생각하고 있었던 독점기업도 현재는 민영화되고 있다. 민영화의 움직임은 지금도 계속되고 있다.

1970년대 말부터 80년대 초, 산업 점유의 역사에 커다란 변화가 나타났다. 영국, 미국, 프랑스, 그 뒤로 일본, 또한 브라질, 칠레, 멕시코 등의 발전도상국이 국영기업의 활동에 대한 국가개입을 그만두었다.
　국가자산의 민영화를 적극적으로 행한 시대를 대처나 레이건, 나카소네 등의 이름과 연결시켜서 생각할 수 있겠다. 이러한 요인을 이해하는 것은 중요하다.
　국유자산 민영화의 주요과제, 목표는 다음의 사항과 같다.

　　1. 금융, 행정의 활동에 대한 국가개입을 줄인다.
　　2. 경쟁을 지원하고, 경제업적을 향상시킨다.
　　3. 비국가적 투자를 늘리고, 성장을 가속화시킨다.
　　4. 국가적 독점을 없애고, 관료주의를 배척한다.
　　5. 자유생산자를 정부의 관리하에 있던 부문(인프라, 교육 등)에 도입하여, 참된 의미에서의 시장을 형성한다.
　　6. 정부, 자유 생산자와의 사이에서 외국채무의 '책임'을 구분한다.

　발전도상국의 경제에 대한 정부개입의 결과를 명확히 하기 위해서, 1980년대 초에 어느 연구자들이 유엔에서 조사를 행하였다.
　143개국에서 행하여진 조사결과에 의하면, 그 연구자들이 내린 평가는 "경제분야에서 정부개입은 어떤 규모이든지 간에, 발전을 그 나름대로 압박한다"고 하는 것이었다.
　그러나 이러한 관계는 모든 경우에서 동일하지는 않고, 일정범위 내에서 국가지도는 경제발전을 가속시키는 힘이 되기도 한다. 국영기업의 적절한 활동의 주요인인 "세 가지가 없는 것"을 연구자가 발견했다.

　　1. 생산비용을 인하하는 방책이 없다.

2. 이윤을 증가시키고, 품질을 향상시키는 조치가 없다.
   3. 생산적 이윤, 노동자 임금의 상호간에 직접적 연관이 없다.

 세 가지 없는 것을 제거하는 방법은 민간의 경제활동에 있다. 그것을 달성하기 위해서, 자산의 민영화를 행하지 않으면 안 된다.
 신흥공업제국에 대한 자산 민영화의 초기의 목적은, 민간의 경제활동을 향상시키고, 이윤을 더욱 높이는 것이었다. 자산을 민영화할 때, 국영기업을 민간에게 매각하여, 경제활동에 대해서 행하는 국가감사를 삭감하는 것이 일정의 과제이기도 했다.
 아시아제국에서는 국유자산을 민영화하는 초기단계의 목표는 국가자산에서 분리하는 것은 중요시하지 않고, 산업이나 기술적 발전으로 주도권을 그들의 손으로 이행하여, 활동을 자유롭게 행하는 경제력의 향상이나 노력을 재촉하게 되었다.
 국유자산 민영화의 정책은 국영기업의 활동에 주어진 관료주의적 지도감사에서 자유롭게 되어, 거기에 "자유로운 경영, 독립채산성, 능률적인 경영권"을 얻는 과제를 포함하고 있다.
 국영기업을 민영화하여, 민간, 공동, 주주로 이행하는 과정은 자산을 민영화하는 최후의 단계에서 행해지는 일이라고 생각하고 있었다.
 국유자산 민영화의 메커니즘은 각각 몇 가지의 방침, 실행책이 있다.

   1. 정부는 국영기업의 자산을 스스로의 관리하에 남기고, 경영권은 민간에게 위탁한다. 자산의 민영화가 성공할 보장이 적고, 위험이 큰 조건하에서 이 방법을 이용한다.
   2. 국영기업의 주식매각시, 주식이 공동으로 자유롭게 생산을 한다. 장래는

나라의 관리하에 있는 주식을 민간에게 이행하여도 좋다. 이러한 형식은 주식시장이 상당히 발전된 상황에서, 정부는 중요한 전략적 분야의 감사권을 보유하고, 이익을 향상시키기 위해서 활용할 수 있다.
3. 공장을 전부, 혹은 분할하여 입찰매각할 수 있다.
4. 국가 혹은 민간의 경제활동은 노동력과 자산을 조합하여, 산업의 어느 일정 부문에서 공동으로 행할 수 있다. 바꾸어 말하면, 어느 분야 내에서 국영과 민영의 양방이 있어도 좋다는 것이다.
5. '간접적 민영화'의 형태가 있어도 좋다. 예를 들면, 나라의 독점을 없애고, 어느 분야에 대한 가격인하를 위해서 비국영기업의 이자·세금을 우대한다. 혹은 국영기업 제품의 공급·유통을 맡을 권리를 민간에게 주어도 좋다.

마지막으로 일부의 기재를 매각하는 권리와 함께 대여해도 좋다.

국유자산의 민영화에 대한 제한도 있다. 사회에 대한 어느 특정한 지위를 잃는 것을 두려워한 당원, 공무원들은 자산의 민영화에 상당히 반대하고 있다.

지지하는 자도 있다. 그들 중에서도 여러 가지 사람들이 있다. 국민 발전의 과제를 더욱 확대해 보는 국가지도부의 진보적인 사람들, 그들의 지지자는 자산의 민영화에 찬성하고 있다. 국가자산을 민영화하는 권리를 이용해서, 자기가 이익을 얻고 챙긴다는 여러 가지 수준의 공무원도 또한 자산의 민영화에 찬성하고 있다.

사회적 장애도 있다. 해고, 실업, 생산시설에서 받아들인 특권, 전문을 이용한 직종의 상실 등이다. 사회심리적인 그 외의 장애도 있다.

자산 민영화를 행할 때, 이러한 사회적으로 적합하지 않은 결과를, 가능한 사전에 유의해서 실행할 필요가 있다. 이러한 방법으로는,

1. 가능한 거기서 일하는 사람으로 자산을 통일한다, 또는 주식을 모으는 공급방식으로 민영화한다.
2. 자산의 새로운 소유주인 노동자의 관심을 통일하는 조정역을 일시적으로 취로시킨다.
3. 국영기업이었던 당시의 공동계약서, 노동자와 연결한 계약서, 의사록을 그대로 보관한다.
4. 자산 민영화에 대해서 해고된 노동자에게 새로운 전문을 습득시키기 위해서, 정부계획을 작성하여 실행한다.

자본시장이 없는 상태는 자산의 민영화에 방해가 된다. 이 외에 민영화, 투자, 은행의 경험을 가진 전문가가 적기 때문에, 이 일을 행정직원에게 시키기에 이르렀다. 그것이 부정, 뇌물 등의 최악의 사태를 불러일으키는 원인이 되고 있다.

한편으로는 융자 메커니즘이 구비되어 있지 않으므로, 일부의 가망이 있는 자산소유자가 대부를 받지 못하고, 단지 자기의 자산의 범위에 제한되어 있다. 사람들의 수중에 있는 자본의 규모로 자산을 민영화하려고 하여도, 구입할 가능성이 있는 사람은 그다지 많지 않을 것이다. 외국자본의 도입에 대해서는 주의하지 않으면 안 되는 요소도 있다. 제일 타당한 결정은 융자시스템을 발전시키는 것이다.

구 사회주의 제국에서 자산 민영화의 과정에 대한 전체적인 조사를 진술하도록 한다.

이러한 나라들에서 자산 민영화란 우선 나라의 관리하에 있던 자산을 민간에게 이행한다는 의미이며, 또한 넓은 의미로는 민간부문을 만들어 발전시키고 경제전체에서 민간의 경제활동을 우선시키는 시스템을 실현하는 것이라고 생각된다. 왜냐하면, 이전에 시장의 기본은 개인자산이고 그것을 보호하며 또한 키우는 환경을 만들 필요가 있었기 때문이다. 그리고 시장경제의 나라에서는 국가자산에 주어진 나라의 관리하에 있는 공장·기업이 있는 점도 또한 고려하지 않으면 안 된다.

　사회주의의 산업은 대부분의 경우 그 부문을 독점하여, 시장의 요소와는 관계없이 중앙의 계획에 의해서 조정되어 정치적·행정적으로 지도되었기 때문에 제품·노동력의 질은 나쁘고, 이익은 적고, 내외의 시장에 어둡고, 기술은 뒤떨어지고 있었고, 이러한 제반 조건이 시장에서 효율적으로 작용하지 못하였다.

　시장을 안정시키기 위해서, 국가자산의 민영화는 필연적인 것이나, 그것만으로 모든 문제가 해결되어 경제를 부흥시킬수 없는 것도 주지의 사실이다.

　국가자산으로 지탱되고 있었던 공장이 민영화된 후에도, 경쟁상대가 없는 채로 계속되는 상황이, 소련의 독점기업에 있었다. 그러한 공장의 생산율이 적어지고 생산물이 부족하자, 제품가격이 상승하는 문제점을 소비자에게 밀어붙이는 나쁜 현상이 일어났다. 이 경우 구조개혁을 행하여 독점적 공장을 해제하고, 민간기업과의 경쟁이나 생산을 재촉하여야 한다. 이와 함께 외부에서 경쟁상대를 참여시키는, 외국의 생산자와 그들의 시장에서 경쟁하는 조건을 만들기 위해서, 건전한 경쟁을 실현하여 가격을 타당한 범위에 인하하는 제품·서비스의 질을 개선하기 위한 경합이 자연스럽게 확대되는 법률이 생겼다.

　민영화의 실시에는 여러 가지 방법이 있다. 예를 들면,

　　1. 투자권리서에 의한 주식의 매각

2. 현금에 의한 매각

3. 대부

4. 분할에 의한 무상 양도

5. 주식발행에 의한 공적 매각

6. 종업원에 대한 공장 매각

7. 경영자에 대한 공장 매각

8. 구매희망자 한 사람과 가격교섭에 의한 매각

9. 이윤이 없는 공장을 폐쇄하고, 기재를 매각한다

우리들은 이러한 형식을 활용했다.

구 사회주의제국의 많은 국민들은 임금 이외의 수입이 없다. 거의 축재하고 있지 않다는 것과 관련하여, 투자권리서에 의해서 주식을 분배하는 방법을 널리 채용했다.

기업의 주식을 자사의 종업원에게 우대가격으로 준 나라도 있다. 그러나 전체적으로는 평균적으로 빈곤한 나라로서, 일부의 사람들을 특별시하여 구별하는 것이 공평의 관점에서 많은 논쟁을 불러 일으켰다.

폴란드에서는 "기업자산의 20%를 그 기업의 노동자가 소유한다"고 하는 법률의 조항이 있어, 커다란 사회적 마찰을 빚었었다.

자산을 민영화하는 작업에 착수하기 전에 금융, 투자, 은행, 세관, 세금, 반 트러스트, 도산, 주식 등과 관련된 많은 법률을 미리 준비하고 기초하여 채택할 필요가 있었다.

경쟁상대가 없는 기업의 활동이나, 가격을 어떻게 결정할 것인가라는 과제가 나오게 된다. 이 경우 어떤 한 공장을 정부에서 파견된 조정국이 감사하고, 제품, 일, 서비스의 질의 기준, 가격설정을, 혹은 실제의 시장경쟁상대가 있으면 어떻게 되는지, 이러한 관점에서 감사하고 있다. 예를 들면, 독점적인 공상의 제품 가격이 오르지 않게 하기 위해서 원료, 자재, 일, 서비스, 에너지의 가격표를 바탕으로 해서 이익, 인플레를 고려하여 가격을 제한한다. 서비스 질에 대해서는 평균적인 수준을 정해서 감사한다. 이렇게 해서 행정의 방법으로서 소비자의 이익을 지키는 것은 결코 좋은 방법이라고 할 수 없으나 시장, 경쟁이 실현되기까지는 효과가 있다. 이 방법은 사회주의에서 시장으로 이행하는 나라뿐만 아니라, 영국에서는 전력망, 통신, 수도 등의 분야에서 사용되어졌다.

자산 민영화에 반대하는 것은 구 사회주의제국이나 발전도상국에 제한된 것이 아니라, 서측 제국에도 반대한다. 반대하는 주된 근거는 국가자산을 분배하여 낭비한다거나, 내외의 사람에게 거의 자금을 잃게 되고 그들에게 지배되어 국가자산을 잃는 것과 같은 상황이 된다는 사고방식인 것이다.

자산을 누구에게 민영화할 것인가라는 문제를 둘러싸고, 생길 수 있는 논의는 적지않게 있다. 새로운 소유자가 자산을 장래 어느 정도 활용하려고 하고 있는지, 경제적 이익이 어느 정도 올라가는지의 모색이 요구된다. 동서 독일의 통일전, 독일민주공화국에 대한 자산 민영화의 방침은 가능한 독일민주공화국의 국민에게 주어질 것이 중요시되었다. 일반적으로, 외국에 사는 상대나 투자가를 바르게 택하는 것이 중요하다고 생각한다. 정치적으로, 시간적으로 압박되어서 너무 서둘러서 충분히 조사하지 않으면 장래의 활동에 커다란 장애를 주게 된다.

이것과 동시에 종교, 민족, 가족, 친척의 경로로 근린제국의 국민이, 그 나라의 우위성 및 권리를 이용하여 그들에게 금전적인 지원·후원이 되는 방법으로 외국투자법이나 다른 법률을 악용하여 들어온다고 하는,

주의하지 않으면 안 되는 문제가 있다. 특히 동유럽제국에서는 독일에, 구소련의 위성국이었던 나라에는 러시아의 가능성이 높다. 우리나라에서도, 인근 나라의 사람들에 대해서 생각해 보아도, 지나치게 생각하는 것은 아니다. 몽골의 자산의 민영화에 대한 전체적·특징적인 활동 및 결과에 대해서 진술하기로 한다.

몽골국에서는 자산을 민영화하는 작업의 법적 근거에 걸친 최초의 법률은 국가소회의에서 1990년 12월에 민법의 '자산권'이라는 제2항을 변경하여 가결한 법률이다. 이 이후에, 1991년 1월 30일의 정부 결정에 의해서, 자산민영화위원회 규정을 채택하였다. 국가소회의에서 〈자산 민영화에 대한 법률〉이 1991년 5월에 가결되어, 자산을 민영화하는 정책, 그것을 실행하는 것에 관련한 여러 문제를 조정하는 중심적 기반이 생겼다. 이러한 법률을 시행하는 것에 대해서, 정부에서 1991년의 101, 169, 170, 256호 결정이 나왔다. 몽골국의 경제를 시장경제체제로 이행하기 위한 법률 중에서 국가소회의에서 1990년, 1991년에 가결시킨 것 중에는 〈기업에 대한 법〉, 〈은행법〉, 〈세법〉, 〈관세법〉, 〈기업의 도산에 관한 법〉이 특히 중요했다. 자산 민영화의 법적·방법론적 근거를 명확하게 하여, 조직의(정부, 아이막 수도의 자산민영화위원회, 증권거래소, 브로커의 기업) 구조를 만들었다.

국가자산을 해체하여 민영화하는 일을 시작하는 데에, 1990년의 가격으로 국내자산의 44.2%, 즉 200억 투그릭 이상의 자산을 제1단계에서 민영화하는 것을 결정했다. 이 규모의 자본을 구입하는 자본력은 몽골인에게는 없었다. 이 자본을 사람들에게 대부하여 부여하려고 하자, 보증의 이자가 있고, 기간이 있는 대부라는 원리에 어긋나므로, 이 방법은 단독으로는 사용할 수 없었다. 이러한 조건에서, 민영화하는 자산이나 주식을 투자권리서에 의해서 국민의 자산으로 옮기는 것을 현금이나 대부의 가격에 의해서 매각하거나, 교환하는 등 법률에서 나타낸 그 외의 방법과 조합하여 실행하게 되었다.

투자권리서가 법적 효력을 가진 날, 즉 〈자산 민영화에 관한 거래법〉을 대통령이 승인한 1991년 5월 31일과, 그 이전에 탄생한 몽골국의 전 국민이 한 번만 그것을 손에 넣는 권리가 있었다. 투자권리서는 핑크색과 청색의 두 가지 색으로, 합계 1만 투그릭의 액면이고, 대통령·수상의 서명이 들어간 220억 투그릭의 자본을 보증했다. 이렇게 해서 사유자산이 없고, 축재도 없었던 약 200만 명의 사람들을 같은 출발선에 세웠다. 국가자산을 민영화하는 최초단계의 목적은 1년 연장되었으나, 1994년 말에는 민영화는 기본적으로는 완료되었다.

몽골국의 대회의는 이 문제를 1995년 1월에 협의하고 내린 결정은 "국가자산의 민영화의 과정에 있어서, 전체에서 190만 명 정도가 투자권리서를 얻고, 174억 투그릭의 자본이 민영화되어, 110만 명 정도의 사람들이 주 거래로 주를 취득했다. 여러 가지 이유에서, 11만 3,000명이 투자권리서를 받지 못했다. 이러한 작업의 결과, 주식회사 466사, 유한회사 1,297사, 공동조합 1,907조직, 개인기업 850사가 설립되었다. 자산 민영화는 실질적인 어려움을 동반하여 행하여졌으나, 몽골을 시장경제로 이행하는 역사적인 한걸음이 되었다. 자산 민영화의 제1단계가 완료되어, 국가자산을 해체하고 개인소유를 부활시켜서, 국민에게 자산을 소유시킴으로써 다양한 산업의 형태를 조합하여 행사하는 법률·사회적·경제적 조건이 정비되었다."는 몽골의 민주화, 변혁쇄신에, 자산의 민영화의 일을 완수한 역할 및 의의를 구체적으로 평가했다. 이러한 결과에 이르는 길을 2개의 정권이 공동으로 행하였다. D.비양바수렝 정권은 자산의 민영화 정책을 기초하여 법률에 포함하여 채택하는 것부터 시작하여, 자산 민영화의 법제면, 방법론의 기초를 세워 조직구조를 만드는 동시에 민영화에 착수하여, 1년간에 현재 수준의 44%를 실현했다.

  P.자스라이 정권은 과거 2년 반 사이에 54%를 실행했다. 민영화 작업의 속도는 상당히 떨어지고 또한 주식시장의 개설이 뒤떨어져, 중대한 영향을 미쳤다. 울란바토르에서 1995년에 행하여진 "이행기의 경제—아시아, 유럽제국의 비교"라는 주제로 열린 국제학술회의에서, 미국 하버드대학의 국제관계학 부장 제프리 삭스 박사는 "몽골에 있어 투자권리서에 의한 자산의 민영화는 세계적으로 보기드문 미실현의 성과"라고 특징지었다. 일정의 결과, 높은 평가와 함께 많은 어려움과 모순도 생겼다. 신속한 감사, 진실을 전하는 정보, 정부의 효과적인 개입이 이르지 못했다고 하는 결점이 자산 민영화의 과정에서 적지않게 생긴 것을 정당화하는 어떠한 근거도 없다. 이러한 모든 것을 정책의 잘못처럼 생각해서, 자산 민영화의 이익을 잘못 평가한다거나, 반대하여 모욕한다거나, 책임을 소수의 사람에게 연결시켜서 비난하는 것이, 적지않게 있었다.

  투자권리서는 국유자산을 민영화하는 유일한 방법이라는 생각도 있다. 소규모의 민영화에 포함된, 자산을 현금이나 대부에 의해서 매각하는 방법이 적다고는 하지만, 사용되고 있었던 것도 부정할 수는 없다. 그러나 차관 계약서가 있는 자산을 민영화하는 과정에서 사용되는 특권을 악용하여, 그 특징적인 특권, 즉 독점적 권리로 하려고 노력하는 과정은 보편적인 것이다. 국유자산 민영화의 최초의 단계에서 울란바토르시에 있는 기업의 10개 중 7개는 임대자의 특권에 의해서 민영화되었다. 그것뿐만 아니라, 1991년 5월에 자산 민영화법의 초안이 검토되어, 거기서 임대자의 특권에 대해서 논의하기 시작하였고, 생활협동조합의 민영화와 관련 58개의 상점에 있어서 식료품점의 반수, 식당의 전 상점에 대해서는 임대를 하기로 하는 결정을 내렸다. 제2단계의 지도자들은 지위를 악용하여 임대하는 활동을 열심히 행한 것으로, 자산민영화위원회가 조사하여 개선했다는 증거도 많이 있다.

 소규모 민영화에 대해서 상당한 논의의 목표가 된 2번째의 사항은 자산가치에 관한 문제였다. 임대인이 경쟁하지 않고 구입하는 권리를 이용해서, 또한 아무튼 싸게 구입하려고 하는 노동조합 및 전문가 동맹의 지지를 얻어서 요구한 적도 있었다. 국가자산을 극단적인 염가로 매각하거나 적법하지 않게 이관했을 경우, 추징금을 지불하게 하거나 재조사하는 방책을 가격 평가의 과정에서 행하였다. 자산 민영화의 과정에 있었던 중심적인 요구의 한 가지는 자산에 대한 감사·책임을 무겁게 한다든지, 자산을 횡령하여 이익을 획득하는 도피로를 없앤다든지 등등의 이러한 작업을 기업노동자나 일반대중의 눈에 띄는 곳에서, 투명한 상태에서 행하게 되었다. 기업 자산을 민영화하는 이외에 사기업, 호르쇼(협동조합)를 국민에게 매각한다든가 하는 일을 관련 있는 아이막이나 시의 자산민영화위원회의 허가에 의해서만, 실행하는 규정을 만들어 지키게 하였다.

 그러나 정부, 자산민영화위원회가 아무리 이러한 방책을 취해도, 자산을 염가로 스스로 구입하여 횡령하거나, 공무를 악용하여 이익을 얻는 일들이 적지않게 일어난 것을 사람들은 비판하고 있다. 자산 민영화에 대한 이러한 어두운 부분을 강조하여, "자산이 소비되어, 경제의 조타수는 잃고, 암초에 좌초해버렸다"고 외치는 것은, 첫 번째로 현실과 일치하지 않고, 두 번째로 경제개혁을 지향하는것을 이행하지 않는 소극적인 태도였다. 개인자산을 없애고, 기본적으로 국가자산만으로 하여, 그것을 사회주의경제체제가 승리했다고 하는 것은 우리들이 오늘날 경제시장에 대해서 얼만큼 자산을 존재시키는지에 대한 원리를 헌법에 의해서 신성화했기 때문이다. 바꾸어 말하면, 사유, 국가 소유, 반관반민 등의 자산이 자유롭게 발전하는 조건을 정비하여, 그 신성성을 법적으로 보호하여, 민법에서 나타낸 것이다. 그럴 때마다 1995년 현재, 몽골국의 전 고정자산의 74%가 정부의 관리하에 있다는 것은, 자산의 민영화의 "위험"에 의해서 경제위기를 설명하려고 하는 근거가 없는 것을 나타내고 있다.

투자권리서에 의해서 국가생산을 민영화하는 일이 완료되고 있는 것과 관련하여, 국가대회의 의결은 원리의 몇 가지의 중요한 방침을 명확하게 나타내고 있다. 즉, 자산의 민영화를 현금거래에 이행시킴과 동시에, 장래에 행할 민영화에 대해서 경매·입례를 포고하여 계획을 선택한다. 합병 공장을 만든다. 또한 경영의 계약서를 연결시키는 황금주의 원리를 사용한다. 채무를 매각한다. 프로젝트 융자를 행한다 등등의 많은 형태를 조합시켜서, 이러한 일에 내외의 투자가, 노동자, 기업, 은행, 금융조직을 참가시켜서, 이 원리를 기반으로 자산 민영화법을 새롭게 검토하여 가결하지 않으면 안 된다고 생각했다.

이렇게 해서, 우리들은 자산 민영화의 제2단계로 이행했다. 이것은 중단되지 않고, 계속해가는 활동인 것을 나는 상술했다.

몽골국이 사회적이고, 정부개입을 동반한 시장으로 이행할 때, 요구되는 사회적·경제적 전 개혁을 행하는 길은 이미 열렸다. 발전의 걸음은 세계적인 발전의 걸음과 항상 궤도를 같이 하고 있는 것이며, 가능한 우리들은 그들의 실패를 되풀이하지 않고 몽골의 독자성을 남기면서, 몽골다운 발전을 지향하고 있다.

경제에 대해서 말할 때, 에르데네토 광산, 금, 석유에 대해서 언급하지 않을 수 없고, 이것에 관한 내용은 다음 장에서 기술하겠다.

제10장
에르데네토, 금, 석유

> ⊙ 그렇게 하면 연간 1억에서 1억 2,000만 달러에 상당하는 금을 소유할 수 있게 된다. 1906년부터 1915년에 8,089킬로그램의 금이 채굴되었다.
> ⊙ 국가수요를 300년간 공급할 수 있는 석유 매장량이 몽골에 존재한다는 증거가 있다.
> ⊙ 아이다, 이 일을 그만두어라. 그들은 너희의 잡지를 폐간시킬 것이다.

이 공장에는 설령 많지 않다고 해도 나의 기사로서의 꿈과 지식이 상당하게 녹아 있다. 나는 나 자신의 정열과 젊음의 상당한 정도를 이 공장을 위해서 바쳤다. 나는 합병기업위원회의 몽골 측의 초대책임자였다. 에르데네토에 대해서 묘한 이야기가 나오기 시작하면, 대체로 내 이름과 연결된다. 반대로 에르데네토를 칭찬할 때는 내 이름은 나오지 않을 것이다. 전체로서, 여기서 생긴 좋고 나쁜 여러 가지 일들이 내 이름과 연결되어 있다. 이것은 꾸며낸 이야기가 아닌 실제의 역사라고 할 수 있다.

에르데네토 오보라는 언덕은 200년 이상 전부터 알려져 있으며, 지하자원을 채굴하기 시작한 이후, 현재의 우리들이 이어받았다. 1702년에 조니 강변에 세워진 불교사원은 산정에 오보를 세워서 숭배하여, 출입금지구역으로 했다. 에르데네토에 오보가 있었기 때문에, 광물자원이 보호되어, 현재의 우리들에게 완전한 형태로서 계승된 것이다. 선조의 이러한 공적을 우리들은 얼마나 잘 평가하고 있는가. 높이 쌓인 오보를 신으로 받들어 모시고 독경했다. 종교로서 우민화(愚民化)했다고 비난하기도 했지만 오보 숭배에는 사람의 마음에 남는 경애하는 마음, 관습이라는 아름다움이 존재한다. 몽골인이 중시하는 9종류 중에서 5종류의 보석 즉, 금, 은, 동, 강철, 터키석이 이 땅속에 있다.

우리들은 몰리브덴(Molybdän)이라는 광석을 상당히 대량으로 채굴하고 있으나, 다른 광석은 가공하여 이용하지 못하고 있다. 금세기 중반부터 에르데네토에 관심을 가지고, 새로운 형태의 조사를 시작하였으나, 당초는 공장의 의의에 대해서 화제가 되지 않고, 단지 광물조사에 관심 있다고 결론지은 자료만이 남아 있다.

후에 1963년부터 1973년까지 에르데네토에서 동·몰리브덴 광상(鑛床)의 존재의 유무를 확정하는 현지탐사를 몽골, 소련, 체코슬로바키아의 지질전문가들이 약 10년간 행한 결과, 대규모의 광상이 틀림없다고 증명되어, 국가지하자원위원회가 매장량을 확정하여, 생산력이 큰 선광장을 마련한 광업 콤비네이트를 건설할 가능성이 있다고 하는 의견이 제출되었다.

에르데네토 오보의 이와 같은 조사에 참가한 최초의 공헌자는 F.K.시푸링(1941), Yu.Ya.페토로비치, G.N.니콜라에프스키(1959), V.I.우샤코프, K.A.아타마리앙, 체코슬로바키아 지질학자 모이미르 쿠라우테르, 엠마뉴엘 코미케쿠, 몽골 지질학자 G.상도이쟈부, L.미야구마르, 소련의 지질학자 Ye.I.마르투비키, V.S.카리닝 등을 들지 않을 수 없다.

지질학자들의 진력에 의해서 자원의 개요가 판명되자, 다음에는 에르데네토의 이용에 관한 여러 문제가 마치 경쟁하듯 단기간에 해결된 것이다. 광상을 소유하는 기술적·경제적 기반을 충분히 정비하고 있지 않은 시기에 에르데네토 오보의 동·몰리브덴 광상을 소유하는 데에, 경제·기술면의 공동에 대해서, 몽골·소련 합병의 에르데네토 선광장의 건설에 대해서, 몽골·소련 정부 간에 1973년 처음으로 합의되었다. 즉, 장래의 도시를 건설할 장소를 설정하고, 기술자에 의한 현지조사 프로젝트를 건설조사연구소(PNIIS)의 L.G.쿠시니르가 실행에 옮겼다.

원래 이러한 문제를 해결하기 위해서는 지질조사를 행하여 매장량을 확정한 후에, 광상의 이용이 채산에 맞는지 어떤지의 조사가 끝날 때까지의 2년, 콤비네이트의 건물, 설비면에서의 기술자의 현지조사를 완료하기 위해서 1, 2년은 필요한 것이다. 공장의 설계를 완성시켜서 승인을 받고, 그것에 의거해서 예산을 획득하여, 그 때문에 생산기지를 건설·정비하여 실제의 대규모인 건설작업에 몰두해야 하는 것이었다.

그러나 에르데네토는 몽골·소련의 관계에서 이전에 정했던 관례를 부수고, 전혀 다른 원칙에 의해서 건설되었다. 작업전체를 개별로 분할하지 않고 계속 진행했다. 철도, 고압선 조사 및 부설·가설작업과 병행하여 생산기지, 광산건설 작업원의 도시 에르데네토의 건설이 동시에 시작되었다. 에르데네토 광산시설의 설계를 진행하는 데에, 소련 측의 40개 정도의 설계기관이 참가했다. 그러한 지도적 역할을 모스크바의 기푸로쓰베토메토 연구소, 레닌그라드의 메하노부르 연구소가 맡았다. 에르데네토 프로젝트 전체를 총괄하는 주임기사를 아나오토리 보리소비치 포리빙이 맡고, 공장건설에는 소련 측의 10개 정도의 성청, 20개 정도의 건축기관이 참가하여, 소련·몽골 양국의 관계자의 수는 1만 4,000명에 이르게 되었다.

당초, 우리나라에서 참가하여, 에르데네토 건설을 통해서 가장 큰 역할을 수행한 것은 군의 건축관계자였다. 당시, 그 그룹은 "몽골 측 운영의 노동관리국"으로 명명되었다. 소련 측도 마찬가지였다. 건설병 이외에도 두 개의 분야에서 노동자가 모아지고 작업에 투입되었다. 하나는 가축 관리인들, 또 다른 하나는 에르데네토 선광장을 조업할 때 전문간부를 육성할 목적으로 건축과 설비 조립 작업에 종사시켰다. 〈몽골 노동자청〉이라는 기관을 설치하여 그러한 작업을 지휘했다. 건축관계의 동일한 공장에 통일적으로 관할하는 부문을 설치하여, 몽골 측 책임자로 M.다무딩수렝, 소련 측 책임자로 슈리코프가 임명되었다. 몽골인 노동자를 집중적으로 관리하는 부문 이외에도 감사소가 설치되었다.

내 자신은 1972년 5월부터 1976년 5월까지 4년간 연료, 에너지, 산업, 지질성의 광산부문을 총괄하는 부대신으로서, 에르데네토 관련의 전문적인 문제를 해결하는 임무를 이어서 맡았었다. 즉, 광상의 매장량에 대한 보고에 대해서 협의하여 승인한다. 기술적·경제적 기반이나 프로젝트의 기술면에 대한 과제를 해결한다. 기술적 프로젝트의 선별·조업 준비, 특히 공장에서 일하는 기사·전문직을 모집하여 육성한다. 합병기업의 사업에 관한 법적 기반 작성에 주의를 기울여, 그때까지 경험이 없는 많은 문제에 직면하여, 그러한 모든 것들을 해결하려고 진력했다.

이 광산에 대해서 자국의 권리 등을 들어서 음성을 높여서는 안 된다. 합병기업이라면, 양측에 이윤이 나온다는 원칙을 유지한다. '형님들'은 때때로 의견을 일방적으로 밀어붙이려 했던 적이 있었다. 또한 때로는 우리들 측이 지나친 적도 있었으나, 균형에서 벗어나지 않도록 배려했다. D.비양바수렝, B.다로고르마 박사(재무성 제1부대신), E.비양바자뷰(재무성 부대신) 등의 재무·경제를 이끄는 사람들이 뒷받침이 되어 주었다. 그들은 합병기업의 고문이기도 했고, 또 합병기업에 대해서 우리들이 언제나 협의하고 있었다. 부대신으로서 임명되어 처음으로 1972년 5월 6일에 페르제 대신으로부터 하달받은 7개의 임무 중 1가지는 에르데네토 오보의 기술적·경제적인 기반을 보면서 의견·결론을 진술한다는 것이었다. 이날 이래 에르데네토의 문제는 나의 일과로 되었다. 기술적·경제적인 기반에 대해서 숙고하여 결과를 냈다는 작업에는 우리나라의 거의 모든 성청이 참가했다. 작업 그룹을 파견하여, 통일적으로 조정하는 작업에는 요청한 측인 내가 맡고 있었다. 에르데네토 오보의 기술적·경제적 기반에 대해서 협의하여 결정함과 동시에, 기계설계의 문제를 해결하는 임무가 우리들에게 부과되었다.

낮과 밤의 구별없이 일에 매진하였다. 1972년 7월 17일부터 18일, 설계도를 작성한 사람들과 프로젝트의 주임기사 A.B.포리빙과 예비회담을 하였고, 의견을 교환하여 프로젝트에 대한 변경점을 어떻게 받아들일 것인지에 대해서 충분히 협의했다. 프로젝트에 관한 의견이나 비판이 너무 많을 경우, 프로젝트 평가에 나쁜 영향이 미치기 때문에 처음부터 조정하는 것이 중요한 것을 우리들은 상호 간에 이해하고 있었다. 1주일간 협의하여, 7월 25일에 연료·에너지 산업지질성 회의에 대해서 에르데네토 오보의 동·몰리브덴 광상을 이용할 가능성에 대한 기술적·경제적 기반에 대해서 협의하였다. 기술적·경제적 기반이 충분히 정비된 것을 강조하여, 국가계획위원회를 통해서 승인시키는 것이 바르다고 결정되었다.

기술적·경제적 기반에 대해서, 에르데네토 오보 광상의 조업 시스템 및 프로젝트에 포함한 작업규칙을 변경했다. 즉, 광석의 품질을 안정시켜서, 광산의 채굴량을 줄이기 위해서, 광석 그 자체를 수평하게 절단하여 작업영역의 심도를 크게 하여, 확장을 억제하는 방법으로 광산에서의 작업규칙, 조업 시스템을 변경하는 의견을 협의회에서 결정했다.

이렇게 변경한 결과, 투자액을 3,000만 투그릭 감소시켜서 선광장에 운반된 광석의 품질을 균질화하는 조건을 정비한 것이었다. 이 원칙의 기본적 계산에 의해서, 나는 공학박사 후보의 칭호를 취득하고, 망상(網狀) 광상의 동, 몰리브덴의 활용 시스템, 광상에서 작업순서의 연구, 기술적 특징 및 보편적인 규칙을 명확하게 한 중대한 일이 되었다. 이것이 광산기사의 기술자로서 에르데네토 및 광물학 분야에서 내가 공헌한 것이다. 선광기술 개발면의 기사인 M.다무딩수렝, 수리공장건설의 담당기사 기계공인 바토쟈르가르, 광산의 운수에 관해서는 Ts.에르딩쟈부, Lu.에르데네 등이 귀중한 의견을 제안하여, 승인되어 스스로도 그 주제로서 각 학위를 취득한 것이었다.

1972년 8월 1일, 공장, 시의 건설지를 선정하는 몽골·소련 합동국가위원회가 현지를 방문하여, 에르데네토 오보의 기술적·경제적 기반을 활용한 현지의 장소를 선정한 경위가 있다. 당시 에르데네토에는 지질학자들의 거주지 이외의 건물이 없었고, 에르데네토 오보, 차강 쵸로토, 소고딩 오르, 후렝 보라쿠, 차강 쵸로토 강, 한가르 강 사이에 선 미래의 광상, 선광 콤비네이트, 에르데네토시의 건설지를 단지 지도상에서 선택하여 협의하여 공문서에 서명했다. 선택된 장소에는 기사에 의한 토양조사를 행하여 광석의 상황, 토양조성, 지하수 등 많은 항목을 명확하게 하는 지구물리학적 조사를 서둘러 수행하여 설계도에 포함시킬 필요가 있었다. 이러한 작업은 1973년 처음의 3개월 사이에 종료하도록 정해졌다. 오르홍·에르데네토 간의 고전압선의 부설을 서두르고, 오르홍 강에 견고한 다리를 놓고, 기사의 조사에 관여하는 자에게 숙사(宿舍)를 제공하며, 가축의 이동경로를 바꾸고, 두 개의 착유 농장을 건설하는 장소를 확보하는 등의 많은 문제를 협의하여 정하게 되었다. 에르데네토 콤비네이트의 설계도 조사와 건설작업에 대해서 해결한 후, 몽골 측의 참가를 결정하는 상당히 번거로운 작업이 되었다.

최초의 건설병단이 에르데네토에 갔다. 계속해서 전기 에너지 건설기업 그룹이 오르홍, 에르데네토의 220킬로와트의 송전선을 부설했다. 국내의 전문직의 육성은 우리들의 가장 중요한 책무였다. 전문직원을 건설작업에 투입하고, 광상, 선광장의 기사, 기술자, 전문가들의 육성 작업에 때를 놓치지 않고 착수할 필요가 있었다. 몽골 측의 인재를 건설노동자 중에서 택해서 국내외의 전문학교에서 교육시키고, 공장설비의 설치작업에 종사시켜서 실지훈련하여, 공장의 작업 때에는 공장의 기반 노동자로서 종사하는 원칙을 우리 성은 취하고 있었다. 그러나 건설성의 토레이한 대신은 에르데네토에서 건설관리부를 설치하여 노동자를 육성하여, 그 중에서 광상, 선광장에 넘겨주는 것에 반대하였다. 여하튼 조업 당초에 700명의 몽골인 노동자를 집단으로 파견하는 것, 그들을 군이나 학교, 그리고 지원에 따라서 모집하는 것, 숙사 및 일을 주는 것 등이었다.

그에 필요한 경비 및 몽골·소련 양방의 각 기관에 관련한 규칙 등을 기초하여, 각료회의에 제출하여 승인을 받는 작업에 내 자신이 관여하여 1974년 8월, 그 규칙을 작성했다. 학교, 연수 코스, 기술전문의 새로운 학교를 설립했다. 에르데네토 광상, 선광장이 완성될 무렵, 몽골·소련 양방 합쳐서 3,470명의 노동자가 확정되었다. 64종류의 전문분야의 기사 424명, 16종류의 전문분야의 기계공 184명, 34종류의 전문분야의 노동자 및 관리 2,331명이었다. 사무직원 373명을 양성하는 이외에, 몽골인 기사 204명, 기계공 71명, 전문직원 1,606명, 공무원 213명이 있었다. 전문직원 양성을 위한 집중적 계획이 1975년에 승인되고 실행되어서, 사무직원을 양성하기 위한 국내외의 대학·전문학교 양성코스에서 새롭게 재교육한다. 공장에서 실지 훈련하여 전문성을 향상시킨다. 보통학교의 졸업생, 제대하게 된 청년, 공장노동자의 희망자를 채용했기 때문에, 에르데네토 공장의 전문직원의 인재양성은 성공했다.

현재, 이 공장의 전 노동자의 78%, 기사의 62%, 부장·과장의 90%는 몽골인 전문가가 차지하고 있다. 에르데네토 오보의 동·몰리브덴 광상을 소유할 때 경제·기술면의 협력에 대해서, 또 에르데네토의 동·몰리브덴 광상에 의거하여 몽골·소련 양국 합병기업 에르데네토 선광공장을 건설하는 것에 대해서, 양국 정부간 합의문서를 작성하여 서명하는 것이 1973년의 주된 작업이었다.

공장에 관계하는 여러 문제 중에서도 가장 심각하고 어려웠던 문제는 이러한 두 가지의 합의에 의한 프로젝트 계획에 관한 몽골·소련 양국의 작업 그룹의 협의였다. 국익을 지키기 위해서 최선의 노력을 했다. 자신의 입장을 지키려고 하면 상대의 반발을 사게 되어, 때로는 정치색을 띠어서 고생했다. 기술적·경제적 기반에 대해서 협의하여 확인하는 것을 시작으로, 우리들의 의견이나 결론은 대립하여, 프로젝트 내용이 변경되기 시작했기 때문에, 우리들에게 그다지 좋은 방향으로는 가지 않았다. 그래도 전반적으로 상호간 서로를 이해하고 합의에 도달할 수 있었다. 그런데 우리나라 국민의 일부는 오해하여, 상층지도부에 부정확한 정보를 주었기 때문에, 문제를 더욱 복잡하게 한 측면도 있다.

이 작업에 대해서도 가장 적극적이고 일관된 정당한 입장에서 투쟁한 것은 M.다무딩수렝이다. 그는 그 때문에 비방 중상을 받아서, 에르데네토에서 건설 중인 공장관리부의 몽골 측 책임자의 직무에서 해임되는 피해를 입었나. 그는 에르데네토 선광기술의 개발로 학위를 취득하고, 현재 금관련 기업의 사장에 취임하여 성공하고 있다. 정부간 합의에 따라서 합병기업의 활동을 조정하고, 관리권에 대해서 논의하는 평의회가 개최되어 양방 동수의 구성원이 참가했다.

제1회 에르데네토 합병기업평의회는 1974년 7월 23일부터 26일까지의 기간에 개최되어 울란바토르, 다르한, 에르데네토로 가서 활동했다. 나는 제1회 평의회의 의장을 맡아서, 제1부공장장으로서 르하구와수렝을 승인한 후에 몇 가지 질문을 협의했다. 합병기업평의회에 대한 몽골 측 대표는 P.오치르바트 연료 에너지 산업성 부대신, 스탭으로서 E.비양바쟈부 재무성 부대신, 융뎅도르지 물자 기재공급 국가위원회 서기장, 쟝바르도르지 대외경제관계국가위원회 부의장, 도르지 연료 에너지 산업성 계획과장, 르하구와수렝 에르데네토 제1부시장 등이 그들이었다. 소련 측 구성원에는 코수팅 우라지미르 니콜라에비치 소련 비철금속성 부대신, S.V.미쿠렝코 비철금속성 전문가주임, A.B.포리빙 프로젝트 기사장, N.M.르킹 비철금속성 전권대표, B.G.조주 통상대표부 부부장, 슈리코프 에르데네토 공장관리장 등이 있었고, 그들이 제1회 평의회에 참가했다고 생각된다.

건설관계의 실무를 맡은 메디몰리브덴수트로이 관리부는 1974년에 설립되어, 한편으로는 그 보조적 역할을 맡은 몽골국군 및 소련군의 2등병이나 파견병들에 의해서, 사람의 왕래가 심한 장소가 되어, 매일같이 확대하고 있던 광산의 주위에 약소, 당, 공공시설, 학교, 공원, 병원, 상점을 건설할 필요가 생겨서 그러한 것을 해결하기 위해서 참가했다.

에르데네토의 완전한 기술적 설계가 아직 승인되기 전에, 오르홍·에르데네토 간의 송전선의 가설, 사르히토·에르데네토 간의 철도의 부설이 완성되어, 공장의 건설작업에 속력을 가했다. 공장조업시스템, 광산에 대한 작업규칙의 조사작업의 정리·보호에 대해서 페르제 대신에게 요망 사항을 제출했으나, 가능성이 없어 결정은 연기되었다. 다행스럽게도, 1974년 9월부터 모스크바에서 개강하는 관리자용의 3개월간 전문연수 코스에, 몽골인 4명을 수강시킨다는 초대장이 와서 대신은 나를 그 구성원에 참여시켜 주었다.

세르오도 통신성 부대신, 아라부당도르지 교통성 제1부대신, 니야무오치르 연료 에너지 산업지질성 과장과 나, 4명이 연수받았다. 이곳에 체재하는 중에 모스크바 지질조사 대학교수이고 공학박사인 유마토프 보리스 페트로비치, 공학박사 후보 가라닝 이고리 우라지미르비치 등의 지도하에서 학위논문을 정리하여, 학위취득 리포트를 분포하여, 1975년 2월에 학위취득의 스케줄을 정하고 집으로 돌아갔다. 낮에 수업에 나가고 밤에 논문을 써서 많이 노력한 결과, 적지않은 성과를 올리고 귀향했다. 연수코스에 따라서 에르데네토의 노천광상에서 공장으로 수송하는 광석의 내용을 조정하여, 여러 가지 광물을 수송하고 있는 장소에서 오는 수송순서 및 규모를 조정하는 목적을 가진 굴착기-수송-공장설비의 자동관리 시스템에 의해서 관리한다(ASUTP)는 카라토 시스템을 발전시킨 논문에 의해서 학위를 취득했다.

나는 1975년 1월 22일, 모스크바의 지질연구대학의 학술협의회에서 슈토쿠웨르쿠 형의 광상을 노천채광하기 위한 적절한 시스템을 택하여, "광산의 작업규칙의 연구(몽골인민공화국 에르데네토 오보의 동, 몰리브덴 광상 모델에서)"라는 주제로서 공학박사 후보가 되었다. 이러한 성과를 에르데네토의 설계에 포함하여, 수평갱도에서 이용하는 짧은 광상을 부분적으로 열어서, 굴삭작업의 확대·심화의 비율을 조정하는 방법에서 광석의 동의 비율을 안정시켜서 청광에 포함된 동함유율을 높이고, 오염·폐기물을 감소시켜서 기술면 및 경제면에서 공헌했을 뿐만 아니라, 광상의 굴삭규모를 작게 하여 적은 투자로 효과를 보았다.

나의 학술적 공헌은 에르데네토 공장에도 영향을 끼쳤을 뿐만 아니라, 광물학의 대해에 떨어뜨린 방울이라 생각해도 용서받을 수 있지 않을까 생각한다.

1975년, 에르데네토와 관련된 커다란 사건이 일어났다. 그것은 기술설계가 완료하여 승인을 받았다는 것이었다. 이 설계는 몇 번이고 검토되어 성공적으로 여러 가지 단계의 작업을 거쳐서, 극히 상세하게 행하여졌다. 우선 합병기업평의회에서 협의하였고, 다음으로 연료·에너지산업지질성에서 협의하여 지지되었다. 국가계획위원회, 건축·건설위원회가 합동협의하여, 의견을 각료회의에 내어서, 1975년 정부청사 A실에서 협의하여 승인되었다.

이날로부터 불과 3년 후, 1978년 12월 14일, 초년도의 광석청동능력 400만 톤에서 에르데네토 광산시설은 조업을 개시했다.

광석의 노천광상의 건설을 시작한 1976년, 나는 다른 일에 임명되어 공장문제에서 벗어났는데, 그렇지만 오늘날까지 광산과의 관계를 계속하고 있다. 1972년 이래, 쓰기 시작한 100권 이상에 이르는 일기의 반 이상은 에르데네토에 대해서 기술한 것이다. 즉, 에르데네토가 건설 중이다. 에르데네토가 개혁되고 있다. 에르데네토가 확대발전하고 있다. 에르데네토가 세계의 대국수준의 지위를 유지하기 위해서 계속해서 투쟁하고 있다. 장래, 더욱 심하게 투쟁할 필요가 있다.

광상의 선광장의 건설을 시작한 이래, 소련 측 대표 4명 중에서도 가장 독창적이고 가장 헌신적인 대표자는 카바히제 와레리앙 나리마노비치였다. 합병기업규칙에 따라서 사장에는 양국의 사람을 교대하여 임명한다고 결정되어 있었으나, 우리나라의 신중함과 희망에 의해서, 소련 측에서 대표를 임명해 왔다. 10년이 지난 후, 현재의 오토공비레쿠 사장이 임명되어 그는 업적을 올리고, 시장경제의 파도에도 잘 탈 수 있었다. 나는 에르데네토를 주제로 '박사 후보'의 학위를 취득했다. 이 책을 출판하면, 박사학위를 취득할 수 있지 않을까.

에르데네토의 기술은 내가 젊었을 무렵의 그것과 비교하면, 알아보지 못할 정도로 변화했다. 세계의 변화는 따라잡지 못할 정도로 빠르다. 에르데네토를 장래 어떻게 개혁할지, 오토공비레쿠는 생각하고 계획하여 실행하기 시작했다. 당초는 제품을 소련시장에만 판매하고 있었으나 오늘날, 세계의 10개국 정도의 나라들에 판매하게 되었다. 제품의 판매망 뿐만 아니라, 전문가의 연수지도 미국, 러시아, 일본, 영국, 한국 등으로 널리 퍼지고 있다. 에네르데토 공장의 생산효율이 높은 것은 전문성, 생산관리, 조직의 수준이 높음을 나타내고 있다. 설계에서는 분쇄능력은 시간당 245톤이었으나, 실제의 수준은 시간당 283톤이다. 중기 1대의 적재능력은 27,000톤 킬로였으나, 실제로는 38,000톤 킬로에 달했다. 굴착기의 능력은 설계시보다 8,000세제곱미터를 넘고 있으며, 보링 기재도 6,000미터 이상을 보링할 수 있는 능력을 자랑한다.

광산선광장의 기술수준을 세계의 그것과 비교하면 다음과 같다. 굴착기의 샤베르 용량은 세계에서는 13에서 16m^3이지만, 에르데네토에서는 10m^3이고, 중기의 능력은 세계에서는 90에서 110톤, 에르데네토는 110톤, 쇄석기의 능력은 세계에서는 현재 140m^3, 장래적으로는 350에서 450m^3가 된다고 한다. 우리나라의 이러한 수치는 160m^3이다. 선광기의 능력은 세계에서 17㎥, 장래 28에서 44㎥가 된다고 하는데, 몽골에서는 현재 40에서 50㎥이다.

당 공장의 경쟁상대가 외국에 있는 것을 고려하여, 기술·제품의 경쟁력을 세계수준으로 할 필요가 있다. 특히, 광석에서 차지하는 동의 비율이 저하하고 있는 조건에 대해서, 동청광의 동함유율을 안정시키기 위해서는 광석을 채굴하여 선광하는 규모는 매년 2,400만에서 2,700만 톤으로 할 필요가 있다. 이를 위해서, 광산 설비를 상당히 쇄신할 필요가 있겠다. 선광장의 분쇄기, 부유선광부문 등 광석을 받아들여서 청광의 수송까지 전 부문을 활성화하여 쇄신할 필요가 있겠다.

탈(脫) 아르카리법에서 전해질(電解質)의 동을 생산하는 등, 이전에는 없었던 새로운 기술이 도입되고 있다. 세계에서도 가장 장래성이 있는 기술을 시험적으로 사용해 보는 것이 중요하다. 가장 중요한 것은, 이 기술을 사용해서 공장의 재고 외의 함유율이 적고 산화한 광석에서, 적은 경비로서 순수한 동을 분리하는 것이다. 동에 관한 전략의 포인트는 최종 제품의 생산이다.

말할 것도 없이 전기, 난방, 수공급, 수리, 생산관리, 정보시스템을 완비하는 등 생산을 지지하는 부문의 쇄신도 의미가 있다. 이러한 모든 작업이 2000년에 달성하지 못하면 뒤떨어지게 된다. 뒤떨어지면 몰락의 방향으로 가게 된다. 이래서는 안 된다. 세계의 선광장의 능력은 현재 하루 생산량 3톤에서 10만 톤에 가까우나, 캐나다의 하이랜드 웨리는 133,000톤(1일 생산량)을, 파푸아의 싱 구위네잉 부겡위르는 135톤(1일 생산량), 칠레의 츄키카마타는 153톤(1일 생산량)의 광석을 청동하고 있는 것을 우리들은 고려하지 않으면 안 된다. 리뉴얼 공장에서는 분쇄기 한 대에 광석을 300밀리까지 분쇄한 후에, 직경 9에서 11미터의 반자동 분쇄기로 분쇄하고 있다. 이렇게 분쇄기의 능력은 350에서 450㎥, 생산력은 1,100톤(시간당)이다. 이러한 의미에서, 에르데네토를 계속적으로 쇄신하는 중요성이 자연히 이해될 것이다.

대통령이 어째서 금 프로그램에 주목했는가. 세계에서는 전략적 의미를 가진 제품이 다수 있으나, 금은 그 중 한 가지이다. 금을 둘러싸고 전쟁 등이 일어났었다. 금을 산출하는 나라는 풍요롭다고 한다. 몽골에는 금광이 있다. 그러나 채굴 작업은 광범위하게 행하여지고 있지 않다. 그 때문에, "금에 편히 앉아 있는 거지"라고 불리고 있었다. 몽골의 경제에 커다란 영향을 미치기 때문에, 금이 몽골국 대통령의 관심 밖에 있을 리가 없다.

1991년 8월 28일 바라수 국립지질센터장이, 금의 채굴을 증가시키는 가능성에 대해서 자세하게 말했다. 확정매장 및 예상매장량에 기초하면, 금의 채굴량은 2, 3년간에 10톤에 이르러, 연간 1억에서 1억 2,000만 달러의 금을 소유할 수 있다고 말했다. 이러한 이야기를 실행에 옮기지 않으면 안 되고, 그의 의견을 정식문서로 제출하도록 전했다. 당시, 우리들은 외화가 정말로 필요했다. 우리나라에 필요한 의견 및 프로젝트에 대해서는 열심히 귀를 기울였다. 나는 작업 그룹을 편성하여, 각 프로그램에 구체적인 방책을 탐구할 것을 정했다. 원래, 수상과 관리 2명이 결정하는 것과 같은 이야기는 아니다. 국가의 경제에 대해서 중요사항을 진행하는데, 자신의 전문성과 현재의 위치를 생각하면 적지않은 책임이 있다고 이해한 것이다.

이러한 경위로서 "금 프로그램"이 시작되었다. 냉전시대, 소련의 금의 매장량이 감소하고 있다는 소문이 돌고, 그것을 감추기 위해서 미국의 어느 저명한 은행가를 모스크바에 초대하여, 금의 보관고를 열어서 보였다고 한다. 그뿐만 아니라 그 은행가가 두드려 늘인 금 막대기를 가지고 있는 사진이 『아가뇨크(소련의 개혁잡지, 역자주)』지의 뒷표지에 게재되곤 했다.

우리들도 약간의 금을 청동하여 외국의 은행에 보관시켜서, 지불 능력이 있는 것을 나타내면서, 그 이자를 받으려고 했으나, 딜러의 실패로 금 일에 이르렀다.

"금 프로그램"을 작성한 전문가들은 금세기의 금의 채굴사를 1910~1920년, 1922~1929년, 1939~1954년, 1974~1990년의 4개로 구분하고 있다.

몽골의 금의 채굴사는 여러 가지 형태로 기술되어 있는데, 20세기는 필히 몽골 오르 협회와 관련지어서 진술하게 된다. 20세기 초(1901~1902), 러시아의 중국관리인 퐁 구롯토라는 자가 투세토한, 체첸한(현재의 셀렝게, 토브) 아이막 북부에서 금광을 이용하는 허가를 얻었다. 이것과 병행하여 개인이 모여서 투세토한, 체첸한 아이막에서 광산 총관리국이라는 이름의 협회가 설립되어, 후에 "몽골 오르"라는 명칭이 되었다. 몽골 오르의 활동시기를 3기로 나누어 볼 수 있다.

- 제1기 (1901~1905년): 기계화(증기기관)하여, 588킬로의 금을 채굴
- 제2기 (1906~1915년): 사금광상을 임대하여, 8,098킬로의 금을 채굴
- 제3기 (1915~1919년): 종모도의 금광상에서 984킬로의 금을 채굴

1914년부터 금의 채굴량이 떨어지기 시작했다. 이 시기부터 몽골 오르는 사금광상의 개발을 멈추고 보로, 종모도 부근의 광상의 개발에 힘을 집중시켰다. 1919년까지 몽골 오르가 수지쿠토 광산을 개발하여 후에 채굴권을 미국에 매각하였으나, 그들은 그것을 이용하지 않았다.

1923년 〈인민정부의 몽골국 광산법〉이 승인되어, 몽골의 광산개발, 지하자원을 국가 소유자산으로 해서, 외국에 대한 임대나 특허권을 완전히 중지할 것을 선언했다. 몽골인은 금의 채굴을 재개하겠다고 하였으나, 적당한 설비도 없고, 전문가도 없었으므로 그다지 잘 진행되지 못했다.

몽골 오르가 조업하고 있었던 시기 오르홍강 유역, 유르, 샤린고르하라, 보르가르타이강, 야마토 니르헤, 토르고이토, 헤르렝강 유역, 테르게르 등에서 조사를 행하였다.

당시는 세계에서 금의 채굴이 주목받고 있던 시대였다. 미국에서는 캘리포니아 금광이 전성기를 맞이하고 있었다. 1967년 모스크바에서 개최된 제5회 국제광업공대회에 참가했을 때, 캘리포니아는 1860년부터 네바다 및 유타 주, 1874년부터 콜로라도 금광을 이용하여 세계의 금의 새로운 센터를 만들었다. 당시 "한 밑천 잡는다"고 수많은 사람들이 캘리포니아주로 향했으며, 이것을 "골드러시"라고 불렀다고 한다. 미국의 작가 잭 론돈도 당시의 생활에 대해서 그의 작품에 적고 있다.

1890년대 초, 러시아는 금의 채굴에 대해서는 세계 제일이었다. 러시아의 주요한 금광산은 우라르 부근, 동서시베리아, 극동, 바이칼호 부근이었다.

1885년, 남아프리카가 위토와테르스랑도 금광을 개발하여, 금의 채굴 순위가 바뀌어 남아프리카가 세계 제일이 되었다. 당시 러시아는 연간 50톤 가까운 금을 채굴하고 있었다.

위토와테르스랑도 금광은 현재까지 조업하고 있으며, 깊이 4,000미터의 갱정에서 금을 채굴하는 세계에서 가장 장수하고, 가장 깊은 금광의 하나이다.

러시아 경제의 발전에 대한 금의 의미를 평가하고 있던 사람은 로마노프 왕조시대의 재상 중에서 적지않게 있었다. 특히, 대장상으로 각료회의 의장이었던 S.Yu.윗테(1849~1915)는 러시아의 금산업의 발전에 공헌한 시야가 넓은 인물이었다고 기술되어 있다.

세계에서 금의 채굴이 번성하고 있던 당시, 몽골에서는 아무것도 없었던 것이 아니라, 몽골 오르 내부에 러시아와 중국이 8톤에서 15톤의 금을 채굴했다는 자료가 있다. 이것에 의해서 10년 정도 후, 1939년 봄, 이용하게 된 바얀홍고르 금광은 연간 22킬로의 금을 산출하고 있었다.

채광도구는 삽, 곡괭이, 양동이, 감 밧줄로서, 특별 배급된 것은 차(茶), 목면포, 살담배였다. 바얀홍고르 광산은 1953년까지 14년간 채굴되어, 693킬로그램의 금을 산출했다.

1948년 보로 광산에서 3군데의 금광이 개발되고, 후에 8군데가 되었다. 이러한 금광은 내무성 관할이었기 때문에 금의 채굴량은 국립문서관에도 없다.

"국영공장에 의한 채굴사업을 쵸이바르상이 제안하여, 금의 채굴을 늘리는 목표를 세우고 장려하고 있었다"는 문헌이 남아 있다.

1972년에서 금광업을 개발하여, 토르고이도 광산에서 금을 채굴하는 몽골·소련의 합병기업을 설립하였다. 동기업은 우수한 능력과 높은 기술을 가지고 효율적인 설비를 갖춘, 참된 근대적인 기술의 중심이 되었다. 국가 간의 경제협력이라는 몽골 측의 입장에서도 가장 새로운 형태였다는 것을 부정하는 이는 없다. 동사업에 몽골 측에서는 M.페르제 대신, Ch.호르쓰, P.오치르바트, 링칭한도, M.다무딩수렝, 그리고 소련 측에서는 소련지질 대신이며 아카데미 회원인 수디렝코, 그리고 P.F.로마코 소련 비철금속 대신, V.코스틴, L.N.와우린, A.F.투랴코프, N.M.르닝 등이 참가했다.

전문가의 입장에서 이 분야에서 말하고 싶은 것은 이러한 것이다. 즉, 두말할 필요도 없이 당·정부의 지도자도 참가하며, 모든 문제를 각료회의·당중앙정치국에서 협의하여 결정하고, 정부합의로 서명하였다. 공장 준공식에 참가하는 등, 모든 권리를 지도자들이 향유하고 있었다. 그런데 합병기업의 배당이 공평하지 않은 것이 적지않게 있었기 때문에, 1990년에 이르러 엄격하게 비판받게 되었다. 민주주의의 원칙에서는 협력에 의해서 양방에 이익을 함께 나눈다는 것은 세계의 상식이므로, 구조약은 개정되었다. 이것은 민주주의의 성과이다. 1990년에 나온 『금광석의 운명』과 같은 작품도 '공개'의 성과인 것이다.

1990년까지 몽골국에는 금의 합병기업이 두 개 있었다. 몽골국에서 채굴한 금의 반 이상은 1974년 이후에 채굴된 것이었다.

"금 프로그램"은 바로 몽골의 금시대의 회복을 상징하고 있다.

현재, 전국 수준에서 65개의 공장 및 기업이 금을 채굴하고 있다. 그 기술수준을 최근의 우수한 기술과 비교하면 비용이 높고, 생산성은 낮다. 기술적으로 뒤떨어지기 때문에 금을 완전히 선별하여 채굴하지 못하며, 가치 있는 자원을 유효하게 이용하지 못할 뿐만 아니라 자원을 재활용하는 가능성도 적다. 사금광상과 일반의 광상을 노천굴 및 갱도 채광법에 의해서 채굴하는 기술을 국내 전문가의 힘으로 자국의 조건에 맞추어서 개발하거나, 몽골의 금광상의 지질학적인 특징에 맞추어서 외국에서 도입하는 것이 중요하다. 장래 세계에서 통용하는 금의 정련 기술을 가진 공장을 몽골에 건설할 필요가 있다.

금을 정련하는 비용은 매년 상승하고 있다고 한다. "금 프로그램"의 범위 내에서 금을 채굴하기 위한 공장을 건설하기에는 이 10년간에 2억 8,450만 투그릭이 필요하다. 금을 세정하여, 선광하는 설비를 국내에서 건설하기에는 4,100만 투그릭의 투자가 필요하다. 이러한 자본을 어디서 요구하는가 하면 당초는 국가예산, 외국에서의 차관, 개인의 투자를 재원으로 하여, 일정 기간 후에 자기자본을 투자하여 조업할 가능성이 있다. 상기의 방법을 실행하면, 금의 채굴은 1990년 이후 7배에서 11배로 증가될 수 있으며, 외환 준비고도 1996년~2000년 기간 중에 4억 5,980만 달러가 될 가능성이 있다.

1991년부터 1994년 상반기 이후, 은행시스템 전체에서 화폐로서 금을 점유하는 비율이 계속 증가하여, 외환보유고가 올라가서, 경제력이 향상하는 중에 "금 프로그램"은 중요한 역할을 수행하고 있었다. 우리나라의 경제에서 금은 에르데네토의 동정광(銅精鑛)에 이은 전략적 상품이고, 금의 채굴은 독립적인 산업이 되기에 이르렀다. 이것은 중요한 성과인 것이다. 나는 "금 프로그램"의 진행상황을 항상 파악하고 있었으며 금 채굴자, 지질전문가, 광산노동자와 계속 만나서 의견을 교환하고 있었다. 그 중 한 가지로서 자마르 금 공장의 기공식에 출석한 당시의 일을 말해도 좋겠다.

금의 탐사 및 이용기술에 관한 장래적인 정책에 대해서 말하면, 우리들은 오늘날까지 이용하기 쉬운 사금광상의 경우 그 비용을 국가예산에서 얻고 있었다. 규모가 작은 금상에서는 필히 비용을 초과하는 성과가 나온 것은 아니다.

지질학적 탐사에 대해서 개인 기업적인 사업을 목표로 하여, 자기자금을 공급하고 있는 것은 국가의 부담을 경감하게 하고 있다. 몽골국의 광물자원의 거점을 강화하는 정책의 실시를 효율적으로 진행하기에는 지질국의 역할, 책임은 중요하다.

오늘날 세계에서는 함유량은 적어도 매장량이 많은 금광이 주목되고 있었고, 이러한 광상을 채굴하게 되기 때문에, 선광기술을 개발하여 조업하고 있는 것이다. 예를 들면, 우리나라의 차강 소부라가와 같은 광상에 주목하고 있는 것이다. 북미, 캐나다에서는 광지변성대와 관련한 금광상을 이용하고 있다. 몽골에도 이와 같은 금광상이 존재할 것이다.

우리 고향에는 고기역암형 사금광상의 징조를 발견했다는 지질정보가 있다. 세계의 경험에서 이러한 종류의 광상은 함유율이 높고, 매장량도 크다. 이러한 것들을 총합적으로 생각하면, 몽골의 토양에는 우리들을 양성할 만큼의 자원이 존재한다고 생각된다.

금의 채굴, 특히 금을 세정하는 선단기술을 도입하여, 효율적인 생산을 통한 금의 증산기술에 대한 일환의 정책이 필요하다.

몽골 아르토사가 사금광상 및 일반의 금광상의 금을 포함한 분진을 포집하는 넬슨집진기를 사용하고 있는 점은 선진적이라고 할 수 있다. 금 관련 사업을 개선하기 위해서는 전문교육을 받고, 외국에서 훈련된 전문가가 필요하다.

채굴자들의 의견에 의거해서 내가 두 번째로 말하고 싶은 것은 경영상황을 개선하는 것이다. 현재의 경제조건에는 광상기술의 특징이 구별되어 있지 않다. 바꾸어 말하면 광상의 지질, 기술면의 조건이 다르다는 것에도 불구하고, 경제적으로는 같은 조건에서 조업하고 있다는 것이다. 인프라가 나쁘고, 토양유출이 많고, 함유율이 낮은 광상을 이용하면 비용은 당연히 높아지게 되고 이익이 떨어져서 적자가 된다. 이 때문에 조건적으로 어려운 광상의 자원은 거의 이용되지 않고, 양호한 조건의 광상을 선택하여 이용하게 되는 것이다. 만약 함유율이 낮은 광상에 큰 비용을 들인다면, 그것은 헛된 일을 하고 있는 것이다.

"금 프로그램"에는 포함되어 있음에도 불구하고, 현재까지 실행되지 못하고 있는 사업은 금과 관련된 기업의 설립이다. 금을 찾아서 채굴하고, 정련을 할 때 선문석인 검사를 행하는 정부의 관리기관을 개선하는 시기가 오고 있다고 생각된다. 이러한 프로그램의 실시에 대해서, 국가대회의, 정부, 몽골은행, 금 채굴자들이 열심히 몰두하면 경제면에서 '호랑이'가 될 수 있다고 생각한다.

광석이 수중에 들어오든지의 여부에 상관없이, 금의 매매를 시작해서, 가격차, 환율 차이에 의해서 외화를 증가시키는 수단이 되는 세계시스템에 참여하게 되는 것이다. 이 분야에서는 지식, 경험, 능력에 엄한 기준이나 관리가 필요하다. 이상의 점들과 관련해서 금 중개상인(dealer)사건에 대해서 조금 이야기하도록 하겠다.

1990년 10월, 몽골 국립은행은 2.4톤의 금을 영국의 J.아론사에서 정련해서 유리한 조건으로 합법적인 절차에 의거하여 보관시키려고 결심했다. 당시 몽골국은 경제상태가 어렵고, 무역의 지불능력이 저하한 것이 수출에 악영향을 미치고 있었다. 정부는 이것을 거울삼아 금을 담보로 해서, 차관을 얻으려고 금을 외국에 내보낸다는 승인을 내렸다. 무역의 지불 문제를 해결하는 방법은 이 방법밖에 없었던 것이다.

때마침 국립은행의 한 중개인(dealer)이 경험도, 지식도 없으면서 외화의 매매로 인한 큰 손실을 보았다. 이 손실을 보충하기 위해서 금을 담보로 해서, 공적 허가를 받지 않고 빌린 차관이 몽골국 경제에 심각한 손실을 낸 것이었다. 국가에 손실이 미치지 않도록 해야만 한다고 나는 국가소회의, 인민대회의의 제2차 회의에서 국립은행의 외화 매매 및 나라의 외환 준비고에 대한 정부의 감사결과에 대해서 협의할 때 언급했었다.

금이라고 하는 것은 지상에 나와도, 또한 지하에서 "잠들고" 있어도 경제에 있어서 항상 중요한 광물이다.

에르데네토와 같은 시기에 외국자본을 투자하여 건설한 몽골과 소련의 커다란 합병기업은, 몽골 로수쓰베토메토사이다. 정부는 1973년 2월 24일, 같은 기업의 건설에 대한 합의문서에 서명했다. 양국의 경제협력을 발전시켜서 수익을 향상시키고, 몽골국의 광공업을 발전시켜서 수출력을 높인다는 관점에서 지질학 조사를 하여, 형석과 금광을 채굴하여 선광한다는 목표를 세웠다. 형석과 금의 채굴량은 1990년까지 계속 증가했으나, 1991년부터 1994년 사이에 격감하여, 동사는 전면적으로 도산직전 상태가 되었다. 시장경제 이행기, 우리나라 형석의 매상은 정치경제의 심각한 공황에 빠진 러시아시장에 종속되어 있었기 때문에 힘든 상황이 되었다. 또 전기, 에너지, 석유제품가격, 외국에서 구입한 기계, 부품가격, 수송비가 올랐기 때문에 스스로의 제품가격도 올라서 생산에 의한 이익이 감소하였고, 동사는 재정적으로 힘들어져서 지불능력이 저하하여 도산의 위기에 이르렀던 것이다.

몽골국 내의 조건, 합병기업에 대한 잘못된 시책도 영향을 미쳤다. 몽골 로수쓰베토메토사 등의 형석의 80%에 이르는 양을 산출하는 베르후의 9개의 광상에 있는 공장이 9개월 이상 정지되었으나, 마치 아무 일도 없었던 것 같은 상태를 볼 때마다 안절부절 못했다. 나는 베르후에 몇 번 가본 적이 있는데, 그해만큼 공장이 움직이지 못하는 것은 본적이 없었다. 그때, 광산 노동자들과 솔직하게 이야기를 나누었다. H.바다무수렝을 파견한 후, 사업은 회복하여, 시장의 조건에 맞추어 이윤이 올라가도록 장래에 발전할 수 있는 방책을 실시하여, 연간 1,300킬로의 금을 채굴하게 되었다. 보르 웅두르 선광장에 광석을 구별하는 새로운 라인을 만들어, 형석 원석의 매매를 중지한 것뿐 아니라, 세계에서 처음으로 형석 공장에 정련설비를 설치하여 청광의 생산을 개시했다. 형석의 분말상

정광에서 페렛과 플레이트 생산을 새롭게 개시했다. 세계시장에서 수요가 있고, 품질이 높은 신세품을 생산하는 것이다.

칼슘 함유율이 높은 형석을 가공하는 기술을 개발하여, 형석의 폐기부분을 적게 하여, 완전히 이용하는 방법에 의해서 조업하고 있었다. 몽골 로수쓰베토메토사의 업무를 균질화함으로써 경쟁력을 높이고, 시장이 확대되고 있다. 모든 사업은 그 지도자에 의해서 좌우되는 것이다. 러시아 측의 A.F.토리야코프가 주의를 기울이고, 지원해준 은혜가 여기에 있다. 그와 나는 오랜 세월에 걸쳐서 합병공장의 이사회에서 함께 일했고, 나는 그를 언제나 존경하고 있었다. 연구자의 Sh.오토공비레쿠, 몽골 로수쓰베토메토사의 H.바다무수렝 등과 같은 광산 기사, 비즈니스맨이 더욱 늘어나기를 빈다.

우리들은 석유라고 하는 말을 '가솔린 토스(대지의 기름)'라고 번역하여 이해하고 있었다. 그러나 〈석유에 관한 법〉에서는 '가솔린 토스'라는 개념에는 "지하에 있는 광물유 및 천연가스와 고체(천연 아스팔트)로서, 같이 존재하거나, 혹은 단체로서 채굴 가능한 탄화수소의 다양한 혼합체"라고 하는 광의의 정의가 있어, 이것에 따르지 않으면 안 된다.

내가 여기서 기술하려는 주제는 지하의 광물유의 형태로서 존재하는 탄화수소의 일종인 석유에 대해서이고, 광의의 '석유'라고 하는 개념과 혼동하고 싶지 않으므로, 여기서는 석유를 '네후토'라고 부르기로 한다. 화학자는 석유는 탄화수소의 혼합물의 일종이라고 생각하고 있으나, 세계시장에서는 "정치, 권리, 금"이라고 이해되고 있다. 석유는 그것이 만들어지기까지 몇백만 년의 세월을 거치고 있으나, 인간이 이것을 제대로 알고 쓰기 시작한지는 아직 반 세기 정도밖에 안 되었다. 이러는 동안 석유에 의해서 어느 정도의 사람이 부를 쌓는 한편, 가난하게 되어 목숨을 잃는 것일까. 석유에 의해서 얼마나 많은 전쟁이나 약탈이 일어난 것일까. 경제, 에너지 위기를 몇 번 당했을까. 국가 간, 지역 간, 세계 간의 정책까지, 석유에 의해서 얼마나 변화하고 있는가. 이렇게 생각해 볼 때, 석유는 이익을 올리는 것이기도 하고 위험한 것이기도 한다. 석유에 의해서 풍요롭게 된 나라가 있는 반면, 가난하게 된 나라도 있다는 것을 생각하면, 그것을 어떻게 소유하는가에 따라서 더욱 큰일이 관계하고 있는 것 같다.

세계의 석유 비즈니스의 대부였던 록펠러조차 적자가 되었다가, 흑자가 되었다가 하는 경기변동이 있었다. 어쨌든 20세기의 세계경제는 석유가 만들었다고도 해도 과언이 아니다. 미합중국 펜실베이니아에서는 1859년, 석유의 갱정을 파서 채유하고, 당초는 석유를 정제하여 등유를 생산하고, 조명용으로 사용하게 되었다. 세계의 석유 비즈니스의 아버지 존 록펠러는 등램프로 억만장자가 된 사람이다.

펜실베이니아의 석유를 아무런 정책도 없이 무질서하게 채유했기 때문에 금방 매장량이 바닥나고, 많은 수의 사람들이 실직하여, 석유시장은 폭락하고, 펜실베이니아는 그대로 석유의 꿈의 도시로 변했다.

이 슬픈 사건에서 록펠러가 내린 결론은 "석유를 채굴하여 정제하고, 수송하여 판매하는 시스템을 한손에 쥐지 않으면 안 된다"고 생각하여, 유명한 스탠더드 석유회사에 모든 것을 집중했다. 컨베이어 기술의 아버지를 딜러라고 하는 것처럼 근대의 경제건설, 기업의 아버지를 록펠러로 간주하고 있다. 후일, 대기업 스탠더드 석유가 7개의 회사로 분리된 후에 "생활이라는 것은 하나의 무의미한 것이 끝나고, 또 다른 무의미한 것이 시작하는 것을 말한다"고 말한 적이 있다.

록펠러의 스탠더드 석유가 어째서 해체됐는가, 후에 간단하게 진술하겠다. 석유산업이 생기고 발전하는 도중에서 많은 어려움에 직면했다.

그 중 하나는 헨리 포드(포드의 아버지)가 석탄을 태워서 발전하여, 어떤 시기에 석유 비즈니스를 철저하게 타격을 준 것이다. 펜실베이니아에 이어서, 사람들은 오하이오, 텍사스의 석유를 향해서 돌진하게 되었다. 미국에서는 자동차 산업이 발달하여 "미국은 타이어를 타고 뛰어올랐다"라고 하는 현상이 석유산업의 발전에 새로운 수요를 초래했다.

미합중국의 석유자원의 상태를 유럽이 알게 되어, 석유의 수요가 증가했다. 그 중 하나는 마르코스 세이메르라고 하는 유대인, 디테르딩구라고 하는 네덜란드인이 '셸', '로열 더치'라는 회사를 설립하여, 후에 통합되어(로열 더치 셸) 록펠러와 경쟁하게 되었다. 합법이라는 형태를 취하지 않으면, 록펠러에 흡수되어 버리므로, 차분하게 있을 수 없었던 것이었다.

바구의 석유에 최초로 착수한 노벨 형제의 역사도, 유럽인이 석유 탐광을 위해서 이렇게 멀리까지 오게된 사실(노벨상의 출자자, 석유화학공업을 창설한 사람)이다. 1908년 처칠이 설립한 앙그로 페르수사는 후에 BP(British Petroleum), 즉 브리티시 페트사가 되었다. 제1차 세계대전 중 영국해군 대신이었던 당시, 선박의 동력원을 석유로 한 덕분에 전승한 처칠은 전략적으로 석유가 가까운 곳에 있었기 때문에 강대하게 되었다. 제1차 세계대전 중 만약 석유가 없었다면, 독일에게 승리할 수 없었을 것이다.

제2차 세계대전도 석유 때문에 발생한 전쟁이었다고 생각되고 있다. 이러한 생각을 리처드 닉슨 전(前)미 대통령도 되풀이하여 "누가 석유의 근처에 있는가, 그 사람에게는 권력과 번영이 있다"고 말하여, 또 "원유 외교" 정책이라는 것도 그의 말이다.

석유의 탐사는 유럽 근처인 아랍의 사막으로 옮겨졌다. 탐험에 흥미있는 사람 이외에는 거의 방문한 적이 없는 이 세계에, 아랍의 의상을 몸에 두른 미국인이 많이 밀고 들어가서, 석유라고 하는 눈에 보이지 않는 목표를 찾아 돌아다니게 되었다. 그들의 분투는 헛되지 않아, 1930년대 사우디아라비아에서 석유가 발견되었다. 갱정의 처음의 굴삭에는 왕도 참가했다. 석유의 존재가 알려지자마자 왕을 추방했으나, 히르부 왕의 옆에 있었던 자들이 곧 전쟁을 일으켜서, 왕을 다시 불러들였다고 하는 희귀한 역사도 자주 듣는다.

1930년대, 사우디아라비아는 근동에 대한 미합중국의 석유식민지가 되어, 사우디아라비아의 안전은 미국의 안전과 비교하여 평가되었다.

사우디아라비아의 석유를 이용하기 위해서, 영국의 이라크 페토로리암과 미국의 캘리포니아 스탠더드 석유 사이에서 가혹한 경쟁이 시작되자, 사우디아라비아의 이븐 왕은 그들에게 5만 파운드의 돈을 요구했다.

영국인은 3,000만 파운드를 지폐로 지불할 것을 제안하고, 캘리포니아인은 왕의 요구를 48시간 이내에 돈으로 모두 지불했다. 그해 미국·사우디아라비아 사이의 우호, 통상, 해상교통에 관한 합의가 행하여졌다. 또한 다른 캘리포니아 스탠더드 석유와 텍사스사는 사우디아라바이의 36만 평방마일(1마일은 1.6킬로)의 장소에서 석유를 탐사하여 채굴하기 위한 조계지(租界地)를 확보했다. 영국이 돈에 대해서 인색하게 처신하고, 처칠이 이란의 석유에 대해 관심을 기울이는 동안에, 미국은 아랍의 석유를 독점하는 데 성공했다.

리비아의 석유를 미국의 저명한 비즈니스맨, 아망도 하머가 발견했다. 수리와 공원건설이라는 명목으로 토지를 샀던 바, 거기서 석유를 발견했다고 한다.

그 후 1950년, 1952년에 아랍과 미국의 아람코(ARAMCO)사가 이익을 반으로 나눈다는 합의에 도달한 것은, 미국과 사우디아라비아에게는 극히 중요한 전환기가 된 것이라고 생각된다. 이후로 사우디아라비아의 재정이 강화되어, 석유에서 얻은 수입은 1950년에 미화 5,600만 달러였으나, 1974년에는 226억 달러가 되어, 1980년대까지 계속되었기 때문이다. 이때부터(1950년대부터) 미국합중국의 외교정책은 석유정책이 중심이었고, 미국이 세계의 톱이 되는 조건을 충족시키는 요소는 석유가 되었다. 1956년 이란의 샤(Shāh: 페르시아 왕의 존칭, 역자주)를 BP와 CIA의 어느 쪽에서 무너지게 했는가에 대해서까지 언급하게 되었다.

미국의 정책에서는 아랍의 석유에 미국과의 기업이 참가하는 것이 주된 것이 아니라, 미국의 참여가 있어야만 한다는 원칙이 지켜지고 있다. 그리고 금세기, 석유는 정치 그 자체가 되었다. 앞으로도 그렇게 될 것이다. 아랍·이스라엘 전쟁, 이란·이라크 전쟁을 조정할 때, 미국의 개입 이면에는 석유가 있었다. 미국은 영국을 관여시키지 않고, 이탈리아에게 자신의 석유를 공급한다는 이야기를 진행하고 있었으나, 이탈리아의 대신 엔리코 마틴의 비행기가 폭발하여 백지가 되었다. 세계를 지배하고 있었던 석유의 7강자를 달래어 의견을 통일시켜 OPEC(석유수출국기구)을 설립한 것은, 타국에게 있어서 석유산업의 발전에는 상당히 형편이 좋아졌다. 이러한 설립에 대해서 여성 캐스터인 완다 야부론스키는 중요한 역할을 했다고 한다.

개인뿐만 아니라 강대하고 풍요로운 국가에서, 중요한 역할을 맡은 석유의 역사에 여성이 참가한 것은 희귀한 것이다.

쿠웨이트의 석유상에게 "어째서 외국인은 당신의 나라에 와서 주인같이 행동하는가"라고 질문하자, "왜냐하면 그들이 없으면 우리들은 할 수 없기 때문입니다. 이렇게 할 수밖에 없습니다. 그들이 없으면, 우리들에게 좋은 일은 생기지 않습니다. 그들에게도 역시 좋은 일이 생기지 않습니다. 이 점에서 상호에게 이익이 있고, 이해가 일치하는 것입니다."라고 말했다. 오늘날 쿠웨이트는 풍요로운 나라들 중 한 나라이다. 미국의 자본가인 상 수리수네쟈는 "석유가 나지 않는 일본은 석유로 발전했다. 어째서일까. 석유를 현명하게 팔면 발전하고, 헛되게 팔면 … "이라며, 어떤 가난한 나라를 지명했었다고 들었다.

세계의 발전에 필요한 석유의 역사에 대해서 특별한 위치를 차지하는 두 명의 저널리스트에 대해서, 미국의 퓰리처상 작가 다니엘 야긴의 『석유의 세기』에서 처음으로 기술되었다.

금세기 초, 아이다 타벨은 미국에서 최초의 저명한 여성 저널리스트라고 불리어지게 되었다. 아리헤니 칼리지를 졸업하고, 20세기 초 나폴레옹, 링컨 등의 공적이나 생활을 상세하게 기술해서 유명해진 저널리스트가 되었다. 꾸밈없는, 실제의 연령보다 연상으로 보이는 여성이었다.

『마쿠르야』지에서는 모든 것을 지배한 석유회사에 대해서 문제를 명백하게 해서, 당시 아이다 타벨은 스탠더드 석유에 대해서 자기나름의 연구를 시작했다.

아이다 타벨은 석유에 의해서 생긴 핏토호르라는 작은 시에서 성장했다. 그녀의 아버지는 석유의 저장 탱크와 관련한 장사로 생활이 안정되기 시작했으나, 석유의 비축 매장량이 바닥이 나면서 시는 폐허가 되었다. 아이다의 아버지 프랭크 타벨은 독립한 채굴자들의 데모행진에 참가하고, 스탠더드 석유에 대해서 전력으로 반대투쟁하며 음모자들에게 저항했으나, 어떻게 해도 잘 풀리지 않은 채 패배의 아픔을 맛보았다. 아이다 타벨은 그러한 전모를 직접 목격하였다.

늙은 아버지는 아이다가 스탠더드 석유에 대해서 조사하고 있다고 듣고, "아이다, 이 일은 그만두어라. 그들은 너희의 잡지를 폐간해버릴 거야"라고 말했다.

동지의 한 사람에게 이야기했던 바에 의하면, 아이다 타벨의 목적은 "스탠더드 석유의 역사를 편찬하고 싶다. 경이적인 이 거대한 독점기업에 대해서 어떤 편견도 없이 가능한 구체적으로 묘사할 것이다"라고 말했다고 한다.

그녀의 연재기사는 스탠더드 석유의 허위, 경쟁에서 상처입은 라이벌을 무자비하게 밟아버리거나, 평상시에 전쟁의 공세를 취하고 있었던 역사를 매월 자세히 기사화하여 알렸다.

기사는 24개월 계속되어, 1904년 『스탠더드 석유의 역사』라는 제목의 책으로 출판되었다. 이 책은 당시, 영향력이 있는 책이 되었다. 평온한 문장의 행간에 헤아릴 수 없는 노여움, 록펠러와 그 기업이 라이벌의 목에 나이프를 들이대고, 무정하게 압착해 온 행위를 혐오하고 있는 것을 명확하게 엿볼 수 있겠다. 아이다 타벨은 "록펠러는 언제나 사기를 치고 있었다. 1872년 이후, 도대체 언제 공정하게 경쟁했다는 것일까요"라고 기술했다.

타벨의 책의 출판은 대단히 큰 관심과 주목을 받게 되었다. 어떤 저널리스트는 이 책을 "이 나라에서 쓰여진 책들 중에서, 내 인생에서 만난 가장 놀라운 작품이다"라고 기술했다. 이 책은 미국에서 석유 비즈니스의 독점문제에 영향을 준 뛰어난 책이라고 할 수 있다.

"나는 그들에게 항상 반대하고 있었던 것은 아니다. 그들이 더욱 확대, 발전하는 것을 부정해온 것도 아니다. 단지 그들은 법률에 따라서 일을 하지 않으면 안 된다는 것이다. 그들이 언제나 부정을 생각하고 행동한다면, 그들의 경이적인 성공의 가치를 잃게 되는 것이다"라고 타벨은 설명했다. 한편으로, 록펠러는 이러한 것을 전혀 신경쓰지 않고, "비즈니스에서 성공하게 된 인간을 공격하거나, 압력을 가하고 싶은 기분은 누구에게

나 있는 것입니다"라고 말하며, "스탠더드 석유는 유해한 것보다도 선행을 더욱 많이 행하고 있습니다"라고 하면서 차분하게 받아들였다.

최종적으로 1911년 7월, 미국 최고재판소는 아이다 타벨의 기사에 따라서, "미합중국 스탠더드 석유 제383호 사건"의 재판을 개정하여, 재판관 에드워드 화이트가 결심했다. 이것에 의해서 1890년에 승인된 샤먼 반독점법이 석유의 채굴, 저장가격을 독점적으로 결정하고 있었던 J.D. 록펠러의 스탠더드 석유에 대해서 처음으로 적용되었다. 재판 결과, 스탠더드 석유를 7개로 해체하라는 판결이 내려졌다. 이것에는

1. 스탠더드 석유 뉴저지: 현재의 엑손(Exxon). 자본금에서 전 미국 제1의 기업.
2. 스탠더드 석유 뉴욕: 현재의 모빌(Mobile). 전미 제2의 대기업.
3. 스탠더드 석유 캘리포니아: 현재의 셰브런(Chevron). 전 미국 제3의 기업.
4. 스탠더드 석유 인디애나: 현재의 아모코. 제4의 기업.
5. 스탠더드 석유 오하이오: 소하이오라는 회사였으나, 10년 정도 전에 BP(브리티시 페트로리암 사)가 매수. 현BP 미국.
6. 컨티넨탈 석유: 현 코노.
7. 애틀랜틱: 현 아코(애틀랜틱 리치필드 사) 등이 되었다.

엑손, 모빌, 셰브런의 3사는 텍사스의 텍사코(Texaco), 영국의 BP, 영국·네덜란드의 셸(Shell Oil)을 합쳐서 '7자매 기업'이라고 한다. 1920년부터 1960년까지 커다란 그룹이 되어 석유채굴, 공급, 가격을 독점했으나, OPEC 설립 후 그 카르텔은 없어졌다. 1959년 4월 아랍석유회의가 카이로에서 개최되었다.

카이로에서 개최된 것은 이집트 대통령 나세르가 아랍의 맹주로서 앞서가고 있는 것처럼 보이기 위한 것이었다. 사우디아라비아 석유상 아부도라 타리쿠를 참가시켜서, 400명이 모였다.

얼마 전에, 영국의 BP가 석유가격을 내리고, 또한 미국이 베네수엘라의 석유에 건 제한에 분노한 베네수엘라의 석유상 호앙 파블로 페레스 아르홍소는 방청자로서 참가했다. 카이로에서 회의를 하게 되어, 나세르 대통령의 석유문제 해결에의 의욕적인 제안을 반대한 이라크는 회의에 참가하지 않았다.

회의는 예상보다 좋은 분위기에서 진행되어, BP 대표의 기록에는 "장래, 아랍의 석유생산국과 관계를 갖기 위해서 도움이 되는 회의였다"고 결론지었다. BP의 대표자 하버드는 주간 『페트로리암 위크』지 여성기자 완다 야부론스키의 중재로, 아부도라 타리쿠와 비공식으로 회견했으나, 어떤 관계를 수립할 가능성은 없었다.

완다 야부론스키는 하버드의 예상보다 훨씬 바빴다. 『페트로리암 위크』 기자, 후에 『페트로리암 인텔리젠스 위크리』지의 편집자가 된 완다 야부론스키는 내가 석유산업에 관계한 시대에 석유분야에서 가장 영향력이 있는 기자였다.

완다는 아이다 타벨과 같이 과단하고 독립심이 왕성했으나, 석유산업에 대해 비판적인 입장이 아니라, 미국 전체를 확대하고 있는 석유관계자 간의 문화관계를 수립하는 채널을 만들었다. 그녀는 자기가 관심이 있는 문제를 통해 민족주의와 엔지니어의 세계에서, 자기와의 관계나 연결을 어떻게 이용할 것인지, 또는 어떻게 압력을 가할 것인지를 거의 본능적으로 알고 있었다. 완다는 머지않아 석유에 영향력이 있는 사람은 모두 알게 되었다. 그녀가 발표한 의견이 때로는 기업을 분노하게 하고,

그녀의 잡지 구독을 그만두어 버리는 경우도 있었다. 그러나 석유분야에서 어떻게 영향력이 있든지, 최종적으로는 그녀 잡지의 도움없이는 용이하게 일할 수 있는 가능성이 없어졌다.

그녀는 체코슬로바키아 태생으로 야부론스키라는 이름의 지질학자의 딸이었다. 어릴 적부터 아버지를 따라서 세계를 여행했다. 아버지는 현 모빌의 소코니 와쿠무라는 폴란드의 석유회사에서 일하고 있었다. 그 결과, 완다는 석유에 대해서 어릴적부터 지식을 가지게 되었다. 그녀는 미국 코넬 대학에서 배우기 전에 뉴질랜드, 이집트, 영국, 모로코, 독일, 오스트레일리아, 미국 텍사스에서 배웠을 뿐 아니라, 카이로에서 예루살렘까지 한 달 동안 낙타로 여행한 적도 있었다.

1956년 수에즈운하 분쟁 후, 완다 야부론스키는 근동의 12개의 나라들을 방문하던 중 사우디아라비아 왕에게 초대되어 인터뷰를 했다. 또한 자기가 말한 바에 의하면 "근동에서는 석유정책에 대해서 주시하고 있는 넘버원의 사람"인 아부도라 타리쿠를 소개받았다. 타리쿠는 사우디아라비아에서 조업하고 있는 미국기업의 업무를 비판하고 있었다. 1, 2년 후에 회견했을 때, 완다는 타리쿠에게 중요한 정보를 전했다. "당신처럼 분노하고 있는 사람이 있습니다"라고 호앙 파부로 페레스 아르홍소에 대해서 들려주고, 그와 만나게 해주겠다고 약속했다.

1959년 카이로 석유회의 때, 완다는 자기의 말대로 카이로의 힐튼 호텔의 자기의 방에서 페레스 아르홍소에게 차 대접을 하면서 아부도라 타리쿠를 소개했다. 아르홍소는 이 회의에 온 진짜 목적에 이르는 길이 이렇게 열려서, 타리쿠와 함께 주요한 석유수출제국의 대표와 비밀협의를 할 것을 정했다. 마디에 있는 요트 클럽은 당시는 거의 사람이 없었기 때문에, 거기에서 비밀의 회합이 많이 열리었다. 이란 대표는 "우리들은 제임스 본드의 분위기에서 회견했다"고 표현했다.

　페레스 아르홍소, 타리쿠 이외에 쿠웨이트 대표, 자국정부의 허가를 받지 않고 단지 방청객의 입장에서 참가하고 있다고 몇 번이고 주의를 환기했던 이란 대표, 카이로 회의에 반대하여 불참한 이라크 대표는 아랍연합을 대표해서 참가했다. 이러한 구성에서는 무엇인가 공식적인 결정이 나올 가능성은 없었지만, 아르홍소는 상황을 활용하여, 의미있는 결과로 이끌기 위해서 잘 조사하여, 각국 정부에 영향을 미치는 "명예있는 구두조약"이라는 것에 서명시켰다. 샤의 허가없이는 모든 행위에 참가하는 것에 머뭇거리고 있었던 이란 대표는 살며시 사라졌지만, 카이로 경찰의 손을 빌려서 찾아내어, 서명시킬 수 있었다.

　카라카스에서 나오기 전에 페레스 아르홍소가 고안한 목표를 "명예로운 구두조약"에 반영시켰다. 이 조약에 참가한 나라는 자국에 석유협의 회위원회를 설립함으로써 석유의 가격구조를 보호하여, 석유의 국내기업을 설립하는 등의 의견을 반영시켰다. 각 정부는 서방측이 주장하는 50 대 50의 이익을 분배하는 원칙을 거부하고, 최소한 60 대 40으로 나누어서 자기들에게 이익이 남는 원칙으로 변경할 것을 설득했다. 또한 자국 내에서 정제하는 것을 널리 알리고, 항상 시장을 보호하여, 자국의 이익을 안정시킨다는 등의 의견을 냈다.

　"명예로운 구두조약"이라는 이 한장의 종이는 석유생산의 역사를 변혁하는 기반이 되었다. 이것은 석유기업의 독점에 반대하는 전선을 쌓아서 첫 성과가 된 것이다. 이렇게 완다 야부론스키는 석유수출제국의 기관인 OPEC를 설립할 때, 매우 의미있는 중개역할을 수행한 것이다.

　아이다 타벨은 존 록펠러의 독점기업을 7기업으로 해체하고, 한편 완다 야부론스키는 획일적인 시장정책을 추진하는 독점에 반대하는 기관,

즉 석유수출제국의 기관, OPEC의 기초를 쌓은 것이다. 1960년에 설립된 이 기관에는 이란, 이라크, 베네수엘라, 쿠웨이트, 사우디아라비아, 카타르, 인도네시아, 리비아, 아랍에미리트, 알제리아, 나이지리아, 에콰도르, 가봉 등의 나라들이 가맹했다. 1996년의 어느날, B.바바르, M.엥후사이한, G.엥후보르도와 나, 4명이 석유에 대한 영화를 보고 있을 때, 이것에 대해서 논의하고, 책에서 읽은 것을 서로 이야기했을 때, 위의 역사에 대해서 듣고 배운 것이다.

아시아대륙의 석유가 어떤 상황이었는지를 이야기해 보겠다. 석유에 의해서 아시아 지역뿐만 아니라, 세계에서도 상위에 있는 나라는 소련이었다. 매장량에서는 미합중국의 다음이고, 사우디아라비아의 앞에 들어간다. 소련이 해체되고, 러시아 연방, 카자흐스탄, 아제르바이잔, 투르크메니스탄 등 독립제국에 석유광상을 분할하였으나, 그래도 러시아연방은 석유대국인 채였다.

석유를 소유한 것만으로는 무엇이라고 할 수 없다. 석유를 채굴·정제해서, 저장·수송하여 판매시장과 연결시키면 돈이 된다고 하는 록펠러의 가르침이 진실이라는 것을 세계 석유비즈니스 역사가 증명하였다.

구 소련을 구성하고 있었던 각국 간에서는 석유를 둘러싼 투쟁이 첨예한 문제로 되어 있다. 카스피해 석유의 채굴, 수송에 관련해서 일어난 분쟁은 적지 않다.

카스피해의 석유를 아제르바이잔이 채굴하여 지중해의 터키 항구로 보내기 위해서, 석유의 파이프 라인을 이란 또는 아르메니아를 경유시키든지, 또는 그루지야 경유가 가능한가에 대해서 협의했다. 이것은 어느 나라도 러시아 연방이 허가하지 않았기 때문에, 최후에 가결되지 않고, 1996년에야 가능해졌다. 러시아 연방측의 조건은 아제르바이잔, 카자흐스탄이 자국 석유를 러시아만을 통해서 수송하고, 노보로시스크 항을 경유해서 수출하는 것을 요구한다. 이렇게 하지 않으면, 러시아가 각국에 미치는 경제적 영향력이 저하될 뿐만 아니라, 막대한 수입원을 잃는 것이 된다. 미합중국, 터키와 서양의 투자국 이란을 신뢰하지 못하는 상대로 간주하여, 석유 파이프 라인이 이란을 통과하는 것을 반대했다.

그루지야를 경유하는 것은 터키가 지지하고 있으나, 오세치아, 아부하지아가 그루지야에서 분리독립하려고 하는 정책은 러시아군 기지를 자국에 건설한 것 등 정치적 조건이 방해하고 있다. 아르메니아를 경유하는 데에도 가파바후 분쟁이 해결되고 있지 않다. 불가리아, 그리스 경유도 제안되었지만 지지를 얻지 못했다. 카스피해에서 채굴된 아제르바이잔의 석유의 수송에 대해서는 에리치베이 대통령 시대부터 논의되어, 프로젝트 형성이 끝나고 있었으나, 상기와 같은 문제가 해결되지 않고, 1996년 1월에 석유의 파이프 라인을 바쿠, 구로주누이, 노보로시스크 시를 경유해서 러시아령 내에 끌어들이도록 결정했다. 모스크바에서 아제르바이잔 대통령 게아이다르 아르에후, 러시아 연방 수상 빅토르 체르노무이징 등이 서명하여, 러시아의 의도대로 되었다.

아제르바이잔의 석유 파이프라인을 점유하려 하고 있던 이란, 터키, 아르메니아, 아제르바이잔, 러시아, 미국의 투쟁은 이것에 의해서 일시 정전되었다. 아제르바이잔에 석유를 탐사·채굴하는 협의회를 설립하여, 거기에 미합중국의 엑손, 러시아 연방의 르쿠 석유, 영국의 BP, 사우디아라비아의 데르타 네미르, 터키의 페트로리아무, 펭주 오일, 마쿠테르무토, 라무코 에너지, 오마쿠 오일 등의 기업이 참가했다.

카자흐스탄에는 막대한 양의 석유가 매장되어 있는데, 세계시장에 낼 가능성이 제한되어 있다. 터키는 카자흐스탄의 석유를 자국의 영토에서 수송하는 것을 제안하여, 그 수송비에 대해서, 카자흐스탄의 석유를 제네바까지 현재의 경로로서 수송하면, 석유 1톤에 6달러가 든다. 혹시 터키의 영토를 경유해서 수송하면, 3달러 정도로 할 수 있는 견적을 가지고 있었다. 이것에 대해서, 카자흐스탄, 터키의 상층부에서 조정이 되어 있었는데, 여러 가지 정치적 조건에 의해서 가까운 장래 실현될 가능성은 적었다. 카자흐스탄의 석유는 러시아의 파이프라인을 경유해서, 세계시장에 수출할 수 있는데, 러시아가 그러한 생산규모를 파악해서 조정할 가능성이 있어, 이것은 종속적인 상태가 된다는 의미이다. 러시아가 무엇보다도 자국의 석유를 수송하는 것을 생각하는 것은 당연한 것이다. 카자흐스탄의 팅기주 유전에서 아시아제국으로 수송하는 파이프라인은 없고, 건설에는 막대한 자금과 시간이 필요하며, 즉시 해결할 수 있는 가능성은 없는 것처럼 느껴졌다.

아시아의 석유수요는 급격히 증대하고 있다. 중국, 일본, 한국, 대만은 1994년, 외국에서 하루 1,000만 배럴의 석유를 수입하고 있는데, 2010년에는 이것이 1,450만 배럴에 달한다고, 로이터가 1995년의 뉴스에서 전했다. 인도네시아, 베트남 석유산업의 발전은 가속화되고 있다. 중국서북부에서는 만주리, 토르황, 중가르, 송요(松遼), 오르도스, 타림 등의 많은 유전이 있다. 이 중에서 송요, 중가르 유전에는 각각 10억 배럴의 매장량이 있다고 하니, 이것은 세계에서도 유수의 규모이다.

중국에는 막대한 매장량이 있어도 탐사, 채굴, 정제 기술이 극히 뒤떨어지고 있어 석유의 저장, 수송경로가 미발달되어 있다. 또한 석유기술이 가장 뒤떨어지고 있으므로, 매년 증가하는 석유 수요를 자국의 석유로서 충족하지 못하고 수입량이 증가하고 있다.

세계의 석유공급기지의 중심인 근동의 정치상황은 나날이 불안정하고, 증대하는 아시아 수요를 한 지역에서 충족할 수 없기 때문에, 아시아의 수요를 아시아에서 충족하는 방안이 제안되고 있다. 연구자들의 결론에 의하면, 아시아 태평양의 석유수요는 이 10년간에 근동과 관계가 깊어지고, 근동의 수입량은 현재 71%이나, 1997년에는 82%, 2000년에는 87%, 2005년에는 93%로 증가한다고 한다. 이러한 조건하에서 아시아 태평양제국의 정부는 가까운 미래의 에너지를 확보하기 위해서, 석유의 공급지를 발견하려는 노력을 계속하고 있다.

지역발전에 대한 이러한 독특한 환경에 대해서, 몽골국의 석유정책을 어떻게 연결시킬 것인가. 독립, 자유, 경제, 권력 이러한 모든 것과 관련시켜서 생각할 필요가 있고, 대단히 책임이 따르는 예민한 문제라는 것을 몽골의 모든 국민은 잘 생각하지 않으면 안 된다.

몽골국의 석유탐사의 수준, 매장량 평가에 관해서 간결하게 진술하기로 한다. 석유에 관한 최초의 정보는 도르노드 아이막의 마타도군에 "토송 오르(기름의 산)"라는 유명한 조금 높은 장소가 있다는 것이었다. 동부 몽골의 광대한 초원에 한가이 출신자가 생각하는 것과 같은 산이 어디에 있다는 것일까. 평원의 울퉁불퉁한 어느 것이 그 산인가. 거기서 울퉁불퉁한 이 한 가지가 그 '기름의 산'이라는 것이다. 옛날부터 전승되어 온 이 '기름(油)'이라는 지명은 무엇을 나타내고 있는 것일까. 도로노도의 타무사쿠 부근에서 1889년에 B.포리빙, 1893년에 A.포주네우, 1899년에 G.포타닝, 1900년에 켕베리(영국) 등이 지질조사를 했다.

1922년경, 미국의 지질학자 H.베르케이, S.모리스 등이 도르노고비의 퇴적암의 모층(母層)을 발견하여, 유전의 존재가 확정되었다. 미국의 H.D.쿠레이메구 박사에 의한 테치스 층에 관한 설에 의하면, 서계의 건조지의 17%를 차지하는 테치스 층에 전 세계의 매장량의 68%가 있다고 생각하고 있다. 몽골 남동부는 이러한 지역에 포함되고 있으므로, 석유가 있다고 생각되어 왔다. 쿠레이메구 박사는 몽골의 유전과 세계의 석유의 95%를 산출하고 있는 87개소 광상의 유전 지질학, 지구물리학 조사의 모든 결과와 비교연구하여, 석유가 존재할 가능성이 있는 유전은 수단, 인도, 중국의 3개국과 닮았다고 결론을 내렸다.

몽골국의 지질기금에 보관하고 있는 『동부 몽골 그룹에 관한 보고 1939년』이라는 문헌에서는 미국 지질학자 테나의 "몽골에는 석유가 존재할 가능성이 있다"고 한 결론을 볼 수 있다. 현지 유목민의 정보를 통해서, 1940년에 몽골의 지질학자 J.두게르수렝, 소련의 지질학자 Yu.S.제르보호스키 들이 중바양에서 석유가 나오고 있어 같은해, 처음으로 보링을 해서 3톤의 석유를 생산했다고 한다. 이것이 조사를 진행하는 계기가 되어, 1947년 소련의 자본에서 '몽골의 석유'라는 특별한 합병기업이 설립되어, 보링해서, 1949년부터 채굴하기 시작했다. 채굴장의 조직과 능력은 매년 향상하여, 깊이 700에서 800미터의 241개소의 보링기가 있고, 그러한 것을 연결한 15킬로의 석유 파이프라인의 네트워크가 있었다.

석유와 최종제품을 보관하는 용량 1만 톤의 철제 탱크를 44개 갖춘 설비가 있었다. 석유의 배출 에너지가 1950년에 68기압, 하나의 보링구의 평균채유량은 1,800킬로그램에 가깝고, 1955년 연간 채유량으로서는 최고인 55,000톤에 달한다. 채굴장에서는 98명이 일하고 있었다. 제유장을 소련의 "석유공장 프로젝트"에 따라서, 1953년 조업개시하여 1년간에 파라핀 함유율이 많은 5만 톤의 석유를 정제하여, A.-66규격의 가솔린, DL규격의 하기용 디젤, 코크스(Cokes) 및 중유 등 액체연료를 생산하는 기술이 있었다. 공장의 주요부문은 초기분류부문(ATU), 고압분류부문, 코크스 부문 등이 있다. 초기분류부문에서는 연간 55,000톤에서 57,000톤의 원유가 정제되어, 가솔린 13%, 디젤 14%를 분리하여 남은 중유를 고압분류부문으로 옮긴다. 고압분류부문에서는 처음의 분류에서 남은 중유, 소라유, 코크스 유출물을 480에서 500도, 50기압에서 분해하여 가솔린을 꺼낸다. 코크수 부문은 고압분류를 원료에 의해서 충족시킨다. 같은 공장에서는 상술의 기초부문 이외에 디젤 발전소, 보일러, 수(水)공급기관, 주거 서비스부문이 있었다.

중바양 석유공장은 소련자본에 의해서 건설하고 조업하여, 1957년 우리나라에 무료로 양도되었다. 석유공장의 조업 이래 436,200톤의 석유를 채굴하여, 956,700톤의 석유를 정제하고(외국에서 원유를 수입하고 있었다), 가솔린 265,600톤, 디젤 117,000톤, 중유 26,300톤, 코크스 32,800톤을 생산하여, 국가에 1억 1,520만 투그릭을 상납했다. 최근 석유의 채굴량이 극감하여 장래적으로 조업해도 이익이 없다는 결론에 달했기 때문에 동공장의 패쇄가 각료회의에 승인되어, 1969년 11월 29일 인민혁명당 중앙위원회 정치국이 결정했다. 채유량은 매년 감소하고 있으며, 1968년에 7,800톤을 채유했으나, 배출 에너지는 1950년 이래 10분의 1에 해당하는 7기압까지 저하되었다. 정제하는 원유의 88%를 소련에서 구입하고 있는데, 시대에 뒤떨어진 기술밖에 없는 제유장의 제품의 품질은 나쁘고 능률도 낮기 때문에, 연간 1,750만 투그릭의 손실을 내는 조업이 되고 있다.

중바양 석유공장의 통상업무를 충족하는 목적으로 소련에서 몇번이고 학자나 전문가를 초빙하여 조사시켜서, 기술적·조직적인 방책을 실행했으나 고무적인 결과는 나오지 않았다. 즉 1964년 Dr.M.K.카링코 교수가 "차강 에르수 광상의 유전을 확정하는 작업은 계속할 필요가 없으므로, 조사를 중지해야 한다"고 말했다. 1965년 기사이고 경제학자인 B.A.치수토세르도후가 "중바양 공장의 설비를 수리하여 적정하게 사용할 수 있다면 앞으로 4, 5년은 기술적으로 괜찮을 것이며, 경제적으로는 이익을 낼 수 있다."고 결론지었다. 1965년 도루노도 시베리아 석유는 천연가스 조사관리국 직원인 Dr.I.P.카라세후 교수가 "배출 에너지를 증가시키기 위해서, 통상의 공기와 가열한 공기를 주입할 필요가 있다"고 조언했다. 1967년, 공학박사 후보의 쿠리워노소후는 유층을 전기와 증기의 온열 장치 및 수공법을 사용하였으나, 실패하여 다음과 같은 결론을 내렸다.

1. 전기의 온열 장치를 사용한 경우의 효과를 확정하기에는 기술적 · 경제적인 계산을 하지 않으면 안 된다.
2. 광상의 지질학적 특징, 기술적 조건의 열악함 등 때문에 갱정에 수증기 압입법을 사용해도 석유유출량을 증가시킬 가능성은 없다.
3. 유층의 배출 에너지가 너무 저하한 경우, 채유량을 증가시키는 수공법은 효과가 없다. 최종적으로 소련 석유산업성 과장 W.A.예로닝은 중바양 광맥을 지질학적 조건에 의해서 이용하기 어렵다고 결론지었다.

지질학적 구조에 대해서 특기하자면, 수층이 없고, 유층이 얕고, 많은 지맥이 있으며, 분포면적이 작고, 저유암 내의 침투율이 적은, 구조지질학적인 단열이 나타나는 등의 어려운 조건을 말했다. 중바양 광상을 이용하는 것과 병행하여 그 부근에서 석유 탐광을 빈번하게 행한 결과, 흥미깊은 지질구조가 많이 확인되어 몇 가지를 시굴했다. 이러한 작업의 결과 1953년 차강 에르수 광상이 발견되어, 1962년까지의 사이에 19차례의 시굴을 행했다. 1959년부터 시작하여 차강 에르수 광상에서 소량 채유하고, 중바양 공장에서 정제하여, 카닝코 교수의 조언에 따라서, 같은 광상에서 지질학조사를 중지했다.

소하잉 보라쿠 광상은 중바양 광상에서 나뉘어 정착한 남동부분에 해당하며, 거기에서 1953년 이래 채유하여 중바양에서 정제하고 있었다. 이러한 모든 업무는 중바양과 동시에 중지되었다. 중바양 석유공장의 기술개선에 대해서 적지않은 노력을 하여 소련의 학식자, 전문가를 초빙하여 의견을 듣고 시험도 해봤지만, 광상의 지질학적 조건이 나쁘고 설비도 노후화하고 있기 때문에, 조업하여 이익을 낼 가능성은 없어졌다.

공장의 기술을 쇄신하기 위해서는 장기간의 막대한 투자가 필요할 뿐 아니라 중바양 광상의 석유의 품질, 지질학적 조건에 적합한 기술이 당시의 소련에는 없었다는 이유도 있었다. 한편으로는 소련의 서시베리아에서 석유의 대광상이 이용되기 시작했기 때문에, 우리나라에 필요한 제품을 거기에서 염가로 사는 것이 중바양을 리뉴얼하는 것보다 경제적이었다. 국내수요의 20% 가깝게 충족시키고 있었던 공장은 20년 정도 조업해서 1969년 말에 몽골국에서 석유탐광, 이용이 기본적으로 정지되었다. '기본적'이라고 한 것은, 지질학자들이 석유관계의 정보를 수집하고 결론지어서, 평가하는 노력을 멈추지 않았기 때문이다.

1940년 이후, 소련의 원조로서 행한 석유의 매장량조사, 자료, 정제의 경험 등은 몽골국의 석유에 관해서 대단히 가치있는 정보의 보고를 형성했다. 이러한 것을 특기하여 감사하지 않으면 안 된다. 또한 석유탐사, 이용, 정제의 경험을 이용해서, 우리나라에서 전문가를 양성해 준 것을 우리들은 높이 평가하고 있다. 1982년 몽골국 측의 요청으로 소련의 전문가 그룹이 내방하여 〈몽골인민공화국에 대한 석유, 천연가스 광상발견의 가능성이 있는 지역의 지질학, 지구물리학 자료의 총합적 조사결과〉(전 3권)라는 보고서에 "몽골에는 생산에 도움이 되는 석유광상이 있을 가능성은 없다. 그 때문에 연료, 기름은 외국에서 구입하는 편이 상책이다"라고 결론지은 것이다. 몽골국에서는 1989년에 석유광상을 거의 20년만에 재개하였는데, 이것을 제2기라고 간주해도 좋다. 그 이래로 우리나라의 학자, 지질학자들이 위성에서 입수한 정보에 근거를 두어, 몽골국내 석유가 있을 것 같은 지역을 열심히 조사했기 때문에, 이 분야에서 업무에 임한 외국기관도 관심을 갖기 시작했다. 이러한 기관 중의 하나가 영국 브리티시 페트로리암사이다.

나는 경제 대외관계 공급대신이었던 1989년 여름 영국을 방문하여 양국관계 협력에 대해서 많은 기관, 사람들과 회견하고 협의했다. 영국의회 및 상임위원회에도 출석하여 상원의원, 하원의원, 각료, 세계적으로 저명한 기업의 지도자들과 회견할 때 BP의 업무를 소개받았다. 당시 런던에 주재하고 있었던 우리나라의 특명전권대사 오치르바르가 브리티시 페트로리암사에 대해서 견문을 얻을 것을 나에게 조언하여, 이 회견을 준비해 준 것이다.

BP 동구지역대표인 로이 후렛차 씨의 지시에 따라서 자사의 조사그룹을 파견하여 우리나라의 지질학자와 회견한 후, 몽골국의 석유에 관한 정보를 입수하고, 장래의 조사·협력의 형태가 명확하게 확정된 후 양국의 조사 협력이 시작된 것이다. BP의 전문가들은 지질학, 지구물리학 자료를 통해 몽골국에서 총합적인 탐사를 해서 석유·아스팔트 광상의 노두(露頭), 직접 및 부수적인 광상의 징조를 관찰하였다. 또한 석탄, 침전물, 암석 등 많은 샘플을 가지고 와서 시험했다. 위성사진의 지질구조와 샘플의 시험결과를 맞추어서 연구한 결과, "몽골국에는 석유의 대광상이 존재할 가능성이 있다"는 결론을 내렸다. 몽골국에서 석유조사를 행한 BP의 지질학자 크리스 수레이딩과 회견하여 협의했을 때, 그가 "몽골국은 석유가 풍부한 나라군요"라고 해서, 나는 "쿠웨이트의 수준에 달할 수 있을까요"라고 묻자, 그는 "어째서 못할 수가 있지요"라고 대답했다.

한 밑천 잡는 것 같이 행한 지질조사를 몽골 중앙부, 몽골동부, 도르노고비, 움노고비 등에서도 행했다. 몽골의 석유광상을 탐사하기 위해서, 특히 세이수미쿠 조사를 하여 시굴하기 위해서는 막대한 자본이 필요하다. 탐사하여 채유를 시작하기까지 10년에서 15년의 세월이 필요할 것이라는 인식이 BP에는 있었던 것 같다. BP는 400만 달러를 들여서 행한 조사결과를 총합하여 〈몽골석유개황〉이라는 보고서를 내어, 그것을 몽골 측에 무료로 제공해 주었다.

BP는 상품을 나눈다는 조건으로 몽골에서 조업하는 합의에 이를 수 있었으나, 상품을 판매하는 시장에 대한 예측이 적정하지 않았던 점, 석유 파이프라인을 해변선까지 끄는 비용만을 산출했으므로, 탐광계속기간, 채굴기간, 탐광경비를 부담하는 비율 등을 계산하면, 2배 이상이나 된다는 것뿐 아니라, 고비와 도르노드에 대한 사이트의 대부분 전역에서 시굴을 행한다는 의견을 받아들일 가능성은 없었다. 합의에 이르기 위하여 유엔 전문가 로날드 브라운, 몽골석유사 직원 엥호보르도 등은 적극적으로 움직였다. 몽골의 석유조사의 발전에 대해서, 영국 BP의 공헌은 중요한 위치를 차지한다. 몽골국 영토의 석유조사를 조직하여 석유탐광, 채굴, 정제에 대한 외국기업과의 합병에 대해서 국립지질센터장 Z.바라수가 적극적으로 잘 일해준 것을 특필한다.

그리고 석유계를 숙지하고 있는 미국의 저명한 석유전문가인 펭티라 씨와 공동으로 일해서, 이전에 행하여진 몽골 지질조사자료에 기반을 두어, 몽골사 및 석유에 대해서 매우 흥미깊은 정보가 포함된 개요보고서가 1990년에 작성되었다. 이것이 20개사 가까운 기업에 판매된 것은 몽골의 석유비즈니스에 관심을 끄는 데에 중요한 역할을 수행했다. 이 보고서를 펭티라 씨가 보고서에 쓴 것에 의하면, 이 일을 수행하는 데에 몽골과 미국의 많은 전문가가 참가한 것을 진술한 부분의 모두에 Z.바라수의 이름이 있다.

펭티라 씨는 콜로라도 대학에서 석유지질학을 전공하였다.

휴스턴시의 석유지질학 조사를 행하고 있었던, 국제적 컨설턴트 회사의 임원이다. 펭티라 씨는 1989년 말 몽골에 처음 온 이래, 관계를 계속 갖고 있으며, 몽골의 석유지질조사에 대해서는 극히 상세한 정보를 가진 인물이다. 현재, 펭티라 씨는 타무사쿠 석유탐광사업에서 소코사의 컨설턴트로서 근무하고 있다. 1991년 말 이 나라에서 석유가 발견될 것 같은 사이트를 구분하여, 각각 10,000에서 15,000㎢의 토지를 22로 분할하여, 세계 석유산업의 주요출판물인 『오일 앤드 가스 저널』과 『아르딩 에르후』지에 석유관련사업을 진행하는 것에 관심있는 국내외 기업의 참가를 광고로서 호소했다.

석유탐광을 강화하여 가능한 단기간에 채유·정제하는 공장을 건설하여, 석유제품의 자국수요를 공급하는 목표를 세운 석유 프로그램의 초안을 만들었다. 이러한 내용을 정부 프로젝트로 실시할 결정을 비양바수렝 정부가 내었고, 프로젝트 리더로서 국립지질센터장의 Z.바라수를 임명했다.

1991년 국가 소회의가 〈석유에 관한 법〉을 승인했다.

미국 석유지질학자 학회의 『탐광자』지의 1995년 8월호에 캐나다 카르가리시의 페도라오 왕 메이르수 사가 세계의 각국에서 실시하고 있는 석유탐사, 경제조건에 대해서 286시스템을 분석한 결과를 발표했다. 이것은 세계 여러 나라들의 탐광·채유조건을 조사하여, 외국의 투자를 끌어낸다는 관점에서 기록한 것이다. 석유탐사의 투자에서 가장 가능성이 높은 상위 10개국에 몽골국도 들어가 있다. 우리나라보다 상위에는 레바논, 아일랜드, 우르과이, 스페인, 바하마, 영국, 파라과이, 포르투갈, 이스라엘이 있다. 몽골국에 대한 투자와 관련하여 이러한 법률을 작성하는 데에 펭티라 씨가 큰 공헌을 해주었다.

이렇게 해서 1989년부터 석유탐광, 조사의 분석작업을 재개했다. 이 사업을 실시하는 석유반을 중공업성 탐광·지구물리학 탐색반에 소속시켜서, 1990년 1월 1일부터 업무가 개시되었다. 동기관은 1990년부터 1996년까지의 6년 동안 6회나 변화되었다. 1990년 1월 1일부터 석유반(탐광, 지구물리학 탐색반 내), 1990년 4월 2일부터 몽골 석유사(중공업성 내), 1990년 10월 29일부터 몽골 석유사(독립시켰다), 1991년 3월 1일부터 몽골석유연합(정부 내), 1991년 12월 3일부터 몽골 석유사(국립지질센터 내), 1994년부터 에너지 지질광산성 몽골석유국이 되어서, 국가 소유재산의 총계에 들어갔다. 이렇듯 몇 번이고 개조된 것은 한편으로는 석유기관이 민주혁명 후에 형성되었기 때문이며, 다른 방면으로는 석유문제가 몽골 경제의 쇄신에 중요한 역할을 맡고 있다는 것을 나타내고 있다.

'몽골석유'라는 기관은 과거 6년간 명칭·소속이 6회, 대표자가 4회 바뀌어 잃은 것도 적지 않았으나, 발전한 부분도 적지 않았다. 그 중 몇 가지는 상술한 바이다. 몽골국의 석유에 대한 법, 그것을 시행한 상세한 규칙, 상품을 나눈다는 합의안 등 문서를 작성하여 승인받고, 그것에 따르는 조업을 하고 있다. 영국의 BP, 미국의 필립스 페트로리암 등의 기업과 공동으로 해당국가의 지역에서 지질학·지질화학을 시작으로 한 총합조사를 완료하여, 석유의 장래의 전망, 지질학적·지구화학적인 평가를 냈다. 러시아연방의 시부네후테게오피주이카사와 계약을 체결하여, 1991년 도르노고비의 타리아칭구엥서 200킬로, 1992년 차강 에르수 광상에서 600킬로의 지진탐광을 행했으나, 지불에 관한 문제가 해결되지 못해서 조사보고를 몽골 측에게 넘겨주지 않았다.

미국의 웨스테리 지오히지카르사와 계약을 하고, 1991년부터 1992년 1,500킬로 지진탐광을 도르노고비, 타무사쿠, 바양투멩 유역에서 행했다. 계약이 제대로 이루어지지 않고 지불에의 문제가 생겨서, 조사보고서를 받지 못했다. 차강 에르수 광상지대의 6,000제곱킬로의 토지에서 중력, 지질 및 지질화학조사를 자력으로 행하여, 5만분의 1의 지도를 작성했다. 이러한 일의 성과는 도르노고비, 타무사쿠 유역에서는 5킬로까지의 깊이에 유층이 많이 존재하는 것이 확인된 것으로, 석유의 장래성을 한층 더 확실한 것으로 했다. 타무사쿠 유역의 토송오르, 보일 지역에서 미국의 슈나이더 석유 코퍼레이션이 2년째의 조사에서 1,915킬로의 지진탐광을 행하여, 1년 이내에 각각 3,000미터 가까운 2개소의 시굴을 행한 결과, 그 중 하나에 석유가 존재하는 것 같다는 기대가 생겼다.

성주(聖土) 칭기즈칸이 왕위를 계승한 790주년에 몽골국에 석유가 나오기를 빈다고 하였다. 미국 슈나이더 코퍼레이션과 상품을 분배하는 조건에서 계약을 맺고 조업하고 있다. 조사의 중간 결과에 대해서 휴스턴 시의 소코 코퍼레이션 사장인 수토리 씨와 전문가들에게 이야기를 듣고, 지질지도를 보았다. 지질쟁이는 몽상가로서 낙관적인 인종이나, 석유쟁이는 신중하고 주의깊은 성격인 것 같다. 그리고 석유가 나오면 수개월 밖에 남지 않았을 것이라고 입을 잘못 놀리는 면이 있다. 그들은 1995년 4월 최초의 보링을 시작하여, 개설식에 나도 참가하여 의견을 교환하였다. 타무사쿠에서 석유탐사 시추를 하고 있는 것은 특히 중요한 의미가 있다.

광상의 탐사는 전 종류에 대해서 세계의 기술, 세계의 수준에 달하여, 전문가들도 높은 능력을 가지고 있음에 우리들은 감개무량하다. 이 사업에서는 세계적으로 유명한 미합중국의 기업, 인도네시아의 석유기관, 중국의 석유탐광기관의 전문가, 몽골의 지질조사 전문가들이 일하고 있다는 사실에 커다란 의의가 있다. 마타도군(郡)의 지질학에 관한 지식은 갑자기 모으게 된 것은 아니다. 1950년대에 몽골과 소련의 지질학자들이 모은 정보가 오늘날의 이 일에 중요한 자료가 되었다. 광상 시굴에서의 좋은 결과가 나올 것을 긍정적인 기분으로 믿고 있다. 왜냐하면, 에드워드 스토리씨가 그러한 부주의로서 경솔한 일은 하지 않기 때문이다. 여기서의 시굴, 지구물리학의 기술은 매우 고도한 것이며, 어떠한 실패도 있을 수 없다고 해도 과언이 아니다. 신뢰할 수 있는 또 한 가지의 요소가 있다. 중국 지질학자의 기술은 미국의 최신기술로서, 보링의 전문가는 미국에서 전문기술을 익히고, 또 조직도 단단하다, 또 탐광자금은 재정기반이 튼튼한 미국기업 외에 인도네시아의 기업도 참가하고 있으며, 걱정할 필요는 없다고 생각한다.

우리 몽골의 지질학자가 지구물리학조사를 높은 수준에서 빠르게, 또한 현대의 수요에 맞추어서 수행한 것에 덧붙여서, 장래 커다란 성공을 모으고 지진 탐광을 제일로 하는 수준까지 발전시킬 것을 기대하고 있다. 우리들은 사업과 장래성에 관심을 가지고, 작년 때마침 여기서 소코사의 대표에게 "언제 보링합니까"라고 물었다. "프로젝트에서는 1996년에서 조건이 정비될 가능성이 있습니다. 지구물리학조사에 의해서 많은 것을 알 수 있을 것입니다"라고 대답했던 것이다. 그러나 계획보다 1년이나 빨리 시추가 시작되어, 1개월 정도 후 대단히 흥미깊은 정보를 들을 수 있었다.

3년 전, 나는 뉴욕의 호텔에서 U.펭티라 씨와 엥후보르도의 3명에게 몽골의 석유의 지질학조사에 대해서 이야기를 나누었다. 펭티라 씨는 몽골의 지질학 관계 관청에서 오랜 기간에 걸쳐서 지도하고 온 바라수, 생게들과 함께 일하고 있으므로 신뢰하고 있다고 말했다. 미국의 네스코르사와 중바양, 차강 에르수 광상을 협동 탐사하여 합병공장을 건설하는 계약을 가졌다. 이것이 어느 정도 올바른 것이었는지는 모른다. 여하튼 1994년 9월에 최초의 시굴을 하는 개설식에 참가하여, 축하의 말을 하고 성공을 빌었다. "바양 석유사가 설립된 이래 우리들에게 전해진 업적을 보면 중바양, 차강 에르수, 소하잉보라쿠의 채유량을 3,000만 톤 이상까지 증가시킬 가능성이 있다고 중간평가하고 있다고 한다. 혹시 이것이 가능하다면, 결코 적은 성과는 아니다. 석유산업을 재개하는 사업을 이렇게 열심히 진행하고 있는 것과 맞추어서, 지금부터 특별히 주의할 문제는 자연환경을 보호하는 것이다. 한편으로 석유생산이 자연환경에게 주는 악영향이 크다는 것, 또 다른 방면에서 고비의 토양이나 식물이 극히 예민하다는 것을 주의하지 않으면 안 된다. 이것에도 비용이 적지 않게 든다는 것을 고려해둘 필요가 있다. 해야 할 일들은 많다. 또 여러 가지 방해에도 적지 않게 부딪힐 것이다.

"그러나, 저편에는 석유가 있다. 당신들이 시굴을 시작하려고 하는 이 시굴정에서 몽골의 '검은 금(金)'이 분출하여 사면팔방으로 흘러서, 우리나라의 전 국민이 아름다운 데르(민족의상)를 새로 만들 수 있도록, 석유매장량을 확정하여 채굴하기 위해서 일하고 있는 모든 기업의 이익이 많이 남을 수 있도록"이라고 축사를 말하고 돌아왔다. 합병공장에서는 몽골 측의 자본투자가 완료되지 않으므로 일이 늦추어져서, 제유소를 건설하기 위한 자본, 공장 사이트, 능력, 경제효과와 이익 등의 문제가 완전히 해결되지 않은 것 등 주로 우리나라의 문제 때문에 늦추어지고 있다.

국가안전위원회가 이 문제를 협의하여, 1996년 5월 중에 제유장을 조업하는 것을 정부에게 권고했다. '타리아치 15' 사이트에서 탐광·채굴의 합병으로 조업하는 러시아·몽골 양국의 몽르수네후토 공장의 합의가 성립하여 승인되었으나, 지금까지의 경우 수행된 일은 없다. 몽골이 투자의 가능성이 없음에도 불구하고, 한 밑천 잡아보자고 석유탐광에 참가하는 것은 잘못되었다. '타무사쿠 21' 사이트에서 오스트레일리아의 코만도 페트로리암을 리드하는 국제협의회 구성원에는 미국의 슈나이더 석유, 몽골의 차강숑호르 등이 있다. '마다도 20' 사이트에는 미국의 테리토리알 리소시스를 리더로 하는 몽골의 유니버설 석유(오치잉페쿠수사), 미국의 슈나이더, 석유 코퍼레이션이 석유를 나누는 계약이 조인된다고 한다.

석유업무에 종사하는 권리를 누리는 자는 애매모호한 상황을 이용한다. 그들은 자신의 지식이나 능력의 유무에 상관없이 누구든지 석유에 대해서 말하고, 이와 함께 누구든지 사이트를 분할한다는 위험에 조우하고 있는 것 같다. 러시아 연방에서의 경우 "시와쿠라는 자는 이틀 이내에 합병공장을 설립하여 사이트를 점유하고, 석유·가스의 파이프 라인을 끌어서 생산력이 높은 라인을 만든다는 5개의 계약에 누군가 권한이 없는 인간이 서명하고 모습을 감추었다. 즉각, 국가안전위원회를 소집하여 서명이 된 그 서류를 무효라고 먼저 알리는 동시에, 양국 정부간 협의에서 원만한 해결에 이르렀다." 이 문제를 채택하여 협의한 국가안전위원회에서 "… 석유, 금 등 몽골국 경제에 전략적 의미가 있는 자원문제를, 국가안전위원회의 관리하에서" 항상 협의하여 해결했다. 전술한 결정을 실행하기 위해서, 대통령 명령을 내려서 석유탐광, 채굴, 수송, 정제, 저장, 판매와 관계된 문제에 대해서 결정을 내릴 2주일 전에 자료를 국가안전위원회에 제출할 것을 정부기관 및 기업 임원의 의무로 하였다.

몽골의 석유 매장량은 30억에서 60억 배럴로 추정되고 있으나, 우리들은 이 자원에 현명하게 대처해야 한다. 처음부터 규율을 가지고, 법률을 엄격하게 지킬 것. 어떠한 조건하에서도 우리들의 수요를 300년간 충족하는 석유가 몽골에 존재한다고 한다. 몽골인은 석유를 찾아내서 채굴, 정제하여 이용하기 위해서 필요한 모든 것을 하지 않으면 안 된다. 석유탐사에 관한 희귀한 자료에 대해서 진술하도록 한다. 몽골의 석유광상을 발견해서 매장량을 예상하는 업무가 크게 진전하여, 세계적으로 유명한 영국의 BP를 리더로 하는 몇 가지의 조사기관이 조사하여, 그것과 병행해서 예언자 다시체렝이 침식도 잊고 노력하고 있었을 때, 인도인인 P.웨라차리라는 사람이 1991년 6월 19일자로 대단히 흥미깊은 편지를 나에게 보내왔다. 읽어 보니, "몽골에서는 석유의 시굴가능한 사이트가 2,000개 가깝게 있고 그중 600개가 보증되어 있다. 만약 몽골정부가 이것에 대해서 관심을 가지고 있다면, 미화 30만의 보수로서 사이트를 하나씩 가르쳐 주어도 좋다. 나는 이 정보를 세계와 인도의 부처에서 받았다. 몽골의 부처도 이것에 동의하리라는 것을 전해둔다"라고 쓰여져 있었다. 이러한 점에서 생각해보면, 부처까지 석유에 마음을 쓰고 있는가 보다.

U.펭티라 씨와 나, 두 사람이 1992년 9월 24일, 뉴욕시에 리무수파라쓰호텔에서 면담하고, 몽골의 석유탐사에 대해서 널리 협의하였다. 자연환경의 펭티라 씨는 몽골의 석유 매장량을 30억에서 70억 배럴로 추정

하여 집유소, 제유소의 건설에 필요한 5,000만 달러를 확보하는 것을 최초의 목표로 세웠던 것을 표명했다. 제유장을 건설하는 기간에 원유를 중국에 팔아서, 그 대신에 석유제품을 사도 좋다. 비즈니스의 눈으로 보면, 몽골에서 한 가지 불리한 것은 인프라의 미발달이다. 그러나 석유시장은 멀지 않다는 낙관적인 면도 있다. 몽골에는 알래스카 규모만큼의 토지가 있다. 알래스카는 미국 석유의 25%를 공급하고 있다. 몽골의 매장량은 국내수요를 수백 년간 충족하고, 외국에 수출하는 데에도 충분하다고 산출했다.

국가대회의에서 정부의 프로그램을 협의할 때 석유 탐사·채굴에 당초 필요하게 될 5,000만 달러의 자금원을 확보할 수 있다면, 1993년 후반에 석유를 파낼 가능성이 있었다. 세계은행에서 차관을 빌리거나, 차관을 보증해 받기 위해서, 석유가 우리나라 경제의 톱 분야라는 것을 증명한 정부의 문서를 세계은행에 보낼 필요가 있다고 조언해 주었다. 이러한 모든 것이 성공하면 석유의 시굴 후, 9개월부터 12개월 이내에 제유소를 운영할 수 있게 된다. 이 목표를 정부가 프로그램에 포함해서는 안 되는 것일까. 물론 단지 구두 약속처럼 프로그램에 포함한 것뿐 아니라, 열심히 뛰어다니며 하지 않으면 안 된다.

그리하여 석유의 문제를 해결하는 것은 대단히 중요한 것이 아닌가 하고 열심히 말했다. 내 의견이 어느 정도 정부의 관련 프로그램에도 포함하였으나, 자금원을 발견하는 작업을 뒤로 미루게 되어 오늘에 이르렀다. 몽골·미국의 바양 석유합병회사는 석유채굴을 개시할 준비가 일정 수준까지 되었으나, 판매시장의 미정, 제유소 장소도 선정되어 있지 않았으므로 연기하게 되었다. 정부가 몽골 측이 내기로 한 자금을 기한 내에 투자하여, 금방 착수했다면 결과는 어느 정도 바뀌어 있었을 것이다.

우리들이 석유를 가장 중요시하고 있다는 것이 세계은행에 문서로 명시되어 있지 않았기 때문에, 1년이 경과해 버렸던 것이다. 이러한 일로서 어떻게 매사를 수행할 수 있겠는가. 국민이 석유에 관해서 어떠한 의견을 가지고 있는가를 신중히 들어야만 한다.

내가 고비알타이(Gobi-Altai)에 갔을 때, 후후모리토 솜의 주민 L.르호부라고 하는 양 눈이 부자유한 노인이 "석유의 채굴을 돕기 위해서 공헌하고 싶다. 말 한 마리를 헌상하고 싶다. 국민이 내 생각을 지지해 줄 것으로 믿고 있다"라고 말했다. 동정하여, 사랑스럽고, 기쁜 마음이 겹쳐서 감사하다는 외에 적당한 말을 찾을 수가 없었다. 여하튼 다액의 금액이 필요한 사업이었다. 계속해서 정권교체가 이루어지는 정부는 석유에 대해서 그다지 주의를 기울이지 않았었다.

1994년 말부터 들려오기 시작한 풍문은 몽골 내의 석유·가스의 파이프라인을 끌어내는 문제와 관련된 사안으로서 많은 의견이 있었다. 우리들은 이 문제와 관련해보면 필요한 지식, 정보가 극히 적다. 표면적으로 보면, 나라의 중앙에 파이프라인을 끌어내서 돈을 징수하므로 대단히 형편이 좋을 것 같다. 그러나 정치, 경제, 환경에 어떠한 악영향을 미치는 것일까. 몽골의 석유산업을 발전시키는 데에 도움이 되는 것일까. 시장을 잃고 있는 것인지, 개척하고 있는 것인지 하는 국가의 안전상의 문제가 수없이 나온다. 석유시장이 아시아 측으로 확대되고 있어, 문제의 심각성은 장래 더욱 증대할 것임에 틀림없다.

이러한 때에 몽골 내에 석유 파이프라인을 통과하는 것을 허가할 수 있는 조건은 오직 하나만 있는 것 같다. 그것은 몽골을 경유한 파이프라인을 가능한 전부, 적어도 남쪽의 부분을 자기자금의 투자에 의해서 소유하는 것이다. 그렇게 하면 우리들은 자국의 석유를 수송하는 권리도 완전히 취할 수 있으며, 외국의 석유를 수송할 때에도 다액의 사용료를 징수할 수 있다.

　1880년대, 미국 중앙과 남부의 주에서 많은 유전을 열었는데, 석유는 최종적으로 파이프라인 수송을 장악한 록펠러의 이익이 되어 있었다. 그러한 역사를 당사자인 파이프를 가진 자가 모를 리가 없다. 그러나 이러한 다액의 자금을 어디에서, 어떻게 해서 손에 넣는가 하는 것을 생각하지 않으면 안 되고, 이해해야 한다. 석유 파이프라인을 합병해서 건설하는 것을 참가국은 어디에서도 지지한다. 왜냐하면 관심을 가지고 있는 나라들은 우리나라의 좋은 이웃이고, 신뢰할 수 있는 협력 파트너이며, 우리들의 지지자이기 때문이다. 이렇게 해서, 우리들은 석유산업을 완전한 형태에서 발전시킬 조건을 충족할 수 있다. 석유정책이란 이것을 가리키는 것이다.

　1989년 이래, 석유 비즈니스의 환경에 마음이 끌려서, 그것을 여기에 기술했다. 여기서 기술한 모든 것은 우리들이 믿고 배운 소련의 전문가들의 1966년, 1982년에 행한 "몽골에는 생산활동에 연결되는 석유광상이 존재할 가능성은 없다"고 한 결론과 "국내 수요를 300년 가깝게 충족하는 석유매장량이 몽골에 있을 근거가 있다"고 한 동양의 전문가들의 결론에 대해서, 우리나라는 현재 민주적이라 해도 좋다. 광산 관계자의 입장에서, 나는 석유에 대해서 언제나 주의를 기울여 왔고, 토양에서 검은 기름이 흘러나올 때의 기쁨이 타인과는 조금 다른 것은, 그것이 내 장년의 꿈의 결과이기 때문이다.

제11장
부흥의 견해

- 종교문화의 르네상스만이 몽골을 몽골답게 함에 틀림없다.
- 중세의 부흥시대는 단순히 예술뿐만은 아니었다.
- 16세기부터 17세기, 몽골에서는 '국가'의 중요성에 눈뜨기 시작했다.
- 현재의 세계에서 떨어져 있는 이 두 문명이 21세기에는 만나서, 통합하여, 하나의 특색을 창출하게 된 것일까.

최근 우리나라의 연구자, 위정자나 정당세력이 국가에서의 민주주의 부흥에 관해서 여러 가지 의견을 진술하였고, 또 기술하게 되었다. 국가 부흥의 본질, 의의, 시행방책, 척도에 대해서, 사회적 정신의 적극적인 모색이 행하여지고 있다. 국가의 민주주의적 부흥을 1990년대의 몽골의 발전을 위해서 기본적 사상, 복합적 이론으로서 정리하려는 시도가 행하여지고 있다.

어떤 연구자는 국가의 부흥이라는 인식을 무엇보다도 사회적·정신적 생활문화의 범주에 연결시켜서 생각하며, 몽골인의 의식의 발전적 유산을 부활시켜서 정신면에서 민주화·쇄신화되는 것을 국가부흥의 본질이라고 생각하고 있는 것 같다.

　D.비양바수렝 전 수상은 국가부흥의 사상을 만들어내려고 진력하였고, 그때 몽골인이 자연환경과 조화하여 생업을 경영하는 생활방식 및 지혜를 모든 문명의 범주에 대해서 고찰하였으며, 또 그러한 인식을 정치의 범주에 직접적으로 포함시켜서 실행하는 경우도 나오고 있다.

　역사학자 L.쟈무수랑 부박사(副博士)는 1911년의 민족의 권리를 요구한 운동이 몽골국가의 독립을 회복했다고 하는 관점에서 고찰하여, 국가부흥의 첫걸음이 된 것을 명백하게 하고 있다. 그는 이러한 인식에 의해서 부흥이 정신·문화의 테두리 안에서뿐만 아니라, 정치에 대해서도 존재한다고 진술하고 있다.

　국민적 작가 S.에르데네는 "몽골 종교문화의 르네상스"라는 문장 안에서, "종교문화의 르네상스만이 몽골을 몽골답게 하기에 틀림없다 … 개안관음(開眼觀音)은 여하튼 몽골에 대한 종교 르네상스의 상징이다"라고 기술했다.

　부흥에 관한 이러한 사람들의 총괄은 20세기부터 몽골에 대한 정치적·문화적·문명적인 넓은 구조안에서 부흥이라는 것에 대해서 언급하고 있다. 우리들의 사회가 정치적 표현으로서 부흥이라는 인식을 명확하게 창출한 것은 독자적인 이유가 있다.

　그렇다면 부흥이란 무엇인가. 이전에 존재했었으나, 소실하여 잊혀진 모든 것을 부활시켜서, 복제를 만드는 것을 부흥이라고 하는가. 혹은 조국에 인도적 민주주의의 사회구조를 건설하는 현재의 국가사상을 가리키는가. 과학적 인식으로서 부흥의 사상이란 무엇인가. 사회생활의 어느 범주와 보다 큰 연결을 맺고 있는가라고 하는 수많은 의문이 생긴다. 철학, 역사, 문화 연구에서는 부흥이라는 인식을 사회적·정신적 생활에 연결시켜서 설명했다. 『소련대백과사전』에서는 부흥이라는 말은 광의라고도, 또한 협의라고도 말할 수 있는 형태로서 구별되어 있다. 협의로서는 지역적, 시대적인 일정한 테두리 안에 한정하여 설명하고 있다. 예를 들면, 중세유럽문화와 신시대문화 간 틈새의 시대, 이탈리아에서는 14세기부터 16세기, 그 이외의 나라에서는 15세기 말부터 16세기이다. 일반적으로 부흥이라는 말은 이 시대에, 이 지역에서 발생했다. 이 말을 이탈리아의 화가, 예술사가(芸術史家)인 J.비자리가 고대 그리스·로마의 문화 및 과학의 부흥이라는 의미에서 사용한 이래, 과학적인 연구대상이 되어 왔다.

모든 국민은 역사적 발전의 어느 시점에서 발전이 정체되고 그때까지의 상태를 앞으로 계속해서 할 수 없게 되어, 새로운 발전형태와 방책을 모색하는 데에 이르러, "나선형 발전법칙"에 따라서, 역사적 유산을 되돌아보고 배우는 것으로, 일반적으로 그것을 "부흥"이라고 진술할 수 있다. 부흥의 본질을 정확하게 알기 위해서, 다음의 항목에서 특히 주의하지 않으면 안 된다. 그것은 "부흥"이라고 하는 것이 전(前)시대를 똑같이 그대로 복제하는 것이 아니고, 거기에 새로운 내용을 포함하여 회복한다, 즉 전(前)의 것을 회복하면서 전혀 새로운 내용·성질을 포함한다는 전통과 혁신의 통합이라고 하는 것이다.

부흥의 "고전적" 형태가 된 이탈리아를 예로 들어보면, 고대 그리스·로마의 문화나 과학을 부흥했으나, 의미적으로는 근본적으로 구별된 원리를 갖는 전혀 새로운 문화를 창출했다.

새로운 문화적 특징은 2가지로 표현되고 있다. 첫 번째는 고대 그리스·로마의 문화·과학에서는 자연·우주·세계의 본질을 이해 파악하는 자연우주적 사상이 중심이었으나, 르네상스시대의 이탈리아에서는 인간에 대한 문제가 중심적 위치를 차지했다. 두 번째로, 고대 그리스· 로마의 문화·과학에서는 이성적·추상적인 심리인식이 우위였음에 비해서, 르네상스시대에서는 안다는 인식방법이 우위였다는 특징이 있었다. 중세는 종교의 시대였으나, 르네상스시대는 예술의 시대였다. 고대 그리스·로마를 호메로스, 헤시오도스, 플라톤, 아리스토텔레스가 대표하였다면, 르네상스는 라파엘로, 미켈란젤로, 레오나르도 다빈치가 흥성시켰다.

아카데미 회원 B.Ya.우라지미르쵸후, 체벵 쟈무수라노후, W.하이싯히, N.P.폿페 등의 대표적인 몽골 연구자는 16세기부터 17세기의 몽골을 몽골 부흥의 시대라고 결론지었다. 우리나라의 연구자인 아카데미 회원 B.링칭, Ts.다무딩수렝, Sh.나차쿠도르지, Sh.비라도 또한 그러한 견해에 의거하고 있다. 미국의 학자가 기술한 『몽골인민공화국』 3권에는 몽골사의 시대 구분을 다음과 같이 나타내고 있다.

1. 13세기~14세기: 칭기즈칸과 그의 자손에 의한 제국기
2. 16세기~17세기: 부흥기
3. 20세기: 민족주의 (내셔널리즘)

상술한 학자들은 몽골국의 16세기부터 17세기를 부흥기로 간주하고 있으나, 유럽의 15세기부터 16세기에 대한 부흥과 같은 것이 몽골에서도 발생하고 있었던 것으로는 생각하지 않았던 것 같다. 이렇게 보면, 13세기에서 14세기까지의 기간 200년 후에 사회적·정신적 생활, 문화가 다시 불러 일으켜서 새로운 현상, 과정, 방향성이 몽골에 생겼다는 것을 이렇게 표현했다고 생각한다. 16세기부터 17세기 사이에 몽골문화가 다시

불러일으켜진 것은 역사적으로 불가피한 사회정치적 요인이 있었다는 선해가 있다.

우선 첫 번째로 원(元)나라가 붕괴되고난 약 150년 후, 봉건제가 해체되고 내전 상황의 국정을 위한 투쟁에 대해서 "황금의 계보"자들이 승리했다. 생산수단에 대해서는 16세기경부터 발전이 없는 봉건주의적 단계로 이행하여, 이것이 사회적·정신적 생활, 문화에 강한 자극을 주었다.

한편으로, 16세기부터 17세기에 걸쳐서 강대한 청조(淸朝)가 역사무대에 등장하여, 그것은 몽골국가의 독립, 민족의 언어문화에 실질적인 위험을 초래했다. 당시의 몽골인, 특히 지식인이나 위정자는 민족의식을 강화하여 사회적·정신적 생활을 활성화시켰다.

당시의 몽골부흥에 대한 종합적인 연구는 그다지 행하여지지 않았다. 대통령 고문 르하쿠와수렝의 서술에 의거하여, 부흥에 관한 몇 가지 특징을 기술하도록 하겠다. 우선 첫 번째로 16세기부터 17세기에 걸쳐서, 몽골에서는 국가체제에 관한 전통이 힘차게 각성되었다. 예를 들면, 13세기부터 14세기에는 역사서 『몽골비사』(『원조비사(元朝秘史)』와 동일), 『백사(白史)』가 완성되고, 약 150년 후(편찬자 불명)의 『황금사강(黃金史鋼)』(1604), 로푸상당장의 『황금사강』(1636), 『황사(黃史)』, 사강 세첸의 『몽고원류』(1662, 1663), 쟝바르 투수라쿠치의 『아사라쿠치사』(미륵사), 라시퐁차쿠의 『수정염주사(水晶数珠史)』 등 몽골사에 관한 중요한 저작이 창출되었던 것은, 국가체제의 문제를 각성하여 관심을 보이고 있었던 것의 증거가 된다.

이러한 모든 것은 성 칭기즈 시대의 통일국가를 건설하고, 세계의 절반을 복종시킨 강대한 시대를 상기시켜, 그것에 의한 사람들의 근본적 의식을 각성시킨다는 정치적 의도가 있었음이 틀림없다.

여기서 강조하지 않으면 안 되는 것은 모든 위대한 시대에는 그 당시의 사람들의 지성을 대표하는 분야가 반드시 존재한다는 것이다. 예를 들면, 고대 그리스·로마의 그것은 철학이며, 다른 모든 지성을 내포했다. 고대중국에서는 국가체제 및 사회의 도덕사상, 중세의 서양에서는 기독교, 중동에서는 이슬람교, 신시대의 서양에서는 고전적 기계과학과 같은 자연과학이었다.

그렇다면 중세의 몽골에서 지성을 대표하는 이러한 방향성은 무엇이었는가 하면 그것은 역사의식이었고, 또한 문학, 윤리, 철학 등이 국가체제에 침투하고 있었다. 이러한 의미에서 16세기경에 몽골인의 서사의식은 각성되었다고 할 수 있을 것이다.

상술의 부흥기의 문서는 『몽골비사』와 비교할 때, 아주 새로운 역사 해석의 경향을 담고 있다. 『몽골비사』는 몽골인의 역사를 칭기즈칸의 선조인 푸른 이리와 흰 암사슴에서 서술하고 있는데, 부흥기의 문서에서는 푸른 이리와 흰 암사슴을 고대 인도·티베트의 왕에게 직접적인 기원을 갖게 하여, 세계사를 불교의 3대국—인도·티베트·몽골의 역사로서 대표하여, 칭기즈, 쿠빌라이, 아르탕, 리그덴이라는 각각의 칸을 부처의 가르침을 널리 알리는 "법륜의 전회자(転回者)", 즉 차쿠라와르디의 대칸으로서 묘사했다. 이 시대부터 전통적인 역사의식이 각성되어, 아주 새로운 역사서사의 방법이 창출되었다.

두 번째로 16세기부터 몽골의 국가체제사상의 표징이 된 칭기즈칸 법령(法令은 야사, 즉 자사쿠)의 전통을 심화시키고, 몇 가지 중요한 유산문서가 저술되었다. 『십덕법전(十德法典)』(17세기 초) 즉, 아르탕 칸의 종교 및 국가의 법전이나 『할하 법전』(1708)을 들 수 있다. 이러한 법륜서는 몽골에서 법령의 전통을 부활시킴과 동시에, 티베트불교의 사회적 우위성을 확립하는 것을 지향하고 있었다.

　당시, 『오바시 홍타이지 전』, 『호부 나쿠와라르 전』, 즉 『부베이 바타르 전』, 『엥두레르 칸 전』, 『다얀 칸의 6투멘(만호)찬가』, 『만도하이 현비전(賢妃伝)』, 『쵸크트 카이지 비문(碑文)』, 『칭기즈의 위광제사문(威光祭祀文)』을 대표하는 구비, 서사문학의 기념비적 작품이 나온 것은 커다란 정신적 부흥이었던 것을 나타내고 있다.

　세 번째로 상술의 학자들이 부흥의 근거의 하나로 들고 있는 것은 당시, 불교가 몽골에 상당히 강하게 전파되어 정신적 생활을 풍요롭게 한 것이다. 몽골에서 불교가 3번째 전파되었을 때, 단기간에 샤머니즘을 구축했다. 이것에는 객체와 주체, 내적 및 외적인 여러 가지 요인, 강력한 요인이 영향을 미치고 있었던 것에 대해서 간략하게 진술하기로 한다.

　이러한 모든 것에, 국가적 강제력도 작용하고 있었다고 간주하지 않으면 안 된다. 15세기부터 16세기경, 명조 또는 청조라는 외부에서의 침략에 실제로 직면하여 국가적 독립을 잃을 가능성이 있었던 그 역사적 긴박기에, 몽골의 사려깊은 국가상층부는 유교문화를 지닌 중국의 영향을 배제하여 국가·민족을 몽골로서 유지하기 위해서, 히말라야의 옛 인도의 기원을 가진 불교의 문화권에 들어가는 국가정책을 실시했다. 그리고 각 가정의 샤머니즘적 신앙대상을 모아서 불태우고, 대신에 불상이나 경전을 널리 전해서, 샤머니즘 신앙자를 무겁게 벌하고, 승려에게는 여러가지 특권을 부여하여, 감면조치를 취하는 등의 법제력(法制力)도 활용했다.

　불교전파와 동시에, 몽골에 대한 불교의 위대한 공로자인 최초의 호토쿠토가 탄생했다. 16세기부터 17세기경에 이러한 공로자로서는 그외에도 네이지 토잉 아비다(1557~1653), 오이라토의 자야 방디다 나무하이쟈무쓰(1599~1697), 웅두르 게겡 자나바자르(1635~1726), 가르당 보시쿠토

(1644~1715), 할하의 자야 방디다 로푸상페렝레이(1642~1715), 에르데네 방디다 호토쿠토 로푸상당장초이징쟝챵(1609~1704), 사잉 노용의 에르데데 메르겡 노용 호토쿠토, 타라부 방디다 활불(活佛 1662~1722), 방바르 활불(活佛) 등을 들 수 있다. 즉, 전(全) 몽골의 정신적 지도자가 탄생한 것이다.

그들은 몽골에 불교를 보급시키기 위해서 많은 활동을 펼쳤으나, 그 중에서도 특히 사원건립에 힘을 쏟았다. 몽골에서는 이 16세기부터 17세기에 포함된 50년 동안에, 약 60곳의 사원이 창건되어 이후 후레, 에르데네 조, 자야 후레, 에르데네 방디다 히도, 라마 게겡 히도 등의 대사원도 건립되었다. 사원에서는 불교철학이나 다른 학문을 배우고 연구하는 학교나 서고가 건설되어, 거기서 고대 인도기원의 대소로 나뉘어지는 십명(十明)을 적극적으로 연구하게 되었다. 5대명인 내명(內明) 즉 불교철학, 의방명 즉 의학, 인명(因明) 즉 논리학, 성명(声明) 즉 문법학, 공교명이나 오소명인 천문점성술, 시학이론, 우화 등을 연구한 것이다.

이러한 것들 중에서도 불교철학을 불교에 대한 모든 학문의 핵심, 각각을 한데 모으는 통일이론의 기초로서 간주하고, 특히 중시했다. 불교철학에 대한 세계구조에 관한 교리, 파라밀(波羅蜜) 즉 깨달음에 달하기 위한 교리, 중관(中観), 인명학, 계율이라는 교학의 5항목을 습득하면, 가부지의 과정을 종료한다(가부지의 칭호를 내려준다). 또 다라니(陀羅尼)의 교리를 습득하면 아쿠랑바가 된다. 이러한 인도천축에서는 거의 잊혀진 (인도에서의 불교는 11세기에 거의 쇠락했다) 오래된 전통 있는 학문을 몽골에서 부흥하여, 널리 알리고, 또한 연구하고 있었다. 아카데미 회원 B.Ya.우리자미르쵸 후가 지적한 대로, 이 당시의 몽골은 어떤 의미 즉, "다시 소생한 고대인도", "살아있는 인도"가 되어 있었다.

모든 사원이 각각의 당(堂)을 가지고 있었으나 크기는 큰 것, 작은 것,

여러 가지였다. 커다란 사원에는 교리 즉 철학, 의학, 다라니, 천문점성술의 학당이 있었다. 예를 들면, 강당테구치렝사(강당사)에는 10개 이상의 학당이 있었으며, 다이쵸잉보르사, 공가쵸이롱사, 이도가쵸이롱사에서는 교리, 즉 철학의 학당만을 가지고 있었다. 자료에 의하면 18세기 전반 승려는 15,000명이 있었으며, 그중 10%가 학승이었다. 이후 후레의 강당사에서는 매년 2회, 경전을 서로에게 던질 정도의 대논쟁을 하고 있었다고, 소련의 연구자이고 아카데미 회원인 I.M.아이수키가 기록한 것처럼, 자유로운 발상을 가진 대규모의 학교가 있었다. 바꾸어 말하자면, 강당사의 학교는 몽골에서 처음으로 국립대학이라고 간주할 수 있는 확고한 근거가 되었다.

네 번째로 16세기부터 17세기경, 몽골의 지적 문화생활에 생긴 또 한 가지의 대단히 중요한 현상은 문자문화의 발전이다. 예를 들면, 1587년에 아용시 구시가 불교를 넓히고, 고대인도, 티베트의 불전을 모국어로 번역하는 작업을 대대적으로 발전시킨 것과 관련하여 외국어, 특히 티베트어나 산스크리트(Sanskrit)의 말이나 이름의 기록을 목적으로 한 가리쿠 문자를 창출하였고, 또 1648년에 오이라토의 자야 방디다 나무하이쟈무쓰는 토도문자를, 웅두르 게겡 자나바자르는 1688년에 소용보 문자를 각각 고안했다. 이러한 것에 의해서 몽골에서 고대 인도, 티베트의 불교문학 및 불전을 모국어로 번역하는 몽골지식인들은 스스로의 문서를 쓰고, 또한 그것을 목판으로 인쇄·배포하는 작업을 정력적으로 행하고 있었다.

자야 방디다 나무하이쟈무쓰 만이라도, 토도문자의 고안 후에 제자들과 함께, 1650년부터 1662년의 약 10년 동안에 170종류 이상의 불전을 번역하여, 토도문자로서 인쇄하였다. 그 무렵부터 라부쟝바 당장다쿠와는 이전의 비르궁 구시, 쵸이쟈무쓰 게렝, 우지무칭의 궁 공보쟈부, 메르겡 구시 공가오도세르를 시작으로 하는 많은 유명한 번역자가 나타났다. 그러한 중에도, 후후호토의 방디다 망지슈리 시레토 구시쵸르지(16~17세기 동안)는 『구문요용(具文要用)』이라는 불교철학의 중요한 문서를 기술하였고, 또 『대반야바라밀다경』(12권), 『마니경』, 『설화의 바다』, 『현우경(賢愚経)』, 『미라전』, 『모로무 토잉이 어머니의 은혜에 대한 경전』, 『금광명최승왕경』(금광명경)을 비롯한 경전을 아름다운 몽골어로 번역했던 것도 특필해두고 싶다.

그 당시의 가장 큰 번역은 "경(経), 율(律)의 번역"이라고 불리고 있었던 부처의 가르침의 집대성인 칸주르(대장경의 불어(佛語) 경부(經部)) 전 108권과, "논, 해석의 번역"이라고도 불리었던 고대 인도 저작의 집대성인 탄주르(대장경의 논부(論部)) 전 225권의 몽골어로 한 전역이었다.

칸주르의 번역은 다르마 구시가 저서 『천의 길』이라는 역사서 안에서 진술하고 있듯이, 리그덴 칸의 명령에 의해서 공가오도세르를 중심으로 한 학자 33명이, 1628년에서 1629년에 걸쳐서 몽골어로 전역(全訳)하고, 금자로 기술했다고 한다. 금분을 섞어서 먹물로 기술되었기 때문에, 금자 칸주르라고도 한다. 후에 그것을 수정하여, 1720년에 목판으로 인쇄했다.

탄주르는 여러 가지 학식, 전문적 술어를 포함하고 있으며, 그 역어를 통일하기 위해서 로르비도르지가 『현자(賢者)가 나오는 나라』라는 티베트어, 몽골어의 번역명의대집을 만들고, 그것에 의거하여 1742년부터 1749년의 약 7년 동안, 몽골 안에서 모인 200명 가까운 역자들이 탄주르를 완역하여 출판했다.

이렇게 고대 인도, 티베트의 위대한 문화유산인 칸주르, 탄주르의

330권 정도, 합계 5,000종 이상의 경전이나 논(論)을 모국어로 번역하여 출판할 수 있었던 것은 당시의 봉골문화생활에 끼친 크고 빛나는 성과이며, 인류전체의 문명에 공헌한 유목민족 몽골인의 한 가지의 큰 공적이다. 그러한 것들 중 가장 중심이 되는 것은 본역의 과정에서 문자로서의 몽골어가 더욱 세련되고, 어휘가 정비되어 형식이 정돈된 것이다.

에르겡 가부지 공보쟈부는 20세기 초까지 불교의 문제에 관한 문서를 저술한 문서 32권(통권), 인물 208명의 이름을 기록하여 소개했다. 최근 우리나라의 연구자에 의해서, 그 기록에서 빠졌던 지식인의 수가 증가하고 있음이 밝혀지고 있다.

티베트어로 문서를 만든 몽골 지식인 중에서, 할하의 자야 방디다 로부상페렝레이는 불교학문을 주제로 한 6권의 책을 집필했는데, 『받아들인 기념, 광명의 사전』이라는 종교 철학사의 대작은 대단한 명성을 떨쳤다. 또 웅두르 보구도의 제자로 에르데네 조 사원에 있었던 쵸르지 다쿠와다르쟈는 불교철학, 바라밀다의 교의를 전문으로 해서 32권의 책을 저술했다고 하는 예가 있다. 이러한 예는 많이 들을 수 있다. 이 무렵부터 티베트어의 읽고 쓰는 것이 가능한 몽골인 작가의 서사문화의 한 가지의 흐름이 창출되는 기반이 쌓여졌다.

몽골 부흥의 한 가지 정점은, 초대 보구도 웅두르 게겡 자나바자르였다. 그는 1647년에 서방후레를 건설한 것부터 시작해서 투세토한, 세쳉한의 영지에 몇 가지의 사원을 건립하고, 불상을 제작하였는데, 특히 1653년에 자연의 경관을 갖춘 조용한 시베토 산에 활불의 사원을 건립하고, 거기서 "자나바자르 예술"이라고 이름지은 대단히 섬세한 예술적 불상을 제작하였다. 현재 강당사에 있는 유명한 금강보살, 8개의 은의 불탑, 보구도 칸 궁전박물관에 있는 21종 타라의 안에 5존의 불상 등, 경탄할만한 예술작품이 있다. 자나바자르의 이러한 작품들에 의해서 몽골식의 불상제작방법이 확립되어 인도, 티베트, 중국의 조형과 비교해도 그의 작품쪽이 섬세하면서도, 상당히 구현적이라는 특징이 있다고 연구자는 생각하고 있다. 당시, 몽골에서 종교사원이 건설되게 되었던 것과 관련하여, 몽골인의 예술적 건축에 대한 지식이 발전하여 티베트, 중국의 사원과 구별되는 몽골건축이 생겼다. 간략하게 진술한 이러한 모든 발전을, 연구자는 종합하여, 16세기부터 17세기에 걸친 몽골의 부흥이라고 명명하고 있다.

그렇다면 현재의 몽골이 부흥하고 있다는 것은 정말일까. 국가가 붕괴되고, 국민이 빈곤에 빠졌다고 대다수의 사람들이 마음을 졸이고 있을 때에, 몽골이 부흥하고 있다는 것은 조금은 이해하기 힘들지도 모른다. 그러나 부흥의 조짐이 이 사회의 커다란 위험속에 있다는 것을 간과해서는 안 된다. 하늘의 시대의 비호에 의해서 이 시대 몽골의 진보적인 지식인들, 정치가들이 부흥의 별을 잡으려고 모든 가능성을 열었다. 부흥의 미래를 자연과 조화하여 사는 지속적 발전의 사상, 문명발전의 사상, 전통과 혁신을 종합한 사상, 인도적 민주주의사회를 종합적으로 발전시킨 국가견해를 볼 수 있다.

연구자 H.하부후가 밝힌 것에 의하면, 역사상 몽골인은 정치수준에서 3종류의 사상을 활용하고 왔다. 그 중 첫 번째로 샤머니즘 신앙이며, 그것은 요술이 강한 세력을 뽐내고 있던 시대의 사상이라고는 하여도, 하늘과 땅, 즉 자연을 숭배하는 사상이다. 그 다음은 불교사상이며, 몇천 년의 시간을 거쳐서 널리 알려지고, 몽골의 조건에 합치시켜 왔다. 거의 몽골의 것이라고 해도 좋을 사상이다. 세 번째는 마르크스주의 사상이다. 이것은 명확한 과학적 사상에 의해서 유지되었는데, 현재의 사회적 관계,

과학, 기술혁신의 상황에서 비판받게 된 사상이다.

그렇다면 현재의 몽골의 정치사상은 어떠한 것이어야만 하는가. 그것은 어떤 점에서 부흥의 요소를 포함하고 있는가. 현대 몽골의 정치사상은 몽골의 유목문명이 그 자연환경과 조화하여 사는 방법이 지속적 발전의 기초가 된다는 지혜와, 자연에게 어긋나지 않는 기계문명의 성과를 충족하고, 전통과 혁신의 통합을 충족시키는 사상이다. 정착문명의 입장에서 유목문명 측을 다시 주시하고, 그 훌륭한 면을 활용한다는 의미에서, 부흥의 내용과 일치한다.

현재의 세계에서는 흩어진 이 두 가지 문명이, 21세기에 만나서 통합하여, 하나의 특색을 창출하게 될 것인가. 인류는 혈연적, 노예적, 봉건적, 자본주의적인 사회체제라고 하는 발전을 해 왔다고 한다. 그러한 것 중 어떤 것은, 고전적 형태를 유지하지 못하고 변화하여 왔다. 그러한 모든 역사적 시대에서 유목문명과 정주문명만이 존재하여 왔다.

이러한 2가지 문명이 병존하고 발전하여 민주주의에 의해서 연결시킬 수 있다면, 한 나라라는 조직을 초월하여 세계의 보편적인 사상의 원리가 되는 것이 아닐까.

사람이 자기의 고향인 자연과 조화하여 생활하는 것은 필연적인 것이기는 하나, 그것을 활용하지 않고는 발전할 가능성이 없다는 것도 우리들은 알고 있다. 사람과 자연의 마찰이 문명발전의 원동력이며, 이러한 마찰이 인간을 자연과 조화시키는, 혹은 자연을 혁명하는 방책을 항상 향상시키는 근거가 된다.

손을 대지 않은 자연의 신성한 상태를 파괴하지 않도록, 그 균형법칙을 상실하지 않도록 변혁하여 생산활동에 적합한 생활양식, 행정구획, 국정구조, 사회적 관계, 습관·풍습 등의 문명을 창출한다.

그것은 자연과 조화되는 활동을, 자연을 변혁하는 활동과 연결시킴으로써 결합적인 성과를 창출한다. 혹시 양방의 활동의 어딘가가 극단적으로 되면, 예를 들어 변혁에 너무 중점을 두면, 환경문제의 위험성이 생겨서 문명은 위기에 빠진다. 조화에 너무 집착하면 발전이 정체된다.

몽골인이 몇천 년에 걸쳐서 영위하여 온 유목문명은 자연과 조화하고, 자연을 신앙하고, 균형을 잃지 않고 자연을 활용하는 방법과 기술을 지닌 문명양식인 것이다.

흉노시대부터 20세기에 이른 2,000년까지의 기간 사이에, 몽골인은 유목식의 목축업과 생산에 종사하는 경제시스템을 유지하여 왔다. 이것을 우리들은 "후진성"이라고 부른다. 정말로 이것은 "후진성"인 것일까. 혹은 지속적 발전인 것이 아닐까. 후진성이라고 평가하는 자는 산업이 발전하지 않고, 생활수준이 국제수준보다 낮기 때문이라고 설명한다.

인민혁명당은 우리나라를 산업목축업국으로 한다는 목표를 들고 있었는데, 본질적으로는 정착문명으로 이행한다는 의미를 지니고 있었다. 몽골국은 현재도 목축업이 우위를 차지하고, 불완전한 산업을 가진 나라의 상태가 계속되고 있다. 장래에 대해서도 당분간은 이대로일지도 모른다.

우리들은 자연에게 유해한 과학기술의 시대를 피해서 돌고, 그때 그들에게서 "뒤떨어졌지만" 자연히 우수한 진보적 과학기술을 모색하여 도입하면서, 자연을 활용하는 것이다.

진보발전에 대해서는 작가 알렉산더 솔제니친은 "과격한" 관념을 가지고 있다. 왜냐하면 진보발전이 자연을 돌보지 않고, 인간의 정신을 얕보고 그것을 신경쓰지 않는다는 생각이기 때문이다.

몽골의 작가 S.오용은 수년 전 자연을 파괴하지 않는 "후진성"은 진보가 아닐까 하는, 대단히 날카로운 지적을 하고 있었으나, 이것은 솔제니

친의 생각과 공통되는 생각이다.

이전의 몽골부족의 후신성 및 발전에 관해서 학자이며 작가인 Kh.페렝레이는 "후진성이란, 발전이 완전히 정지하여 없어지는 것이 아니라, 매우 복잡하고 완만하게 발전하는 것이다. 몽골을 지배하고 있었던 유목국가의 남서 및 동서에서 살고 있었던 몽골부족(다르레킹) 및 그 가까운 혈연이라는 다른 몽골부족은 기원전 3세기부터 10세기까지 약 1,000년 동안에, 균일하지는 않지만 온화하게 조용히 비밀리에 흥성하여 발전운동에 끌려갔었다"고 기술했다. 이러한 발언을 되풀이하는 것은 후진성을 정당화하기 위해서가 아니라, 후진성 안에도 응시하고 보지 않으면 안 될 많은 점이 있다는 것을 진술하고 싶었기 때문이다.

현재의 부흥의 내부요소로서 종교가 부활하여, 산악(山岳)·오보 신앙이 흥성하고 국가체제의 전통을 존중하여, 통상·경제의 문호를 다시 널리 개방하여, 모든 점에서 새로운 경향이 생기고 있는 것을 강조해도 좋다. 이러한 경향 및 부흥은 독립국가 몽골을 세계에 보여주는 것, 존속하는 목적과 연결시키고 있다.

생활수준이 국제수준보다 낮은 것이 후진성의 특징이라고 한다. 그러나 거기에도 해명하지 않으면 안 될 점이 있다. 선진공업국에서는 염소로 해독한 물을 정수하여 마시며, 사육한 가축의 무지방의 고기를 상질육이라고 간주하나, 몽골인은 산의 투명하게 솟아나는 물을 상등한 물, 야외에서 풀을 먹는 가축의 살찐 고기를 상질이라고 간주한다. 이러한 것은 그들과 우리들의 상호 이해의 차이를 나타내고 있다.

어린양의 모피, 양털의 데르를 옷장에 간수하여 2,300마리의 양의 무리를 울타리 안에 넣는 유목민이라고 하는 것은 모피외투를 몇 벌 가지고, 바깥에는 차를 두고 있는 유럽의 부호에 대등한 것이다.

몽골인의 필수품은 세계에서 생산되고 있는 모든 종류의 자동차, 현대의 "보잉" 항공기 등과 함께 철도 수송의 설비 이외에도 용감한 준마, 양 옆에 화물을 매단 낙타이다.

부흥하고 노동에 힘쓰고 생활하는 조건이 우리에게 있다. 태만을 버리고 규율을 유지하면서 평온하게 서로 사랑하고 서로가 힘이 되어주며 화목하게 생활하면 몽골인도 "아시아의 호랑이"의 국민보다 더욱 쾌적한 생활을 보낼 희망이 있다. 이것은 장래에 대한 기대가 아닌, 현재의 현실적인 상태이다.

몽골인을 몽골인답게 할 것, 또 몽골의 생활양식에서 생활하고, 자연스럽게 유지된 문명을 반드시 쌓고 가자는 것, 그것이 독립의 가치를 가진 것일지도 모른다.

이러한 혁명의 시대에 가장 가치 있는 것은 부흥이라는 기대라고 기술해 둔다. 일해서 창출하고, 생각하고, 이 시대의 문명을 세워가자.

부흥의 사상이란 이러한 것이라고 생각한다.

제12장
60년에 필적하는 역사상의 순간

- ⊙ 민주동맹의 제1회 대회에 출석했다.
- ⊙ 사회의 변혁이 이야기되고 있는 중에, 구식 기준에서 문제에 임하지 말아야 했다.
- ⊙ 미처 생각하지 못한 채 이 자리에 임명되어, 국가원수는 …
- ⊙ 헌법개정에 관한 법이 승인되었다.
- ⊙ 세계의 한 기적의 창조를 "지원"한 우리 선조의 강대함에 경탄하여,
- ⊙ 언제까지나 그곳에 서 있었다.
- ⊙ 자마르의 금, 마르다이의 우랑, 30년~40년대의 숙청
- ⊙ 최초의 민주선거에 모두가 참가하게 되었다.
- ⊙ 몽골에서 실시된 근본개혁은 60년분에 필적할 것이다.

▶ 민주동맹이 결성되어, 그들이 울란바토르의 길거리에서 여러 가지 전단을 붙이고 있었을 때, 당신은 어디에 있었는가. 그들에 대해서 무엇을 알고 있었는가?

— 민주동맹에 대해서, 나는 두 정보원으로부터 정보를 얻었다. 하나는 각의에서이다. 청년들은 회의에 출석하여 스스로가 무엇을 요구하고 있는지를 이야기했다. 또 다른 정보원은 내가 근무하고 있었

던 대외경제관계 공급성에 있던 청년들이다. 그들 중에는 민주동맹의 구성원이 된 사람도 있어서, 바바르가 직접 쓴 책을 읽고, 나에게도 그것을 보여주었다. 민주동맹의 제1회 대회의 자료를 성의 복사기를 사용하여, 복사하고 싶다는 요구가 있었기에 그것을 인정하고 도와준 일도 있었다. 그들이 올린 계획에는 잘못된 점은 찾을 수 없었다. 그래서 나는 그들의 의뢰를 거절하지 않았다.

▶ 당신이 민주동맹의 제1회 대회에 출석한 것은 우연이었는가, 혹은 필연적이었는가?

— 그렇다, 출석했다. 그렇게, 내각관방 간부의 지시가 있었다. 청년들도 대회에 정부관계자가 출석하는 것을 원했다. 대회에 갔다가 B.비양바수렝, K.자르디한을 우연히 만났다. 다른 사람들도 있었다고 한다. 이렇게 우연히 행했다. 그래도 지금 민주국가의 원수가 된 운명을 생각하면, 또는 필연적이었을지도 모른다. 말하자면 '우연'과 '필연'의 중간이라고 말할 수 있지 않겠는가.

▶ 단상에는 지도부의 경질을 요구하며, 장내에 가득찬 대표자들이 만세를 외치고 있었던 그때, 특히 대신인 당신은 무엇을 느꼈는가?

— 내각의 총사직이 아닌, 정치국의 경질이 요구되고 있었다. 그래서 "눈썹은 눈동자의 바깥"이라고 하듯이, 그 와중에 있었던 것은 아니므로 그다지 싫다는 기분은 없었다. 정치국을 경질함으로써 그 이하의 모든 것이 변한다는 것은 그다지 상상하고 있지 않았다고 할까, 어쨌든 나 자신의 자리에 당당하게 앉아 있었다. 어쩌면 대부분이 지지하고 있었는지도 모른다. 당시 소련의 페레스트로이카를

눈 앞에 두고 경제만을 개혁하려고 노력해도, 결국 그것이 성공하지 않는 것은 경제면에서는 소유를, 정치면에서는 국가체제를, 즉 사회전체를 총괄하여 변혁하지 못한 것이 원인이지 않을까라고 생각했기 때문이다. 그런데 우리나라의 청년들은 그 소련에서 부족했던 부분을 요구하고 있었고, 그들의 말이 정당하다는 인식이 있었다. 단지, 너무 격한 요구이기도 했지만.

▶ 대회에 출석한 자르디한이나 비양바수렝이라는 민주동맹 구성원에게 충고하거나 지원한 적은 있는가?

— 자르디한은 변혁을 이야기하자마자 당의 쇄신에 관한 논설을 몇 개 기술하여, 그 방면에서 청년들에게 충고를 하였다. 비양바수렝은 국가의 경제문제에 대해서 말하고 또 기술하기도 했다. 나로서 말하자면 우리나라의 대외경제는 아직 부족한 점이 많은 것 같다, 특히 소련, 코메콘, 사회주의 국가들과의 경제관계가 잘 이루어지지 않는다는 점을 자주 연설하였고, 그때 그렇게 확실하게 언급함으로써 그들과 마음이 맞았다. 또 성내의 청년들도, 내가 자기들편이라는 것을 들어 알고 있었을 것이다.

▶ 정부청사 안에서는 어떤 분위기였는가. 출입하고 있던 사람으로서, 언급할 수 있는 것은 무엇인가?

— 청사 내에서는 정치국만이 나라의 정세에 대해서 이야기를 나누었다. 각의에서는 "나라가 이렇게 중대사태에 직면하고 있는데 정부를 개입시키지 않고, 어째서 정치국만이 협의를 하고 있는 것인가. 그리고 무엇을 협의하고, 어떤 결정을 내렸는지를 어째서 정부에게

알리지 않고 있는가. 정부는 그들의 의견을 듣고, 또 스스로의 의견을 진술하고 싶다고 원하고 있다. 합동회의의 개최를 정하지 않으면 안 된다"고 하는 요망이 내려져서, 그것에 따라서 소도노무 수상이 정치국으로 갔다. 그리고 합동회의가 열렸다. 회의에는 정치국이나 인민대회의의 간부, 각료, 당 중앙위원회의 부장이 출석했다. 우리들도 의견을 진술하고, 데모를 금지해도 문제의 해결에는 이르지 못한다는 견해에 일치했다. 그 후, 정치국원에 의한 회의가 열려서, 바트뭉후 서기장이 중심이 되어 사임을 결단했다는 것이었다. 지금도 바트뭉후는 백기를 들어버린 겁이 많은 배신자라고 말하는 자가 있다. 확실히 당시의 기준에 어긋나는 점도 많이 있었겠지만, 사회의 변혁이 이야기되고 있을 때에 낡은 기준에서 문제를 해결해서는 안 되었다. 총사직하지 않으면 그 후의 사태는 심각하여 국익의 손실에 이른다. 그 중대함과 비교하면, 몇 명을 경질하는가 하는 문제는 아무것도 아니라고 하는 애국심에서 내려진 결정으로서, 지금은 모두가 정당했다고 이해하고 있다.

▶ **당신은 그토록 민주화된 사람인가?**

— 나는 민주화의 유망주는 아니다. 그렇지만 대외경제에 있어 민주화가 부족한 점은 일찍부터 느끼고 있었다. 그것은 『에코풀라넷』지에서 인터뷰할 때도 말했다. 과거 변혁에 대한 의견을 정부에게 제안한 적도 있었다. 이러한 모든 것을 생각하여 맞추어보면, 민주화를 원하는 "핵"은 내 마음의 안에 있었던 것이다. 바바르가 "지금이라는 시대를 살아가는 힘을 가진 인재다"라고 말한 나에 대한 평가를 나는 인정한다. 마음속에 있던 민주화의 불길은 개혁의 바람을 받

아서 다시 타올랐고, 국민이 나에게 준 높은 신뢰는 내가 민주화의 추진자가 되는 것을 요구하고 있었다.

▶ **당신은 어디에서 이러한 식으로 이야기하며, 자신을 "정당화"하고 있는가?**
— 정부청사의 인민대회의 간부회의장실에서이다.

▶ **그렇다면 자신의 방에서 이야기하고 있다는 것인가?**
— 그렇다. J.바트뭉후 의장으로부터 나는 드디어 최근 일을 이어받았다. 그러한 이유로 나는 나 자신과 이야기를 하고 있다. 오늘은 1990년 3월 24일의 토요일. 나는 3일 전에 이 직무를 그에게서 이어받았다. 연일 철야집회가 계속되어, 일에 대해서 논의할 기회도 없었고, 지금에 이르렀다. 그는 나에게 상당히 많은 일들을 맡겼다. 건네줄 서류나 물품은 없다. 모든 것은 보좌관의 서류함과 고문서관(古文書館)에 있다. 나라의 정세에 대해서 이야기할 것도 없다. 우리들은 일하는 틈을 내어 거의 1개월 가깝게 논의를 계속했다.

▶ **국정은 당신이 잘 알고 있지 않았는가. 인민대회의의 조직을 강화할 필요가 있을 것이다. 법무부의 사무태세를 정비하지 않으면 안 된다. 인민대회의 간부회는 23명의 취약한 조직이다. 부의장의 자리를 만들고 집무부, 혹은 총무부를 창설해도 좋다. 당신이 스스로 생각해서 결정하고 있는가?**
— 국방성, 대외관계성, 사회안전성이 관할 밑에 있다. 나라의 군사비는 예산의 약 8%이다. 소련에서는 4%라고 한다. 국방평의회가 군

참모본부를 겸하지 못할 것은 없다고 생각한다. 새로운 군 규정을 대회의에서 승인시키고 싶다.
— 우리나라에서는 국가조직의 전문가를 육성하지 않고 있고 이러한 방면의 교육기관도 없다. 인재양성의 시스템이나 학교가 필요하다. 서양제국에서 학생을 유학시킨다는 점에 주목하는 것이 좋겠다.
— 나라의 학술연구기관은 아카데미이다. 고등재판소, 검찰청, 경찰청은 인민대회의에 관계가 깊은 조직이다.
— 물자나 식료의 공급, 지방행정, 노동 및 연금법, 선거준비는 주의를 기울일 필요가 있다. 시장경제에 어떻게 이행하는지, 조정을 어떻게 행하는지를 잘 생각하지 않으면 안 된다. 구입가격에 주의하고, 자유시장의 흐름에 따르도록 노력하는 것이 중요하다. 가축의 28%가 개인의 소유이다. 국영기업을 민영화시키면 안 된다.
— 당과 나라가 협의하여 문제를 해결해가는 것이 바람직하지만, 이를 위해서는 당은 낡은 방법으로 정권을 유지하고 있다는 말을 듣지 않도록 할 필요가 있다.
— 인도적 민주사회주의란, 시장사회주의라는 것이다. 19세기의 자본주의, 근대의 레닌주의는 우리들 사상의 근원이었다. 최근의 10년간의 발전은 그것을 바꾸었다. 국경은 있어도, 사상이나 과학기술에 국경은 없어질 것이다.
— 민주화와 인권은 분리할 수 없는 것이다. 우리나라는 민주화로의 길을 1964년 이후 닫고 있었으나, 최근에는 다시 열고 있다. 이렇게 하지 않으면, 국제사회에서 고립상태에 빠져버리게 된다.
— 한 번 더 말하지만, 인민대회의의 조직을 잘 정비하도록 하길 바란다. 실제로 1972년의 상보 의장 이후는 책임자가 없는 것과 다름없

고, 명목뿐인 장소가 되어버렸다.

그는 이렇게 말하고, 나의 성공을 빌며 악수하고 방을 나갔다. 나는 문이 있는 곳까지 가서 그를 전송했다. 그는 풍부한 경험을 보강하는 중요한 의견을 많이 말했다. 그는 이전부터 온화하면서도 사람에게 흔들리지 않고, 말수는 적고, 의지할 수 있고, 매사에 신중하게 대응하는 남자다운 인물이다. 정정(政情)이 격하고 혼란스러웠던 당시, 그의 이러한 성격은 대단히 도움이 되었다.

▶ **그런데 당신은 어떻게 인민대회의 간부회 의장에 취임하기로 되었는가?**
— 나에게 충고하거나, 나의 의견을 묻는 사람은 없었다. 1990년 3월 21일 인민혁명당 중앙위원회의 제9회 총회가 열렸다. 인민대회의에서, 인민대회의 간부회 의장과 각료회의 의장의 문제에 대해서 협의했다. 정치국의 경질에 의해서 이 두 사람의 의장을 교체하게 되었다. 그리고 생각하지도 못한 것이, 내가 그 직무에 임명되어서 대신에서 국가원수가 되었다.

가끔 자기 스스로에게 반문하며 자기를 질책하는 경우가 있다. 민주화를 열렬히 외치고 있는 이 오치르바트는 인민혁명당의 신뢰가 깊은 인물이었던 것이다. 저 남자가 도대체 어떻게 해서 이렇게 높은 지위에 올랐을까 하고 말하는 사람들도 있었다고 한다. 이상의 "나의 자문자답(自問自答)"이 하나의 회답(回答)이 되었으면 한다.

내가 의장으로 취임한 직후, 셀렝게 아이막에 출장갔다라고 하는 것도, 나의 중국방문이 가까워졌고 지방의 사람들이 무엇을 알고 있고, 무엇을 이야기하는가를 머릿속에 넣지 않고서는 중국방문에의 효과를 제대로 얻을 수 없었기 때문이다. 게다가 셀렝게 아이막 내의 도로는 잘 정비되어 있고, 울란바토르에서 가깝고, 소련과 국경을 접하고 있는 등 많은 점에서 의의가 있는 것이었다. 출장의 목적은 몽골과 소련의 우호관계의 역사에 중요한 위치를 차지하고, 양국 국경의 "문"이기도 한 수흐바타르, 루탕보라쿠를 방문하여, 양국의 공동작업의 전망 및 공업발전에 대한 견해를 표명하는 것이었다. 수많은 장소에 가서 많은 사람들의 발언에 귀를 기울였다. 밤에는 노동자와의 회합이 현 중심지에서 열려서, 나는 바로 질문의 공세에 둘러싸였다.

　회합에서 내가 진술한 "나라는 철(鐵)의 얼굴을 갖는다"라고 하는 말은, 수년간 나를 비난하기에 알맞은 재료가 된 것이다. 법을 존중하는 법치국가를 건설하고, 국가 법규의 밑에는 모두가 평등하고, 잘못을 범한 자만이 책임을 져야 하는 것을 이해시키려고 하는 것이, 가치관의 강요라는 사회주의 시대의 낡은 원칙을 유지하고 있는 것 같이 받아들여지고 있었다. 이 말의 의미를 나도 설명하려고 시도하였다. 비양빙 링칭의 역사소설 『새벽의 빛(曉光)』에 이러한 일절이 있다. "… 당신은 호쇼 장이 자기의 아버지라는 것을, 어째서 처음에 가르쳐주지 않았습니까. 그러한 아버지가 있는 훌륭한 당신에게 괜한 것을 무심코 지껄여서 실례를 저지르면 어떻게 합니까. 어째서 말해주지 않았습니까" 그렇게 말하면서 미소를 띠자, 바토바야르 할아버지는 매우 진지한 얼굴로 "나라는 철의 얼굴을 갖는다라는 격언이 있다. 너나 나는 나라를 위해서 전력하고 있는 것이다. 나와 같은 시골 늙은이가 높은 사람의 교훈에 귀를 기울이는 것은 당연한 것이다"라고 말했다.

　회화의 내용을 보면, "나라는 철의 얼굴을 가진다"라고 한 말은, 일부의 사람들이 기술한 바와 같은 "철의 얼굴을 가면으로 쓴 만주족에게 아첨하여 알랑거리는 손발"에 대해서도 아니고, "이국의 잔인한 국가의 철의 가면"에 대해서도 아니다. 정치사에 관한 바른 의견을 서로에게 비위를 맞추는 일 없이 진술하여, 상대의 발언에도 귀를 기울이지 않으면 안 된다는 성실한 마음에 대해서 진술한 것이다.

　"나라의 철의 얼굴"이란, 법 밑에서 평등하다고 한 원칙이나 인권, 자유를 지키고, 성실하게 사는 것을 경고한 말이라고 나는 생각하고 있다. 나는 〈국가감사법〉을 국가대회의에서 상정할 때, 보고 중에서 범죄의 증가에 따른 대책으로 철의 주먹이나 회초리가 필요하게 된 것과 관련하여, "우리들을 탄압하여 채찍을 가하는 국가는 필요없다, 몽골인은 채찍을 가하지 않아도 국법을 지킬 능력을 갖춘 현명한 민족임을 확신하고 있다"고 말했다.

　"나라는 철의 얼굴"에 대한 말을 하게 한 셀렝게 아이막의 청년 아르탕게레르는 민주혁명 4주년 기념식전에서 나에게 축하의 말을 했다. 나는 몽골의 초대 대통령 후보로서 민주동맹에 추천된 것이다. 대통령, 민주화, 나라의 철의 얼굴이라는 3개의 말에는 이러한 연결이 있다. 그 이후, "오치르바트는 둔하게 되었다, 지금 세상이 혼란하여, 범죄도 증가하고 있다. 나라의 철의 얼굴을 보여주었으면 한다"고 단락(短絡)적으로 기술하여 비판하고 있는 사람들과 나는 생각을 다르게 한다. 대통령법에 기술되어 있지 않은 권한을 행사하는 생각은 나에게는 없다. 현재 몽골국에서는 나라와 국민, 국민과 국민 간에 대한 대부분의 관계가 법제화되었다. 그러한 법률을 준수하기 위한 재판법의 체계도 있다. 각 단계에 대해서 국가 메커니즘이 기능되지 않으면 안 된다. 그러나 대통령에게는 국익을 위해서 하지 않으면 안 될, 모든 것을 수행해야 하는 사명이 있다는 것을, 나는 한순간도 잊지 않고 있다.

사람들의 심리를 충분히 이해한 후에 이야기하지 않으면, 정당한 말로서도 오해받을 수 있다. 당시 사람들 사이에서 점차로 자유가 손에 들어오자 무엇을 이야기해도, 무엇을 해도, 좋다는 것과 같은 잘못된 인식이 팽배했다. 이러한 풍조가 생긴 것은, 민주동맹이나 타세력이 정치국의 경질을 계속 요구함으로써 "정치국을 항복시킨 것이다"라고 오해했던 것에도 그 원인이 있다. 그들의 요구에는 나라가 받아들이지 않을 수 없을 정도의 근거가 있고, 그런 이유로 그러한 성공에 이른 것이고, 단지 굶어서 외치고 있었던 것은 아니다. 인권과 자유를 향수하기 위해서, 타인의 인권이나 자유를 상하게 해서는 안 된다는 것을 사람들에게 되풀이하여 전한 결과, 사람들의 잘못된 생각을 올바르게 바꿀 수 있었다.

셀렝게 아이막의 중심지에는 "물자공급이 별로 좋지 않은 상태로서 어떤 물건의 가격, 예를 들면, 여성용 구두의 700투그릭이라는 가격은 소고기 1킬로하고 같고, 나라는 물가를 인하해주었으면 한다"라고 하는 요망도 받았다. 그것에 대해서 나는 "물품의 가격이 질에 따라서 다른 것은 당연한 것으로서, 필요성이나 구매력에 응해서 물품을 사야만 한다. 45투그릭의 구두를 살 수 있는 사람은 그것을 사고, 700투그릭의 구두를 살 수 있는 사람은 그것을 사면 된다"고 말했다. 실제로, 이것은 우리들이 지향하고 있는 시장경제의 기본원칙인 것을 이해시키려고 했으나, 거꾸로 여성을 모욕하고 있다고 하는 트집을 잡혔다. 이상이 나를 대단히 유명하게 한 세 가지의 이야기 중 두번째이다.

세 번째는 "다르가 — 전문직"이라는 "명예로운" 명명(命名)이다. 그 회합에 있는 사람이 도움이 되지 않는 다르가(장이 붙는 직위를 가진 자)들은 어느 장소에서 해고되어도, 또 다른 장소에서 다르가가 되고 있다고 말했다. "높은 수준의 일을 맡고 있던 사람이 그러한 일에 어울리지 않는다면, 조금 더 낮은 지위에 있지 않으면 안 될 이유가 없다. "다르가"라는 것도 또 한가지의 전문직이다"라고 대답했다.

당시, 사람들은 다르가 "의혹"증에 걸려서, 쇄신을 원하고 있었으므로, 다르가를 옹호하는 말은 기분좋게 들리지는 않았을 것이다. 애당초 다르가라고 하는 것이 지도하는 직위라면, 독자의 과학을 가진 "전문"인 것이다. 용접공이 일에서 실수를 저지르면 순위가 떨어지는 것처럼, 다르가가 일을 잘못하면, 조금 낮은 직책에 임명하지 않을 수 없다, 단지 그것뿐이다. "다르가 — 거느린다, 지도한다, 머리가 되는 역할을 맡은 자", "전문-과학의 한 분야를 중심으로 습득한 능력"이라고, Ya.체베르의 몽골어 해석사전에 기술되어 있다. 나에게 어떤 칭호를 주었을 때, 필요한 이러한 말을, 나는 "사랑하고" 있다.

나는 인민대회의 간부회 의장으로 선출된 직후의 연설 중에서, "우리나라의 이웃나라인 소련, 중국과의 전통적 관계를 모든 분야에서 확대·발전시키는 것이, 우리들의 첫 번째 목표이다"라고 진술하여 외교정책의 일부를 표명했다.

쇄신이 대단한 기세로서 진전하고 있는 상황에서 대 소련 및 중국 관계에 대한 국가정책의 주지, 양국과의 호혜적인 협력활동의 추진, 그리고 그러한 방책의 모색이 뒤로 미룰 수 없는 중요과제였다.

국가, 경제체제를 근본적으로 쇄신하기 위해서는 국외정세의 영향이나 상호이해가 꼭 필요하다. 당시 외교 부처에서는 국가원수에 의한 중국방문의 실시가 검토되고 있었다. 나는 1990년 5월 4일부터 7일까지 양상곤(楊尙昆) 중국 국가주석의 초빙에 의해서, 부인을 동반하고 중국을 국빈 방문했다. 이것은 최근 30년 가깝게 국가원수 수준에서 행하여진 최초의 방문이었기 때문에 양국관계의 발전, 상호신뢰의 강화, 양 국민의 기본이익에 합치되는 것뿐 아니라, 지역적 평화와 안정을 확립하기 위해서 바람직한 것이라고 우리들은 생각하고 있었다.

중국 측은 이러한 방문의 의의를 높이 평가하여, 나에게 깊이 경의를 표하고 우호적으로 맞아들였다. 위대한 중국의 수도 북경의 중심부, 인민대회당이 선 천안문 광장에서는 중국 육·해·공군의 의장병이 줄지어 선 앞에서 몽골 국기가 게양되어, 군악대에 의해서 몽골국가가 연주되었다. 나는 감격으로 가슴이 두근거리고, 뜻밖에도 옛날과 지금 몽골의 역사가 머릿속을 스쳐 지나갔다.

방문 중에 중국공산당 중앙위원회의 장쩌민(江澤民) 총서기, 양상곤(楊尙昆) 국가주석, 이붕(李鵬) 국무원 총리들과 각각 우호적으로 회담하고 교섭하였다. 양방의 적극적인 제안과 노력에 의해서 양국관계는 진전하고, 국민 간의 신뢰와 상호이해가 깊어짐과 동시에 안정적인 관계를 쌓은 것을 양방은 만족스럽게 확인했다.

우리나라에서 진행하는 혁명·쇄신의 목적과 그 과정, 첫째로 해결해야 할, 대응하고 있는 과제에 관한 설명이 내가 진술한 사항의 주요부분이었다. 장쩌민 총서기는 시장경제로 이행할 때에는 그 뒤를 그림자처럼 따라다니는 폐해를 미연에 방지할 것, 가능하다면 그것을 회피할 것, 그것이 무리라도 피해를 최소로 줄이는 것을 생각하지 않으면, 이행이라는 것은 대단히 어려운 것이라고 말했다.

또 쇄신을 행하기에는 안정적 상태가 매우 중요하고, 거기에 주목하지 않으면 안 된다고 나에게 조언했다. 그가 말하는 내용이나 분위기에는,

눈에 띄지는 않지만 설득력이 있고, 자기의 말에 자신을 갖고 조심스럽게 말하는 사람이라는 인상을 받았다. 그는 공사에 관한 이야기, 예를 들면 소련의 지르 자동차공장에서의 실습경험에 대해서 말했다. 우리들은 일부의 사항을 러시아어로 협의하여, 대단히 친한 분위기로 끝낼 수 있었다.

양상곤 국가주석은 연장(年長)세대 지도자의 한 사람으로서, 군 내에서도 높은 지위에 있는 경험의 풍부함을 짐작할 수 있는 인물이었다. 직무에 관한 일반적인 이야기보다도 인생론에 대한 농담섞인 이야기를 하고, 주위의 사람들을 끄는 힘이 있었다. 대외교섭에 대해서 상대의 표정의 변화나 목소리의 미묘한 차이를 섬세하게 관찰하여, 교섭의 전체적인 분위기를 평가하는 것에 주의를 기울여야만 했던 시대가 있었다고 한다. 그렇게 생각하면, 양상곤 주석과 내가 만면에 웃음을 띠고, 이야기하는 사진을 한 장 게시판에 걸어두면 번거로운 설명 등을 하지 않아도 상황은 일목요연할 것이다. 이 회담은 우리나라가 남쪽의 이웃나라와 우호적으로 악수를 교환한 증거이다.

방문의 주요한 성과로서는 1960년에 체결된 〈몽골인민공화국과 중화인민공화국 간의 우호 및 상호원조에 관한 조약〉을 기반으로 하여, 국가의 전권과 영토의 존중, 침공의 금지, 내정불간섭, 평등과 호혜적 관계의 유지, 평화적 공존이라는 원칙하에서 양국의 우호나 협력관계를 강화·발전시키는 것을 상호 확인한 공식문서를 발행한 것을 들 수 있다. 이것은 조약의 원칙을 확실시함과 동시에, 양국관계의 조건에 새로운 내용을 반영한 획기적이면서 의미있는 사항이었다.

나는 방문의 일정대로 역사·문화관련 시설이나 공업시설, 여러 가지 관광지를 방문했다. 만리장성의 정상에 서고, 또 북경오리도 맛보았다.

그것뿐 아니라 조리장에도 들어가서 오리를 굽는 기술도 볼 수 있었다. 만리장성에 오른 사람은 모두 각자만의 인상을 지닌다. 나에게 이것은 방어를 위한 성벽이 아닌, 5,000킬로에 이르는 성벽의 도시인 것처럼 느껴졌다. 역사와 건축의 집대성인 이 성벽도시는 관광이나 오락을 위해 방문한 사람들로 가득 차서, 숨돌릴 틈도 없는 광경을 눈앞에 보았다. 산정에서 실로 높이 솟은 이 장성 이외에 바람을 가로막는 높은 건물은 없을 것이다. 기원전의 시대에 이러한 기적을 창조한 사람들에게 감복하는 마음과, 그것에 "공헌"한 우리 선조의 든든함에 감탄하는 기분이 혼합되었다. 유목의 백성 몽골인이여, 역사는 죽음에 그침없이 재생하는 일도 없고 역사인 채로 남는 것이다.

만리장성은 세계의 7대 불가사의(不可思議) 중 하나이다. 7대 불가사의 중 하나에 인도의 타지마할이 있는데, 나라의 배려로 나는 이것도 볼 수 있었다. 외교관 B.쟈르가르사이한은 "타지마할을 보지 않고, 인도에 간 적이 있다고 말하지 말라"라는 말이 있다고 쓰고 있다. 실로 타지마할은 사랑이야기, 건축의 기적, 대지에 높이 솟은 마음이라고 생각하는 것이었다. 그것을 세운 황제와 세운 사람들의 마음이, 이러한 하나의 하얀 탑이 되어 결실한 것이다.

프랑스의 어느 학자는 타지마할을 "인도를 침투한 이란의 영혼"이라고 저술하고 있다. 이것은 타지마할을 인도와 이란의 건축양식이 조합한 것이라고 생각하고 있는 것이다. 나로서는 다른 의견으로, 오히려 인도에 침투한 흉노의 영혼이 아닌가 하고 생각하고 있다. 설명해 보면 몽골인은 균형이 잡힌 상태인지 어떤지의 기준의 하나에 좌우대칭의 논리를 고정하고 있다. 타지마할의 네 모퉁이의 첨탑이나 중앙의 투구형을 한 머리부분, 그리고 그것을 둘러싼 작은 4개의 머리라고 하는 부분은 전부

좌우대칭으로 만들어졌다. 이것은 몽골건축의 지혜라고 할 수 있을 것이다. 가장 중요한 것은 높이 75미터의 중앙의 머리 천정에, 몽골의 소용보(국기에도 묘사되어 있는 나라의 상징)에 묘사된 태양, 달, 불의 3개가 배합되어 있고, 흉노의 영혼이 타지마할에 들어간 것을 나타내는 것이다. 332년 동안(1526년~1858년)의 영화를 자랑한 무굴(Mughul) 제국의 황제들의 역사는, 세계에서 소수의 위업의 하나 중에서 이토록 영원히 남아서, 이 기적도 또한 몽골민족이 만든 것이다.

타지마할은 총대리석 구조로서, 그 주위나 내외에 금, 은, 산호, 진주, 터키석, 유리, 강철, 동, 진주조개라고 하는 9보(九寶) 외에, 옥수, 석류석, 에메랄드, 메노, 수정, 녹청, 규석 등을 우아하고 아름답게 박아넣은 장식이 입혀져 있다. 실로 사치스럽고, 마치 7색의 무지개 위에 음표를 여기저기 박은 것 같다.

사람으로 들끓는 만리장성은 도대체 어디에서 온 것일까. 한 마리의 다람쥐가 무서워하는 모습도 없이 나와 체베르마의 옆에 모습을 보였다. 우리들은 이 작은 다람쥐를 마치 낯이 익은 것처럼 둘러싸고, 바나나를 대접하니까 다람쥐는 물론 좋아라 그것을 먹었다.

세계 불가사의 중의 2대 건축물에 대해서 위에서 한번 진술해 보았다.

그 후 내몽골자치구에 가서, 샤르무룽 솜의 목민 도부동가를 방문했다. 도중에 그 땅의 사람들은 말이나 차를 타고 와서 우리들을 마중나와서, 하다쿠(의례용의 견포)나 은의 그릇에 담긴 술을 손에 들고, 노래를 부르고, 축사를 읊었다. 동도부가에서는 게르와 또 한 가지, 흙으로 만든 집이 있다. 그들은 나를 고좌(高座)에 초대하고 앉혀 음식이나 차를 대접해 주었다. 오쓰(양의 둔부의 고기)를 내놓았는데 꼬리가 없다. 자기들을 몽골국의 대통령이 방문하고 있는 것을 매우 기뻐하고 있는 것을 확실하게 알 수 있어서, 우리들의 가슴도 두근거렸다. 그 집의 주인도, 부인도, 녹색의 데르에 황색의 띠를 매고 있었다. 4남 4녀를 두었는데, 모두 이미 독립하여 자기의 가정을 만들었다고 한다. 일가는 양 300마리, 소 10마리 정도, 말 5마리를 소유하고, 매년 1만 위안(元)의 수입이 있다고 이야기했었다고 생각한다. 밤에는 후후호토의 인민대표대회 의사당에서 콘서트를 감상했다. 또 내몽골자치구 인민정부 주석의 오랑후긴 부후에 신성영빈관에서 대접을 받았다.

이 방문의 의의와 성과 또한 양국 간에 체결한 협정에 대해서는 매스컴에 의해서 널리 전해졌으므로, 그러한 모든 것을 자세하게 진술하지는 않겠다. 나의 방문에 대해서, 당시의 어느 신문에서는 이렇게 기술하고 있다.

"국권을 장악하여, 국민을 위해서 진력할 의무를 진 인민대회의 간부회의 '전문(專門)' 의장 P.오치르바트는 스스로도 논의의 여지가 있다고 인정했다, 국민의 일부에 의한 획기적인 요구를 내버려둔 채, 정정혼란에 빠져서 단식시위를 선언하며 주저앉거나 스트라이크가 시작된 모국과 국민에게 철의 얼굴, 굵은 목을 보이고 이국으로 여행을 떠났다 … ." 민주화는 이렇게 해서 시작하였다. 무리도 없다. "샘이 깨진 후에는 탁함이 있다"고 하듯이, 변혁에 따른 혼란은 당연한 것이니까.

그러나 정치적 쇄신이 행하여진 이 시기에는 우리나라에 대한 혁명의 본질과 국가정책을 가까운 나라인 중국과 소련에게 정확하게 이해시켜서, 가야할 길의 방향이 잘못되지 않게 하는 것이 중요했다. 방문에서 귀국한 다음날인 1990년 5월 1일, 인민대회의 제11회 선거의 집회가 울란바토르에서 열렸다. 회의는 오전 8시 50분에 개시되어 그날의 23시 27분까지 14시간 반 동안 계속되었다. 새로운 국가체제의 특징에 대해서는

"몽골국가"의 장에서 이미 진술하였다. 그러나 이 체제를 만든 과정에 대해서는 기술해두고 싶다.

집회에서는 몽골인민공화국의 국권을 장악하는 최고기관의 구조개혁에 관한 헌법보충 개정안을 내가, 정당법안을 O.쟝바르도르지 법무·조정대신이 발표하여 협의를 진행했다. 집회에는 민주동맹, 민주당, 자유노동당, 녹색당, 농목민연합, 민족진보당, 사회민주당, 민주사회주의운동, 신진보연합, 학생연합, 노동자통일연합 등의 당 및 연합의 대표자인 S.조리구, E.바토우르, kh.마무, G.오토공바야르, Ts.수흐바타르, D.강보르도, D.도르리쿠쟈부, D.라므쟈브, R.공치쿠도르지, E.이데시, Sh.바도라, L.보르도, D.쟈르가르사이한 등 24명이 초대되었다.

헌법개정안에 있어서는 인민대회의 및 대통령제를 가진 몽골인민공화국의 국권장악의 형태를 1장으로, 다른 1장에는 나라의 행정기관인 내각의 업무에 대한 기본원칙, 조각과 해산, 업무의 담당이나 보고에 대한 원칙 등을 명문화하였다.

"인민대회의는 몽골국민의 전권을 대표한, 국권을 장악하는 대표자단에 의한 최고기관이다"라고 하여, 헌법의 채택과 개정, 대통령 및 부대통령의 임면(任免), 국가소회의 의원의 선출과 교체, 대통령에 의한 총리대신 및 검사총장의 임명, 최고재판소장관의 임면, 그 외 많은 전권이 기술되어 있다.

또 "국가소회의는 입법, 감사, 조직의 전권을 가지고 국권을 장악하는 상설최고기관이다"라고 명문화하였다. 이 법률에 대해서 가장 독특한 시세를 반영하고 있으며, 상설의회의 여야 당 균형을 민주화의 이익을 위해서 조정할 수 있는 특별한 개념은 국가소회의를 조직하는 원칙이었다. 제6조에, "국가소회의는 의장, 부의장, 서기장 및 50명의 의원에 의해서 구성된다. 부의장 및 서기장은 인민대회의 의원에 의해서 선출된다. 의장은 부대통령으로 한다." 제7조에는 "인민대회의는 국가소회의 입후보한 각자에 대해서 협의하고, 무기명투표에 의해서 선출한다.

그때, 합법적으로 등록된 각 당의 명부에 의해서 일제투표를 행하여, 그 결과에 의거하여 필요 표수를 획득한 정당에게 국가소회의 의원의 위임장을 동등하게 분배한다. 정당은 획득한 위임장의 수에 의하여, 인민대회의 의원 또는 당원·비당원을 국가소회의 의원 후보자로서 옹립한다. 인민대회의 의원의 과반수의 지지표를 획득한 자를, 국가소회의 의원으로 선출된 것으로 간주한다. 국가소회의 의원의 4분의 3은 인민대회의 의원에 의해서 선출된 것으로 한다"라고 기술되어 있다. 이러한 개념의 최종적인 명문화에는 B.치미도, R.공치쿠도르지와 나, 이렇게 3명이 주요한 역할을 수행했다.

이 헌법개정안에는 몽골의 국가체계에 대한 전혀 새로운 원칙이 또 하나 도입되었다. 국가 원수인 몽골인민공화국 대통령이라는 공직이 법률에 의해서 정해진 것이다. 제13조에는 "대통령은 민주국가의 원수이며, 국가의 독립과 국민의 통합을 보증하기 위한 것이다"라고, 대통령에 대해서는 "법을 제정하고, 그것을 시행하는 최고기관의 업무를 조정하고, 방향성을 정한다"고 정했다. 이것은 정당한 조문이다.

몽골국가의 역사에 대해서, 인민대회의 제11회 선거에 의해서 선출된 368의원의 공헌은 극히 다대하고, 명예로운 공적은 영원히 남을 것이다.

인민대회의 회의가 열리고, 헌법개정안 및 정당 법안을 채택하여 인민대회의 간부회의 구성원을 교체하여, 노동 영웅의 칭호를 가진 Ch.아바르자도, 저명한 소아과의 D.겡뎅쟈무쓰, 몽골 올림픽위원회 회장 S.보르도 등을 간부로서 선출했다. 또한 소련 방문시에 협의를 예정하고 있던,

천연 자원의 이용 방침에 대한 의견의 보고와 협의를 단행했다. 이렇게 해서 1990년 5월 13일의 일요일에 모스크바를 향해서 출발했다.

소련 대통령이며, 공산당 중앙위원회 서기장인 미하일 세르게예비치 고르바초프가 나와 G.오치르바트 인민혁명당 서기장을 공식 초청한 것이었다.

모스크바의 공항에는 소련의 에두아르도 세바르드나제 외무대신, B.I.화링 공산당 중앙위원회 국제관계국 국장, R.D.훼오도로프 동국 제1부과장, I.A.로가체프 외무차관이 마중나왔다. 나는 레닌 상이 있는 9호동에, G.오치르바트는 15호동에 숙박하였고 다음날, 우리들은 소련정청에 대한 M.S.고르바초프 대통령과 공식회담을 가졌다.

방문의 목적은 이 변혁기에 양국의 정치, 경제에 관한 협력관계에 대해 임박한 문제를 협의하여, 해결책에 대해서 논의하고 합의에 이르는 것이었다. 방문 중에 나는 소련최고회의의 A.I.르캬노프 의장이나 의원들과 회담했다. G.오치르바트 인민혁명당 서기장은 소련공산당 중앙위원회 정치국 국원인, A.I.야코블레프 당 중앙위원회 서기장과, Ts.공보수렝 대외관계대신은 E.A.세바르드나제 외무대신과 각각 회담하였다. 고르바초프 대통령과 나는 교섭 중에 구체적인 문제에 대해서 협의한 성과를 이하에 진술하도록 한다.

1. 과거에 양국 간에 체결한 조약 및 협정을 재점검하고, 개정 또는 무효로 해야 할 사항을 선정한다는 몽골 측의 제안을 지지하여, 경제에 대한 조약에 한하지 않고, 모든 조약을 재점검하는 것으로 합의했다.
2. 양국 간의 무역 협력 활동에 대해서, 세계시장의 상황에 따라서 앞으로 5년간의 무역에 태환외화(兌換外貨)를 사용하기로 합의했다. 또 몽골 측에

서 수출하는 원료 가격을 인상하는 것을 원칙적으로 승낙했다.
3. 몽골에서 일하는 소련 전문가의 인원수를 삭감하기 위해서 실시하고 있는 방책을 계속하는 것으로 합의했다.
4. 소련에서 공여된 장기 차관의 반제 조정의 건에 관해서, 물가의 오름세와 관계하는 부분 및 사회 전체를 대상으로 한 투자, 무역수익의 차액을 반제액에서 제외하여, 잔고의 반제 기간을 무이자로서 50년간 연장하기로 제안했다. 한편으로는 공업 분야의 공동작업에 공여된 차관에 대해서는 변제하도록 전했다. 소련 측이 이 건에 대해서 최종적인 결정을 내리게 되었으나, 어떠한 형태로서 해결하는지는 별도로 협의하게 되었다.
5. 자마르 광산의 하이라스토를 제외한 지역의 활용 개시를 연기하여, 하이라스토 지역에 대한 지질학 합동 연구 그룹의 활동을 정지하여, 현재 건설 중인 공장은 몽골 측이 기술지원의 명목에서 이용하는 것을 제안하고, 원칙적으로 합의했다.
6. 마르다이의 "에르데수" 공장의 조업을 계속하여, 연간에 이용하는 우랑의 양을 증가시키도록 제안했다. 우랑 혼합금속의 광상 활용에 대한 예산이 정해져서 차제에 활용 형태를 결정한다는 제안을, 소련 측은 기본적으로 승낙했다.
7. 아수카도 은광의 예비 탐사를 현재의 합의에 의거하여 완료시켜서, 그 결과를 고려하여 이용 문제를 결정하지 않으면 안 된다고 하는 판단이 내려졌다.
8. 1930년부터 40년대의 숙청의 시대에 몽골의 당, 나라의 지도자층 및 지식인이 소련에서 처벌된 문제에 대해서 상세하게 조사하여, 몽골 인민혁명당, 소련 공산당이 같이 정치적 결론을 내리기로 합의했다.

인민대회의 및 최고회의의 업무에 관한 구체적인 정보를 르캬노프 최고회의 의장과 교환하여, 우리들의 이야기는 내부의 사정에까지 이르렀다. 르캬노프 씨는 "앞으로는 당의 관계보다도 국가당국의 관계가 우세해진다. 이것은 양국에 존재하는 각종 정치적 세력의 개입을 재촉하고, 그 견해를 주시하는 것과 관계가 있다"고 강조했다.

최고회의 각 위원회 대표단과의 회담에서는 우리나라에서 진행되고 있는 민주화의 양상을 상세하게 전함과 동시에, 양국관계의 현상과 전망, 차관 변제의 조정에 대한 상황을 구체적으로 보고했다. Ts.공보수렝 대외관계 대신, E.A.세바르드나제 외무대신들은 몽골에 주둔하고 있던 소련군의 몽골국 내에서의 철수의 경과에 대해서 정보를 교환하고, 군사분야에 대한 협력 활동을 새로운 조건에 합치시켜서 쇄신하는 것에 대해서 논의하였다. 고르바초프 대통령은 이미 우리나라에서 보낸 초대장을 받았고, 식사 중에 방문을 위한 준비를 개시하도록 세바르드나제 외무대신에게 명하고 있었다. 그러나 두 사람의 대통령의 방문은 어느 쪽도 실현되고 있지 않다. 또 방문 중 나는 카르무이쿠 공화국의 W.M.바샹노프 최고회의 의장과 면회했다.

재 모스크바 몽골 대사관은 국제기관에서 일하는 몽골인 학생이나 대학원생들과 회합을 열었다.

고르바초프 씨가 양국관계에 대한 우리들의 질문에 극히 현실적인 태도로서 응하고 이해와 지지를 보여준 점에, 나는 개인적으로도 만족하고 있다. 고르바초프 씨는 우리나라의 민주화에 커다란 힘을 준 인물이다.

소련방문을 끝낸 나는, 인민대회의 의원 제12회 선거에서 지방부의 인민회의 의원 제16회 선거를 1990년 7월 29일에 실시할 명령을 내렸다. 또한 헌법개정조문에 기술했던 대로, 국가소회의를 선거의 제1단계로 하여, 합법으로 등록된 전 정당을 지지하고 있는 것을 표명할 목적으로, 인민대회의 의원 선거법에 의거하여 국내 일제투표를 이 선거와 동시에 실시할 것을 명령하였다.

이날부터, 몽골에서는 신선거법에 의거한 최초의 민주 선거운동이 시작되었다. 인민대회의 의원 선거구위원회는 도시 및 지방부의 노동자, 당, 공공의 제기관, 군인회의에서 선출된 사람들을 구성원으로 하였고, 인민대회의 간부회의는 1990년 5월 17일자 120호령에 의해서 조직되었다. 선거구위원회의 회장은 우주비행사 지구데르데미딩 구르라쿠차, 부회장은 호르메토베쿠 교수, 서기장은 인민대회의 간부회직원 샤르방디였고, 그외 22명의 회원이 있었다.

하나의 선거구에 명망있는 후보들이 입후보하여 치열한 경쟁이 펼쳐졌다. 경쟁이 치열하게 되면 될수록, 우리들은 자연스럽게 민주화를 배울 것이다. 나의 이름도 투표용지에 기술되었다. 인민대회의 의원 입후보자로서 나를 추천하는 승낙을 수개소에 요구하였으나, 어느 선거구에서 누구를 추천하는지는 각당이 결정하고 있었고, 나는 아지르칭 지구의 제24선거구에 넘겨졌다. 그쪽으로 가니까 입후보자 중에서 사회민주당 창설자의 한 명이며, 민주사회운동 그룹 및 사회민주당 실행위원, 정치평의회위원, 몽골국립대학의 수학교관인 라부당긴 하탕바토르가 있었다.

사회민주당의 구성원은 대단히 활발한 선거활동을 행하고 있었다. 어느 때인가 바바르가 정부청사의 내가 있는 곳에 와서, 이렇게 충고하였다. "당신의 추천을 결정한 회의에 위법행위가 있었다. 자료 중에서 부족함이 있다. 후에 소문이 날 염려가 있고 그렇게 되면 당신에게도 좋지 않을 것이다. 우리들의 당은 이 선거구에서 꽤 적극적으로 활동하고 있으니까, 경쟁상대에게는 만만치 않을 것이다. 인민대회의 간부회의장의 입장에 있는 당신이 압승한다는 상황이, 후에 중요하게 될 것이다." 실제, 제24선거구에서의 입후보에 관한 서류를 점검한 결과, 중대한 위반은 아니지만, 불충분한 부분을 발견했다. 이러한 치열한 경쟁에서는 어떤 논란거리도 있어서는 안 되는 것을 나도 이해했다. 거기서 선거관리위원회와 논의하여, 샤린고르 지구에서 입후보할 것이 결정되었다.

이렇듯, 1990년 6월은 선거운동 일색으로 온통 칠해져 대소동의 달이 되었으나, 사람들의 사회생활이나 국가의 모든 일들은 일상대로 계속되고 있었다. 월초에는 생산자 조합의 임시대회에 출석했다. 각당 당수들과 만나서 선거에 대해 논의했다. 새로운 여객기의 구입에 대한 수렝호르로의 의견을 협의하여, 석유의 탐사, 타왕토르고이에 있는 코크스 화석탄의 광상 이용 등의 문제에 대한 바토호야쿠 대신의 견해를 들었다. 또한 인민대회의장에서 보도 관계자나 기사들과 회합하여, 그들의 건의에 귀를 기울였다.

석유 등의 탐사와 그 활동 문제에 대해서, 몽골 지질부 부장인 Z.바르수 부대신과 의견교환을 하고, 이 건에 관한 정보를 통일적으로 관리하여 이용단계로 이행하기 위한 준비작업의 방침에 대해서 합의했다.

몽골 건축가 제1회 대회의에 출석하여, 건축관계단체 및 건축가의 의견과 요망을 들었다. 인민혁명당 중앙위원회의 제3회 총회에서는 체덴바르의 지지자에 대한 문제가 협의되었다. 일상의 생활이 영위되어, 누구든지 선거에 대해서 말을 하던 그때, 민주당과 민족민주당이 선거에 참가하지 않는다는 이야기가 갑자기 발생하여 공식발표가 된 것이었다. 무엇인가 나쁜 일이 생겼는가 하는 위기감이 스쳐갔다. 이러한 이야기에 따라서 국민의 일부가 선거에 참가하지 않는다고 하게 되면, 선거는 무의미하게 되어버린다. 민주선거도, 민주사회도 존재하지 않고, 전부가 다시 혼란스러워지기 시작한다는 것이다. 새로운 정당은 순조롭게 진행되고 있다, 그들에게 참가를 감청할 필요는 전혀 없다, 낡은 정당만으로 어떻게든지 선거를 실시한다고 분개하는 사람들도 있다. 정치세력의 균형에 대해서 우리들은 아무것도 생각하고 있지 않았다. 이 이야기는 듣지 않은 것처럼 내버려두는 것이 좋다.

교섭의 경험이 없는 것도 아니었기에 나는, 이 정당의 청년들과 만나지 않으면 안 된다고 인식했다. 나는 민주화의 움직임이 시작되던 당초보다, 이렇게 화해의 장에서 만나서 나름대로 중재의 역할을 하고 있었던 것이다. 나는 그들과 만났다.

오치르바트 선거참가에 대한 이야기는 끝났는가. 혹은 아직 계속되고 있는가?
조리쿠 민족민주당, 우리당 양측 모두에서 계속되고 있다.
오치르바트 의견은 갈라진 채로인가?
강보르도 첫날은 전원 모두 반대였다.
치미도 결국, 당수 자신도 반대했다는 것이다.
오치르바트 민족민주당의 소회의 임원은 몇 명 있는가?
강보르도 61명 있다. 당과 연합을 합쳐서 100명 정도가 회의에 참가하고 있다.
조리쿠 민주당원들은 당신과 만나고 싶어 한다.
바토수후 모두 모아서 이야기를 하면 어떨까?
오치르바트 소회의에 가서 만나자고 하는 것인가?
바토수후 여하튼, 합동회의를 여는 것이 좋겠다. 우리들은 각자 충분히 이야기했다. 지금은 오히려 모두 모아서, 당신과 치미도 씨가 그쪽으로 가서, 상황을 파악하면 어떤가?

오치르바트 그렇게 하자.

치미도 인민대회의장에서 모여도 좋다.

오치르바트 우리들이 의견을 일치시키지 않으면, 앞으로는 시간이 없다. 당신들이 이야기하고 있는 문제에 대해서 2개의 서류가 와 있다. 정당법의 일부를 재점검하게 되어 있었으나, 인민대회의를 조직한 후에 최초의 의제로서 협의하기로 하자. 물론 국가소회의에서 위임하게 되겠지만, 그것보다 전에 법안을 기초할 필요가 있다. 공업기관이나 법, 감사기관 내부의 당조직에 대한 문제도 있다. 인민혁명당 중앙위원회 총회는 최근, 군내부에 대한 당조직의 활동을 정지시켰다. 외교직, 법, 감사기관, 경찰청을 재편성하여 공업기관은 공업과 지역이라는 두 개의 방면에서 조직하도록 되어 있었으나, 지역의 방면에서만 남기자는 의견이 있다. 이러한 이야기는 오늘 하기에는 시간이 없다. 선거를 현행법에 따라서 실시하자. 새롭게 조직된 국가소회의에서 선거법을 쇄신하여 승인할 것이 요구된다. 지금부터 새로운 법률을 채택하여 선거를 행하려고 하는 작업도 힘들고, 정정불안을 일으키게 된다. 선거의 과정에 나오는 위법에 대해서, 검찰청이나 법기관이 지방에서 조사하여, 중대한 인권침해나 사상에 의한 숙청을 즉시 그만두게 하는 작업을 조직화하자. 명백한 증거가 있는 위반에 대해서는 법, 감사기관이 대책을 강구해서 일소할 필요가 있을 것이다. 라디오나 텔레비전의 광고활동의 조건이나 재정면은 개선될 수 있겠고, 그 광고활동에 대해서도 나에게 들을 것 없이, 각자 책임자와 교섭할 수 있을 것이다. 이 정치적 요구에 대한 회답을, 7월 26일 이전에 내도록 요구했다. 이것에 관련하여 나는 모든 의제에 대해서 의견을 진술하겠다.

바토수후 14시부터 회합 전에, 조금이라도 이야기를 진행시키고 싶다.

오치르바트 예를 들어서 무엇에 관해서인가?

바토수후 국가 소유재산이 분배되었으나, 실제 우리들의 구좌(口座)에 얼마가 들어가 있는가 하는 것이나, 어떤 진전이 있었는가를 알고 싶다.

오치르바트 구체적으로 이야기하자. 우선 인민혁명당의 당비 징수는 5월 14일까지 하고 그만둔다. 이것은 전 총회에서 이야기한 것이다. 다음으로 우리들은 각 당의 당원수를 고려해서, 선거운동자금을 나누었다. 군 내부의 당조직의 문제에 대해서는 법규에 의해서 통일될 때까지, 먼저 활동을 일시 정지시켰다.

바토우르 일시라고 하는 것은 어느 정도의 기간인가?

오치르바트 법률이 나올 때까지이다. 법률이 없는 상태에서 이 문제를 해결해서는 안 된다. 법안을 작성하는 사람들은 준비해야 한다. 지금은 선거에 참가했으면 하는 것만을 말하고 싶다. 우리들이 서로 이해해서 조화를 강화하는 것이, 앞으로 몽골의 외교관계에 영향을 미칠 것이다. 우리나라의 정책은 외국, 특히 서양제국이나 국제기관과의 관계를 넓히기 전에 주도면밀하게 관찰하는 경향이 있는 것 같다.

바토수후 그것에 대해서는 우리들도 동료들에게 이야기했다.

오치르바트 인구가 적은 몽골인이, 서로에게 신뢰하지 않고 의견을 조정하는 것이, 외국의 눈에는 어떻게 비쳐지고 있는 것일까. 우리들이 이야기를 나누고, 서로 이해하고 있는 것을 그들은 모른다. 신문에 돌연히 국민의 일부가 선거에 참가하지 않는다는 뉴스가 나온 것으로서, 앞으로 사태가 어떻게 전개되는가를 관찰하여, 이미 논의한 사항을 비교한다는 상황도 나오고 있다. 이것은 예사로운 일이 아닌 상태이다. 충분히 다듬어진 대외관계의 방침이 활용되지 않으면, 피해를 보게 되는 것은 누구인

가. 몽골의 국민이다. 우리들은 우리 조국과 국민의 이익을 첫 번째로 생각하고 있다. "유언실행(有言實行)"을 위해서는 의견을 일치시키지 않으면 안 된다. 그렇지 못하면 가까운 시일에 어려운 경제상황에서 나라를 구하는 것조차 이야기할 수 없게 된다. 그렇게 되면 국민에게 "이렇게 해서 안됐고, 저렇게 해서 잘안되었다"라고 말하지 않을 수 없게 되어버린다. 이 문제에 대해서, 나는 우리 청년들에게 감추지 않고 말하겠다. 그렇게 하면 지금 여기에 앉아 있는 우리들은 서로를 지지하여, 사람들의 의식을 이쪽으로 돌릴 수 있을지도 모른다.

바토수후 중요한 것은 바로 그것이다. 여기서 얼만큼 이야기해도 결론은 나오지 않는다.

바토우르 우리당의 지부당원들은 선거의 참가를 거부하고, 돌연히 너희들은 어째서 선거에 참가하게 되었는지 의심스러워하고 있다. 그리고 오치르바트 의장의 근거있는 설명을 듣고 싶어하고 있다.

오치르바트 선거의 참가, 불참가의 전 사정은 이러한 것이다. 모두 이해해주었으면 한다. 선거 전에, 민주동맹이나 민주당의 구성원을 제당(除黨)시키는 등의 위법행위가 생긴 것은 틀림없으며, 어떤 처분을 하여 책임을 지게하지 않으면 안 된다.

조리쿠 시간적으로 어려울텐데.

오치르바트 늦지 않도록 하자.

바토수후 일정을 변경하는 권한이 인민대회의에 있지 않은가?

오치르바트 의장령에 의해서 정한 일정이다.

바토우르 선거에 모두가 참가하기에는 아무리 생각해도 시간이 부족하게 되어가고 있다.

오치르바트 바토수후, 대회의선거가 고시되어, 전부를 법으로 정해서 일정을 제시하여, 승인해 두면서 민주당의 경우만 연기하면, 인민혁명당이나 다른 정당이 다시 다른 일정을 요구하고 올 가능성도 부정할 수 없다. 민주동맹의 구성원은 당연히 국민을 대표할 수는 없다.

조리쿠 선거의 참가가 무의미하게 되어버렸다. 의원(議員)에게 거부되고, 지금 또 참가하라고 하는 것은 어렵다.

오치르바트 거부한 사람은 많은가?

조리쿠 거의 전원이다.

오치르바트 매사를 가볍게 생각해서는 안 된다. 국가적으로 국내외에 고시한 선거를 일당의 의견으로 변경한다면 도대체 어떻게 되는 것인가. 명확한 의견은 어디로 갔는가?

강보르도 7월 22일에 입후보자를 선출하여, 29일에 투표를 실시하도록 하자.

오치르바트 1주일 이내에, 두 사람의 선전활동을 행할 수 있을까. 국가소회의와 인민대회의 의원에게 입후보하고 있는 사람들의 선발투표를 행한 후에, 각 구에는 두 사람이 남는다. 이 경쟁자의 경력을 알리는 것에도 상당한 시간이 필요하다.

치미도 최초의 계획에는 7월 3일에 선출을 행하려고 했었으나, 5일로 연기하여 이미 21일 전까지 다가오고 있다. 선거법에 의하면, 21일 전에는 등록되어 있지 않으면 안 된다. 인민대회의가 명령을 변경하다니, 국민에게 어떻게 설명할 것인가?

강보르도 처음부터 겉치레뿐인 법률이었다.

치미도 아니, 법률이란 그런 것은 아니다.

오치르바트 법률에 미완성인 부분이 있다. 그러나 이러한 문제가 생기지 않으면 조정은 가능했다. 처음에 먼저 제24조를 개정했을 때는 대회의의 90%의 의원이 참가하여, 67%의 찬성으로 가결된 것이었다. 그리고 다시 8일에 변경하는 명령을 내렸다. 명령을, 또 다른 한 가지의 명령으로 변경하게 되는 것이 된다.

수후바토르 모인 대표자나 조정원을 내일 중으로 돌아가게 하는 방법을 생각해보자. 모레(7월 6일)에 그쪽에 도착하여, 거부하고 있는 사람들을 방문하고, 선거구에 있는 사람들과 만나서 선출하고, 선거에 참가시킨다는 것은 어떻게 생각해보아도 힘들다.

오치르바트 당신들의 이야기를 듣고 있으면, 선거에 전당이 참가하는 것은 확실하다. 일정만 29일로 변경하고 싶다는 것인데, 이것에 대해서는 텔레비전에서 말하도록 하겠다. 국민에게 사죄하고 국민의 일부가 선거에 참가하지 않은 사태를 피하고, 여하튼 다같이 참가하자. 그러기 위해서는 이렇게 조정하는 이외의 길은 없다고 설명하겠다.

강보르도 우리당에게 4억 40만 투그릭을 주려고 하는데, 출처는 어디인가. 후에 저 당은 국가 재정에서 돈을 가져왔다고 문제가 될 수 있다.

오치르바트 인민혁명당의 당비 징수는 중지되므로, 나라의 예산에서 내겠다.

바토수후 국가 예산에서 받고 싶지 않지만, 인민혁명당의 당비에서라면 받아도 좋다.

강보르도 그렇다면 7월 29일로 정할까?

오치르바트 나 혼자서 정할 수는 없다. 나라를 위해서다. 준비기간이 짧다. 29일로 정해달라고 하면 그것은 국민에게 용서를 비는 것으로, 법률상의 조정을 하여 민주선거를 위해서 일정을 변경하는 외의 길은 없다고 마음을 정할 수밖에 없다.

치미도 선거참가의 호소에 대해서는 우리들 두 당과 오치르바트 의장이 이야기해도 양호하나, 22일의 건에 대해서는 타 정당과 이야기하지 않으면 안 된다. 의원들이 어떤 말을 할지 모르는 상태이다. 전에 명령을 변경했을 때에는 국민에게 협의된 법률을 인민대회의 간부회가 개혁하려 하고 있다고 들었다. 모든 사정을 고려한 후에 일정에 대해서 협의하지 않겠다고 한다면, 역사적인 책임에도 관여된다.

오치르바트 이번의 선거에서는 전 430선거구가 전혀 위반도 하지 않고, 이전처럼 99.99%의 결과가 나올 것이라고 생각하지는 않는다. 재투표를 실행하게 되는 선거구도 있을 것이다. 밤 12시에, 100%의 투표율, 99.99%의 찬성으로 대부분이 선택되어, 아침 6시에 라디오에서 이야기하는 상황은 없을 것이다. 득표수가 대등하지 않으면, 일정을 설정하여 재투표를 행하게 된다. 그러는 중에 그 29일이 다가오면 이러한 상황이 겹치는 동안에, 위반을 일으키는 것에 대한 경계심이 강해지므로 일정을 정해도 된다는 의견이 나오고 있다.

바토우르 선거가 확실하게 되면, 앞으로의 국익에도 영향을 미친다는 것을 모든 면에서 생각해서, 일정에 대한 문제를 언급하는 것도 생각하고 있다.

바타 〈시대의 고리〉(뉴스 프로그램)에서는 30초나 1분간 영상을 보이고, 그것에 맞추어 해설한다. 어찌되었든 간에 이러한 공식발표를 한다고 사전에 정해두어서는 안 된다.

강보르도 어떻게 발표할 것인가는 회합 후에 이야기하자.

오치르바트 국민에게 공식발표를 할 때는 가슴을 펴고, 좋은 말만을 하고 싶다. '때를 맞추지 못했다' 등의 말을 하려고, 국민 앞에 설 필요는 없다. 그렇게 되면 거의 국가의 비극이다. 이 문제를 모두의 냉정한 판단에 의거해서 국민을 위해서 결정하도록 하자.

수후바토르 처음에 국내외의 정황을 잘 설명한 후에, 선거에 참가하도록 호소하면 받아들일 것이다. 또 한 가지, 나담(몽골의 가장 큰 국가적인 전통

축제: 역자주)에서 국민을 마음껏 즐겁게 해서 선거활동에 들어가면 성실한 선거가 될 가망이 있다.

오치르바트 나담은 예년대로 성공하는 것은 아닌가라고 생각하고 있다. 프로그램을 봐도, 모두가 요구하고 있는 것 같은 개성적이고 즐거운 것이 될 것이다.

바토수후 우리당은 당과 연합의 청구서만을 물어볼 것이다. 의장, 생각해 줄 수 있겠는가?

이렇게 해서 14시 30분에 인민대회의 강당에서 민주당 및 민족민주당의 소회의 대표단과 만났다. 밤늦게까지 솔직하게 이야기를 나누고, 일의 경과를 이해하기 위해서 양당이 전력을 다했다. 내가 고집한 생각은 여하튼 모두가 선거에 참가한다는 점에서 일치하고 있다. 선거를 실시하여 국가의 체계를 만들면, 그 후는 모든 문제의 협의나 계획의 작성이 가능하게 된다. 유일하게 이 원칙이 합치한다는 견해를 고수한 것은 정답이고, 모두가 선거에 참가해야 한다는 생각으로 일치했다. 전 정당이 선거에 참가하게 되어, 선거는 전국에 고시되었다. 선거 전에 역사가 짧은 정당이 경계하는 것도 당연한 것이었다. 그러나 모든 것을 자기들이 결정하려고 하는 것은 국익을 생각하지 않은 행위였다고 하는 것도, 이야기하는 중에 이해하여, 이렇게 해서 새로운 정당도 성장을 이룰 수 있었다.

선거 전에 나담이 행하여졌다. 인민혁명 69주년 기념에 해당하는 올해의 나담은 몽골이 독립국, 칭기즈칸의 나라라는 것을 표현하는 독특하고 훌륭한 것으로 하고 싶다고 생각했다. 민주화와 함께 우리들의 칭기즈칸은 소생했다. 칭기즈칸의 초상화는 가장 잘 팔리는 상품이 되고, 가정이나 오피스에 걸리게 되어서 우리들의 민족의식도 부활했다. 그 때문에 이번의 나담은 절호의 순간이며, 그 좋은 기회를 손에 넣은 나담을 축하하는 것은 유성을 잡은 행운인 것처럼 생각되었다.

일반적으로 몽골인에게 나담은 혁명의 축전이라기보다, 전통있는 당시쿠(나라의 나담 전에 지방부에서 행하여지는 나담)에 의해서 이미지가 형성되어 남자의 3종 놀이(경기)라고 칭하는 민족의 제전으로서 마음속에 새겨진 것이다.

우리들은 7월 11일, 군사 나담, 나라의 혁명제 등 여러 가지로 명명해 왔으나, 나담이라고 하는 이름으로 변함없이 남았다. 즉, 몽골민족과 나담은 항상 같이 걸어온 것이다. 경오년의 해(1990)의 나담을, 틀림없이 이 본래의 내용으로 이행하고 싶어서 노력했다. 그러한 노력을 정리한 중요 인물은 국가인정 영화감독이며 촬영기사이기도 했던 B.바르징냐무 문화대신이었다. 혼란하고 초조해 하던 대중을 하나로 모으고 기쁘게 한 것이 나담이었다.

스타디움의 중앙에, 국장(國章)과 9개의 하얀 군기가 게양되었다. 그 옆에는 융단을 빈틈없이 깐 무대가 설치되어, 중앙텐트에서 무대의 위까지 하얀 양탄자가 깔려 있다. 나담의 개시시각이 되었다. 새롭게 인민대회의 의장이 된 나는 검은 색으로 가장자리를 꾸민 하얀 피륙제의 데르를 입고, 황색의 비단 띠를 매고, 송아지의 가죽으로 만든 구두와 차양이 붙은 모자라고 하는 복장으로 중앙텐트를 나왔다. 그리고 하얀 양탄자 위를 걸어나와서, 국장 앞에서 경례하고, 존경해야 할 나담 출장자, 조국을 같이하는 국민, 외국에서 온 내빈을 향해서 축하인사를 하고, 나담을 개시했다. 국가가 연주되어, 국기가 하늘 높이 펄럭이는 중에 출장자들은 힘차게 박수를 치면서 일어났다. 그 중에는 눈물을 흘리는 사람도 있었다고 한다. 몽골의 독립과 친화(親和)의 유지를 주제로 하는 고대의 전설극이 보여지고, 갑옷과 투구, 검과 방패를 몸에 붙이고 말에 탄 몽골의 남자들이 "오하이!(만세!)"하고 외치니까, 출장자들도 "오하이!"라고 성원에 응했다. 이 해의 나담은 틀림없이 몽골의 나담이었다고 모두들 말하고 있었다.

1990년 7월 29일 나는 제1선거구에 가서 투표하였다. 우리나라에서 최초의 민주 선거는 규율에 따라서 집행되어, 몽골인의 정치에 대한 의식이나 인도적인 기질은 외국 사람들에게 주목되었다. 선거결과의 일부를 말하자면, 인민대회의 의원으로 당선된 사람들 중에서, 84.6%는 인민혁명당, 3.8%는 민주당, 1.4%는 민족민주당의 당원이었다.

어느 정당을 지지하는가에 대한 투표의 결과에서 각 당별 지지율은 인민혁명당 61.7%, 민주당 24.3%, 민족진보당 6.0%, 사회민주당 5.5%, 자유노동당 1.2%, 녹색의당 1.2%였다. 내 자신은 샤린고르 지구에서 출마하여 80% 정도의 표를 획득하여, 인민대회의 의원으로서 선출되었다.

선거결과가 나오자마자, 집회가 열리고, 국가소회의와 내각을 조직하여, 그 건에 대해서 각 당과 협의하는 등 많은 작업이 이루어졌다. 그 작업의 도중에 생긴 몇 가지 커다란 사건에 대해서 간단하게 기술하겠다.

우리나라 정부의 초대에 의해서, 1990년 8월 2일, 미국의 제임스 베이커 국무장관이 수잔 베이커 부인과 함께 울란바토르를 방문했다. J.베이커 씨의 방문은 8월 5일까지의 예정이었으나, 이라크가 쿠웨이트를 침공했기 때문에, 예정의 이틀 전에는 귀국하지 않으면 안 되게 되었다. 그가 실로 시원시원하고, 힘들어하지 않고 활동한 덕분에 하루 반 사이에 많은 일들을 끝낼 수 있었다. 그동안 나는 베이커 씨와 두 번 회견하여, 양국관계에 대한 많은 의견교환을 하였다. 나는 경제분야에 대해서 미국과의 협력을 진전하는 의의를 강조하고, 그것은 우리나라의 장기적

정책이라는 것을 확인시켜 주었다. 양국 정부 간의 협의사항은 하나하나 기록되어, 이것은 중요한 정책방향의 길잡이가 되었다.

영사조약, 미국의 평화부대를 통한 협력실시에 관한 양국 정부간협정을 체결하는 것에 대해서 서로 사의를 표명하고, 우리나라의 민주화의 과정과 처음으로 민주선거의 결과에 대해서 이야기를 나누었다.

J.베이커 씨는 우리나라에 대한 민주화와 민주선거의 성공에 대해서 축사를 보내면서, 몽골국 대통령이 미국을 방문하는 것에 대한 의의를 강조하고, 그러한 방문을 가까운 시일 내에 실현할 수 있도록 노력하겠다고 말했다.

또한 국제금융기관에 대한 우리나라의 가입을 지지하는 뜻을 표명했다. J.베이커 씨는 이라크·쿠웨이트 문제 때문에 급히 귀국하게 되어, 나와 체베르마는 베이커 부부를 이후텡게르 계곡이 있는 게르에 초대했다. 몽골의 가정의 삶, 자연의 아름다운 고비나 한가이, 동식물이나 식사 등, 몽골의 독특한 모든 것에 대해서 이야기했다. 나는 부부가 고비 지방을 방문하지 못하고 귀국하는 것을 안타깝게 생각해서, 다시 우리나라를 방문하여 남은 프로그램을 완료하도록 권했다.

Ts.공보수렝 외무대신과 J.베이커 국무장관은 상세한 교섭을 하여, 몇 가지 문서에 서명하였다.

베이커 씨는 각 정당의 여러 연합의 간부, Sh.공가도르지 각료회의 의장, G.오치르바트 인민혁명당 서기장 등과 회담했다.

우리나라는 베이커 씨에게 경의를 표시하고, 보양토오하 공항에서 미니 나담을 개최하고, 씨름·경마·궁술을 펼쳤다. G.니야무도, J.레이쿠양 대사가 이번 방문의 성공에 대해서 진력한 것을 특기해 두고 싶다. 이 방문은 양국관계의 발전에 있어서 중요한 발판이 되었다.

양국관계의 역사는 우리나라에서 서양, 그 중에서도 미국의 자본이나 상품이 침투하기 시작했던 1930년대 및 1940년대부터 시작되었다고 간주할 수 있다. 1907년 수도 후레에는 영미 기업의 첫 주재사무소가 개설되었다. 1925년 당시 영업하고 있던 미국의 62개 기업 중에서 대규모인 것에는 〈앙데르송 메이야 앤드 컴퍼니〉, 〈몽골 트레이딩 컴퍼니〉, 〈브리티시 아메리칸 토바코 컴퍼니〉가 있었다. 각 기업은 축산원료, 양털, 목면(木綿)을 공급하여 시장을 활기차게 하고 있었다. 그것뿐만 아니라, 생산분야에 대한 투자를 하여, 금을 채굴하는 합병의 공동조합 〈몽골〉(몽골 아르토)를 경영하고 있었다. 이 조합은 소련, 벨기에, 중국, 프랑스, 독일, 미국의 합병기업이었다. 이렇게 생각해 보면, 현재의 시장에 대한 투자나 공동에 의한 생산활동은 그 시대에 시작된 것이다. "몽골고로르"에서는 40명 정도의 외국인 기사가 일하고 있었다고 한다.

1919년, 〈몽골리안 트레이딩 컴퍼니〉는 후레에서, 보구도 정부와 발전소 건설에 대한 협정을 맺고 있고, 다른 한편으로는 1922년 미국인 E.W. 요케르가 아르탕보라쿠의 피혁공장 옆에 술(酒) 제조공장과 발전소의 건설을 제안하고 있었던 것을 생각해보면 흥미롭다. 운수, 통신이 발달하고 있지 않던 당시에 지구의 반대 측에 있는 미국의 기업들이, 우리나라와 무역을 발전시키는 것에 관심을 보이고 있었던 것을 나타내는 기록이 적지 않게 남아 있다. 예를 들면, 1921년에 미국 의회는 가축모(家畜毛)수입 특별세를 무효로 해서, 몽골에서 원료를 수입하기 위한 특별한 연구 그룹을 파견했다. 1924년~25년에 걸쳐서, 미국의 〈부렝나 코후망 앤드 컴퍼니〉, 〈죠세프 오리망〉 등의 협동조합의 수출액이 67만 달러에 달하고 있으며, 이것은 당시의 외환 비율을 생각하면 실로 대규모의 무역이었다. 1927년에는 우리나라의 미국에 대한 수출액은 실제로 전체의 30%를 차지하고 있고, 상대국으로서는 소련에 버금갈 정도였다는 것도 고려하면 양국은 이전부터 긴밀한 통상관계를 가진 사이였다고 할 수 있다.

1922년부터 25년까지 뉴욕 자연사박물관이 중앙아시아에 파견한 연구그룹은 앤듀르스 단장을 중심으로 우리나라에서 활동했고, 상당한 자료를 수집하고 있었다. 그들은 대단히 신기하고 귀중한 발견을 통해서 박물관의 역사를 장식하고, 세계의 학자들을 놀라게 했다. 그러한 발견 중의 하나가 공룡의 유물들이었다.

보구도 정부는 몇 번에 걸쳐서, 미국과 정치적 관계를 구축하려고 시도했다. 1912년의 겨울 초의 달(10월)의 9일, 보구도 군주 몽골국의 칭왕 한도도르지 외무대신은 미국 국무성으로 서간을 송부하여, 그 중에서 "… 우리들 몽골인은 청조의 곁을 떠나서, 전권을 가진 독립국을 건설하여 할하의 라마교의 최고지도자 제부층당바를 전 몽골의 칸으로서 추대하고, 종교와 국가의 전권을 그에게 부여했다. 귀국정부에게 이 뜻을 통지하는 기회를 통해서, 무역 및 우호조약의 체결을 희망하는 바이다"라고 기술했다. 그 후, 1913년에 T.나무낭수렝 수상은 재 페테르부르크 미국대사에 대해서, 몽골의 독립에 대한 공문서를 송부했다. 1920년 4월, 재북경미국총영사 Ch.에바하토가 후레를 방문하여, 다라마의 지위에 있는 체렝치미도들과 회담했다. 몽골의 상황을 이해한 에바하토 총영사는 자국정부에 송부한 서간에, "이것은 몽골인이 우리에게 참된 원조를 요구한 초대장이다"라고 기술했다.

미국은 1921년 4월, 남·북몽골을 관할하는 영사관을 장가구(張家口, 현재의 중국하북성)에 개설했다. 1921년 8월 S.소코빙 재(在)장가구 미국 부영사가 후레를 방문하여, 보도 수상 및 보구도 칸(Bogda Khan)과 회담했다. 1921년 9월 12일, 보도 수상은 미국과의 외교관계 체결에 대한 요구서를 소코빙 씨에게 건네주었다. 문서에는 "우리나라의 정부, 국민은 귀 정부가 가능한 서둘러서 우리나라와 조약을 체결하고, 대사를 교환하여, 양국의 이익의 관점에서 무역을 발전시키도록 희망하고 있다"고 기술되었다. 안타깝게도 우리나라의 이러한 제안에 대해서, 미국에서는 일체 회답이 없었다. 한편으로는 미국의 F.루스벨트 대통령은 극동의 정세, 그 중에도 몽골에 관한 구체적인 정보를 얻어서 조사를 행하는 것을 목적으로 하여, 1944년 5월 20일부터 7월 10일까지 G.월레스 부통령을 소련 극동 지역, 중앙 아시아, 시베리아, 중국 북동부, 몽골에 파견했다. 조사에는 미국의 저명한 동양 연구자 O.라티모아, J.커터, J.호자도, R.라이토 등이 동행하였다. G.월레스 씨는 몽골 체류 중, Kh.쵸이발산, Yu.체덴바르 그외의 공인들과 회담했다.

이것은 『공산권 아시아 여행기』라는 저서에 기술되어 있다. 월레스 부통령의 방문은 미국정부 최초의 고관의 방문이 되었다. 그 후, 1945년의 얄타 회담에 대해서, 미국은 우리나라를 사실상 전통적인 국가로서 승인했다. 그렇지만 1960년대까지 양국 관계는 확대되지 않았을 뿐만 아니라, 우리나라에 있던 미국 기업은 실질적으로 폐쇄되었다. 그러한 미국 기업을 기념하여, 미국 언덕이라는 이름의 장소가 수도 울란바토르에 남겨져서, 현재 그 지역에는 영국 및 인도의 각 대사관이 세워지고 있다. 1954년 이후 극히 소수였지만 미국에서 수렵 등을 위한 관광객이 우리 나라를 방문하게 되었다. 그리고 30년 동안 미국 측은 양국의 외교관계 수립을 언급하게 되었다.

1973년, 양국은 외교관계에의 기본적 합의에 도달했지만, 모스크바의 충고에 따라서 일시적으로 보류하게 되었다. 그때부터 14년이 경과한 1987년 1월 27일, 양국 간에는 정식 외교관계가 수립되었다. 재 몽골 초대 미국대사 R.윌리엄스는 1988년 9월에, 재 미국 몽골대사 G.니양무도는 1989년 5월에 신임장을 봉정했다. 미국 측 2대째의 J.레이크 대사의 신임장 봉정은 1990년 7월에 이루어졌다.

조세프 에드워드 레이크 대사는 30년 정도 외교직을 맡아왔고, 미국 국무성에서 오랜 세월 근무한 경험이 풍부한 정치가이며 외교관이다. 그는 양국관계의 발전을 위해서 진력하고 있다. 외교관계수립 후, 양국은 불신감을 갖거나 대립한다는 등, 이러한 사태에는 한 번도 발생하지 않았고, 단기간에 안정적 우호관계를 쌓았다. 1990년 겨우 1년 안에, 우리나라의 D.비양바수렝 각료회의 제1부의장, Ts.공보수렝 대외관계대신이 미국을, 미국의 제임스 베이커 국무장관이 우리나라를 방문한 것은 양국관계에 대해서, 중요하고 의의있는 시간이 되었다.

나는 미국의 고명한 국가공로자인 베이커 씨와 우리나라 및 워싱턴에서 몇 번이나 만나는 좋은 기회를 얻게 되었다. 베이커 씨는 워싱턴에서 나에게 한 장의 서류를 건네주었다. 그것은 우리나라에서 무역에 대한 좋은 조건을 정비하는 것을 국회에 요구한 부시(George H. W. Bush) 대통령의 서간의 복사본이었다. 그들 두 사람은 30년여의 관계를 유지하고 있고 부시 대통령은 "제임스 베이커는 많은 재능의 소유자이며, 어떤 일도 완벽하게 해내는 인물이다"라고 평가한다는 것이다.

베이커 씨가 우리나라를 방문한 5개월 후, 조지 부시 대통령의 초대에 의해서, 1991년 1월 22일부터 24일까지, 나는 부인을 동반하여 미국을 국빈 방문했다. 이것은 몽골국의 국가 원수가 처음으로 미국을 방문한다는 역사적인 사건이 되었다. 나에게는 이 방문에 대해서 글을 써서 기록으로 남길 의무가 있다고 생각한다.

때로는 한겨울에, 울란바토르에서 MIAT(몽골 항공)의 특별기로 북경으로 갔다. 다음날, CA-925 편에 타서, 일본의 나리타 공항에서 점심을 먹고, 곧바로 미국의 캘리포니아주 로스앤젤레스로 향했다. 기내에서 일박하고 다음 일요일, 로스앤젤레스에서 최고급의 "포시즌즈"호텔에서 숙박했다. 돌이켜 보면, 겨우 5살에 살아가기 위해서 낙타의 등에 실은 짐의 한편에 타서, 수도를 향해서 어머니의 뒤를 열심히 따라가지 않으면 안됐던 나였다. 이러한 내가 국가원수가 되어, 특별기에 타서 단 이틀 만에 지구의 반대편에 도착하여, 세계의 대국의 대통령과 악수를 하고 있다. 이것은 우리들이 택한 민주화의 은혜, 하늘의 은혜를 받은 민족의 명운인 것이다. 다음날, 나는 로스앤젤레스 시장과 회견했다. 캘리포니아는 공업의 총생산액에 대해서는 세계 7대 선진국의 다음이라고 한다. 『로스앤젤레스 타임즈』지의 대표자들과 만나서, 우리나라의 정치와 경제 쇄신에 관한 그들의 질문에 대답했다. 동 신문은 1일에 110만 부, 일요판에 130만 부의 발행부수를 가지고 있다.

아시아 기금의 W.휴라 총재와도 만나서, 협력에 대해서 이야기를 나누었다. 캘리포니아 대학 학장이나 교수·학생들과는 동대학의 유학생 교환 교류의 형식이나 조건에 대해서 의견을 교환했다. 사람들의 이야기나 생각을 듣고, 나는 미국에 대해서 더욱 상세한 정보를 얻을 수 있었다. 예를 들면, 약 50개의 대학과 법인을 통합한 고등교육집회나 풀브라이트 프로그램이라는 조직이 워싱턴에 있는 것을 알았다. 이러한 조직은 인재육성, 교육과정의 작성, 학생의 교육이나 교환, 비용에 관한 상담을 하고 있다. 또한 발전도상국의 대외차관의 변제를 중개하는 협회가 워싱턴에 있다고 하여, 그것에 대해서 조사하면, 우리나라에 도움이 되지 않을까 하고 생각했다.

"국제적 이해를 위해서"라는 이름의 협의회가 주최한 회합에 참가했다. 거기서 나는 〈스탠더드 브란즈 페인트 컴퍼니〉의 마빈 웨구르 부사장, 〈두 인터내셔널〉사의 국제 임원회 회장 웰튼 기브슨 박사, 〈유나이티드 테크놀로지스 플렛 앤드 윗트니〉사의 시드니 우이앗트 국제 마케팅 판매담당 부장, 〈보잉 코머셜 에어르프레잉 그룹〉의 J.S.롱릿지 판매담당부 부장, M.F.쳉 아시아 판매담당 부장, 페이마스 쵸르통 무역담당 부장들과 만났다. 기브슨 박사가 말하기를 "인터내셔널사는 연구기관으로, 사업은 하고 있지 않다. 판매, 재정, 기술분야에 대한 다른 조직과 협력하여 일, 정부, 기업, 학술연구의 사이를 연결하는 일을 하고 있다. 경제계획의 분야에서 충고하고, 개인자산가를 경제활동에 끌어들이고 있다. 인도네시아, 싱가포르, 인도, 파키스탄, 필리핀, 사우디아라비아에서 그러한 경험을 도입시켰는데, 그때 우리들은 각국의 특징에 유의하고 있다. 나는 미국의 대기업의 간부하고도 알고 지낸다. 그들의 관심을 몽골에 돌려서, 양자의 관계를 가질 수도 있다"고, 우리들을 지원하는 뜻을 표명했다. 보잉기의 구입, 그 외 수많은 문제에 대해서 그들과 이야기를 나누었다. 미국대륙에 도착한 첫날은 이렇게 대단히 충실한 것이었다. 다음날 9시 반에 로스앤젤레스 공항에 가니, 미국 대통령의 특별기 "보잉 707기"의 옆에서, 국무성 의전국의 윌리엄 F.브렉 부국장이라는 민첩하고 날씬한 백인 남성이 마중하여, 인사를 나누고 비행기를 탔다. 16시 50분, 우리들은 워싱턴의 앤드류스 공군기지에서 내렸다. 제니퍼 피츠제랄드 국가의전국 부국장이 기내에 들어와서 인사를 하고 우리들을 선도했다.

비행기의 옆에서 워싱턴의 공군관구 사령관 제임스 위크 중장과 그의 부인, 국무성 동남아시아 태평양지역 문제담당 국무보좌관 리처드 솔로몬 씨, 국무성 중국 몽골담당과 켄트 M.와이뎅망 과장, 같은 과의 몽골

담당직원 데이빗 키강 씨, 그리고 우리나라의 대사관 직원들이 마중해주었다. 거기에서 헬리콥터로 워싱턴 모뉴멘트가 선 광장으로 가서, 제임스 베이커 국무장관과 그의 부인, 조세프 바나 리드 국무성의전국 국장들이 우리들을 마중해주어, 인사를 나누었다. 도로 양측에는 의장병이 서 있고, 우리들이 탄 차는 경호차로 호위되었고, 전후를 많은 차들이 경호하며 움직였다.

미국 대통령 관저, 유서 깊은 호화로운 블레어 하우스에 도착하니, 관저의 천정에는 몽골국기가 나부끼고, 가로등에는 몽골, 미국, 워싱턴DC의 3개의 기가 같이 게양되어 있었다. 관저에서 쉬고 있을 때, 『워싱턴 타임즈』지의 기자가 와서 우리들은 인터뷰에 응했다. 그날 밤은 미국 의회 S.소라주, 롱가마르쉬노 양 의원과 회견했다. 그리고 드디어 기다렸던 날이 다가왔다. 다음날 1월 23일 오전 10시 55분경에 화이트하우스의 대통령 집무실에서, 조지 부시 대통령과 회담을 하였다. 우리들은 새빨갛게 달아오른 난로 옆에 있는 부드러운 의자에 앉아서 이야기를 나누었다. 몽골의 기후를 부시 대통령이 물어봄으로써 회담이 시작되자, 많은 기자들이 들어와서 우리들의 모습을 촬영했다. 이 역사적인 회담은 국제정치의 내용을 풍부하게 함과 동시에, 신문의 페이지에도 영원히 새겨진 것이다.

나는 부시 대통령에게 몽골국 대통령을 미국에 초대하여 경의를 가지고 마중나와 준 것에 대해서 감사의 뜻을 진술하고, 양국관계가 급속하게 발전하고 있는 것에 만족하고 있다는 뜻을 표명했다. 부시 대통령은 미국에 있어서 당신의 방문은 처음이라고 말하며, 양국관계의 발전에 크게 공헌하게 될 것이라고 강조했다.

나는 우리나라에 대한 민주화와 쇄신에 대해서 자세하게 설명하고,

"미국의 지지에 의해서 우리들은 용기를 얻었다. 앞으로의 양국관계의 원칙은 서로의 독립상태의 존중, 내정 불간섭, 평등한 호혜적 관계 등, 전 국민이 인정하는 원칙이라고 우리들은 이해하고 있다"고 말했다. 그것에 대해서 부시 대통령은 "바로 그렇다. 나는 몽골이 민주화의 과정에서 무엇을 원하는지를 당신을 통해서 확인했다. 나도 동감한다. 또 한 가지 강조하고 싶은 것은 우리들은 귀국의 지리적인 입장을 존중하고 있다는 점이다. 미국은 귀국에 인접한 2대국을 대립시키는 개입은 일체 하지 않을 생각이며, 소련·중국 양국과 양호한 관계를 유지하도록 노력하고 있다. 이라크·쿠웨이트 문제에 대해서, 우리나라의 입장을 신속하게 지지한 나라들의 하나가 몽골이었다는 것을 우리들은 대단히 기쁘게 생각하고 있다"고 말했다. 나도 "우리나라는 소련, 중국과 앞으로도 우호관계를 유지할 의향이 있으며, 이것은 타국과의 관계를 발전시키는 데에 중요한 조건이 된다"고 말했다.

우리들은 소련 정세에 대한 염려를 이야기하였다. 부시 대통령은 "나는 M.고르바초프 씨와 개인적으로 친한 사이다. 그는 지금의 지위를 어느 정도 유지할지 걱정이 된다"고 생각에 잠긴 모습으로 말했다. 나는 "양국관계의 원칙에 대해서는 나도 당신과 같은 의견이다. 이 내용을 같이 공동성명에 포함하면 어떨까. 혹은 보도진에 대한 발표 중에 표명하는 편이 좋겠는가" 하고 물었다. 그것에 대해서 부시 대통령은 "보도진에 대해서 발표하는 것으로 하자. 점심식사 전에 우리 측에서 초안을 작성하여 당신에게 보이겠다. 문제가 없으면 그것을 발표했으면 한다"고 대답했다. 회담은 25분으로 끝났다. 서로 깊이 이해하고, 충실한 내용의 결정을 내리기에는 충분한 시간이었다.

부시 대통령은 우리들을 점심식사에 초대했다. 식사 중에도 이야기는 계속되었고, 한편으로는 사냥이나 사냥꾼에 대한 농담도 주고받곤 했다. 이날은 나의 생일이어서 나는 촛불 켠 케이크도 대접받았다. 식사 후, 나는 부시 대통령에게, 21종의 타라 보살 불상의 자수를 선물했다. 이것은 민간기업 "민중의 공예"의 에르데넨쵸롱 사장이, 부인의 치무게와 함께 제작한 대단히 아름다운 작품이다. 부시는 매우 마음에 들어하는 모습으로 우리들은 그 상과 함께 사진을 찍었다. 부시로부터 선물받은 것은 미국인디언의 생활을 묘사한 250장(秋)의 회화앨범의 471장목(冊目)이었다. 그 후 우리들은 화이트하우스의 이스트 홀에서 이별의 인사를 나누고 연설과 발표를 하였다.

　나는 미국을 방문하기 전에, 부시 대통령의 저서 『장래에 대한 견해』를 러시아어로 읽고, 그에 대해서 대단히 많은 정보를 얻고 있었다. 부시는 미국 매사추세츠주 밀튼시에서, 아버지가 은행장인 유복한 가정에서 태어났다. 1942년에 스스로 지원하여 입대하고, 태평양 전선의 함선공격용 항공편대 파일럿으로서 생명의 위험을 무릅쓰는 나날을 보냈으나, 그는 능숙한 비행기 운전기술과 융통성을 지닌 남자로서의 용기, 인내력, 그리고 신의 가호 덕분으로 살아남았다고 한다. 경제학의 학위를 땄으며 텍사스 유전사업에 종사하고 있던 부호이다. 하원의원으로 선출된 경험을 가지고 있고, 미국 유엔대사, 중국의 미국연맹대표단 단장, 중앙정보국(CIA) 장관을 맡았다. 레이건 대통령시대에는 부통령이었으며, 그 후 1989년 1월에 미국 41대 대통령에 취임했다. 그는 외교정책에 관한 풍부한 경험을 지닌 국가공로자로서 평가되고 있다. 이러한 인물과 나는 나라를 대표해서 만난 것이다.

　대통령의 집무실은 화이트하우스의 오바르 룸이라고 불리는 타원형의 방이다. 방의 창문에는 사무책상이 놓여져 있으며, 그 뒤와 옆에는 3개의 기가 세워져 있었다. 미국의 국기, 수도 워싱턴의 기, 그리고 수도가 위치한 콜럼비아 특별구의 기이다. 방의 다른 한쪽에는 난로가 갖추어져 있었고, 중앙에는 테이블과 소파가 놓여져 있었다. 대통령이 일을 하는 방은 집무실 옆의, 컴퓨터가 놓인 작은 책상이 있는 작은 방에 있었다. 그 방의 모퉁이에 있는 낮은 선반에, 처자와 손자의 사진이 각각 액자에 들어간 채로 장식되어 있는 것이 눈에 보였다.

그것을 보니, 대통령의 인간미나 가족을 소중하게 생각하는 마음이 전하여져서, 마치 그 사진이 보는 이에게 대통령이 온화하고 훌륭한 사람이라는 생각이 들게 하는 것처럼 느껴졌다. 방의 한 구석에 쿠션이 있고, 기르는 개가 그 위에서 쉬는 것이었다. 우리들이 도착한 아침, 그는 차양이 넓고 하얀 밀집모자를 쓰고 있었는데, 이것은 텍사스의 사람들이 자주 착용하는 것이라고 들었다. 회담이 끝나고, 화이트하우스 앞에 있는 공원을 걷고 있으니까, 귀가 크고 충분히 긴 꼬리를 가진, 가슴 부분이 오랜지색인 하얀색의 얼룩진 개가 우리들의 뒤를 따라왔다. 그것은 바바라 부인의 애견이라는 것이었다. 1년도 지나지 않았는데, 12마리의 다람쥐를 잡았다는 죄를 범했으나, 바바라는 어떻게 할 수도 없다고 그에게 말했다.

부인인 체베르마는 바바라 부인과 만나서 이야기를 나누었는데, 그녀도 또한 상당히 마음씨가 고운 사람이라고 한다.

오후에는 R.모스바카 상무장관하고 회담했다. 우리들은 양국의 무역, 경제관계를 발전시켜서 통상협정을 연결시키고 그 방면에서 활동하는 합동팀을 조직하는 것이 중요하다고 강조하여, 협정에 서명함으로써 합의에 도달했다. 또 같은날, 베이커 국무장관과도 회담했다. 우리들은 이전부터 알고 지냈기 때문에, 바로 일에 대한 이야기로 들어갔다. 베이커 국무장관은 우리나라의 교육시스템의 개선에 대해서, 국제개발사업단을 통해서 미화 200만 달러를 공여한다고 말했다.

또 식료품원조를 하는 문제와, 우리나라에 인재를 파견하는 사안도 협의했다. 회담 후, Ts.공보수렝 대외관계대신과 J.베이커 국무장관이 과학기술분야 협력에 관한 정부간협정에, S.바야르바토르와 R.모스바카 상무장관이 무역·경제분야에 대한 합동팀에 관한 협정을 각각 서명했다. 수도에 있는 국회의사당에 가서, 하원의 외사위원회 의장과 다른 사람들과도 회담할 때, 부시 대통령이 국회 앞으로 기술한 서간의 내용을 지지하도록 요구하자, 그들은 웃음소리를 내며 "당신은 굉장한 정치가이다"라고 말했다. 그러나 그 내면에는 국회에 도착하지 못한 서간 때문에 왔다고 하는 실로 머리 회전이 빠른 인물이라고 판단한 것이었겠지. S.솔라주 아시아·태평양지역위원회 위원장은 나에게, "당신과 귀국은 역사상 드물게 많은 일을 수행했다. 귀국은 단기간 안에 급격한 변혁을 평화적 수단에 의해서 실시했는데, 이것은 세계의 역사 중에서 보기드문 사례이다"라고 평가했다.

이 방문에 편승하여, 세계은행의 바바 B.고나부르 총재, 국제통화기금의 미셸 카무두슈 총재와 반드시 만나지 않으면 안됐다. 나는 블레어하우스에서 둘이서 회담하고, 가입을 요망하는 뜻을 전했다. 그들은 눈앞에 다가온 우리나라의 구정 전까지 가입을 인정하여, 조약에 서약하는 것을 기대한다는 격려의 말을 했다. 모든 것은 희망한 대로 진행되고, 우리나라는 1991년 2월 14일에 국제통화기금 및 세계은행에 가입하여, 그러한 기관에 의해서 원조를 받을 수 있게 되었다. 그날 밤, 니양무도 재미국 몽골대사가 국제클럽에서 환영회를 열고 우리나라의 대표단, 대사관 직원, 미국 측의 공인, 몽골계의 미국 거류자들이 참가했다. 몇 사람은 하다쿠를 손에 들고 인사하고, 대단히 친밀한 분위기의 훌륭한 모임이 되었다. 방문 3일째는 『타임』, 『뉴욕 타임즈』, 『월스트리트저널』, 『워싱턴타임즈』 등 각 언론의 대표자와 회견했다.

또한 알링턴 국립묘지에 가서 헌화했다. 여기서 헌화하는 것은 미국 국가에 대한 최대의 경의를 의미함과 동시에, 국민에 대한 성심을 나타내는 것이라고 간주된다. 묘지에 도착하자, 주위의 안쪽에 있는 길에는 미국 전군의 제복을 착용한 의장병이 서 있었고, 21발의 예포가 울려 퍼졌다. 병사의 지시와 동시에 몽골국기의 게양식이 집행되고, 양국의 국가가 연주되었다. 국기는 세 사람의 병사에 의해서 운반되어, 대통령의 눈앞에서 게양되었다. 무명전사의 묘지로 향할 때, 기를 든 병사는 우리들의 뒤를 행진하면서 동행했다. 몽골국기와 동색의 리본을 묶은 꽃다발을 묘에 기대어 세우고 묘에 손을 대어 경의를 표했다. 모두가 정숙하게 서 있을 때, 한 명의 나팔병이 애도의 곡을 연주했다. 매우 감명깊고 경의에 찬 의식이었다.

또한 미국 민족과학아카데미 의장인 프랭크 프레스 박사 및 은행, 상업관계자와 회견했다. 국회의사당에 가서 크라이본 페리 상원 외교위원회 위원장과 회담한 후, 우리들은 블레어하우스를 떠나 귀국의 길에 들어섰다. J.베이커, J.리드 두 사람이 우리들을 배웅해 주었다. 미국 대통령의 "DC9 특별기"로 워싱턴을 출발하여 뉴욕에서, M.두게르수렝 유엔대사와 그 부인을 시작으로 하는 몽골인들의 마중을 받았다. 나는 여기서 세계무역센터 건물을 견학하고, 펠레스 데 케야르 유엔 사무총장과 만났다. 그는 발전 프로그램이나 아동기금 등의 많은 기구를 이용하여, 우리나라의 경제와 사회발전에 대한 과제의 해결을 지원하는 뜻을 말했다. 뉴욕에서는 또한 포드 재단의 S.베르레스포드 부총재, 록펠러 기금의 P.골드마크 총재, 필립스 페트로리움사의 콜린 윌킨슨 부사장들과 일에 대한 이야기를 나누었다.

이러한 모든 회담은, 후에 우리나라에 이익을 가져오는 것이 되었다. 후에 생각해보면, 나는 200명 정도의 인사들과 이야기를 나눈 것이 된다. 미국의 여러 계층의 사람들은 우리 몽골에 대해 "변혁, 쇄신을 평화적 수단에 의해서 실시할 수 있다는 훌륭한 표본이다"라는 찬사를 하였다. 몽골 국가원수에 의한 미국방문은 양국뿐만 아니라, 세계의 역사에 대해서도 중요한 전진이며, 현대라는 시대를 장식한 사건이라고 생각하지 않으면 안 된다.

이렇게 양국의 역사가 깊이를 계속하여 늘려가는 증거의 한 가지가 현재 미국의 퍼스트 레이디인 힐러리 클린턴 부인이 우리나라를 방문하여, 몽골의 생활에 접하는 기회를 가졌다는 사실을 들 수 있다. 부인은 민주화, 쇄신의 경위에 관심을 가지고 있었다. 우리나라에서는 특히 여성이 높은 위치에 있고, 남녀동권의 충분한 토양이 되고, 대학생을 보아도 반수 이상이 여성이라는 점에 관심있는 모습이었다. 예부터 관계를 지속한 미국 및 다른 제국과의 관계의 역사는 이렇게 새로운 장에 의해서 또한 장식되어, 우리나라의 외교정책은 확대의 방향으로 향하고 있다.

유엔은 현재, 세계정부라고도 불리게 되었다. 작년(1995년, 역자주)에는 유엔의 50주년 기념식전이 대대적으로 개최되었다. 1945년, 연합국 50개국이 참가한 샌프란시스코 평화회의에서 국제연합헌장을 정한 유엔은 같은해 10월 24일에 스스로의 역사의 막을 열었다. 세계전쟁을 두 번 다시 일으키지 않게 하기 위해서 모두의 노력을 결집하여, 훌륭한 견해로 통일된 이 조직은 인류를 냉전의 위기에서 구했다. 수많은 국기를 게양한 기념식전은 식전에 대한 총회의 특별회의에 의해서 개시되었다. D.아마라르 의장이 제50회 집회를 열고, B.갈리 사무총장이 축사를 말했다. 특별회의 3일째의 오후, 나는 연설을 하고, 유엔의 대다수를 차지하는 소국의 기본적 이익과 관심에 유의하여, 그러한 것을 보호하는 것이 중요하다고 강조했다. 회의 중, 나는 인도의 수상 등 주요 인사들을 만나고, 우리나라와의 관계에 대해서 의견을 교환했다.

　세계각국의 수상이 한 곳에 모인 이 귀중한 기회도 효과적으로 활용한다는 생각이 발전도상국에는 있는 것이다. 나에게는 이 식전에서 중요하고 유의미한 것은 미국의 B.클린턴 대통령과 만났다는 것이었다. 스리랑카, 방글라데시, 네팔, 덴마크의 대표자들과 함께 있었을 때, 클린턴 대통령이 힐러리 부인과 함께 들어왔다. 힐러리 부인은 나와 체르마를 보자마자 "몽골"이라고 외치면서, 클린턴 대통령과 함께 내 곁에 왔다. 그 장소에 모인 사람들은 우리들의 친밀한 모습을 보고 놀란 것 같았다. 클린턴 대통령이 "부인이 귀국에 대해서 이야기를 항상 하고 있어서, 귀국에 관심이 늘었어요"라고 말하자, 힐러리 부인은 "내가 몽골에 갔던 것을 남편과 딸은 조금 질투하고 있어요"라고 대답하여 모두들 즐겁게 웃었다.

　클린턴 대통령은 민주화, 시장경제의 길을 걷고 있는 몽골국을 미국은 앞으로도 지원할 의향이라고 말하였고, 나는 우리나라에 대해서 미국의 지원은 대단히 중요하다고 대답하며, 클린턴 대통령에게서, 처자를 동반하여 우리나라를 방문하도록 초청했다.

　정치에 대해서는 대단히 사소한 사항조차도 중요한 의미를 갖는 것이다. 그 대규모 기념식전에 대해서, 유엔의 주요 구성원이나 세계의 대국인 미국의 대통령이, 도대체 누구와 만나서, 무엇을 이야기하는가를 전 세계가 주목하고 있었다. 클린턴 대통령과 힐러리 부인이 몽골의 대통령

부부를 이렇게 접한 것에는 정치가나 평론가들의 주목을 받을 만큼 중요한 사건이었다.

나는 또한 미국의 U.페리 국방장관과도 만났다. 라수르 치다무 세계은행 부총재와 J.쵸이호르 재미국 몽골대사는 "빈곤퇴치계획"의 일환으로서 공여된 1,000만 달러의 차관협정에 서명했다.

카무사쿠 강 유역에서 석유의 탐사를 하고 있는 소코사의 조사활동의 내용을 알 기회가 있었다. 전문가들은 대단히 적극적인 자세를 취하고, 한층 더 시굴을 하여, 인접한 땅에 대해서 조사하여, 우리나라의 민간기업과 합동으로 일을 전개할 것을 제안했다. 나는 휴스턴에서, "미국의 자원봉사"라는 단체에서 "자유의 횃불"상을 수상하였고, 텍사스의 위즈리 법과대학에서는 "명예법률가"의 칭호가 주어졌다. 몽골국 헌법의 기초에 대한 공헌이 평가되어, 이러한 명예로운 칭호를 얻게 된 것이다.

우리나라는 세계를 조망하고, 세계도 우리나라에 관심을 가지고 호혜적 관계를 유지하면서, 민주화의 원칙에 의거하여 함께 살아가는 세기에 있는 것을, 이러한 모든 것이 증명하고 있다.

베이커 국무장관의 방문 이외의 중요한 사건이라면『몽골비사』완성 750년제를 들 수 있다. 17번째의 60년의 경오년, 춘하추동의 가운데 달의 26일, 헨티 아이막의 데르겡칸 솜에 기념비를 세워서, 나담을 개최했다. 몽골민족의 역사에 대한 대작의 하나인『몽골비사』는 세상에 이름을 떨친 몽골족이 이어받은 재산이다.

"대회의가 열리고, 자년(子年)의 닭의 달에, 헤르렝긴 후두 아라르라는 땅의 도롱 보르도쿠, 시르헹체쿠의 사이에서 칸의 게르가 숙영하고 있을 때, 이것을 기술하는 것을 끝냈다"라는 한 문장으로 끝나는『몽골비사』를 완성시킨 이 좋은 날로부터 시작되어 현재 13번째의 60년에 돌입하여, 750년이 지나갔다. 나담에 참가할 때, 나는 몽골의 전통과 선조에게 숭배의 뜻을, 그리고 그 영지의 깊이에 경의를 표하고 국가의 관습을 존중했다. 즉, 『몽골의 비사』에는 몽골국민을 이끄는 지혜가 담긴 교훈이 깊이 침투되어 있다는 사실을 소중하게 한 것이다. 나담을 즐긴다는 목적은 작은 것이었다.

이 행사 후 9월 3일에 인민대회의 제12회 선거의 초회의가 열리고, 이전의 선거에 의해서 조직된 인민대회의 및 간부회, 내각의 임기가 종료했다. 6개월에 걸쳐서 인민대회의 간부회 의장이라는 명예로운 직무를 수행한 나도, 마찬가지로 임기를 끝냈다.

7월에 선출된 새로운 의원들에 의한 첫 집회의 첫 날, 대통령의 입후보문제가 협의되었다.

인민대회의에서 많은 의석을 획득한 인민혁명당의 의원 대표에는 대통령 후보를 추천하는 권리가 있었다. 그것에 따라서, 제12선거구의 G.오치르바트 의원이 연설하고, 나를 추천했다. 규정에 따라서 다른 당에서 대통령을 추천할 생각이 있는지 어떤지를 확인한 바, 민주당의 정치평의회 조정원인 E.바토우르 의원이, 민주당의 의원 그룹은 최근회의를 열어서 국민의 60%의 지지를 얻은 인민혁명당에 협력할 것을 결정했다고 말했다. 사회민주당 진영의 당 정치평의회원인 제24선거구의 R.하탕바토르 의원은 "사회민주당은 P.오치르바트를 추천한다"고 말했다. 민족민주당수 D.강보르도와 같은 당도 나를 추천했다.

어느 위원이 헌법에서는 대통령 후보에 2명 이상을 추천하지 않으면 안 된다고 기술되어 있다는 점을 언급한 것에 의해서, 로호주 씨도 추천되어 우리들 두 사람은 질문을 받았다.

그 후의 선거에서 나는 88%의 표를 획득했다. 그 결과에 의거해서 나는 대통령에 선출되어, 법에 의해서 승인되었다.

　헌법에 따르면 초대 대통령은 선서를 하게 된다. 그때에는 예복을 착용하도록 기술되어 있다. 그러나 당시 누가 대통령이 될런지 명백하지 않았으므로, 예복을 미리 준비할 수가 없었다. 상쟈수렝긴 조리쿠의 것을 주문하는지, 다싱 비양바수렝의 것인지. 경쟁상대 중에는 그들의 이름도 있었다. 선거 결과가 나와서, 대통령이 되는 자가 판명됐을 때, 이미 6시간 후에는 예복이 다 꿰매어져 있지 않으면 안 되는 상태였다. 6시간 후, 대통령은 선서를 행한다. 나는 거의 꿰매어져 있지 않은 채로의 의복을 밤 2시에 몸에 걸치고, 치수를 조정하여 사진을 찍은 것이었다.

　제작에 관한 것은 인민화가의 칭호를 가지고, 예술연구가, 학자인 N.추르테무, 동일하게 인민화가이며 예술공로자인 M.아무가랑, 자수와 봉제전문의 U.쳉도, D.오토공바야르, Z.비양바, 공예가 D.다와도르지, P.강바토, D.강투무르, 유명 디자이너의 강가마, 그 매니저인 장다르마라고 하는 재능있는 고명한 사람들이었다. 그 예복일식(禮服一式)은 그들이 마음과 노력을 기울인, 일종의 예술작품이었던 것이다.

　대통령의 관(冠)만을 보아도, 팔면이 상부가 부풀어지고, 검은 담비의 털로 가장자리를 꾸미고, 금박을 입힌 작은 모양이 새겨져 있고, 정수리에는 다갈색의 석류석이 박혀 있다. 주위를 패치워크하여 터키석, 유리, 진주가 메워져 있다.

　조끼는 전체에 금실로 자수하고, 중앙에는 소용보가 붙은 동그란 마크가 배합되어 있어, 국가의 상징을 나타내고 있다. 마크의 중심에는 소용보가, 그 주위에는 수미산 유해 연꽃, 호화로운 식사의 자수, 인간의 오감과 국가의 안녕을 상징하고 있다. 띠는 몽골이 원시국가의 시대부터 의례를 상징하는 것이었다. 소용보, 산호, 진주, 터키석, 유리, 석류석을 메우고 있는 금, 은의 무늬가 들어가 있다. 데르의 옷자락과 소매에는 구름과 물을 나타내는 전통적인 모양을 자수한 염황색의 포로 만들어져 있다. 구두의 복사뼈와 발꿈치의 부분에는 섬세한 모양이 들어가 있고, 밑에는 붙이게 되어 있고, 이음매는 녹색이다. 구두는 다갈색의 송아지 가죽으로 만들어져 있다.

내가 선언을 행하는 시점에서, 이 구두는 미완성이었기 때문에, 공공서비스센터(구두의 수리나 옷의 수선 등을 행한다)에서 어떤 사람이 주문한 구두가 급히 수송되어 나는 그것을 신었다. 이러한 모든 것을 조정한, 정부의 T.데무치쿠도 봉사계 주임의 진력은 대단한 것이었다. 그는 이전에 문화성의 대신을 맡고 있었으므로, 하룻밤 사이에 예복 등의 필요한 행사 준비를 거의 끝낼 수 있었던 것이다.

대통령은 선서, 나라의 민족행사나 축제의 개회와 폐회, 국민에 대한 연설 등의 국가의식 때에 예복을 착용하지 않으면 안 되는 것이, 대통령법의 제22조에 기술되어 있다.

음력의 17번째의 60년의 경오(庚午)년, 가을의 처음의 달(7월)의 임신(壬申)날의 진시(辰時) 즉, 1990년 9월 4일의 오전 9시, 몽골 최초의 대통령 선언식이 집행되었다. 이번 세기의 초, 지금부터 80여 년 전의 신해(辛亥)년, 겨울의 첫 달의 원단(元旦)에서 세워서 9일째, 즉 1911년 12월 16일의 오전 11시, 제부층당바 호타쿠토를, 몽골의 종교 및 국가를 장악하는 칸으로 추대하는 의식이 후레에서 집행되었다. 나라의 이름을 몽골, 칸을 추대한 해를 공대(共戴)로서 존중하고, 1911년을 공대원년으로 정했다. 그때부터 계산하여 80년에 해당하는 해에, 이렇게 몽골 국가원수의 선서식이 행하여진 것이다.

내가 인민대회의장에 발을 들여 놓자 의원이나 내빈, 외교대표국의 국장 및 국원, 보도진이 회장 가득히 앉아 있었다. 무대의 중앙에는 대회의 의장과 부의장이 앉고, 무대의 네 구석에는 의장병이 직립하고 있었다. 동측에는 국기가 게양되었고, 그 밑에도 의장병이 서 있었다. 인민대회의 제1기 회의의 서기장인 Ch.다시뎅베레르 인민대회의 간부회 서기장, 정부청사의 경비주임 Ts.바토도르지 등이 나의 뒤를 따라 들어와서 나의 양측에 섰다. 다시뎅베레르 서기장이 손에 든 몽골인민공화국 헌법의 원서에 오른손을 얹고, 대통령선서를 하였다. 선언서에 서명을 하고, 그 후 국기에 경의를 표하여 머리를 대고, 선언서를 인민대회 의장에게 건넸다. 낭징왕당 의장이 하다쿠의 위에 놓인 대통령의 인새를 나에게 주어, 나는 인새를 머리에 대고 경의를 표하였다.

옥좌에 앉으니까, 국가가 연주되었고 사람들은 일어섰다. 이 엄격한 의식을 집행한 어느 누구라도, 모국과 국민의 앞에서 진 사명을 깊이 마음에 새겼음에 틀림없다. 국가가 연주된 후 나는 국민에 대해서 연설했다. 그 후 인민혁명의 원로 전사 P.니야무후 씨 및 국민대표, 청년이나 어린이들이 무대에 올라서서 축사를 전하고, 우유가 들어간 은의 그릇을 올린 하다쿠와 꽃다발이 선사되었다. 여기서 니야무후 씨의 감동적인 축사를 기술하겠다. "몽골을 사랑하는 아들은 지금, 우리나라의 첫 대통령에 취임하여, 국민인 우리들은 더할 수 없는 기쁨에 차 있다. 어린이들이여 너희들은 몽골의 후예이며, 몽골의 머리가 될 어린이들이다. 오늘 가장 기쁘고 가장 행복한 사건이 일어났다. 우리의 오치르바트여, 정말로 국가원수가 될 별로서 태어난 것이다. 우리들은 올바른 사람을 택했다. 우리나라는 가까운 시일 내에, 호랑이만이 아니라 하늘에서 빛나는 별이라도 될 수 있다. 즉, 200만의 몽골국민이 힘과 뜻을 하나로 하여, 많은 당이 각자의 견해를 당과 국가의 활동에 합치하여 실행에 옮기면, 몽골

국민은 가까운 시일 내에 풍요롭게 되고, 지구상에서 환생할 뿐 아니라 별로서 변신할 수도 있을 것이다. 거기서 우리의 어린이들이여, 생각을 하나로 하여 올바른 모든 것을 모국을 위해서 행하기를 빈다. 원수(元首)인 귀전(貴前)에게 평안과 행복이 가득하고, 귀전이 우리들의 인생에 영원히 빛을 비추고, 스스로의 학문과 교양의 모든 것을 몽골의 훌륭한 땅을 위해서 바칠 것을, 84세, 인민정규군의 선두에 섰던 전사인 내가 기원한다. 우리 아들에게 경의를 표하고, 하다쿠와 성스러운 하얀 우유를 바친다" 이렇게 해서, 몽골에는 처음으로 대통령이 탄생했다.

1924년에 채택된, 몽골인민공화국 최초의 헌법 서문 제2항에는 "공화제 인민정부를 펴고, 대통령이라고 불리는 수장을 선출하지 않고, 나라의 전권은 국가대회의 및 법에 의해서 선출된 정부에게 맡기도록 한다"라고 기술되어 있다. A.카링니코푸는『몽골에 대한 국가혁명운동』(1925)이라는 저서 안에서, "수장(首長)에 대한 논의가 갑자기 발생했다. 풍부한 정치경험을 가진 현자 B.체렝도르지는 공화제정부를 수장을 두지 않고 조직하도록 견수(堅修)했다. 그는 옛날, 원세개(遠世凱)가 중국의 수장의 지위를 맡고, 교활한 책략을 사용하여 스스로를 황제로 만든 역사를 들면서, 수장의 지위를 준비할 필요는 없다"라고 기술했다.

수장에 관한 문제가 어떻게 해결했는가에 대해서, 제1회 국가대회의에 대한 정부의 보고에 의하면, "전 세계의 공화국이 가진, 대통령이라는 수장의 특별한 지위는 권한의 제한에 있어 실로 크게 다르다. 국가대회의와 인민정부회의의 권리는 모두 나뉘어져 있어, 분쟁이 일어나는 등의 충돌이 있는 이상, 그것에 의해서 생기는 손해도 가벼운 것은 아니므로 … 지금은 소련에서 제정된 정부의 형태를 본보기로 하여, 대통령이라는 수장의 특별한 지위는 도입하지 않는다"고 한 것이다. 사회주의의 길을 택한 시점에서, 이 지위를 없앤 것을 역사는 이렇게 증명하고 있다.

의원들은 규율에 따라서 대통령을 선출하여, 그 후 국가소회의와 정부의 조직을 정비하는 일에 착수했다. 나는 대통령의 입장에서 이 일에 더 하고, 또한 스스로의 직무내용을 만드는 임무가 과해졌다.

각 당은 선거에서 획득한 의석의 수에 응해서, 인민대회의 의원 중에서, 즉, 당원 및 비당원, 또 의원이 아닌 자를 소회의 의원의 후보로서 추천하여, 인민대회의의 과반수의 표를 얻은 자가 선출되는 시스템이 되어 있었다. 이것은 선택될 권리를 광범위하게 넓히기 위해서였다. 국가소회의는 이렇게 해서 조직되었다.

국가소회의 의장 및 부대통령으로 사회민주당의 R.공치쿠도르지가, 국가소회의 부의장으로 인민혁명당의 캬니양팅 자르딩한이, 서기장으로 인민혁명당의 바야라긴 치미도가 선출되었다. 인민대회의 의원 G.하구와쟈부(무당파), B.가르상도르지(민주당), N.강바야르(인민혁명당), D.마무(인민혁명당), Ts.토보수렝(인민혁명당), P.오랑후(사회 민주당), Sh.비양바쟈부(인민혁명당)들 10명이 국가소회의 의원이 되어, 각 당대표 및 당원의 전문성 및 수나 질의 균형이 유지된, 일의 능률이 중시된 구성이 되었다.

국가소회의 의장의 자리를 둘러싸고는 Sh.공가도르지, R.공치쿠도르지, S.조리쿠에 의한 치열한 투쟁이 전개되어, R.공치쿠도르지가 승리했다. 1990년의 최초의 민주선거에서 인민혁명당이 승리하여, 국가소회의에서 과반수의 의석을 획득했으나, 정부는 복수의 정당에 의해서 구성된다는 연합의 형태를 취했다. 이것은 몽골의 국가체제를 독특하고 민주적인 양상으로서 풍요롭게 하고, 당시는 민주화를 가능한 침투시키는 것에 대한 관심이 우세했던 것을 나타내고 있다. 인민혁명당이, 사회의 변혁때에, 틀림없이 긴 역사를 가진 당으로서 본보기를 나타내고, 냉정하고 호의적으로 대응한 것에 감사하지 않으면 안 된다. 또 이러한 특수한 형태의 정부를 만들 때, 비양바수렝 수상은 대단히 현명하게 대응했다.

국가소회의와 정부를 조직한 몽골의 지혜는 세계에서 관례가 된 "협의식"민주주의의 전혀 새로운 모델이라고 한다. 민족진보당 당수인 D.강보르도 부수상, 민주당의 도르리쿠쟈부 대신, 그 외에도 몇 가지 성청의 대신은 반대세력에서 착임하고 있다. 이러한 것이 없으면 오늘날, 민주국가와 자유시장이 어떻게 되어 있었는지를 상상하기 어렵다. 나는 과연 어떤 지위에 있었을까.

국민평의회란, 국가의 절박한 중요문제를 평화적 입장에서 협의하여 대통령의 결정에 반영시킨다는 방법에 의해서, 사회의 여러 가지 그룹이나 정치세력 사이의 상호이해와 협력활동의 조건을 정비할 것을 목적으로 한 임시평의회였다. 국민평의회는 나라의 조직으로서 등록되어, 몽골국에 대해서 활동을 전개할 것이 허가되어 당이나 많은 비정부조직, 연동단체의 대표자 23명으로 구성되어 있었다. 2년 가까운 활동 중에서, 대통령의 방침에 반영시키는 견해, 국가와 사원의 관계조정, 하얀 군기에 관한 규율, 범죄나 질서의 혼란함의 대상 강화 등에 대한 노동자의 투고에 대응하여, 민영화법안에 대해서 제안을 행한다. 상업규칙위반자의 처벌을 강화하는 등, 사회정세를 조정하기 위한 수많은 문제해결을 하였다. 협의는 전 회원 및 희망하는 회원만으로 행하였다. 평의회 의장은 이전 각료회의 의장 Sh.공가도르지, 서기장은 이전 국방대신 A.쟈무수랑쟈부였다.

또 국가정책에 대한 중요과제를 미리 협의하여 국민, 연합, 연동단체의 다양한 견해를 반영하여, 발전으로의 지름길과 선택지를 택하기 위해서 대통령을 보좌하는 의무를 지고 있었다. 국가안전평의회가 조직되어,

국민평의회의 기본의무가 그러한 쪽으로 이행했기 때문에 동평의회는 폐쇄되었다. 대통령의 옆에는 일정 기간 동안 활동한 전문가 평의회가 국가정책 및 사회·경제분야에 대한 원칙적인 문제에 대해서 독자의 결론을 내리고, 우리나라의 발전을 스스로가 가지는 문화의 특징과 연관시켜서, 가장 효과적인 방향으로 진행시키기 위한 이론적·실질적인 과제의 제안을 행하고 있었다.

전문가 평의회에는 아카데미회원이 1명, 박사가 9명, 교수가 3명, 부박사가 19명, 조교수가 1명, 학술연구직원이 3명, 총계 24명이 재직하고 있었다. 평의회 의장은 대통령 고문 B.투맹이었다. 평의회는 헌법안, 기술발전의 지침과 모델, 민영화 법안, "몽골 아톰"프로젝트라고 한 상당히 많은 사항을 협의했다. 국민 및 전문가 평의회 의원에는 매년 600(당시의 비율에 의한다)투그릭의 상여금이 주어졌다. 동 평의회도 역시 폐쇄되었다.

대통령의 전권행사를 보좌하는 기관은 대통령부이며 법, 경제, 외교정책 및 통신, 보도, 보장, 내부업무의 각 부에서 구성된 소규모이면서 기능적인 조직이다. 장관이 대통령의 위임에 의해서 대통령 대리로서 국민과 연락을 취하고, 국가정책에 관계한 문제를 검토하는 일을 조직하여 정책의 실시에 대해서 감사를 행한다는 업무를 맡고 있었다. 과거의 장관으로는 Ch.다시뎅베레르, B.투맹이 있었고, 현재의 장관은 M.엥후사이한이다. 대통령부는 유능한 소수의 직원을 가지고 있다. Ch.다시뎅베레르는 매우 경험이 풍부하고 신뢰할 수 있다. 성실하고 근면한 인물이며, 나하고는 1972년부터 알고 지내며 함께 일을 하고 있었던 사이이다. 1992년에 국가대회의 의원으로 선출되어, 현재 그 지위에 있다. 1993년의 선거에서 나를 지지했기 때문에, 당에서는 좋게 생각하지 않는 것 같다. 2대의 장관 B.투멩은 학문이 있는 정력적인 청년이다. 이전에는 인민혁명당의 지도평의회 의원이었으며, 현재는 폴란드에서 우리나라의 전권대사를 맡고 있다.

3대의 국장 M.엥후사이한은 우수한 경제전문가이면서 학자이며, 온화하고 성실함과 현명함을 갖춘 인물이다. 또 문제에 항상 성실하게 대응하고 발전·쇄신에 대한 적절한 길을 탐구하여, 민족민주당 중에서도 명성이 높고 빠르게 성장하는 젊은 정치가이다. 1992년의 선거에서 국가대회의 의원으로 선출된 소수 중의 한 사람이다. 경제가, 법률가이며 학자인 이 청년은 그 지식이나 능력을 나라의 이익을 위해서 활용하지 않으면 안 될 인물 중의 한 사람이다. 우리나라의 사회를 많은 관점에서 생각하는 힘은 모든 장소에서, 모든 사람들에게 유익하다고 생각한 나는, 그를 국가대회의 의원의 지위에서 제외하고, 대통령부장관으로 임명할 것을 제안했다. 이 제안이 지지된 것에, 나는 감사하고 있다.

M.엥후사이한은 지금 신국가를 지도하는 어떤 직무라도 충분히 수행할 수 있다. 대통령 선서식이 정중하게 집행된 것에 대해서는 상술했다. 식이 끝난 후, 초대 대통령의 취임을 기념한 씨름대전이 행하여졌다. 이 대전에서는 유명한 요코즈나(씨름에서 최고위 씨름꾼의 명칭 역주), 오제키(요코즈나 다음), 세키와케(오제키 다음)가 많이 있었음에도 불구하고, 코므스비(오제키 다음) J.쵸롱이 우승하여, 사람들의 관심을 불러 모으게 되었다. 열광적인 씨름 팬들은 그 자리에서 그에게 대통령 역사(力士)라는 이름의 "명예"를 주었다. 나도 몽골의 남자로서 물론 씨름을 좋아한다. 코므스비 쵸롱이 처음의 2회전(몽골씨름은 토너먼트 제이다)에서 승리했는지를 나는 기억하지 못한다. 3회전에서 코므스비 보르도바토르와 대전하게 되어, 그를 넘어뜨렸다. 보르도바토르도 그다지 손쉬운 상대는 아니다. 체격이 좋고

힘이 세고, 대전이 길게 될수록 힘을 늘린다고 하는 지칠 줄을 모르는 역사다.

특히 당시는 그가 가장 활약하고 있던 시기였다. 그는 그 무렵 정부청사의 요리사였다. 수년간 그가 만든 요리를 먹고 있었던 나는 씨름을 볼 때마다 당연히 승리를 빈다. 쵸롱은 그러한 그에게 압승한 것이다. 오제키 뭉궁도 쵸롱을 지명하여, 대개는 움직이지 않을 텐데 어떻게 된 일인지 쵸롱이 넘어뜨렸다. 요코즈나 바토에르데네 이외에는 져본 적이 없는 오제키 바르징냐무도 그와 맞붙었다. 쵸롱은 오제키를 한 명 쓰러뜨렸다. 2명 쓰러뜨리지 못할 리가 없다. 보란 듯이 승리를 거두었다.

결승전에는 요코즈나 바양뭉후와 남게 되었고, 운좋게 승리한 것이다. 이것은 요코즈나, 오제키가 쓰러졌을 때만 쓰러뜨린 역사에게 환희하고 만족하여, 그러한 기적을 항상 요구하는 열광적인 씨름 팬들에게, 1년간분의 화제를 제공하게 되었다. 쟝창긴 쵸롱은 수흐바타르 아이막의 수흐바타르 솜 출신이다. 1969년부터 씨름을 시작하여, "쵸롱의 발로차기"라고 불리는 기술을 가지고 있다. 1978년에 오제키 소소르바라무를 쓰러뜨리고 코므스비가 되어, 세 장소에 걸쳐서 그 지위를 유지한 역사다. 씨름해설자 강바토르는 그가 승리해도, 그리고 져도 "대통령 역사"라는 식의 해설을 했으며, 그는 이러한 역사의 새로운 "지위"를 획득한 것이다.

1993년에는 대통령이 처음으로 국민에게 선출된 것을 축하하는 씨름대회에서 요코즈나 바토에르데네가 우승했다. 이렇게 해서, 나는 항상 걱정하는 두 역사의 후원자가 되었다. 과거 칸이나 영주에게는 전속의 역사가 있었고, 그 역사들은 주인의 이름에 의해서 보호되며, 그들을 쓰러뜨린 일반의 가난한 역사는 죄를 받는 것이 역사서나 문학작품에 기술되어 있다.

자사쿠토한 아이막의 아치토 자수긴 호쇼의 영주이며, 그 땅에는 로궁이라는 이름으로 유명했던 로부샹동도부가, 호구도 칸의 이름으로 열린 나담에서 그 고장의 씨름꾼인 오제키 라므쟈브에게 어떻게 맞붙었는지에 대해서 재능있는 저널리스트이며, 문학에세이의 장르에 탁월한 L.공보쟈부는 이렇게 기술하고 있다. "상대를 계속하여 쓰러뜨려서, 보구도의 역사와 함께 결승까지 남게 된 것에 대해서, 로궁은 라므쟈브에게 "단념하고 해라"라고 말했다. 이것은 결코 우승하지 말라는 의미였을 것이다. 기세에 찬 라므쟈브는 상대방의 다리를 붙잡고, 상대가 버티니까 그 다리를 들어올려서 상대를 뒤집은 것이다. 이 훌륭한 순간에 보구도는 자리 위에서 생각하지도 않고 허리를 움직여서 로궁은 어색하게 하고 있었으며, 그 모습은 천둥 앞의 구름을 생각하게 했다. 여러모로 생각을 하다가 적절한 길을 택한 로궁은 돌연히 일어나서, 라므쟈브를 끌고가서 그를 보구도에게 건네주어 역사로 했다. 이것은 직면하고 있던 두 개의 위험에서 라므쟈브를 구했다고 말하고 있다. 그가 보구도의 씨름꾼이 되어 황색의 부적을 몸에 지닌후, 명성을 지키기 위해서 그를 고소한 어떤 개인상점이 고소를 몰래 취하했다. 또한 보구도의 씨름꾼을 쓰러뜨린 남자는 나라의 연회에 초대되어, 관대하게 보이면서 독이 든 술을 마시게 되어 살해되었다고 한다. 그렇게 죽지 않도록 경계하고 있었다기보다 로궁은 라므쟈브가 우승하면 금방 보구도에게 넘겨주었다고 하는 것은 현명한 책략이었다."

우리 은사 나무지링 다무바수렝 선생님이 『자유』지에 게재한 『비밀 임무의 비밀』 시리즈의 『사자와 도깨비』에는 1938년의 나라의 나담에서, "자브한(아이막의 이름)의 긴 손"이라는 별명을 가진 오제키 르하구와가, 불간(Bulgan) 아이막 존주의 군 씨름꾼 투부뎅도르지와 어떻게 맞붙었는가, 투부뎅도르지가 어째서 체포되어, 내무성에서 조사를 받았는지가 기술되어 있다. 셀렝게 아이막의 씨름꾼들은 나담의 개시후에 도착하였으나, 투부뎅도르지라고 하는 병사를 참가시켰으면 한다고 부탁하여, 쵸이바르상 자오간의 허락을 받았다. 투부뎅도르지는 많은 강한 씨름꾼과 계속해서 맞붙어서, 8회전에서는 아르한가이 출신의 세키와케투르바토를 쓰러뜨리고, 그에게 부상을 입힐 정도였다. 또 오제키 르하구와를 쓰러뜨리고, 코므스비, 세키와케를 뛰어넘어서 오제키의 지위에 오른 것이었다.

그 후 요코즈나가 된 투부뎅도르지는 실로 강하고, 나라의 나담에서 7번 우승하고, 결승전에 2번, 준결승전에 2번 남았다. 나라에서 그 명성을 천하에 떨치며, 국기에 대해서 처음으로 공로명수의 칭호를 받은 인물이다. 르하구와는 데미도 장군의 역사며, 장군의 사망 후, 투부뎅도르지가 그를 넘어뜨린 것에 쵸이발산이 분개하여, 그를 그날 밤 잡았다는 역사가 있다. 연구자 B.도부칭상보는 "몽골인의 선조, 흉노에도 씨름이 있었던 것은 맞붙는 모습이 묘사되어 있는 하나의 다갈색의 가죽이 발견된 것에서 판명됐다"고 기술했다. 그는 "이전에 몽골의 부족은, 특히 실력있는 남성에 의해서 스스로의 병대를 조직하여, 각각 '수신', '야경', '영웅들'이라고 명명하여, 부족의 우두머리들은 유능하고 슬기로운 남자를 입대시킬 때 씨름, 창던지기, 궁사, 경마 등을 민중의 앞에서 실연시켜서 선발하였다. 이것은 민족 경기의 전통을 이어받아, 발전에 이르는 원천이 되었다고 기술되어 있다.

『몽골비사』에서는 베르구티라고 하는 씨름꾼이 등장한다. 로부상당장의『아르탕 토부치』(황금의 개설)에서, "베르구티의 아들은 자사쿠토 칸 … 이라고 기술되어 있는 등에서 생각해보면, 자브한의 이름있는 씨름꾼들은 유명한 씨름꾼 베르구티의 자손인 것은 명백하다. "자신의" 씨름꾼에서 이야기를 널리 퍼뜨려서, 씨름 팬의 한 사람으로서 지금까지 보고 들은 것을 기술해보았다. 2000년 남짓의 역사를 가진 부흐(몽골씨름)의 미래가 빛나기를 기원한다.

씨름 다음에는 '자신의' 말에 대해서 쓰기로 한다. 우리 몽골인은 말을 나라의 7보(寶)의 하나로 헤아린다. 나는 어렸을 때부터 말을 타고 가축과 함께 살아온, 말을 사랑하는 사람 중의 한 사람이다. 나는 13살 때, 셀렝게 아이막의 바양고루 솜의 유명한 조교사인 외삼촌 처쿠팅 동도이가 조교한 호르마란 부자의 염황색의 준마를 타고 오구타루추아이담에서 열린 나담에 출장해서 완주한 적이 있다.

샤린고르 탄광의 기사장이었던 1971년에 휴가로 귀성했을 때, 아버지의 친척 아미니아 백부, 동생 동도부산보와 세면이 투데부티 솜에 있는 샤루산의 동쪽 산기슭, 오리앙하이 호다쿠의 근처에서 말을 타고 출발했다. 채챙오루, 에루데네하 이루항, 야로의 각 서무를 통과하여 수백 킬로를 달려서 7일간, 부조된 은으로 장식한 안장의 위에 계속 앉아서 지쳤던 적이 있다. 나에게는 고향의 사람들이 선정해 준 약간의 말밖에 가지고 있지 않았지만, 국가원수가 된 후에 방문한 아이막이나 솜에서의 많은 가정에서 좋은 말을 받았다.

그 중에는 거세 말도 있었고, 암컷도 있었으며, 종마, 한 살된 말, 두 살된 말, 세 살에서 다섯 살된 수컷말, 세 살 및 네 살의 암컷말, 합치면 상당한 수가 된다. 말을 선사받았을 때, 나는 말의 갈기에 하다쿠를 연결시켰다. 그리고 주인에게 맡기고 원래의 무리에 돌려보내주는 것이다. 태어난 땅에 익숙해지고 친숙해진 무리들 안에서 살고, 나담에서는 질구하여, 젖을 짜고, 만물의 어머니가 되었으면 한다. 나의 말 중에서, 호브도의 보르강 솜에 있는 오로(사람에게 접근하지 않는다는 뜻)라고 명명한 회색 말, 도르노도의 숭베르, 솜의 밤색 털의 말, 도르노고비의 데르게레후 솜의 담황색의 말 등, 나담에서 우수경험을 가진 준마가 적지 않다. 말은 빨리 달리고 말을 묶어두는 가죽끈은 가벼웠으면 한다. 나에게는 나담에 출장하는 준마가 있다.

이전, 자브한 아이막의 바양테수 솜의 사람들이 나담에 출장하기 위해서 말을 타고 울란바토르에 왔을 때, 대통령인 나는 목민 샤구다르쟈부의 흰 털에 검정 또는 밤색의 털이 섞인 털빛을 가진 말을 선사받았다. 나는 그 말을 오쿠차부리 국영농장의 목민 겡뎅오치르에게 맡겨두고 왔다. 1993년의 나담에서 타고 싶다는 뜻을 전하자 벌써 고향에 돌아가 버렸다고 한다. 토브 아이막의 바양차걍 솜에서 선사받은 빨간 털의 말도 경주마로 키우기 위한 마구간에 넣어 두자 또 도망가버렸다고 한다. 탈 사람의 냄새를 알고 익숙해져서 좋은 말이 된 이상, 그러한 말들이 달려서 돌아갔다는 것도 정말로 당연한 것이었다.

말이라는 것은 귀소 본능이 있는 생물이다. 베트남이나 조선반도에 보내진 말의 무리들 중에서 몇 마리가 되돌아왔다는 이야기가 있다. 미국의 작가 오르도제리스의 저서 『훌륭한 몽골』에서, 영국의 동물원에서 몽골까지 달린 타히(푸르제바리수키 말이라는 야생말)에 대해서 기술되어 있다. Ch.르하무수렝의 시 "적모마(赤毛馬)"에는 질주하는 말의 모습이 얼만큼 아름답게 묘사되어 있는가. 말(馬) 없이 몽골을 완전히 이해할 수는 없다.

 우리 몽골의 하늘에서 날개를 펴는 새는
 다른 하늘에서 날개를 털어버릴 일은 없다
 우리몽골의 하늘에서 키운 독수리는

안개가 낀 땅에 벼를 두지는 않는다
(몽골에서 태어난 것은 타향에서 죽는 일은 없다)

이처럼 가슴을 울리는 시를 읊은 시인 B.이칭호르로는 "보로르쵸무"("수정의 상배"라는 시의 최대의 콘테스트)에서 우승했다. 이러한 모든 것을 회상하고, 지식인의 작품을 인용할 때, 그리고 모국을 떠나서 친척을 버리고 이국으로 가는 국민의 희망에 응해서, 몽골국적의 제적허가서 명령에 서명할 때, 몽골의 말이 외국의 땅에서 고향으로 달려서 돌아왔는데, 몽골의 국민은 이국으로 지향하는 것을 견딜 수 없었던 것이 생각난다. …

나의 대통령 취임 후, 1990년 10월에 울란바토르에 살고 있는 고령자 J. 베쿠주쟈부 씨로부터 편지가 왔다. 그 안에는 "지금 당장 훌륭한 안장을 준비해라. 안장으로 쓸 나무를 주문해서 만들지 않으면 좋은 것을 만들 수 없다. 안장의 은 장식, 은의 재갈은 다링가 만드는 곳에서 만들게 하는 것이 좋다. 어떤 안장깔개가 맞는지는 당신 자신이 결정하겠지. 밧줄, 재갈, 족가, 회초리, 그리고 안장깔개의 밑에 이중의 양탄자(방석)가 필요하다. 지방으로 갈 때 가지고 가고, 탈 때에 붙이면 어떤가. 안장의 선단은 사슴의 털로 만들어진 것이 좋다."고 했다. 나에게는 몇백 통의 편지가 온다. 요망이나 질책, 진지한 충고 등 내용도 다양하다.

그러나 이 편지는 내가 생각하지도 못한 것을 회상시켰다. 이 편지나 사람들의 조언에 따라서 나는 안장을 준비했다. 재산에 관심은 없으나, 안장과 코담배의 2가지는 내가 몽골국의 남자임을 증명하는 것이라고 생각한다. 안장을 만들기 위해서, 장인으로서 귀중한 지혜와 재능을 구사하여 준 G.칭뱌야르와 그의 처 G.사랑치미쿠, 바토바야르, 차구나, 미르라쿠차, D.도가르수렝, 다무딩쟈부, 아르다르마에게 감사한다. 민족의 기예를 이어받은 이러한 청년들이 있다는 것을 그때 처음으로 알고, 헤아릴 수 없는 "피"라는 것을 기쁘고 자랑스럽게 생각한 것이었다.

대통령의 말이 우승했다, 이렇게 달렸다고 하는 뉴스가 신문에 등장했다. "모자의 먼지를 말의 갈기로 떨어뜨렸다" 몽골인에게는 이러한 뉴스는 틀림없이 기쁜 것이었다. 이런 어떤 만남이 있었다. 나는 토브 아이막의 자마르 솜의 금탐광공장이 조업을 개시할 때, 현지로 갔다. 가을이었다. 경마가 행해지고, 대신들은 산등성이를 타고 걸어가서, 말이 모습을 보이는 것을 기다렸다. 그러자 나에게 선사되었던 한 마리의 준마가 달려나가는 것이 보였다. 그 말은 상당히 뒤떨어져서 결승점에 도달했다. 대통령의 말은 좋지 못하네 등, 거기에 있었던 몇 사람들이 놀랐다. 그 말의 땀을 닦아 내는 곳으로 데려가니까 말의 주인과 그 가족이, 타고 있었던 어린 기수를 심하게 꾸짖었다. 그 어린이는 울쌍이 되어 머리에 손을 올리고, 얼굴을 들지도 못했다. 거기서 나는 "괜찮아요. 남자는 이길 때가 있으면, 질 때도 있는 거예요"라고 그 아이를 감싸면서, 주머니에서 1,000투그릭를 내어 건네주었다. 그런 흔하게 있는 일조차 국가원수인 나를 존중해 준다는 것이, 어떤 찬사나 보상보다 훨씬 내 가슴을 울리고 사명감을 주는 것이다.

몽골의 대통령과 소회의, 그리고 정부가 어떻게 만들어졌는가, 그리고 초대 대통령인 나의 생활과 관련한 "역사"에 대해서 진술하자면 이렇다.

국가를 정비하기보다도 우선, 우리나라는 외교정책의 원칙을 "공개"하기 시작했다. 외교정책의 방침은 더욱 명확하게 되고, 민주화가 착실하게 진행되고 있는 것을 알 수 있게 되었다. 시장경제 "말(語)"에 익숙해지고, 겨우 우리나라는 미국, 영국, 일본이라는 말을 자유롭게 사용하게 되었다. 우리나라에 투자하고 있는 나라들의 이름에서도, 지금 우리나라가 스스로에게, 또 타국에게도 평등하고 호혜적인 발전의 길을 탐구하고 있는 것을 알 수 있다. 민주화 이전, 우리나라는 단 2개의 창밖에 없다고 해도 과언이 아닌, 2 임국의 바깥 저쪽에 눈을 돌리는 것을 두려워하고 있었다. 현재는 360도 창을 연 것이다. 1990년 이후, 외교정책에 대한 이론, 목적, 방침, 성과를 재는 기준, 모든 것이 변했다. 외교정책에는 국익이라는 원칙이 작용하여, 그 외 많은 기반이 되는 관계를 지탱하고 있다. 2 임국과 균형잡힌 관계를 유지하는 것이, 외교정책의 원리라 하겠다.

현재 우리나라의 변혁·쇄신을 지지하는 나라들은 30개국 가깝게 되며, "몽골 지원국 도쿄회합"이라고 하는 원조의 형태도 나타나게 되었다. 나는 국제통화기금, 세계은행, 아시아개발은행 등에 대한 협력활동에 적극적으로 참가하는 정책을 취하고 있다. 우리나라는 1991년 2월 14일에, 국제통화기금의 155번째의 가맹국이 되었다. 그것에 의해서, 시장경제로 이행하여 세계의 모든 나라들과 호혜적인 협력활동을 전개하여, 외화의 사용에 관한 적절한 규정을 정해서, 그것을 실행하는 데 있어 국제기관의 원조를 받아서, 혼란에서 탈출할 방책을 같이 검토하였다. 우리나라의 민주개혁에 대해서 많은 나라들의 우수한 정치가, 경제가, 학자들이 공헌한 것을, 이곳을 이용하여 강조하고 싶다.

1992년, 국제통화기금의 실행위원회는 새롭게 11개국에게 저금리차관을 받을 권리를 부여했으나, 그 중 하나가 우리나라였다. 현재, 국제통화기금과 합동으로, 경제의 구조개혁을 추진하는 ESAF프로그램을 실시하고 있다. 또한 세계은행에 가맹한 이래, 농목업, 에너지, 운수의 분야에서 구체적인 프로젝트를 실시하고 있다. 빈곤 퇴치의 기본계획의 일환으로서, 세계은행에 의해서 수백만 미 달러의 장기차관이 공여되어, 일부 무상원조도 받았다.

아시아개발은행에 1994년 가입한 우리나라는 교통, 에너지, 농목업, 인프라 발전의 분야에서 적지 않은 원조를 받고 있다. 아시아개발은행은 울란바토르 공항의 확장, 서부 각 아이막의 에너지, 쵸이발산 및 가르한 시의 중앙난방시스템, 에구 강의 수력발전소에 대한 투자를 하고 있다. 일본정부는 수백만 달러에 이르는 저금리 차관을 공여하여, 무상원조를 행함과 동시에, 같은 아시아의 나라로서, 우리나라에 대한 국제원조의 조정을 하고 있다. 국제통화기금, 세계은행, 아시아개발은행 등의 국제 금융 및 경제기관에 우리나라가 가입하여, 관계하는 조약이나 협정에 따라서 같이 활동하고 있는 것은, 참된 민주화의 은혜이다. 왜냐하면, 이러한 기관은 가입을 희망한다고 해서 모든 나라를 가입시키는 조직은 아니기 때문이다.

우리나라는 사상의 강압을 거부하고, 유엔의 활동을 구체적으로 지원하는 방침을 취하는 것에 의해서 발전하고 있는 108개국을 가맹국이라고 하는 비동맹운동에 가맹했다. 이것도 또한 우리나라의 민주화와 관계가 있다. 민주화의 시기에 대한 우리나라의 외교정책의 제3의 방침은 아시아제국, 특히 북동, 중앙아시아와 관계를 발전시켜서, 여기서 넓히는 것을 시작으로 한 지역간의 무역·경제통합에 대해서 스스로의 입장을 만들어가고 있다.

몽골국 원수는 1994년에 인도, 태국, 라오스, 베트남을, 1995년에는 독일, 벨기에, 헝가리, EU제국을 방문하여, 국가 간의 관계를 쇄신, 확대시켰다. 우리나라의 변혁과 쇄신의 당초부터의 지지국인 일본에서는 천황의 즉위식에 초대되었고, 이것도 또한 외교정책의 범위에 있어서 새로운 사건이 되었다. 이러한 외교정책의 성과로서, 우리나라는 근린 제국과 바람직한 통상·우호관계를 맺고, 동서양의 새로운 무역 상대국 및 국제기관의 신용을 얻은 것을 현재의 상황에서 말하고 있다. 이것은 민주화의 중요한 공적 중의 한 가지이다. 이 외교 정책을 검토하고 실시하는데에 Ts.공보수렝 대외관계대신의 지대한 노력이 있었다.

　몽골국가는 대외 및 국내정책에 대해서 항상 모국과 국민, 독립을 존중해 왔다. 전통의 침투와 쇄신을 조합하여 민주화, 시장, 국가 정책을 연결시킨다는 희망, 오늘날에 초조하거나 불만이 있어도, 밝은 미래가 기다리고 있다고 하는 기대를 가슴에 품고 일했다. 한때는 지평선같이 멀리 있었던 21세기는 지금 곧 거기까지 와 있다. 걸어온 길의 외관을 되돌아보면, 몽골인은 인류의 문화문명의 발전에 공헌하여, 국가의 역사를 형성하여, 유목 문명을 스스로의 등에 짊어지고, 생활 속에서 소중하게 지켜왔다. 이 3세기 동안에 이르지 못한 진보를, 우리들은 이 20세기에 거듭해왔다. 우선 첫번째로 자유와 독립을 확립하여 그것과 함께, 인류의 문화문명의 공통성에 대한 방향을 정하여 공업을 발전시키고, 문화교육과 보건분야에 대한 커다란 진보를 손에 넣은 것이었다.

　발전을 향한 어려운 길을 진행하는 중에, 우리들은 국가, 사상, 경제에 대한 종속하에 들어가서, 세계의 기준에서 상당히 멀리 떨어진 곳에 있었다. 현대사회의 급격한 변화에서 남겨지거나 혹은 그것에 반대되는 것은 어느 쪽이든지 우리나라의 국익에 손해를 초래하게 된다. 몽골인은 세계의 문화문명의 섭리에 맞는 사회·경제의 형태를 새롭게 구축하여 21세기를 맞아들이기 위해서 노력하고 있다. 이 과제에 대한 준비를 실질적으로 20세기 최후의 10년간에서 정비하는 의무와 책임이, 현대를 살아가는 우리들에게 과해지고 있다. 이 커다란 일은 1989년의 말부터 90년의 초에 걸쳐서 민주화를 지향한 청년들의 운동에 의해서 개시되어, 오늘날 몽골국은 인권과 자유가 보장되고 다양한 형태의 경제 속에 인도적인 민주사회를 세우고, 발전을 지향하는 민주헌법과 아주 새로운 국가체제로서의 의회제 공화국이 되었다.

신세기를 맞아들이기까지 남은 5년 정도 사이에 이 성과를 더욱 확실히 해야 하겠다. 경제상태를 향상시켜서, 버려버린 문화의 전통을, 잊어버린 습관, 전통적인 신성한 모든 것을 부흥하고, 하늘과 땅을 신앙하고, 자연의 은혜를 입고, 이동과 정착을 조합한 문명을 흥성시켜서, 필요한 모든 것을 이루어 만들어 가지 않으면 안 된다. 그러기 위해서는 모두가 거국적으로 일하고, 평화를 유지하고, 사회의 대개혁을 위한 어떠한 어려움도 극복할 수 있는 인내의 정신, 일관된 용기, 극히 커다란 신뢰관계를 갖는 것이 필요하다. 이러한 모든 것이 우리국민에게는 갖추어져 있다.

몽골국민이 자유스럽고 건전하게, 교양과 재산을 가지고 풍요롭게 살기 위해서, 나라도 투쟁해야 하고 국민도 노력해야 하고, 그리고 나라와 국민은 힘을 모으지 않으면 안 된다. 내 마음속에는 이렇게 새겨져 있다. 이러한 생각이 실현될 것을 빈다.

인민대회의 간부회 의장에서부터 시작하여 몽골국 대통령에 이르기까지의 임무를 수행한 세월에 대해서, 우리나라에서 실시된 근본개혁은 60년 분에 필적하는 사건이었다. 나의 진행의 마지막을 장식하는 본 장의 주제를 "60년에 필적하는 역사상의 순간"이라고 한 것은 이 책에 대한 마음이 이 말에 침투되어 있기 때문이다. 60년에 필적하는 역사상의 순간, 즉 『하늘의 시대』(본서 원제), 70년 가깝게 계속된 사회주의체제를 근본에서 변혁한 이 순간은 실로 60년에 필적할 만하다. 민주화의 사상은 최초의 헌법에도 존재했으나, 지금까지 진실된 모습을 얻을 수는 없었다. 새로운 헌법은 민주화를 보증하는 것이 되었다. 이 순간을 60년에 필적한다고 말하지 않고서 어떻게 표현할 것인가. 국민에게 주어진 신교의 자유, 숙청 피해자의 명예회복, 경제의 자유를 포함하는 주의·사상, 단기간에 실시한 개혁, 이러한 모든 것이 60년 분에 필적하는 사건인 것이다. 70년 사이에 가맹하여 얻지 않은 커다란 국제금융기관에 가맹함으로써, 세계의 나라들은 몽골이 참된 독립국이라는 것을 진심에서 인정하게 되었다. 이러한 많은 사항을 이 주제에 포함할 수 있겠다.

몽골의 국가원수인 나는 역사상의 한순간에 대해서 미국의 두 사람의 대통령과 3번 만나고, 양국관계에 대한 원칙을 세계에 공표하였다. 소련 및 중국과 우호·협력조약을 체결하고, 균형잡힌 관계를 유지한다는 원칙을 명확히 했다. 비동맹운동의 가맹국이 되어 인도와의 사이에 역사상 처음으로 우호·협력조약을 체결하고, 프랑스와 우호·협력협정을 맺고, 독일, 영국과의 관계에 대한 성명에 서명했다. 일본에서는 천황의 즉위의례에 초대되어, 가이후 도시키(海部俊樹) 수상과 회담했다. 또 통상협정에 서명하여 양국의 다방면에 걸친 관계에 대해서 신시대의 기반을 쌓을 수 있었다. 이러한 것은 이 역사상의 순간에 포함되는, 특필하지 않으면 안 될 사건들이다.

유엔의 제47회 대회에서 몽골국은 비핵선언을 하여, 이러한 입장에서 유엔의 안전보장이사회 상임이사국에 의해 지지되었다. 또 다른 나라들이나 국제기관 사이에서 형성한 관계는 모두의 협력에 의해서 우리나라를 공격에서 지킬 수 있는 법적 환경을 국제협정으로 만든 정책이 되었다. 우리나라에서는 과거에 한 번도 광범위하게 석유의 탐사를 행한 적이 없다. 과거에 한 번도, 연간 15만 온스의 금을 채굴하고, 가축이 3,000만 마리 가깝게 달한 적도 없었다. 이러한 모든 것을 우리들은 60년에 필적할 역사상의 한 순간에서 만들어냈다. 이행의 세월 속에서 주위에 있는 빛과 그늘, 모든 것은 이 순간에 연결되어 있다.

나라를 이끌었던 나의 수년은 이렇게 "하늘의 시대"와 때를 같이하였다. 그래서 대통령실에는 칭기즈칸의 초상화와 함께, 거기에는 국기와 국장이 우리나라의 독립을 증명하고 있는 것이다.

이 방에 들어서면 일이 나를 반기고 있다. 방에서 나올 때는 일이 나를 배웅한다. 나를 기쁘게 하고, 한가한 시간을 없애주는 것은 말하자면 일이다. 몽골국의 운명과 관계한 많은 문제를 쓰고 진술하고 말하는 사항, 훑어 보는 통계, 과거의 이것저것 … . 다른 곳보다 화사한 용구나 조도품은 대통령실에는 없으나, 사방에서 빛이 비추어지므로 밝다. 많은 의자를 두 줄로 열거한 긴 책상이 있고, 사무책상의 옆에는 선풍기와 책상용의 등, 전화가 있다.

즉, 대통령이 쾌적하게 일을 수행하기 위한 조건이 모두 갖추어진 셈이다. 이것은 이전에도 지금도 변함이 없다. 의자는 부드럽지만 이 장소를 점령할 수 있는 기간은 제한되어 있으며, 그 기간이 끝나면 누구든 가차없이 교체한다는 엄격한 의자가 있다. 대통령실의 많은 사건은 나의 생활뿐 아니라 민주화의 역사와도 연결되어 있다. 그 방에 걸린 국장을 향해서 몽골인은 기도한다. 나도 기도한다.

제13장
몽골국 발전의 개념

견해, 그 기본 역할

1. 몽골국의 발전 목표는 정치 및 경제의 민주화를 통합한 인도적 민주사회 건설이다.

2. 몽골국 발전의 개념(이하, 발전개념이라고 기술한다)은 가까운 장래에 국가적 독립, 전권(全權)유지 상태의 강화, 인권, 자유, 정의, 민족적 단결의 존중, 국가체제, 역사, 문화적 전통의 계승, 인류문명에 대한 성과의 중시, 인도적 민주사회를 포함한 몽골양식 문명의 확립발전을 위해서 국가가 준수해야 할 원칙이자 견해이다.

3. 발전 개념은 몽골사회의 발전을 구체화하는 많은 역학(力學) 및 측면의 상호작용, 관련성, 인류발전의 보편적 규율이 몽골국의 경우에 표출하는 특수성을 설명하는 이론에 의거하고 있다.

4. 발전개념은 수천 년에 이르는 철학사상 및 사람들의 활동에 의해서 확증된 변증법, 즉 방편과 지혜의 사상을 방법론으로 한 것이다.

5. 발전개념 및 그 근거가 되는 이론의 홍보는 국가적 선전 그 자체이며, 그것이 국가와 국민의 견해를 일치시키는 역할을 수행한다.

I. 발전의 개념, 척도, 목표

6. **발전에 관한 견해:** 몽골인에 대한 이론사상의 전통유산, 현재와 미래에 대한 현대의 세계적 조류에 의거한 민족적 단결, 민주주의를 포함한 부흥의 견해이다. 자연의 산물인 각자 인간은 무엇보다 우선 의식주의 필요성을, 자연으로부터 내려 받은 심리인 '타인 이하가 아닌,' 전면적으로 발전시키고 싶다는 맑은 선망, 유복하게 생활하고 싶다는 성실한 갈망이 있다. 이것은 사회적 원망(願望)이다.

몽골인은 즉 사회는, 끊임없이 증대하는 그러한 필요성과 원망, 상시 자급자족을 충족시키고 발전시키는 게 가능한 효율적 생산, 수익을 많이 얻으려고 하는 개인적 관심의 통합 및 연관을, 몽골사회에 대한 변혁 운동 및 발전의 근원으로 간주한다.

사리(私利)를 통제하는 개인의 사상철학은 "타자를 위해 자기를 생각한다"는 개인적 관심이다. 각자는 스스로의 생활을 위해서 자신이 가진 지성, 능력, 노동력으로 경쟁하고 인생의 목표를 달성하고 관심을 충족시킬 수 있다. 이렇게 국민이 유복해지고 국내 전체가 유복하게 된다는 사회발전의 본질에 관한 전통적 견해가 있다.

몽골국의 발전은 자기규율에 따라 계속적이고 주기적으로 이루어진다. 발전에 관한 모든 문제들은 전통과 혁신 및 방편과 지혜에 대한 규율과의 인과관계에 있다.

몽골국 발전의 전통인, 양방이 대립하는 입장의 단결을 한층 견지한다.

몽골의 유목 문명 및 전통을 완전하게 바꾸면, 사람과 자연의 밀접한 연결은 느슨해지고, 몽골인은 타자에게 수용되어 민족의 독립을 잃고 유목문명이 멸하는 위기에 처한다.

발전의 판단기준은 이하의 5항이다.
  (1) 세계의, 특히 몽골국의 평온상태 및 존재근거
  (2) 안정적인 자립경제발전
  (3) 경제성장 및 사회발전을 가속화시키는 지속적 발전을 조정하고, 이와 관련된 자연환경
  (4) 세계적 또는 그 이상의 수준에 있는 몽골인의 생활의 질
  (5) 민주주의의 강화 및 발달하고 있는 국가체제

발전의 척도는, 몽골인의 생활의 질을 가장 간략하면서도 포괄적으로 나타내는 1인당 국내총생산에 근거한다.

7. **발전의 기본 목표:** 몽골국은 가까운 미래에 대해서, 인도적 민주사회를 총체적으로 발전시키기 위해서, 인간과 지속적 발전의 연계확보를 기초로 하여 몽골인의 생활의 질의 지표가 되는 1인당 국내총생산을 앞으로 25년간 8,500~1만 달러 수준으로 인상시킬 것이다. 현재의 극빈상태 생활을 2020년에는 신흥공업국가(NIES)에 대한 국민생활수준과 동일한 정도까지 인상하고 몽골인의 특성 및 가능성을 나타내는

평균수명을 2세 증가시켜 65세 이상이 되도록 조건을 정비한다.

8. 유목문명이라는 기반 위에서 유목 양식과 정착 양식을 공존시킨 몽골 양식을 가지고, 인류가 재현할 수 없는 특수성을 갖춘 주체가 몽골국이다. 21세기 초 몽골국은 다양한 세계문명 네트워크와 적절하게 연결되어 중앙아시아의 엄한 기후, 광대한 토지, 자연과 접하여 생활하는 방향성을 가지고, 지혜와 기술의 새로운 기반에 의거하여 인간을 중핵으로 하고 복합경제와 인도적 민주사회를 포함한 몽골양식 문명을 총체적으로 발전시키는 목표를 들고 있다.

9. **발전의 단계:** 발전개념은 1996년부터 2000년을 사회생활 이행의 중기, 2000년부터 2010년을 사회생활 이행의 후기, 2010년부터 2020년을 시장사회 발전의 초기로 구분한다. 현재의 몽골국은 사회생활 이행의 초기에 해당한다.

사회생활 이행의 중기에는 생산력 저하를 완전하게 억제하여 경제 안정화와 그 후의 경제성장 달성의 기반을 만든다. 국가체제를 확립하여, 모든 행정 담당 기관의 활동과 책무의 연계를 충족시키는 성숙한 메커니즘을 창출한다. 국가에 대한 정책과 활동의 과학적 근거를 향상시켜서, 활동 방법을 쇄신하고 모든 국가기관의 권한과 기구를 개선한다. 국가 공무원의 선출 및 육성을 장기적 시점에 의해서 정비한다.

사회생활 이행의 후기에는 지속적 발전의 기반을 만들고, 경제성장과 사회발전의 비약적인 가속화가 가능한 기초를 점차 늘려간다. 외국에서의 직접투자 및 효율적 차관을 많이 받아들여서 기초기술 및 세계적인 고도 기술을 보급시키는 구조개혁을 실시하여, 시장경제에 대한 이행(移行)을 종료시킨다. 민주적 국가와 비국가조직, 비정당조직, 비정부조직과의 사이에 대한 타당한 상호 시스템 및 공동발전 과정이 보급된다.

시장사회발전의 초기에는 고도의 효과적인 경제 성장과 사회발전의 가속화를 이루고, 수출지향형 구조를 포함한 비교적 자립적인 경제를 형성시킨다. 몽골적 특질을 가진 국가체제, 이권, 자유를 참되게 창출하는 과정이 높은 수준에 달해서 민주주의가 강화된다. 이렇게 해서 인도적 민주사회는 사회전반에 대해 발전을 이루고 유목문명과 정착문명이 공존하는 몽골양식의 문명이 형성된다.

II. 발전의 원천이 된 인간 개발

10. 몽골국의 근본적 자원이자 발전의 기초가 되는 것은 창조력, 사고력, 풍부한 가능성과 잠재력을 갖춘 인간이다. 인간의 생활 및 문화수준 향상에 발전의 의의가 있다.

11. 몽골국의 인도적 민주사회는 최고의 자애와 고도의 교육문화를 키우면서 유복한 생활을 보내는 것과 관련된다. 또 국민은 국민의 대표로서 선택된 국가조직, 국민의 자주적 연대에 의해서 설립된 비국가적이면서 비영리라는 자율원리에 따라서 활동하는 조직, 이윤활동을 행하는 모든 사업단체의 상호연계를 포함한 관계 속에서 모든 사회문제 해결을 수행한다.

12. **인간 생활의 질 및 환경의 보증:** 몽골인의 능력을 발전시키는 데 있어서 우선 첫 번째로 생산적인 보건 환경, 안전한 환경에 대한 생활 보장을 충족시키는 것이다. 민족적 계승성을 유지하고, 여러 가지 좋지 않은 형편에서 혈연을 보호하는 방침에 의해서 인구증가율이 1.5% 이하가 되지 않는 조건을 정비한다.

    건강은 국민자신 및 국가에 의해서 지켜지며 건강보험 및 의료비 부담에 의한 치료, 예방, 구호 서비스를 받을 수 있는 민간 의료기관이 다수를 차지하는 시스템을 가진다.

    - **출산 지원:** 여성의 출산할 권리를 존중하고, 출산과 연령에 대한 관계를 여성의 타당한 생물학적 잠재력, 심리학, 모자보건에 근거해 적절하게 조정한다. 모체의 안전, 어린이의 성장, 건강한 모체에서 건강한 아이를 낳기 위한 생물학적, 보건학적, 법적 조건 및 보장을 충족하고, 유아사망을 줄임으로써 인구증가를 달성한다.
    - **몽골의 국토:** 그 풍부한 인구학적으로 감당할 수 있는 수준은 비교적 장기간 보유되지만, 생태학적 균형을 유지하기 위해서 인구이동, 정착의 필요성을 정당하게 고려한 타당한 거주양식을 정비한다. 인구증가, 생태학, 사회서비스 간의 균형을 충족시키고 인간이 생활하는 쾌적한 조건을 정비한 독자성 있는 도시를 발전시킨다. 수도와 대도시에 인구, 공업, 서비스가 과도하게 집중화하는 것을 피하고 주변 도시와 지역적 중심지를 발전시키는 것에 대해서 한층 유의한다.

13. **식량:** 몽골인을 전면적으로 발전시키는 제1조건의 한 가지는 식량과 식품의 충분한 공급이다. 앞으로 25년간 식량공급을 식품생리학이 요구하는 국내 평균량을 충족하는 수준으로 끌어올려서 해결한다.

우리나라에서 생활하는 모든 사람이 보건학적 요구를 충족하고, 육체의 정상적인 성장, 열량소비를 보충하는 식품을 보유하기 위한 문제는 국가정책의 중심 사안이다.

식량의 공급 개선 및 안전 확보를 위해서는 각자가 지혜, 능력, 노동력에 의해서 경쟁하고 생활하는 이외의 길은 없다. 각 국민이 재산을 보유하고, 소유하고 있는 토지, 가축 등의 동물에서 영양, 자연의 은혜를 적합하게 이용하여, 가정 내의 식량 수요를 충족시키고 음식물을 현명하고 적절하게 이용할 책임을 진다.

전략적 식량은 고기, 보리, 파종용 종자이다. 식량 국가비축의 재원은 국가예산에 의해서 공급된다. 국가는 필요에 의해서 그러한 것을 활용하여 식량공급을 안전하고 안정적으로 하는 작업을 전면적으로 담당한다.

14. **주거:** 주거는 법률에 따라서 개별적으로 개인 소유화한다. 앞으로 새롭게 건설하는 주택은, 건설되는 주택을 담보로 하여 융자를 받는다. 소득세를 감면하는 등에 의해서 구입을 가능하게 하고, 국민 대부분이 자기의 주거지를 건축하는 쾌적한 조건을 정비한다.

15. **생활 격차:** 사람들의 생활능력에 의해서 생긴 사회그룹 간의 격차를 축소시켜서, 몽골국민이 극단적인 기아·빈곤·주거부족을 겪지 않도록 해야 한다. 이를 위해 국민의 심리, 사회적·경제적 면역도, 지원, 판단에 대한 타당한 시스템을 진전시키는 모든 쾌적한 조건을 정비한다. 앞으로 극단적인 빈곤이 확대되지 않도록 정하고, 경제면에서 문제가 생겼을 경우 타당한 범위 내에서 진정시킨다.

인적 자원을 최대한 활용하기 위해서 투자를 확대하는 방향을 유지하고, 또 노동력 인구의 생산력에 대한 인구학적 균형을 충족하고, 2020년에는 실업률을 3% 이하가 될 수 있게 한다.

몽골국민은 토지를 보유, 사유, 활용함으로써 토지를 생활의 주요 이용물로 한다. 국가를 떠맡은 사회적 부유(富裕) 그룹을 창출하기 위해서, 국가는 첫 번째로 경제적 및 비경제적 방법을 사용하여 지원한다. 일정한 기간이 지나면 그들은 국내시장 유통을 조정하고, 빈곤자에 대한 지원자가 된다고 생각한다.

심신 장애를 예방하고, 사람이 안전하고 건강한 환경에서 생활하고 노동하는 조건을 정비한다. 심신 장애자용의 고용 창출을 지원하고 그들을 고용한 고용자에게 국제노동기준을 준수시킨다. 심신 장애자의 기관, 지적 능력을 보충하고 회복시키기 위해서 가족, 주변사람들, 공공의 힘에 의존한다. 그들에 대한 전문적 치료 및 간호를 높인다. 심신 장애자가 재능을 확대하고 사회, 문화, 스포츠 활동에 참가하여 정보를 얻을 기회를 넓힌다.

16. **인권, 자유:** 사람이 모두 개별적으로 자신이 원하는 대로 하는 것을 자유, 인권이라고는 생각하지 않는다. 사람은 사회와 자연에 대해서 종속되기 때문에 사회와 자연의 쌍방과 객관적 규율에 의해서 더욱 연결된다. 이러한 규율을 이해하고 그것에 따라서 자신의 행위를 올바르게 하고 방향짓는 것을 인권, 자유라고 간주하는 견해에 국가는 동의한다. 국민은 그러한 인권, 자유를 향유하고 국가에 의해 보장, 보호되는 것을 몽골국의 명예, 생존의 의의, 민주국가의 본질이라고 생각한다.

모든 국가정책 및 법규, 그러한 것을 시행하는 모든 활동은 세계적으로 승인되고 있는 정도와 합치한 인권, 자유, 명성, 명예의 보호에 돌려져 있다. 이러한 것을 위반하는 행위를 모두 없애고 주어진 권한을 회복하고 인간형성, 생존을 확실하게 보장하는 정치적·경제적·법적 환경을 갖춘 국가를 형성한다.

몽골에 있어 전통적인 공경과 순종관습과, 평등한 권리에 대한 사고를 함께 발전시킨다. 사람은 연령, 성별, 지위에 의해 각자 다른 역할을 가지고 있으며, 독자적으로 자기의 희망과 의지에 의해 사람에게 공순하는 경우, 그 견해는 평등한 권리라는 견해와 양립한다. 자식이 양친을, 국민이 자신의 국가 지도자를, 젊은이가 연장자를, 처가 남편을, 학생이 교사를 존경하고 따르는 전통적 양식을 부활시키는 정책을 실시한다.

인권을 옹호하는 국가정책, 비국가적 시스템의 양방을 강화하고 영향력을 유지시키는 쾌적한 환경을 정비한다. 여기서 강고한 시민사회라는 점과 강고한 국가라는 점이라는 원칙은 양립한다.

사람들의 권리, 자유의 구조는 타자의 법정 이익과 자유에 의해서 확정되고 조정되지 않으면 안 되는 것으로 간주한다. 국가는 사회적 규범을 엄격하게 정하여 잔혹한 조직, 테러리스트 및 조직적 범죄를 진압하는 강력한 수단을 가진다.

17. **등급관계:** 국가, 사회에 대해서 사람이 세운 공적, 따라야만 하는 사회에서의 차지하는 위치, 지위, 직위 등의 등급 시스템이 있다.

국가와 사회발전에 공로한 사람들에 대해서 등급이나 어떤 권한을 부여하고, 그러한 사람들을 존경하고, 공경과 순종하는 방침을 유지한다. 고위 등급에 있는 사람들, 특히 국가지도자들의 명성을 높일 것을 국가적 정책 수준에서 실시한다. 그들 중에서 과실을 범한 자가 있으면 동일한 수준에서 해결시키는 등 국민 중에서 그들의 명성을 멸시하지 않는 것이 사회 질서와 균형을 유지하고 조직을 세우는 하나의 조건이 된다.

18. **가정:** 가정은 인간생활에 대한 제일의 필수 환경, 기본적 사회단위로서 간주하여, 그 발전문제를 국가정책의 관심사항으로 둔다. 가정의 발전을 지원하는 사회적 서비스는 어린이 교육의 형성, 범죄방지, 고령자 보호, 사회적 건전성 및 생활 문화적 조건의 향상에 있다.

    가정환경과 그 형성 및 발전에서, 가장인 남성의 책임을 높일 수 있도록 유의하고, 가정 구성원의 평등한 권리를 충족시켜서 모든 차별적, 모욕적, 폭력적 행위를 금지하고, 인도에 어긋난 폭력이나 음란의 선전 등의 비도덕적 활동을 몽골적 전통습관에 어울리지 않는 행위로 간주한다.

19. **인간의 연령층:** 연배자는 아동청년을 육성하고 교육함으로써 자신의 후계 세대를 키우고 아동청년을 바로잡고, 자신에게 부족한 탄력을 청년에게서 향유한다. 청년은 연배자의 가르침을 배우고 따른다. 연장자의 지도에 의해서 사회가 발전해 온 것, 또 각자가 역할을 가지고 그것을 달성하는 과정에서 서로가 경애하고 연결되었다는 역사적 과정을 따른다면, 사회발전에서 어떤 연령층이 필요 없게 되는 극단적인 견해는 있을 수 없다.

    사람은 타인에 대해 따뜻한 외적 환경이 되어 상호의존적으로 생활한다는 인간사회의 전통을 유년기부터 어린이에게 이해시킨다.

아동, 청년, 고령자, 여성을 항상 적극적으로 사회발전에 참가시킨다.

20. **어린이:** 어린이는 우리 혈연의 계승자로 더없이 큰 기쁨, 가족과 가정의 행복, 애정의 정화이며, 유년기는 인생에 있어서 가장 귀중한 시기이다. 어린이를 육성하고, 교육하고, 보호하고, 인생의 준비를 하는 제1차적 환경이 가정이다. 부모는 어린이에게 세계를 열고 사람이 되는 길을 교시하고 인도적인 교육을 행하는 모범적 선도자로서, 안녕을 키우는 고상한 역할을 진다. 가정을 지원하고 그것을 강화하는 것이 국가정책에 의한 중요 방침이다.

21. **청년:** 청년의 교육, 교양, 취업, 가정생활은 사회에서 그들이 차지하는 입장과 밀접한 상호관계를 가지고, 사회형성에서 한층 더 중요한 문제라고 생각한다. 청년에게 보건, 지성, 건장한 신체를 키우는 정당한 지식을 가르친다. 자연환경, 모국어, 문자, 습관, 문명, 혈연을 존중하게 한다. 여가를 문화적으로 지낼 수 있도록 한다. 쾌적한 생활환경 및 발전 환경을 창출시킨다. 능력을 끌어낸다. 학문에 대한 연관을 깊게 한다. 자립심을 키운다. 전문적 및 생활적 교육을 습득시킨다. 주택소유를 위한 자유로운 지적 생산을 발전시키고, 성과를 향유시킨다. 이러한 것에 대해 국가가 지원한다.

서양적 및 동양적 교육과 몽골의 전통적 교육을 겸하여 갖춘 모국, 국민이라는 바른 인식을 가진 국가, 연장세대, 부모, 연소자, 교사들을 경애하고 그러한 것에 따르는 사고를 가진다. 투쟁에서 이겨내는 정신적 활력에 찬 인물을 육성한다.

22. **고령자:** 고령자가 자국의 발전에 공헌한 성과를 사회적으로 향수하고 지적·생활적 필요성을 충족하는 사회·경제면 보장 조건을 국가는 정비하여, 고령자의 권익을 보호한다. 자손과 광범한 대중이 선조를 경애하는 몽골적 전통을 자자손손 계승하여, 고령자와 성장기의 청년의 관계를 강화해서 고령자를 가정과 친척 테두리 안에서 부양하도록 한층 더 유의하고, 부양자가 없는 홀몸인 고령자, 자립 생활력이 미약한 고령자는 지역정부에서 부양한다.

23. **여성:** 국가, 사회, 경제, 가정의 테두리 안에서 여성의 평등한 권리를 충족하고 여성을 적극적으로 발전에 참가시킨다. 여성이 어머니가 되는 생물학적 숙명을 존중한다. 자식을 출산하고, 수유하며, 양육하고, 자식에게 풍요한 민족적 전통유산을 침투시킨다. 또한 생활의 지혜, 교육, 교양, 고도의 상관적 문화에 의해서 양육하는 모친의 노동을 국가발전에 대한 공헌으로서 간주하고, 민족적 기쁨, 법적 평가에 의해서 보장되고 무엇보다도 명예를 중요시하는 도덕적 평가를 향상시킨다.

   여성에 대한 교육 및 능력을 향상시키는 조건을 항상 개방해 두고 민족적 습관, 가정의 상관적 독자성을 기초로 하여 딸, 여성, 어머니에게 성스러운 여성 가장의 지식, 경제, 생활적 교양을 습득시키는 적절한 연수시스템을 정비한다.

24. **국가적 지력(知力):** 몽골사회의 지적 구조는 전통적 민족문명의 유산 위에서 인류 보편의 성과를 거듭하여 창조한 생활평가, 지적 활력, 기능, 학식의 보고(寶庫)를 집적하여, 몽골인이 형성되고 생활하고 발

전하는 환경을 창출하는 활동이다. 민족의 지적 역량은 몽골국 발전의 기초이다.

25. **언어, 문학:** 몽골국민과 국가가 생존하여 발전하는 근거의 한 가지는, 몽골어를 고상하고 청정한 것으로 하여 독자적인 문화와 함께 아름답고 완전하게 습득하는 것이다. 공식 국어인 몽골어의 발전은 국가정책의 중심에 놓여진다. 국민에게 몽골문학과 키리르문학 양쪽을 습득시키고 장래에는 몽골문자를 공식 문자로 하는 방침을 취한다. 소수민족이 스스로의 언어와 문학으로 배우고 교류하는 기회, 각자의 민족 및 부족의 모국어, 방언, 문화예술, 과학, 습관, 사상을 보유하고 부활시켜서 후세에 계승시키는 기회는 열려 있다.

26. **교육:** 몽골국의 생존기반, 발전의 근원은 항상 진전하여 변혁시키는 몽골인의 지성, 교육, 전문성에 있다. 몽골인의 지성의 내면적 사유는 다른 사고 작용에 인정되는 특수 상황의 기초가 된다. 몽골적 지성의 사유와 동반해 근면적 연구성, 우수한 기억력, 특수한 시간감각, 원대한 사고, 창조적·탐구적 사고가 형성되어 있다. 이러한 경탄할 만한 지성의 유전적 성질을 개척하여 현대적이면서 고도의 지식과 지혜가 침투한 노동 및 기술을 창출하고 그것에 의거하여 발전함으로써 몽골국이 21세기 문명의 새로운 양식의 네트워크에 독자적 양식을 가지고 참가하는 것이 가능하게 된다. 몽골인의 지성을 발전시키는 이 방향성을, 우리나라 발전의 근본으로 간주한다.

  교육은 각자가 생애에 걸쳐서 전면적으로 자기를 발전시키고 우리나라의 과학기술의 발전, 경제적·사회적 발전을 가속화하여 부를 창조하는 근원이다. 따라서 이 국가의 기본적 이익 관점에서 교육은 사회의 우선 분야로서 발전시킨다. 교육은 각자에게 과학지식, 방법론을 적절히 습득시켜서 인도적 정의, 법규의 준수, 습관, 진보적 전통유산을 존중시키고 애국적·문화적·집단적으로 건강한 능력을 보유시켜서, 자립적으로 바르게 사고하는 능력을 가진 몽골 문화 문명의 둘도 없는 특성에 의거하여 자기 생활의 질을 세계적 수준으로 끌어올리는 능력을 보유하게 하는 것이 된다.

교사는 국민의 문화적 계몽자이며 또 아동 청년의 지성을 끌어내고 재능을 개화·발현시켜서 아동 청년에게 생활·노동의 기능을 교시하고 스스로 교육하고 실천하는 입장에 있는 자이다.

몽골인의 재능은 민족적 자원이므로, 사람의 재능을 개화 발전시키는 데 자본을 들여서 탁월한 재능을 가진 자를 지원하는 정책을 내세운다.

27. **과학:** 과학은 점점 그 필요성이 증대되고 있으며, 모든 시장에서 자기의 소유물을 가능한 장기적으로 매출하여 커다란 이익을 획득하는 힘이 있는 기술, 상품, 서비스를 창출하는 의욕에 이끌려 과학에 막대한 자금을 투입한다. 지적 경쟁 중에서 성장 발전하는 기초와 응용 과학의 다양한 소유형태를 가진 과학, 과학―기술―생산―비즈니스, 과학―연수구조를 가진 타당한 구조를 창출한다.

과학기술정책 및 첨단분야발전의 정책에, 국내총생산의 3% 이상의 자금을 충당한다. 과학기술의 발전을 위해서 국내에서 사용하는 총 자본의 5% 이상을 모든 소유형태를 가진 기업의 자기생산, 국가예산의 25~30%, 외국 차관의 약 10%를 원조로 처리한다는 일반적 균형이 유지되고 있다. 총 과학기술지출액의 80%를 기술창출 작업에 충당하고 국가기술기금의 자금을 늘린다.

지적 재산, 그 중에서도 산업에 관련된 지적 재산을 창출하고 또 민족전통 및 현대과학기술의 기금, 정보통합 네트워크를 만들어 국가의 보호 아래 둔다.

세계적 수준의 전문가를 육성하여 국내 연구자에게 작업성과를 올리게 하고 개별 과제에 대해서는 대표 연구자에게 권한을 부여해서 그들에게 의거한 형태로서 과학 발전조건, 지적 조건 및 물질적 조건을 충족한다.

근래에 몽골국에 대해서 과학기술을 잇는 방향성을 시급하게 선정하여 국가적 지원에 의해서 높은 기술을 갖는 제품의 생산을 발전시킨다.

a. **민족적 전통기술**: 몽골의 전통습관, 생활방법, 기술을 포함한 지적 보고(寶庫), 또는 사람이 스스로의 인적 자원을 발전시키는 전통양식을 부활시켜서 생물·식물·광물에서 채집한 원료, 특히 가축의 털, 피혁생산품의 성분과 기술적 성질을 깊이 연구하여 전통적 방법과 기술을 현대 과학의 성과로 수확하여 풍부하게 하고 국내외 시장에서 경쟁력을 가지는 신소재, 신제품을 생산한다.

b. **생명공학**: 가축을 포함한 생물, 식물을 채집한 원료를 생명공학, 유전자 공학을 사용하여 가공해서 인간의 병을 진단하여 치료약을 생산한다. 생물, 식물 고체군의 변화, 유전자의 유전

학적 구조 규칙을 해명하여 가축의 증식, 식물의 품종개량에 이용한다. 높은 생산성을 가진 미생물, 생물, 식물을 창출하는 이론, 방법론, 기술을 창출한다. 단백질, 아미노산 함유량이 많은 박테리아나 효소 등의 조합제를 창안하여 보존에 적합한 새로운 식품을 생산한다.

c. **신소재, 야금, 기계제조기술, 신에너지원:** 금, 은, 형석, 주석, 혼합금속, 귀금속, 희소광물을 정제한다. 알루미늄, 철, 바륨 등 고순도 염화물, 전자공학 및 전기 기계용의 기술, 광학 등의 분야에 대한 신소재 창출 기술을 보급시킨다. 비철금속 및 철의 산업을 발전시킨다. 금속제품, 기계부품, 조립부품, 생산의 자동화 및 기계화 기자재, 재생 에너지를 이용하는 기계를 창출하여 생산한다. 에너지, 열난방의 안정적 공급작업을 향상시킨다.

d. **화학 테크놀로지:** 석유화학공업, 광석가공처리 과학, 생활용 및 산업용 신소재를 생산하는 과학적 및 미생물학적 기술을 보급시킨다.

e. **정보 테크놀로지:** 세계적 및 국내적 정보기술을 생산하여 서비스, 생활에 널리 보급시켜서 외국의 컴퓨터 소프트웨어, 신정보기술 생산을 확립한다.

28. **문화예술:** 몽골의 문화예술을 인류의 문화발전의 보편적 법칙, 역사적 방향성에 합치시켜서 동양적 문화의 독특한 색채나 몽골민족의

문화전통과 밀접하게 연결한 자신의 전통적 민간문예를 존중하고 세계적 예술이나 현대예술과 병립시켜서 발전시킨다.

각자가 다양한 소유형태를 가진 문화예술분야에 대해서 적극적인 활동을 행하고 재능을 개화 발전시키는 평등한 권리를 향유한다. 거기에는 전문적 수준의 결정, 감독 이외의 제한은 행하지 않고 전문성을 활용하여 생활하는 조건을 충족시킨다.

민족적 전통을 가지거나 세계적 고전, 아동용, 사회생활에 도덕적이고 성실한, 민주적 성질 등에 합치되는 예술적 이념이 높은 수준의 창작 예술작품을 지지하고 국가예술작품기금이 선정해서 구입하여 세계적으로 선전한다.

민족의 전통이나 사회목적에 어긋난 작품, 이상한 견해를 제창한 작품, 전쟁, 폭력, 잔학한 행위, 민족, 인종, 종교, 신앙에 의한 차별, 음란을 선전한 작품이 유포되는 것을 금지한다.

장래에 문화예술기관의 네트워크를 개선할 때, 도시 및 지방 사람들의 문화 발전 조건을 향상시켜서 아동 청년용의 문화 예술기관을 확대하고 그러한 활동이 이 특별 그룹의 정신적 필요성을 충족하는 정도의 수준에 오를 수 있도록 한층 더 유의한다.

각자가 민족 및 인류에 대한 문화적인 가치가 있는 작품, 여러 예술에 자유롭고 친밀한 미적 공감을 얻고 적극적으로 문화예술활동을 행하여 재능을 개화 발전시키는 등의 평등한 권리를 충족시킨다. 이 목적에서 도서관, 박물관, 문화센터, 전람회, 문화보양시설, 체육관, 운동장, 육상경기장, 수영장, 동물원 등을 공공서비스에서 중요한 하부조직으로 간주한다.

몽골의 전통적 문화예술작품, 현대 문화예술작품을 세계적으로 선전하는 것을 지원한다. 번역자, 연구자가 그러한 것을 몽골어에서 외국어로 번역하는 것, 예술가가 자기의 작품을 외국어로 저술하는 것을 지원하며 그 작업에 한층 더 유의한다.

책은 역사의 결합체이자 국가·민족 존재의 증거가 된다. 국민의 과학, 역사, 문화에 관한 모든 지식의 샘이며 가치 있는 유산이다. 제본작업은 예술작품, 공업, 서비스라는 성질을 가지고 특수한 전문성과 교묘한 기술을 필요로 하는 총체적 과제이며, 그러한 것을 정리하여 조정하는 구체적 시스템이다.

29. **사회심리, 사회적 습관, 교의(敎義) 관념:** 몽골인이 형성 발전시키는 사회에 대한 지적 범주의 특수환경이 사회심리, 습관, 관념이다. 몽골국 사회의 지적 범주를 이 나라의 근본이익, 긍지, 단결의 중심적 요인, 발전에 앞서는 유의미한 것으로 간주하여, 자민족의 문명유산을 인류의 보편적 성과와 양립시켜서 자기의 문화, 지성, 생활습관의 통일적 상태를 보호하고 몽골 사회의 지적 안전보장을 충족시킨다.

30. **사회심리:** 사회심리로서의 행복, 비관과 불안이라는 정신상태는 사람의 정신에 형태를 만드는 시대적 이익이나 현상과정의 변화를 받아들여서 회답을 내는 능력에 기인한다.

사회심리에 대해서 개인이 의존하는 주요원칙은 각자가 현상 프로세스의 변화에 대해서 현명하게 인내심을 가지고 대응하여 자기의 주도력과 책임에 의해서 사회와 공존하고, 사회적으로 정당한 방향성을 형성시켜서 개인 및 공동체 발전을 충족시키는 행위이다.

몽골국민의 통합, 사람들의 도덕, 정신에 악영향을 미치는 정치,

급격한 사회 경제의 변화, 인종차별의 사상, 파시즘 등의 비인도적 사상의 확대, 폭력, 살인, 전쟁, 음란, 생태학적 균형의 상실, 자연재해, 빈곤의 만연 등의 이유에서 사회에 대한 지적 생활의 빈곤화, 지적 능력의 쇠퇴, 사회심리의 혼란, 몽골사회의 지적 테두리 안의 안전성 상실을 방지하는 보장은 국가가 맡는다.

사회심리에 영향을 미치는 구체적 상황을 사람들에게 정확하게 즉시 전달함으로써 사회심리의 움직임이 폭발, 비관, 불안 등의 상태에 빠지는 것을 막는다. 혹시 그러한 상태에 빠졌을 경우 사회심리를 단기간에 안정시키기 위해서 자유로운 보도 및 보도수단에 의해 국민이 자신을 신용하여 생활을 조정하는 환경을 정비하는 것이 가능하다고 생각한다.

보도의 단일화, 중상 및 허위정보의 유포, 정도의 과소 또는 제한에 의해서 사회심리를 바른 상태에서 격리시키는 것, 사회적 견해와 사고에 대해 감시하고 지휘하는 것, 선동을 행하는 것을 심리적 폭력으로 간주한다.

31. **사회적 습관:** 몽골인이 기존세대에 걸쳐서 모든 진전(進展)에 의해 쇄신하고 계승하여 온 사회생활의 조정역할이며, 문법이 아닌 것에 상당하는 습관을 각자가 존중하고 엄수하여 후계세대에게 상속시킨다. 민족, 부족, 지역의 독특한 습관을 국가는 동등하게 존중하고 그러한 것에 대해 차별, 제압, 감시하고 한쪽을 다른 쪽과 대립시켜서 몰아 놓는 일, 서로의 진전을 인위적으로 가속화시키는 것, 혹은 그것을 약체화시켜서 방해하는 시도는 정의에 어긋나는 행위라고 간주한다.

32. **종교:** 몽골문명의 중심적 요소 중 한 가지는 신앙이다. 몽골 국내에서 국민의 종교와 신앙의 자유를, 참된 의미에 있어서는 생활상에서 구체적으로 행사하는 것이 법률에 의해서 보장되어 있다. 몽골국의 민족 단결의 권익이라는 관점에서, 국가는 모든 종교와 교의관념이 사람들의 마음을 온화하게 하고 사회적 관계를 인도적으로 하여 몽골의 전통적인 습관·규칙을 부활시켜서 사회규정을 강화하고, 사람과 동물·자연세계를 사랑하고 국가체제를 존중하고, 친목을 도모하며 자비심을 가진 관념을 넓히는 입장에서 수행하는 현명한 방책·활동을 존중한다. 국가는 종교신앙을 존중하고, 배려하면서 인내심 깊게 대응하는 원칙을 따른다.

III. 경제발전력

〈발전전략, 그 실시원칙, 성장발전을 가속화하는 조건〉

33. 몽골국은 자연과 조화롭게 생활하는 전통, 지성, 기술의 신(新) 기반에 의거한 생태학적 및 사회적 방향성을 가진 비교적 자립적인 혼합방식의 민주적 경제를 가진다.

34. 몽골국 경제에 앞으로 25년간의 발전전략은 몽골국 현재의 미약한 발전을 끊고 신흥공업국가들의 발전 수준에 도달하게 하여, 사람들의 생활의 질을 개선하는 것이 목표다.

35. **경제발전전략을 실시하는 기본원칙:** 모든 시장에서는 품질, 효율 면에서는 경쟁력을 충족하고, 경제의 지속적 발전과 강력한 성장을 가속화하는 방향에서 국제경제협력을 발전시키는 것. 또 도래하고 있는 아시아 태평양 시대에 있어 이러한 지역의 노동분업 중 자국의 비교적 우수한 면을 이용하면서 효과적인 협력을 발전시켜야 한다고 생각한다. 국내경제의 강력한 발전은 우리나라의 국력을 증대시키며 또 경제·기술·사회변혁의 주요 조건, 발전의 추진, 가속화의 원동력이 된다. 세계 선진제국의 경제성장이 비교적 안정되게 진행하고 있는 오늘날의 경향은 우리나라에게 경제의 강화, 고성장에 의한 발전의 간격을 좁히는 기회이기도 하므로 그것을 활용한다.

36. **경제성장 및 사회발전을 가속화하는 여러 조건들:** 세계경제, 지역경제, 국내경제의 변화의 시간 및 공간에 관련된 가장 효율적인 강령을 발전개념에 합치시켜서 의회 및 정부가 초안하고 그것을 기초로 하여 거시 경제정책을 지휘하는 것이 국가적 조정의 주요형식이다.

개인자산, 주식자산, 국가자산의 적절한 비율에서 다양한 소유형태를 포함하는 경제를 갖는다. 자산민영화의 과정에 대해서 활력 있는 기업, 이윤 있는 기업을 창출하고, 민영화된 기업 및 국영기업을 변혁하는 문제가 구조개혁에 대한 우선적 과제이다. 기업의 변혁에 대해서 기업을 단순히 생산단위가 아닌 많은 역할과 목표를 가진 비즈니스 조직으로 하여, 경제관리의 기능을 발전시키는 원칙을 견지한다.

몽골국이 세계적인 근대문명에 적응하여 발전하는 근거, 경제에 대한 안전성을 충족시키는 조건은 국제관계의 규모와 보편적 원칙에 의거하고 있으며, 자국 및 상대국의 특성, 재정, 기술력, 양방의 관심, 교류의 전통 등을 고려하여 우리나라의 경제를 개방적으로 하는 것에 있다고 생각한다.

몽골국을 아시아 신흥공업국가들의 발전 수준으로 끌어올리고 경제성장, 사회발전을 가속화하는 주력이 되는 데 막대한 효과를 발휘하는 것은 외국투자이다. 외국의 직접투자는 전략적 의미를 가진 분야, 자연보호분야, 자국이 주도하는 기계기술분야, 수출산업, 식량비축을 증가시키는 산업, 신소재, 원료, 기계부품 등을 국내 생산하여 수입으로 대신하던 것을 충당한다. 거시 경제의 관리, 경제적 안전성을 충족시키는 관점에서 이하의 경제정책을 실시한다. 국가 외환 준비고를 충당해서 대외수지의 균형을 개선한다. 자국을 대외적 부채에서 압박시키지 않는 효율성이 높은 채무공여를 받는다. 장래적 전략, 장래적 목표와 부채를 연결시킨 장기적 계획을 실행한다. 우선 첫 번째로 에너지, 통신, 도로, 수송 등의 인프라를 발전시킨다. 사회 분야의 발전에서 무상원조 효율을 향상시킨다.

자연환경의 특질에 대응한 사람과 자연의 전통적 관계의 우수한 전통을 중요시하여, 그것을 활용하고 생태학적 안전성, 경제와 생태학의 균형을 유지함으로써 경제의 안정적 성장과 강력한 발전을 촉진한다.

역사적 전통을 고려한 후에 영역적 구조개혁을 실시하고, 몽골국을 5개의 경제지역으로 구성되는 행정조직, 아이막을 통합한 기구로 단계적으로 이행시킨다. 경제지역을 확립하고 각각의 지역의 경제력 및 가능성을 고려한 발전에 대해 우선 방침을 명확화하여 지역경제와 지역사회의 평균적 발전을 달성하고 각 지역 간에 상업, 생산, 과학분야의 연대를 강화하여 생태학적 조화를 유지하는 것에 특히 유의한다.

⟨발전전략실시에 대한 우선적 방침⟩

37. 발전분야에 대한 구조조정정책의 중심은 생태학적 기술에 의거한 공업화 정책이며, 몇 가지 구체적 경제분야에 대한 우선적 발전의 방침을 정한다.

38. **광산채굴, 가공산업:** 몽골의 국가경제에서 비교적 강력한 우위분야인 천연광물자원에 의거하여 높은 효율성 속에서, 생태계에 악영향이 적은 첨단기술로 새로운 광물·광구를 획득함과 동시에 가동 중인 광업시설에 기술혁신을 행함으로써 수출용 광업생산을 발전시키는 것이 가까운 장래에 대한 발전의 제1차적인 힘이 된다는 것은 변함없다. 광물원료 수출을 중심으로 하는 경제구조에서 채굴, 가공 방향이 더욱 많은 부분을 차지하는 완제품수출의 경제구조를 가지게 한다.

천연자원의 개발조사작업을 폭넓게 행하고, 비축자원을 적절한 시장에 방출할 수 있게 한다. 전통적인 동, 몰리브덴, 형석 이외에 석유, 금, 우랑, 희소광물, 아연, 납의 채굴가공시설을 건설하여 관심이 있는 다국적 대기업에게 한층 이익이 있는 조건으로 협력하는 방침을 우선적으로 실시한다.

타왕토르고이 코크스(Cokes: 석탄을 고온에서 건류하여 휘발성분을 제거한 다공질의 고체 연료, 역자주) 화석탄 채굴가공시설을 설립하여, 동아시아

지역 및 북동아시아 지역의 코크스 화석탄 시장에 참여한다. 석탄의 국내 수요를 안정적으로 충족함과 동시에 에너지 석탄수출량을 증가시킨다. 석탄의 채굴가공에 관한 새로운 능력을 창출한다. 석탄을 가공하여 무연, 압축연로, 가연성 가스 등을 생산, 활용한다.

39. 석유화학공업을 발전시켜서 몽골령 내에서 석유의 탐사채굴가공을 행하고, 국내 석유수요를 충족케 하고 또 세계시장에 대한 판매 네트워크를 자력으로, 자국의 자본으로 참여시킴으로써 우리나라 경제의 자립발전의 주요조건을 정비한다. 석탄·편암을 가공하여, 코크스 화학기초공장의 기반을 만든다. 주요 화학제품을 국내원료를 이용해 생산하는 문제를 단계적으로 해결한다.

40. 금속산업, 기계산업을 발전시켜서 국내원료를 안정적으로 공급한다. 주조품 가공을 확대시켜서 목축업, 농업, 건축업, 경공업, 식품업 등의 분야에서 폭넓게 이용하는 소형기계나 기자재와 그 부품을 제조한다.

41. 농목업이 급속하게 자기성장하는 잠재력을 활용하여, 지방 가정의 수입을 증가시키고 또한 농목생산품의 질을 향상시킴으로써 농목업을 급속하게 발전시킨다. 농목업, 식품제조업에 생명공학을 도입하여 생태학적으로 우수한 생산품으로 국내수요를 충족하고 또한 세계 시장에서 경쟁력 있는 새로운 방향을 찾아낸다. 지방에서 사용하는 에너지, 도로, 수송, 통신, 정보화 분야에 힘을 넣어 발전시킨다.

목축업을 사유재산에 의거하여 발전시킨다. 경제조직은 가족형,

소집단형, 협동조합형 어느 것이라도 무관하다. 농업은 국가의 식량 정책의 중심사안이며 다양한 소유형태에 의해서 발전하는데 어디까지나 토지소유자의 지원과 보호 아래에 놓인다. 식품성분을 완전한 것으로 하고 생리학적 보급, 성장기능을 충족하는 정도의 식품공급을 확보한다.

42. **경공업:** 목축업 생산품에 있어 고도의 기술적·지적 가공이 이루어지게 하고, 경공업 생산품의 세계시장에 대한 경쟁력을 향상시켜서 현재수입에 의존하고 있는 경공업 생산품의 일부 재료와 원료를 생산한다.

43. 지역발전을 위해서, 우선 처음으로 국내외의 시장에 연결된, 장래성이 높은 지역발전의 기점이 되는 지점을 여러 군데 설치하고, 다음으로 한층 더 발전된 중심 지점을 많이 창출한다는 정책을 세운다. 발전지점을 연결하는 국가적 도로교통망과 에너지 망을 국가예산, 외국차관, 원조로 정비한다. 통합된 행정, 영역단위가 자립적으로 세입을 얻도록 정비한다. 인프라 분야를 지역 내에서 발전시키고 그것에 의거하여 대표적인 산업과 서비스를 창출하는 힘과 자금을 집약한다. 수송, 통신, 에너지라고 하는 국내 인프라에 대해서는 항공수송, 무선통신, 지역 에너지를 각각 발전시킨다.

44. 에너지 분야에 대한 구조개혁, 기술개혁, 조직개혁을 행하고 모든 산업시설 및 주민의 에너지 수요를 완전하고 안정적으로 공급한다. 재생 가능 에너지 자원을 활용하여 소형 발전, 난방시설을 설립하고

목축민의 에너지 수요를 순차적으로 충족케 한다. 에너지 공급, 전력, 난방의 이용을 억제하기 위해서 계측기기를 설치하고 수요구조의 개혁을 실시한다.

러시아영내에서 몽골영내를 통과하여 중국, 한국, 일본에 이르는 석유 파이프라인 및 가스 파이프라인, 송전선을 건설하는 국제적 계획에, 몽골국은 스스로의 힘과 자금으로 참가한다.

45. **통신정보분야:** 국내 통신정보망, 국제정보망을 설립하여, 통신회선 및 위성통신 시스템을 국가간·도시간에 널리 활용한다. 라디오, 텔레비전의 전파 중계를 확대하여 지방의 노동자·목축민이 라디오 방송, 텔레비전 방송을 보고 듣는 조건을 정비한다. 이동통신을 발전시켜서 통신을 행하는 근대적 정보기술과 컴퓨터를 지방에 널리 보급시킨다.

46. **도로, 수송부문:** 첫 번째로 몽골국내에서 남북으로 도로 정비를 행하고 아시아, 유럽의 국제도로망을 연결한다. 다음으로 국경부근 지역, 지역경제와 그 발전중심지역을 동서로 맞게 연결하는 국가 기본 도로망을 만든다.

두만강 국제계획에 참가하여 북동아시아와 중앙아시아, 유럽을 철도, 도로, 항공, 해운 면에서 연결한다. 동남아시아국가들을 러시아의 시베리아 지역과 철도, 도로, 항공, 해운 면에서 연결한다. 새로운 해양으로의 출구를 가진다.

철도수송, 항공수송의 운송력을 향상시킨다. 지역경제의 중심지로 물품을 항공 화물 수송으로 행한다고 상정하여 창고, 화물을 싣고 내리는 시설을 가진 비행장을 정비한다. 국제항공망을 확대시키고 그것에 참가하는 기술적 조건을 정비한다. 근린국가들과 쾌적한 조건을 정비한 철도국경을 쇄신한다. 필요한 새로운 철도를 건설한다. 해상수송을 행한다. 해양자원의 보유에 참가한다.

47. 서비스업 분야에서 관광, 휴양, 교육, 보건, 프로스포츠, 예술, 라디오, 텔레비전, 학술, 정보, 금융보험, 기사 네트워크, 도박, 골프, 오락 등의 서비스를 더욱 급속히 발전시키기 위한 쾌적한 환경과 조건을 정비한다. 또 서비스의 수출입을 증가함으로써, 국내총생산에서 차지하는 서비스업의 비율을 35% 이상에 이르게 하여 안정화시킨다.

    국내에 존재하는 내륙 아시아 고유의 생태층, 생태학적으로 우수한 생산품, 유목문명의 유산 등 이러한 생활방식은 새로운 세계적 관광시장이 되고 있다. 자연 본래의 상태를 잃지 말고 감당할 수 있는 관광을, 자연보호의 하나의 수단으로서 활용한다. 독자성을 갖추고 서비스의 특수성을 유지한 관광지를 창출하고 자연, 생활, 학술, 스포츠, 수렵, 문화예술, 비즈니스, 국제회의 등을 통해 경제효율이 높은 분야로 끌어 올려서 발전시킨다.

    다양한 성분과 독특한 성질을 가진 의학적 효과가 높은 온천, 샘물, 진흙을 질병치료에 활용해 온 전통을 현대 의학과 합리적으로 양립시켜서 온천장, 휴양소를 발전시킨다. 국제적인 온천 휴양시설을 호지르토, 샤르가르죠토, 오토공텡게르에 설립한다.

IV. 지속적 발전과 자연환경

48. 몽골국의 독립, 국가적 안전의 확약, 사회발전의 근원은 몽골국의 영토와 그 자원이다. 그것에 근원하여 현재 및 장래의 세대 이익이라는 관점에서 자연환경의 보호, 천연자원의 적절한 활용, 법칙에 따른 자연회복, 자연재해로부터 인간 및 사회의 보호, 환경적 악영향의 방지에 대한 대책 등을 사회를 지휘하는 각 분야에서 추진한다. 몽골국의 자연환경보호, 생태학적 안전을 충족시키는 전략은 몽골국의 영토를 세계적 생물권의 특별보호지역으로 하여, 인간이 건전하고 안전한 환경에 생활하는 조건을 정비하고 천연자원의 활용을 경제적 검약구조 안에 적용해서 생태학적인 부하와 힘에 적합한 지속적 경제발전의 진행 속에서 사회적 진전을 충족시키는 것이다. 천연자원 중 발전을 가속화하기 위해 우선 첫 번째로 활용하지 않으면 안 되는 것이 주변에 있는 타당한 자원이다. 단지, 회복근거가 있는 천연자원을 먼저 활용하고 회복되지 않는 자원은 서서히 활용하여 자연환경에 무해의 기술을 사용하는 정책을 실시함으로써 지속적 발전을 유지할 수 있다. 자연환경의 보호와 그것에 들어맞는 생활행위는 인간발전의 중요한 요소일 뿐 아니라 생존의 기본조건인 유목문명의 전통을 준수한 것이기도 하다.

(제49항부터 58항의 정의에 대해서는 연구자에 의거하여 맡겼다)

V. 민주주의, 발전의 보증

⟨민주주의⟩

59. 민주주의는 몽골국 독립을 보장하는 것이다.

60. 정치적 민주주의와 경제적 민주주의의 통합 위에 발전은 확립된다. 발전 없이 민주주의의 보증은 없고, 민주주의 없이 발전은 진전하지 못한다. 이러한 민주주의와 발전의 불가분의 관계를 연결하여 통합하면 발전은 보증된다.

61. 민주는 기본적 인권의 일부이며, 인권의 존중은 발전 지표이다. 이 때문에 민주와 발전은 깊은 연결을 가지며 사회적 생활의 변혁에 대해서 인간이 주 원동력이 되는 원칙을 존중한다.

62. 민주화와 시장의 관계에서, 이행 초기의 어려움을 이용한 비민주적 투쟁자의 세력으로부터 국민의 권익, 국가구조, 행정권한을 보호한다.

63. 정치, 사회, 경제, 국가 등에 있는 많은 문제를 해결하는 방책을 찾아내어 조정할 때, 상용되는 신뢰받는 유일한 수단이 민주주의에 있다고 간주한다. 다른 표현을 하자면, 민주주의는 결실 있는 발전의 유일하고 정당하면서 장래성을 가진 길이다.

64. 경제, 사회의 테두리 안에서 결실 있는 발전을 충족시키기 위해서 정보, 지식, 정보 네트워크 기구와 지적 교환이 극히 커다란 의의를 가지게 된 오늘의 신시대에서, 민주주의를 단지 견해나 현상으로 간주하는 것이 아니라, 민주주의 없이 진보할 가능성은 없다는 원칙에 의거한다.

〈국가〉

65. 몽골국의 정치구조는 국민이 제1주체가 되는 구조를 가지고 또 국가·정당·비정부조직이 구성되어, 의회는 국민의 선택·요망·목표의 표명, 법적으로 유효한 국민대표인 협의의 민주적 양식을 구비하고 있다.

66. 몽골 국가체제의 전통을 부활시켜 보유하고, 국가적 핵심을 가진 국가시스템을 창출하여, 어떠한 정치세력에 의한 극단적인 지배에서 해방된 통치, 권력기반이 한층 국민으로 이행하고 전 국민의 권익을 존중하는 폭넓은 가능성을 부여한다.

67. 정치시스템은 적절한 사회발전 과정을 과학적 근거를 가지고 조정한다. 사회적 관계에서 여러 가지 부정이 생기지 않도록 독립전권상태, 영사의 완전상태, 국경을 어느 쪽도 침범하지 않는 성스러운 것으로 할 것. 민주, 자유, 평등, 국가통일을 충족하는 법규를 존중할 것. 훌륭한 생활을 충족시키는 것을 국가는 국민전체에 대해서 중요한 책

무로 갖는다.

68. 국가의 사회적 기반을 확장하여 국민이 직·간접적으로 국가의 상층 권한을 파악하여 입법기관, 상부행정기관, 사법의 권한운용에 대한 관여를 높임으로써 극히 폭넓은 민주적 발전을 성취하고 국가를 민주적 국민국가로 변화시키는 조건을 충족한다. 민주적 국민국가는 각자가 자립한 자유사회의 국가이며 각 국민의 권리·의무는 대단히 크고, 이전에 국가가 요구하고 있던 모든 것을 스스로가 요구한다.

69. 모든 국가기관은 공무원의 기분이 아닌 법규만을 따라서 운영된다. 법 앞에서는 누구든지 평등한 권리를 가진다는 원칙을 불변의 원칙으로 하고, 실질적으로 자립된 사법제도, 재판소, 검찰, 변호를 갖게 한다. 또한 권력국가, 민주적 사회에 대한 법규, 인권, 자유, 정의가 보증된다. 국가법령을 강화할 때에는 특별한 민주적 책무에 의존하여 인권을 옹호하는 법적 지배를 확립한다. 국민은 통일적 법규에 의거하여 보편적 운명을 나누고, 심리적 준비를 갖추고, 자율적 심신을 유지하는, 완전히 자립된 사회적 이익과 개인적 이익의 양방을 존중하는 능력을 가진다.

70. 국가는 사회발전의 구체적 상황, 주요한 경향에 특히 유의하여 국내생활을 모든 영역 안을 맡고 독자성을 보관하여 인도적이고 민주적 시민사회를 포함하는 몽골양식 문명을 발전시키는 방침을 들고 있다. 사회생활의 모든 범위에서 그 내부에 있는 정당, 비정부조직은 모두 몽골국가의 원칙과 정부의 범위 내에서 활동한다.

71. 몽골국 국가기관은 한 사람의 국가원수, 입법권, 행정권, 사법권을 행사하는 구조를 가진다. 일당(一黨)에 의한 단독정권, 연립 정당정권 어느 쪽이라도 좋고, 또한 선거제도는 복수의 선거제도의 병용, 혹은 다수결 선거제를 사용한다. 앞으로 국가기구가 지향하는 근본은 사람들의 다양한 그룹 및 계층의 권익, 관심, 견해의 조정과 균형이다.

72. 국가기구는 특히 정부활동의 새로운 전략적 목표 및 가까운 장래에 대한 목표를 구체화하여 그 목표와 연결한 기능적으로 정비된 구조, 국가적으로 정비된 통일적 정보 네트워크를 보유하고 아이막을 통합하여 새로운 행정적, 영역적 구조로 이행한다.

73. 지역에 관한 행정권한을 확대하여, 중앙의 관여를 기본적으로 삭제하고 경제적, 사회적으로 자립한 상태에서 활동할 조건을 정비한다. 지방자치를 일관하여 발전시켜서 지방행정을 민주화하는 방침을 시행한다. 영역을 통합 확대한 행정단위에 대해서 대표의원정수를 정하고 그 지방 대표의회는 지역에 따른 사회적 문제, 경제적 문제를 주민의 기본적 권익의 관점에서 조사하여 과감한 결정을 내려서 시행한다. 지방의회에 대해서는 주민과 그들이 소속하는 정당의 대표자를 적극적으로 참가시켜서 다수의 관심과 다원적인 견해를 견주어서 다면적으로 의견을 협의하여 통일적 결정을 발의한다.

74. 몽골의 국가적 견해는 국가의 통일과 민주적 견해를 함유하는 부흥의 견해이다. 몽골인의 방편과 지혜의 통합에 의해서 나타나는 근거 있는 견해를 기초로 한 혁신 시기의 국가적 견해는 사회에 대한 상반

적 측면, 모든 세력의 활동을 가능한 통합 조정하는 견해이다. 국가는 국가적 견해를 홍보하는 시스템을 지닌다.

75. 몽골국가에 대한 역사상 명백한 여러 시대에서, 통일적 국가정책의 계승을 충족하는 메커니즘은 몽골국가체제의 역사적 전통과 현재의 생활에 대한 독자적 실제상황, 세계에 대한 보편적인 정치적 요청 어느 쪽도 충족시키는 것이 가능한 독자적 원칙에 의거한다. 몽골인 각자의 시대에 따른 국가체제사상, 정치의식, 문화를 계승하는 관련성을 충족하여 시행하는 것이 통일적 국가정책의 계승성을 강화하는 기본적 사회 심리 조건이라고 간주한다. 국가공무원의 육성, 그들의 안정적이면서 성실한 활동을 충족시키는 총합적 보증이 있는 조건을 정비하는 것이 국가정책의 계승성을 강화하는 중요한 메커니즘이 된다.

76. 민주적 문화를 발전시키기 위해서 국가는 이하의 지원을 행한다. 정치민주적 문화와 재물을 홍보한다. 사회정신적으로 가치 있는 것을 형성하는 과정, 몽골의 역사에서 탄생한 가치 있는 것을 연구하고 계승한다. 교육은 민주적 원칙을 잘 이해한 국민을 키우기 위한 목적에 합치시킨다. 연령이 젊은 시기부터 국가 공무원으로서의 인재를 육성한다. 국가정책에 대한 필수의 견해와 원칙을 엄격화하여, 특별한 방법에 의해서 후세에 계승시킨다. 국정학교를 엘리트 교육 학교의 전통에 따라서 설립한다. 국민, 그 중에서도 아동 및 청년에게 정치시스템 속에서 생활하는 능력을 습득시킨다. 지적 범위 내에서 다원적 견해, 자유 상태, 공정한 경쟁을 확대한다.

77. 관리 시스템의 개선강화가 발전개념을 성과 있는 것으로 하는 하나의 기본 조건이다. 이것은 무엇보다 우선, 사회생활의 모든 면에 관련된 국가발전개념을 작성하고 그것을 실행한다, 국가조직의 운영능력을 지닌 성실한 직원을 충원한다. 국가정책을 실제로 시행하는 정부의 능력을 높인다. 결정을 구체적으로 내리고, 스스로의 활동에 대한 책임을 질 수 있는 것을 원칙으로 한다.

78. 국가를 약체화시키는 것, 헌법에 명기된 이외의 방법으로 국권을 탈취하는 것, 정치적으로 잔학한 견해나 독재적인 체제의 확립, 외국의 세력하에 집어넣는 것, 공무원에 의한 수령이나 직권 남용 등의 행위를 법률에 의해서 엄하게 금하고, 그를 행사할 힘과 수단을 가진다. 국가기밀의 보호, 안전보장 임무의 시스템을 구체적으로 형성시킨다. 국가국정기금을 정비하여, 국가 공문서를 거기에 보관한다.

〈정당〉

79. 몽골국은 다수정당제이다. 여러 정당은 민주적 사회의 정치면에서 커다란 책무를 지고, 그러한 관계의 주요한 원칙은 국가에서 공통된 권익을 존중하는 것이다.

80. 의회에는 2정당 혹은 몇 개의 정당으로 구성된 2개 이하의 연합이 존재한다.

81. 정당 형성은 그 사회의 기반에 중요한 역할을 수행하기 위해서 사회의 안정적 기반을 정비하고, 의거해야 할 사회적 그룹에서 발전한다. 정당의 본질, 기준, 사회에서 차지하는 입장, 권한, 책무, 정당등록, 의회에서 대표자가 없는 정당이 정치관계에 참가하는 정도는 법률에서 조정된다.

82. 국가기관, 공무원이 정치적 권한을 어떻게 행사하는가에 대해서는 공공의 명료한 감시하에 둔다. 우리나라에서 통치를 행하는 정치권한을 부여하는 최고권리는 유일하게 국민이 가진다. 이러한 정치적 권한은 국민에 대해서 맡는 책무이기 때문에 권한 행사자의 도덕과 불가분의 관계를 가진다. 국무에 선출, 임명된 사람들의 도덕문제는 공공 및 정당을 근원으로 한 척도의 원칙에 의거한다.

83. 여러 정당은 단지 법률의 범위에서 활동하고 상호가 존중하며, 정치적 논리수준을 충족시킨다. 여러 정당은 평등한 권리를 향유하고 정치적 수단에 의해서 자유롭게 경합하여 모든 논쟁의 목표가 되는 문제 사안에 의견을 교환하고 협의에 따라서 해결한다.

〈비정부조직〉

84. 사회발전을 안정화하는 환경은 사회 그 자체이다. 정부만이 사회진전의 원동력이 되지 않고 그 위에 비정부조직, 공공 자원봉사, 민간의 자유로운 기업활동가나 연합조합이 이러한 활동에 적극적으로

참가하는 책무를 가진다. 성과 있는 사회발전을 장기적으로 달성하기 위해서는 강고한 시민사회가 형성되어, 문제해결에 대한 책임 있는 견해가 보유되지 않으면 안 된다.

85. 정부와 비정부조직 어느 쪽도 상대를 대립자로서가 아닌, 협력자로서 고려하지 않으면 안 된다. 미약한 시민사회를 가진 국가에서는 비정부조직을 발전시키며, 국가정책의 중심에 두게 하는 것이 바람직하다.

86. 비정부조직은 국민 스스로가 단결하여 자원봉사를 설립하고 국가의 관할하에 두지 않는 것으로 비영리를 목적으로 하여, 스스로 지도운영 원칙에 의해서 활동을 행하는 조직이다. 개인을 모든 사회활동으로 끌어당김으로써 국민 한 사람 한 사람을 형성시켜 권리를 행사하고 책무를 달성하는 보조적 역할을 수행하는 비정부조직으로 국가가 지원하고, 그 활동이 효과적으로 행하여지는 조건을 충족시킨다. 비정부조직에 법인의 권한을 부여하고, 입법과정 및 국가정책의 기안과 시행에 대해서 영향 받는 범위에서, 정치적 활동을 행하는 것을 승인하고, 비정부조직에 정보를 주어서 활동할 수 있는 시설을 설치한다.

VI. 대외적 관계발전의 중점

87. 몽골국은 인류 발전의 법칙에 따라서 세계 각국과의 우호적 관계를 유지하고, 국제적 공동체에 대한 자국의 입장을 강화하여 지역 제국 및 세계적 영향력을 지닌 국가와 정치적·경제적, 그 외 이익적 상관관계가 있는 교류 네트워크를 정비함으로써 국가적 독립, 전권상태를 확실하게 충족시키는 것을 몽골국 발전의 대외적 중심으로 간주한다.

88. 몽골국은 개방적 정책, 동맹에 있어서는 비동맹 정책에 의거한다. 선진국이 몽골국에 대한 실질적 관심을 창출하는 정책을 냄과 동시에 여러 외국에 대한 몽골국의 관심을 정치적 수단, 법제적 수단에 의해서 강화 보호한다.

89. 몽골국의 안전, 국가의 근본이익을 정치적 수단, 외교적 수단에 의해서 충족시킬 것, 경제·과학기술을 발전시키는 쾌적한 대외환경을 이용하는 것이 제1의 대외정책 방침이다.

90. 여러 외국과의 경제관계를 발전시키고 경제적 협력을 행할 때에, 국가안전보장에 악영향을 미치는 것이나 일국에 대한 과도의 의존상태에 빠지는 것을 경계해야 한다. 동시에 국제경제관계의 원칙·정도에 의거한 평등적이고 호혜적인 조건, 받아들인 책무를 성실하게 실행하는 조건, 정치적 압력 및 다른 압력에 지연시키지 않는 조건을 정비하는 정책을 시행한다.

91. **문화:** 인도적 대외관계는 몽골 민족문명의 보호, 독자의 문화적 전통 유산을 풍부히 하는 것과 세계적으로 보편적인 문화나 귀중한 역사 문화유산의 부흥, 소재불명이 된 문화재의 조사회수, 새로운 조건 중에서 활동할 수 있는 인재의 정비 등의 분야에서 문화적 협력을 시행하는 것이다. 또한 자국을 대외적으로 소개하는 것, 몽골국에 대한 관심, 공감대를 확산시키는 것, 여러 외국에 대한 몽골연구의 지원, 외국인들과 만나서 상호이해와 상호신뢰를 굳히는 것에도 의의가 있다.

대대로 우리들 몽골인은 스스로 모국의 운명의 주역이 되어 대지·자연계를 신앙하고 생활하여 자국민의 문화·습관, 위세에 찬 명성, 지성, 노동의 집대성인 재물을 대대로 계승하면서 옛 역사를 가진 자국의 새로운 발전의 길인 인권, 자유를 존중하는 국가라는 새로운 사회적 역사를 창조하고 있다.

광대한 토지에서 오랜 세기에 걸쳐서 스스로의 권한에 의해 생활해 온 유목민의 자손들에게 있어, 이 방침이 우리와 함께하며 이 방침의 달성을 위해서 몽골국 대통령은 전권을 행사할 것이다.

| 일본어판 역자 후기 |

1990년 8월, 처음으로 방문한 몽골에서 "다음달부터 이 나라의 대통령이 될 예정"이라고 말하는 사람과 만났다. 그 사람은 본서의 저자 P.오치르바트 씨로, 그 최초의 만남 이후 여러 가지 주제에 대해서 이야기를 나누는 기회를 얻을 수 있었다.

오치르바트 씨는 공사다망한 중에도 피곤함을 보이지 않고 그 침착한 눈 속에 장난기가 있는 따스함을 느끼게 하였다.

당시 이미 일본과 몽골은 외교관계 수립 후 20년이 경과되고 있었으나, 나에게 몽골은 아직 미지의 나라이며 거기서 사는 몽골인의 실상도 선명하게 연결시키지 못했다.

그로부터 10년, 몽골이 이전에 경험한 적 없는 새로운 역사의 문을 계속해서 열어 많은 장애물을 극복하고 있었다. 국제사회가 베를린의 장벽 붕괴 이후, 구조의 변동 속에서 해결방법을 모색하지 않으면 안 됐을 때와 마찬가지로, 몽골도 역시 실로 격동의 때를 맞이한 것이었다.

《하늘의 시대 (天の時)》는 그 신생 몽골의 새로운 리더로 뽑힌 저자가, 공사다망한 몽골국 대통령직에 있는 동안에 이미 쓰기 시작한 것으로, 역사적인 사건이나 거기에 등장하는 사람들이 생생하게 표현되어 있다.

그것은 지루한 역사교과서와는 달리, 마치 자기가 그 장소에 있었던 것처럼 착각할 정도로 현장감이 넘쳐 있어 역사의 톱니바퀴가 천천히 돌며 묵직하게 울리는 그 소리를 들은 것처럼 생각할 정도이다.

본서의 번역은 우치다 씨를 비롯하여 여러 젊은 연구자에게 부탁하였다. 일본어로 능숙하게 다루지 않은 부분이 있을지라도 양해해주기 바란다. 또한 이 책을 출판하게 해준 아키이시 서점의 이시이 사장에게 감사 말씀을 드린다.

일본어 번역을 출판하는 데에 원제 《하늘의 시대》를 《몽골국 초대 대통령 오치르바트 회상록》으로 개정했다. 본서의 내용을 표제를 통해 상상할 수 있도록 하고 싶다는 이시이 사장의 충고 말씀을 바탕으로 하였다.

본서를 통해 몽골에 대한 이해가 깊어지고 몽골의 기쁨이나 고뇌, 장래에 대한 전망 등을 공유할 수 있다면 더할 나위 없이 기쁠 것이다.

2001년 9월 16일
울란바토르에서
사토 노리코(佐藤紀子)

【 부록 】
몽골의 지방행정구역

아이막	크기(km²)	인구	중심지	가축수	경작지(ha)
아르한가이 아이막 Arkhangai aimag	55,200	97,500	체체레그 Tsetserleg	1,748,800	58,000
바얀울기 아이막 Bayan-Ulgii aimag	45,800	98,900	울기 Ulgii	1,405,800	4,800
바얀홍고르 아이막 Bayankhongor aimag	116,000	84,400	바얀홍고르 Bayankhongor	862,200	600
불간 아이막 Bulgan aimag	49,000	63,500	불간 Bulgan	1,387,700	155,300
다르한 올 아이막 Darkhan-Uul aimag	3,300	87,800	다르한 Darkhan	166,000	44,200
도르노고비 아이막 Dornogobi aimag	111,000	52,000	사인샨드 Sainshand	825,800	–
도르노드 아이막 Dornod aimag	123,500	74,600	초이발산 Choibalsan	594,200	–
둔드고비 아이막 Dundgobi aimag	74,600	51,200	만달고비 Mandalgobi	1,475,000	900
고비알타이 아이막 Gobi-Altai aimag	142,200	62,700	알타이 Altai	1,010,500	–
고비숨버 아이막 Gobisumber aimag	5,400	12,500	초이르 Choir	80,000	–
호브드 아이막 khovd aimag	76,000	88,500	호브드 Khovd	1,323,900	3,000
헨티 아이막 Khentii aimag	83,300	72,000	온도르칸 Undurkhaan	1,378,500	91,400
움노고비 아이막 Umnugobi aimag	165,300	47,200	달란자가드 Dalanzadgad	909,100	600
오르혼 아이막 Orkhon aimag	8,400	77,400	에르덴트 시 Erdent city	159,700	–
오보르한가이 아이막 Uvurkhangai aimag	63,800	113,900	아르바이히르 Arvaikheer	1,665,400	45,700
셀렝게 아이막 Selenge aimag	41,100	102,200	수흐바따르 Sukhbaatar	825,400	304,200
흡스골 아이막 Khuvsgul aimag	101,000	121,900	무릉 Murun	1,900,800	41,000
수흐바타르 아이막 Sukhbaatar aimag	82,200	56,100	바룬우르트 Baruun-Urt	1,516,100	31,100
토브 아이막 Tuv aimag	77,300	96,500	준모드 Zuunmod	1,598,000	318,100
우브스 아이막 Uvs aimag	69,600	83,600	울안곰 Ulaangom	1,470,400	56,000
자브한 아이막 Zavkhan aimag	82,400	84,500	울리아스타이 Uliastai	1,443,200	83,400
울란바토르 시 Ulaanbaatar city	4,704	850,000	–	–	–

출처: Mongolia 2004, pp.49-50; 이상우 · 박광희 외 공편, 『새 몽골이 온다』(기파랑, 2006), p.382에서 재인용

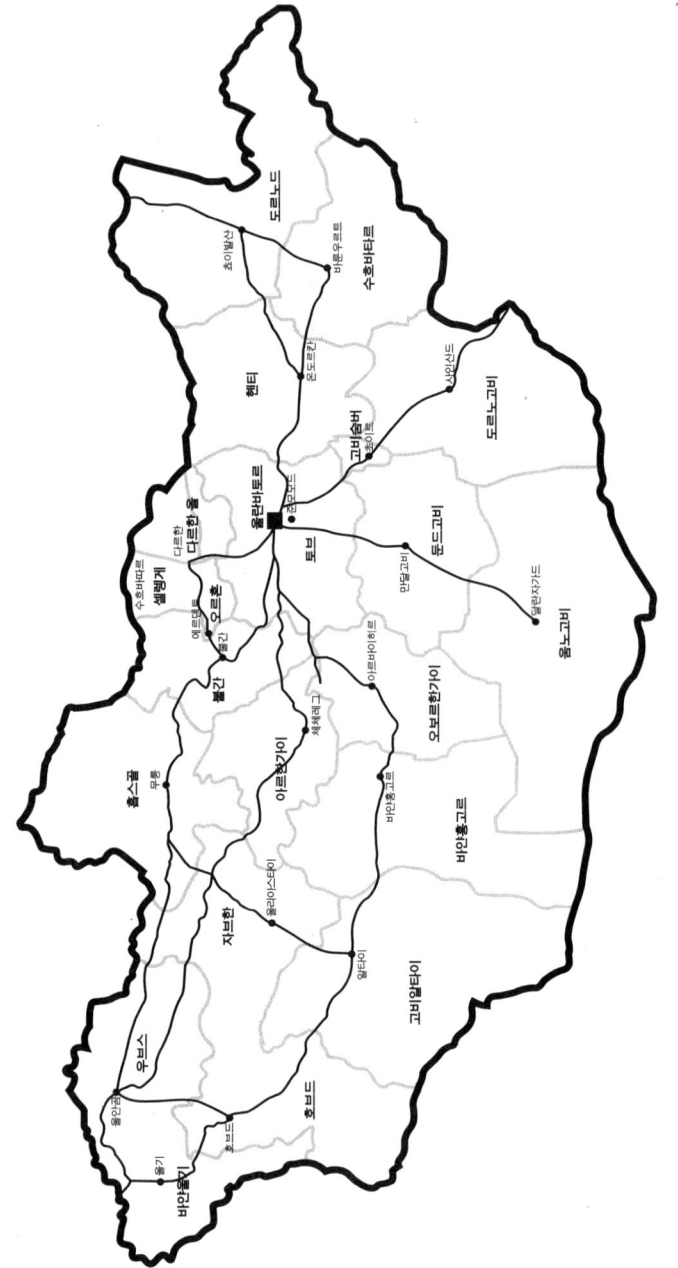

| 색인 |

| ㄱ |

가공산업 503
가로타이 사(寺) 50
가로토노르 광산 100
가르상도르지, B. 463
가리쿠 문자 401
가솔린 토스(대지의 기름) 361
가이후 도시키(海部俊樹) 478
각료회의 합동결정 123
갈리, B. 사무총장 455
강권적 국가주의 315
강바야르, N. 463
강보르도, D. 부수상 432, 458, 464
강희제 162
개안관음(開眼觀音) 273, 394
겡뎅, P. (수상) 81, 245-248, 252, 261, 265
겡뎅 데미도 반혁명 분자사건 239
겡뎅·르홍베 사건 246
겡뎅쟈브, 공스인 48, 52-54
겡뎅쟈빈 오치르바트 49
겡뎅쟈빈 오치르바트 4세 54
경영의 민주화 302
경제 쇄신 288, 322
경제의 민주화 303

경제적 정의 306
경제협력개발기구(OECD) 295
계획경제의 원리 308
고르바초프, M.S. 132, 147, 175, 259, 426, 450
공가도르지, Sh. (정권) 183, 286, 294, 442, 463, 464
공보수렝, Ts. 15, 429, 442, 446, 476
공보수렝, Ya. 82, 95
공보쟈부, J. 183
공보쟈부, L. 468
공업 생산량 148
공치쿠도르지, R. 276, 426, 463
과학기술정책 494
관료주의 188
관료주의적 군사정권 308
관세법 334
광산채굴 503
광상의 탐사 385
광업계획연구소 89
교육부문의 개혁 230
9대 길조 217
구르바다무, Ts. 101, 102, 254
국가대회의 293

국가 소유자본 325
국가소회의 207, 208, 425
국가감사법 417
국가기구 512
국가발전 322
국가사상의 기본원리 218
국가안전평의회 464
국가원수 415
국가원수의 선서식 460
국가의 최중점 과제 112
국가자산 331
국가자산의 민영화 292
국가조직 414
국가체제의 전통 510
국가체제의 형식 196
국내 가축 수 142
국내 연료 수요 106
국민당 정부 171
국민민주주의 211
국민의 직접선거 222
국민평의회 464
국방평의회 413
국영기업 292, 414, 326
국영기업의 민영화 292, 326
국제통화기금 24, 453, 474, 475
군사비 413
근대적 생산양식 307
글라스노스트(glasnost) 132
금 중개상인(dealer)사건 359
금 프로그램 352, 353, 356, 357
금(金) 나라 161
금의 채굴량 355

금의 채굴사 353
기술원조방식 117, 119, 120

| ㄴ |

나담 53, 438-470
나라이하 탄광 71
나무낭수렝, T. 수상 444
나무수라이, Kh. 219
나선형 발전법칙 395
나세르 369
나차구도르지, Sh. 32
남자의 3종 놀이 440
낭징왕당 의장 461
내몽골자치구 423, 424
네포로지니 대신 111, 112
네후토 361
노동생산성 312
노동의 민주화 302
노몽한, 베이르 46
누르스팅 호토고르 탄광 79
누르하치 32
니양무도, G. 445
니양보 255
닉슨, 리처드 363

| ㄷ |

다라이, Ch. 209
다르가 418

다르한 발전소 96, 124
다무딩, P. 공업대신 79, 121
다무딩바자르, S. 46
다무딩수렝, M. 81, 342, 344, 346, 355
다수식 민주주의 모델 224
다수정당제 514
다시뎅베레르, Ch. 461, 465
다시용동, Yo. 15
다시폰사쿠 79
달라이라마 263
당바 250
당상, S. 298
당시쿠 440
당의 정책 240
당장 241
당중앙위원회 총회 123
대외경제관계 국가위원회 130, 134, 137, 140
대외무역량 148
대외정책 517
대의원 선거법 184
대통령 취임식 26
대통령법 417
대통령부장관 466
대통령선서 461
데미도, G. 246
도라무라쿠차, O. 83, 85, 255
도롱노르 회합 162
도르노고비(Dornogobi) 117
도르리쿠쟈부 대신 464
도쿠소무, D. 253
독재주의 307, 308, 312

동도부상보 52, 57, 60
두만강 국제계획 506
두부칭, 라르하쟈부 62, 63

| ㄹ |

라쿠차, T. 115, 117, 118
레닌그라드 광산대학 67
레닌주의 414
레이크, J. 대사 446
로부상샤라부, D.(정치국원) 123, 247
로열 더치 (셸) 363
로호주 256
록펠러 362, 367, 368, 371
루스벨트, F. 대통령 445
르하무수렝, Ch. 479
르홍베, J. (사건) 239, 245, 253
리그덴 칸 32
리그덴 호토쿠토칸 32
리비아의 석유 364
리지코프, N.I. 135
링컨, 에이브러햄 231

| ㅁ |

마르크스주의 사상 404
마무, D. 463
마부레토, U. 95
마오쩌둥주의자 241
마이다르(당) 114, 121

마쿠사르쟈부, N. 163, 164
마하사마디 칸 160
만리장성 422, 423
만주족 161
명예회복(작업) 254, 257, 258
명조 339
맥스웰, 로버트 143
모로무, Ch. 118, 183
모로무쟈무쓰 (정치국원) 101, 108, 111, 116, 120, 137
모빌(Mobile) 368
목축업 316
몰리브덴(Molybdän) 340
몽골 간사(簡史) 38
몽골 노동자청 342
몽골 로수쓰베토메토사 360
몽골 문화(문명) 221, 241, 268, 270, 271, 396
몽골 민주동맹 177
몽골 민주혁명 185
몽골 민주화 196, 315
몽골 부흥 397, 403, 404
몽골 비사 43, 397, 398
몽골 오르 353
몽골 인민당 172
몽골 중앙국가 161
몽골·소련 양국 협력계획안 133
몽골건축 404, 423
몽골국 광산법 354
몽골국 국가기관 512
몽골국 발전의 개념 302, 481
몽골국 헌법 25, 183, 211, 262, 271, 279, 288
몽골국의 정치구조 510
몽골국의 지질기금 376
몽골독립 166
몽골불교회의 (제1회) 273, 275
몽골산 캐시미어 (제품) 138, 139
몽골석유(개황) 375, 381, 383
몽골양식의 문명 485
몽골의 국가체계 426
몽골의 금시대 356
몽골의 대외채무 131
몽골의 문화예술 496
몽골의 석유(탐사) 376, 388
몽골의 역사 43
몽골의 자치권 169
몽골의 정신적 지도자 400
몽골의 정치개혁 213
몽골의 정치사상 405
몽골의 혼합경제시스템 323
몽골인민공화국 (대통령) 134, 426
몽케 칸(Möngke Khan) 279, 280
무굴(Mughul) 제국 423
문자문화의 발전 401
민간의 경제활동 330
민영화 작업 336
민족민주당(MNDP) 13, 15, 16, 22, 174, 431, 441
민족의 융화 279
민족적 전통기술 495
민족주의 396
민족진보당 441
민주당 425, 431, 441

민주동맹 409, 410, 425
민주주의 (문화) 230, 312
민주주의적 강권국가 315
민주화 27, 179, 185, 190, 222, 263, 271, 295, 414, 477
민주화운동 과정 198

| ㅂ |

바가노르 발전소 112
바가노르 탄광 106
바가반디(N.Bagabandi) 26, 46
바다무도르지 (수상) 164, 165, 168
바다무수렝, H. 360, 361
바다무하탕, S. 43
바르징냐무, B. 52, 440
바바르 410, 412, 430
바상도르지 60
바얀울기 아이막(Bayan-Ulgii aimag) 79, 80, 85
바양 석유사 386
바양 석유합병회사 389
바양테구 탄광 79
바양홍고르 금광 355
바타, R.(무역) 14, 156, 260
바토도르지, Ts. 461
바토바야르가, B. 19
바토쟈르가르 344
바트뭉후, J. (수상) 111-113, 120, 127, 153, 176, 180-182, 191, 412, 413
바트뭉후 다얀 칸(Dayan Khan) 31, 33-35, 43, 45
바트에르테네 26
박정희 대통령 312
반혁명세력 266
발전도상국 295
발전(의) 개념 482, 484
발전의 기본목표 483
방바쟈브 숙모 56, 58
법치민주주의 207
베리야, L. 249, 251
베이커, 제임스 (국무장관) 231, 441, 442, 446, 457
변혁쇄신의 과정 293
보구도 게겡 165, 173
보구도 정부 443, 444
보구도 칸(Bogda Khan) 33, 163-165, 218, 444
보도 (수상) 241, 444
보도 당상의 사건 238
보마 37, 38, 44, 46
복수정당제 196, 198
복지사회주의 299
봉건주의 266
봉금(封禁)규정 162
부렝토쿠토후 60
부시(George H. W. Bush) 대통령 446, 449, 450
부흥(기) 394-396, 407
불교사상 404
브레주네프(Brezhnev) 116
BP(브리티시 페트로리암사) 363, 368, 380

비양바수렝, D. (정권) 179, 181, 183, 207, 276, 287, 288, 290, 293, 294, 335, 394, 411, 446, 464
비양바쟈부, Sh. 463
비양바쟈부, E. 347
비양수렝, B. 410
비정부조직 515, 516

| ㅅ |

사금광상 357, 358
사르타우르 족 43
사르트르 (부족) 30, 37, 43-46, 61
사르트르의 기(旗) 29
사뮤엘슨의 이론 318
사우디아라비아의 석유 364
사원의 경제기반 265
사회민주당(MSDP) 22, 174, 425, 430, 441
사회보장(시스템) 313, 322
사회주의 134, 211
사회주의 경제시스템 286
사회주의의 붕괴 306
사회주의의 산업 331
사회주의적 평등 사상 324
산스크리트(Sanskrit) 401
산양인공수정계획 140
상보 414
생명공학 495
샤린고르 (탄광) 68, 70, 82, 87, 91, 101, 106, 116, 255, 431, 441

샤머니즘 신앙 404
샤먼 반독점법 368
샤비아문법(衙門法) 162
서구자본주의형의 민주주의 295
서양의 발전모델 306
석유 비즈니스의 독점 367
석유 비즈니스의 환경 391
석유공장 프로젝트 376
석유정책 391
석유탐광 383
석유탐사 계약 143
석유화학공업 504
석탄 수출 7
석탄의 국내 채굴량 106
세계노동분업 309
세계은행 389, 453, 474, 475
세바르드나제, E.A. 426, 429
세레테르, T. 39
세레테르 (백부) 53, 62, 63
세르지미야다쿠 42
세법 334
세첵완긴 호쇼 30, 34, 35, 37, 46
셰브런(Chevron) 368
셸(Shell Oil) 363, 368
소도노무, D. (수상) 120, 135, 182, 286, 294, 412
소련공산당(볼셰비키) 245, 267
소련의 원조 148
소용보 문자 401
소하잉 보라쿠 광상 379
손문 166
솜(Som) 13, 33, 34

수디렝코 355
수에즈운하 분쟁 370
수후바타르 훈장 103
숙청(의 구조) 238, 254, 256, 262
슈리코프 342
스웨덴 모델 299
스탈린 245, 248, 249, 265, 267
스탠더드 석유 362, 364, 366-368
승려와의 투쟁 266
시민사회 516
10월 혁명 166, 172
시장경제 288, 292, 308, 313, 316, 414, 418
시장경제 이행 313
시장경제시스템 317
시장경제원리 323
시장균형 292
시장사회주의 414
시장제도 286
신5개년계획 89, 102, 112, 135
신몽골국사 163, 164
신앙의 자유 279
신헌법 222, 293
신흥공업 국가들(NIES) 295
실업률 448
십덕법전(十德法典) 398
십명(十明) 400

| ㅇ |

아동쵸로 탄광 82, 116
아라쿠아도 (집단) 37, 46
아라쿠아도 성(姓) 30, 37-39
아람코(ARAMCO) 364
아마르, A. (수상) 248-253, 280
아마르, G. 38
아모코 368
아수카도 은광 428
아시아 태평양의 석유수요 375
아시아개발기금 209
아시아개발은행 474, 475
아시아모델 307
아시아의 석유수요 374
아시아의 호랑이 (모델) 295, 301, 306, 309, 312, 320, 408
아시아적 노동양식 309
아시아형 생산양식 307
아이막(Aimag) 13, 33, 34
아코 368
야부론스키, 완다 369-371
야코블레프 259, 426
양상곤(楊尙昆) 420, 421
에너지 공급 112
에르데네, S. 394
에르데네쟈부 102
에르데네토 광산(시설) 102, 105, 106, 340, 341, 348
에르데네토 오보 343, 344
에르데네토 프로젝트 341
에르데네토 합병기업평의회 347
에르데수 공장 428

에르딩쟈부, Ts. 344
에코 플라넷 17
엑손(Exxon) 368
엘베크도르지, R. 241, 242
엥후사이한, M. 465, 466
여진족 161
연료·에너지 산업대신 107, 108, 129
연료·에너지 산업성 107, 110, 128
영사조약 442
옐친, B.N. 24, 260, 261
5개년계획 95, 88, 98, 138
오고타이칸(Ogotai Khan) 218
오니오 63
오랑후, P. 60, 463
오보르한가이 아이막(Uvurkhangai aimag) 79
OPEC(석유수출국기구) 365, 368, 371
오치르마 83, 93
오치르바트, G. 19, 22-24, 42, 52, 182, 259, 260, 415, 417, 442, 426
오치르바트, P. 15, 21, 65, 122, 125, 127, 183, 186, 191, 347, 355, 424, 458
오치르바트, 방주라쿠칭 63
오치르바트, 베구징 34, 63
오치르호야쿠 60
오토공비레쿠, Sh. 사장 350, 361
오효하 93
외국투자 310
외환 준비고 357
우브스(Uvs) 아이막 136
우익 3만 호 32

울란바토르 발전소(제3, 제4) 112, 113, 116, 121
움노고비 아이막 141
원(元)나라 397
원세개(遠世凱) 166, 462
원조비사(元朝秘史) 397
월레스, G.부통령 445
위성국 27
윌리엄스, R. 445
윗테, S.Yu. 355
유교문화 339
유목문명 484
유엔 455, 475
유엔 공업개발기관(UNIDO) 138, 140, 146
유엔 공업개발기금 140
유엔개발계획(UNDP) 145, 146
유엔국제인권위원회 209
유엔인권센터 209
6대 설화 216
은행금융시스템 290
은행법 334
은행예금정책 290
의회정치 308
의회제 민주주의 307
의회제공화국 477
이반원칙례(理藩院則例) 162
이붕(李鵬) 420
이시쟈무쓰, N. 209
인도적 대외관계 518
인도적 민주주의 301, 302, 306, 324, 404, 414, 481, 485

인민 특별평의회 189
인민대회의 184, 185, 187, 414, 425, 426
인민일보 24
인민자본주의 325
인민혁명(당) 13, 24, 51, 52, 67, 74, 98, 120, 173, 174, 176, 181, 185, 188, 195, 406, 415, 441
인민혁명 69주년 439
일본의 무상원조 138
1세대의 호랑이 310
임시국민의회 189

| ㅈ |

자르디한, K. 207, 410, 411
자마르 금 공장 357
자본주의 134
자브한 34, 46-48
자브한 아이막(Zavkhan aimag) 30, 46
자사쿠토한 31
자사쿠토한 아이막 30, 32, 33, 46
자산 민영화(법) 325-328, 330, 333, 335, 336, 338
자산의 민주화 302
자스라이, P. (정권) 15, 118, 290, 294, 336
자와상 241
자유노동당 425
자유시장모델 320

자치권 170
장기차관 153
장쩌민(江澤民) 25, 420
쟈르가르 60
쟈무수랑, L. 164, 165, 394
쟈므스랑자브, B. 46
쟈쿠와라르, N. 115-117
쟝바르라르디 49, 52, 56, 60
전문가 평의회 465
전통경제(시스템) 316, 317
정교분리 265
정당(법) 188, 514
정치국 109, 415, 418
정치대학 230
정치시스템 510
정치의 민주화 303, 306, 307
정치적 (부당)사건 254, 257
정치적 숙청 238, 254, 257, 258
제국주의 266
제부층당바 호타쿠토 444, 460
조리쿠, S. 432, 463
종교 르네상스 394
종교적 봉건지배 264, 265
종업원지주제도(ESOP) 326
종주권 170
좌익 3만 호 32
주구데르, Ch. 161, 215
중바양 (석유)공장 377-379
중앙집약경제시스템 317
중앙집약계획경제 205
지도술 91
지방의회 201

지방자치의 원리 205
지방행정 201
지진탐광 384
지질 광산 대신 108
지질광산성 107
진의(陳毅) 168
집사(集史) 38
징세 시스템 311

| ㅊ |

차강 에르수 광상(지대) 379, 384
차관의 변제 136
채굴 광물의 수출액 106
채무문제 154
처칠 364
천안문 광장 420
첨단분야발전의 정책 494
청조(淸朝) 339, 397
체뎅당바 95
체덴바르, Yu. (서기장) 66, 80, 102, 107, 108, 114, 120, 121, 126, 240, 255, 259, 445
체렝도르지, B. (대신) 60, 93, 280, 462
체베르마, Sh. 14, 29, 71, 72, 93, 442
초대 대통령 459
최고재판소 184
최초의 민주 선거(운동) 196, 430, 441
쵸롱, J. 466, 467
쵸이발산, Kh. 247, 249-252, 254, 255, 267, 445
쵸이발산 발전소 116
쵸크트 41
출산 지원 486
측지학 연수 67
치미도, B. 186, 191, 207, 426, 463
7대 신통 216
7자매 기업 368
칭기즈 시대 397
칭기즈칸(Chingiz Khan) 28, 43, 160, 265, 384, 396, 398, 439, 479
칭기즈칸 법령 398

| ㅋ |

카라토 시스템 348
카링니코푸, A. 462
카스피해의 석유 372
카자흐스탄의 석유 374
칸트 264
캐시미어 산출량 142
케르소 306
케르소, 르이스 303
케인즈의 이론 318
코노 368
코메콘 (기술원조) 111, 131
코민테른 242, 259
쿠빌라이칸(Khubilai Khan) 215, 217
클린턴, B. 대통령 25, 456
클린턴, 힐러리 455

| ㅌ |

타왕토르고이 탄전 112
타지마할 422, 423
타히르바르 39-41
탈(脫) 아르카리법 351
턴키 방식 117, 119, 133
테무진 161, 218
텍사코(Texaco) 368
토도문자 401
토레이한 대신 345
토르고이도 광산 355
토보수렝, Ts. 463
토브(Tuv) 아이막 81, 117
토송 오르(기름의 산) 375
토지소유의 문제 292
통일적 수매 시스템 139
통제경제 316
투데브, L. 10, 14
투데부티 솜 46
투멩, B. 465
투무르오치르, D. 240
투부뎅도르지 468
투세토 칸 162
투자권리서 335
특허권 311
티베트불교 398
티베트어 401

| ㅍ |

81부족 161
페레스트로이카(perestroika) 132, 175, 411
페렝레이, Kh. 38
페르제, M. (대신) 94, 95, 101, 102, 108, 120, 121, 137, 343, 348, 355
페르지딩 248
페리, U. 국방장관 457
평균수명 484
포드, 헨리 363
퐁사르마, 쵸쿠팅 39, 42, 48, 49, 55
프라우다(Pravda) 110
프롤레타리아(prolétariat)의 독재 298
프리드먼의 이론 318

| ㅎ |

하구와쟈부, G. 463
하늘의 시대 28, 228, 477, 478
하부후, H. 404
학술연구기관 414
할하 7호쇼 34, 44
할하(Khalkha) 법전 162, 398
할하(Khalkha)의 역사 32
합병기업 342, 349, 350
헌법(의) 초안 206, 208, 209
헌법개정법 207
헌법개정안 195, 425, 426
헌법보충 개정안 425
혁명투쟁 266

협의식 민주주의 (모델) 224, 225, 229, 464
호쇼 31, 33
호토아이르 289
호토쿠토 50
호토쿠토, 라브자 12
혼합경제시스템 317
홍타이지 31, 34

황금사강(黃金史鋼) 397
황금주의 원리 338
후금국(後金國) 32
후리노프스키 245, 247, 248
흉노(시대) 272, 422, 423
흐루시초프 69
홉스골(Khuvsgul) 아이막 136

옮긴이 소개 ▶ 김혜정

- 경희대학교 혜정박물관 관장 / 석좌교수 / 문학박사
- 사회복지법인 혜정원 아가의 집 이사장

사회복지 법인 혜정원 아가의 집 이사장이며 혜정박물관 관장인 김혜정 교수는 수십 년 동안 수집한 고지도 자료 및 사료를 경희대학교에 기증하였으며, 꾸준한 수집활동과 연구로 자료에 대한 학술적 가치를 위해 전시, 도록출판, 교육활동 및 국·내외 학술행사 등으로 꾸준히 노력하고 있다. 이 책은 김혜정 관장이 오랫동안 개인적인 친분관계를 나누어 왔던, 몽골의 직선 초대 대통령을 역임하였던 오치르바트 대통령의 회상록(日語版)을 번역한 것이다. 김혜정 교수는 한국이 몽골과 수교하기 전에 이미 40여 차례나 몽골을 방문하면서, 몽골에 대한 깊은 사랑과 관심을 보여 왔었고, 이 책도 그러한 결실의 하나이다.

국립중앙도서관 출판시도서목록(CIP)

몽골국 초대 대통령 오치르바트 회상록 /
푼살마긴 오치르바트 지음 ; 김혜정 옮김. – 서울 : 오름, 2010

원저자명: Punsalmaagyn Ochirbat
색인수록
ISBN 978-89-7778-337-9 93340 : ₩27000

대통령[大統領]
몽골(국명)[Mongolia]

340.99-KDC5
320.092-DDC21   CIP2010002368

몽골국 초대 대통령 오치르바트 회상록

인 쇄 | 2010년 7월 5일
발 행 | 2010년 7월 9일

지은이 | 푼살마긴 오치르바트
옮긴이 | 김혜정
발행인 | 부성옥
주 소 | 서울시 서초구 서초1동 1420-6
전 화 | (02)585-9122 팩스 | (02)584-7952
       http://www.oruem.or.kr
ISBN   978-89-7778-337-9   93340

*잘못된 책은 교환해 드립니다.